CONTROLE DE PROCESSOS INDUSTRIAIS

VOLUME 2

Blucher

Claudio Garcia

CONTROLE DE PROCESSOS INDUSTRIAIS

VOLUME 2 – ESTRATÉGIAS MODERNAS

Controle de processos industriais – volume 2: estratégias modernas

Editora Edgard Blücher Ltda.

1ª reimpressão - 2020

Blucher

Rua Pedroso Alvarenga, 1245, 4° andar
04531-934 – São Paulo – SP – Brasil
Tel.: 55 11 3078-5366
contato@blucher.com.br
www.blucher.com.br

Segundo Novo Acordo Ortográfico, conforme 5. ed. do *Vocabulário Ortográfico da Língua Portuguesa*, Academia Brasileira de Letras, março de 2009.

Dados Internacionais de Catalogação na Publicação (CIP)
Angélica Ilacqua CRB-8/7057

Garcia, Claudio
Controle de processos industriais : volume 2 : estratégias modernas / Claudio Garcia. — São Paulo : Blucher, 2019.
418 p. : il.

Bibliografia
ISBN 978-85-212-1417-5 (impresso)
ISBN 978-85-212-1418-2 (e-book)

1. Automação industrial 2. Processos de fabricação 3. Controle de processo I. Título.

18-2292 CDD 681.7

Índice para catálogo sistemático:
1. Automação industrial : controle de processo

Ao meu amado neto Lucas, por ser uma estrela brilhante,
uma fonte de alegria, um presente de Deus.

APRESENTAÇÃO

A Parte I deste livro abrange as estratégias empregadas no controle de processos. Ela é composta pelo Capítulo 10, que apresenta uma classificação dessas técnicas.

A Parte II deste livro aborda as estratégias clássicas de controle tradicionalmente aplicadas a processos industriais. Ela contém quatro capítulos: o Capítulo 11 estuda as técnicas de controle de razão ou relação; o Capítulo 12, as técnicas de controle em cascata; e no Capítulo 13 enfatizam-se diversas técnicas de controle por pré-alimentação, concluindo, assim, as técnicas classificadas na categoria I do Quadro 10.1. O Capítulo 14 trata da importante classe de processos industriais do tipo batelada e dos tipos de controle empregados, citando, além do controle regulatório, as técnicas de controle discreto: intertravamento e sequenciamento.

A Parte III do livro aborda as técnicas clássicas de controle avançado, citadas na categoria II do Quadro 10.1. Essa parte contém quatro capítulos: o Capítulo 15 lista conceitos básicos acerca da mais simples das técnicas de controle PID adaptativo, intitulada *gain scheduling* (escalonamento de ganho), e do PID autoajustável. No Capítulo 16, fala-se da compensação de tempo morto em processos, com ênfase para o preditor de Smith. No Capítulo 17, citam-se as técnicas de controle seletivo como *auctioneering*, *split range*, *override* etc., e no Capítulo 18 aborda-se o controle multivariável por desacoplamento.

Finalmente, o Apêndice B – Conceitos básicos sobre controle preditivo multivariável apresenta textos complementares aos capítulos e discute conceitos básicos sobre controle preditivo multivariável.

CONTEÚDO

PARTE III – TÉCNICAS CLÁSSICAS DE CONTROLE AVANÇADO ... 243

CAPÍTULO 15 – CONTROLE PID ADAPTATIVO ... 245

CAPÍTULO 16 – COMPENSAÇÃO DE TEMPO MORTO ... 277

PARTE I
ESTRATÉGIAS EMPREGADAS NO CONTROLE DE PROCESSOS

CAPÍTULO 10
ESTRATÉGIAS EMPREGADAS NO CONTROLE DE PROCESSOS

O Volume 1 desta coleção focou em estratégias convencionais de controle, como o controle *on/off* e o controle PID. Neste volume, expande-se a exposição das técnicas de controle empregadas na indústria.

Este capítulo visa apresentar um panorama das técnicas de controle existentes e sua aplicação em processos industriais.

10.1 CLASSIFICAÇÃO DAS ESTRATÉGIAS APLICADAS NO CONTROLE DE PROCESSOS

Esta seção aborda as estratégias usadas no controle de processos. Para tal, considera-se a classificação das estratégias de controle proposta por Seborg (1994; 1999), arranjadas de acordo com seu grau de utilização na indústria, conforme o Quadro 10.1.

Quadro 10.1 – Classificação das estratégias de controle de processos de acordo com seu grau de aplicação na indústria (SEBORG, 1994; 1999)

Categoria I – Estratégias convencionais
• controle manual • controle *on/off* (liga/desliga) • controle PID • controle de razão ou relação • controle em cascata • controle por pré-alimentação (*feedforward*)

(continua)

Quadro 10.1 – Classificação das estratégias de controle de processos de acordo com seu grau de aplicação na indústria (SEBORG, 1994; 1999) *(continuação)*

Categoria II – Controle avançado: técnicas clássicas

- escalonamento de ganho (*gain scheduling*)
- compensação de tempo morto
- controle seletivo/*override*
- controle multivariável por desacoplamento

Categoria III – Controle avançado: técnicas amplamente utilizadas

- controle preditivo baseado em modelo
- controle estatístico de qualidade
- controle por modelo interno
- controle adaptativo

Categoria IV – Controle avançado: técnicas mais novas, com algumas aplicações industriais

- controle ótimo (LQG – *Linear Quadratic Gaussian*)
- sistemas especialistas
- controle não linear
- controladores baseados em redes neurais
- controle nebuloso (*fuzzy*)

Categoria V – Controle avançado: estratégias propostas com pouquíssimas aplicações industriais

- técnicas de controle robusto como H_∞ e síntese m

A análise do Quadro 10.1 indica que, das cinco categorias propostas, quatro são ditas avançadas. Deve-se, no entanto, ressaltar que a grande maioria das malhas de controle industriais (~90%) ainda emprega o algoritmo de controle PID. Isso porque muitos problemas industriais de controle são simples, e, consequentemente, um controlador PI ou PID é uma solução satisfatória. As estratégias de controle avançado devem, então, ser usadas em problemas mais difíceis, nos quais elas podem prover um desempenho significativamente melhor que as técnicas convencionais de controle. Embora o número de problemas difíceis seja usualmente pequeno quando comparado ao número total de malhas de controle, eles tipicamente envolvem variáveis críticas do processo, que afetam fortemente objetivos importantes do controle, como qualidade do produto, consumo de energia, conformidade com normas ambientais etc. (SEBORG, 1994; 1999).

O termo "controle avançado de processos" não possui uma definição consagrada, representando significados diferentes para cada pessoa, dependendo de seu embasamento teórico e de sua experiência prática. Assim, o Quadro 10.1 é uma tentativa de classificar as estratégias de controle de processos. A categoria I consiste em estratégias convencionais de controle, bem conhecidas e que têm sido amplamente usadas há muitas décadas. As estratégias de controle avançado da categoria II são ditas clássicas por terem sido usadas na indústria a partir da década de 1970. Foram descritas em livros editados a partir dos anos 1960, como *Process Control Systems*, de F. G. Shinskey, publicado pela primeira vez em 1967 e pela quarta - e última - vez em 1996 (SHINSKEY, 1996); *Process Control and Optimization*, segundo volume de *Instrument Engineer's Handbook*, de Béla G. Lipták, publicado pela primeira vez em 1970 e atualmente na quarta edição (LIPTÁK, 2006); *Process/Industrial Instruments and Controls Handbook*, em sua quinta edição (MCMILLAN; CONSIDINE, 1999); e *Principles and Practice of Automatic Process Control*, em sua terceira edição (SMITH; CORRIPIO, 2005).

As estratégias de controle de processos da categoria III têm sido bastante usadas na indústria e são descritas em livros como os de Deshpande e Ash (1988), Ogunnaike e Ray (1994), Friedmann e Stoltenberg (1996), Marlin (2000) e Seborg, Edgar, Mellichamp e Doyle III (2011).

A categoria IV contém estratégias de controle ainda não muito usadas na indústria, embora diversas aplicações bem-sucedidas de cada uma delas já tenham sido relatadas. A categoria V contém abordagens novas com pouquíssimas (ou mesmo nenhuma) aplicações industriais.

O grande número de variantes na área de controle deve-se à diversidade dos problemas práticos. Para a grande maioria das malhas de controle de processos industriais, o controlador PID é suficiente. Já para processos que eventualmente tenham variações muito grandes na carga, a filosofia de controle por pré-alimentação pode ser útil. Para malhas de controle múltiplas com interação, é recomendável empregar o controle multivariável por desacoplamento, ou então o controle preditivo. Já para malhas de controle em que a variável manipulada pode sofrer fortes perturbações e as constantes de tempo do processo controlado e das perturbações na variável manipulada são distintas, pode-se lançar mão do controle em cascata. Para processos com parâmetros variando ao longo do tempo, recomenda-se empregar o controle adaptativo. Em resumo: é necessário conhecer bem as estratégias de controle para poder julgar qual delas irá gerar melhor desempenho para cada tipo de processo.

Temas relevantes relacionados à área de controle de processos, como identificação de sistemas, modelagem e simulação de processos e sistemas computacionais para monitoração e controle de processos não estão incluídos neste livro. Os dois primeiros assuntos, identificação e modelagem, são essenciais para gerar modelos de processos, sem os quais é inviável a aplicação das técnicas de controle avançado. No Capítulo 3 do Volume 1 desta coleção, foi abordada uma forma simples de obter modelos lineares aproximados de processos industriais, por meio de uma técnica básica de identificação de sistemas, que emprega a curva de reação (resposta ao degrau) aplicada a processos operando em malha aberta. Formas mais complexas de obtenção de modelos mais precisos por meio da identificação de sistemas podem ser encontradas em *Introdução à identificação de sistemas – técnicas lineares e não lineares: teoria e aplicação* (AGUIRRE, 2015). Em termos de modelagem e simulação de processos, uma referência recomendada é *Modelagem e simulação de processos industriais e de sistemas eletromecânicos* (GARCIA, 2005).

Conhecer a instrumentação industrial é essencial para o controle de processos. Uma referência recomendada sobre este assunto é Bega (2011). Em uma analogia entre a malha de controle e o corpo humano, o controle equivale à mente (inteligência), enquanto a instrumentação atua como sistema nervoso e muscular, coletando e enviando as informações das variáveis controladas para o sistema de controle e respondendo aos comandos deste, agindo sobre as variáveis manipuladas. Já o sistema computacional corresponde aos equipamentos e *softwares* básicos usados para que o *software* aplicativo (algoritmos de controle) possa ser executado. Nesse caso, na analogia com o corpo humano, o sistema computacional equivale ao cérebro.

10.2 APLICAÇÕES DO CONTROLE AVANÇADO NA INDÚSTRIA DE PROCESSOS

Em 1961 foi implementado pela Foxboro o primeiro controle *feedforward* em uma coluna de destilação.

Desenvolvimentos independentes na Shell Oil Co. nos Estados Unidos (CUTLER; RAMAKER, 1979; PRETT; GILLETTE, 1979) e na França (RICHALET et al., 1978) resultaram em novas técnicas de controladores lineares preditivos: DMC (*Dynamic Matrix Control*) e MAC (*Model Algorithmic Control*), respectivamente. Os dois algoritmos baseiam-se em modelos não paramétricos do processo, função objetivo e restrições ativas no presente ou futuro. Cutler e Ramaker (1979) ilustram a técnica do DMC no controle de temperatura de saída de um forno de preaquecimento, manipulando a vazão de gás combustível e considerando quatro perturbações. Prett e Gillette (1979) aplicam o DMC multivariável com restrições em uma unidade de craqueamento catalítico envolvendo duas variáveis controladas, quatro manipuladas e duas restrições.

No início da década de 1980, começaram a ser desenvolvidas as tecnologias de inteligência artificial, redes neurais e controle difuso (*fuzzy*). As redes neurais, conjunto de várias camadas de neurônios imitando o funcionamento do cérebro humano, foram usadas principalmente na elaboração de modelos de processo. Sistemas especialistas, baseados na inteligência artificial, foram desenvolvidos para treinar novos operadores a partir do conhecimento de operadores experientes. O controle difuso, muito usado principalmente no Japão, utiliza a lógica difusa (variáveis linguísticas e regras "*if-then*") em vez de equações matemáticas.

No Brasil, em 1991, a Petrobras implementou, com tecnologia própria, seu primeiro controlador preditivo multivariável em um complexo forno de destilação a vácuo da Refinaria Presidente Bernardes - Cubatão (RPBC). Em 1993, outros dois controladores multivariáveis foram comissionados: o sistema reator-regenerador da unidade de craqueamento catalítico em leito fluidizado (UFCC) da Refinaria Henrique Lage (Revap), em São José dos Campos, e uma fracionadora de petróleo da Refinaria de Paulínia (Replan), em Paulínia.

REFERÊNCIAS

AGUIRRE, L. A. **Introdução à identificação de sistemas - técnicas lineares e não lineares**: teoria e aplicação. 4. ed. Belo Horizonte: UFMG, 2015.

BEGA, E. A. **Instrumentação industrial**. 3. ed. Rio de Janeiro: Interciência, 2011.

CUTLER, C. R.; RAMAKER, B. C. Dynamic matrix control: a computer control algorithm. In: **Proceedings of the AIChE National Meeting**. Houston, 1979. Também: **Proceedings of the Joint Automatic Control Conference**. San Francisco, 1980, paper WP5-B.

DESHPANDE, P. B.; ASH, R. H. **Computer Process Control with Advanced Control Applications**. 2. ed. Research Triangle Park: ISA - Instrument Society of America, 1988.

FRIEDMANN, P. G.; STOLTENBERG, T. P. **Continuous Process Control** (Practical Guides for Measurement and Control). Research Triangle Park: ISA - Instrument Society of America, 1996.

GARCIA, C. **Modelagem e simulação de processos industriais e de sistemas eletromecânicos**. 2. ed. São Paulo: Edusp, 2005.

LIPTÁK, B. G. **Instrument Engineers' Handbook**: Process Control and Optimization. 4. ed. Boca Raton: CRC Press/Taylor & Francis Group, 2006.

MARLIN, T. E. **Process Control**: Designing Processes and Control Systems for Dynamic Performance. 2. ed. New York: McGraw-Hill, 2000.

MCMILLAN, G. K.; CONSIDINE, D. M. **Process/Industrial Instruments and Controls Handbook**. 5. ed. New York: McGraw Hill, 1999.

OGUNNAIKE, B. A.; RAY, W. H. **Process Dynamics, Modeling, and Control**. New York: Oxford University Press, 1994.

PRETT, D. M.; GILLETTE, R. D. Optimization and constrained multivariable control of a catalytic cracking unit. In: **Proceedings of the AIChE National Meeting**. Houston, 1979. Também: **Proceedings of the Joint Automatic Control Conference**. San Francisco, 1980.

RICHALET, J.; RAULT, A.; TESTUD, J. L.; PAPON, J. Model predictive heuristic control: application to industrial processes. **Automatica**, v. 14, n. 2, p. 413-428, 1978.

SEBORG, D. E. A perspective on advanced strategies for process control. **Modeling, Identification and Control**, v. 15, n. 3, p. 179-189, 1994.

______. A perspective on advanced strategies for process control (revisited). In: FRANK, P. M. (Ed.). **Advances in Control** – Highlights of ECC'99. 1999. p. 103-134.

SEBORG, D. E.; EDGAR, T. F.; MELLICHAMP, D. A.; DOYLE III, F. J. **Process, Dynamics and Control**. 3. ed. Hoboken: John Wiley & Sons, 2011.

SHINSKEY, F. G. **Process Control Systems**: Application, Design and Tuning. 4. ed. New York: McGraw-Hill, 1996.

SMITH, C. A.; CORRIPIO, A. B. **Principles and Practice of Automatic Process Control**. 3. ed. New York: John Wiley & Sons, 2005.

PARTE II
ESTRATÉGIAS CLÁSSICAS DE CONTROLE

CAPÍTULO 11

CONTROLE DE RAZÃO OU RELAÇÃO

Sistemas de controle de razão ou *ratio control* são aplicados para manter a relação entre duas variáveis em um valor especificado, de modo a regular uma terceira variável. Sejam então duas variáveis L e M cuja razão desejada seja R_d:

$$R_d = \frac{M}{L} \tag{11.1}$$

Nesse caso, deseja-se controlar a relação entre M e L em vez das variáveis L e M individualmente. Normalmente, as variáveis L e M são fluxos.

Ao misturar dois ou mais componentes, busca-se obter uma determinada composição que tenha uma dada relação entre eles, quer seja em volume ou em massa. Um exemplo poderia ser a adição de um aditivo na gasolina visando manter a octanagem desejada, a qual pode ou não ser medida. Aplicações típicas de controle de razão são:

a) operações de mistura (*blending*) de dois ou mais componentes, em que se controla a vazão dos ingredientes que se misturam para formar um produto, por exemplo, na alimentação de reatores químicos, em que se busca manter uma relação estequiométrica de injeção de reagentes. Nesse caso, um ingrediente pode ter sua vazão livre, enquanto a adição dos demais ingredientes é feita com base na quantidade desse ingrediente primário;

b) controle de uma razão de refluxo especificada em uma coluna de destilação, com base no controle da composição do produto sendo retirado; ou

c) controle da relação estequiométrica de ar/combustível para queima em uma caldeira. Em um caso simples desse tipo de controle, a vazão de combustível pode ser regulada por um controlador de temperatura ou pressão e esse valor é usado para determinar o valor de referência do controlador ar/combustível.

Pode-se dizer que o controle de relação é o mais elementar dos controladores por pré-alimentação. No exemplo de adição de aditivo na gasolina, se a variável de carga do sistema muda – nesse caso, a vazão de gasolina –, isso afeta a variável controlada, isto é, a octanagem ou número de octanos. Essa variação pode ser eliminada por meio de um ajuste adequado da variável manipulada – nesse caso, a vazão de entrada do aditivo. Para misturar ingredientes com uma proporção adequada, há diversas opções:

a) efetuar a mistura pré-pesando os componentes e misturando-os em um tanque, já nas proporções corretas (opção válida tanto para líquidos quanto para sólidos);

b) efetuar a mistura totalizando a vazão dos líquidos que se deseja misturar. Quando a totalização atinge um valor predeterminado, uma válvula de bloqueio é acionada, ajustando-se assim uma dada quantidade de cada líquido da mistura no tanque;

c) efetuar a mistura sem nenhum tipo de medição e colocar um analisador de composição na saída do processo, o qual deve enviar sinais para diferentes controladores de vazão, que modulam o fluxo de cada um dos líquidos sendo misturados. O controle de relação por realimentação requer que os ingredientes sejam misturados, a mistura analisada e somente depois se variem as vazões, como indicado na Figura 11.1. É fácil notar que isso só é viável com analisadores online muito rápidos (SEBORG et al., 2011);

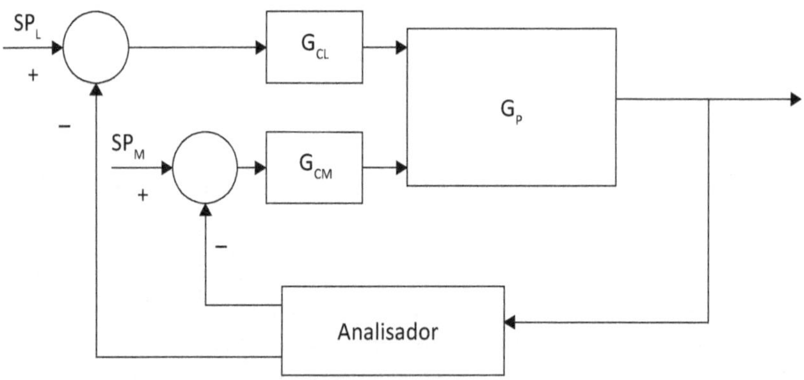

Figura 11.1 – Exemplo de controle de relação por realimentação.

d) efetuar a mistura forçando que a vazão de um ou mais fluidos siga uma relação predefinida com a vazão de um determinado fluido de referência.

As quatro propostas feitas anteriormente podem ser aplicadas a processos do tipo batelada (*batch*), embora as sugestões constantes nas alíneas "a" e "b" sejam as opções mais usadas nesse tipo de processo. Já para processos do tipo contínuo, apenas as propostas das alíneas "c" e "d" são aplicáveis. Tendo em vista a necessidade da grande rapidez do analisador da proposta da alínea "c", ela não é normalmente usada.

Neste capítulo, aborda-se o modo de realizar misturas de forma contínua, ao passo que no Capítulo 14 enfatizam-se as formas de efetuar misturas em processos batelada.

11.1 CONTROLE DE RAZÃO PARA PROCESSOS CONTÍNUOS

A variável de carga em malhas de controle de razão é normalmente denominada vazão livre ou *wild flow* e pode ser ou não controlada ou ainda manipulada por outros controladores que respondam a outras variáveis, como pressão ou nível (LIPTÁK, 2006).

Seja o problema manter uma razão desejada R_d entre os produtos L e M controlando-se suas vazões, designadas por Q_L (vazão livre) e Q_M (vazão manipulada), sendo $R_d = Q_M / Q_L$. A relação R_d deve ser escalonada corretamente para que o ganho adequado seja usado na estação de relação. Assim, o ganho K_r deve considerar as larguras das faixas (*spans*) dos dois transmissores de vazão, conforme indicado a seguir:

$$K_r = R_d \frac{\Delta Q_L}{\Delta Q_M} \tag{11.2}$$

em que R_d é a relação desejada e ΔQ_L e ΔQ_M são as larguras das faixas dos transmissores de vazão dos ingredientes L e M, respectivamente.

As estações de relação normalmente possuem ganhos K_r na faixa entre 0,3 e 3,0.

A implantação do controle de razão pode ser feita de duas formas. O modo mais comum é medir a vazão Q_L e controlar a vazão Q_M, ajustando-se o valor de referência do controlador secundário em $SP_M = K_r \cdot Q_{L,m}$, conforme ilustrado na Figura 11.2.

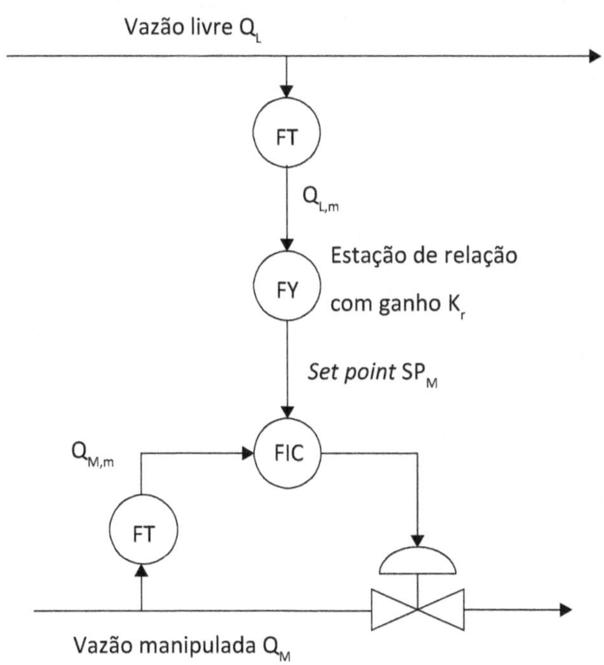

Figura 11.2 – Forma típica de se efetuar o controle de razão em processos contínuos.

Na Figura 11.2, o sinal da vazão medida $Q_{L,m}$ é enviado à estação de relação, que o multiplica por um ganho ajustável K_r. O sinal de saída da estação é usado como valor de referência para o controlador da vazão manipulada. Percebe-se que a vazão Q_L é livre (não controlada), mas deve ser medida, ao passo que a vazão Q_M é ajustada em função de Q_L. Como essa variável não é manipulada e influi no resultado do processo, não há nada que a distinga de uma perturbação, e, assim, o controle de razão não passa de um modo simples de controle por pré-alimentação.

Há fabricantes que fornecem em um único instrumento a estação de relação e o controlador, constituindo um controlador de relação FFIC, de acordo com a Figura 11.3.

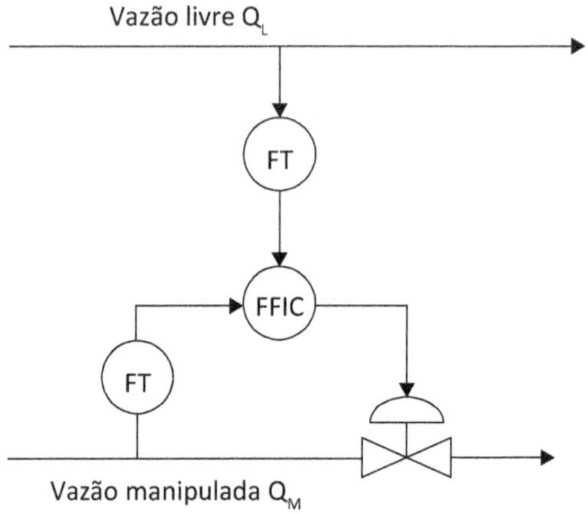

Figura 11.3 – Controle de razão com estação de relação embutida no controlador.

Há uma variante para os casos das Figuras 11.2 e 11.3 em que se controla a vazão Q_L, que agora deixa de ser livre e passa a se chamar vazão primária, com seu valor medido usado como valor de referência no controlador de relação, conforme mostra a Figura 11.4.

Deve-se notar na Figura 11.4 que, mesmo quando os dois fluxos são controlados, a implementação de um controle de razão é mais conveniente que um controle independente para cada vazão. Nesse caso, se o operador necessitar aumentar a vazão total do sistema, basta alterar o valor de referência no controlador da vazão primária, pois o valor de referência do controlador da vazão secundária mudará automaticamente.

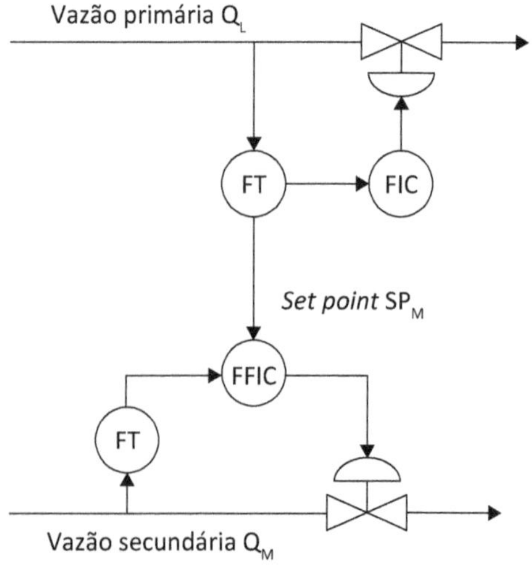

Figura 11.4 – Controle de razão com vazão primária controlada.

Outra forma possível, mas menos usada, é calcular a relação $R_m = Q_L/Q_M$ medindo-se as vazões Q_L e Q_M e usar esse valor como variável controlada em um regulador, que receba como referência o valor desejado de R_d, segundo a Figura 11.5.

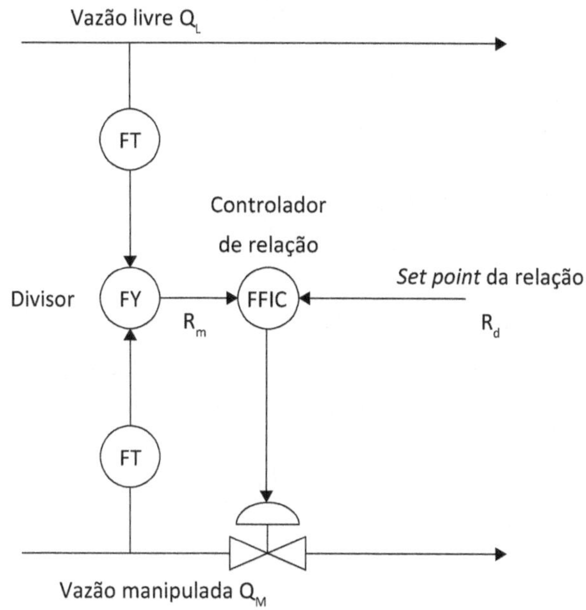

Figura 11.5 – Forma alternativa para se efetuar controle de razão em processos contínuos.

Na Figura 11.5, o controlador de relação FFIC é do tipo PI. O principal problema desse arranjo é inserir um divisor na malha fechada. Se a vazão manipulada Q_M responde linearmente à abertura da válvula, o ganho da malha *K* varia de modo não linear devido ao divisor. A diferenciação da Equação (11.1) mostra por que isso é verdade (LIPTÁK, 2006):

$$K = \left(\frac{\partial R_d}{\partial M}\right)_L = \frac{1}{Q_L} = \frac{R_d}{Q_M} \tag{11.3}$$

Na Equação (11.3), o ganho da malha é inversamente proporcional à vazão de perturbação Q_L ou então ele varia, tanto em função da relação R_d como da vazão Q_M. Em muitas aplicações, a razão R_d não varia com frequência, mas a vazão Q_M sim. Como o ganho da malha varia inversamente a Q_M, isso pode causar instabilidade em baixas vazões, pois o ganho da malha *K* seria alto. Por outro lado, se a vazão fosse alta, o ganho *K* seria baixo. Se o controlador FFIC for ajustado a fim de prover uma boa resposta para condições de baixo fluxo, a resposta da malha para uma vazão alta seria muito lenta. Em compensação, se o controlador FFIC for sintonizado para uma resposta adequada para altas vazões, a malha se torna instável com baixas vazões. Deve-se usar uma válvula de controle com característica instalada do tipo igual-porcentagem para superar esse problema.

Caso a relação fosse invertida:

$$R_d = \frac{Q_L}{Q_M}$$

então:

$$\frac{\partial R_d}{\partial Q_M} = -\frac{Q_L}{Q_M^{\ 2}} = -\frac{R_d}{Q_M}$$

e o resultado é essencialmente o mesmo.

Até aqui, assumiu-se que os sinais dos transmissores de vazão são lineares. Se forem quadráticos, a relação R_d deve ser calculada do seguinte modo:

$$R_d = \frac{Q_M^{\ 2}}{Q_L^{\ 2}}$$

11.2 EXEMPLOS DE APLICAÇÃO DO CONTROLE DE RELAÇÃO

11.2.1 ADIÇÃO DE ADITIVO NA GASOLINA

Suponha que se deseje adicionar um aditivo na gasolina com razão de 0,53 mL/L. Se o medidor de vazão de aditivo estiver calibrado de 0 a 1.200 mL/min e o medidor de vazão de gasolina estiver calibrado de 0 a 1.900 L/min, supondo-se que ambos os medidores sejam lineares, o ganho K_r da estação de relação é dado por (LIPTÁK, 2006):

$$K_r = R_d \frac{\Delta Q_L}{\Delta Q_M} = 0{,}53 \frac{\text{mL}}{\text{L}} \cdot \frac{1.900}{1.200} \frac{\text{L/min}}{\text{mL/min}} = 0{,}839 \ [\text{adim.}]$$

11.2.2 ADIÇÃO DE ÁLCOOL NA GASOLINA

Suponha que se deseje adicionar álcool à gasolina, de forma a se obter no final a seguinte composição em volume:

$$V = V_A + V_G$$

em que:

$V_A = 0{,}22 \cdot V$ = volume de álcool

$V_G = 0{,}78 \cdot V$ = volume de gasolina

Com transmissores lineares de vazão, a relação entre os volumes é $R_d = 0,22/0,78$, ou $R_d = 0,282$, isto é, para cada litro de gasolina deve-se adicionar 0,282 litro de álcool.

Assuma que a vazão de gasolina Q_G varie de 0 a 1.000 L/min e que os medidores de vazão sejam lineares. Surgem, então, três opções com relação à vazão de álcool Q_A :

a) Vazão máxima de álcool menor que 282 L/min

Seja $Q_A = 0$ a 200 L/min, portanto $\Delta Q_A = 200\ \text{L}/\text{min}$. Resulta:

$$K_r = R_d \frac{\Delta Q_G}{\Delta Q_A} = 0,282 \frac{1.000}{200} = 1,41$$

Com essa relação, o valor máximo permissível para Q_G é:

$$Q_{G,\text{máx}} = \frac{Q_{A,\text{máx}}}{R_d} = \frac{200}{0,282} = 709,2 \frac{\text{L}}{\text{min}}$$

que equivale a 70,92% da vazão máxima de gasolina. Com esse valor de Q_G, a vazão de álcool é $Q_A = 1,41 \cdot 70,92 = 100\%$. Qualquer vazão maior de gasolina leva a válvula na linha de álcool à máxima abertura, sem, no entanto, atingir a mistura correta.

b) Vazão máxima de álcool igual a 282 L/min

Seja $Q_A = 0$ a 282 L/min, portanto $\Delta Q_A = 282\ \text{L}/\text{min}$. Resulta:

$$K_r = R_d \frac{\Delta Q_G}{\Delta Q_A} = 0,282 \frac{1.000}{282} = 1,0$$

Com esse valor, a estação de relação é dispensável, pois a relação é automaticamente ajustada pela própria relação das vazões máximas. Bastaria ter um controlador de vazão com valor de referência remoto.

c) Vazão máxima de álcool igual a 400 L/min

Seja $Q_A = 0$ a 400 L/min, portanto $\Delta Q_A = 400\ \text{L}/\text{min}$. Resulta:

$$K_r = R_d \frac{\Delta Q_G}{\Delta Q_A} = 0,282 \frac{1.000}{400} = 0,705$$

Com essa relação, se a vazão de gasolina for máxima, a vazão de álcool será $Q_G \cdot R_d = 1.000 \cdot 0,282 = 282\ \text{L}/\text{min}$, equivalente a 70,5% da vazão máxima, o que implica que a vazão de álcool nunca excederá 70,5% do fundo de escala do medidor, o que prejudica a precisão na medição, pois, via de regra, a precisão de um medidor é dada em função do fundo de escala, o que a torna pior conforme os valores medidos diminuem.

A sugestão, nesse caso, seria dimensionar a linha de álcool para uma vazão que se aproximasse da relação ideal entre as vazões, quando a relação volumétrica entre álcool e gasolina atingisse seu valor máximo permitido por lei, isto é, 24%. Nesse caso, tem-se que $R_d = 0{,}24/0{,}76 = 0{,}316$. Tomando-se a máxima vazão de gasolina como 1.000 L/min, isso implica que a máxima vazão de álcool é 316 L/min. Seria razoável definir a vazão máxima de álcool em um valor arredondado para cima, por exemplo, 320 L/min. Assim, caso se usasse a relação volumétrica de 22% de álcool na gasolina, ter-se-ia $K_r = 0{,}881$.

11.2.3 CONTROLE DE RAZÃO ESTEQUIOMÉTRICA ENTRE COMPONENTES PARA FORMAR AMÔNIA

Um sistema de controle de razão deve ser usado para manter uma relação estequiométrica entre H_2 e N_2 para formar amônia (NH_3) (SEBORG et al., 2011). Controladores individuais de vazão são usados para manter os fluxos de H_2 e N_2 em valores desejados. As seguintes informações são fornecidas:

- a equação estequiométrica para a reação de síntese de amônia é: $3H_2 + N_2 \leftrightarrow 2NH_3$;
- os elementos sensores de vazão correspondem a placas de orifício;
- os transmissores eletrônicos de vazão possuem extratores de raiz quadrada embutidos. Suas faixas calibradas são 0 a 30 L/min para o transmissor de H_2 e 0 a 15 L/min para o transmissor de N_2;
- as válvulas de controle possuem atuadores pneumáticos;
- cada conversor I/P tem um ganho de 0,75 psi/mA; e
- a estação de relação é um instrumento eletrônico com sinais de entrada/saída de 4-20 mA.

a) Desenhe um diagrama esquemático (P&ID) para o sistema de controle de relação.

b) Especifique o ganho apropriado para a estação de relação.

Solução:

a) O P&ID do sistema é mostrado na Figura 11.6.

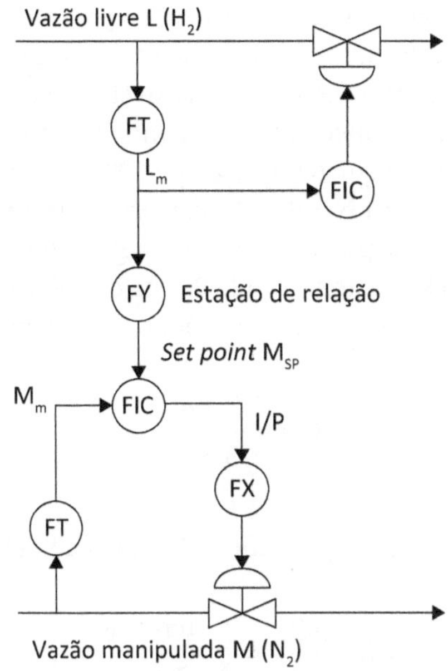

Figura 11.6 – P&ID da malha de controle de relação.

b) Para especificar o ganho da estação de razão, é preciso primeiro definir a relação desejada. A equação estequiométrica para a reação de síntese da amônia é:

$$3H_2 + N_2 \leftrightarrow 2NH_3$$

Para gerar uma mistura em proporções estequiométricas, a relação das vazões molares (H_2/N_2) deve ser de 3:1. Assume-se que a relação entre as vazões molares seja igual à razão das vazões volumétricas. Na prática, as vazões volumétricas também dependem da temperatura e da pressão de cada escoamento, segundo a lei dos gases reais ou perfeitos, dependendo do gás envolvido. Da relação estequiométrica, tem-se:

$$R_d = \frac{1}{3}$$

O ganho da estação de relação é dado por:

$$K_r = R_d \frac{\Delta Q_{H_2}}{\Delta Q_{N_2}} = \frac{1}{3} \frac{30}{15} \frac{L/\text{min}}{L/\text{min}} = \frac{2}{3}$$

11.2.4 CONTROLE DE DILUIÇÃO DE HIDRÓXIDO DE SÓDIO

Considere um sistema usado para diluir uma solução de 60% em massa de NaOH para 40%, por meio da mistura com água. Suponha que as vazões de água e de

NaOH a 60% sejam medidas. Calcule a razão que garanta a mistura correta. O medidor de vazão de NaOH está calibrado de 0 a 400 kg/h, e o de água, de 0 a 150 kg/h. Assuma que a vazão de NaOH a 60% seja a variável livre e que a vazão de água seja a variável manipulada. Nesse problema, não se conhece, a princípio, a relação desejada entre os componentes. Sabe-se que na solução de 60% em massa de NaOH, a cada 1 kg de solução, 0,6 kg corresponde a NaOH. Deseja-se alterar essa concentração, de modo a obter-se uma solução de 40%; portanto, a cada 1 kg de solução, 0,4 kg seria de NaOH. Assim, caso se misture 1/3 kg de água a cada 2/3 kg de solução de NaOH a 60%, ter-se-á, ao final, 0,4 kg de NaOH em 1 kg de solução. Dessa maneira, a reação desejada é:

$$R_d = \frac{1/3 \text{ kg}}{2/3 \text{ kg}} = \frac{1}{2}$$

O ganho da estação de razão K_r é dado pela Equação (11.2):

$$K_r = R_d \frac{\Delta Q_L}{\Delta Q_M} = \frac{1}{2} \cdot \frac{400}{150} = \frac{4}{3} = 1,33$$

Essa relação implica que, se a vazão da solução a 60% de NaOH for máxima (100%), então é necessário ter uma vazão de água de 133%, o que é inviável. Nesse caso, a máxima vazão possível de NaOH deve ser de 300 kg/h (75%), que, multiplicada por K_r, resulta em 100%, que corresponde à vazão máxima de água.

11.2.5 CONTROLE DE COMPOSIÇÃO APLICANDO DUAS FILOSOFIAS DE CONTROLE DE RAZÃO

Para manter fixa a composição de um produto em um CSTR (*continuous stirred tank reactor*), uma razão entre as vazões de alimentação deve ser mantida. Como exemplo, seja o CSTR da Figura 11.7. O objetivo desse processo é fornecer produtos na saída com composição constante, por meio da mistura dos reagentes A e B em uma dada proporção.

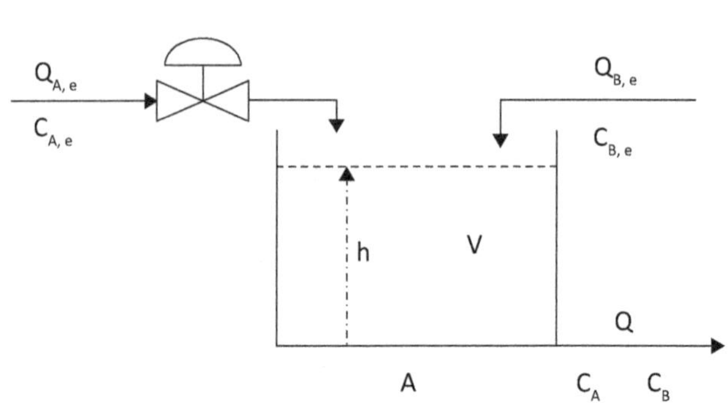

Figura 11.7 – Diagrama de CSTR no qual se quer controlar a composição dos produtos na saída.

Em um processo de mistura isotermal, uma composição constante dos produtos de saída pode ser obtida pela manutenção de uma certa razão entre as vazões de entrada. Assim, para garantir uma composição constante dos produtos de saída, deve-se ter:

$$K_r = \frac{Q_{A,e}}{Q_{B,e}}$$

em que K_r é a relação que mantém constante a concentração dos produtos de saída, representada por C_A e C_B.

Para o processo mostrado na Figura 11.7, assume-se que a vazão volumétrica de entrada $Q_{A,e}$ do reagente A possa ser usada como variável manipulada, ao passo que a vazão volumétrica de entrada $Q_{B,e}$ do reagente B possa variar livremente e de forma não predizível, significando que $Q_{B,e}$ possa ser considerada uma perturbação do processo. Considere os seguintes dados da planta em regime nominal de operação:

$$\bar{Q}_{A,e} = 0,4\,\frac{\text{m}^3}{\text{min}} \qquad \bar{C}_{A,e} = 2\,\frac{\text{Mmol}}{\text{m}^3} \qquad \bar{Q}_{B,e} = 0,1\,\frac{\text{m}^3}{\text{min}} \qquad \bar{C}_{B,e} = 4\,\frac{\text{Mmol}}{\text{m}^3} \qquad \bar{V} = 2\text{ m}^3$$

Com esses dados, é possível calcular as concentrações C_A e C_B na saída do tanque. O balanço dinâmico de componentes no tanque de mistura resulta em:

$$\frac{dC_A}{dt} = \frac{C_{A,e}\cdot Q_{A,e} - C_A \cdot Q}{V} \qquad\qquad \frac{dC_B}{dt} = \frac{C_{B,e}\cdot Q_{B,e} - C_B \cdot Q}{V}$$

Caso se suponha regime estacionário nas condições nominais de operação, o balanço de massa gera:

$$\bar{Q} = \bar{Q}_{A,e} + \bar{Q}_{B,e} = 0,5\,\frac{\text{m}^3}{\text{min}}$$

Combinando-se essa equação com as de balanço de componentes em regime estacionário nas condições nominais de operação, chega-se nas seguintes concentrações na saída em regime nominal de operação:

$$\bar{C}_A = 1,6\,\frac{\text{Mmol}}{\text{m}^3} \qquad\qquad \bar{C}_B = 0,8\,\frac{\text{Mmol}}{\text{m}^3}$$

Assim, o tanque de mistura irá gerar um produto na saída com essas concentrações sempre que a seguinte relação se mantiver constante:

$$K_r = \frac{Q_{A,e}}{Q_{B,e}} = \frac{0,4}{0,1} = 4$$

Propõe-se simular esse sistema de controle de relação, considerando que:

a) a composição dos reagentes A e B na entrada ($C_{A,e}$ e $C_{B,e}$) se mantém constante;

b) o controle de nível é perfeito, de modo que o volume V de fluido no tanque não varia;

c) a malha de vazão é rápida, modelada por um sistema de primeira ordem com um pequeno tempo morto, com ganho unitário, constante de tempo $\tau = 1/60$ min e tempo morto $\theta = 0{,}05/60$ min;

d) usam-se duas formas de controle de relação (Figuras 11.2 e 11.5), ambas com um controlador PI de mesma sintonia, dada por $K_C = 10$ e $T_I = 1/60$ min/rep, sintonia calculada pelo método da Síntese Direta com $\tau_C = \theta$; e

e) a vazão de entrada $Q_{B,e}$ do reagente B é bruscamente mudada em $t = 0{,}05$ min de 0,1 para $0{,}5\ \text{m}^3/\text{min}$ em uma simulação e de 0,1 para $0{,}02\ \text{m}^3/\text{min}$ em outra.

Os modos de controle das Figuras 11.2 e 11.5 geram as concentrações C_A e C_B das Figuras 11.8 e 11.9, respectivamente, para $Q_{B,e}$ variando de 0,1 a $0{,}5\ \text{m}^3/\text{min}$.

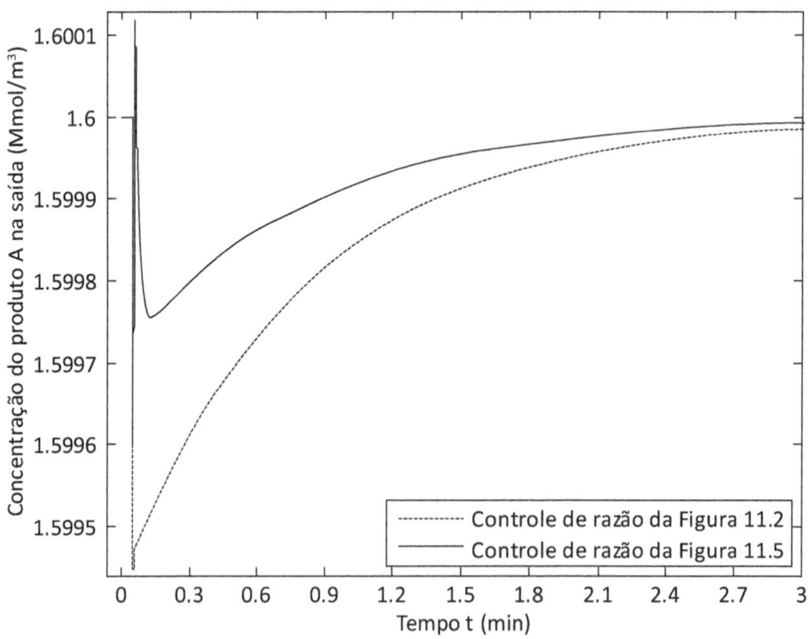

Figura 11.8 – Concentração C_A com dois modos de controle de razão, $Q_{B,e}$ indo de 0,1 a 0,5 m³/min.

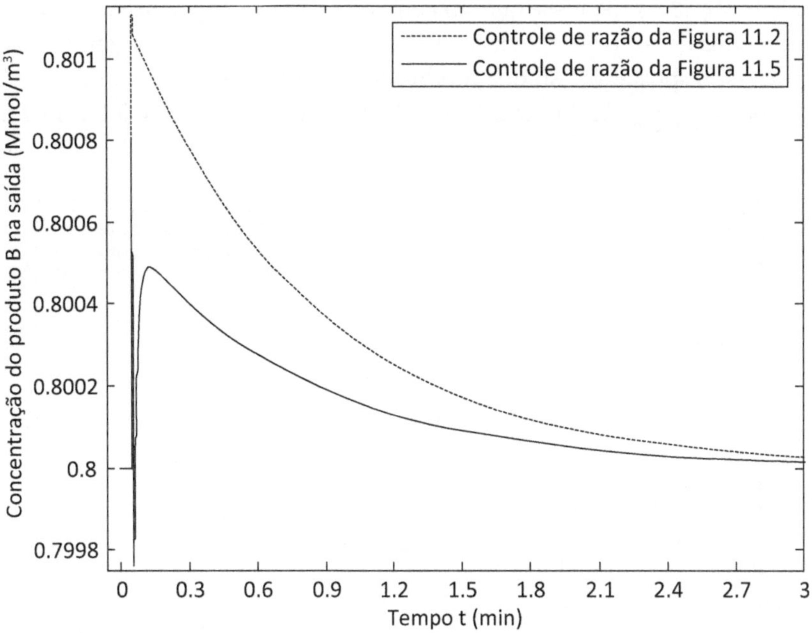

Figura 11.9 – Concentração C_B com dois modos de controle de razão, $Q_{B,e}$ indo de 0,1 a 0,5 m³/min.

A Figura 11.10 mostra a vazão $Q_{A,e}$ para os dois modos de controle de razão.

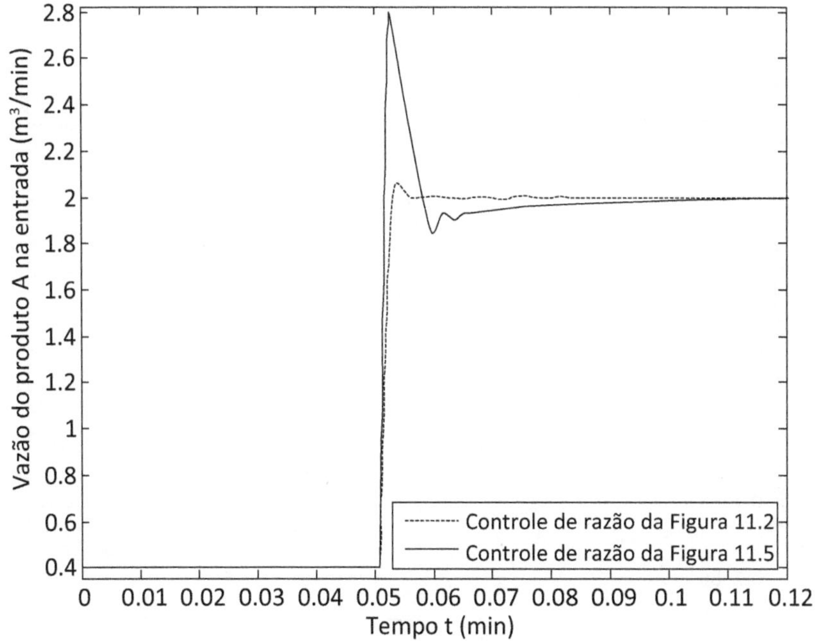

Figura 11.10 – Vazão $Q_{A,e}$ com dois modos de controle de razão, $Q_{B,e}$ indo de 0,1 a 0,5 m³/min.

Nas Figuras 11.8 e 11.9, vê-se que, ao aumentar a vazão de perturbação $Q_{B,e}$, há diferença nos modos de controle de relação das Figuras 11.2 e 11.5, mas sem oscilações não amortecidas na resposta. O uso dos modos de controle das Figuras 11.2 e 11.5 gera as concentrações C_A e C_B das Figuras 11.11 e 11.12, para $Q_{B,e}$ indo de 0,1 a $0,02\ m^3/min$.

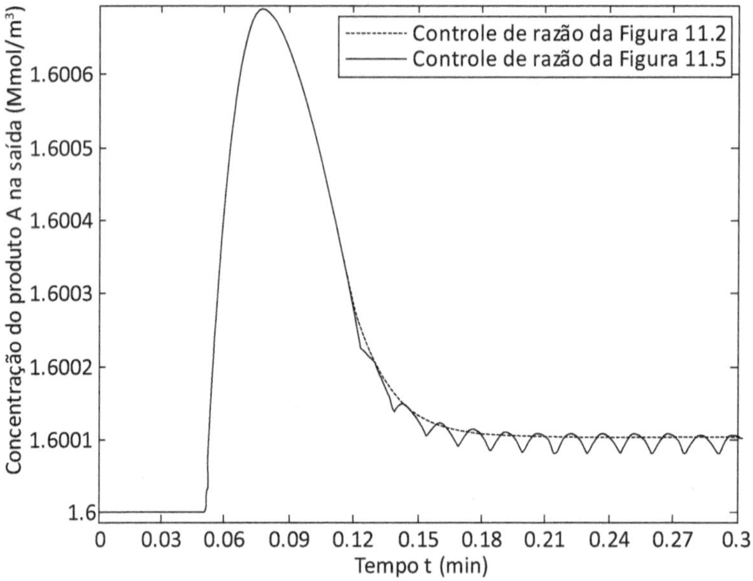

Figura 11.11 – Concentração C_A com dois modos de controle de razão, $Q_{B,e}$ indo de 0,1 a 0,02 m³/min.

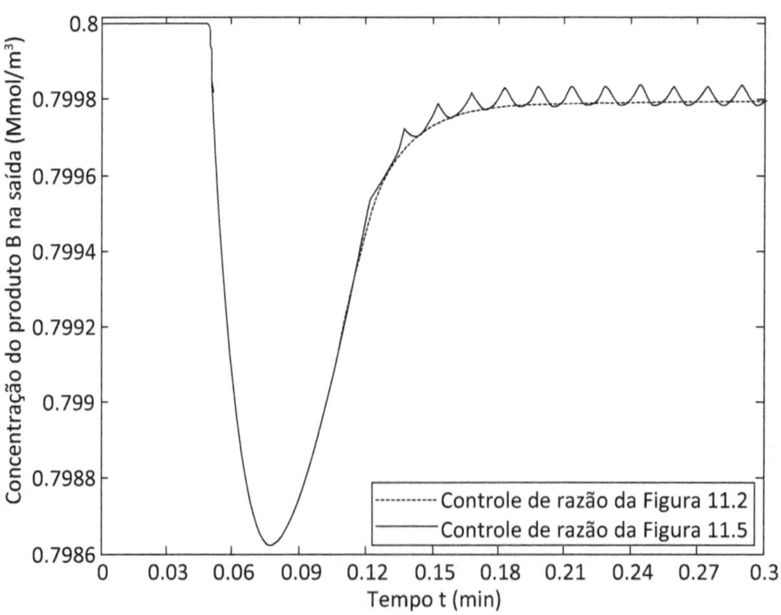

Figura 11.12 – Concentração C_B com dois modos de controle de razão, $Q_{B,e}$ indo de 0,1 a 0,02 m³/min.

A Figura 11.13 mostra a vazão $Q_{A,e}$ para as duas filosofias de controle de razão.

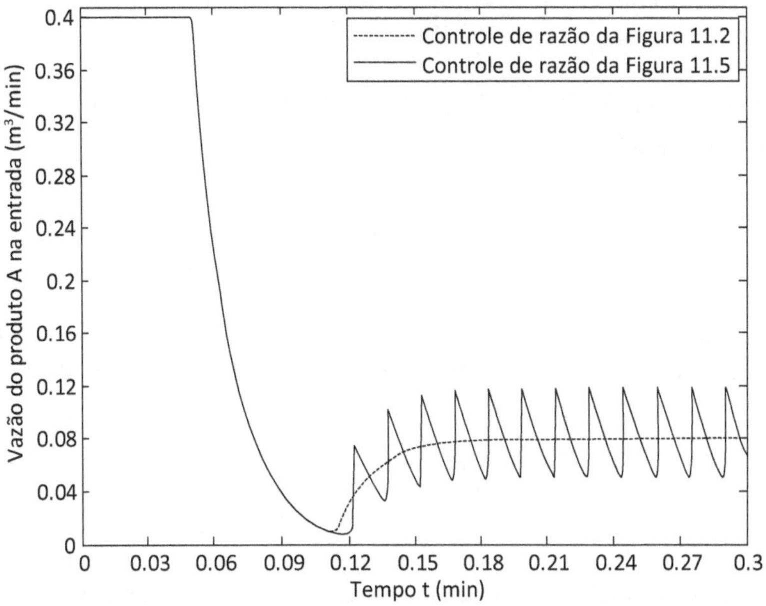

Figura 11.13 – Vazão manipulada $Q_{A,e}$ usando as duas filosofias de controle de razão para variação em $Q_{B,e}$ de 0,1 para 0,02 m³/min.

As Figuras 11.11 e 11.12 revelam que a filosofia de controle de relação da Figura 11.2 gera uma resposta não oscilatória, ao passo que o uso do controle proposto na Figura 11.5 gera uma resposta oscilatória não amortecida, confirmando a desvantagem de se usar a filosofia mostrada na Figura 11.5.

11.2.6 CONTROLE DA MISTURA AR/COMBUSTÍVEL EM CALDEIRAS

Sabendo-se a composição do combustível e com base na estequiometria da combustão, pode-se calcular o ar teórico ou ar estequiométrico necessário à queima do combustível. O volume do ar estequiométrico seco V_{ar}^{o}, dado em Nm^3ar/Nm^3GN, sendo "GN" gás natural, ou $Nm^3ar/kgOC$, sendo "OC" óleo combustível, é a quantidade mínima de ar que fornece o oxigênio suficiente para a combustão completa do carbono, do hidrogênio e do enxofre, que reagem com o oxigênio formando CO_2, H_2O e SO_2, e de quaisquer outros elementos do combustível que possam oxidar. O cálculo do volume do ar estequiométrico seco pode ser feito de diversos modos: pela equação estequiométrica, por uma fórmula simplificada, pela quantidade de O_2 presente no ar ou por uma fórmula empírica usando o PCI, que é o Poder Calorífico Inferior, dado em kJ/Nm^3GN ou $kJ/kgOC$ (GOULART; BARBERINO, 2003). Propõe-se lidar, aqui, com a fórmula pelo PCI devido à sua simplicidade, aplicando-a ao cálculo de V_{ar}^{o} para dois combustíveis diferentes: gás natural e óleo combustível.

- para gás natural: $V_{ar}^{o} = \frac{1,09}{4186} PCI + 0,25$, sendo *PCI* expresso em kJ/m^3;
- para óleo combustível: $V_{ar}^{o} = \frac{0,85}{4186} PCI + 2,0$ sendo *PCI* expresso em kJ/kg.

A título de exemplo, calcula-se V_{ar}^{o} para os seguintes combustíveis:

a) Gás natural: *PCI* a 20 °C e 1,0 atm = 35.896 kJ/m^3

$$V_{ar}^{o} = \frac{1,09}{4186} PCI + 0,25 = 9,597 \frac{Nm^3ar}{Nm^3GN}$$

b) Óleo combustível tipo 1A – alto teor de enxofre (S > 2%), fornecido pela Petrobras com o nome comercial de OCA1: *PCI* a 20 °C e 1,0 atm = 40.488 kJ/kg

$$V_{ar}^{o} = \frac{0,85}{4186} PCI + 2,0 = 10,221 \frac{Nm^3ar}{kgOC}$$

Na prática, a combustão completa é inviável; assim, caso se use apenas o ar teórico, parte do combustível não será queimada devido à deficiência de mistura do queimador, de modo que a combustão será incompleta e o calor do combustível não queimado será perdido pela chaminé da caldeira. Para garantir uma combustão completa, usa-se uma quantidade de ar superior ao ar teórico calculado, buscando garantir que as moléculas do combustível possam encontrar o número adequado de moléculas de oxigênio para completar a combustão. Esse ar adicional é intitulado excesso de ar e normalmente é expresso como porcentagem do ar teórico, sendo que o excesso de ar mais o ar teórico é chamado de ar total (BEGA, 2003). O coeficiente de excesso de ar (λ) é um modo de expressar a relação ar/combustível, tratando-se do volume de ar total na combustão (V_{ar} dado em $Nm^3ar/kgOC$ ou Nm^3ar/Nm^3GN) e do volume de ar teórico (V_{ar}^{o}):

$$\lambda = \frac{V_{ar}}{V_{ar}^{o}} \text{ [adim.]}$$

O excesso de ar é essencial na eficiência da combustão. Um grande excesso de ar é indesejável, pois diminui a temperatura da chama e aumenta as perdas de calor devido à entalpia dos gases efluentes, reduzindo a eficiência térmica. Por outro lado, um baixo excesso de ar pode resultar em uma combustão incompleta e na formação de CO, fuligem e fumaça, além de poder acumular combustível não queimado, causando risco de explosão. O valor ótimo do excesso de ar é aquele no qual essas duas influências estejam em balanço, suficientemente baixo para minimizar a perda de calor pelos gases efluentes, sem gerar combustão incompleta. A Tabela 11.1 exibe valores típicos do coeficiente de excesso de ar para combustíveis usuais na indústria (PINHEIRO; VALLE, 1995).

Tabela 11.1 – Coeficiente de excesso de ar para combustíveis usuais na indústria

Combustível	Coeficiente de excesso de ar (λ)
Bagaço de cana	1,25 a 1,35
Gás de alto forno	1,15 a 1,18
Gás de coqueria	1,07 a 1,12
Gás natural	1,05 a 1,10
Licor negro	1,05 a 1,07
Madeira	1,20 a 1,25
Óleo combustível	1,05 a 1,15

Calcula-se, a seguir, o volume de ar total na combustão V_{ar}, considerando como combustíveis o gás natural e o óleo combustível OCA1 e considerando o valor médio de λ da Tabela 11.1.

a) Gás natural:

$$V_{ar} = \lambda \cdot V_{ar}^{o} = 1{,}075 \cdot 9{,}597 = 10{,}317 \frac{\text{Nm}^3\text{ar}}{\text{Nm}^3\text{GN}}$$

b) Óleo combustível OCA1:

$$V_{ar} = \lambda \cdot V_{ar}^{o} = 1{,}10 \cdot 10{,}221 = 11{,}243 \frac{\text{Nm}^3\text{ar}}{\text{kgOC}}$$

As malhas de controle de combustão de caldeiras, usando combustível líquido e/ou gasoso, procuram manter a pressão do vapor no interior do tubulão, variando a vazão de combustível e do ar de combustão injetados no(s) queimador(es). Portanto, nessas malhas de controle, a variável principal (*master*) é a pressão de vapor no tubulão. Quanto maior for a vazão de combustível e do ar de combustão, maior será a troca de calor e maior será a produção de vapor. Essas malhas também procuram manter a relação ar/combustível na faixa mais estreita possível, pois, conforme já citado nesta mesma subseção, o excesso de ar influencia fortemente o rendimento da caldeira. Assim, o controle de combustão empregando uma estação de relação é mostrado nas Figuras 11.14 e 11.15. Na Figura 11.14, apresenta-se a opção de controle de combustão com o combustível seguindo o ar, e na Figura 11.15, com o ar seguindo o combustível (BEGA, 2003).

Na malha da Figura 11.14, o controlador de pressão PIC gera o ponto de ajuste para o controlador de vazão do ar comprimido FIC, enquanto a vazão do ar de combustão é multiplicada pelo ganho K_r da estação de relação e enviada como valor de referência para o controlador de vazão de combustível FIC. Nessa malha podem ocorrer situações operacionais inseguras, pois, quando a carga da caldeira diminuir, o ar de combustão será diminuído antes do combustível, podendo resultar em um excesso temporário de combustível na câmara de combustão. Ela também apresenta como desvantagem uma resposta lenta a variações de carga, pois a malha do ar de combustão é lenta e é ela que gera o valor de referência para a malha de combustível (BEGA, 2003).

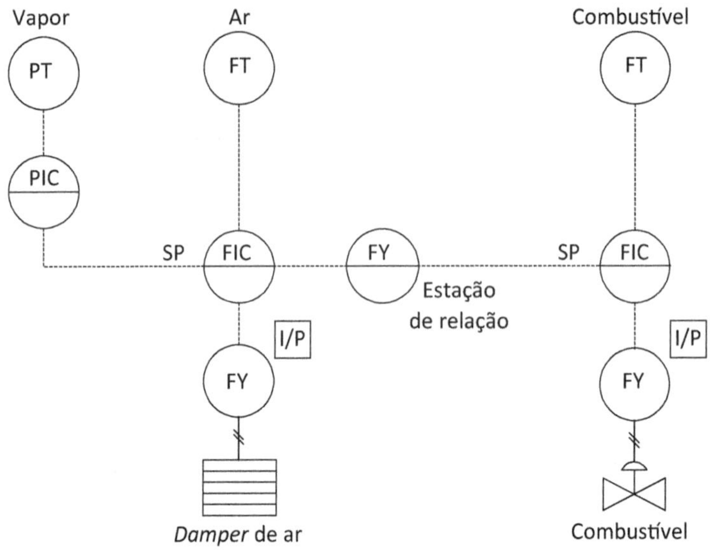

Figura 11.14 – Malha de controle de combustão com o combustível seguindo o ar (BEGA, 2003).

Na malha da Figura 11.15, o controlador de pressão PIC fornece o valor de referência para o controlador de vazão do combustível FIC, enquanto a vazão do combustível é multiplicada pelo ganho K_r da estação de relação e enviada como ponto de ajuste para o controlador de vazão do ar de combustão FIC.

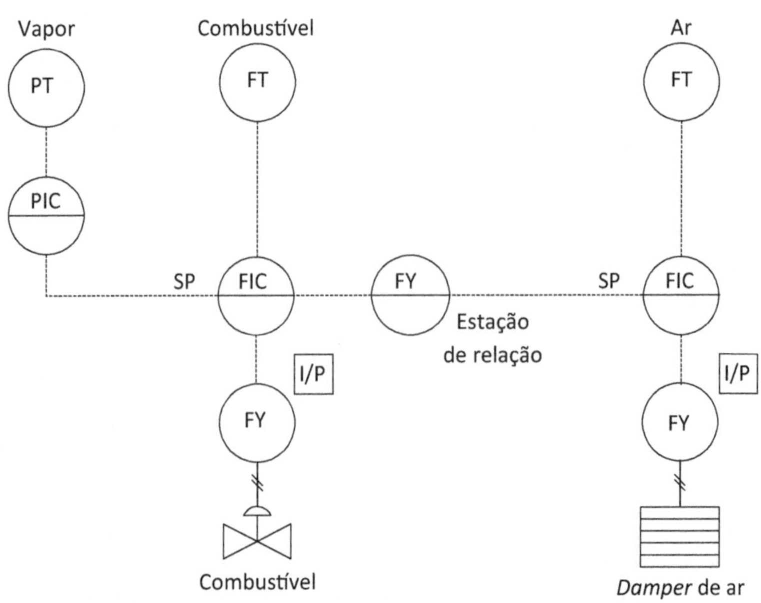

Figura 11.15 – Malha de controle de combustão com o ar seguindo o combustível (BEGA, 2003).

Com essa filosofia, há uma boa velocidade de resposta a variações na carga da caldeira, pois a malha de combustível é rápida e gera o valor de referência para a malha do ar de combustão. Seu problema é que situações inseguras surgem, pois, nos aumentos de carga da caldeira, o fluxo do combustível cresce antes da vazão do ar de combustão e, em qualquer situação operacional, a vazão do combustível é mantida em função da demanda, independentemente de haver ou não vazão de ar de combustão (BEGA, 2003).

REFERÊNCIAS

BEGA, E. A. **Instrumentação aplicada ao controle de caldeiras**. 3. ed. Rio de Janeiro: Interciência, 2003.

GOULART, F. A.; BARBERINO, N. P. **Metodologia e análise da viabilidade técnica e econômica da conversão de caldeiras a óleo combustível para gás natural**. Monografia apresentada ao Curso de Especialização em Engenharia de Gás Natural, Escola Politécnica, Universidade Federal da Bahia, mar. 2003.

LIPTÁK, B. G. **Instrument Engineers' Handbook**: Process Control and Optimization. 4. ed. Boca Raton: CRC Press, Taylor & Francis Group, 2006.

PINHEIRO, P. C. C.; VALLE, R. M. Controle de combustão: otimização do excesso de ar. In: CONGRESSO DE EQUIPAMENTOS E AUTOMAÇÃO DA INDÚSTRIA QUÍMICA E PETROQUÍMICA, 2., Rio de Janeiro, Brasil, ago. 1995. **Anais...**, p. 157-162.

SEBORG, D. E.; EDGAR, T. F.; MELLICHAMP, D. A.; DOYLE III, F. J. **Process, Dynamics and Control**. 3. ed. Hoboken: John Wiley & Sons, 2011.

CAPÍTULO 12
CONTROLE EM CASCATA

Uma desvantagem do controle por realimentação é que a ação corretiva para uma perturbação não começa até que a variável controlada se afaste do valor desejado. Uma opção para melhorar a resposta dinâmica do sistema quando sujeito a perturbações é usar um segundo ponto de medição e um segundo controlador por realimentação. Essa variável intermediária do processo, que responde tanto à variável manipulada quanto a distúrbios, pode ser usada para controlar a variável de interesse. O ponto secundário de medição deve ser locado de forma a perceber a perturbação antes da variável controlada, sem que a perturbação seja medida. Essa abordagem utiliza múltiplas malhas de realimentação e é intitulada **controle em cascata**, sendo particularmente útil quando uma parcela razoável das perturbações no processo está associada com a variável manipulada. A principal serventia de se ter um controlador secundário é que ele age primeiro contra perturbações, evitando que elas atinjam o processo primário.

O controle em cascata consiste em pelo menos dois controladores em série com um único valor de referência independentemente ajustável e inserido no controlador primário (também chamado de mestre, ou *master*). O sinal de saída do controlador primário é o valor de referência para o controlador secundário (também denominado escravo, ou *slave*). Cada controlador tem sua própria entrada por meio da medição de uma variável do processo, mas somente o controlador primário pode ter um valor de referência independente e apenas o controlador secundário atua sobre o processo. Há duas medições para ajustar uma única variável manipulada. A principal vantagem da estratégia de controle em cascata é que uma segunda variável medida é localizada próxima a uma perturbação potencial, com o objetivo de melhorar a resposta em malha fechada.

O controle em cascata é muito usado na indústria e tem duas facetas importantes:

- o sinal de saída do controlador mestre serve como valor de referência para o controlador escravo; e
- as duas malhas de controle por realimentação são interdependentes, com a malha secundária regulada pelo controlador escravo.

Para um sistema de controle em cascata funcionar bem, a resposta da malha secundária deve ser mais rápida que a da malha primária. Para ser eficiente, recomenda-se que a constante de tempo dominante do processo secundário seja de três a dez vezes menor que a do processo primário, e o período de oscilação da malha secundária deve ser inferior à metade ou a um terço da malha primária.

12.1 DIAGRAMA DE BLOCOS E FUNÇÕES DE TRANSFERÊNCIA DO CONTROLE EM CASCATA

O diagrama de blocos com o esquema simplificado de um controle em cascata é mostrado na Figura 12.1.

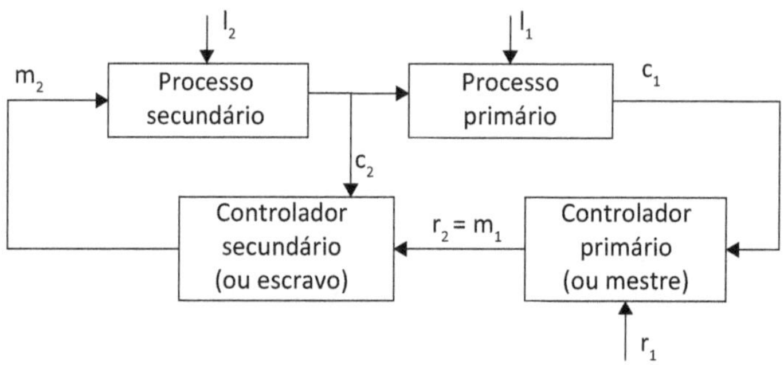

Figura 12.1 – Diagrama de blocos simplificado de sistema de controle em cascata.

Na Figura 12.1, o controlador mestre busca manter a variável controlada primária c_1 em seu valor desejado, ajustando o valor de referência r_2 do controlador secundário. Já o controlador escravo recebe o valor de referência r_2 e busca manter a variável controlada secundária c_2 nesse valor, o que afeta a variável controlada primária c_1. O diagrama de blocos detalhado de um sistema de controle em cascata é mostrado na Figura 12.2.

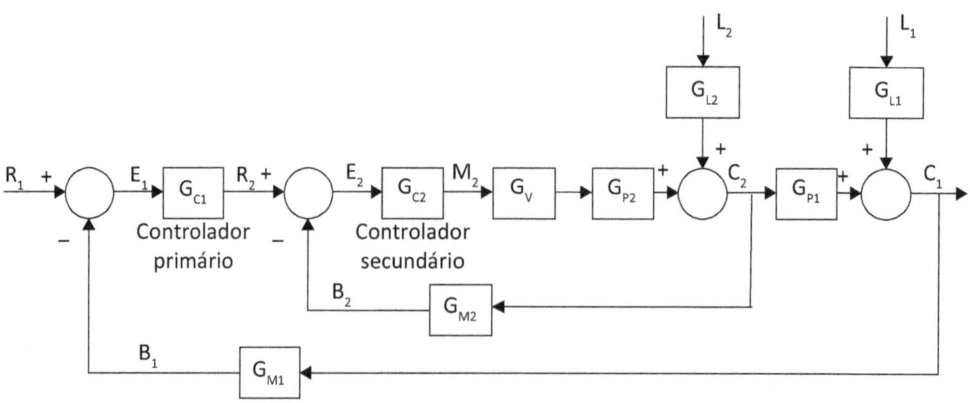

Figura 12.2 – Diagrama de blocos de um sistema genérico de controle em cascata.

O índice "1" se refere à malha de controle primária, e o "2", à secundária.

As funções de transferência que descrevem o comportamento das saídas C_1 e C_2, com relação a variações na carga e no valor de referência, são mostradas a seguir.

$$\frac{C_1}{R_1} = \frac{G_{C1} \cdot G_{C2} \cdot G_V \cdot G_{P2} \cdot G_{P1}}{1 + G_{C2} \cdot G_V \cdot G_{P2} \cdot G_{M2} + G_{C1} \cdot G_{C2} \cdot G_V \cdot G_{P2} \cdot G_{P1} \cdot G_{M1}} \tag{12.1}$$

$$\frac{C_1}{L_1} = \frac{G_{L1} \cdot \left(1 + G_{C2} \cdot G_V \cdot G_{P2} \cdot G_{M2}\right)}{1 + G_{C2} \cdot G_V \cdot G_{P2} \cdot G_{M2} + G_{C1} \cdot G_{C2} \cdot G_V \cdot G_{P2} \cdot G_{P1} \cdot G_{M1}} \tag{12.2}$$

$$\frac{C_1}{L_2} = \frac{G_{P1} \cdot G_{L2}}{1 + G_{C2} \cdot G_V \cdot G_{P2} \cdot G_{M2} + G_{C1} \cdot G_{C2} \cdot G_V \cdot G_{P2} \cdot G_{P1} \cdot G_{M1}} \tag{12.3}$$

$$\frac{C_2}{R_2} = \frac{G_{C2} \cdot G_V \cdot G_{P2}}{1 + G_{C2} \cdot G_V \cdot G_{P2} \cdot G_{M2}} \tag{12.4}$$

$$\frac{C_2}{L_2} = \frac{G_{L2}}{1 + G_{C2} \cdot G_V \cdot G_{P2} \cdot G_{M2}} \tag{12.5}$$

A equação característica da malha primária do sistema de controle em cascata é:

$$1 + G_{C2} \cdot G_V \cdot G_{P2} \cdot G_{M2} + G_{C1} \cdot G_{C2} \cdot G_V \cdot G_{P2} \cdot G_{P1} \cdot G_{M1} = 0 \tag{12.6}$$

O sistema de controle em cascata normalmente tem a estabilidade melhorada, de modo que valores maiores de K_{C1} podem ser usados no controlador mestre. Se a malha interna fosse removida ($G_{C2} = G_{P2} = 1$ e $G_{M2} = 0$), a equação característica seria a mesma que a de um sistema de controle por realimentação convencional. O diagrama de blocos do sistema da Figura 12.2, mas com um controlador único, é exibido na Figura 12.3.

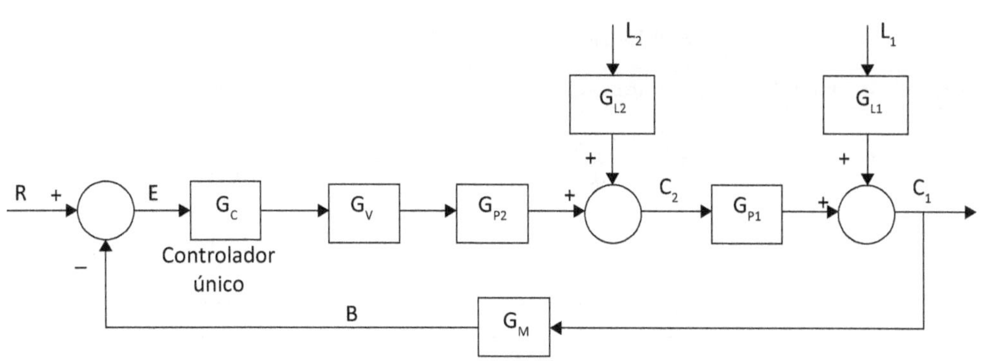

Figura 12.3 – Diagrama de blocos de um sistema com controlador único.

12.2 SINTONIA DAS MALHAS NO CONTROLE EM CASCATA

Quando um sistema de controle em cascata é sintonizado, o controlador escravo deve ser sintonizado primeiro (para mudanças no valor desejado), com o controlador primário em manual. Uma vez que o controlador secundário tenha sido sintonizado, então se passa ao controlador mestre. Dessa maneira, o controlador primário "enxerga" a malha interna já sintonizada como parte de todo o processo a controlar. As técnicas de sintonia apresentadas na Seção 8.2 do Volume 1 podem ser usadas para cada malha de controle. Assim, o projeto dos controladores em cascata segue três etapas:

- projeto do controlador secundário considerando somente a malha secundária;
- redução da malha secundária a um bloco único; e
- projeto do controlador primário.

Uma opção para sintonizar os controladores é mostrada a seguir, envolvendo um só ensaio em malha aberta para identificação da dinâmica do sistema. O índice de análise de desempenho usado nesse método é a integral do erro absoluto (IAE) (AUSTIN, 1986):

a) supõe-se que a planta tenha um único controlador, conforme mostrado na Figura 12.3. Aplica-se um degrau na saída do controlador e medem-se as variáveis controladas primária e secundária. A resposta da variável primária é utilizada para calcular um modelo de primeira ordem com atraso puro, caracterizado pelo ganho K_1, pela constante de tempo τ_1 e pelo tempo morto θ_1. A resposta da variável secundária é utilizada para o cálculo dos parâmetros K_2, τ_2 e θ_2 de um processo do mesmo tipo;
b) aplica-se um dos métodos descritos na Seção 8.2 do Volume 1 para o ajuste de um controlador P ou PI para a malha secundária (interna), e estimam-se os parâmetros de sintonia K_{C2} e, se for o caso, T_{I2}; e
c) o controlador primário (PI ou PID) é ajustado de acordo com as fórmulas das Tabelas 12.1 a 12.3 (AUSTIN, 1986).

Tabela 12.1 – Ajuste quando há muita variação nas perturbações

Controlador primário	Controlador secundário é P	Controlador secundário é PI
K_{C1}	$1{,}4\cdot\left(\frac{1+K_{C2}\cdot K_2}{K_{C2}\cdot K_1}\right)\cdot\left(\frac{\theta_1}{\tau_1}\right)^{-1{,}14}\cdot\left(\frac{\tau_2}{\tau_1}\right)^{0{,}1}$	$1{,}25\cdot\left(\frac{K_2}{K_1}\right)\cdot\left(\frac{\theta_1}{\tau_1}\right)^{-1{,}07}\cdot\left(\frac{\tau_2}{\tau_1}\right)^{0{,}1}$
T_{I1}	τ_1	
T_{D1} (=0 para PI)	$(\theta_1-\tau_2)/2$ (aplicável apenas quando este valor for ≥ 0,08)	

A Tabela 12.1 só pode ser aplicada quando $0{,}02 \leq \tau_2/\tau_1 \leq 0{,}38$ e quando $\theta_2 \leq \theta_1$.

Tabela 12.2 – Ajuste quando há muita variação no valor de referência do controlador primário e ele é do tipo PI

Controlador primário	Controlador secundário é P	Controlador secundário é PI
K_{C1}	$0{,}84\cdot\left(\frac{1+K_{c2}\cdot K_2}{K_{c2}\cdot K_1}\right)\cdot\left(\frac{\theta_1}{\tau_1}\right)^{-1{,}14}\cdot\left(\frac{\tau_2}{\tau_1}\right)^{0{,}1}$	$0{,}75\cdot\left(\frac{K_2}{K_1}\right)\cdot\left(\frac{\theta_1}{\tau_1}\right)^{-1{,}07}\cdot\left(\frac{\tau_2}{\tau_1}\right)^{0{,}1}$
T_{I1}	τ_1	

A faixa de uso da Tabela 12.2 é para $0{,}02 \le \tau_2/\tau_1 \le 0{,}65$ e para $\theta_2 \le \theta_1$. Caso se tenha $\tau_2/\tau_1 > 0{,}38$, a Tabela 12.2 deve ser usada, mesmo que o *set point* nunca mude.

Tabela 12.3 – Ajuste quando há muita variação no valor de referência do controlador primário e ele é do tipo PID

Controlador primário	Controlador secundário é P	Controlador secundário é PI
K_{C1}	$1{,}17\cdot\left(\frac{1+K_{c2}\cdot K_2}{K_{c2}\cdot K_1}\right)\cdot\left(\frac{\theta_1}{\tau_1}\right)^{-1{,}14}\cdot\left(\frac{\tau_2}{\tau_1}\right)^{0{,}1}$	$1{,}04\cdot\left(\frac{K_2}{K_1}\right)\cdot\left(\frac{\theta_1}{\tau_1}\right)^{-1{,}07}\cdot\left(\frac{\tau_2}{\tau_1}\right)^{0{,}1}$
T_{I1}	τ_1	
T_{D1}	$(\theta_1-\tau_2)/2$	

A faixa de utilização da Tabela 12.3 é para $0{,}02 \le \tau_2/\tau_1 \le 0{,}35$, para $\theta_2 \le \theta_1$ e para $(\theta_1 - \tau_2)/2 \ge 0{,}08$.

12.3 VANTAGENS E APLICAÇÕES DO CONTROLE EM CASCATA

Das Figuras 12.2 e 12.3, fica claro que o controle em cascata deve eliminar os efeitos das perturbações que entram na malha secundária (variável L_2). Mas o que se pode dizer dos efeitos das perturbações L_1 que entram na malha primária? O controle em cascata pode produzir uma melhoria com relação ao esquema de controle por realimentação convencional, quando ambos os controladores forem bem sintonizados. O arranjo em cascata reduz o tempo de resposta dos elementos na malha secundária, a qual, por sua vez, afeta a malha primária, mas a melhoria pode ser tênue.

A Figura 12.4 apresenta o exemplo de um processo controlado por um único controlador. Esse processo é descrito pelas seguintes funções de transferência:

$$G_1 = \frac{3\cdot e^{-15\cdot s}}{15\cdot s+1} \qquad G_2 = \frac{2\cdot e^{-s}}{6\cdot s+1} \text{ (tempos em segundos)} \tag{12.7}$$

Existe a possibilidade de perturbações afetarem tanto o processo secundário (L_2) como o processo primário (L_1).

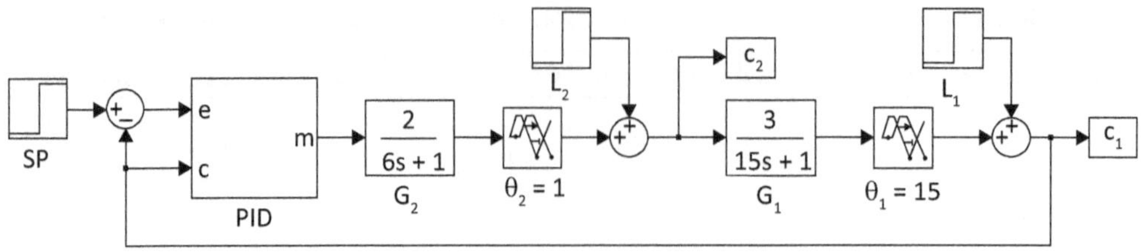

Figura 12.4 – Diagrama de blocos de processo com um único controlador.

Como se vê na Figura 12.4, a ação derivativa atua sobre a variável controlada *c*, não sobre o erro *e*. O controlador enxerga o processo de segunda ordem com tempo morto a seguir:

$$G(s) = \frac{K \cdot e^{-\theta \cdot s}}{(\tau_1 \cdot s + 1) \cdot (\tau_2 \cdot s + 1)} = \frac{6 \cdot e^{-16 \cdot s}}{(15 \cdot s + 1) \cdot (6 \cdot s + 1)} \tag{12.8}$$

Sintonizando-se o controlador PID pelo método da Síntese Direta com $\tau_C = 20$ s, aplicando-se a Tabela 8.23 do Volume 1, resulta em:

$$K_C = \frac{\tau_1 + \tau_1}{K \cdot (\tau_C + \theta)} = \frac{15 + 6}{6 \cdot (20 + 16)} = 0{,}0972$$

$$T_I = \tau_1 + \tau_2 = 21 \text{ s/rep} \qquad T_D = \frac{\tau_1 \cdot \tau_2}{\tau_1 + \tau_2} = \frac{90}{21} = 4{,}29 \text{ s} \tag{12.9}$$

Instala-se, agora, um controle em cascata. O controlador escravo enxerga o processo G_2. Sintonizando-o pelo método da Síntese Direta com $\tau_{C2} = \theta_2 = 1$ s, tem-se que:

$$K_{C2} = \frac{\tau_2}{K_2 \cdot (\tau_{C2} + \theta_2)} = \frac{6}{2 \cdot (1 + 1)} = 1{,}5 \qquad T_{I2} = \tau_2 = 6 \text{ s/rep} \tag{12.10}$$

Insere-se o controlador secundário na malha, como indicado na Figura 12.5.

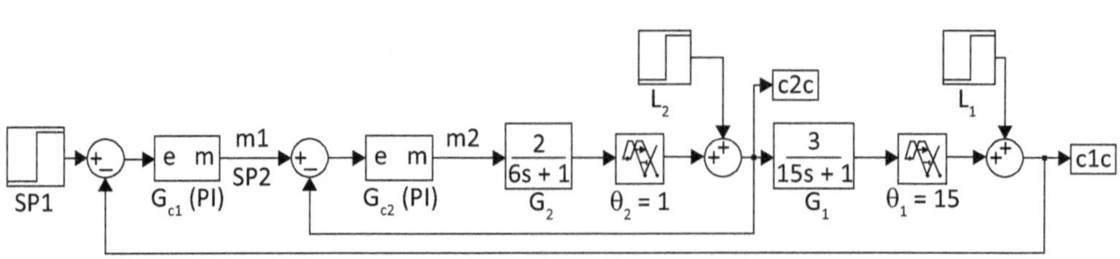

Figura 12.5 – Diagrama de blocos da malha com controle em cascata.

Aplica-se um degrau unitário na saída manual m_1 do controlador mestre, resultando na resposta mostrada na Figura 12.6. Aplica-se esse mesmo degrau unitário na saída manual m do controlador único da Figura 12.3 e gera-se a resposta da Figura 12.6.

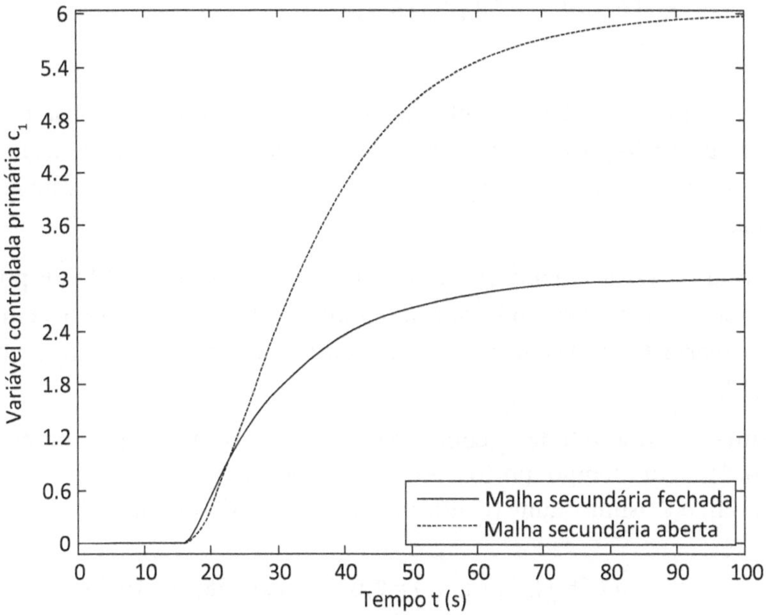

Figura 12.6 – Resposta da variável controlada primária a degrau unitário na saída do controlador mestre em manual com a malha secundária aberta e fechada.

A Figura 12.6 mostra que o tempo de acomodação da resposta da variável controlada primária c_1 é menor com a malha secundária fechada que aberta. Aproximando-se a resposta de c_1 com a malha secundária fechada por um processo de primeira ordem com tempo morto e estimando-se os parâmetros por meio do método de Sundaresan e Krishnaswamy (conforme Item 3.5.2.4 do Volume 1):

$$\tau_1 = 0{,}675 \cdot \left(t_{0{,}853} - t_{0{,}353}\right) = 0{,}675 \cdot \left(45{,}8 - 23{,}5\right) = 15{,}1 \text{ s}$$

$$\theta_1 = 1{,}294 \cdot t_{0{,}353} - 0{,}294 \cdot t_{0{,}853} = 1{,}294 \cdot 23{,}5 - 0{,}294 \cdot 45{,}8 = 16{,}9 \text{ s}$$

O ganho é dado por $K_1 = 3$. Assim, o modelo que o controlador primário enxerga é:

$$\tilde{G}_{1,\text{malha 2 fechada}}(s) = \frac{3 \cdot e^{-16{,}9 \cdot s}}{15{,}1 \cdot s + 1} \tag{12.11}$$

A aplicação da sintonia da Síntese Direta com $\tau_C = 20$ s resulta nos valores:

$$K_{C1} = \frac{\tau_1}{K_1 \cdot (\tau_{C1} + \theta_1)} = \frac{15,1}{3 \cdot (20 + 16,9)} = 0,136 \qquad T_{I1} = \tau_1 = 15,1 \text{ s/rep} \quad (12.12)$$

Propõe-se aplicar também a sintonia sugerida na Seção 12.2, considerando que haja muitas perturbações na variável primária. Para tal, é preciso saber como as malhas primária e secundária reagem a um degrau no controlador único da malha em manual.

A resposta da variável controlada primária é vista na Figura 12.6. É preciso extrair um modelo de primeira ordem com tempo morto da Figura 12.6, com a malha secundária aberta. O modelo da malha secundária corresponde a G_2, como consta na Equação (12.7).

Aproxima-se a resposta de c_1 com a malha secundária aberta por um processo de primeira ordem com tempo morto e estimam-se os parâmetros por meio do método de Sundaresan e Krishnaswamy (conforme Item 3.5.2.4 do Volume 1):

$$\tau_1' = 0,675 \cdot (t_{0,853} - t_{0,353}) = 0,675 \cdot (52,3 - 28,3) = 16,2 \text{ s}$$

$$\theta_1' = 1,294 \cdot t_{0,353} - 0,294 \cdot t_{0,853} = 1,294 \cdot 28,3 - 0,294 \cdot 52,3 = 21,2 \text{ s}$$

O ganho é dado por:

$$K_1' = \frac{\Delta S}{\Delta E} = \frac{6}{1} = 6$$

Assim, o modelo aproximado do processo primário é:

$$\tilde{G}_{1,\text{malha 2 aberta}}(s) = \frac{6 \cdot e^{-21,2 \cdot s}}{16,2 \cdot s + 1} \quad (12.13)$$

A relação τ_2/τ_1' é:

$$\frac{\tau_2}{\tau_1'} = \frac{6}{16,2} = 0,370$$

Como $\tau_2/\tau_1' < 0,38$ e como $\theta_2 \le \theta_1' \Rightarrow 1 \le 21,2$, pode-se empregar a Tabela 12.1.

Considera-se que o controlador secundário seja PI, conforme a Equação (12.10). Portanto, o controlador PID primário tem os seguintes parâmetros de sintonia:

$$K_{C1}'=1,25\cdot\left(\frac{K_2}{K_1'}\right)\cdot\left(\frac{\theta_1'}{\tau_1'}\right)^{-1,07}\cdot\left(\frac{\tau_2}{\tau_1'}\right)^{0,1}=1,25\cdot\left(\frac{2}{6}\right)\cdot\left(\frac{21,2}{16,2}\right)^{-1,07}\cdot\left(\frac{6}{16,2}\right)^{0,1}=0,283$$

$$T_I'=\tau_1'=16,2\ \text{s/rep} \qquad T_D'=\frac{\theta_1'-\tau_2}{2}=\frac{21,2-6}{2}=7,60\ \text{s} \tag{12.14}$$

A Figura 12.7 mostra a resposta da malha simples, com um controlador PID sintonizado segundo a Equação (12.9), como indicado na Figura 12.3, e da malha de controle em cascata da Figura 12.2, usando um controlador primário PI ajustado conforme a Equação (12.12) e um controlador primário do tipo PID sintonizado segundo a Equação (12.14), com o controlador escravo com a mesma sintonia dada na Equação (12.10). A ação derivativa do PID atua sobre a variável controlada e não sobre o erro. Simula-se em $t = 10$ s uma variação em degrau unitário no valor desejado, em $t = 150$ s uma perturbação L_2 em degrau unitário na malha secundária e em $t = 350$ s uma perturbação L_1 em degrau unitário na malha primária.

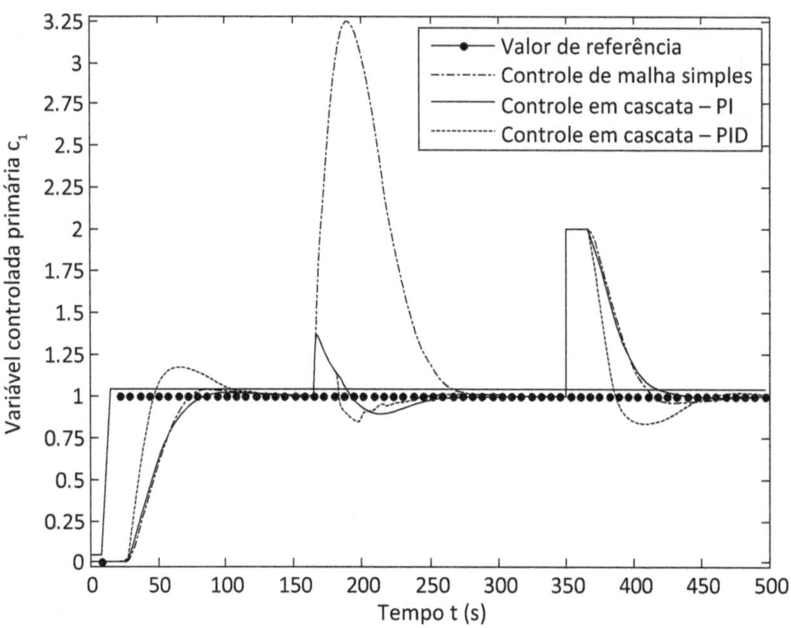

Figura 12.7 – Resposta às mesmas perturbações das malhas de controle simples e em cascata.

A Figura 12.7 revela que as respostas ao valor desejado ficaram parecidas para as malhas de controle simples e em cascata com o controlador primário PI, mas com um pouco de sobressinal para o controlador mestre PID. Já as respostas à perturbação na malha secundária ficaram totalmente diferentes, sendo que a malha simples teve um sobressinal muito maior que as malhas em cascata, mostrando, assim, a grande vantagem do controle em cascata. Por fim, no caso da perturbação na malha primária, a resposta das malhas de controle simples e em cascata com controlador primário PI foram similares, e com o controlador primário PID exibiu um pouco de sobressinal.

As principais vantagens de se empregar o controle em cascata são (LIPTÁK, 2006):

a) distúrbios que afetem a variável controlada secundária são corrigidas pelo controlador escravo antes de atingirem a variável controlada primária, como visto na Figura 12.7;

b) o fechamento da malha secundária de controle reduz o atraso visto pelo controlador primário, resultando em maior velocidade da resposta. Isso pode ser visto na Figura 12.8, que compara a resposta da malha fechada secundária da Figura 12.2 a um degrau em seu valor de referência $r_2 = m_1$ com a resposta da variável secundária em malha aberta a um degrau equivalente na variável manipulada primária m_1.

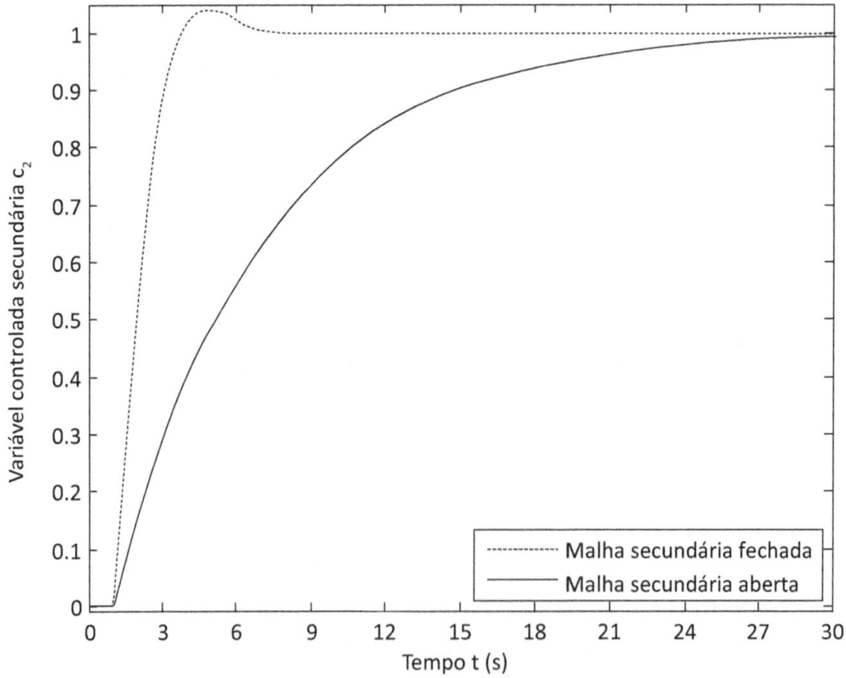

Figura 12.8 – Resposta da variável controlada secundária em malha aberta e fechada a degrau na saída do controlador primário em manual.

A Figura 12.8 indica que a resposta da variável controlada secundária do sistema em malha aberta, isto é, sem o controlador secundário, é mais lenta que a resposta da variável secundária em malha fechada;

c) a aplicação da malha secundária pode reduzir o efeito de atrito excessivo nas válvulas de controle ou a não linearidade em atuadores.

As principais recomendações de aplicação do controle em cascata são:

i. situações em que o processo primário tenha um grande tempo morto ou constante de tempo e os atrasos no processo secundário sejam pequenos;

ii. quando a principal perturbação da malha estiver na malha secundária, pois na configuração em cascata a correção da perturbação na malha secundária ocorre tão logo o medidor da variável controlada secundária detecte o distúrbio; e

iii. quando a própria variável manipulada sofrer muitas perturbações, o que ocorre, por exemplo, quando a variável manipulada é uma vazão e a pressão do fluido de processo a montante da válvula de controle varia muito.

12.4 SELEÇÃO DA VARIÁVEL CONTROLADA SECUNDÁRIA

No projeto de um sistema de controle em cascata, é relevante a seleção mais adequada da variável secundária, isto é, a definição de como o processo vai ser "dividido". Nessa escolha, há normalmente um grande número de opções. Deve-se buscar ter o máximo possível de atraso na malha primária e, simultaneamente, o maior número possível de perturbações entrando na malha secundária. Os atrasos do processo devem ser divididos, de modo que a maior constante de tempo fique na malha primária. Quando isso ocorre, como no caso em que um posicionador da válvula é o controlador secundário e uma malha muito rápida, como controle de vazão ou de pressão de líquido é a malha primária, a estabilidade do sistema é afetada, pois a válvula tem a maior constante de tempo do sistema. Nesse tipo de arranjo, pode-se restabelecer a estabilidade apenas com prejuízo da qualidade do controle, pois se deve ajustar um ganho proporcional baixo no controlador mestre, gerando uma resposta lenta tanto a perturbações na carga como a variações no *set point*.

Para mostrar o que ocorre quando a maior parte da dinâmica do processo está na malha secundária, toma-se o mesmo processo da Figura 12.2, mas inverte-se G_1 com G_2. Ajusta-se o controlador escravo pelo método da Síntese Direta com $\tau_{C2} = \theta_2 = 15$ s:

$$K_{C2} = \frac{\tau_2}{K_2 \cdot (\tau_{C2} + \theta_2)} = \frac{15}{3 \cdot (15 + 15)} = 0{,}167 \qquad T_{I2} = \tau_2 = 15\ \text{s/rep} \qquad (12.15)$$

Aplica-se um degrau unitário na saída manual m_1 do controlador primário, resultando na resposta da Figura 12.9.

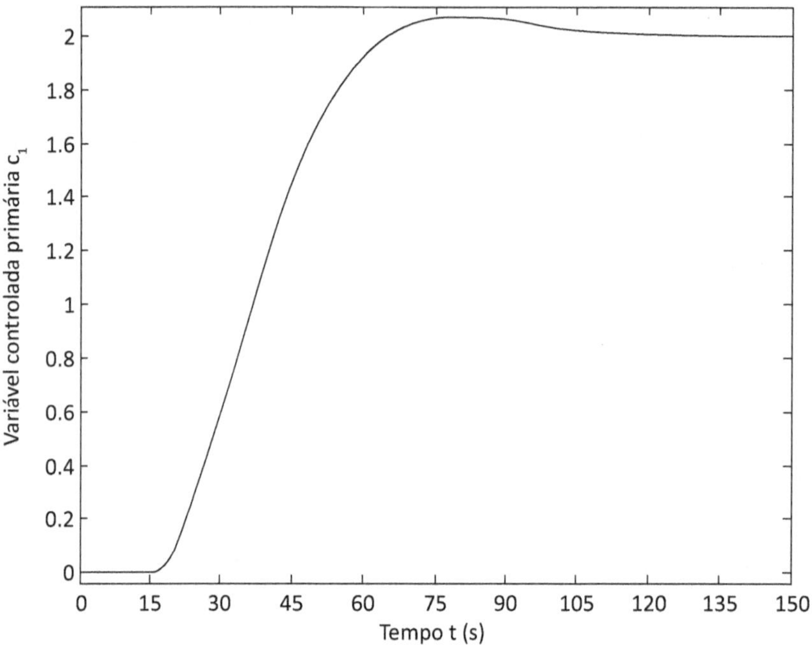

Figura 12.9 – Resposta da malha primária a degrau unitário na saída manual do controlador mestre.

Na Figura 12.9 se nota que a resposta de c_1 pode ser aproximada por um sistema de segunda ordem subamortecido com tempo morto, de modo similar à Subseção 3.6.3 do Volume 1. Para determinar a função de transferência do processo, é preciso estimar os parâmetros ξ e ω_n. Para calcular o coeficiente de amortecimento ξ, deve-se avaliar o valor do sobressinal máximo M_p:

$$M_p = \frac{b}{a} = \frac{2{,}07 - 2}{2 - 0} = 0{,}035 = 3{,}5\%$$

Com esse valor, calcula-se ξ por meio de:

$$\xi = \frac{1}{\sqrt{\left[\frac{\pi}{\ln\left(M_p\right)}\right]^2 + 1}} = 0{,}884$$

Para calcular o valor de ω_n, utiliza-se o valor do instante de pico t_p, dado por:

$$t_p = \frac{\pi}{\omega_n \cdot \sqrt{1 - \xi^2}}$$

No gráfico da Figura 12.9, tem-se que o instante de pico ocorre em 80,2 s. No entanto, é preciso descontar o tempo morto da resposta, que vale $\theta = 16$ s. Desse modo:

$$t_p = 80,2 - 16 = 64,2 \text{ s}$$

Assim:

$$\omega_n = \frac{\pi}{t_p \cdot \sqrt{1-\xi^2}} = 0,105 \frac{\text{rad}}{\text{s}}$$

O ganho do processo é calculado por:

$$K = \frac{\Delta S}{\Delta E} = \frac{2}{1} = 2$$

A função de transferência resultante é dada por:

$$G_1(s) = \frac{C_1(s)}{M_1(s)} = \frac{K \cdot \omega_n^2 \cdot e^{-\theta \cdot s}}{s^2 + 2 \cdot \xi \cdot \omega_n \cdot s + \omega_n^2} = \frac{2 \cdot (0,105)^2 \cdot e^{-16 \cdot s}}{s^2 + 2 \cdot 0,884 \cdot 0,105 \cdot s + (0,105)^2}$$

$$G_1(s) = \frac{0,0220 \cdot e^{-16 \cdot s}}{s^2 + 0,186 \cdot s + 0,0110}$$

Aplicando-se a sintonia IMC (ver Tabela 8.24, Volume 1) com $\tau_C = 20$ s resulta no seguinte controlador PID:

$$K_C = \frac{2 \cdot \xi}{K \cdot \omega_n \cdot (\tau_C + \theta)} = 0,234 \quad T_I = \frac{2 \cdot \xi}{\omega_n} = 16,8 \frac{\text{s}}{\text{rep}} \quad T_D = \frac{1}{2 \cdot \xi \cdot \omega_n} = 5,39 \text{ s} \quad (12.16)$$

A Figura 12.10 mostra a resposta de uma malha simples de controle, como indicada na Figura 12.3, munida de um controlador PID sintonizado conforme a Equação (12.9) e da malha de controle em cascata da Figura 12.2, com o controlador secundário ajustado segundo a Equação (12.15) e o controlador primário ajustado conforme a Equação (12.16). Realiza-se uma simulação em que ocorre em t = 10 s uma variação em degrau unitário no valor de referência, em t = 150 s uma perturbação L_2 em degrau unitário na malha secundária e, finalmente, em t = 350 s uma perturbação L_1 também em degrau unitário na malha primária.

A Figura 12.10 indica que, nesse caso, como a dinâmica da planta estava mal distribuída, muito concentrada na malha secundária, a aplicação do controle em cascata foi pior que a do controle simples, principalmente na rejeição de carga da malha secundária, em que, na Figura 12.7, a aplicação do controle em cascata havia sido extremamente benéfica. Para elucidar melhor esse fato, considere os seguintes extremos (LIPTÁK, 2006):

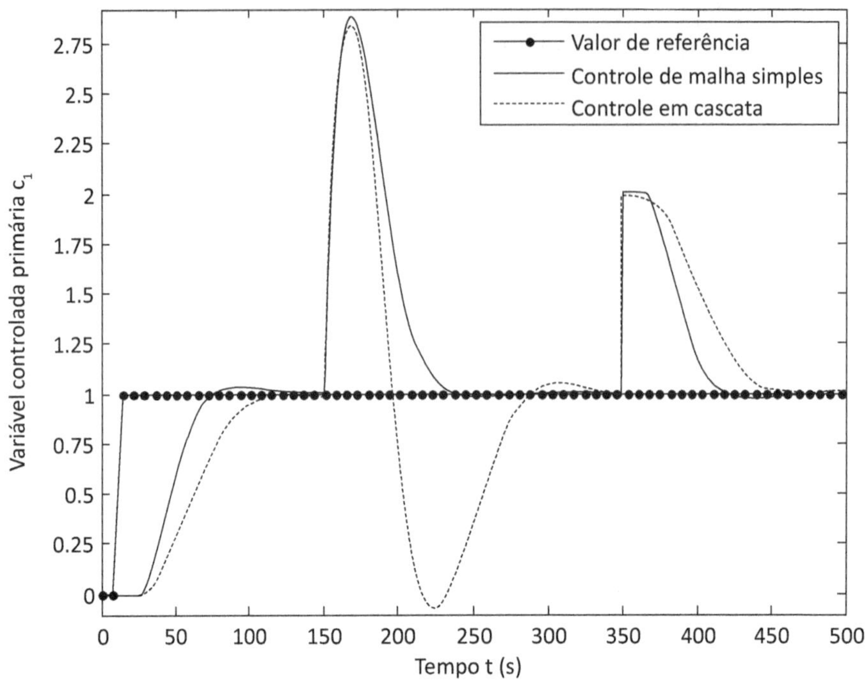

Figura 12.10 – Resposta às mesmas perturbações das malhas de controle simples e em cascata.

- se a variável secundária respondesse imediatamente à variável manipulada primária, isto é, se não houvesse atraso na malha secundária, o controlador escravo não faria nada; e
- se a malha secundária fosse fechada em torno do processo inteiro, o controlador primário não teria função nenhuma.

Para um desempenho ótimo, os elementos dinâmicos do processo devem ser distribuídos tão equitativamente quanto possível entre os dois controladores. Atribuir a maior parte da dinâmica do processo à malha secundária pode gerar problemas, pois, apesar de a resposta da malha fechada secundária ser mais rápida que quando se abre a malha e não se usa o controlador escravo, como visto na Figura 12.8, a malha fechada tem um ganho dinâmico maior, como indicado na resposta sobreamortecida da Figura 12.8. Isso implica que, para se manter a estabilidade em um controle em cascata, pode ocorrer que o ganho proporcional do controlador primário seja inferior ao que se teria sem a malha de controle secundária, o que pode reduzir a velocidade da resposta da malha primária. Portanto, a escolha adequada da variável secundária faz com que o sistema de controle em cascata tenha sua estabilidade melhorada, permitindo assim um aumento no ganho proporcional do controlador primário, pois a região de alto ganho da malha secundária se encontra além da frequência natural da malha primária. Em essência, a redução do tempo de resposta da malha secundária a coloca fora da ressonância com a malha primária.

Para escolher o melhor arranjo para o controle em cascata, é preciso definir quais perturbações são mais prováveis de ocorrer. Recomenda-se listá-las em ordem decrescente de importância. Em seguida, deve-se rever as várias opções de controle em cascata e estipular qual delas se adequa melhor à ideia de se obter o máximo possível de atraso na malha primária e, simultaneamente, ter o maior número possível de perturbações entrando na malha secundária. A escolha da variável de controle secundária é tão importante que se deve listar algumas diretrizes para orientar essa seleção:

a) fazer com que a malha secundária inclua como entradas as perturbações mais importantes. Essas perturbações que entram na malha secundária são aquelas para as quais o sistema de controle em cascata deve apresentar a melhoria mais acentuada em relação ao controle por realimentação convencional;

b) gerar a malha secundária mais rápida possível, incluindo apenas os atrasos pequenos do sistema de controle. É desejável, embora não essencial, que a malha escrava seja no mínimo da ordem de três vezes mais rápida que a malha primária;

c) escolher uma variável secundária que seja relacionada com a variável primária. Durante a operação sem perturbações, a relação entre as variáveis secundária e primária deve ser representada por uma única curva. Se esta for uma reta (dependência linear), a sintonia dos controladores é, em geral, muito mais simples;

d) mantendo a malha secundária relativamente rápida, procurar fazer com que ela contenha o maior número possível de perturbações; e

e) escolher uma variável de controle secundária que permita ao controlador secundário operar com o máximo ganho possível. Esse ponto é difícil de prever.

12.5 ESTABILIDADE DAS MALHAS EM CASCATA

O exemplo prático mais comum da chance de se desestabilizar a malha primária, pelo fato de a maior parte da dinâmica do processo estar contida na malha secundária, é usar uma válvula com posicionador em uma malha de controle de vazão. Os posicionadores tradicionais, do tipo pneumático, eletropneumático ou eletro-hidráulico, são controladores proporcionais, usualmente com um ganho elevado. Assim, um posicionador na malha cria um controle em cascata. Ao fechar a malha de vazão, o posicionador eleva seu ganho de tal forma que o ganho proporcional do controlador PI de vazão pode ter que ser reduzido de um fator de quatro para manter a estabilidade. O resultado de se usar um ganho baixo é uma resposta mais lenta a variações no valor de referência e uma rejeição deficiente a perturbações. Um exemplo desse tipo de malha é visto na Subseção 12.9.2.

A seguir, expõe-se um caso em que se estuda o limite da estabilidade de uma malha de controle em cascata. Seja o forno da Figura 12.11, em que a variável controlada é a temperatura do óleo na saída. No esquema tradicional de controle, a variável manipulada é a abertura da válvula da vazão de combustível (SEBORG et al., 2011). O sistema de controle da Figura 12.11 pode regular satisfatoriamente a temperatura do óleo quente, a despeito de perturbações na vazão ou na temperatura do óleo frio. No entanto, se um distúrbio ocorrer na pressão do gás combustível, sua vazão se altera, o que prejudica a operação do forno, mudando a temperatura do óleo quente. Só então o controlador de temperatura começa a atuar para corrigir essa situação, ajustando a vazão de gás combustível por meio da válvula de controle.

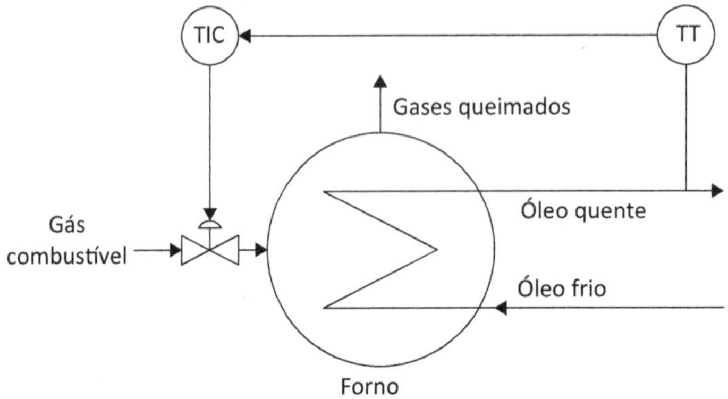

Figura 12.11 – Controle convencional da temperatura do forno.

Nota-se, assim, que o esquema de controle por realimentação convencional geraria uma resposta muito lenta a mudanças na pressão do gás combustível. Essa perturbação está associada à variável manipulada. O esquema de controle da Figura 12.12 gera um melhor desempenho, pois a válvula de controle é acionada tão logo uma mudança na pressão do gás combustível seja sentida.

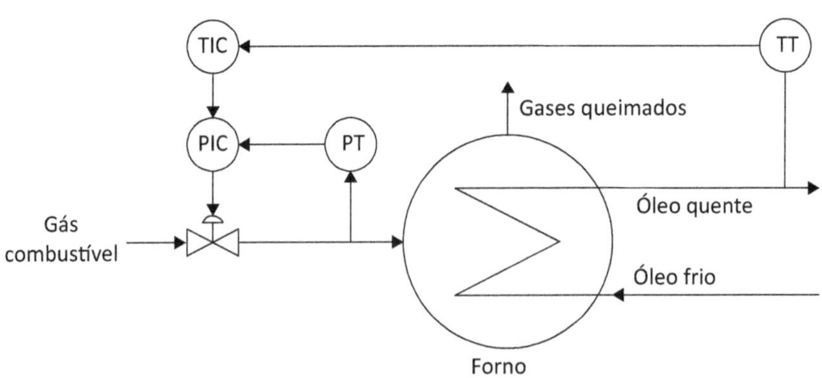

Figura 12.12 – Controle em cascata da temperatura do forno.

No controle em cascata da Figura 12.12, o controlador de temperatura é o mestre, que ajusta o valor desejado do controlador escravo na malha de controle de pressão. Se ocorrer uma perturbação na pressão do gás combustível, o controlador de pressão age rapidamente para mantê-la em seu valor de referência. Como a malha de pressão responde rapidamente, a perturbação na pressão tem pouco efeito na temperatura de saída do óleo. Como opção, em vez de controle de pressão, pode-se usar controle de vazão do gás combustível na malha escrava para se obter essencialmente o mesmo resultado. Relacionando-se a Figura 12.12 com o diagrama de blocos da Figura 12.2, tem-se as seguintes variáveis:

- C_1 é a temperatura de saída do óleo;
- C_2 é a pressão do gás combustível;
- L_1 é a temperatura do óleo frio (ou vazão do óleo frio);
- L_2 é a pressão do gás combustível;
- B_1 é o valor medido da temperatura do óleo de saída;
- B_2 é o valor medido da pressão do gás combustível;
- R_1 é o valor de referência para C_1; e
- R_2 é o valor de referência para C_2.

Consideram-se as seguintes funções de transferência, sendo as constantes de tempo dadas em minutos, e os ganhos, em unidades consistentes:

$$G_{P1} = \frac{4}{8 \cdot s^2 + 6 \cdot s + 1} \qquad G_{P2} = 1 \qquad G_{L1} = \frac{1}{3 \cdot s + 1} \qquad G_{L2} = 1$$

$$G_V = \frac{5}{s+1} \qquad G_{m1} = K_{m1} = 0{,}05 \qquad G_{m2} = K_{m2} = 0{,}2$$

O esquema de controle convencional da Figura 12.11 é implantado, com o PID ajustado com $K_{C1} = 3{,}5$, $T_{I1} = 6\ \text{min/rep}$ e $T_{D1} = 0{,}75\ \text{min}$. Testa-se ainda o controle em cascata da Figura 12.12 com um controlador P para a malha secundária com ganho $K_{C2} = 4$ e um controlador PI para a malha primária com $K_{C1} = 3{,}5$ e $T_{I1} = 5{,}3\ \text{min/rep}$.

Compare o desempenho das malhas de controle convencional e em cascata para uma variação em degrau de 20 °C no valor de referência em t = 0,5 min.

Compare a resposta de ambas as malhas de controle para uma variação em degrau unitário nas variáveis de perturbação secundária L_2 e primária L_1 em t = 0,5 min.

Determine o ganho limite K_{c1u} que determina a condição de sistema marginalmente estável em malha fechada para o sistema de controle em cascata.

Solução:

A Figura 12.13 exibe as respostas a um degrau de 20 °C no *set point* em t = 0,5 min com o controle convencional e em cascata. Ela indica que as duas filosofias de controle geram respostas satisfatórias e semelhantes no caso de variação no *set point*.

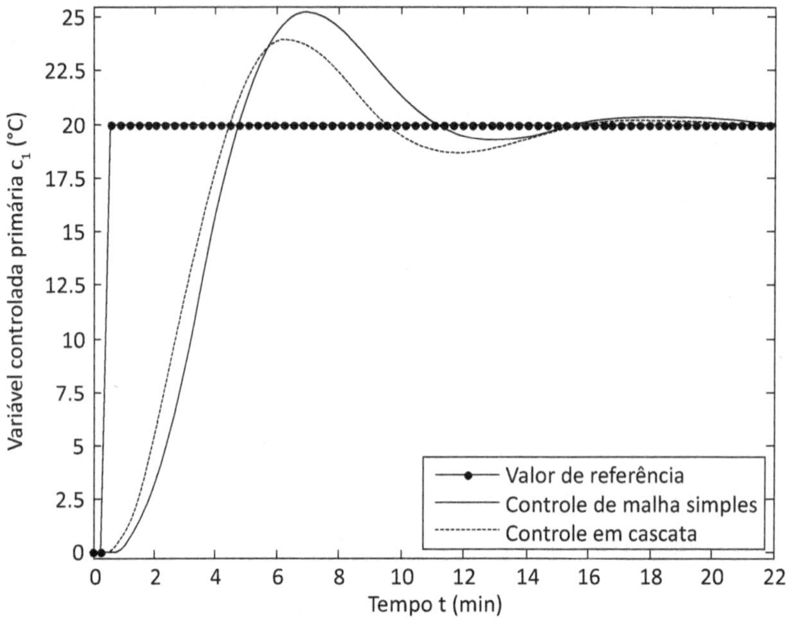

Figura 12.13 – Resposta a variação em degrau de 20 °C no valor de referência para controle convencional e em cascata.

A Figura 12.14 apresenta a resposta de ambos os controladores quando se aplica um degrau unitário em $t = 0{,}5$ min na variável de perturbação secundária L_2, e a Figura 12.15, quando se aplica o mesmo degrau na variável de perturbação primária L_1.

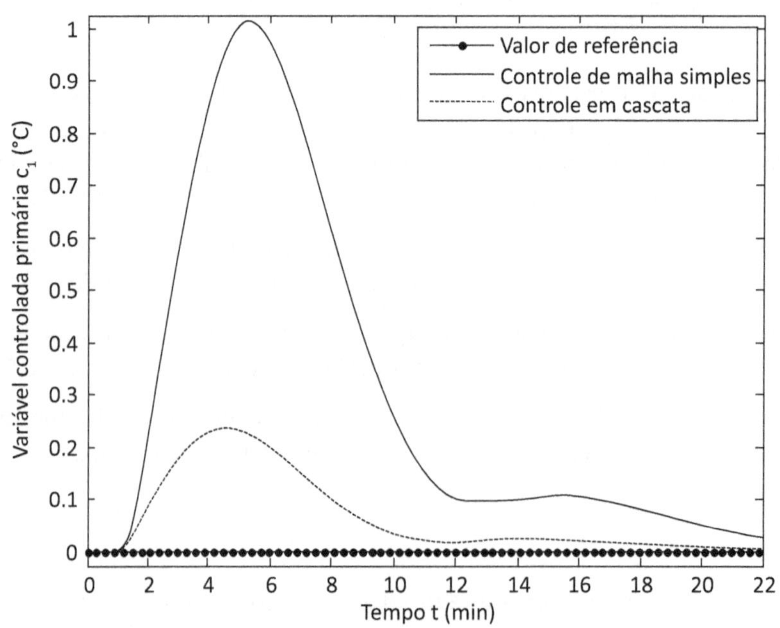

Figura 12.14 – Resposta a perturbação na variável de perturbação secundária L_2.

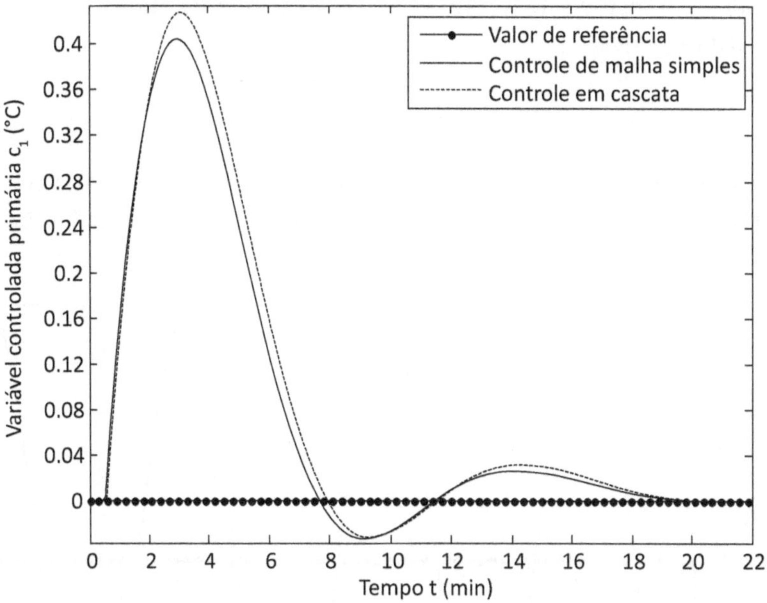

Figura 12.15 – Resposta a perturbação na variável de perturbação primária L_1.

A Figura 12.14 revela que, quando a perturbação ocorre na variável de perturbação secundária, o controle em cascata tem um desempenho muito superior ao do controle convencional, provocando um erro máximo cinco vezes menor. Já a Figura 12.15 indica que ambos os controladores geram resultados similares, pois, como citado anteriormente, o controle em cascata não melhora a resposta do sistema quando a perturbação ocorre na variável de perturbação primária. Para uma melhor rejeição a esse distúrbio, seria necessário um controle por pré-alimentação, com a medição direta dessa perturbação, conforme discutido no Capítulo 13.

Para estimar o ganho limite K_{C1u} do controle em cascata, usa-se a Equação (12.6):

$$1 + G_{C2} \cdot G_V \cdot G_{P2} \cdot G_{M2} + G_{C1} \cdot G_{C2} \cdot G_V \cdot G_{P2} \cdot G_{P1} \cdot G_{M1} = 0$$

Substituindo-se as funções de transferência, resulta em:

$$1 + 4 \frac{5}{s+1} 0{,}2 + K_{C1u} \cdot 4 \frac{5}{s+1} \frac{4}{8 \cdot s^2 + 6 \cdot s + 1} 0{,}05 = 0$$

Manipulando-se essa equação, chega-se a:

$$8 \cdot s^3 + 46 \cdot s^2 + 31 \cdot s + 5 + 4 \cdot K_{C1u} = 0$$

Aplicando-se o método de Routh ou então o método da Substituição Direta de s por $j \cdot \omega_n$, verifica-se que:

$$K_{C1u} = 43,31$$

Aplicando-se um controlador proporcional puro na malha primária com esse ganho, a resposta da variável controlada primária é mostrada na Figura 12.16.

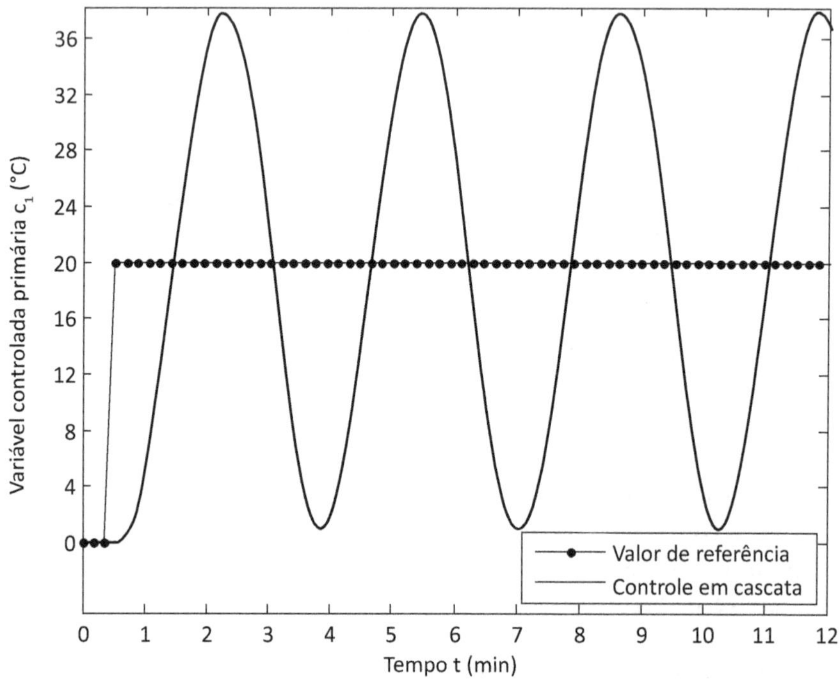

Figura 12.16 – Resposta da malha primária com controlador P com ganho K_{C1u} = 43,31.

Conforme era de se esperar, a malha fica marginalmente estável.

12.6 TIPOS MAIS COMUNS DE MALHAS SECUNDÁRIAS

Os tipos mais comuns de malhas secundárias são listados a seguir, em ordem decrescente de frequência de aplicação na prática (LIPTÁK, 2006):

a) Controle de posição de válvulas por um posicionador: a posição assumida pela haste da válvula de controle é afetada por outras forças além do sinal de controle, como atrito e pressão do fluido de processo. Uma mudança na pressão do fluido de processo pode afetar a posição das partes móveis internas da válvula e, assim, perturbar a variável primária. O atrito na haste tem um efeito ainda mais pronunciado, pois gera histerese entre a ação do sinal de controle e seu efeito na posição da válvula. A histerese sempre degrada o desempenho da malha, particularmente quando o nível de líquido ou a pressão de gás estão sendo regulados com ação integral no controlador. A combinação da integração natural do processo com a integração feita pelo modo integral do controlador somada à histerese da válvula pode causar um ciclo-limite, que é uma oscilação com amplitude constante. Ressintonizar o controlador não amortece esse ciclo-limite, apenas altera sua amplitude e seu período. Uma forma possível de tentar eliminar um ciclo-limite é fechar uma malha de controle em torno das partes móveis da válvula. Isso é o que um posicionador faz e sua atuação pode ser considerada a malha secundária em um sistema em cascata. Ver exemplos de malhas de controle com posicionador nas Subseções 12.9.1 e 12.9.2.

b) Controle de vazão: uma malha secundária de vazão pode eliminar os efeitos da histerese em válvulas de controle, assim como um posicionador. Ela também garante que variações de pressão na linha não afetem a malha primária. Por essas razões, o controle de vazão é usado como malha secundária em sistemas de controle de composição ou em malhas em que uma manipulação precisa da vazão seja necessária, como no caso do sistema de controle por pré-alimentação do Exemplo 1 da Seção 13.3 ou no caso do controle de vazão da água de alimentação no sistema de controle de nível a três elementos de caldeiras, dado como exemplo na Subseção 12.9.3.

c) Controle de temperatura: reações químicas são tão sensíveis à temperatura que deve haver um cuidado especial no controle da taxa de transferência de calor. Uma configuração típica dessa aplicação é o controle em cascata da temperatura de um reator encamisado, pela manipulação da temperatura do fluido de aquecimento ou de resfriamento, como citado na Subseção 12.9.4. O controle da temperatura do fluido de aquecimento ou resfriamento é muito mais eficiente na saída da camisa que em sua entrada, porque assim a dinâmica da camisa é transferida da malha primária para a secundária. Adicionar controle em cascata a esse sistema permite aumentar o ganho proporcional e diminuir o tempo integral do controlador primário de um fator de dois ou mais. Como os reatores exotérmicos tipicamente requerem aquecimento para a partida e resfriamento durante a reação, as válvulas que manipulam os fluidos de aquecimento e de resfriamento devem ser operadas em faixa dividida (*split range*), como é exposto na Seção 17.5. A operação dessas válvulas é normalmente feita via posicionadores, resultando assim em uma segunda camada de malhas internas de controle na malha secundária.

12.7 AÇÕES DE CONTROLE NAS MALHAS EM CASCATA

De forma geral, para a malha secundária é muito comum incluir o modo proporcional. Em geral, não há necessidade de se incluir o modo integral com a finalidade de eliminar o erro em regime permanente, porque o valor de referência para o controlador escravo é mudado continuamente pelo controlador da malha primária. Na Seção 12.4 foram citadas as malhas secundárias típicas. Discute-se aqui a ação de controle normalmente usada no controlador secundário para essas malhas específicas.

Os posicionadores mais tradicionais, do tipo pneumático, eletropneumático ou eletro-hidráulico, costumam ser controladores proporcionais com ganho elevado (pelo menos 20), e os mais modernos (digitais) normalmente são controladores PID, conforme citado na Seção 12.8. Controladores de vazão são do tipo PI, com ganho proporcional unitário ou inferior. Em sistemas em cascata de temperatura com temperatura, como mostrado na Figura 12.18, o controlador secundário deve ter pouca ou nenhuma ação integral, visto que ela torna mais lenta a resposta da malha secundária e é aceitável algum erro em regime permanente nessa variável, já que eles são compensados na malha primária. O ganho proporcional do controlador secundário de temperatura deve ser alto, usualmente entre 6 e 10. Como o controlador secundário tem seu valor de referência constantemente alterado, a ação derivativa não pode ser computada sobre o erro, pois resultaria em movimentos excessivos da válvula e sobressinal. Ela pode ser útil se usada apenas na variável medida para o caso de controle de temperatura e se o sinal medido for suficientemente livre de ruído.

Colocar controle em cascata em um sistema pode desestabilizar a malha primária se a maior parte da dinâmica do processo (atrasos) estiver na malha secundária. O exemplo mais comum disso é usar um posicionador em uma malha secundária de controle de vazão. Fechar a malha com o posicionador em torno da válvula aumenta seu ganho dinâmico, de tal maneira que o ganho da ação proporcional do controlador de vazão tenha que ser reduzido por um fator de quatro para manter a estabilidade da malha secundária. O resultado desse ganho proporcional menor implica em respostas mais lentas ao valor de referência e baixa rejeição a perturbações. Portanto, em malhas de controle de vazão, que são muito rápidas, a presença de uma válvula muito grande, que seja lenta para se mover, ou então atrasos na transmissão dos sinais podem causar problemas, de modo que um amplificador (*booster*) pneumático deveria ser usado para movimentar as válvulas com atuador pneumático.

O controlador mestre é usualmente do tipo PI ou PID. O modo integral é usado para eliminar o erro de regime permanente na malha externa. O uso do modo derivativo no controlador primário só é recomendado quando a malha primária tiver um grande atraso.

12.7.1 SATURAÇÃO DO MODO INTEGRAL

A saturação do modo integral é um problema que pode ocorrer nas malhas primária e secundária do controle em cascata. Recomenda-se empregar a técnica de antissaturação do modo integral para o controlador primário, conforme visto na Subseção 7.2.11 do Volume 1. A saturação do controlador secundário gera o seguinte problema: quando ele satura, é como se a malha se abrisse para o controlador primário, pois seu comando não é mais obedecido, levando o controlador primário a saturar também. Um método para inibir a ação integral no controlador primário quando a malha secundária estiver aberta (saturada ou em manual) é mostrado na Figura 7.37 do Volume 1, que corresponde a operar com realimentação externa para o modo integral.

Quando um sistema de controle em cascata é transferido de manual para automático, o controlador secundário deve ser transferido antes do primário para evitar a saturação do modo integral no controlador primário. A ordem é revertida quando transferindo ambas as malhas de automático para manual, pelo mesmo motivo anterior.

12.8 POSICIONADORES DE VÁLVULAS E SEUS ALGORITMOS DE CONTROLE

O posicionador é o mais importante acessório de uma válvula de controle. Ele deve posicionar, com precisão, a haste de uma válvula pneumática segundo o sinal recebido do controlador e possibilita uma resposta mais rápida às demandas do controlador que uma válvula munida apenas de atuador. Ele é usado quando se deseja uma maior confiança no posicionamento das partes móveis da válvula de controle. Ele opera como um controlador local, sendo que o valor de referência é o sinal vindo do controlador da malha, a variável controlada é a posição da haste da válvula e a variável manipulada age no atuador da malha da válvula, fornecendo a pressão de ar requerida para colocar a válvula na abertura solicitada pelo controlador. Trata-se, portanto, de um sistema de controle em cascata e, como tal, seu objetivo é fechar a malha secundária para reduzir o efeito dos distúrbios oriundos da variável controlada secundária. Nesse caso, a perturbação é qualquer efeito que possa atuar na posição da válvula: forças do fluido atuantes no corpo da válvula que mudem, folga no mecanismo de atuação ou atrito no corpo da válvula (DRISKELL, 1983).

O posicionador possui ganhos estático e dinâmico. O ganho estático deve ser grande o suficiente para que a válvula consiga sentir mudanças tão pequenas como 0,125% do sinal de entrada ou menos. Além de detectar essas pequenas mudanças, ele, uma vez acionado, deve possuir um ganho dinâmico que leve a haste da válvula à nova posição demandada pelo controlador, no menor intervalo de tempo possível.

Recomenda-se empregar um posicionador nos seguintes casos (DRISKELL, 1983):

- em atuadores sem mola, do tipo cilindro;
- em válvulas cujo atrito na haste seja elevado ou quando as gaxetas sejam comprimidas com uma grande pressão para evitar vazamento de fluidos. Nesse caso, use posicionadores de baixo ganho. Se ele possui alto ganho e a válvula tem atrito elevado, a malha do posicionador pode ser instável e a válvula oscilará. O atrito estático é um fator de instabilidade, de modo que se a válvula possuir alto atrito devido a sua construção, seus selos ou seus fluidos viscosos, deve-se selecionar um posicionador de baixo ganho;
- para diminuir o efeito do atrito no obturador causado por fluidos viscosos ou ainda por sedimentação no corpo da válvula. Nesse caso, use posicionadores de baixo ganho;
- quando existam variações na pressão exercida no obturador de uma válvula de sede simples;
- quando se deseja diminuir o atraso na resposta da válvula, quando comparado a uma válvula que opere simplesmente com um atuador;
- se a malha de controle for lenta, como em muitas situações em que se regula temperatura, pH e outras variáveis;
- caso se trabalhe com controle de faixa dividida (*split range*); e
- caso se deseje reverter a ação do atuador (de direta para reversa e vice-versa).

Sugere-se não usar o posicionador nos casos a seguir (DRISKELL, 1983; SHINSKEY, 1996):

- quando se lida com malhas rápidas, como vazão e a maior parte das malhas de pressão, incluindo pressão de líquidos. Nesses casos, há duas razões para não se usar o posicionador: a primeira é que a malha em cascata só é útil quando a malha primária for, pelo menos, tão rápida quanto a malha secundária, o que não ocorre nas variáveis citadas, pois elas respondem mais rápido que a válvula com o posicionador. A segunda razão é que, em tais malhas, o atuador é a constante de tempo dominante. Reduzindo-se essa constante de tempo, a malha se torna menos estável e a qualidade do controle pode se degradar. Se for preciso um posicionador em uma malha rápida de controle por outras razões, por exemplo uma malha de controle do tipo faixa dividida (*split range*), ele deve ter sua constante de tempo aumentada, por exemplo, por meio da adição de um orifício de restrição na linha de ar que supre o atuador; e
- quando se lida com malhas de controle de nível. Para estas, normalmente só se requer um posicionador se o atuador for sem mola (do tipo cilindro), se houver alto atrito na válvula ou para faixa dividida (*split range*).

O comportamento do conjunto atuador mais posicionador afeta muito o desempenho estático (banda morta) da válvula, bem como a sua resposta dinâmica. Atualmente, os posicionadores são usados na maioria das válvulas de controle, até mesmo em válvulas em que antigamente eles não eram recomendados (DRISKELL, 1983; FISHER CONTROLS, 2005).

Existem diversos tipos de posicionadores:

- pneumáticos;
- eletropneumáticos;
- eletro-hidráulicos; e
- digitais.

Os três primeiros tipos normalmente possuem algoritmos de controle proporcional, com ganho elevado, podendo chegar a 200 ou até mesmo 900. Já os posicionadores digitais incorporam algoritmos de controle muito mais sofisticados. Na Figura 12.17, mostra-se o diagrama de blocos do algoritmo de controle PID disponível no posicionador digital modelo DVC6000f da empresa Fisher, do grupo Emerson Process Management. Nessa figura, o algoritmo é dito PID, pois possui, além da ação proporcional de alto ganho e da ação integral, um termo de realimentação da velocidade da haste da válvula que equivale à derivada da variável controlada, que é a posição da haste que gera a abertura da válvula. Esse termo de realimentação de velocidade atua como uma ação derivativa. Existe, ainda, uma malha interna de realimentação com ganho proporcional. O principal parâmetro de sintonia é o ganho proporcional, o qual, quando aumenta, produz uma resposta rápida na movimentação da válvula. No entanto, se o ganho proporcional for ajustado muito alto, o sistema pode começar a ter sobressinais ou entrar em ciclo-limite. Para amortecer os efeitos de um ganho proporcional elevado, dois elementos adicionais de realimentação foram inseridos no algoritmo de controle. O elemento principal de amortecimento é a realimentação interna do sinal de saída do conversor I/P interno ao posicionador, sendo que, aumentando-se o ganho K_{RI}, amortece-se a resposta, permitindo assim ganhos proporcionais maiores. O elemento secundário de amortecimento é a realimentação de velocidade da haste da válvula. Aumentando-se o ganho de velocidade, também se amortece a resposta; no entanto, atrito devido ao engaxetamento da válvula limita a eficiência desse elemento de realimentação, pois a válvula com atrito excessivo pode ter deslocamentos bruscos (*slip jumps*), provocando valores instantâneos de alta velocidade da haste.

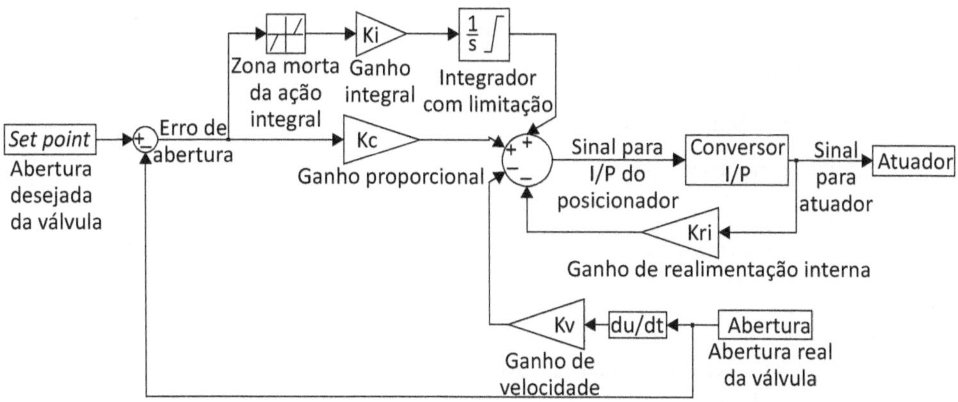

Figura 12.17 – Diagrama de blocos do algoritmo do posicionador DVC6000f da Fisher.

Os parâmetros de ajuste normalmente usados pela Fisher estão na Tabela 12.4.

Tabela 12.4 – Parâmetros de ajuste do algoritmo de controle do posicionador DVC6000f da Fisher

Parâmetro	Faixa máxima de valores	Valor *default*	Faixa usual de valores
Ganho proporcional (K_C)	≥ 0	4,4	2 a 18
Ganho integral (K_I)	≤ 0	9,4 rep/min	----
Ganho de velocidade (K_V)	≥ 0	3	3 a 6
Ganho de realimentação interna (K_{RI})	≥ 0%	35%	35% a 12%
Zona morta da ação integral	0 a 2%	0,25%	----
Limite superior da ação integral	0 a 100%	30%	----
Limite inferior da ação integral	−100 a 0%	−30%	----

12.8.1 EXEMPLO DO COMPORTAMENTO DE VÁLVULA DE CONTROLE COM CONVERSOR I/P E COM POSICIONADORES DO TIPO ELETROPNEUMÁTICO E DIGITAL

Avalia-se a resposta do modelo de válvulas de controle quando o controlador envia um sinal em degrau de 5% em t = 0,5 s, supondo que ela esteja inicialmente no meio de sua excursão (X = 0,5 p.u.). Propõem-se quatro alternativas:

- válvula acionada por um conversor I/P;
- válvula equipada com posicionador eletropneumático com ganho proporcional 5;
- válvula equipada com posicionador digital similar ao modelo DVC6000f da Fisher, apresentado na Seção 12.8, sintonizado com os parâmetros *default* da Tabela 12.4; e
- válvula com mesmo posicionador do item anterior, mas com sintonia agressiva, sendo $K_C = 18$, $K_V = 6$, $K_{RI} = 12\%$ e os outros parâmetros com valores *default* da Tabela 12.4.

Consideram-se três tipos de modelos de válvulas de controle:

- válvula ideal (sem nenhum atrito);
- válvula com baixo atrito; e
- válvula com alto atrito.

A Figura 12.18 exibe a resposta da válvula ideal acionada pelos quatro dispositivos.

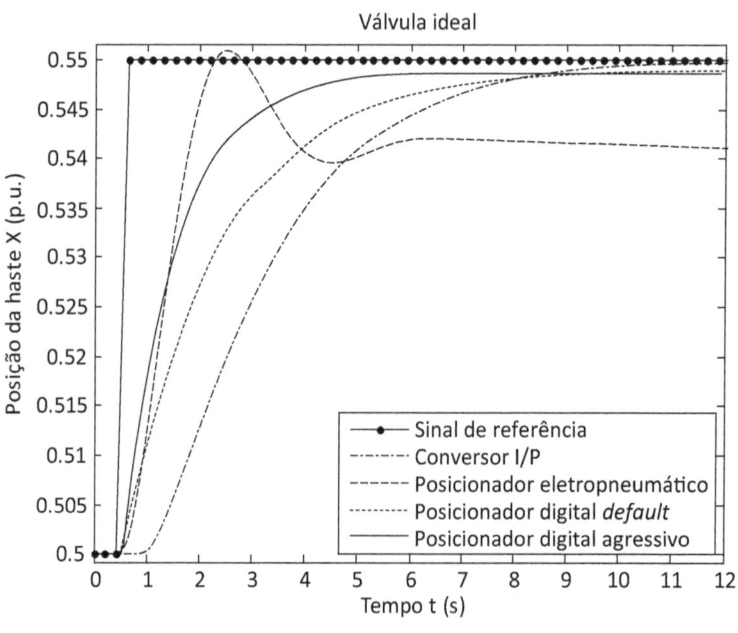

Figura 12.18 – Movimento da haste ao submeter a válvula ideal a degrau no sinal oriundo do controlador de 50% para 55% em t = 0,5 s.

A Figura 12.18 indica que a resposta da posição da válvula é mais rápida quando se usa o posicionador eletropneumático e mais lenta ao se utilizar o conversor I/P. Em termos do erro em regime estacionário, o conversor I/P gera um valor nulo; com ambos os posicionadores digitais surge um erro de regime permanente muito pequeno; e o posicionador eletropneumático, por ser um controlador proporcional, gera um certo erro em regime permanente.

Na Figura 12.19 mostra-se o esforço de controle, dado pela pressão no atuador da válvula, para cada um dos dispositivos considerados na Figura 12.18.

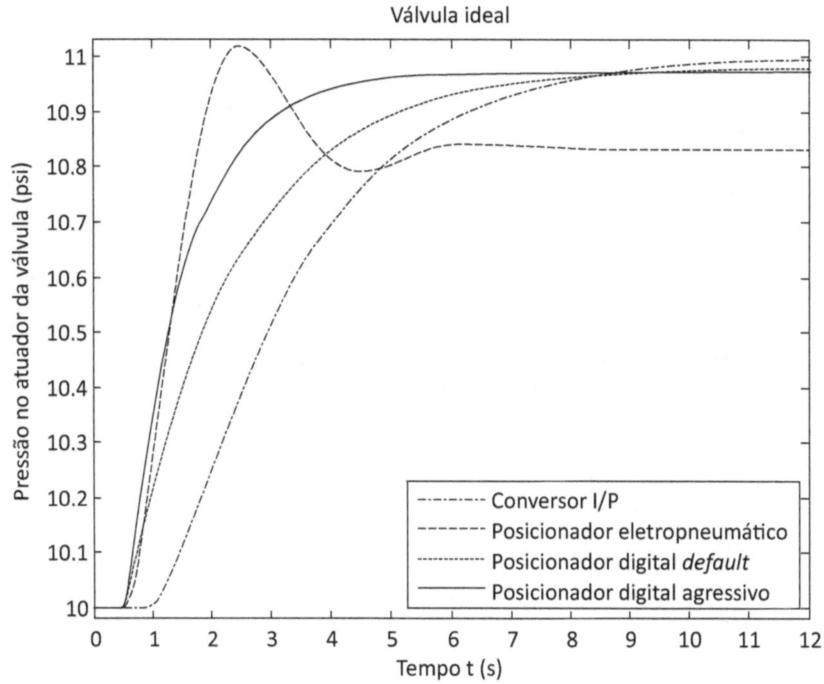

Figura 12.19 – Pressão no atuador da válvula ideal submetida a degrau no sinal oriundo do controlador de 50% para 55% em $t = 0{,}5$ s.

Na Figura 12.20 repetem-se as simulações, mas com uma válvula de baixo atrito. Em termos de velocidade da resposta na Figura 12.20, o dispositivo mais rápido é o posicionador eletropneumático e o mais lento é o conversor I/P. Os quatro elementos geram valores estacionários distintos, sendo que o que mais se aproxima do valor desejado é o posicionador eletropneumático e o que mais se afasta é o conversor I/P.

Na Figura 12.21 mostra-se o esforço de controle relativo ao caso da Figura 12.20.

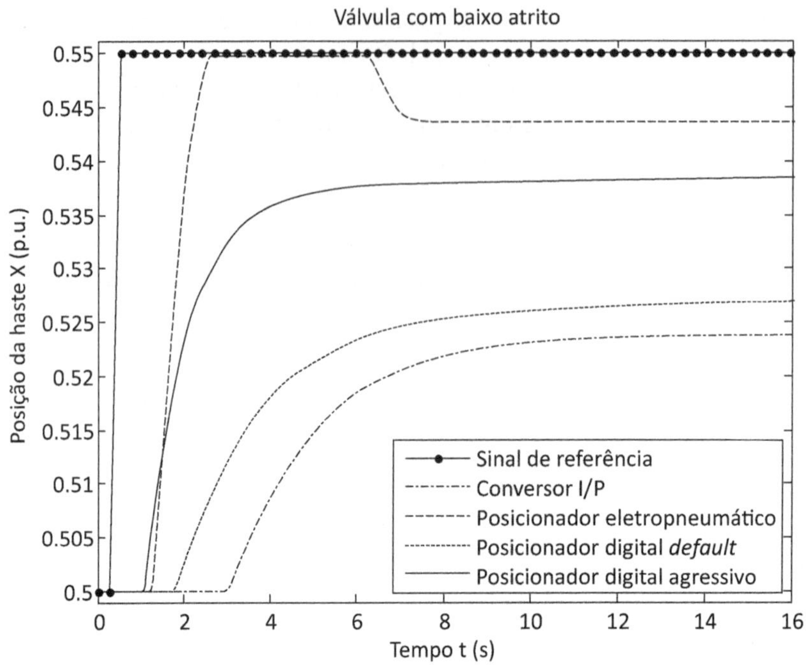

Figura 12.20 – Movimento da haste quando a válvula com baixo atrito é submetida a degrau no sinal proveniente do controlador de 50% para 55% em $t = 0,5$ s.

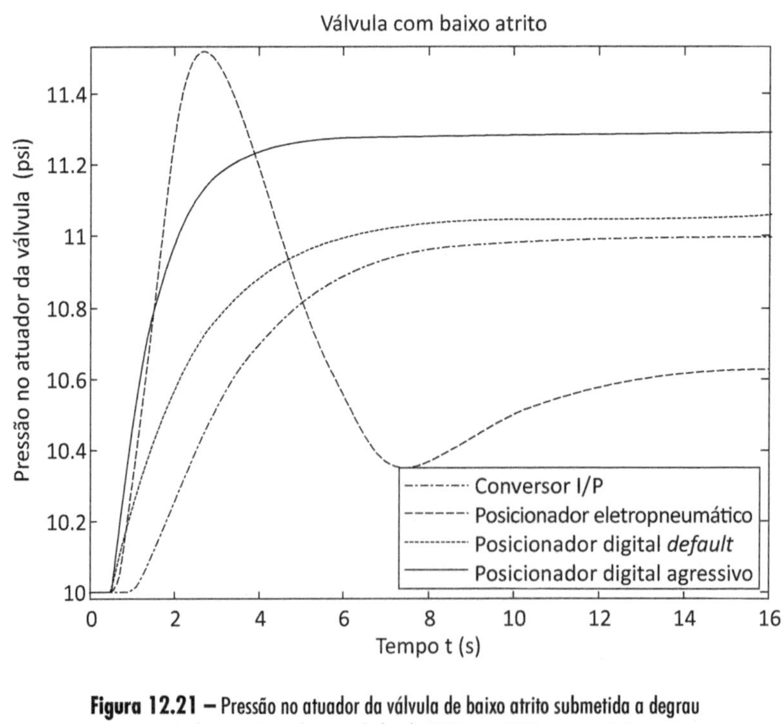

Figura 12.21 – Pressão no atuador da válvula de baixo atrito submetida a degrau no sinal proveniente do controlador de 50% para 55% em $t = 0,5$ s.

A Figura 12.21 indica que a maior flutuação na pressão do atuador ocorreu justamente com o dispositivo que gerou uma melhor resposta para a posição da haste, isto é, o posicionador eletropneumático.

Na Figura 12.22 apresenta-se o resultado da simulação com uma válvula de alto atrito. Nela se observa que, como o atrito é mais elevado, a haste da válvula apenas se move com o posicionador eletropneumático, o qual gera um certo erro estacionário. Para que pudesse haver movimento com os outros dispositivos, o sinal vindo do controlador teria que ter sofrido uma maior variação e não apenas 5%, indicando assim o problema gerado pelo atrito excessivo. Nota-se ainda que, como o atrito é maior, levou mais tempo para a válvula responder.

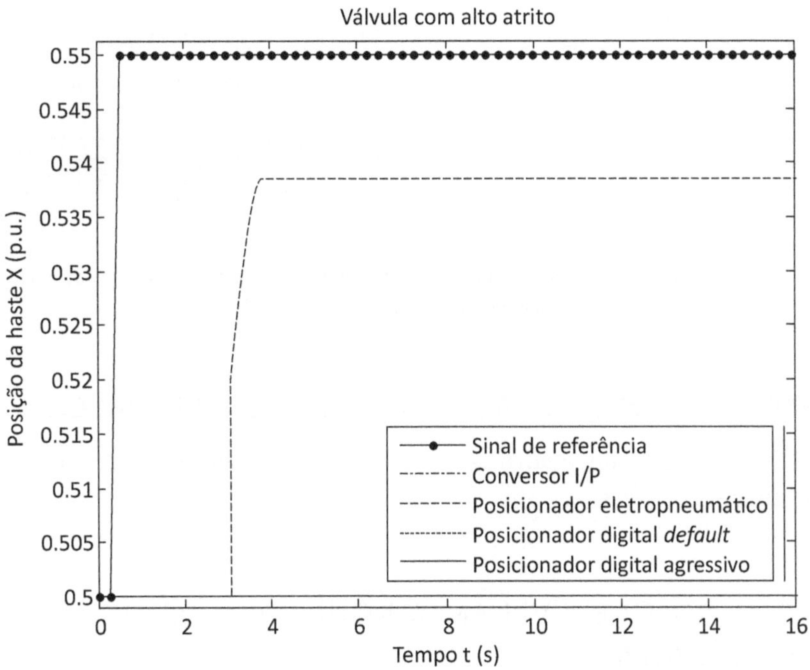

Figura 12.22 – Movimento da haste quando válvula com alto atrito é submetida a degrau no sinal proveniente do controlador de 50% para 55% em $t = 0{,}5$ s.

Na Figura 12.23 mostra-se o esforço de controle. O posicionador eletropneumático, o único a conseguir mover a válvula, foi o que mais variou a pressão no atuador. Os dois posicionadores digitais têm suas saídas com tendência a crescer pela presença de um erro estacionário, o qual faz com que a ação integral atue e aumente a saída do controlador embutido no posicionador digital.

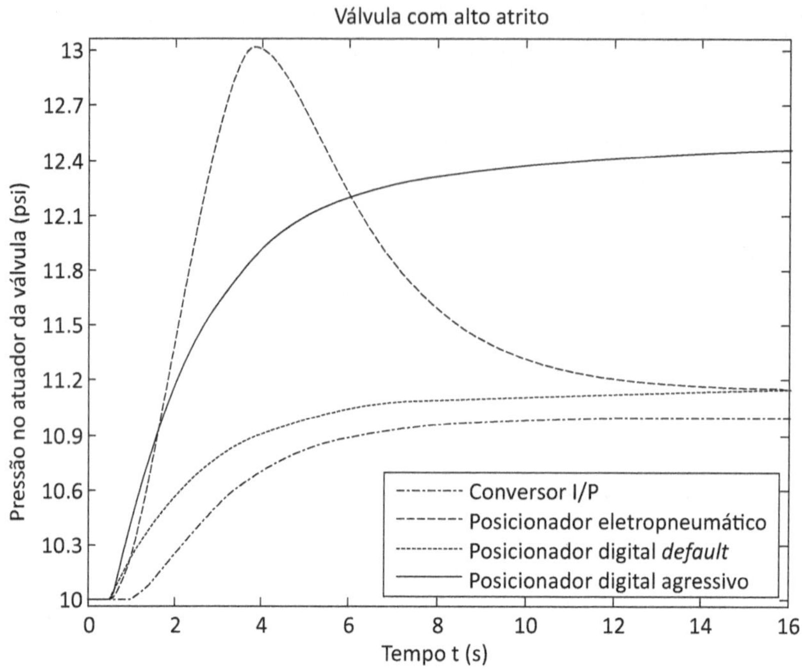

Figura 12.23 – Pressão no atuador da válvula de alto atrito submetida a degrau no sinal proveniente do controlador de 50% para 55% em $t = 0{,}5$ s.

12.9 EXEMPLOS DE APLICAÇÃO DE CONTROLE EM CASCATA

Apresentam-se, a seguir, quatro exemplos relativos ao emprego de controle em cascata em situações práticas.

12.9.1 CONTROLE DE NÍVEL EM TANQUE COM POSICIONADOR NA VÁLVULA

Ao se colocar um posicionador na válvula de controle de nível que manipula a vazão de saída do tanque, gera-se uma malha secundária. Isso é desejável, pois a movimentação dos elementos móveis internos da válvula é afetada por outros fatores além do sinal de controle, como atrito e pressão do fluido de processo na linha. Nesse caso, caso ocorram esses distúrbios, o posicionador pode melhorar o desempenho do controle, como já visto na alínea "a" da Seção 12.6. Expõe-se aqui um exemplo de uma malha de controle, conforme a Figura 12.24, com uso de conversor I/P e de posicionadores do tipo eletropneumático e digital, em que ocorrem os seguintes problemas não simultâneos:

a) atrito na válvula de controle; e

b) oscilações na pressão de saída da válvula de controle do tanque.

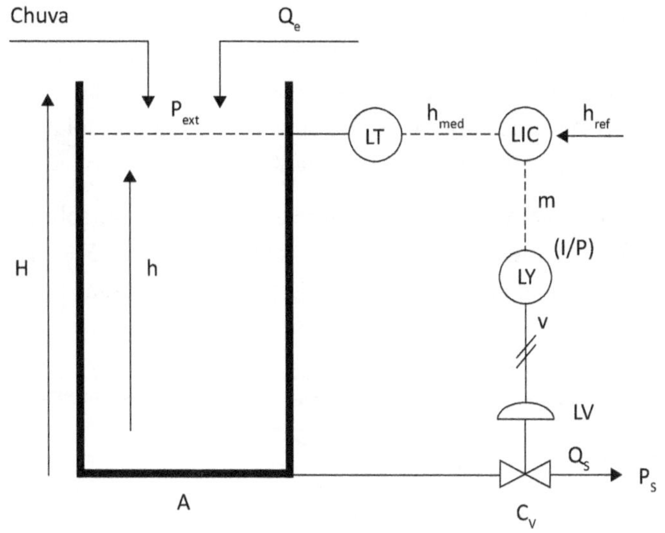

Figura 12.24 – Malha de controle de nível em tanque.

Os posicionadores usados são o eletropneumático e o digital da Figura 12.17, este último ajustado com os valores *default* da Tabela 12.4 e com sintonia agressiva, como na Subseção 12.8.1. Na Figura 12.25 mostra-se a resposta da malha de controle ao se aplicar um degrau de 5% em t = 2 s no valor desejado da malha, considerando-se a válvula com o conversor I/P ou com os posicionadores.

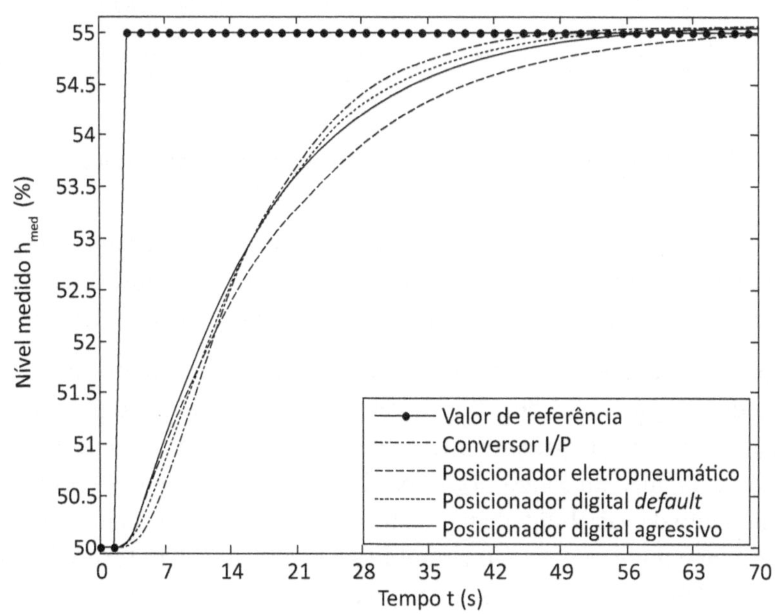

Figura 12.25 – Resposta do nível a degrau no valor de referência com conversor I/P e diferentes posicionadores e válvula sem atrito.

Nessa simulação, lidou-se com uma válvula ideal (sem atrito) e a planta sem distúrbios, isto é, com pressão de saída constante a jusante da válvula. Na Figura 12.25, a resposta mais rápida foi obtida com o conversor I/P e a mais lenta com o posicionador eletropneumático. O erro de regime permanente para todos os dispositivos atuadores foi nulo. Nessa simulação, o conversor I/P tem ganho $K_{IP} = 1$ e constante de tempo $\tau_{IP} = 1$ s.

Na Figura 12.26, mostra-se o caso em que a válvula de controle tem baixo atrito, similar ao exemplo da Subseção 12.8.1. Aplica-se um degrau de 5% em $t = 2$ s no valor de referência com o conversor I/P e os três posicionadores usados na Figura 12.25.

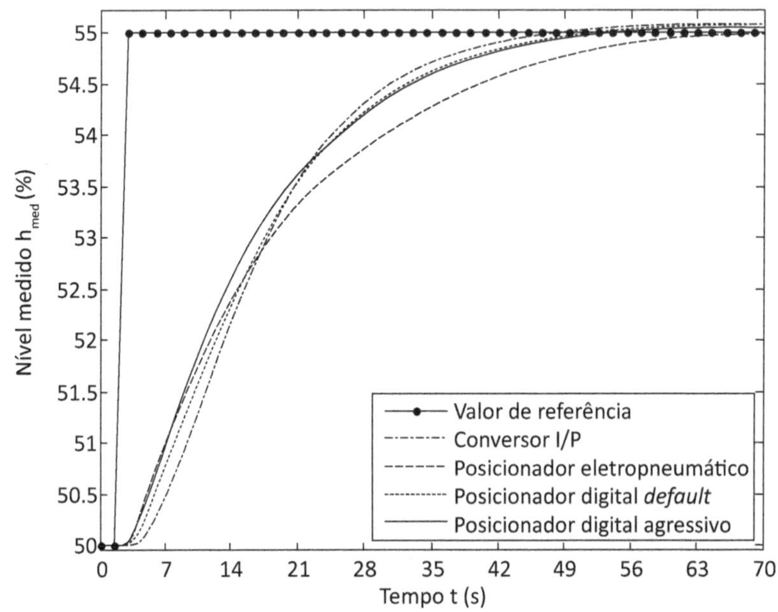

Figura 12.26 – Resposta do nível a degrau no valor de referência com válvula de baixo atrito.

Na Figura 12.26, os dispositivos geraram respostas satisfatórias, com quase nenhum erro de regime permanente. Assim como no caso da Figura 12.25, a resposta mais rápida foi a do conversor I/P, e a mais lenta, a do posicionador eletropneumático.

Na Figura 12.27, mostra-se o caso de uma válvula com alto atrito em que se aplica um degrau de 5% em $t = 5$ s no valor de referência. Nota-se que o posicionador eletropneumático foi o único que aparentemente gerou uma resposta sem erro de regime permanente, mas que, em longo prazo, oscila. O que acontece nesse exemplo é que surge o fenômeno da variabilidade na malha de controle, como já citado na Seção 5.4 do Volume 1, que pode ser visto ampliando-se a Figura 12.27 em torno do novo valor de referência (55%) e expandindo-se o tempo de simulação, conforme mostrado na Figura 12.28. Essa figura indica que a malha de controle com qualquer um dos atuadores apresenta variabilidade.

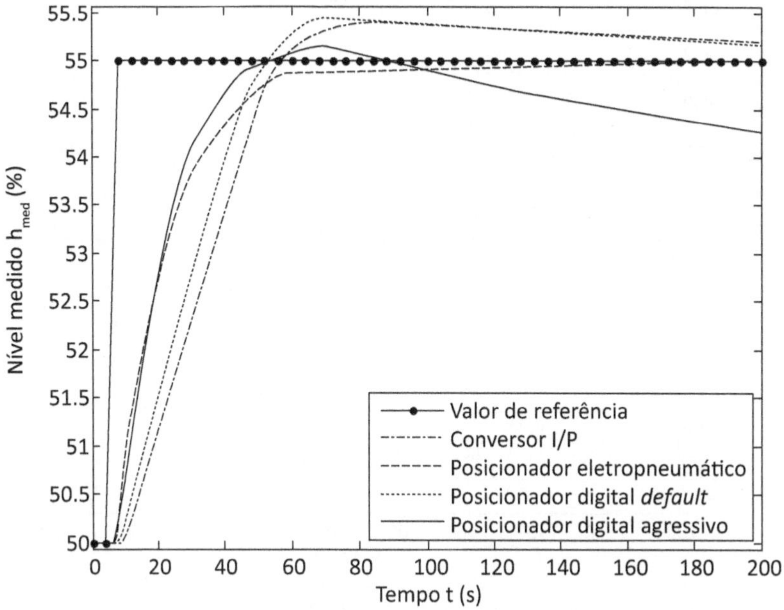

Figura 12.27 – Resposta do nível a degrau no valor de referência com válvula de alto atrito.

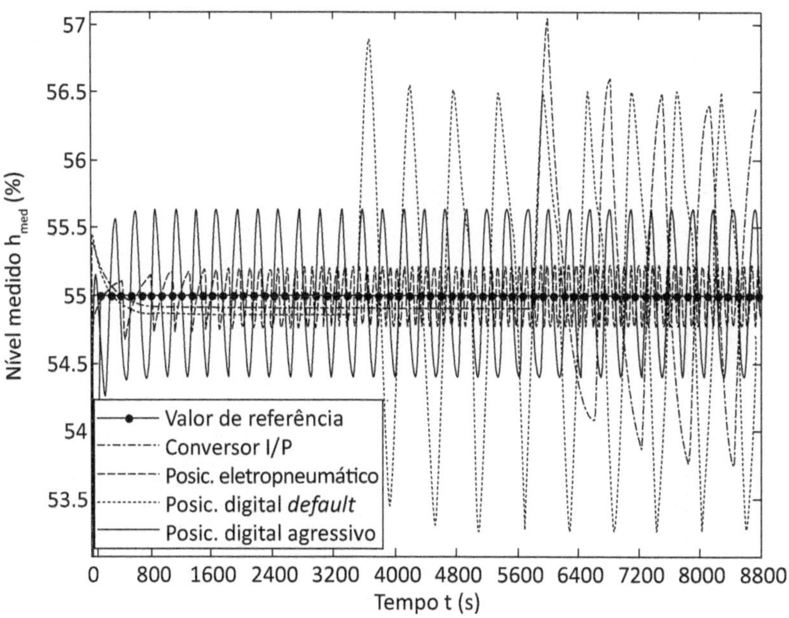

Figura 12.28 – Resposta ampliada do nível da Figura 12.27 com válvula de alto atrito.

A Figura 12.29 mostra uma ampliação do nível medido h_{med} da Figura 12.28 a partir do tempo $t = 7000$ s.

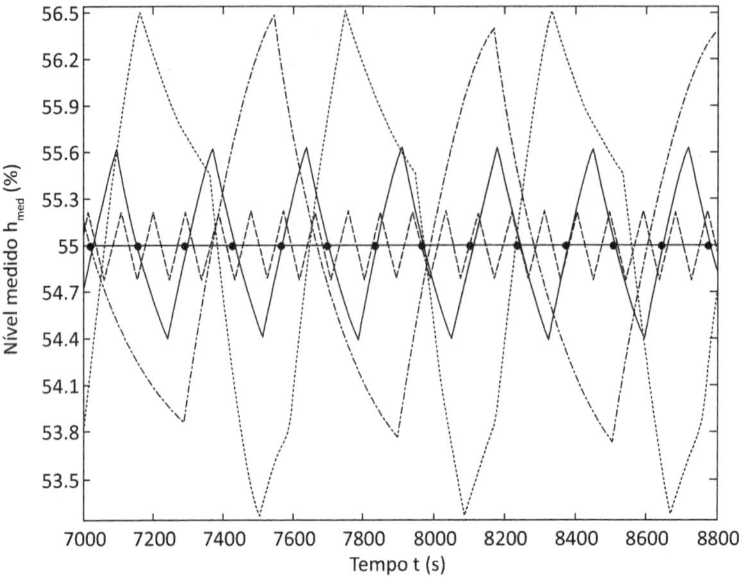

Figura 12.29 – Ampliação do nível medido para mostrar a variabilidade da variável controlada com válvula de alto atrito.

A Figura 12.30 mostra a variável manipulada *mv*, em que se nota sua forma triangular para os diversos tipos de atuadores, típica de malhas de controle com variabilidade.

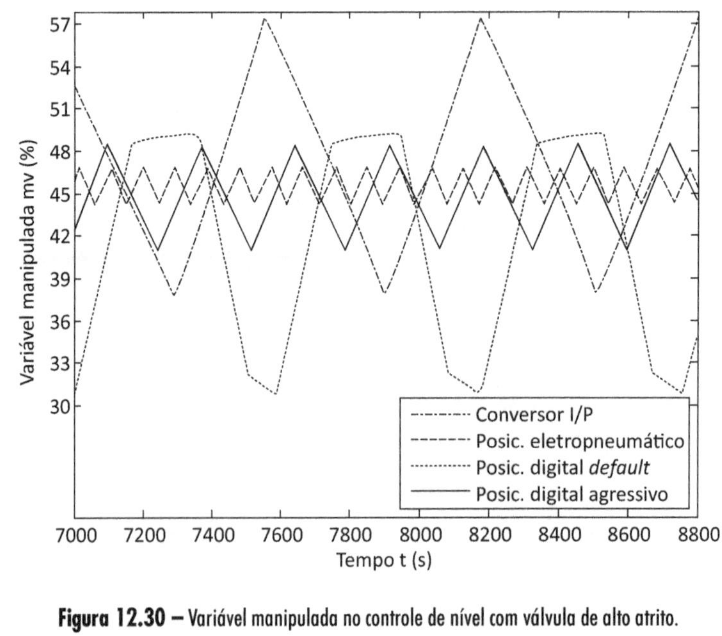

Figura 12.30 – Variável manipulada no controle de nível com válvula de alto atrito.

Para analisar a eficiência da malha de controle com posicionadores na rejeição de perturbações, geram-se distúrbios aleatórios de até ±5% a cada 5 minutos na pressão de saída da válvula de controle, que é suposta ideal (sem atrito), como visto na Figura 12.31.

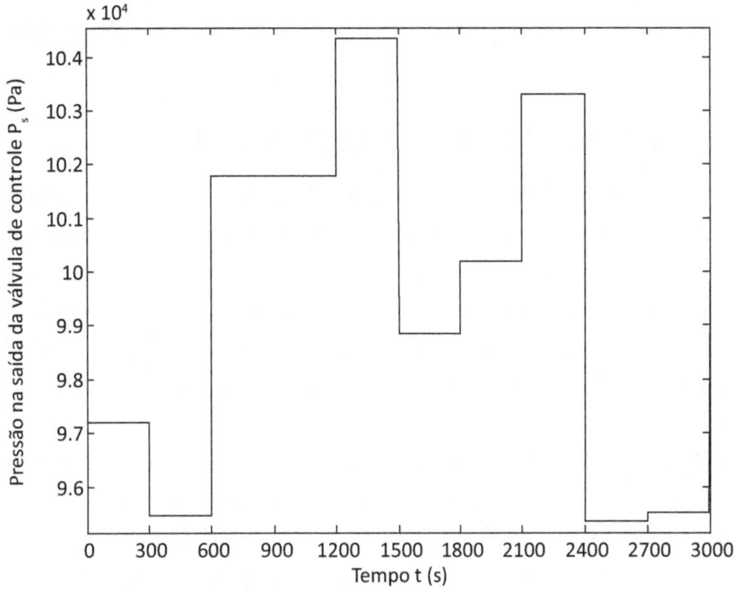

Figura 12.31 – Variações na pressão na saída da válvula de controle suposta sem atrito.

Na Figura 12.32 exibe-se a resposta do nível.

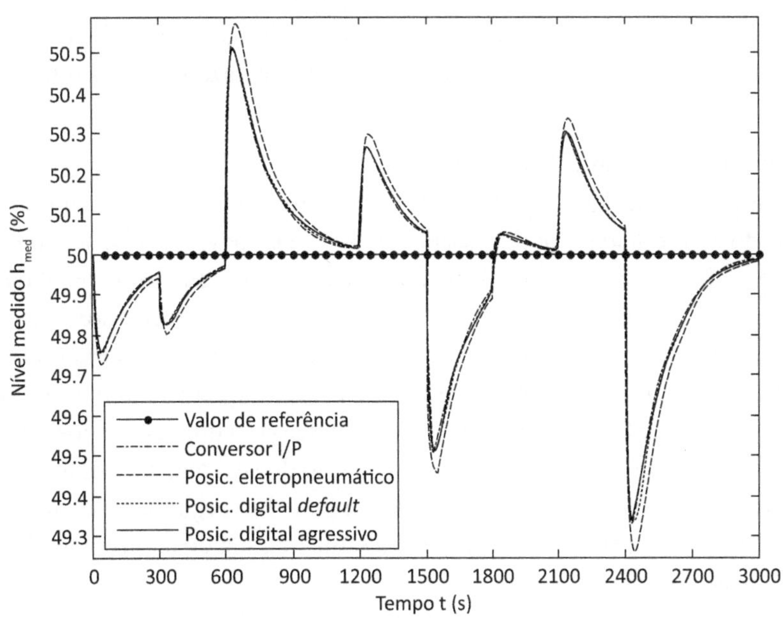

Figura 12.32 – Resposta da malha de nível a distúrbio na pressão de saída da válvula.

A Figura 12.32 mostra que as respostas com todos os atuadores são similares, exceto com o posicionador eletropneumático, que gera sinais com um pouco mais de sobressinal. Isto sugere que o uso dos posicionadores nesse caso, em que não há atrito na válvula de controle, não revelou nenhuma vantagem em relação ao conversor I/P.

12.9.2 MALHA DE VAZÃO COM POSICIONADOR

Utiliza-se aqui uma malha real de controle de vazão, existente na Planta Piloto de Vazão do Laboratório de Controle de Processos Industriais da Escola Politécnica da Universidade de São Paulo. A circulação da água é forçada por meio de uma bomba centrífuga controlada por um inversor de frequência. O sensor de vazão é uma placa de orifício acoplada a transmissores de pressão diferencial digital e analógico, e os atuadores são duas válvulas de controle, cada uma delas munida com um conversor I/P e um posicionador digital, sendo uma das válvulas equipada com gaxetas de grafite e a outra com gaxetas de teflon. As duas são idênticas, exceto pelas gaxetas. Elas são do tipo globo, com característica inerente de vazão linear, e têm atuador do tipo mola/diafragma com atuação *air to close*. A válvula com gaxetas de teflon, por ter baixo atrito com as partes móveis, representa uma válvula com pouco tempo de uso, enquanto a válvula de grafite, com alto atrito, equivale a uma válvula já desgastada, com bastante tempo no processo e sem substituição de seus componentes internos.

Há duas malhas de controle de vazão do tipo PI, sendo uma analógica e outra digital. A placa de orifício é comum às duas malhas, mas há um transmissor de pressão diferencial analógico com saída 4-20 mA e outro digital com saída Fieldbus Foundation (FF). As válvulas de controle podem ser acionadas pelo conversor I/P ou pelo posicionador digital. Quando uma válvula está controlando a vazão, a outra está totalmente aberta, e vice-versa.

Para sintonizar os controladores PI, levantou-se inicialmente a curva de reação do processo, supondo que se possa descrevê-lo por um modelo de primeira ordem com tempo morto. O modelo foi obtido usando a válvula de teflon, já que se espera que ela tenha uma melhor atuação no controle do processo e uma menor variabilidade que a válvula de grafite. Operando-se em modo analógico, com o controlador PI em manual, a planta foi colocada em operação, com as duas válvulas abertas e com uma vazão de $12{,}8\ \text{m}^3/\text{h}$, correspondente a 48 Hz no inversor de frequência da bomba. A válvula foi posicionada com 50% de abertura e, então, foi inserido um degrau positivo na saída do controlador, tendo sido obtida a curva de reação do sistema, da qual foi possível extrair a constante de tempo, o ganho e o tempo morto. Em seguida, foi dado um degrau negativo, retornando para o valor original na saída manual do controlador. Do mesmo modo, foi inserido um degrau negativo na saída do controlador e os mesmos parâmetros foram estimados. Por fim, foi dado um degrau positivo, retornando o controlador para sua condição no início do teste. Foi então calculada a média aritmética dos três parâmetros obtidos com os quatro degraus, para ser usada no método de sintonia desejado. A resposta da vazão aplicando essa série de degraus se encontra na Figura 12.33 e os valores obtidos das constantes de tempo, ganho e tempo morto são listados na Tabela 12.5 (GARCIA et al., 2012).

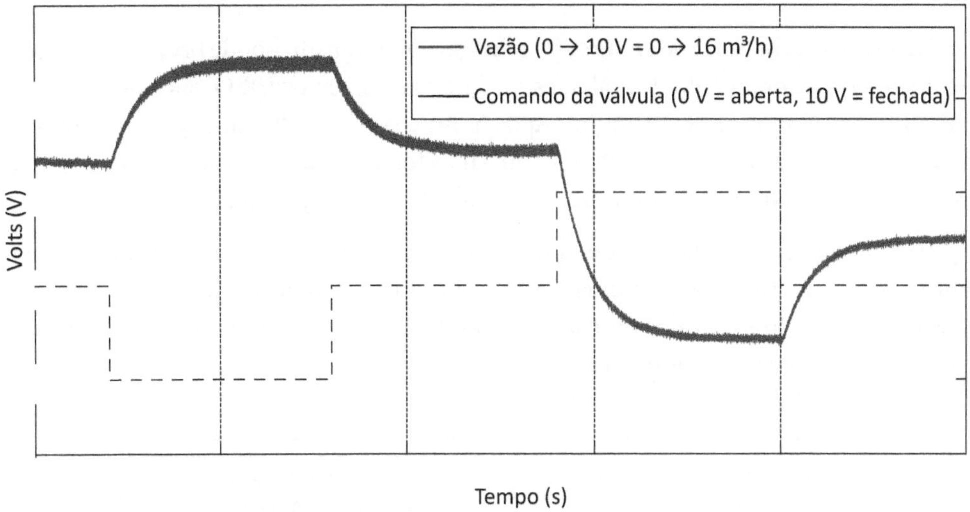

Figura 12.33 – Resposta da malha de vazão com válvula com gaxetas de teflon.

Tabela 12.5 – Parâmetros médios da curva de reação da planta

Degrau	Ganho K	Constante de tempo τ (s)	Tempo morto θ (s)
50-40%	1,08	8,20	0,31
40-50%	0,94	8,20	0,28
50-60%	2,01	8,80	0,32
60-50%	1,07	8,10	0,29
Valores médios	1,28	8,33	0,30

Com os valores médios da Tabela 12.5, a função de transferência da planta de vazão é:

$$G_P = \frac{1,28 \cdot e^{-0,3 \cdot s}}{8,33 \cdot s + 1}$$

Na Tabela 12.6 são listadas as opções de sintonia do controlador PI, utilizando-se o método da Síntese Direta. Foram testadas três sintonias, sendo uma mais agressiva ($\tau_C = 0,3 \cdot \tau$), uma intermediária ($\tau_C = 0,5 \cdot \tau$) e uma mais suave ($\tau_C = 0,8 \cdot \tau$).

Tabela 12.6 – Parâmetros de sintonia do controlador PI

Parâmetro	$\tau_c = 0{,}3 \cdot \tau$	$\tau_c = 0{,}5 \cdot \tau$	$\tau_c = 0{,}8 \cdot \tau$
K_c	2,33	1,46	0,94
T_I	8,33	8,33	8,33

No primeiro conjunto de ensaios, foi selecionado o transmissor de pressão diferencial analógico e o acionamento das válvulas foi feito via conversor I/P. O valor de referência inicial para a vazão foi de 9,0 m^3/h. Após 5 minutos, foi dado um degrau negativo no valor de referência, passando-o para 7,5 m^3/h, e foi observada a vazão medida e a saída do controlador durante 45 minutos. O intervalo de amostragem foi de 0,5 s.

Para a válvula com gaxetas de grafite, foram obtidas as vazões mostradas nas Figuras 12.34 a 12.36, para cada uma das três sintonias da Tabela 12.6. Nessas figuras, a vazão não estabiliza no valor desejado e a variabilidade piora à medida que a sintonia do controlador fica mais agressiva.

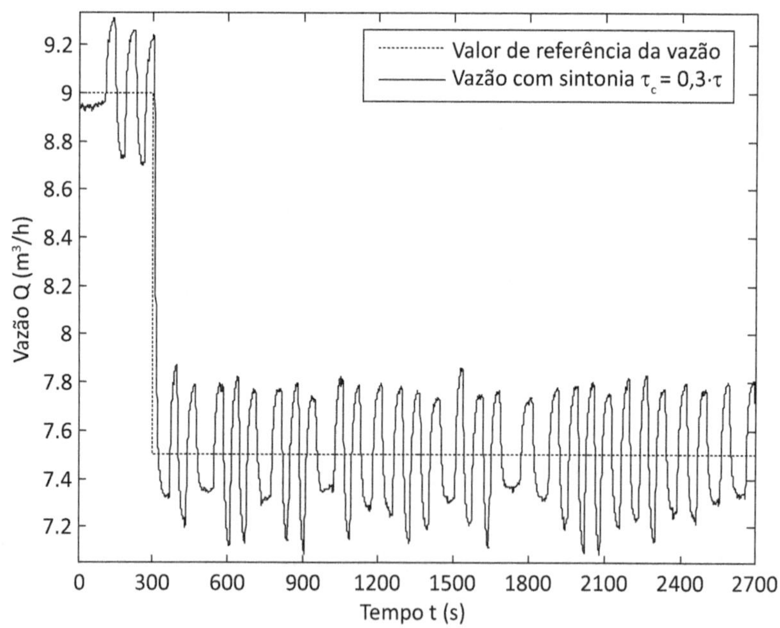

Figura 12.34 – Vazão medida usando válvula com gaxetas de grafite, conversor I/P e sintonia com $\tau_c = 0{,}3 \cdot \tau$.

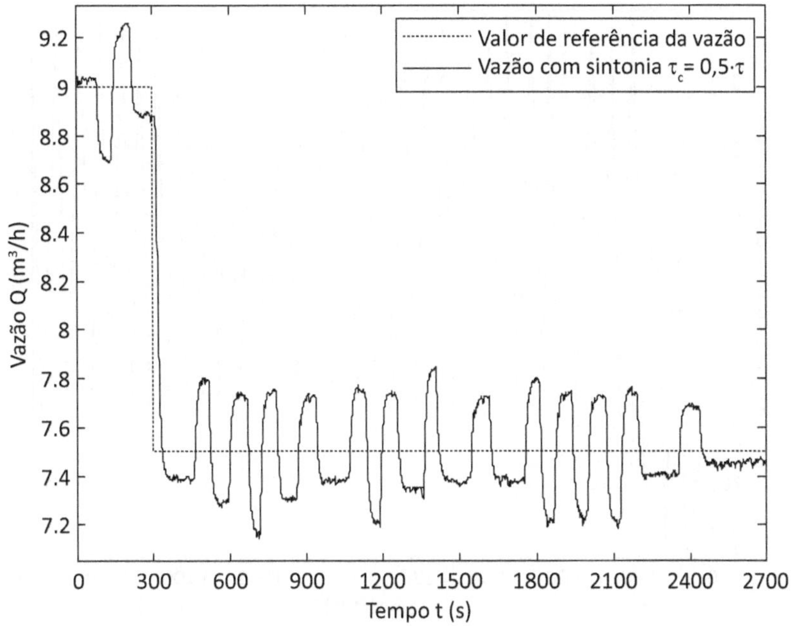

Figura 12.35 – Vazão medida usando válvula com gaxetas de grafite, conversor I/P e sintonia com $\tau_c = 0,5{\cdot}\tau$.

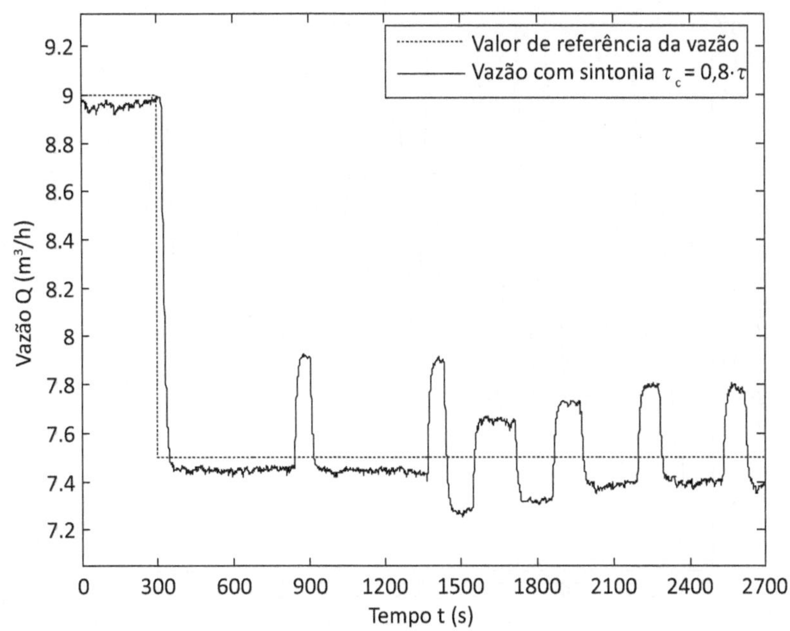

Figura 12.36 – Vazão medida usando válvula com gaxetas de grafite, conversor I/P e sintonia com $\tau_c = 0,8{\cdot}\tau$.

Para a válvula com gaxetas de grafite, a saída do controlador para cada uma das três sintonias da Tabela 12.6 é apresentada nas Figuras 12.37 a 12.39.

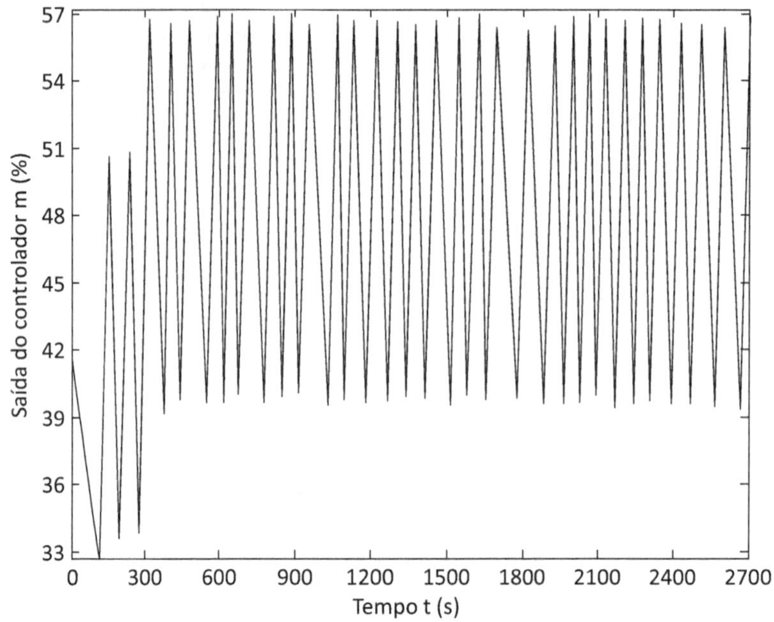

Figura 12.37 – Saída do controlador PI para válvula com gaxetas de grafite, conversor I/P e sintonia com $\tau_c = 0{,}3 \cdot \tau$.

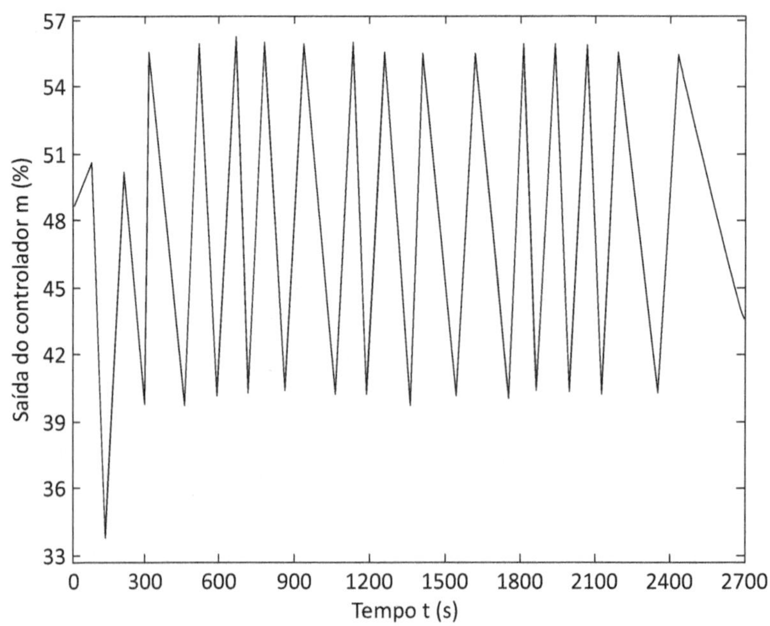

Figura 12.38 – Saída do controlador PI para válvula com gaxetas de grafite, conversor I/P e sintonia com $\tau_c = 0{,}5 \cdot \tau$.

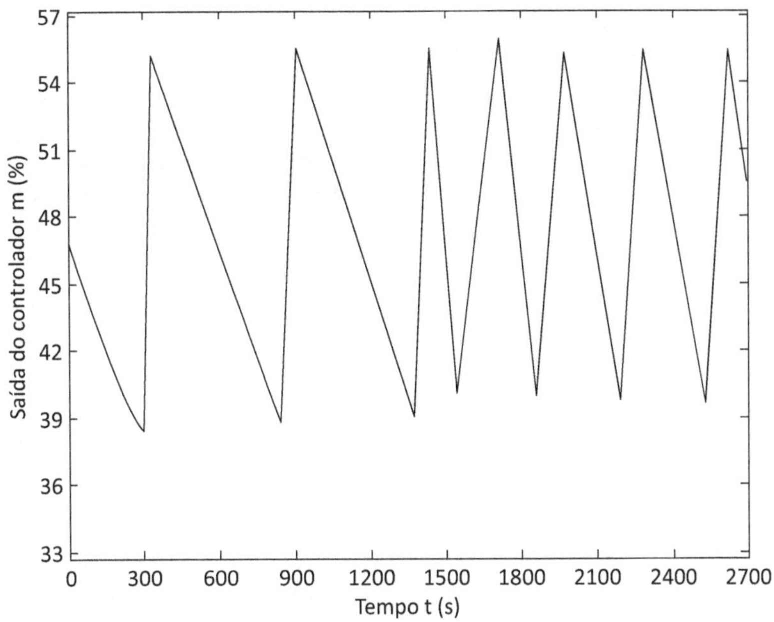

Figura 12.39 – Saída do controlador PI para válvula com gaxetas de grafite, conversor I/P e sintonia com $\tau_c = 0{,}8 \cdot \tau$.

Nas Figuras 12.37 a 12.39, o controlador está sempre variando seu sinal de saída para acionar a válvula. Observa-se ainda, na Figura 12.37, que o controlador com sintonia mais agressiva possui maior amplitude e varia sua saída com maior frequência que a das demais sintonias. Isso significa que ele tende a agir com maior rigor perante o erro com relação às outras sintonias.

O índice de variabilidade de cada ensaio foi estimado com base na seguinte equação, extraída da Seção 5.4 do Volume 1, e os valores obtidos são vistos na Tabela 12.7.

$$\text{Índice de variabilidade} = \frac{2 \cdot \rho}{\mu} 100\%$$

sendo ρ o desvio-padrão da vazão medida e μ a sua média.

Tabela 12.7 – Índices de variabilidade dos testes com válvula com gaxetas de grafite e conversor I/P

Sintonia	Índice de variabilidade (%)
$\tau_c = 0{,}3 \cdot \tau$	5,72
$\tau_c = 0{,}5 \cdot \tau$	4,73
$\tau_c = 0{,}8 \cdot \tau$	4,17

Conforme se depreende da Tabela 12.7, a variabilidade da malha foi maior com a sintonia mais agressiva do controlador.

Para a válvula com gaxetas de teflon, foram obtidas as vazões mostradas nas Figuras 12.40 a 12.42 para cada uma das três sintonias aplicadas.

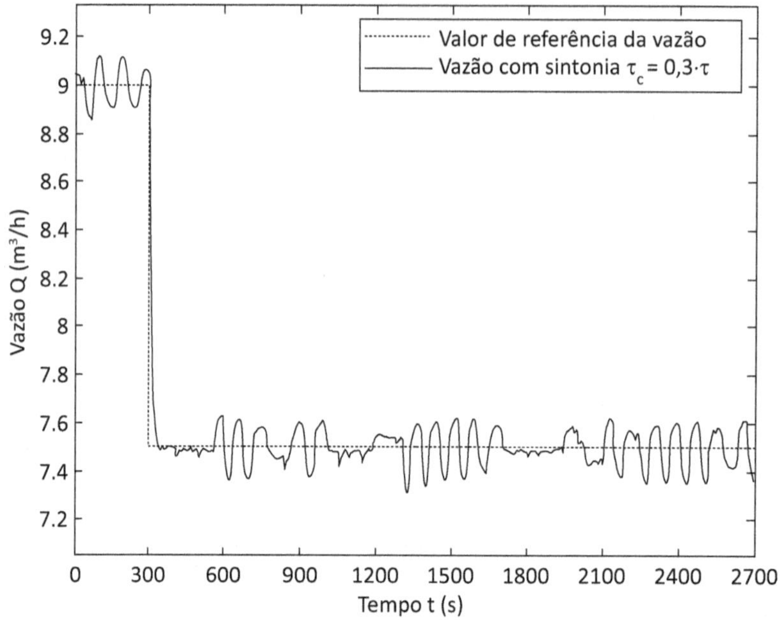

Figura 12.40 – Vazão medida usando válvula com gaxetas de teflon, conversor I/P e sintonia com $\tau_c = 0{,}3{\cdot}\tau$.

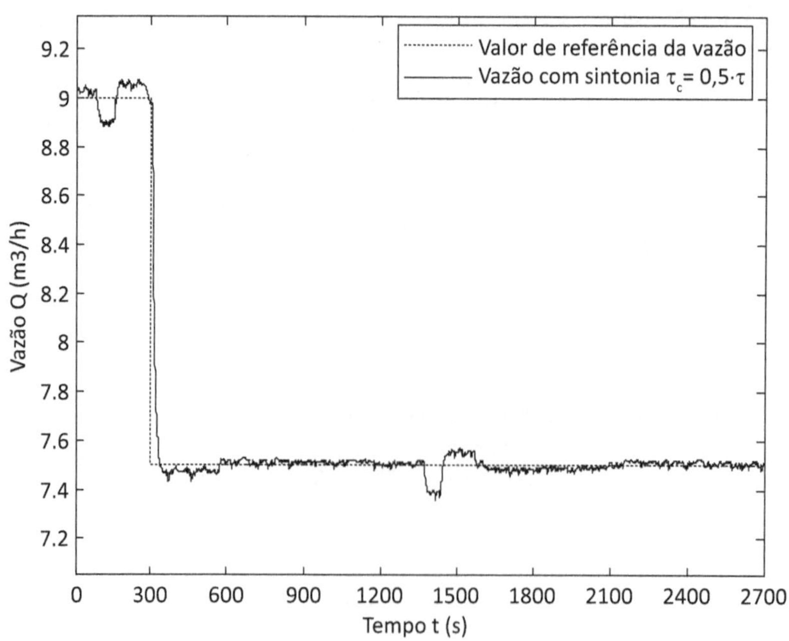

Figura 12.41 – Vazão medida usando válvula com gaxetas de teflon, conversor I/P e sintonia com $\tau_c = 0{,}5{\cdot}\tau$.

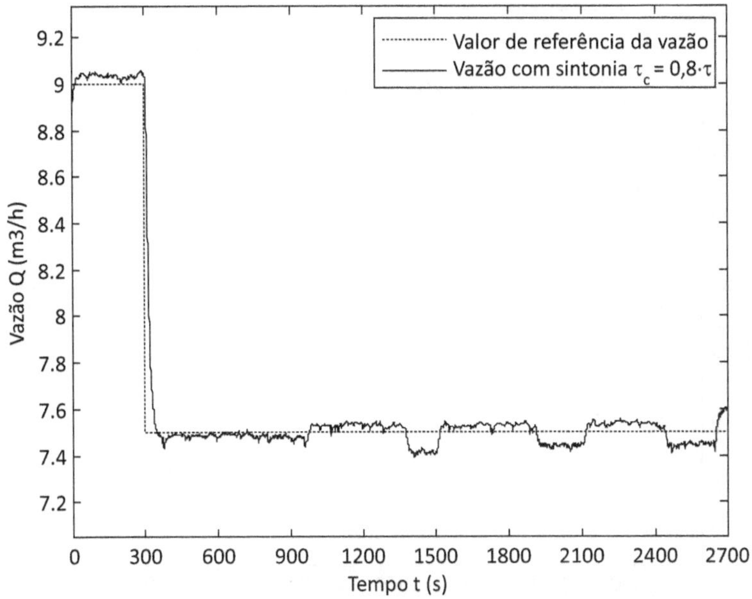

Figura 12.42 – Vazão medida usando válvula com gaxetas de teflon, conversor I/P e sintonia com $\tau_c = 0{,}8{\cdot}\tau$.

Ao lidar com a válvula com gaxetas de teflon, a variabilidade foi muito menor que com a válvula com gaxetas de grafite para as três sintonias testadas, o que é visto nas Figuras 12.40 a 12.42. Nota-se, ainda, que a variabilidade diminui conforme a sintonia do controlador é mais suave, situação idêntica à que foi observada nas Figuras 12.34 a 12.36. A saída do controlador para cada uma das três sintonias da Tabela 12.6 ao operar com a válvula com gaxetas de teflon é apresentada nas Figuras 12.43 a 12.45.

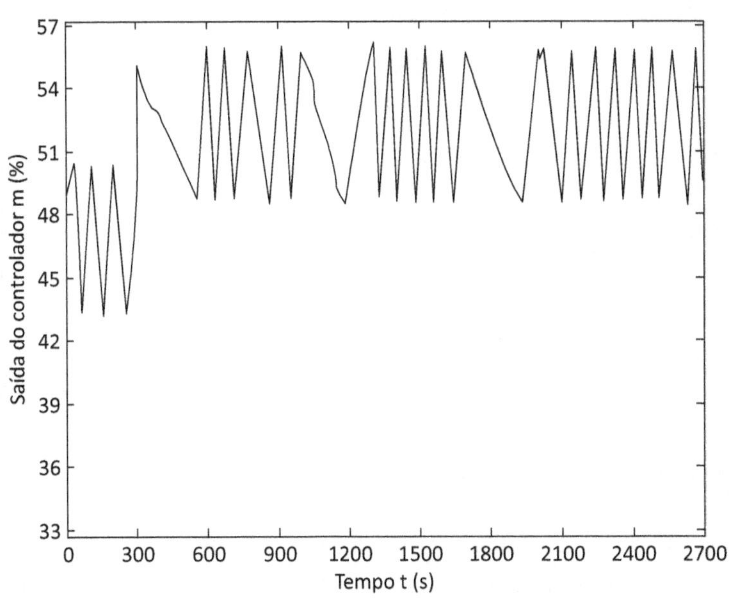

Figura 12.43 – Saída do controlador PI para válvula com gaxetas de teflon, conversor I/P e sintonia com $\tau_c = 0{,}3{\cdot}\tau$.

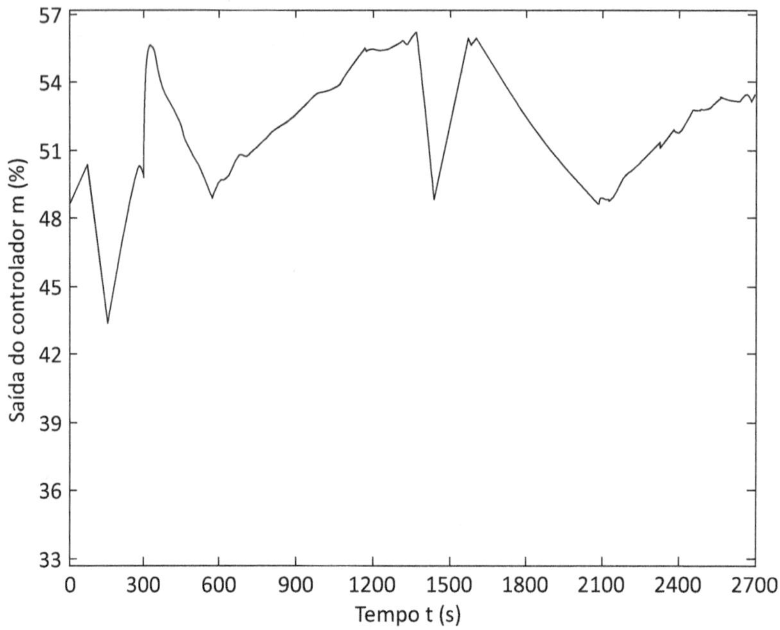

Figura 12.44 – Saída do controlador PI para válvula com gaxetas de teflon, conversor I/P e sintonia com $\tau_c = 0{,}5{\cdot}\tau$.

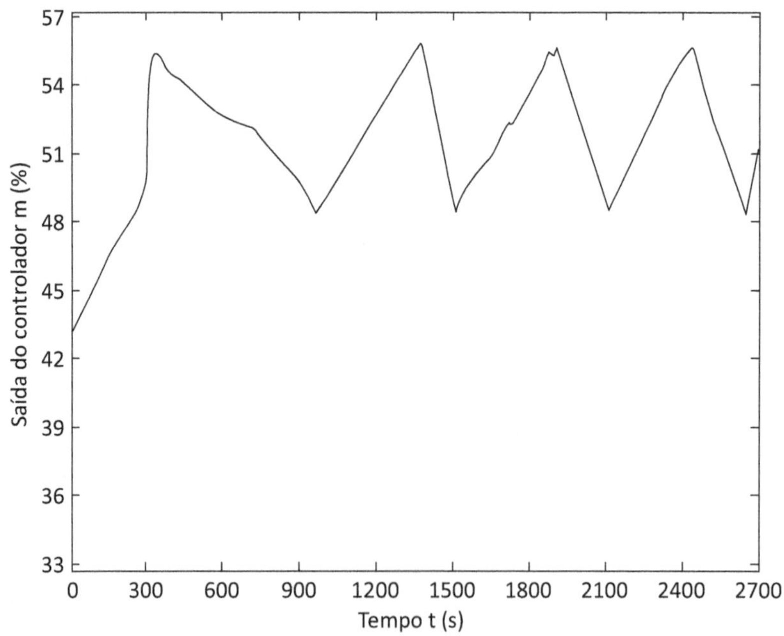

Figura 12.45 – Saída do controlador PI para válvula com gaxetas de teflon, conversor I/P e sintonia com $\tau_c = 0{,}8{\cdot}\tau$.

As Figuras 12.43 a 12.45 indicam que, com relação à válvula com gaxetas de grafite, a variação da saída do controlador ao usar gaxetas de teflon tem menor amplitude, mas ela continua variando constantemente, com o intuito de posicionar a válvula na abertura correta. À medida que a sintonia do controlador fica mais suave, a frequência de variação da saída vai caindo, como já havia ocorrido na válvula com gaxetas de grafite.

Para os ensaios com a válvula com gaxetas de teflon, os índices de variabilidade são mostrados na Tabela 12.8, em que se nota que eles são menores que na válvula com gaxetas de grafite, devido a seu menor atrito.

Tabela 12.8 – Índices de variabilidade dos testes com válvula com gaxetas de teflon e conversor I/P

Sintonia	Índice de variabilidade (%)
$\tau C = 0{,}3 \cdot \tau$	1,92
$\tau C = 0{,}5 \cdot \tau$	1,09
$\tau C = 0{,}8 \cdot \tau$	0,71

Os mesmos ensaios foram repetidos para degraus positivos no valor de referência, de 9,0 para 10,5 m^3/h, e resultados similares aos anteriores foram observados.

Para realizar o segundo conjunto de ensaios, os mesmos procedimentos dos testes anteriores foram efetuados, com a diferença de que o transmissor de pressão diferencial digital foi selecionado e se usou o posicionador digital FF para atuar sobre a válvula. Inseriu-se um degrau negativo de 9,0 para 7,5 m^3/h no valor de referência da vazão. As vazões medidas para a válvula com gaxetas de grafite são mostradas nas Figuras 12.46 a 12.48.

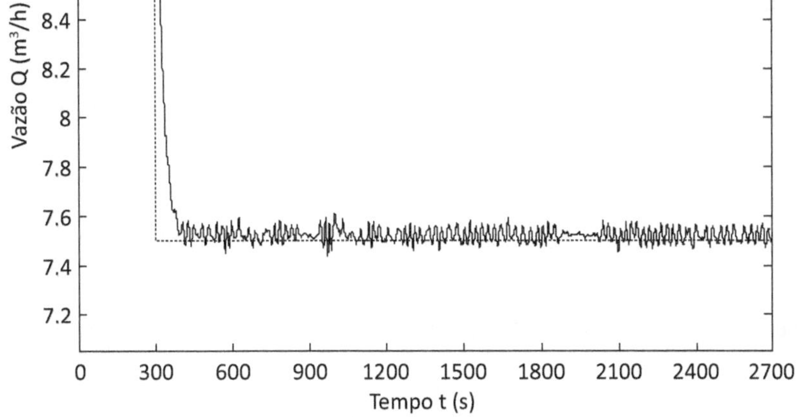

Figura 12.46 – Vazão medida usando válvula com gaxetas de grafite, posicionador digital e sintonia com $\tau_c = 0{,}3 \cdot \tau$.

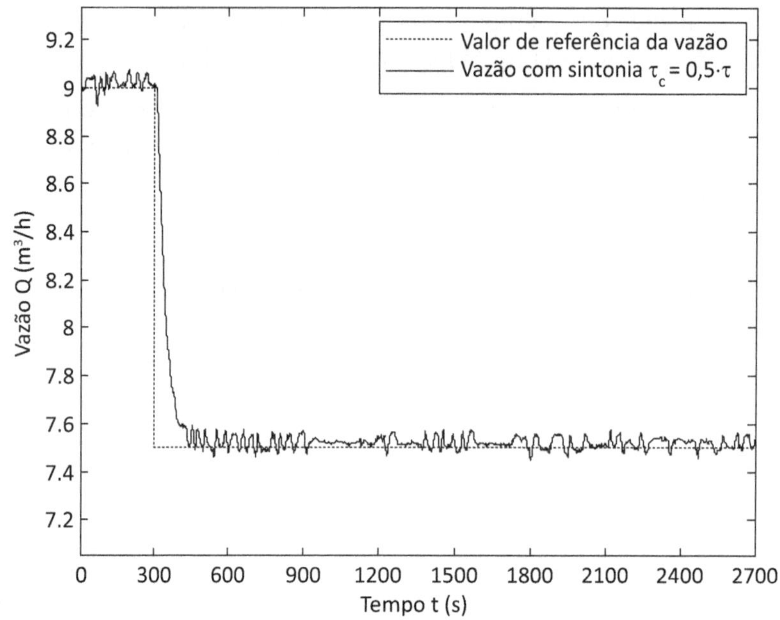

Figura 12.47 – Vazão medida usando válvula com gaxetas de grafite, posicionador digital e sintonia com $\tau_c = 0{,}5 \cdot \tau$.

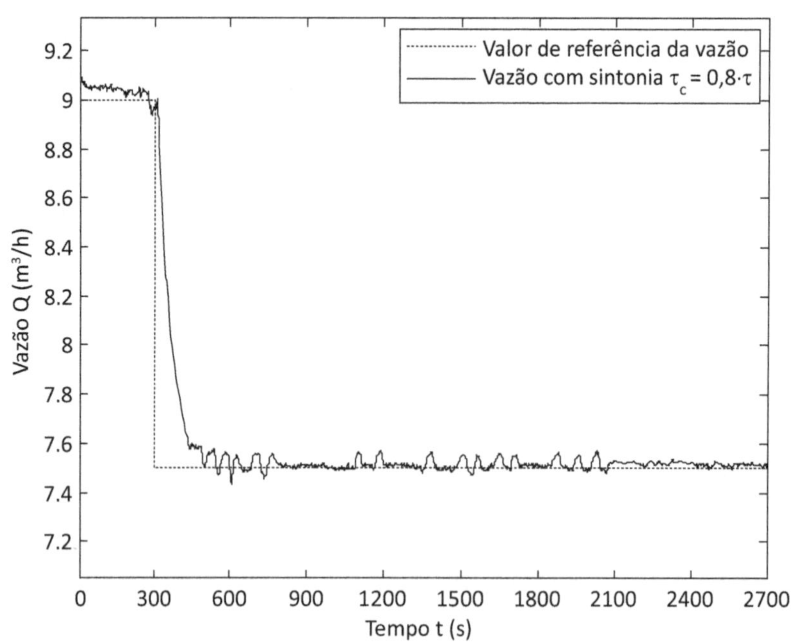

Figura 12.48 – Vazão medida usando válvula com gaxetas de grafite, posicionador digital e sintonia com $\tau_c = 0{,}8 \cdot \tau$.

Conforme esperado, nas vazões medidas nas Figuras 12.46 a 12.48 com o posicionador digital, a variabilidade se reduz para as três sintonias do controlador PI, quando comparada com a das Figuras 12.34 a 12.36, já que o posicionador busca corrigir a posição da haste, agindo como um controlador em cascata.

Os índices de variabilidade desses ensaios são mostrados na Tabela 12.9.

Tabela 12.9 – Índices de variabilidade dos testes com válvula com gaxetas de grafite e posicionador digital

Sintonia	Índice de variabilidade (%)
$\tau_c = 0{,}3 \cdot \tau$	0,683
$\tau_c = 0{,}5 \cdot \tau$	0,655
$\tau_c = 0{,}8 \cdot \tau$	0,538

A Tabela 12.9 mostra que os índices de variabilidade foram muito reduzidos quando comparados com a Tabela 12.7, indicando a eficiência do posicionador para diminuí-la.

Nas Figuras 12.49 a 12.51, vê-se o sinal de saída do controlador PI para cada uma das sintonias usadas.

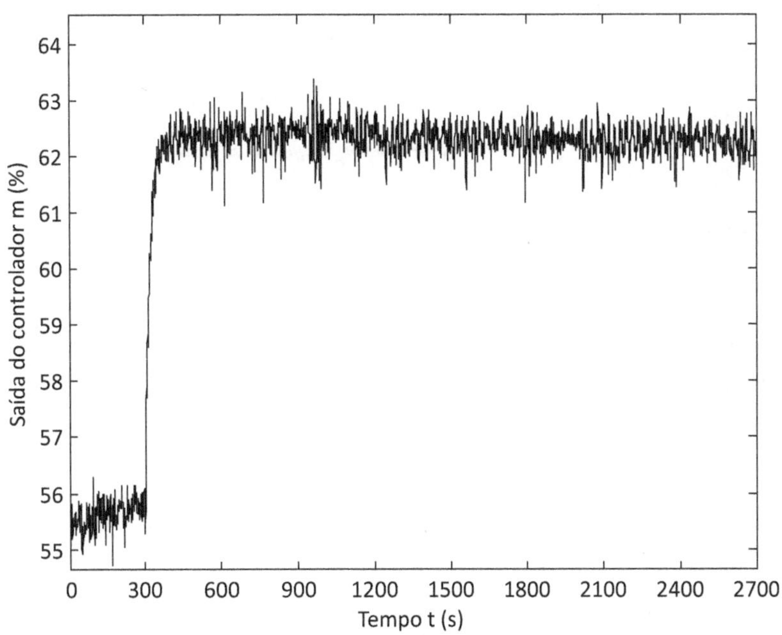

Figura 12.49 – Saída do controlador PI para válvula com gaxetas de grafite, posicionador digital e sintonia com $\tau_c = 0{,}3 \cdot \tau$.

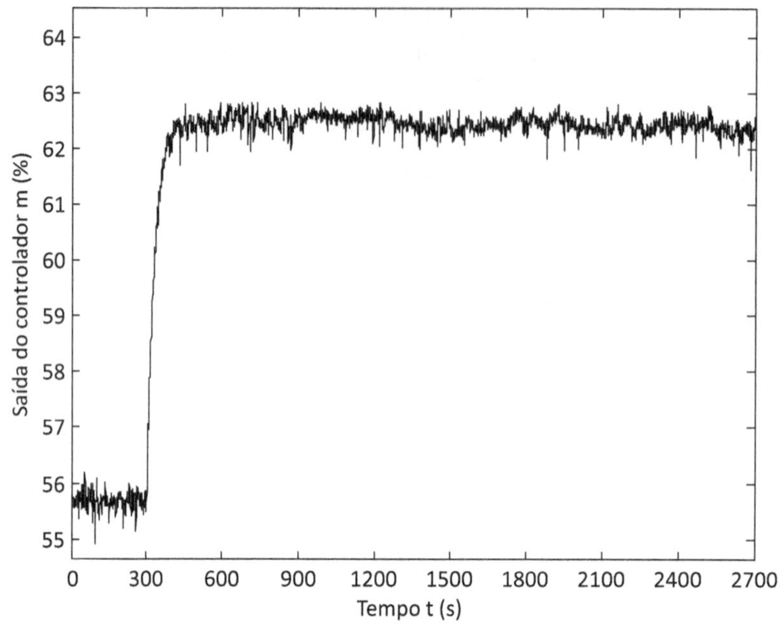

Figura 12.50 – Saída do controlador PI para válvula com gaxetas de grafite, posicionador digital e sintonia com $\tau_C = 0{,}5{\cdot}\tau$.

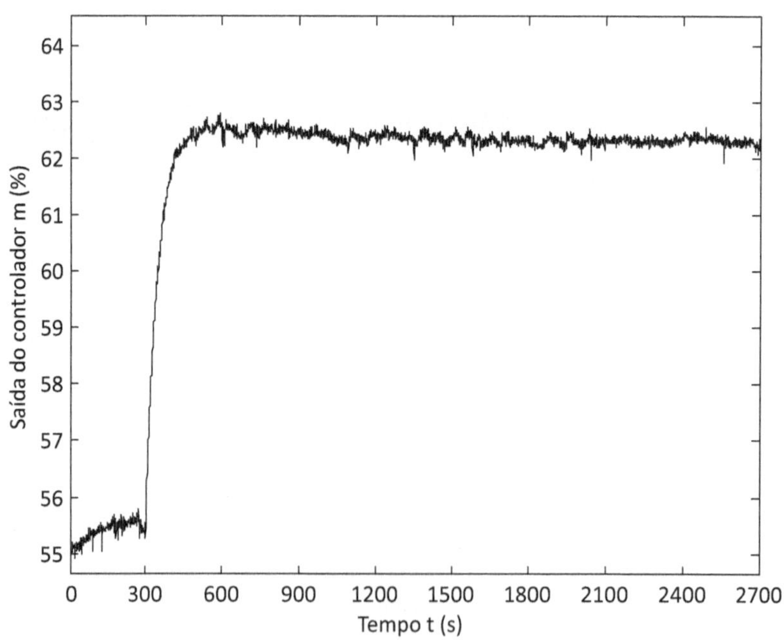

Figura 12.51 – Saída do controlador PI para válvula com gaxetas de grafite, posicionador digital e sintonia com $\tau_C = 0{,}8{\cdot}\tau$.

Nas Figuras 12.49 a 12.51, há variações na saída do controlador PI com menor amplitude que ao usar o conversor I/P (Figuras 12.37 a 12.39). Nota-se ainda que, conforme a sintonia fica mais suave, reduz-se a amplitude das oscilações de alta frequência na saída do PI.

Realizaram-se os mesmos ensaios com posicionador digital na válvula com gaxetas de teflon e as vazões medidas são exibidas nas Figuras 12.52 a 12.54.

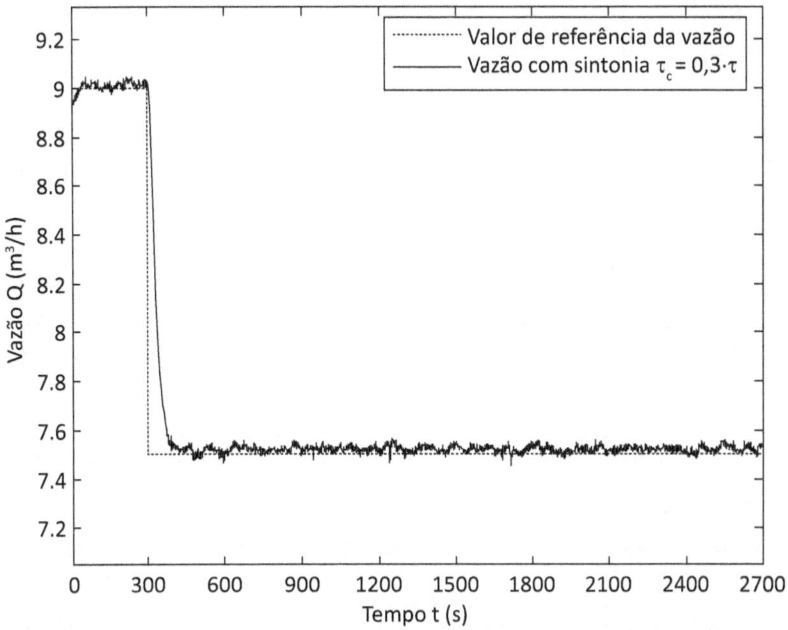

Figura 12.52 – Vazão medida usando válvula com gaxetas de teflon, posicionador digital e sintonia com $\tau_C = 0{,}3{\cdot}\tau$.

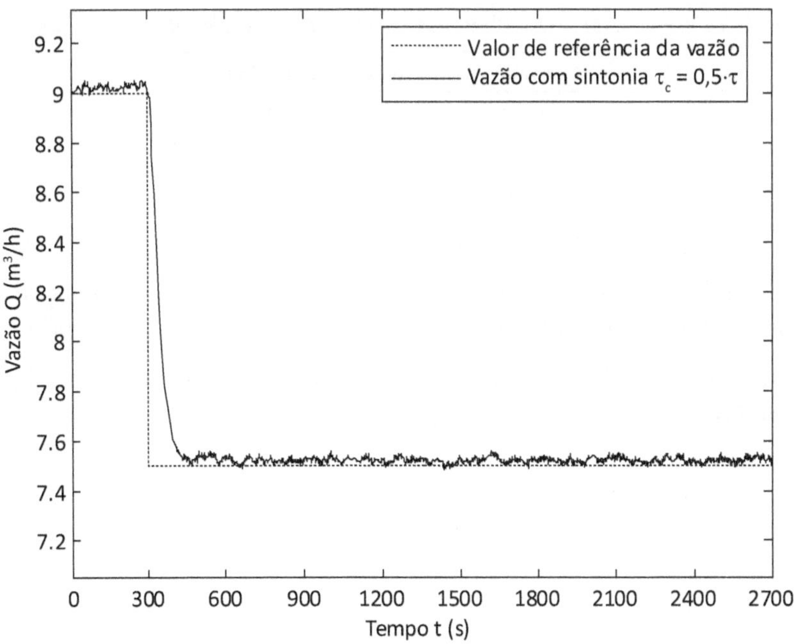

Figura 12.53 – Vazão medida usando válvula com gaxetas de teflon, posicionador digital e sintonia com $\tau_C = 0{,}5{\cdot}\tau$.

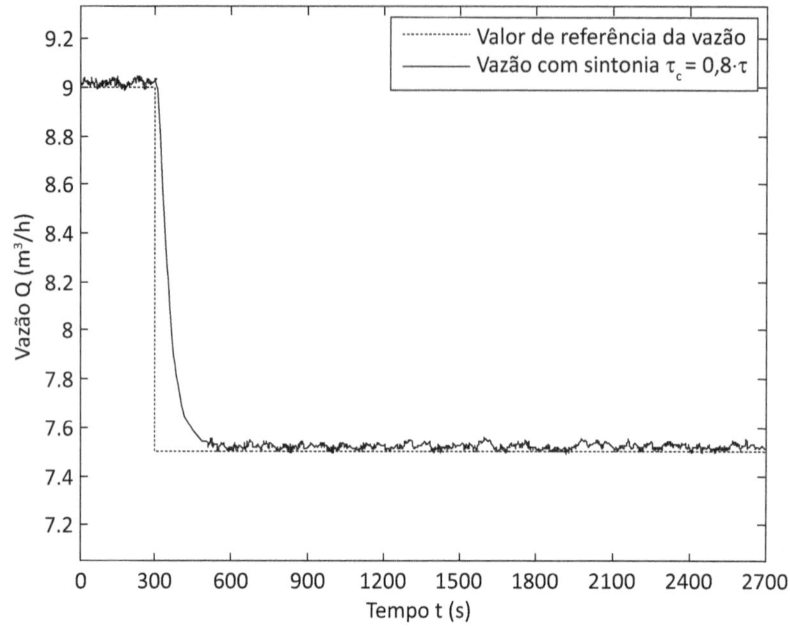

Figura 12.54 – Vazão medida usando válvula com gaxetas de teflon, posicionador digital e sintonia com $\tau_c = 0{,}8{\cdot}\tau$.

Nas Figuras 12.52 a 12.54 há menos variabilidade que nos ensaios com o conversor I/P das Figuras 12.40 a 12.42. Os índices de variabilidade estão na Tabela 12.10.

Tabela 12.10 – Índices de variabilidade dos testes com válvula com gaxetas de teflon e posicionador digital

Sintonia	Índice de variabilidade (%)
$\tau_c = 0{,}3{\cdot}\tau$	0,362
$\tau_c = 0{,}5{\cdot}\tau$	0,314
$\tau_c = 0{,}8{\cdot}\tau$	0,311

Os índices de variabilidade (que já eram baixos na Tabela 12.8, em que se usou um conversor I/P) foram ainda mais reduzidos com o emprego do posicionador digital.

Nas Figuras 12.55 a 12.57, observa-se o sinal de saída do controlador PI para cada uma das sintonias usadas.

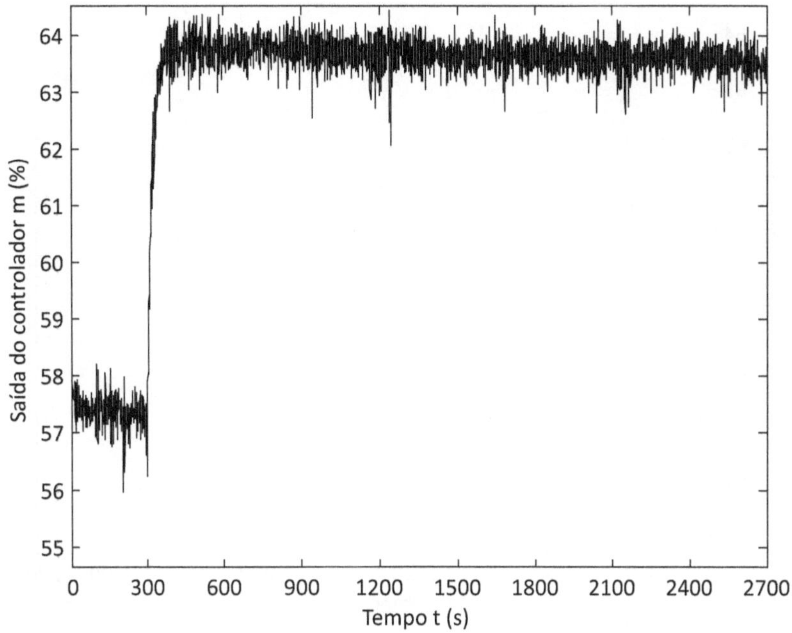

Figura 12.55 – Saída do controlador PI para válvula com gaxetas de teflon, posicionador digital e sintonia com $\tau_C = 0{,}3 \cdot \tau$.

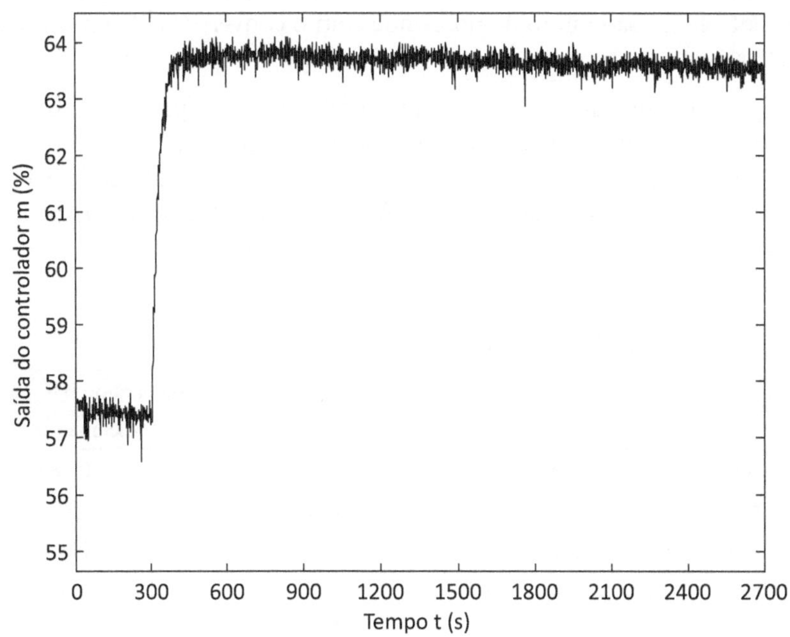

Figura 12.56 – Saída do controlador PI para válvula com gaxetas de teflon, posicionador digital e sintonia com $\tau_C = 0{,}5 \cdot \tau$.

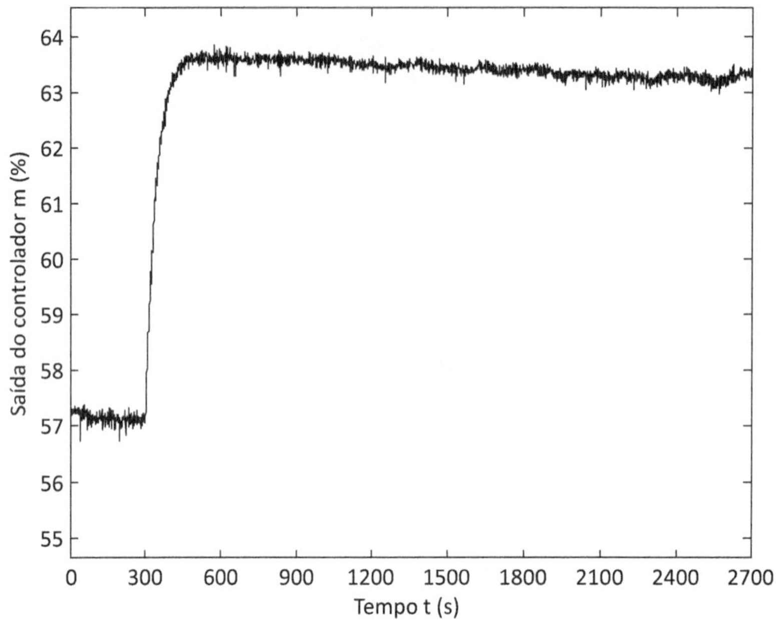

Figura 12.57 – Saída do controlador PI para válvula com gaxetas de teflon, posicionador digital e sintonia com $\tau_c = 0{,}8 \cdot \tau$.

As Figuras 12.55 a 12.57 revelam que, com o posicionador digital, as variações na saída do controlador são muito menores que com o conversor I/P, como visto nas Figuras 12.43 a 12.45.

Para o posicionador digital, os mesmos ensaios foram repetidos com um degrau positivo no valor de referência da vazão de 9,0 para 10,5 m^3/h e resultados similares aos anteriores foram obtidos, com significativa redução da variabilidade pela inserção desse instrumento na malha de controle. A Tabela 12.11 inclui todos os índices de variabilidade estimados nos diferentes ensaios realizados.

Tabela 12.11 – Índices de variabilidade da malha de controle de vazão

Material das gaxetas	Sintonia	Índice de variabilidade (%)	
		Conversor I/P	Posicionador digital
Grafite	$\tau_c = 0{,}3 \cdot \tau$	5,72	0,683
Teflon	$\tau_c = 0{,}3 \cdot \tau$	1,92	0,362
Grafite	$\tau_c = 0{,}5 \cdot \tau$	4,73	0,655
Teflon	$\tau_c = 0{,}5 \cdot \tau$	1,09	0,314
Grafite	$\tau_c = 0{,}8 \cdot \tau$	4,17	0,538
Teflon	$\tau_c = 0{,}8 \cdot \tau$	0,71	0,311

Os ensaios desta subseção mostraram como a presença do atrito afeta a variabilidade das malhas. Válvulas com atrito maior entre as partes móveis geram maior variabilidade que válvulas com atrito menor. Os testes indicaram ainda diferenças significativas nos índices de variabilidade de acordo com o modo de atuação da válvula (conversor I/P ou posicionador digital) e com a sintonia do controlador da malha. Os índices da Tabela 12.11 indicam a maior eficiência, do ponto de vista da variabilidade, das malhas em cascata com posicionador digital, em comparação com as malhas com conversor I/P.

12.9.3 MALHA DE CONTROLE DE NÍVEL A TRÊS ELEMENTOS EM CALDEIRAS AQUATUBULARES

As caldeiras produzem vapor d'água ou aquecem fluidos térmicos. A energia é obtida pela queima de combustíveis sólidos, líquidos ou gasosos, energia elétrica e até fissão nuclear. São descritas aqui apenas as caldeiras que queimam combustíveis. Uma caldeira é composta basicamente por dois sistemas separados. Um é o sistema vapor-água, também chamado de lado de água da caldeira, e o outro é o sistema combustível-ar-gás da combustão, também chamado de lado de fogo da caldeira. No sistema combustível-ar-gás, o combustível e o ar de combustão são misturados e em seguida queimados na câmara de combustão. A combustão converte a energia química do combustível em energia térmica, ou seja, calor, o qual é transferido ao sistema vapor-água para gerar vapor. As caldeiras que produzem vapor pela queima de combustíveis podem ser classificadas em dois grandes grupos, de acordo com o conteúdo nos tubos:

- flamotubulares: os gases de combustão circulam por dentro de tubos, vaporizando a água que fica por fora desses tubos; e
- aquatubulares: os gases de combustão circulam por fora dos tubos e a vaporização da água se dá dentro dos tubos.

As caldeiras flamotubulares têm uso restrito em aplicações industriais de grande porte. São descritas aqui apenas as caldeiras aquatubulares. Nelas, a água a ser aquecida passa no interior de tubos e os gases quentes da combustão passam por fora deles. A produção de vapor ocorre dentro desses tubos, que conectam dois ou mais reservatórios cilíndricos horizontais, conhecidos como tubulões. O tubulão superior, também denominado tubulão de vapor, tem seu nível de água controlado em torno de 50% e o inferior trabalha totalmente cheio de água, conforme esquema da Figura 12.58. Todo o conjunto (lado dos gases quentes e lado da água) é isolado por uma parede de refratários (câmara de combustão), de modo a evitar perdas de calor para o meio ambiente (BEGA, 2003).

A água circula nas caldeiras aquatubulares de forma natural ou forçada. Na circulação natural, a água flui pela diferença de densidade, em um efeito conhecido como termossifão, em que há o movimento ascendente do vapor e descendente do líquido, enquanto na circulação forçada a água escoa pela ação de uma bomba no circuito.

É descrita aqui a operação básica do sistema água-vapor em uma caldeira aquatubular de circulação natural, o tipo mais comum na indústria. Como visto na Figura 12.58, o aquecimento da água dentro dos tubos é feito com o calor gerado pela queima do combustível nos queimadores alocados do lado de fora dos tubos.

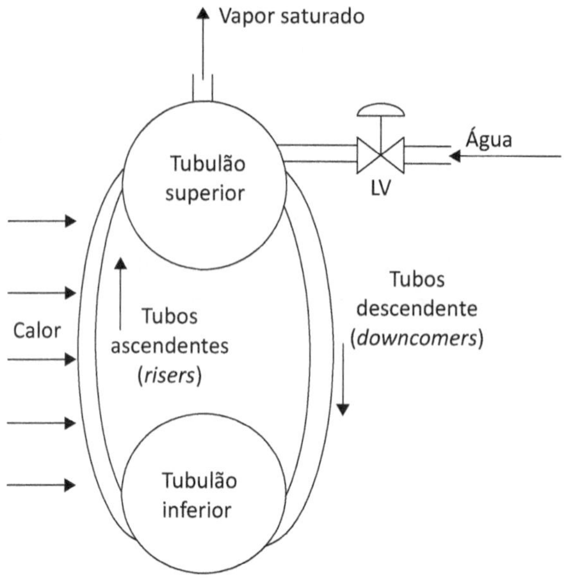

Figura 12.58 – Circulação de água e vapor em caldeira aquatubular (BEGA, 2003).

À medida que o vapor saturado é consumido, repõe-se água no tubulão superior por uma válvula de controle na linha de alimentação de água (LV). A água fria adicionada no tubulão superior desce pelos tubos descendentes para o tubulão inferior e a água quente sobe pelos tubos ascendentes para o tubulão superior, devido ao efeito termossifão. Os tubos que conectam o tubulão superior ao inferior são expostos à radiação da queima e/ou ao calor dos gases da combustão. Devido a seu percurso entre os tubulões, alguns trechos de tubo recebem mais calor que outros. Nos tubos mais aquecidos, uma parte da água em contato com a parede dos tubos evapora e sobe. O efeito da diferença entre a densidade da água no tubo mais aquecido e no tubo menos aquecido (termossifão) mais o próprio movimento ascendente do vapor fazem com que a água circule, indo para o tubulão superior pelos tubos mais aquecidos (tubos geradores, ou *risers*) e descendo pelos tubos menos aquecidos (tubos vertedores, ou *downcomers*). Com o aquecimento, a água que sobe pelos tubos ascendentes libera vapor saturado no tubulão superior. A circulação da água facilita a liberação do vapor e aumenta a eficiência da troca térmica nos tubos. O vapor saturado gerado sai pelo coletor de vapor e mais água é admitida para manter os tubos cheios e o nível de água no tubulão superior (BEGA, 2003).

Na Figura 12.59 são mostrados três exemplos de esquemas construtivos de caldeiras aquatubulares com circulação natural (RODRIGUES, 2007). Os elementos que aparecem nessa figura são sucintamente descritos a seguir:

- câmara de combustão: região onde se dá a queima do combustível, gerando o gás de queima aquecido;
- tubulão de vapor ou tubulão superior: tambor horizontal localizado na parte superior da caldeira, no qual água e vapor estão em equilíbrio na temperatura de saturação correspondente à pressão do tambor;

- tubulão de água ou tubulão inferior: tambor horizontal situado na parte inferior da caldeira, usualmente menor que o superior, ficando sempre cheio d'água; e
- feixe de tubos: formado pelos tubos que interligam os tubulões de vapor e de água. A disposição do feixe de tubos em torno da câmara de combustão constitui as chamadas "paredes de água". Essas paredes (laterais, frontais, teto e fundo) geram um espaço vazio envolvendo a câmara de combustão.

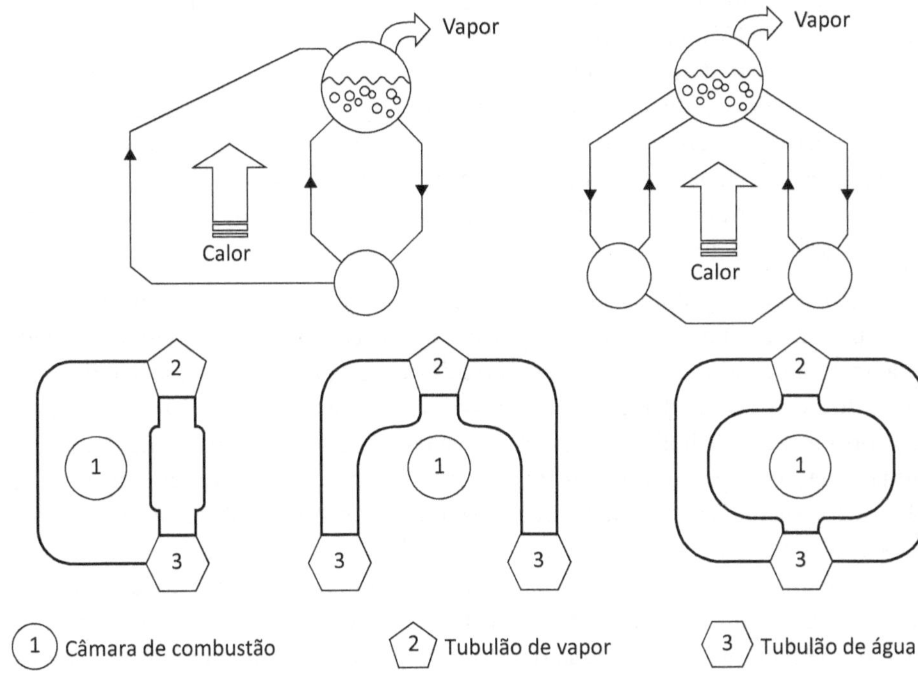

Figura 12.59 – Esquemas construtivos de caldeiras aquatubulares com circulação natural.

Nas caldeiras aquatubulares, as duas variáveis mais importantes a serem controladas são pressão de vapor e nível do tubulão superior. Além desses, há outros controles complementares que são normalmente usados e que podem influenciar no rendimento, na estabilidade e na segurança das caldeiras, como os controles de temperatura do vapor superaquecido, temperatura do preaquecedor de ar e pressão na câmara de combustão.

O vapor gerado nas caldeiras deve ser enviado para o processo com determinada qualidade (pressão, temperatura, teor de impurezas), por exigência do próprio processo (BEGA, 2003). Existem dois tipos de controle da produção de vapor em uma caldeira. No primeiro, deseja-se manter a pressão do vapor gerado constante e, no outro, a vazão de vapor constante. Independentemente da filosofia adotada, esse controle da produção de vapor da caldeira modula a quantidade de gás combustível para os maçaricos (CAMPOS; TEIXEIRA, 2010). A pressão de vapor deve ser mantida em uma faixa de variação estreita, visto que o vapor é usado em equipamentos complexos e que devem operar com grande estabilidade, como turbinas. Essa pressão é controlada variando-se as vazões do combustível e do ar de combustão injetados nos queimadores. Quanto maior a vazão do combustível e do ar, maior a troca de calor e maior a vaporização. Como consequência, a pressão cresce. Assim, no controle da pressão de vapor manipulam-se as vazões do combustível e do ar de combustão.

O outro controle fundamental para a operação estável da caldeira é aquele que mantém o nível de água do tubulão superior constante. Esse nível deve ser controlado em uma faixa bem estreita em torno do valor desejado, por meio da manipulação da vazão de água de alimentação injetada no tubulão superior, atuando-se na válvula de controle de nível (LV). Níveis fora da faixa desejada são prejudiciais à caldeira: nível alto acarreta arraste de água no vapor fornecido e nível baixo pode deixar os tubos sem água, levando-os à fusão. As dificuldades para controlar o nível se originam da expansão (*swell*) e da contração (*shrink*) do vapor contido na água dentro do tubulão superior e das variações na pressão do sistema de fornecimento de água de alimentação da caldeira. Maiores detalhes sobre os fenômenos de contração e expansão do vapor são dados a seguir.

Se uma caldeira aquatubular estiver operando em condições estáveis, o lado da água conterá uma certa massa de água e vapor e a proporção entre essas massas permanece constante durante todo o tempo em que a taxa de evaporação da caldeira se mantiver constante. Caso a carga da caldeira seja aumentada, isto é, caso se passe a consumir mais vapor, a concentração de bolhas de vapor abaixo da superfície da água aumentará, gerando uma variação da proporção volumétrica na mistura de água e vapor e uma redução na densidade média da mistura. Como nesse momento a massa de água e vapor variou de modo insignificante, mas a densidade média da mistura água/vapor diminuiu, o resultado será um aumento imediato no volume dessa mistura. Como no lado da água o único local onde pode ocorrer expansão volumétrica é no tubulão superior, ocorre um aumento imediato no nível de água desse tubulão, ainda que não tenha sido colocada água adicional no sistema. Esse efeito de aumento no nível da água no tubulão superior é conhecido como expansão (*swell*). Quando a carga da caldeira é reduzida, a concentração de bolhas de vapor na mistura diminui, ocasionando um aumento na densidade média da mistura. Como nesse momento a massa de água e vapor praticamente não variou, mas a densidade média da mistura água/vapor aumentou, o resultado é uma diminuição imediata no volume de mistura água/vapor. Essa redução de volume causa uma diminuição imediata no nível de água do tubulão superior, ainda que não tenha sido extraída água adicional do sistema. Esse efeito de diminuição do nível de água no tubulão superior é conhecido como contração (*shrink*).

Neste livro, são abordadas apenas as estratégias de controle de nível no tubulão superior, por envolverem técnicas de controle em cascata e de controle por pré-alimentação (Capítulo 13). Existem três estratégias típicas de controle de nível no tubulão:

- controle a um elemento: controle de nível que atua na admissão de água de alimentação;
- controle a dois elementos: controle de nível em cascata com o controle antecipatório ou por pré-alimentação (*feedforward*) da vazão produzida de vapor;

- controle a três elementos: controle de nível em cascata com controle de vazão de água de alimentação e controle antecipatório da vazão produzida de vapor.

A estratégia de controle a um elemento é a mais simples, em que se mede o nível da água e se atua na vazão de água de alimentação, como mostrado na Figura 12.60. Essa estratégia não permite a compensação dos efeitos de expansão e contração e, portanto, é aceitável apenas em aplicações com demanda razoavelmente constante de vapor, por exemplo, caldeiras pequenas com variações lentas na carga.

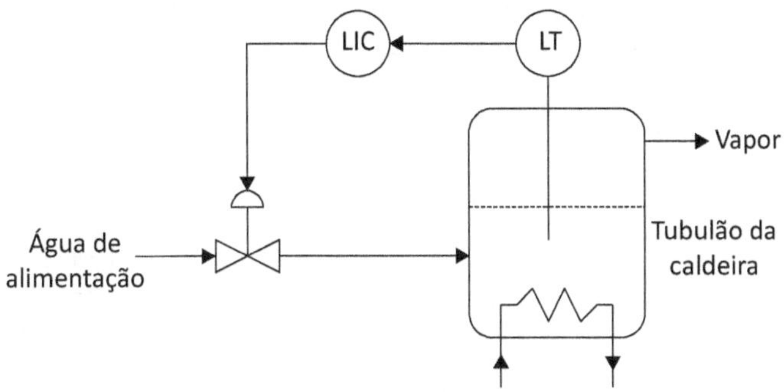

Figura 12.60 – Sistema de controle de nível em caldeira a um elemento.

O nível do líquido fervendo é medido e usado para ajustar a vazão de água de alimentação. Esse sistema de controle tende a ser muito sensível a mudanças rápidas na variável de carga (vazão de vapor), devido à pequena capacidade do tubulão. Variações rápidas na carga podem ocorrer devido a demandas variáveis de vapor. Outra dificuldade é que não se pode usar ganhos altos no controlador, devido a flutuações rápidas no nível de líquidos em ebulição. Isso se deve à presença de bolhas dentro do líquido, que aumentam muito de tamanho quando se reduz a pressão no tubulão (*swell*) pelo aumento da demanda de vapor, fazendo com que o nível do líquido cresça rapidamente. Assim, um ganho alto do controlador tenderia a amplificar esse efeito e produzir variações inaceitáveis na vazão da água de alimentação. Como normalmente a faixa de variação do nível deve ser muito pequena, esse sistema de controle só é aplicado em caldeiras pequenas, nas quais o nível não é uma variável crítica.

Em caldeiras de grande porte, o nível deve ser mantido com precisão em seu valor desejado, sendo que as variações na vazão de vapor geram flutuações no nível. Pode-se, então, empregar a vazão de vapor para uma correção antecipada do nível. Nessa estratégia, o controle de nível é responsável pela realimentação enquanto o controle antecipatório faz com que a vazão da água de alimentação responda diretamente às variações na carga. A válvula de controle da água de alimentação deve ter característica linear, a fim de acompanhar de modo mais adequado a variação do fluxo mássico de vapor. Essa filosofia gera um controle de nível mais apurado e é mais tolerante às mudanças da carga. O esquema de controle da Figura 12.61 mostra um controle antecipatório ou por pré-alimentação, em que se mede a perturbação da malha de controle e ela é usada para atuar na vazão de água de alimentação. O esquema da Figura 12.61 pode melhorar o controle de nível. Nesse caso, a vazão de vapor é medida e o controlador por pré-alimentação, representado pela unidade de cômputo FY, ajusta a vazão de água de alimentação em função de um valor desejado de nível, imposto manualmente pelo operador por meio da estação manual de controle HIC e do sinal de vazão enviado pelo transmissor de vazão FT. Esse ajuste é feito em função da equação $f(x)$, que calcula quanta água deve ser adicionada no tubulão e que atua na válvula de água de alimentação. Dessa forma, a vazão de água de alimentação é corrigida antes que o nível varie, balanceando assim a demanda de vapor. É importante perceber que a variável controlada (nível do líquido) não é medida nem usada na malha de controle. Dessa forma, além de realizar a correção antecipada do nível, essa malha não é afetada por eventuais expansões ou contrações da água.

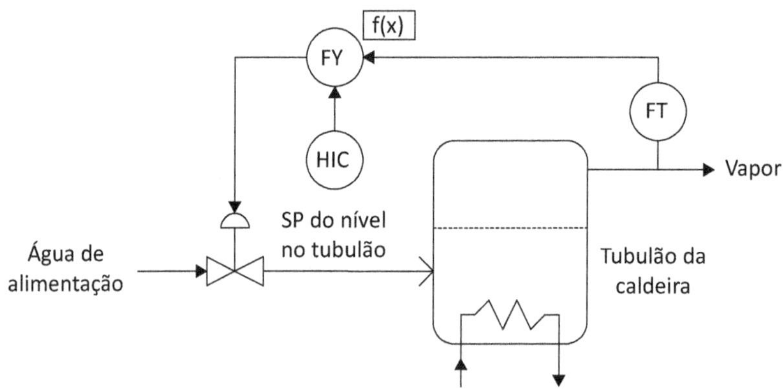

Figura 12.61 – Controle antecipatório de nível pela medição da vazão de vapor produzido.

Para que a malha de controle da Figura 12.61 funcione corretamente, a expressão $f(x)$ deve calcular exatamente a equação do processo que relaciona a vazão de vapor com o nível no tubulão, isto é, o controle por pré-alimentação só funcionará adequadamente se forem consideradas as características estáticas e dinâmicas do processo. Visto que é muito difícil obter um modelo matemático que descreva rigorosamente o funcionamento da planta, deduz-se que o controle por pré-alimentação puro não funcionará adequadamente (BEGA, 2003).

Em aplicações práticas, os controles por pré-alimentação e por realimentação são normalmente usados em combinação, em uma estratégia conhecida como controle de nível a dois elementos. O controle por pré-alimentação é usado para reduzir os efeitos de perturbações mensuráveis, enquanto o ajuste fino realizado pelo controle por realimentação compensa imprecisões no modelo do processo, erros de medição e perturbações não medidas. Uma configuração muito usada é mostrada na Figura 12.62.

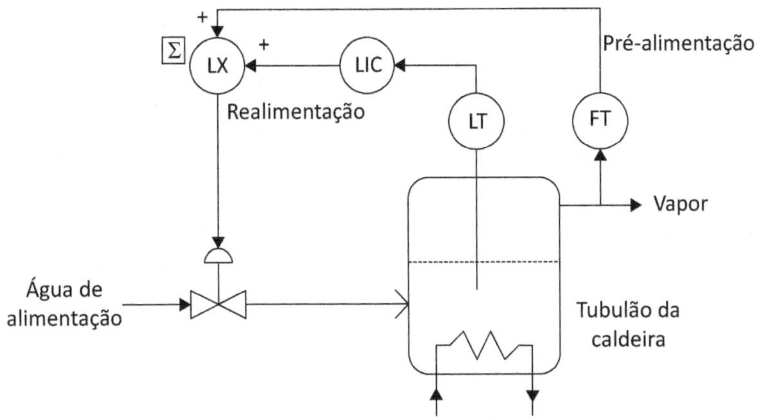

Figura 12.62 – Sistema de controle de nível a dois elementos.

Na Figura 12.62, as saídas do controlador por realimentação LIC e do transmissor de vazão de vapor FT são enviadas ao somador LX, o qual envia o sinal combinado à válvula de controle. No controle de nível a dois elementos, o sinal de correção antecipada fornecido pelo transmissor de vazão de vapor se opõe às influências da expansão ou contração da água, minimizando assim as perturbações dessas ocorrências na malha de controle de nível. Nesse tipo de malha, a água de alimentação deve ter pressão constante, pois, caso ocorram variações nessa pressão, a vazão através da válvula de controle se altera, obrigando o sistema de controle a fazer correções continuamente. Dessa forma, não se recomenda empregar essa malha de controle quando uma única bomba alimenta diversas caldeiras simultaneamente.

A estratégia de controle a três elementos é a mais recomendada para o controle de nível no tubulão superior, pois elimina os problemas oriundos das variações de pressão da água de alimentação. No controle a dois elementos, é suposto que a válvula de controle da água de alimentação pode fornecer uma quantidade suficiente de água para substituir o vapor perdido. Os desvios entre os dois fluxos são compensados por meio do controle de nível, entretanto, essa compensação é lenta. O controle de nível a três elementos resolve esse problema, inserindo uma malha de controle na vazão da água de alimentação. Isso permite uma resposta rápida às variações no fluxo de água de alimentação, sem afetar o nível no tubulão. O sinal de referência da malha de controle da água de alimentação é a soma da carga do vapor e da medição do nível no tubulão. O controle de nível a três elementos recebeu esse nome porque, na verdade, além de se medir o nível de água no tubulão da caldeira e a vazão de vapor, mede-se também a vazão da água de alimentação (BEGA, 2003). Nesse caso, normalmente o medidor de vazão de água é colocado após a válvula. A vantagem dessa posição é evitar que as oscilações de pressão que venham a ocorrer na água de alimentação influenciem no controle, uma vez que, nesse ponto, a pressão é constante e igual à pressão do tubulão, que é mantida pelo controlador de pressão de vapor (MARQUES, 2005).

Na Figura 12.63 são mostradas três diferentes concepções para a implantação do controle de nível a três elementos. Uma delas, correspondente à concepção moderna, elimina os problemas de controle provenientes das variações de vazão na água de alimentação oriundas de flutuações da pressão. Ela emprega controle por pré-alimentação associado a controle em cascata. No controle de nível a três elementos, a correção antecipada do nível é feita pela medição da vazão de vapor e a malha de realimentação opera com o transmissor e o controlador de nível de forma similar à feita na Figura 12.62, ao passo que a vazão de água de alimentação é mantida pela malha secundária de controle (FIC), em função do ponto de ajuste recebido do somador FY. Nesse sistema de controle são usados dois controladores (LIC e FIC) e com isso se conseguem todas as vantagens dos demais sistemas de controle de nível a três elementos. Sua desvantagem é precisar sintonizar dois controladores e o fato de o controlador de nível não atuar diretamente na válvula de controle, de modo que não se consegue controlar o nível manualmente de forma independente das outras variáveis da malha de controle (BEGA, 2003).

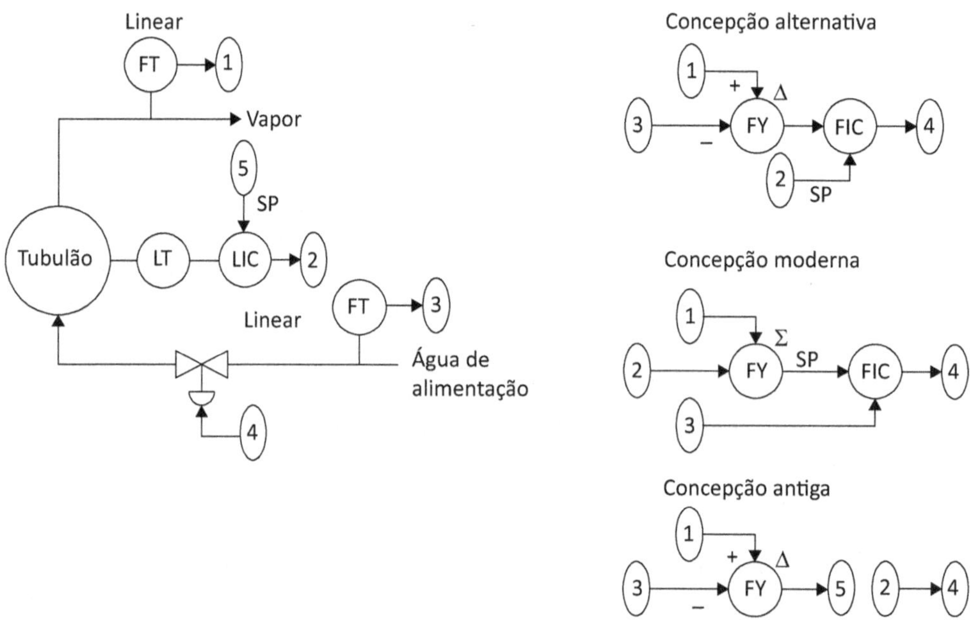

Figura 12.63 – Opções para sistema de controle de nível em caldeira a três elementos.

Na concepção antiga, compara-se a vazão de vapor consumido com o fluxo de água de alimentação e a diferença, calculada pelo subtrator FY, que representa a variação da massa de água e vapor contida no lado de água da caldeira, é enviada como valor de referência para o controlador de nível LIC. Se a pressão da água de alimentação for reduzida, haverá uma diminuição da vazão de água e, portanto, do sinal medido pelo transmissor FT, o que fará com que o subtrator FY aumente o valor de referência para o controlador de nível LIC, o qual aumentará a vazão de água de alimentação. Caso a vazão de vapor cresça, a saída do subtrator FY aumentará e o controlador de nível LIC agirá do mesmo modo que no caso anterior. Caso a pressão da água de alimentação aumente ou a vazão de vapor diminua, a saída do subtrator FY diminuirá, reduzindo o valor desejado para o LIC, que diminuirá a vazão de água de alimentação. Por outro lado, se houver variação no nível, a malha agirá como no controle de nível a um elemento, isto é, o LIC comparará o sinal do transmissor de nível LT com o valor de referência enviado pelo subtrator FY e manipulará o fluxo de água de alimentação. Essa concepção funciona razoavelmente bem, com a vantagem de se ter um único controlador. Como o LIC atua diretamente na válvula de controle da vazão de água de alimentação, se ele for posto em manual, tem-se o equivalente a uma malha de controle de nível a um elemento e o resto da malha será isolado, facilitando a manutenção do sistema. A principal desvantagem dessa concepção são os problemas de estabilidade oriundos da tendência a oscilar, quando ocorrem variações bruscas na vazão de vapor ou na vazão de água de alimentação (BEGA, 2003).

Existe, ainda, uma concepção alternativa de controle de nível a três elementos, conforme mostrada na Figura 12.63. Nela, o sinal de vazão de água de alimentação é comparado com a vazão de vapor no subtrator FY e o resultado é enviado como variável medida ao controlador de vazão FIC, o qual recebe o valor de referência do controlador de nível LIC. Com essa configuração, o nível é controlado de modo eficiente, pois as variações nas vazões de água e de vapor são absorvidas pela malha de controle de vazão, que é rápida, enquanto as demais variações são absorvidas pelo controlador de nível LIC. Como aqui são usados dois controladores, o FIC deve ser ajustado de modo a propiciar uma boa velocidade de resposta da malha de controle da vazão, ao passo que o LIC deve ser sintonizado em função da dinâmica mais lenta da malha de controle de nível. Com o emprego de dois controladores, mantêm-se a vantagem de o operador poder variar o valor de referência do controlador de nível e a desvantagem de esse controlador não atuar diretamente na válvula de controle de água de alimentação (BEGA, 2003).

Para testar as filosofias de controle de nível a um, dois e três elementos, foi adotado aqui o modelo não linear proposto por Åström e Bell (2000) para descrever o nível da água no tubulão superior em caldeiras aquatubulares com circulação natural. Esse modelo tem como principal vantagem sua reduzida complexidade, reproduzindo bem os fenômenos de expansão (*swell*) e de contração (*shrink*), típicos desse tipo de caldeira. Ele tem quatro entradas (fluxo de calor Q, água de alimentação que entra no tubulão q_f, temperatura da água de alimentação T_f e fluxo mássico de vapor saturado saindo do tubulão q_s) e duas saídas (pressão no tubulão P e nível de água no tubulão L), representando um sistema MIMO (*Multiple Input, Multiple Output*), como mostrado na Figura 12.64.

No controle de nível a dois e a três elementos há uma malha de controle em cascata, com o nível do tubulão como variável mestre e a vazão da água de alimentação como variável escrava. O objetivo da malha em cascata é melhorar o controle quando há flutuações na vazão de água de alimentação, provenientes de oscilações na pressão da água.

Nas malhas de controle a um, dois e três elementos, foram usados reguladores PI para o controle de nível, bem como para o controle de vazão da água de alimentação do controle a três elementos. Os métodos de sintonia por meio da curva de reação foram descartados, por se tratar de um sistema de quarta ordem, que não tem uma curva de reação típica. Para sintonizar os controladores, foi usado o método das Oscilações Contínuas de Ziegler-Nichols, visto na Subseção 8.2.2 do Volume 1.

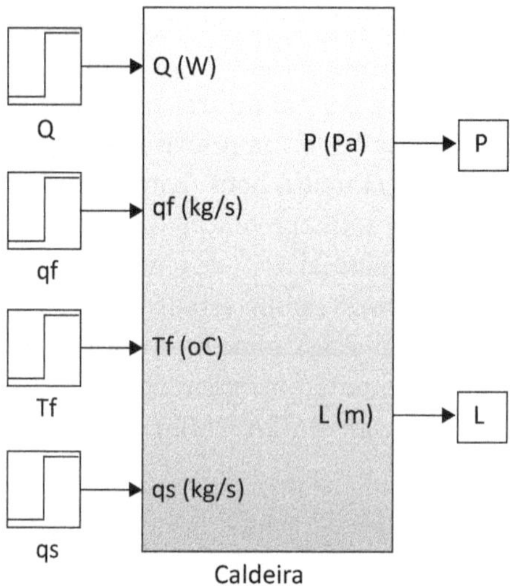

Figura 12.64 – Representação de entradas e saídas no modelo da caldeira.

Para a sintonia do controle em cascata (controle a três elementos) foram seguidas as sugestões de Campos e Teixeira (2010):

- sintonizar inicialmente a malha escrava e só depois, com ela em automático, ajustar a malha mestre; e
- sintonizar a malha escrava com parâmetros que a tornem rápida, mas sempre procurando o menor sobressinal possível.

Nas Figuras 12.65 a 12.67 são apresentados os controles de nível a um, dois e três elementos, respectivamente, implementados em Simulink/Matlab (RODRIGUES, 2007).

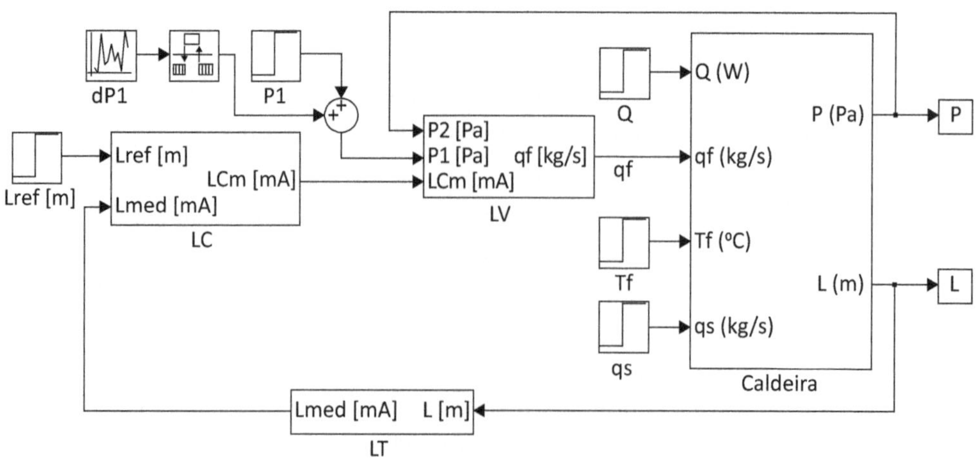

Figura 12.65 – Modelo do sistema de controle de nível a um elemento.

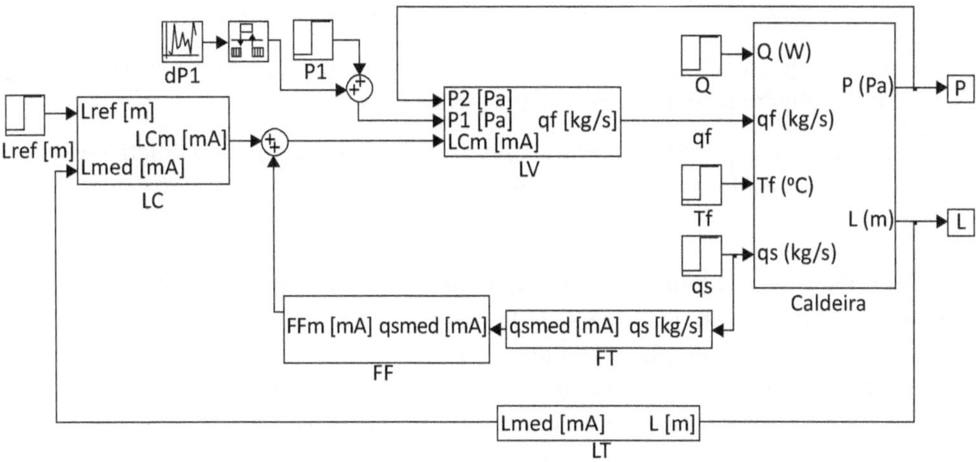

Figura 12.66 – Modelo do sistema de controle de nível a dois elementos.

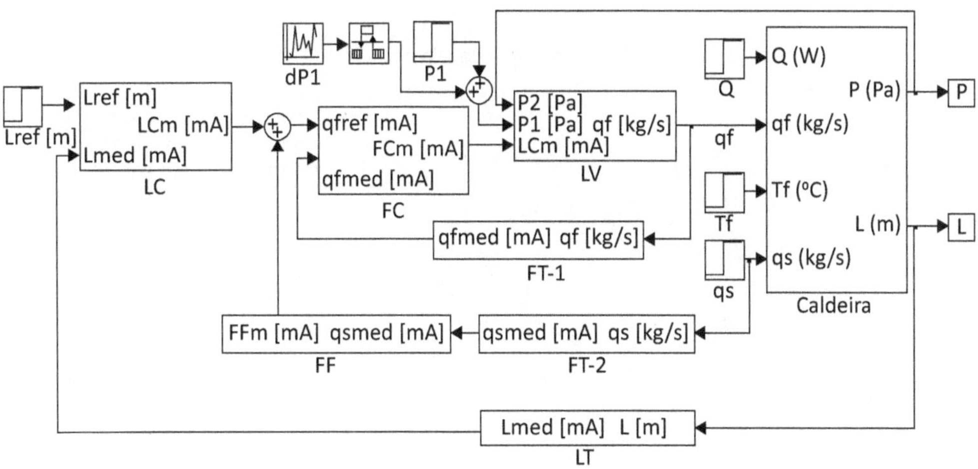

Figura 12.67 – Modelo do sistema de controle de nível a três elementos.

O modelo da caldeira e o sistema de controle de nível foram ajustados para operar em carga média (q_s = 50 kg/s). Na Tabela 12.12, são mostrados os parâmetros de sintonia obtidos pelo método das Oscilações Contínuas de Ziegler-Nichols (RODRIGUES, 2007).

Tabela 12.12 – Parâmetros de sintonia dos controladores PI

Controle de nível		Ganho e período limite		Parâmetros do controlador PI	
Nº de elementos	Variável controlada	$K_{PU\,(admin.)}$	P_U (s)	$K_{C\,(admin.)}$	T_I (s/rep)
1 ou 2	Nível	9,68	106	4,36	88,33
3	Vazão (escravo)	0,73	5,34	0,33	4,45
	Nível (mestre)	26,6	112,2	11,97	93,5

Para comparar as concepções de controle, foram feitos dois tipos de simulações:

- modo regulatório: deseja-se manter o processo o mais próximo possível do valor de referência fixo, apesar das perturbações; e
- modo servo: o ponto de operação deve seguir uma trajetória. O objetivo é seguir o valor desejado com o mínimo erro.

Foram feitas duas simulações no modo regulatório: a primeira para uma variação em degrau de 10 kg/s no fluxo mássico de vapor q_s, e a segunda para um distúrbio em degrau de 10 MPa na pressão a montante da válvula de controle P_1. As perturbações foram aplicadas após 10 s do início das simulações. Nessas simulações, também foram aplicadas perturbações periódicas a cada 30 s em P_1, na forma de variações aleatórias em degrau de até 5% no valor dessa pressão. As respostas da vazão de água de alimentação e do nível no tubulão, com controle a um, dois e três elementos, para a perturbação no fluxo mássico de vapor q_s são mostradas nas Figuras 12.68 e 12.69 (RODRIGUES, 2007).

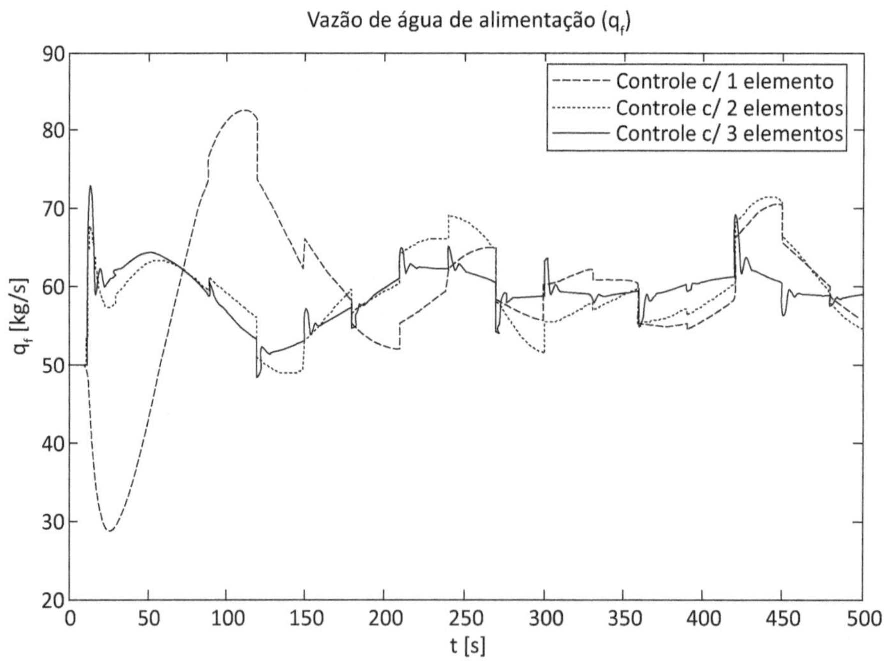

Figura 12.68 – Vazão de água de alimentação com controle a 1, 2 e 3 elementos para uma perturbação em degrau de 10 kg/s no fluxo mássico de vapor q_s.

Nas Figuras 12.68 e 12.69 a resposta dos controles a dois e três elementos tiveram desempenho bastante semelhante e bem superior ao controle a um elemento, permitindo uma melhor compensação dos efeitos de expansão e contração. Entretanto, o controle a três elementos apresentou melhor desempenho que o controle a dois elementos devido à maior tolerância às variações da pressão a montante da válvula de controle.

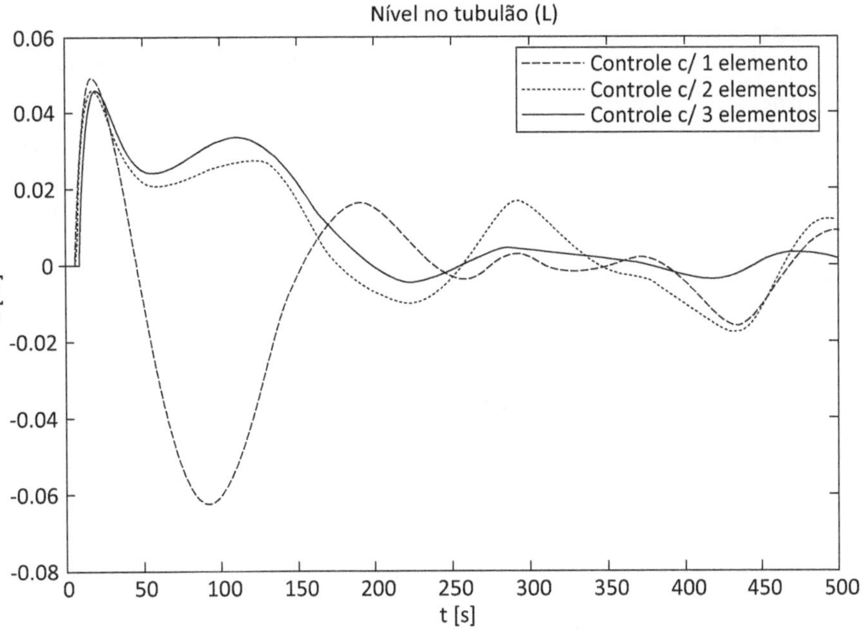

Figura 12.69 – Nível do tubulão superior com controle a 1, 2 e 3 elementos para uma perturbação em degrau de 10 kg/s no fluxo mássico de vapor q_s.

Nas Figuras 12.70 e 12.71, é exibida a resposta da vazão de água de alimentação e do nível no tubulão a uma perturbação em degrau de 10 MPa na pressão a montante P_1 da válvula de controle (RODRIGUES, 2007).

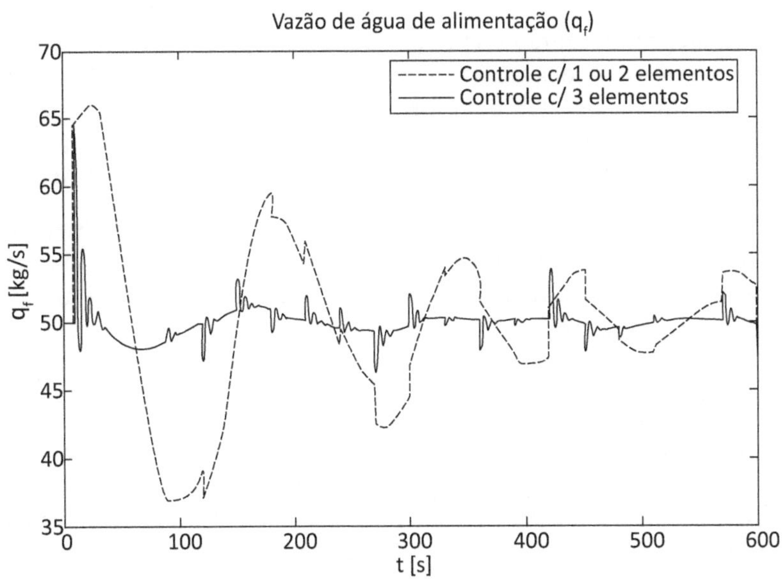

Figura 12.70 – Vazão de água de alimentação com controle a 1, 2 e 3 elementos para uma perturbação em degrau de 10 MPa na pressão a montante da válvula de controle P_1.

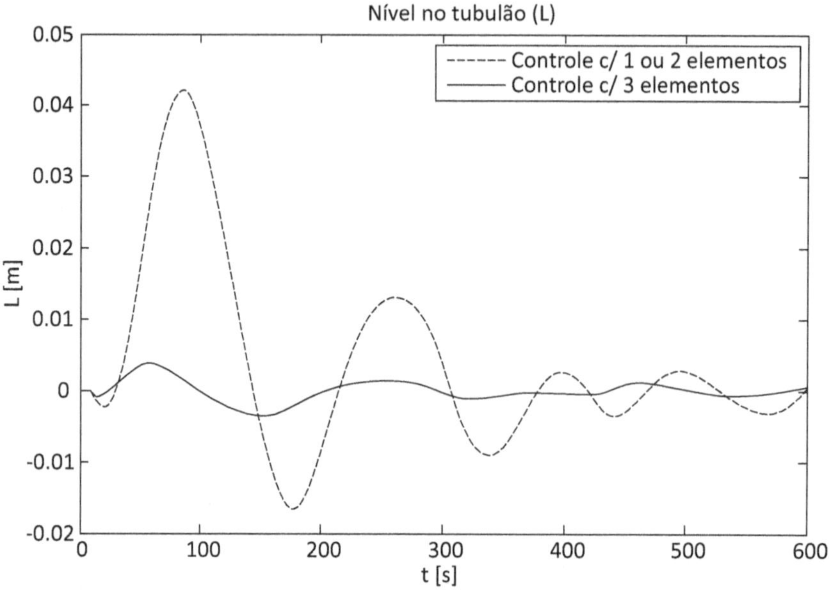

Figura 12.71 – Nível do tubulão superior com controle a 1, 2 e 3 elementos para uma perturbação em degrau de 10 MPa na pressão a montante da válvula de controle P_1.

Nas Figuras 12.70 e 12.71, graças ao controle de vazão da água de alimentação, o desempenho do controle a três elementos para distúrbio na pressão a montante da válvula de controle é muito superior aos controles a um ou dois elementos. A resposta do modelo com controles a um ou a dois elementos é idêntica, pois não houve perturbação no fluxo mássico de vapor e assim o controle antecipatório não atuou.

Para as simulações no modo servo foi aplicada em carga média, após um período de 10 s, uma variação em degrau de 0,1 m a mais no valor de referência do nível no tubulão. Nessas simulações, também foram provocadas perturbações periódicas em P_1. Nas Figuras 12.72 e 12.73, é mostrada a resposta da vazão de água de alimentação e do nível no tubulão com controles a um, dois e três elementos (RODRIGUES, 2007).

Nas Figuras 12.72 e 12.73, o controle a três elementos foi menos agressivo, com ganho proporcional mais baixo e tempo integral mais alto. Devido ao controle de vazão da água de alimentação, o controle a três elementos mostrou maior tolerância às variações da pressão a montante da válvula de controle. O comportamento do modelo com controles a um ou dois elementos foi idêntico, pois nesse caso também não houve perturbação no fluxo mássico de vapor e, dessa forma, não houve atuação do controle antecipatório.

Em termos gerais, nota-se que os fenômenos de expansão (*swell*) e de contração (*shrink*) causados pelo vapor abaixo do nível de líquido no tubulão superior provocam grandes dificuldades no controle de nível. A comparação dos resultados com controles de nível de água no tubulão a um, dois e três elementos confirmaram que o controle a três elementos é o mais indicado, pois ele responde rapidamente às variações na demanda de água de alimentação, devido ao controle antecipatório da variação do fluxo mássico de vapor e ao controle das flutuações no fluxo mássico da água de alimentação.

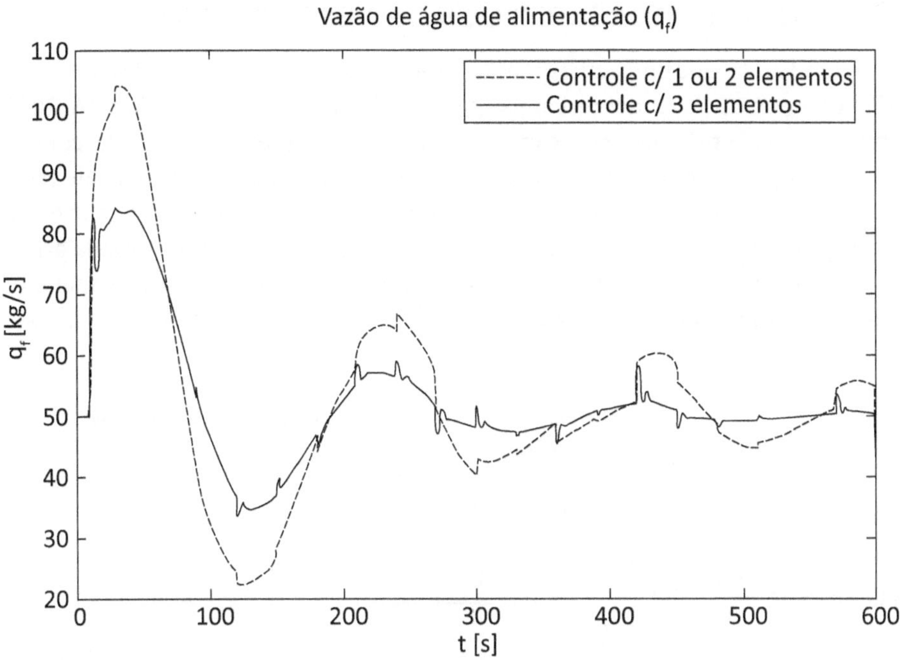

Figura 12.72 – Vazão de água de alimentação com controle a 1, 2 e 3 elementos para uma perturbação em degrau de 0,1 m no valor de referência do nível da água no tubulão.

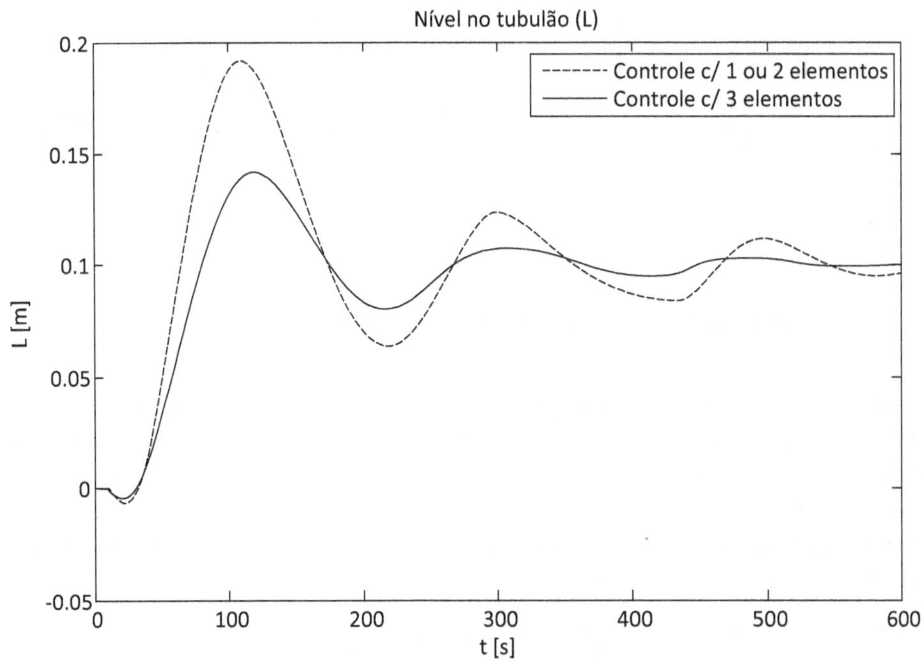

Figura 12.73 – Nível do tubulão superior com controle a 1, 2 e 3 elementos para uma perturbação em degrau de 0,1 m no valor de referência do nível da água no tubulão.

12.9.4 CONTROLE DE REATOR QUÍMICO EXOTÉRMICO

A Figura 12.74 exibe um reator químico exotérmico, em que o fluido de aquecimento/resfriamento passa através de sua camisa para regular a temperatura (GARCIA, 2005). A variável controlada primária é a temperatura no interior do reator, a variável controlada secundária é a temperatura da camisa e as variáveis manipuladas são a vazão de vapor de aquecimento e a vazão de água de resfriamento. Em operação, a variável controlada secundária sempre entra em estado estacionário antes que a variável controlada primária, visto que inicialmente o controlador demanda um maior valor da variável manipulada do que é representado pela variação em degrau "equivalente" da variável manipulada.

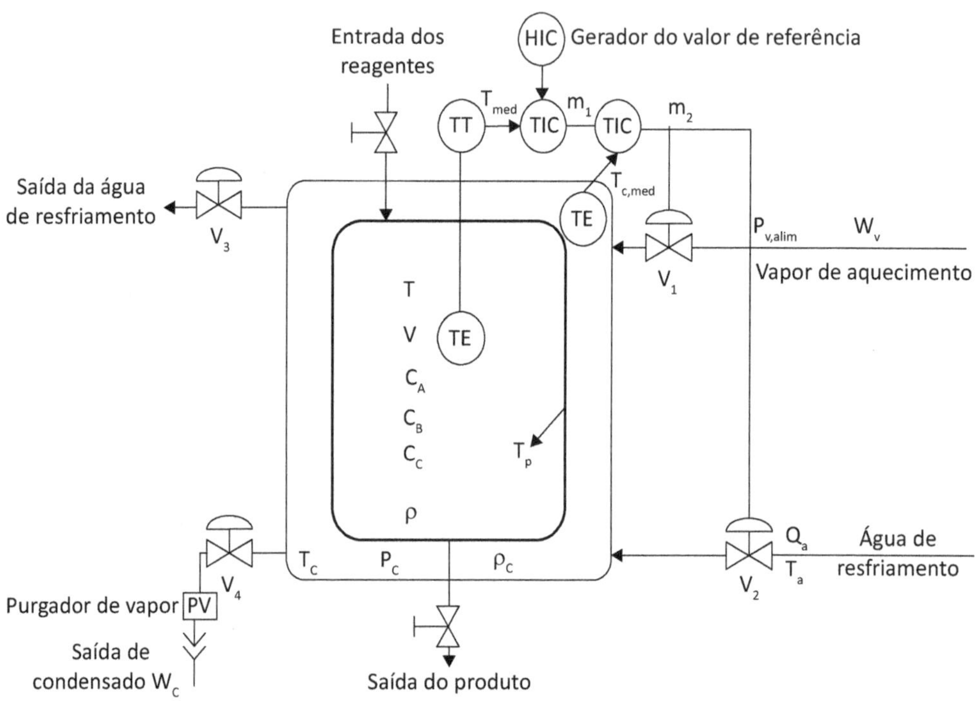

Figura 12.74 – Esquema de reator químico exotérmico operando com controle em cascata.

Isso é particularmente verdade quando a parte secundária do processo contém uma constante de tempo dominante, e não um tempo morto dominante. Com uma constante de tempo dominante, o ganho do controlador secundário pode ser maior, e o controle da variável secundária fica eficiente. No caso da Figura 12.74, a constante de tempo dominante corresponde ao atraso associado com a transferência de calor pela parede interna do vaso, isto é, da camisa ao interior do vaso.

A temperatura no interior do reator é afetada por mudanças nas variáveis de perturbação, como a temperatura de entrada do vapor de aquecimento ou da água de resfriamento, ou ainda a composição dos reagentes. A estratégia de controle mais simples consiste em ajustar, pelo controlador de temperatura do interior do reator, as válvulas de controle da vazão de entrada da água de resfriamento ou de vapor. No entanto, um aumento na temperatura da água de resfriamento ou uma variação na temperatura do vapor poderia gerar um desempenho insatisfatório do sistema. O aumento da temperatura no interior do reator causado pela redução na taxa de remoção de calor pode ocorrer lentamente. Se houver atrasos dinâmicos apreciáveis na camisa e no reator, a ação corretiva tomada pelo controlador seria protelada. Para superar esse problema, pode-se adicionar um controlador por realimentação para a temperatura da camisa, com seu valor de referência determinado pelo controlador de temperatura do reator, para prover controle em cascata, conforme ilustra a Figura 12.74. Nesse esquema de controle, a temperatura da camisa é medida e comparada com um valor de referência gerado pelo controlador primário, e o sinal de erro resultante é utilizado como entrada para um controlador da temperatura da água de resfriamento ou do vapor de aquecimento, mantendo assim a taxa de remoção de calor do reator em um nível constante. As perturbações causadas por variações na temperatura de entrada da água de resfriamento ou do vapor são associadas com as variáveis manipuladas. O controle em cascata procura eliminar os efeitos de variações da temperatura na água de resfriamento ou de vapor que entram na malha secundária.

Segundo Luyben (2007), para temperaturas no interior do vaso entre 80 e 130 °C, água morna ou algum fluido térmico, como etileno-glicol, podem ser usados como fluido de aquecimento e resfriamento. Para temperaturas no interior do vaso superiores a 130 °C, recomenda-se empregar vapor d'água na camisa como fluido de aquecimento. Como, nesse caso, pretende-se deixar a temperatura no interior do reator chegar até cerca de 100 °C, propõe-se manter a camisa sempre cheia de água e, caso se deseje prover aquecimento, asperge-se vapor na água da camisa. Para conseguir resfriamento, injeta-se água (FRANKS, 1972).

O reator de batelada da Figura 12.74, suposto adiabático, é carregado com os reagentes e, em seguida, vapor d'água saturado seco é injetado na água da camisa para elevar a temperatura da massa reagente a um valor desejado, de forma a iniciar a reação, isto é, fazer com que ela passe a ocorrer a uma taxa razoável. Supõe-se que essa reação seja exotérmica, mas, para ser acelerada, é preciso aquecer o reator. Ao ocorrer a reação, a temperatura no interior do vaso supera um determinado limite e, a partir daí, corta-se a injeção de vapor e se passa a injetar água de resfriamento na camisa para refrigerar o reator e remover o calor da reação exotérmica, fazendo com que a temperatura da massa reagente siga uma curva de temperatura *versus* tempo prescrita. Esse perfil de temperatura é inserido no controlador primário de temperatura como um sinal de valor de referência remoto, representado na Figura 12.74 pela estação de operação manual HIC. Uma vez terminada a reação, o reator é esvaziado.

O controle de aquecimento e de resfriamento é comumente realizado por meio de um único controlador, operando no modo de faixa dividida (*split range*), conforme é discutido no Capítulo 17. Nesse modo de operação, chegam duas tubulações à camisa do reator: uma com vapor e outra com água, cada uma com sua válvula de controle correspondente, ambas acionadas pelo mesmo controlador. Uma das válvulas está sempre totalmente fechada e a outra total ou parcialmente aberta. Nesse caso, a válvula de vapor está totalmente aberta quando o sinal de saída do controlador está em 15 psi e completamente fechada quando o sinal está em 9 psi, enquanto a válvula de água está totalmente fechada com 9 psi e completamente aberta com 3 psi. Na prática, esse ajuste de pressões de 9 a 15 e 3 a 9 psi é feito por meio de posicionadores, cada um instalado em uma das válvulas. Por questão de segurança, empregam-se válvulas do tipo ar para abrir no caso do vapor e ar para fechar no caso da água, de forma que, em caso de falha no suprimento de ar, o vapor seja cortado e a água seja totalmente liberada. Durante o aquecimento, a válvula de admissão de vapor V_1 é mantida aberta pelo controlador de temperatura da camisa (controlador escravo), enquanto a válvula de entrada de água de resfriamento V_2 é mantida fechada. Quando se necessita resfriar, o controlador de temperatura da camisa inverte a posição das válvulas, fechando a válvula V_1 e abrindo a válvula V_2, de forma a seguir o perfil de temperatura desejado. Durante a fase de aquecimento, a válvula de admissão de vapor V_1 é modulada, de modo a permitir o controle da vazão de vapor que entra na camisa. O mesmo ocorre com a válvula V_2 durante a fase de resfriamento. Assume-se aqui que as válvulas V_1 e V_2 sejam do tipo globo, possuam característica inerente de vazão do tipo linear e sejam válvulas ideais, sem nenhum atrito e sem qualquer vazamento quando estão fechadas.

A reação que ocorre no interior do reator é supostamente irreversível, consecutiva e de primeira ordem em ambos os componentes:

$$A \xrightarrow{k_1} B \xrightarrow{k_2} C$$

O componente desejado é o B. Caso se permita que a reação se prolongue muito, B em excesso se converterá no indesejado produto C. Por outro lado, caso se pare a reação muito cedo, muito pouco A terá reagido e pouco produto B resultará. Há, portanto, um tempo ótimo de batelada, em que se deve parar a reação por meio de um rápido resfriamento.

Assume-se que:

- a massa específica do líquido reagindo seja constante;
- a água seja incompressível;
- a capacitância térmica da parede metálica do vaso do reator seja não desprezível;
- a capacitância térmica da parede metálica externa à camisa seja desprezível;
- as perdas para o meio ambiente sejam desprezíveis; e
- as variações de energia interna do vapor (efeitos do calor sensível) sejam desprezíveis (quando comparadas com os efeitos do calor latente).

Os sensores de temperatura são termorresistências de platina (Pt-100). Os transmissores de temperatura do interior do reator e da camisa estão calibrados de 10 a 130 °C, operando com sinal de saída de 0 a 100%. O controlador primário é um PI, com ganho proporcional $K_{C1} = 10$ e tempo integral $T_{I1} = 21,3\ \text{min/rep}$ e o regulador secundário é do tipo P, com ganho $K_{C2} = 2$, tendo ambos ação reversa. O valor de referência T_{ref} para o controlador mestre obedece à seguinte regra: ele é inicialmente posto em 98 °C; quando a temperatura do processo atinge 93 °C, T_{ref} passa a seguir a seguinte rampa:

$$T_{ref} = 98 - rampa \cdot (t - t_{93}) \quad (°C)$$

em que:

rampa = taxa de variação do valor de referência no tempo, dada por $0,046\ °C/\text{min}$;

t = tempo da batelada em minutos;

t_{93} = tempo em minutos em que a temperatura do processo atinge 93 °C.

O modelo do processo e da instrumentação envolvida, bem como seus dados, podem ser encontrados em Garcia (2005).

Mostra-se na Figura 12.75 a resposta da temperatura medida no interior do reator T_{med} e a temperatura de referência T_{ref}, tanto para o caso de se usar o controle em cascata como quando se utiliza um controle simples PI ou P. A sintonia do controlador primário PI é a mesma do regulador simples PI. No caso do controlador simples P, seu ganho é $K_C = 2$. Os reguladores PI têm o algoritmo de antissaturação do modo integral.

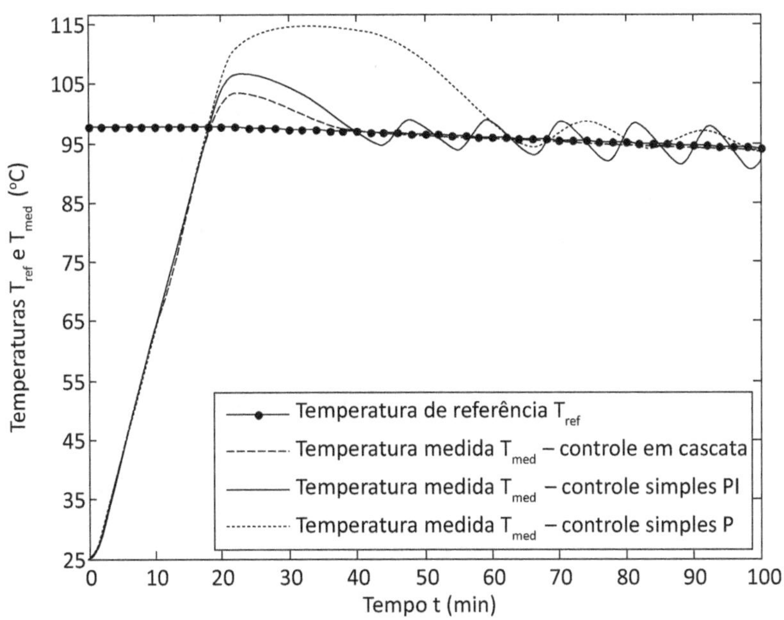

Figura 12.75 – Temperatura medida do reator T_{med} e temperatura de referência T_{ref} para controle em cascata e controle simples PI e P.

A Figura 12.75 indica que a resposta da temperatura no interior do reator para o controle em cascata apresenta um sobressinal menor que no caso do controle simples PI e bem menor que no caso do controle simples P. Com o controle em cascata a temperatura não oscila, ao passo que com o controle simples PI a oscilação é mais rápida e de maior amplitude que no caso do controle simples P.

Mostra-se na Figura 12.76 a resposta da temperatura medida da camisa $T_{C,med}$, tanto para o controle em cascata como para o controle simples. Para o caso em cascata, apresenta-se também o valor de referência dessa temperatura, equivalente ao sinal de saída m_1 do controlador primário. A Figura 12.76 indica que a temperatura da camisa quando se usa o controle em cascata não oscila; com o controlador simples PI oscila bastante e com o controlador simples P oscila menos.

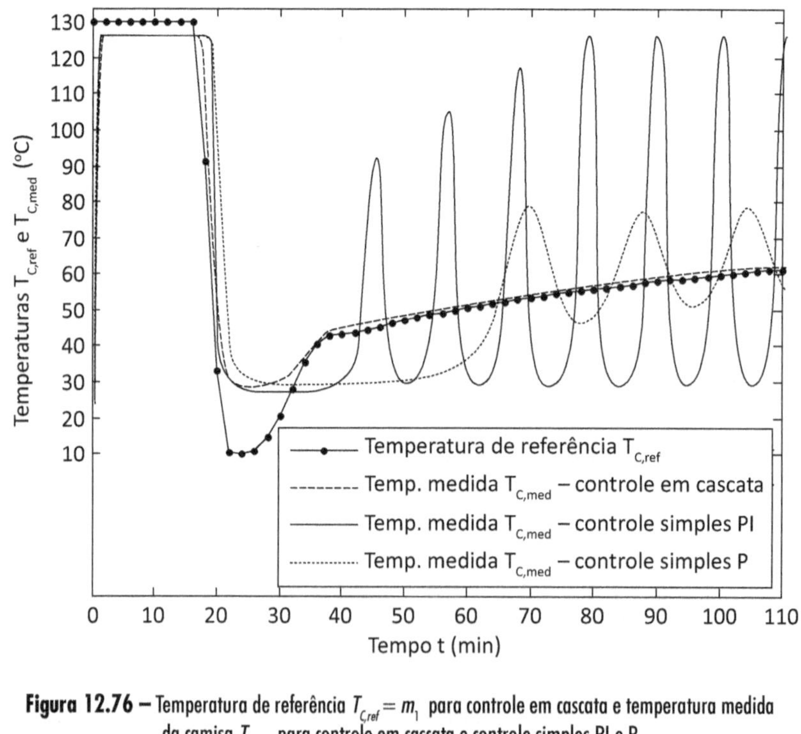

Figura 12.76 – Temperatura de referência $T_{C,ref} = m_1$ para controle em cascata e temperatura medida da camisa $T_{C,med}$ para controle em cascata e controle simples PI e P.

As Figuras 12.77 a 12.79 mostram a resposta das concentrações *CA*, *CB* e *CC*.

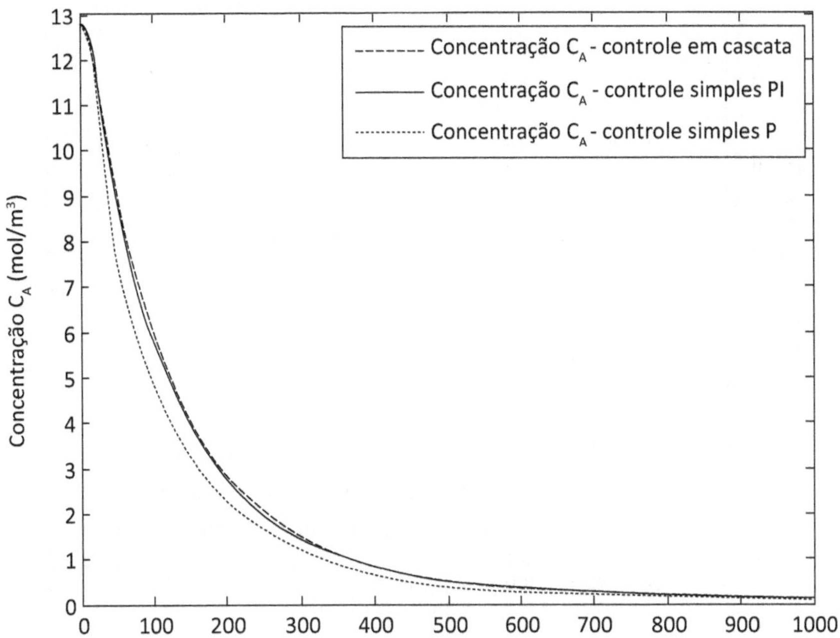

Figura 12.77 – Concentração C_A gerada com controle em cascata e controle simples PI e P.

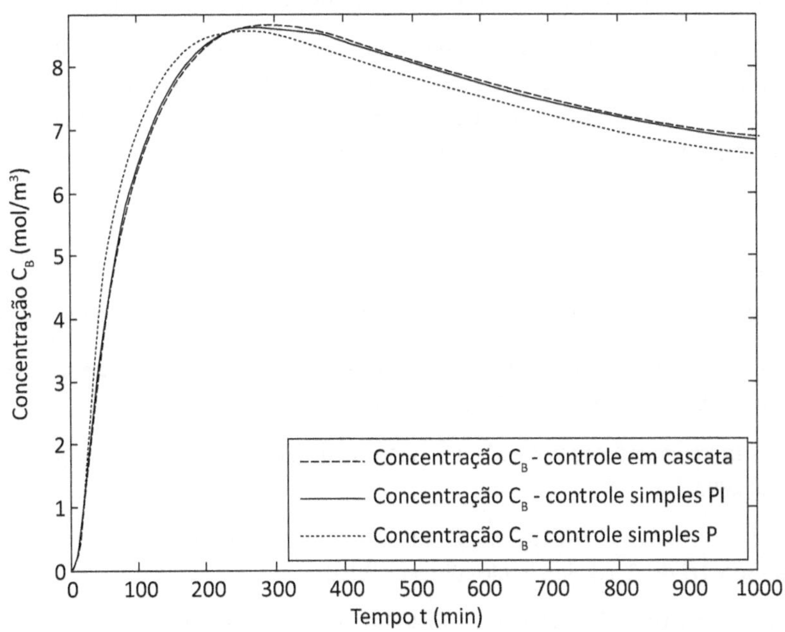

Figura 12.78 – Concentração C_B gerada com controle em cascata e controle simples PI e P.

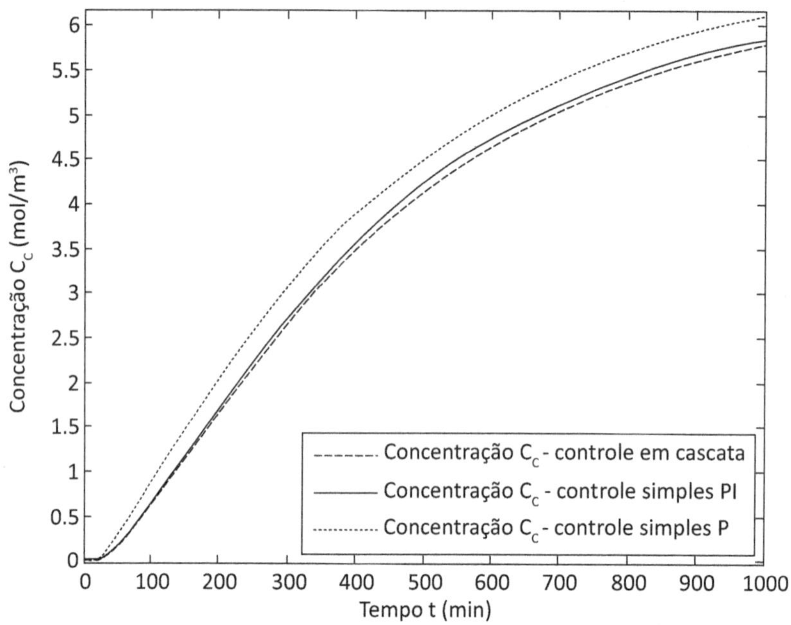

Figura 12.79 – Concentração C_C gerada com controle em cascata e controle simples PI e P.

A Figura 12.77 indica que C_A diminui, a Figura 12.78 mostra que C_B cresce até um certo instante e após decai e a Figura 12.79 demonstra que C_C cresce no intervalo observado.

Como a temperatura no reator subiu mais com o controle simples P, para a segurança da planta ele foi pior e pode ser inaceitável, mas como a cinética da reação é acelerada com maiores temperaturas, isso implica que a melhor resposta em termos de reação foi com esse controle, pois C_B cresce mais rápido.

REFERÊNCIAS

ÅSTRÖM, K. J.; BELL, R. D. Drum-boiler dynamics. **Automatica**, v. 36, p. 363-378, 2000.

AUSTIN, V. D. **Development of tuning relations for cascade control systems**. 1986. Tese (Doutorado) - University of South Florida, Tampa, 1986.

BEGA, E. A. **Instrumentação aplicada ao controle de caldeiras**. 3. ed. Rio de Janeiro: Interciência, 2003.

CAMPOS, M. C. M. M.; TEIXEIRA, H. C. G. **Controles típicos de equipamentos e processos industriais**. 2. ed. São Paulo: Blucher, 2010.

DRISKELL, L. **Control-valve selection and sizing**. Research Triangle Park: Instrument Society of America, 1983.

FISHER CONTROLS. **Control valve handbook**. 4. ed. [S.l.]: Fisher Controls International, Inc., Grupo Emerson Process Management, 2005.

FRANKS, R. G. E. **Modeling and simulation in chemical engineering**. New York: John Wiley & Sons, 1972.

GARCIA, C. **Modelagem e simulação de processos industriais e de sistemas eletromecânicos**. 2. ed. São Paulo: Edusp, 2005.

GARCIA, C.; HERRERA, R.; SANTOS, R.; SOUSA, R. Efeito do atrito em válvulas na variabilidade de malhas de controle. **Revista Controle e Instrumentação**, ano 15, n. 176, p. 48-52, 2012.

LIPTÁK, B. G. **Instrument Engineers' Handbook:** process control and optimization. 4. ed. Boca Raton: CRC Press, Taylor & Francis Group, 2006.

LUYBEN, W. L. **Chemical reactor design and control**. Hoboken: John Wiley & Sons, 2007.

MARQUES, F. A. P. **Modelagem e controle de nível do tubulão de uma caldeira de vapor aquatubular de uma refinaria de petróleo**. 2005. Dissertação (Mestrado) - Coordenação dos Programas de Pós-Graduação de Engenharia, Universidade Federal do Rio de Janeiro, Rio de Janeiro, 2005.

RODRIGUES, C. E. **Modelagem e controle do nível de água em caldeiras aquatubulares**. 2007. Monografia (Conclusão de Curso de Especialização) - Programa de Educação Continuada em Engenharia, Escola Politécnica, Universidade de São Paulo, São Paulo, 2007.

SEBORG, D. E.; EDGAR, T. F.; MELLICHAMP, D. A.; DOYLE III, F. J. **Process, Dynamics and Control**. 3. ed. Hoboken: John Wiley & Sons, 2011.

SHINSKEY, F. G. **Process control systems:** Application, design and tuning. 4. ed. New York: McGraw-Hill, 1996.

CAPÍTULO 13
CONTROLE POR PRÉ-ALIMENTAÇÃO

Seja um tanque usado para aquecer um fluido, como mostrado na Figura 13.1.

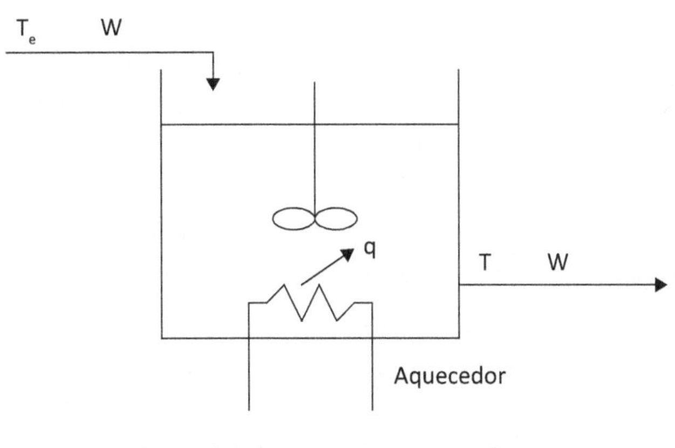

Figura 13.1 – Tanque usado para aquecer fluido.

O líquido de entrada tem uma vazão máxima W e uma temperatura T_e. O fluido no tanque é agitado e está sob o efeito de um aquecedor elétrico que dissipa q watts. Assume-se que as vazões de entrada e de saída sejam iguais e que a massa específica do fluido ρ permaneça constante, isto é, as variações de temperatura sejam pequenas o suficiente para desprezar sua influência sobre ρ. Sob essas condições, o volume V do líquido no tanque permanece constante.

O objetivo do controle é manter a temperatura de saída do líquido T em um valor constante de referência T_r. Duas questões são formuladas:

a) Quanto calor deve ser fornecido ao tanque para aquecer o líquido da temperatura de entrada T_e à temperatura desejada T_r?

Para determinar a entrada de calor necessária a fim de atingir as condições operacionais de projeto, é necessário escrever um balanço de energia estacionário para o líquido no tanque. Ao escrever esse balanço, supõe-se que a mistura no tanque seja perfeita e que as perdas de calor sejam desprezíveis. Sob essas condições, não há diferença entre a temperatura do fluido na saída e no interior do tanque.

O balanço de energia estacionário revela que o calor adicionado ao tanque é igual à mudança na entalpia entre os fluxos de entrada e saída:

$$\bar{q} = \bar{W} \cdot c \cdot \left(\bar{T} - \bar{T}_e\right) \tag{13.1}$$

em que a barra superior denota os valores nominais de projeto das variáveis e c é o calor específico do líquido (assumido como constante).

Nas condições de projeto $T = T_r$. Efetuando-se essa substituição na Equação (13.1), resulta na entrada nominal de calor $\bar{q}$:

$$\bar{q} = \bar{W} \cdot c \cdot \left(T_r - \bar{T}_e\right) \tag{13.2}$$

Se as hipóteses assumidas estão corretas e a temperatura e a vazão de entrada são iguais a seus valores nominais, então o calor dado pela Equação (13.2) manterá a temperatura de saída no valor desejado T_r. Mas e se as condições mudarem? Isso leva à segunda questão:

b) Suponha que a temperatura de entrada T_e mude com o tempo. Como se pode assegurar que T permaneça igual ou próxima a T_r?

   Como um exemplo específico, assuma que T_e cresça para um novo valor maior que $\bar{T}_e$. Se q é mantido constante em seu valor nominal $\bar{q}$, sabe-se que a temperatura de saída irá crescer, de forma que $T > T_r$, conforme a Equação (13.1). Para lidar com essa situação, há diversas estratégias possíveis a fim de controlar a temperatura de saída T.

   - Método 1: medir T e ajustar q. Uma forma de se controlar T, apesar das perturbações em T_e, é ajustar q baseado em medições de T. Intuitivamente, se T está muito alto, deve-se reduzir q; se T está muito baixo, deve-se aumentá-lo. Essa estratégia de controle tende a levar T em direção ao valor de referência T_r e poderia ser implementada de diferentes maneiras. Por exemplo, um operador da planta poderia observar a temperatura medida e comparar o valor medido com T_r, agindo sobre q de forma apropriada. Essa seria uma aplicação do controle manual. No entanto, seria provavelmente mais conveniente, econômico e eficiente utilizar algum dispositivo para efetuar o controle automático.
   - Método 2: medir T_e e ajustar q. Assim, se $T_r > T_e$, deve-se diminuir q e vice-versa.

- Método 3: medir T e ajustar W. Se T está muito alto, deve-se aumentar W para reduzir a taxa de entrada de energia no tanque e diminuir T.
- Método 4: medir T_e e ajustar W. Se T_e está muito alto, deve-se aumentar W.
- Método 5: medir T_e e T, ajustar q. É uma combinação dos métodos 1 e 2.
- Método 6: medir T_e e T, ajustar W. É uma combinação dos métodos 3 e 4.
- Método 7: colocar um trocador de calor no fluido de entrada. Esse dispositivo serve para reduzir as perturbações em T_e e, assim as variações em T.
- Método 8: usar um tanque maior. Nesse caso, flutuações em T_e tenderão a ser amortecidas devido à maior capacitância termal do interior do tanque. No entanto, um volume maior de tancagem seria uma solução cara.

Classificam-se, a seguir, as oito estratégias de controle vistas anteriormente, discutindo-se suas vantagens e suas desvantagens (SEBORG et al., 2011).

Os métodos 1 e 3 são exemplos de controle por realimentação (*feedback*), em que a variável a ser controlada é medida e a medição é usada para ajustar outra variável de processo, a qual pode ser manipulada. Note que a variável controlada (medida) é T e a variável manipulada é q (método 1) ou W (método 3). Deve-se ressaltar que, em controle por realimentação, a variável de perturbação T_e não é medida. Deve-se também enfatizar que a realimentação deve ser negativa para que a ação corretiva tomada pelo controlador tenda a levar a variável controlada em direção ao valor desejado. No caso do método 1, caso se aumentasse q quando T fosse muito alto, se teria um caso típico de realimentação positiva.

Os métodos 2 e 4 são estratégias de controle por pré-alimentação (*feedforward*). Aqui, a variável de perturbação T_e é medida e usada para manipular q (método 2) ou W (método 4). Observe que no controle por pré-alimentação **não** se mede a variável controlada, nesse caso T.

Os métodos 5 e 6 são estratégias mistas de realimentação mais pré-alimentação.

Os métodos 7 e 8 consistem em alterações no projeto do equipamento e não representam estratégias de controle. Repare que o método 7 é inapropriado, pois envolve adicionar um trocador de calor à entrada de outro dispositivo que foi projetado para ser um trocador de calor.

Considerou-se, nesse exemplo, apenas uma fonte de perturbações para o processo (flutuações em T_e). Também se poderia considerar a possibilidade de perturbações em outras variáveis, como a temperatura ambiente, que poderia afetar as perdas de calor do sistema para o meio ambiente. Poderia se levar em conta, inclusive, possíveis alterações nas características do trocador de calor, como incrustação nas paredes dos tubos.

Mas como se comportam as estratégias de controle por realimentação e por pré-alimentação frente a essas perturbações?

Primeiro, considere o controle por pré-alimentação do método 2, em que as perturbações em T_e são medidas e usadas para ajustar a variável manipulada q. Teoricamente, esse esquema de controle é capaz de manter a variável controlada T exatamente no valor de referência T_r, independentemente das variações em T_e. Idealmente, se medições precisas de T_e estivessem disponíveis e se dispusesse de um modelo perfeito, então a ação corretiva tomada pelo aquecedor poderia cancelar os efeitos das perturbações em T_e antes de T ser afetado, de forma a se ter um "controle perfeito". Mas o que aconteceria com essa estratégia de controle se as perturbações ocorressem em outras variáveis de processo, por exemplo, W? Como o modelo prevê apenas medir T_e, as variações em W seriam desprezadas. Dessa forma, nenhuma ação corretiva seria tomada para flutuações em variáveis não medidas ou não consideradas no modelo. Seria possível pensar em medir T_e e W e ajustar q para perturbações em ambas as variáveis. No entanto, em termos práticos, é geralmente antieconômico tentar medir todas as potenciais perturbações. Seria mais viável usar um sistema combinado de controle (realimentação mais pré-alimentação), pois o controle por realimentação provê ação corretiva mesmo para perturbações não medidas. Consequentemente, em aplicações industriais é normal usar o controle por pré-alimentação associado ao controle por realimentação.

Analisa-se, agora, como o controle por realimentação do método 1 se comportaria na presença de perturbações em T_e ou W. Nenhuma ação corretiva ocorreria até que a perturbação tivesse afastado T de T_r. Assim, por sua própria natureza, o controle por realimentação não é capaz de executar um controle perfeito, visto que a variável controlada deve se afastar do valor de referência antes de a ação corretiva ocorrer. No entanto, uma vantagem extremamente importante do controle por realimentação é que a ação corretiva é tomada independentemente da fonte de perturbação. Dessa maneira, no método 1 a ação corretiva seria tomada após uma perturbação em T_e ou W ter feito com que T se desviasse de T_r. A capacidade de lidar com perturbações não medidas de origem desconhecida é uma razão preponderante para o uso tão disseminado da filosofia por realimentação no controle de processos.

13.1 CONTROLE POR REALIMENTAÇÃO (*FEEDBACK*)

O objetivo de qualquer forma de controle é manter a variável controlada em um valor desejado face aos distúrbios existentes. A regulação via realimentação é conseguida medindo-se a variável controlada c e agindo-se na variável manipulada m, com uma intensidade que é função do erro ($e = r - c$), conforme mostrado na Figura 13.2.

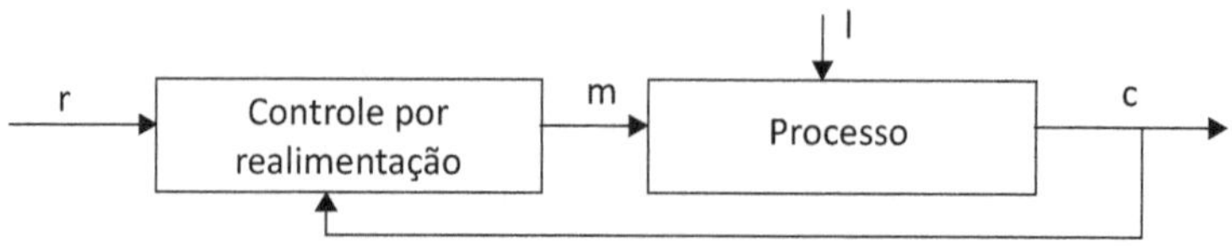

Figura 13.2 – Malha típica de controle por realimentação.

O controle por realimentação é a técnica mais usada nas indústrias de processo e, sem dúvida, a mais estudada e explorada. Em particular, o algoritmo PID é utilizado na maioria das aplicações industriais. Suas principais vantagens são (SEBORG et al., 2011):

- a ação corretiva surge tão logo a variável controlada tenha se afastado do valor desejado, independentemente da fonte e do tipo da perturbação. A habilidade em manipular perturbações não medidas é a principal razão pela qual controladores por realimentação têm sido tão amplamente empregados em controle de processos;
- é uma técnica que não requer um conhecimento profundo da planta. Em particular, um modelo matemático do processo não é requerido, embora seja útil no projeto do sistema de controle; e
- o controlador PID é universal, sendo versátil e robusto. Se as condições de processo mudam, a ressintonia do controlador usualmente produz controle satisfatório.

O controle por realimentação tem certas desvantagens inerentes:

- deve ocorrer um desvio para que seja possível a atuação do controlador, isto é, nenhuma ação corretiva é tomada até que alguma perturbação tenha afetado o processo e levado a variável controlada a se afastar do valor desejado. Assim, por sua própria natureza, o controle por realimentação não é capaz de executar controle perfeito, visto que a variável controlada deve se afastar do valor desejado devido a perturbações na carga ou no próprio valor desejado antes de a ação corretiva ser tomada;
- ele não provê controle preditivo para compensar os efeitos de perturbações conhecidas ou mensuráveis;
- seu desempenho pode não ser satisfatório para processos com constantes de tempo grandes e/ou atrasos puros longos. Se grandes perturbações são frequentes, o processo pode operar continuamente em estado transitório e nunca atingir o estado estacionário desejado; e
- em algumas aplicações, a variável controlada pode não ser mensurável online e, consequentemente, o controle por realimentação pode não ser viável.

Outras técnicas mais sofisticadas de controle, usualmente denominadas "técnicas de controle avançado", eventualmente melhoram a eficiência da planta, minimizando os custos com matéria-prima e energia e reduzindo a perda de produto, mas à custa de complicação matemática e de custos maiores para implantação.

13.2 CONTROLE POR PRÉ-ALIMENTAÇÃO (*FEEDFORWARD*)

As limitações do controle por realimentação serviram de base para o desenvolvimento do controle por pré-alimentação, o qual pode contribuir muito para melhorar o controle por realimentação de processos relativamente lentos ou com grandes atrasos puros. A ideia é medir todos os sinais passíveis de causar erro na variável controlada e tentar compensar as perturbações antes que o erro aconteça, conforme esquematizado na Figura 13.3. Para tanto, os principais componentes da carga são medidos (ou estimados), e seus valores são usados para calcular o valor da variável manipulada que mantém o processo no ponto desejado. Naturalmente, deve-se conhecer o efeito que variações de carga provocam na variável controlada, isto é, deve-se conhecer o comportamento do processo.

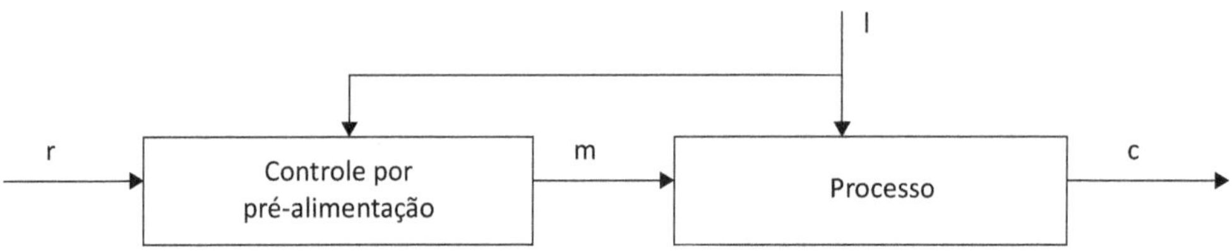

Figura 13.3 – Malha típica de controle por pré-alimentação.

O controle por pré-alimentação tem diversas desvantagens:

- as perturbações na carga devem ser medidas, mas em muitas aplicações isso não é viável;
- para fazer uso efetivo do controle por pré-alimentação, um modelo do processo, ainda que aproximado, é necessário. Em particular, é necessário saber como a variável controlada responde a mudanças tanto na carga quanto na variável manipulada. A qualidade do controle por pré-alimentação depende da precisão do modelo do processo utilizado; e
- controladores por pré-alimentação ideais, que são teoricamente capazes de alcançar controle perfeito, podem não ser fisicamente realizáveis. Felizmente, aproximações práticas desses controladores ideais frequentemente proveem um controle muito eficiente.

O sistema por pré-alimentação é mais custoso e requer mais esforço de engenharia que um sistema por realimentação tradicional. Assim, antes de projetar e instalar um sistema por pré-alimentação, é necessário determinar se a melhoria esperada no controle compensa o investimento. A maioria dos sistemas por pré-alimentação implantados foi aplicada a processos que são muito sensíveis a perturbações e lentos em responder a ações corretivas, por exemplo, colunas de destilação, caldeiras, sistemas de neutralização de pH de efluentes, turbocompressores etc.

13.2.1 CONTROLE POR PRÉ-ALIMENTAÇÃO APLICADO AO CONTROLE DE NÍVEL DE CALDEIRAS

O controle por pré-alimentação não foi muito utilizado nas indústrias de processo até a década de 1960. No entanto, os conceitos básicos da pré-alimentação têm sido aplicados há décadas no sistema de controle de nível em tubulões de caldeiras do tipo aquatubular. Esse tipo de aplicação já foi discutido e exemplificado na Subseção 12.9.3, nos controles de nível a dois e três elementos.

13.2.2 FORMAS DE SE PROJETAR CONTROLADORES POR PRÉ-ALIMENTAÇÃO

Um modo de se interpretar o controle por pré-alimentação é que ele tenta, de forma contínua, balancear o material ou a energia que deve ser entregue ao processo na ocorrência de demandas da carga. Por exemplo, o sistema de controle de nível visto na Figura 12.58 ajusta a vazão de água de alimentação de forma a balancear a demanda de vapor. Assim, é natural basear o controle por pré-alimentação em balanços de massa e energia. Há duas maneiras de se projetar controladores por pré-alimentação:

- usando-se as equações de regime permanente do processo; ou
- usando-se as equações dinâmicas do processo.

Esses modos de projeto são abordados nas seções que se seguem.

13.3 CONTROLE POR PRÉ-ALIMENTAÇÃO COM MODELO ESTÁTICO DO PROCESSO

O primeiro passo ao se projetar um sistema de controle por pré-alimentação é gerar um modelo matemático (nesse caso, em regime estacionário) da planta. Suas equações são resolvidas de forma que a saída do sistema seja a variável manipulada. Substitui-se, então, a variável controlada no modelo pelo valor desejado.

13.3.1 EXEMPLO 1 (LIPTÁK, 2006)

Seja uma malha de controle de temperatura em um trocador de calor adiabático, em que um líquido escoando com vazão Q_e deve ser aquecido por vapor fluindo a uma vazão W_v, conforme indicado na Figura 13.4.

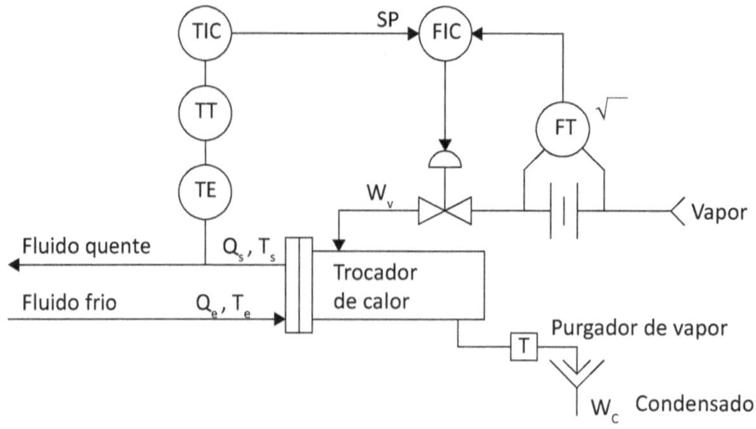

W_v = vazão de vapor
Q_e = vazão de entrada do fluido a ser aquecido
T_e = temperatura de entrada do fluido
T_s = temperatura de saída do fluido

Figura 13.4 – Malha de controle de temperatura por realimentação em trocador de calor.

O modelo do trocador de calor é apresentado a seguir.

a) Balanços de massa

- No lado do fluido sendo aquecido:

$$\frac{d(\rho_s \cdot V)}{dt} = \rho_e \cdot Q_e - \rho_s \cdot Q_s$$

Como o volume V que o líquido sendo aquecido ocupa é constante e assumindo-se que as variações de sua massa específica ρ_s sejam desprezíveis, resulta:

$$\rho_e \cdot Q_e = \rho_s \cdot Q_s \tag{13.3}$$

sendo ρ_e a massa específica do fluido na entrada e ρ_s na saída, Q_e a vazão volumétrica de entrada do fluido sendo aquecido e Q_s sua vazão de saída.

- No lado do vapor:

$$\frac{d(\rho_v \cdot V_v)}{dt} = W_v - W_c$$

Como o volume V_v que o vapor ocupa é fixo e supondo-se sua massa específica ρ_v constante, pois se supõe vapor saturado seco com pressão P_v fixa, resulta:

$$W_v = W_c \tag{13.4}$$

sendo W_v a vazão mássica do vapor e W_c a vazão mássica do condensado.

b) Balanços de energia

- No lado do fluido sendo aquecido:

$$\frac{d(m \cdot h_s)}{dt} = \rho_e \cdot Q_e \cdot (h_e - h_s) + q \tag{13.5}$$

sendo m a massa do fluido sendo aquecido dentro do trocador de calor, h_e a entalpia de entrada do fluido sendo aquecido e h_s sua entalpia de saída, e q o fluxo de calor transferido do vapor para o líquido sendo aquecido.

- No lado do vapor (considerando-se perdas nulas para o meio ambiente, pois o trocador de calor é adiabático):

$$\frac{d(m_v \cdot u_v)}{dt} = W_v \cdot h_{v,e} - W_c \cdot h_{c,s} - q \tag{13.6}$$

em que m_v é a massa de vapor no interior do trocador de calor, u_v corresponde à energia interna do vapor, $h_{v,e}$ é a entalpia do vapor entrando no trocador de calor e $h_{c,s}$ é a entalpia do condensado saindo.

Para implementar o controlador por pré-alimentação baseado em modelo estático do processo, sejam os balanços de energia em regime estacionário mostrados a seguir.

- No lado do fluido sendo aquecido:

Aproximando-se a entalpia h por $c_P \cdot T$, em que c_P é o calor específico do fluido medido a pressão constante e substituindo-se (13.3) em (13.5), resulta:

$$\rho_S \cdot V \cdot c_P \frac{dT_S}{dt} = \rho_e \cdot Q_e \cdot c_P \cdot (T_e - T_S) + q$$

Assumindo-se regime permanente, pois a proposta é empregar modelo estático do processo, resulta:

$$\rho_e \cdot Q_e \cdot c_P \cdot (T_e - T_S) + q = 0 \tag{13.7}$$

- No lado do vapor:

Supondo-se (13.6) em regime permanente, resulta:

$$q = W_v \cdot h_{v,e} - W_c \cdot h_{c,s}$$

$$q = W_v \cdot (c_{P,v} \cdot T_{v,e} + \lambda_v) - W_c \cdot c_{P,c} \cdot T_{c,s} \tag{13.8}$$

em que λ_v é o calor latente de vaporização.

Considerando-se que: $T_{v,e} = T_{c,s}$ (supondo-se que o condensado saia saturado), $c_{P,v} = c_{P,c}$ e substituindo-se (13.4) em (13.8):

$$q = \lambda_v \cdot W_v \tag{13.9}$$

Substituindo-se (13.9) em (13.7) resulta:

$$\rho_e \cdot Q_e \cdot c_P \cdot (T_s - T_e) = \lambda_v \cdot W_v$$

Se T_s for o valor desejado, medindo-se T_e e W regula-se W_v, conforme indicado na equação a seguir.

$$W_v = \frac{\rho_e \cdot Q_e \cdot c_P \cdot \left(T_{s,ref} - T_e\right)}{\lambda_v}$$

O controle por pré-alimentação, implantado por meio de instrumentos analógicos, é mostrado na Figura 13.5 (LIPTÁK, 2006).

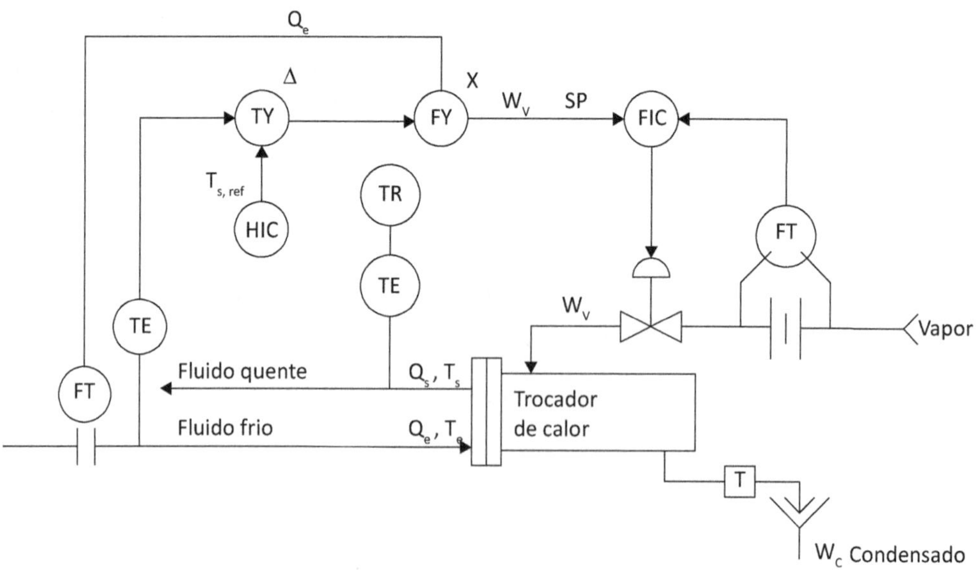

Figura 13.5 – Controle por pré-alimentação de trocador de calor implementado por meio de instrumentação analógica.

Uma estação de controle manual HIC insere o valor desejado equivalente a $T_{s,ref}$ no relé de soma e a entrada T_e é subtraída. O ganho desse relé é ajustado para se obter a relação constante $\rho_e \cdot c_P / \lambda_v$. O sinal linear de vazão do líquido Q_e é multiplicado por $\left(\rho_e \cdot c_P / \lambda_v\right) \cdot \left(T_{s,ref} - T_e\right)$ para gerar o ajuste necessário da vazão de vapor W_v. Admite-se que o fluido de aquecimento do trocador de calor seja vapor d'água saturado a uma temperatura T_v = 180 °C. Os dados da planta são:

$V = 3 \text{ m}^3$ (volume de água sendo aquecida dentro do trocador de calor)

$c_P = 4{,}1804 \dfrac{\text{kJ}}{\text{kg} \cdot °\text{C}}$ (calor específico da água a pressão constante e temperatura de 45 °C)

$\rho_s = 990{,}2 \dfrac{\text{kg}}{\text{m}^3}$ (massa específica da água a 45 °C)

$\bar{T}_e = 20\ °\text{C}$ (temperatura nominal da água fria de entrada)

$\bar{T}_{p,e} = 180\ °\text{C}$ (temperatura nominal de entrada das paredes dos tubos)

$\bar{T}_v = 180\ °\text{C}$ (temperatura nominal do vapor d'água)

$\bar{T}_{s,ref} = 180\ °\text{C}$ (temperatura de referência para a água sendo aquecida)

$T_e = 20 \text{ a } 70\ °\text{C}$ (faixa de variação da temperatura do fluido sendo aquecido)

$\bar{T}_e = 20\ °\text{C}$ (temperatura nominal de entrada do fluido sendo aquecido)

$Q_e = 0 \text{ a } 0{,}01944 \dfrac{\text{m}^3}{\text{s}}$ (faixa de variação da vazão do fluido sendo aquecido)

$\bar{Q}_e = 0{,}01111 \dfrac{\text{m}^3}{\text{s}}$ (vazão volumétrica nominal do fluido sendo aquecido)

$W_v = 0 \text{ a } 1 \dfrac{\text{kg}}{\text{s}}$ (faixa de variação da vazão de vapor)

$\bar{W}_v = 0{,}5764 \dfrac{\text{kg}}{\text{s}}$ (vazão mássica nominal de vapor)

$\lambda_v = 2014{,}2 \dfrac{\text{kJ}}{\text{kg}}$ (calor latente de vaporização do vapor saturado a 180 °C)

$\tau_V = 2 \text{ s}$ (constante de tempo da válvula de controle)

$\tau_T = 0{,}5 \text{ s}$ (constante de tempo do transmissor de vazão de vapor)

Sinais pela malha: 0 a 100%

Cria-se um simulador em Simulink para a planta da Figura 13.5, mostrado na Figura 13.6.

O ajuste do controlador PI que regula W_v é K_{C_Wv} = 33,86 e T_{I_Wv} = 1,99 s/rep. A Figura 13.7 mostra a vazão de vapor W_v quando seu valor de referência varia como uma onda quadrada, e a Figura 13.8 exibe a temperatura de saída da água T_s a uma perturbação de 5% de $\bar{Q}_e$ na vazão nominal da vazão de entrada de água Q_e em t = 200 s.

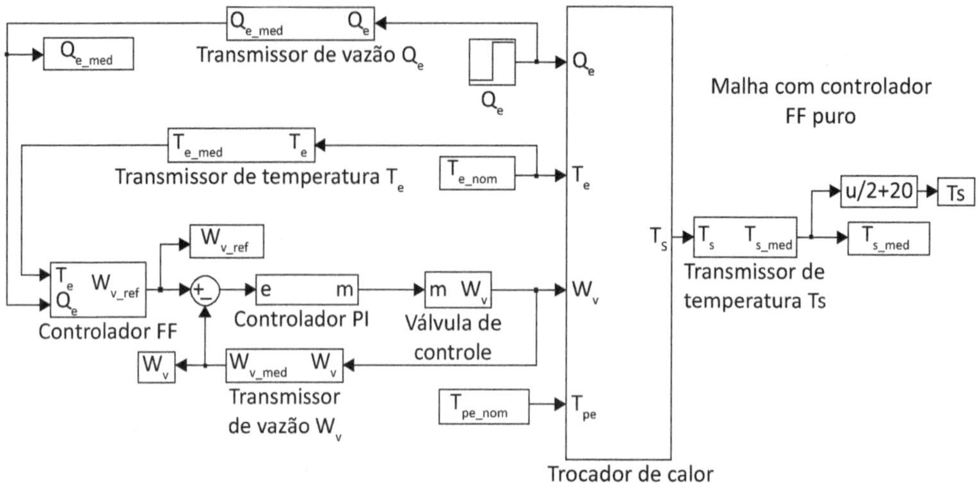

Figura 13.6 – Modelo de malha de controle por pré-alimentação (FF) de trocador de calor.

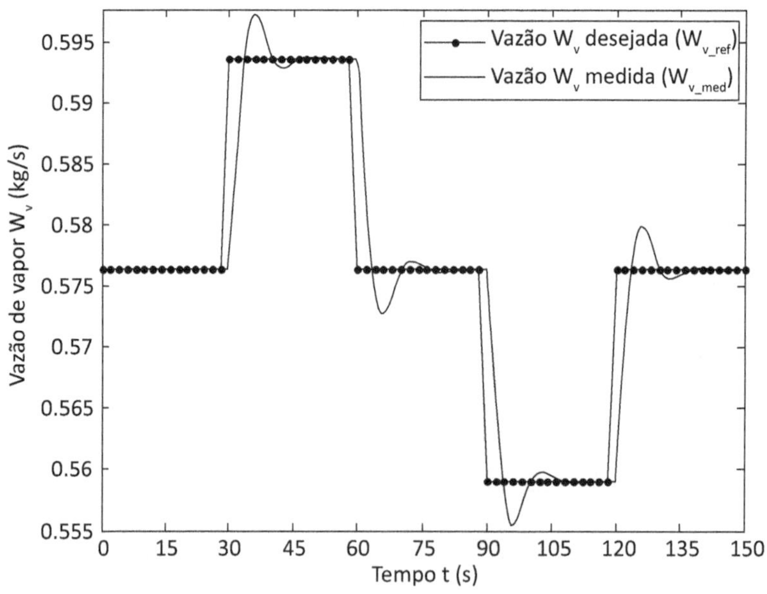

Figura 13.7 – Resposta da vazão de vapor W_v a variação no valor desejado de ± 3 % de $\bar{W}_v$.

Na Figura 13.7 a vazão de vapor responde rapidamente e com pouco sobressinal. Na Figura 13.8, o efeito do distúrbio some, não restando erro de regime permanente, embora a variável controlada se afaste temporariamente do valor desejado.

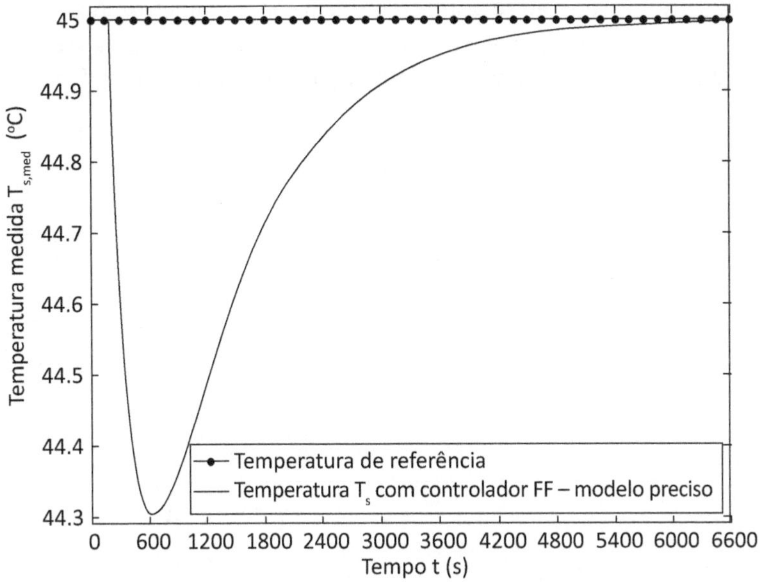

Figura 13.8 – Resposta da temperatura T_s a perturbação de 5% em Q_e com controle FF.

A seguir, estuda-se o caso em que há imprecisões no modelo ou erros em seus parâmetros. Assuma que a temperatura do vapor não seja 180 °C, mas 175 °C, cujo calor latente de vaporização é $\lambda_v = 2031{,}7$ kJ/kg. A resposta é exposta na Figura 13.9.

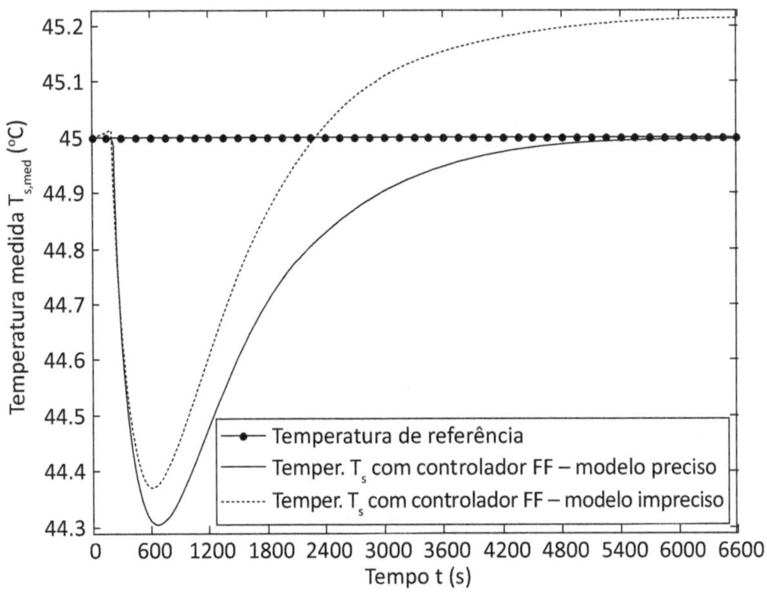

Figura 13.9 – Resposta da temperatura T_s a perturbação de 5% em Q_e com controle por pré-alimentação com modelo preciso e com modelo com erro em parâmetro.

Vê-se na Figura 13.9 que, ao se usar um modelo com parâmetros incorretos, surge um erro de regime permanente, que nesse caso é de 0,22 °C. Substitui-se, a seguir, o controlador por pré-alimentação por um por realimentação, como indicado na Figura 13.10.

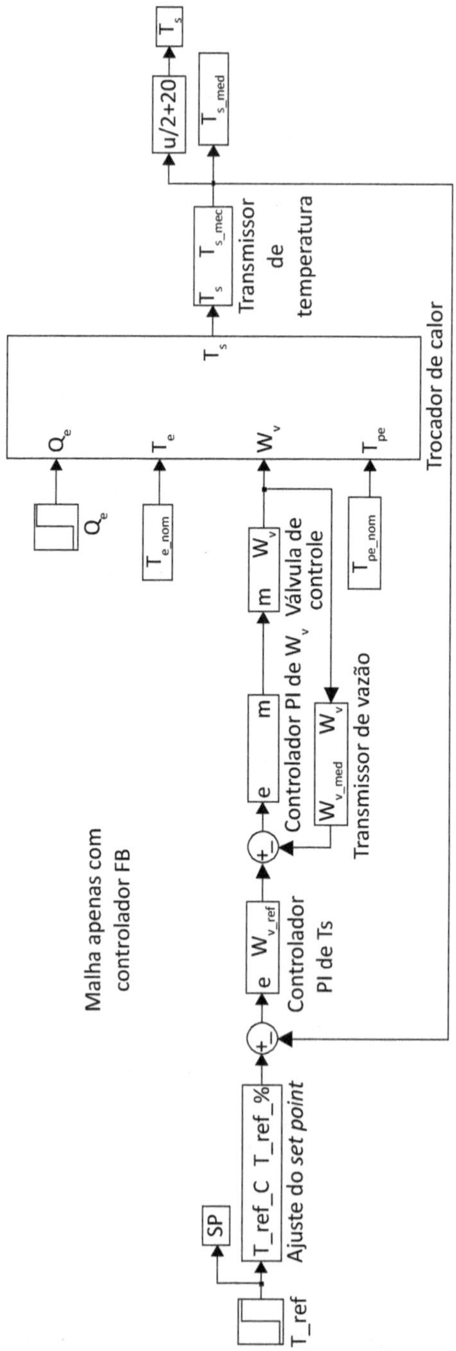

Figura 13.10 – Modelo em Simulink de malha de controle por realimentação (FB).

A resposta de T_s com controle por realimentação é vista na Figura 13.11, para um degrau de 5% na vazão de entrada Q_e em t = 200 s, em que se nota que o controle por realimentação teve um desempenho muito superior ao por pré-alimentação para rejeitar a perturbação. O ajuste do regulador PI de T_s é $K_{C\_Ts} = 0{,}0495$ e $T_{I\_Ts} = 1.062{,}5\ \text{s/rep}$.

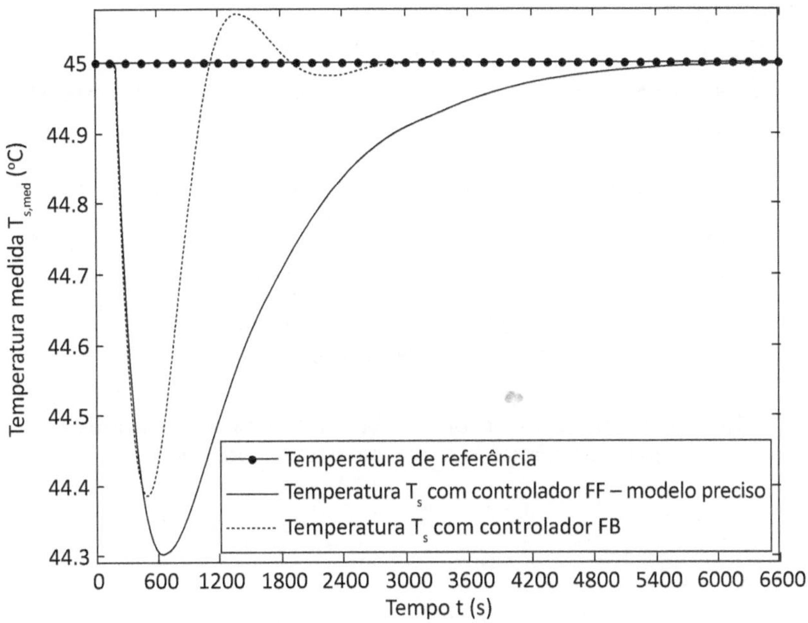

Figura 13.11 – Resposta da temperatura T_s a perturbação de 5% em Q_e com controle por realimentação e com controle por pré-alimentação com modelo preciso da planta.

A Figura 13.12 indica como a malha reage no modo servo para os controles por realimentação (FB) e por pré-alimentação (FF) com modelo preciso. O controle FB gera sobressinal alto, pela sintonia agressiva do controlador PI primário. A resposta do controle FF é lenta, mas leva a variável ao valor de referência, pois o modelo usado é perfeito.

O erro em regime permanente oriundo de imprecisões no modelo ou de parâmetros incorretos, conforme notado na Figura 13.9, pode ser eliminado por meio do controle por realimentação, o qual pode gerar o valor de referência para o controlador por pré-alimentação, segundo a Figura 13.13 (LIPTÁK, 2006).

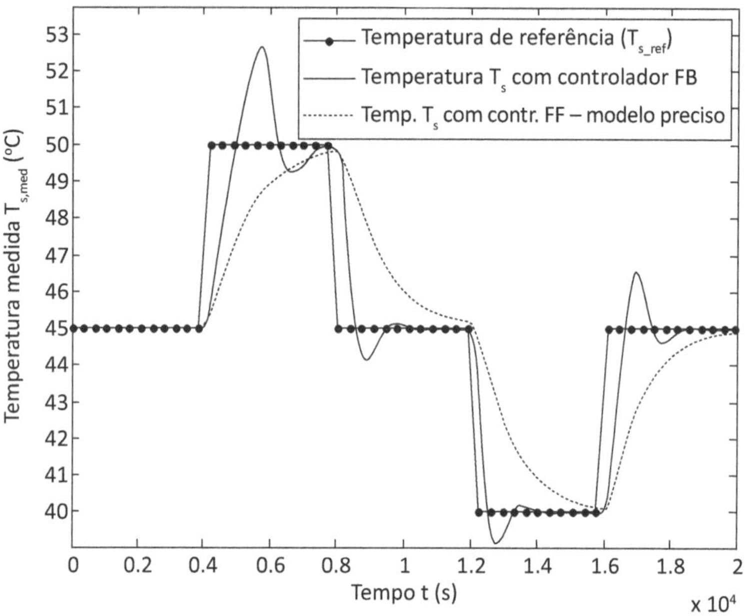

Figura 13.12 – Resposta da temperatura T_s a variação de 5 °C em seu valor de referência com controle por realimentação e por pré-alimentação com modelo preciso.

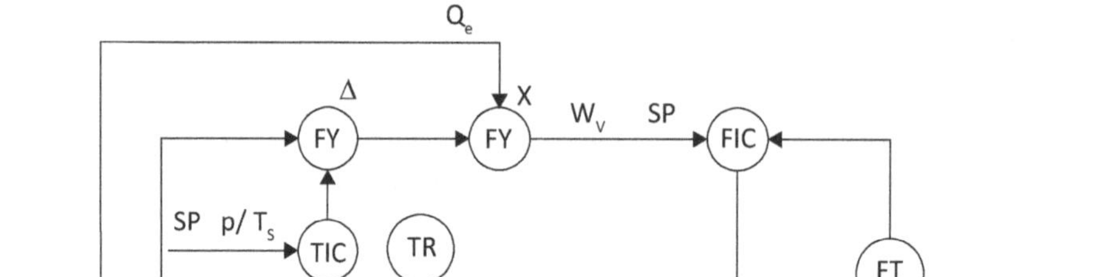

Figura 13.13 – Controle por pré-alimentação + realimentação de trocador de calor implementado por meio de instrumentação analógica.

O controlador por realimentação ajusta, em cascata, o valor de referência do controle por pré-alimentação, enquanto este ajusta o valor desejado do controlador da vazão W_v. Essa configuração implementada no Simulink é mostrada na Figura 13.14.

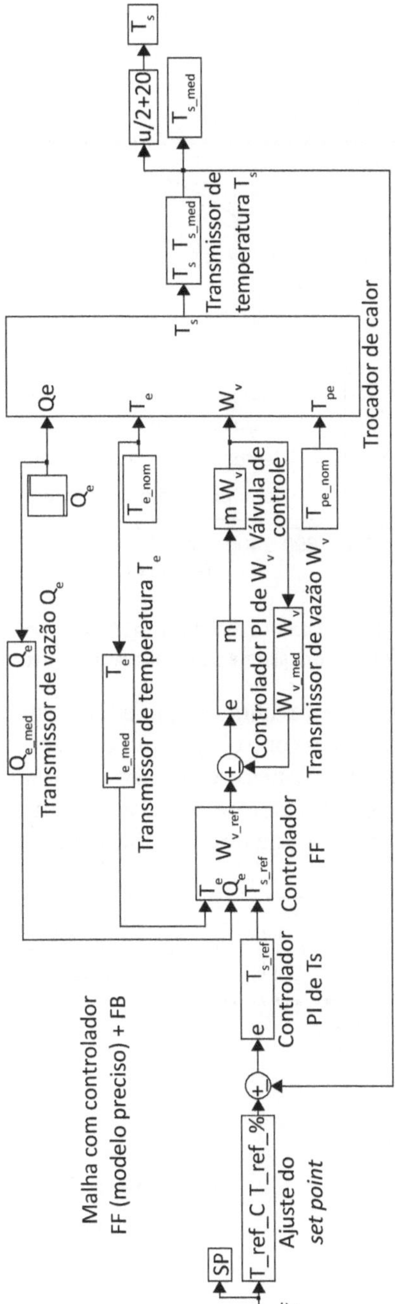

Figura 13.14 – Modelo em Simulink de malha de controle por pré-alimentação + realimentação.

Na Figura 13.15, expõe-se a resposta do controle por realimentação em cascata com o controle por pré-alimentação, bem como do controle FF sozinho, com modelo preciso do processo. A sintonia do controlador PI é $K_{C\_Ts\_FF} = 2{,}21$ e $T_{I\_Ts} = 1.074{,}7$ s/rep.

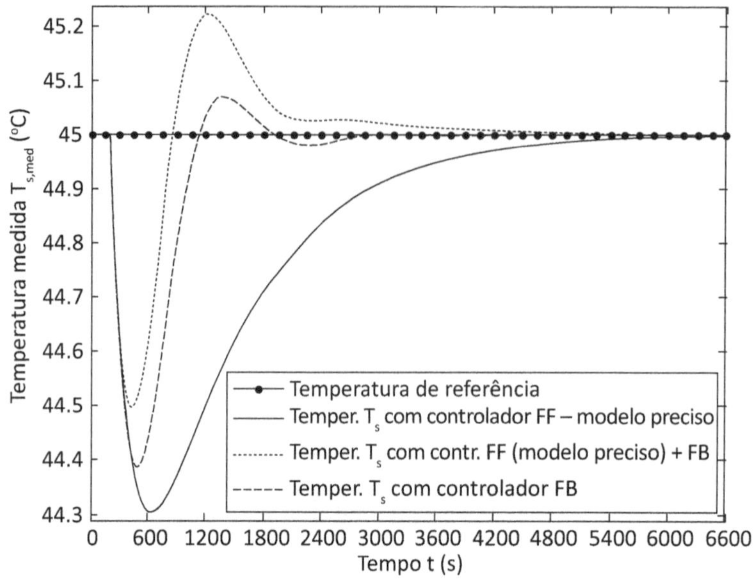

Figura 13.15 – Resposta da temperatura T_s a perturbação de 5% em Q_e com controle por pré-alimentação com modelo preciso da planta e por pré-alimentação + realimentação.

Na Figura 13.15, o controle por realimentação em cascata com o controle por pré-alimentação fica muito melhor que o controle por pré-alimentação sozinho, mas pior que o controle por realimentação puro. Nesse caso, a fusão dos controles FB + FF não superou a atuação do controlador FB sozinho, pois se está usando um modelo estático no controlador FF. Vê-se na Figura 13.16 a resposta dessa malha a degrau de 5 °C no valor desejado.

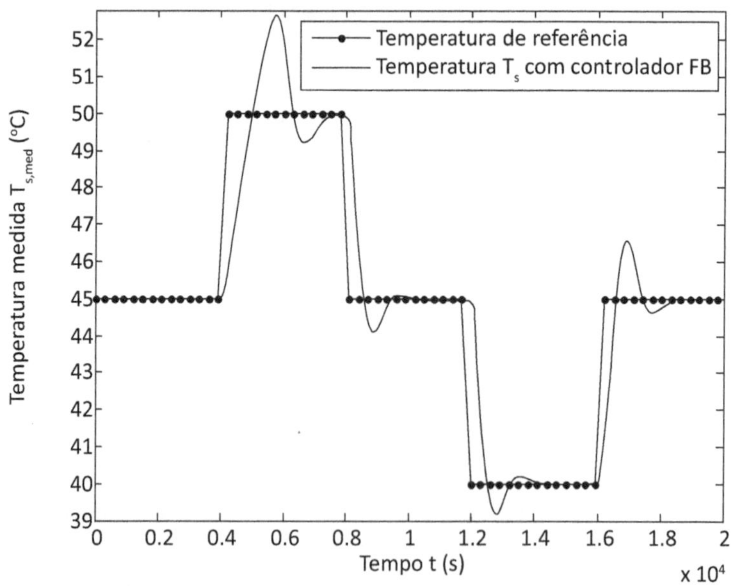

Figura 13.16 – Resposta da temperatura $T_{s,med}$ a variação de 5 °C em seu valor de referência com controle por realimentação agindo sobre o controle por pré-alimentação.

Na Figura 13.16, vê-se que o controlador PI mestre está bem sintonizado, mesmo no modo servo. Mostra-se na Figura 13.17 o caso em que se usa no controlador por pré-alimentação o modelo com erro no parâmetro λ_v, como já havia sido feito na Figura 13.9.

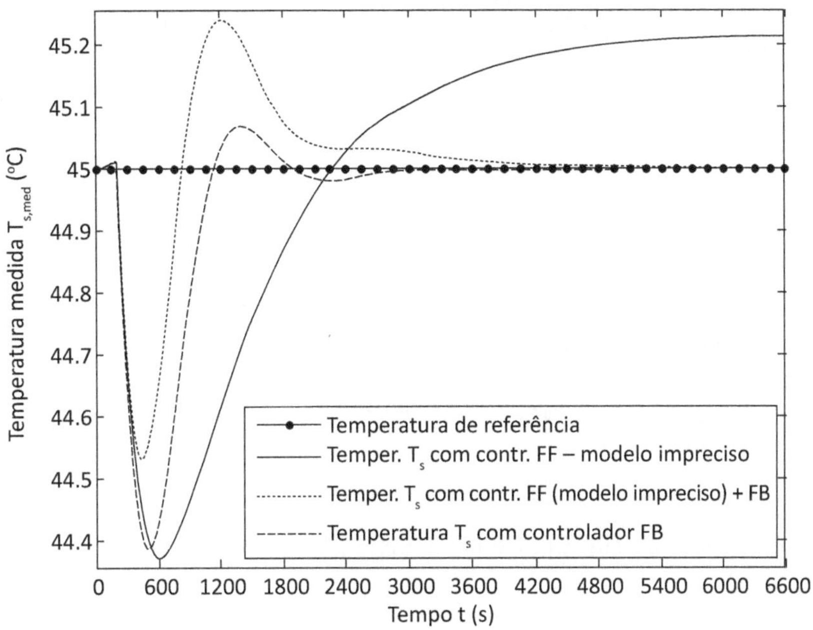

Figura 13.17 – Resposta da temperatura medida $T_{s,med}$ a uma perturbação de 5% em Q_e só com controle FF com erro em λ_v com controle FB em cascata com FF e apenas com controle FB.

Na Figura 13.17, quando há desvios no modelo do controlador por pré-alimentação, o fato de o controlador por realimentação gerar o valor de referência para o controlador por pré-alimentação melhora o desempenho da malha, quando comparado ao uso exclusivo do controle por pré-alimentação, eliminando o erro de regime permanente, justificando assim a associação de ambas as filosofias de controle. Já o controlador por realimentação sozinho gerou uma resposta na rejeição à perturbação na carga melhor que com o uso do controlador por pré-alimentação associado ao controle por realimentação, isto devido ao fato de o modelo usado no controle FF ter sido estático.

13.3.2 EXEMPLO 2 (SEBORG ET AL., 2011)

Seja o sistema de aquecimento em tanque mostrado na Figura 13.18. O objetivo dessa malha de controle é manter T em T_r manipulando-se a pressão do vapor P_v. As variáveis de perturbação são W e T_e, que devem ser medidas. Como se assume modelo estático, o volume no tanque é constante, pois a vazão que entra é a mesma que sai.

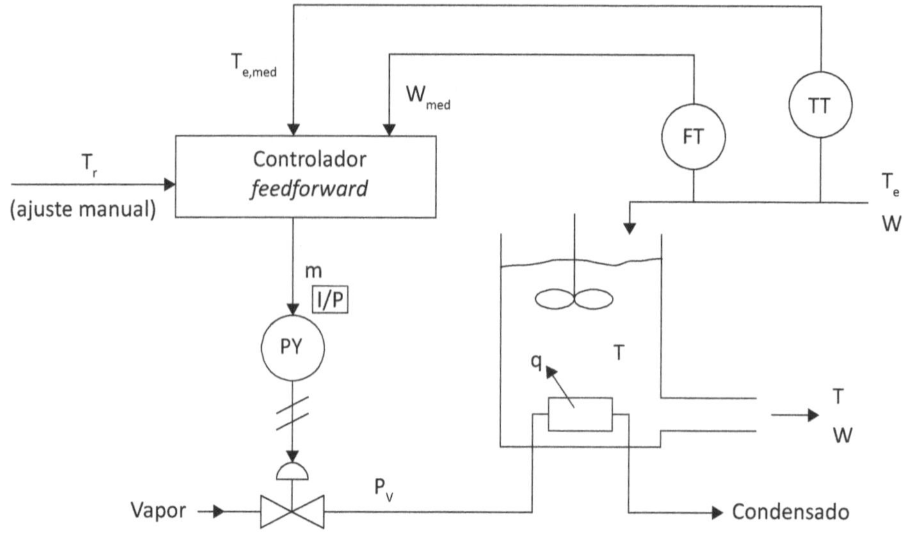

Figura 13.18 – Controle por pré-alimentação de sistema de aquecimento em tanque.

Balanço de energia (em regime permanente):

A energia perdida pelo vapor é igual à energia absorvida pelo fluido (perdas são desprezadas):

$$W \cdot c_p \cdot (T - T_e) = q$$

sendo c_p = calor específico do fluido a pressão constante e $q = U \cdot A \cdot (T_v - T)$, em que $U \cdot A$ = coeficiente global de troca térmica · área efetiva de troca térmica e $T_v = \dfrac{a}{\ln(P_v) - b}$ (relação entre temperatura e pressão do vapor saturado, em que a e b são constantes).

Observação: a diferença entre esse balanço de energia e o do Exemplo 1 é que no primeiro assumia-se que todo o vapor se condensava e que o condensado saía saturado. Nesse caso, supõe-se estar na condição de saturação líquido/vapor, cuja temperatura tanto para a fase líquida como para o vapor é a mesma, mas não se assume a condensação total do vapor.

Resolvendo-se a equação para P_v:

$$\ln(P_v) = a \cdot \left(\frac{U \cdot A}{W \cdot c_p \cdot (T - T_e) + U \cdot A \cdot T} \right) + b$$

Fazendo-se $T = T_r$ (pois T não é medido), resulta:

$$\ln(P_v) = a \cdot \left(\frac{U \cdot A}{W \cdot c_p \cdot (T_r - T_e) + U \cdot A \cdot T_r} \right) + b$$

Portanto:

$$P_v = \exp\left[a \cdot \left(\frac{U \cdot A}{W \cdot c_p \cdot (T_r - T_e) + U \cdot A \cdot T_r} \right) + b \right]$$

Repare que a equação de controle obtida não é linear. Ela não está na forma final para uso, pois ignora duas considerações importantes relativas à instrumentação usada:

- os valores reais de T_e e W não são disponíveis. Consequentemente, os valores medidos $T_{e,med}$ e W_{med} devem ser usados; e
- a saída do controlador é m e não o valor da pressão de vapor P_v. Assim, a equação do controlador por pré-alimentação deve ser expressa em termos de m e não de P_v.

Por conseguinte, uma equação mais realista deveria incorporar as seguintes relações estacionárias para os instrumentos de campo:

a) transmissores:

$$W_{med} = K_{T1} \cdot (W - W_0) + 4 \qquad \text{e} \qquad T_{e,med} = K_{T2} \cdot (T_e - T_{e0}) + 4$$

em que K_{T1} e K_{T2} são os ganhos estáticos dos transmissores; e W_0 e T_{e0} denotam os zeros da calibração dos transmissores, isto é, os valores de W e T_e que correspondem ao sinal de saída mínimo do transmissor (nesse caso, 4 mA).

b) válvula de controle e conversor de corrente para pressão (I/P):

$$P_v = K_V \cdot K_{IP} \cdot (m - 4) + P_{v0}$$

em que K_V e K_{IP} são os ganhos estáticos para a válvula de controle e o conversor I/P, respectivamente, e P_{v0} é a pressão de vapor que corresponde ao sinal mínimo de saída de 3 psi do conversor I/P.

Rearranjando-se as equações anteriores, resulta:

$$W = \frac{W_{med} - 4}{K_{T1}} + W_0 \qquad \text{e} \qquad T_e = \frac{T_{e,med} - 4}{K_{T2}} + T_{e0}$$

Substituindo-se esses valores na equação que define P_v, resulta:

$$m = \frac{\exp\left[a \cdot \left(\dfrac{U \cdot A}{\left(\dfrac{W_{med} - 4}{K_{T1}} + W_0\right) \cdot C_P \cdot \left[T_r - \left(\dfrac{T_{e,med} - 4}{K_{T2}} + T_{e0}\right)\right] + U \cdot A \cdot T_r}\right) + b\right] - P_{v0}}{K_V \cdot K_{IP}} + 4$$

Um esquema de controle por pré-alimentação alternativo para esse sistema de aquecimento é mostrado na Figura 13.19.

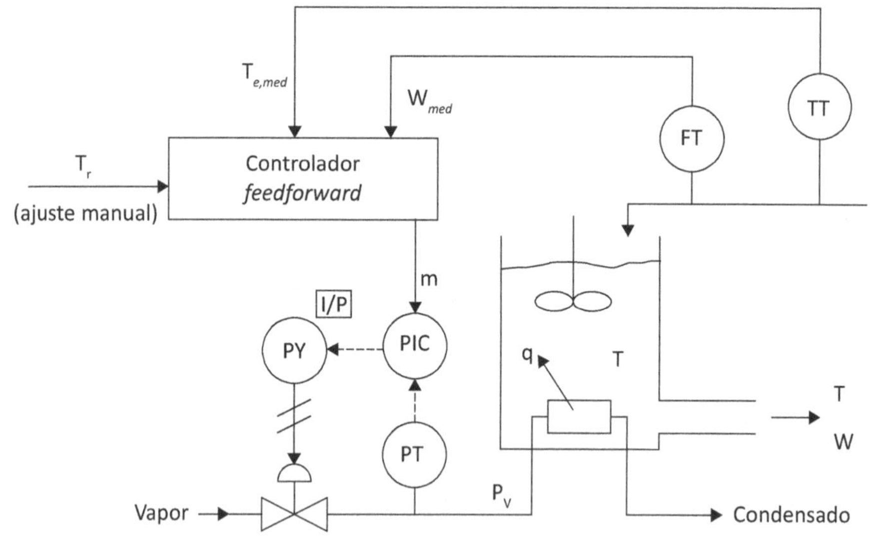

Figura 13.19 – Esquema opcional de controle por pré-alimentação para o sistema de aquecimento.

Nesse caso, o sinal de saída do controlador por pré-alimentação serve como valor desejado para um controlador por realimentação em cascata para a pressão P_v. A vantagem dessa configuração é ser menos sensível a flutuações a montante na pressão de vapor. Como o controlador por pré-alimentação calcula o valor desejado de P_v em vez do sinal pneumático para a válvula de controle, não é preciso incorporar à equação de controle por pré-alimentação a expressão que relaciona P_v com m, podendo-se usar diretamente o valor calculado de P_v.

Os dois exemplos anteriores ilustram o fato de que controladores por pré-alimentação podem ser projetados usando balanços estacionários de massa e energia. As vantagens desse enfoque são que os cálculos requeridos são simples e um modelo dinâmico do processo não é necessário. No entanto, uma desvantagem é que a dinâmica do processo é desprezada e, assim, o sistema de controle pode ter um desempenho inadequado em regimes transitórios. Os controladores por pré-alimentação podem ser melhorados usando modelos dinâmicos ou então adicionando compensação dinâmica, usualmente na forma de uma unidade de avanço-atraso (*lead-lag*), conforme é discutido a seguir.

13.4 CONTROLE POR PRÉ-ALIMENTAÇÃO USANDO MODELO ESTÁTICO DO PROCESSO MAIS COMPENSAÇÃO DINÂMICA

Desvios temporários seguindo uma mudança na carga são esperados em sistemas de controle por pré-alimentação baseados em modelos estáticos. Voltando-se ao Exemplo 1 da Subseção 13.3.1, a respeito de controle por pré-alimentação em trocador de calor, a Figura 13.20 mostra a resposta da variável T_s submetida a controle por pré-alimentação puro quando um aumento brusco de 5% na vazão do fluido a ser aquecido Q_e ocorre em $t = 200$ s. Mostram-se também as vazões do fluido a ser aquecido Q_e e o sinal de saída do controlador por pré-alimentação relativo ao valor desejado da vazão de vapor W_v.

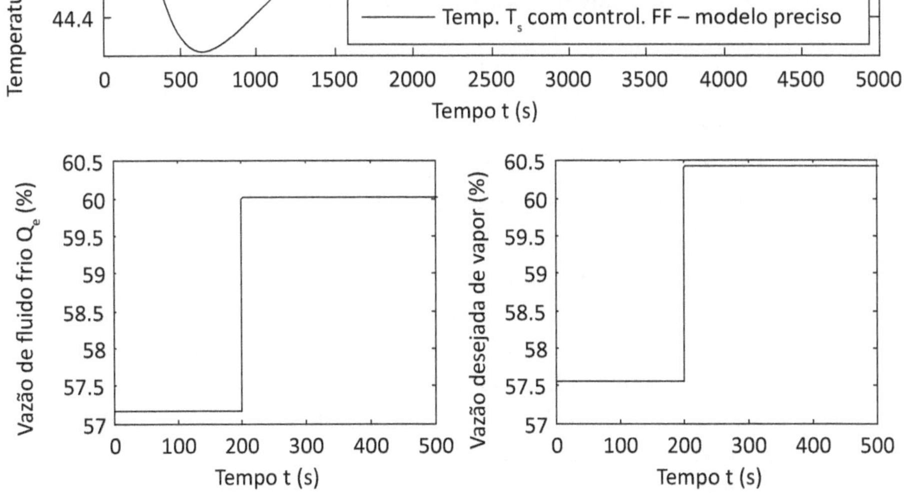

Figura 13.20 – Em cima: resposta da variável controlada quando um aumento repentino na vazão do fluido a ser aquecido ocorre. Embaixo: vazão de fluido frio Q_e e valor do sinal de saída do controlador por pré-alimentação com a vazão desejada de vapor.

O degrau na vazão do fluido a ser aquecido Q_e é seguido de imediato por um degrau proporcional no valor desejado da vazão de vapor, ditado pelo sistema por pré-alimentação, de modo que a temperatura de saída cai por um tempo, como mostra a Figura 13.20. Esse erro transitório indica um desbalanço dinâmico no sistema, porque o trocador temporariamente precisa de mais calor que o controlador de vazão de vapor permite. A explicação para esse efeito é que o modelo usado se aplica apenas ao regime estacionário, em que as vazões de entrada e de saída são iguais. Em regime transitório, essa hipótese se torna falsa e o modelo não é mais aplicável. A Figura 13.21 fornece uma explanação em termos de atrasos no sistema. Ela mostra a carga e a variável manipulada entrando no processo em diferentes pontos, nos quais elas encontram elementos dinâmicos distintos.

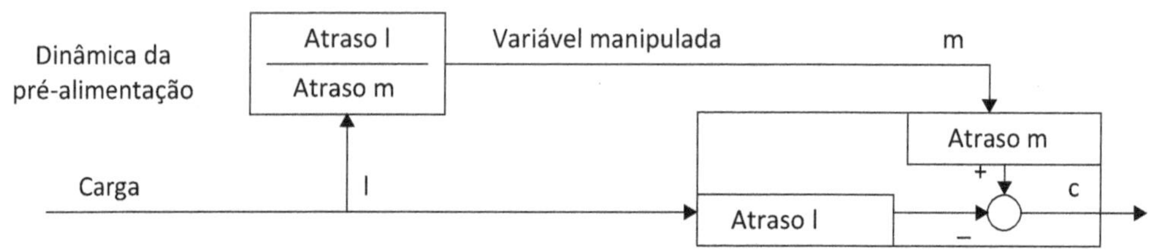

Figura 13.21 – Atrasos no sistema presentes no trocador de calor.

No trocador de calor, o líquido a ser aquecido passa pelos tubos, enquanto o vapor passa pelo casco. As capacitâncias térmicas dos tubos e do casco, apesar de assumidas como concentradas, são, em realidade, distribuídas. Portanto, a variável controlada (temperatura do líquido) responde mais rapidamente a mudanças na vazão do líquido sendo aquecido que à vazão de vapor. Assim, o atraso na resposta da variável de carga (vazão de líquido) é menor que o da variável manipulada (vazão de vapor).

Uma característica essencial de um processo controlado por um sistema por pré-alimentação baseado em modelo estático do processo é que, ao se usar uma unidade de avanço-atraso, não se consegue produzir um balanço dinâmico perfeito. Ainda assim, uma boa melhoria com relação à resposta não compensada pode ser obtida.

A meta do controle por pré-alimentação é balancear a variável manipulada contra variações na carga. Caso não se utilize um modelo dinâmico, mas estático do processo, é preciso usar compensação dinâmica para melhorar o desempenho do sistema de controle em regimes transitórios. A Figura 13.21 mostra o que a compensação dinâmica deve conter para balancear um processo com dois atrasos de primeira ordem: o atraso na carga deve ser replicado na malha por pré-alimentação e o atraso na variável manipulada deve ser cancelado. Dessa forma, o controle por pré-alimentação deve conter um atraso dividido por um atraso. Visto que o inverso de um atraso é um avanço, a função de compensação dinâmica é uma unidade de avanço-atraso (*lead-lag*). A constante de tempo do avanço deve ser igual à constante de tempo da variável controlada em resposta à variável manipulada e a constante de tempo do atraso deve ser igual à constante de tempo da variável controlada em resposta à carga. No caso do trocador de calor, o fato de o atraso *m* ser maior que o atraso *l* faz com que a temperatura diminua quando a carga cresce. Essa é a direção na qual a mudança na carga levaria o processo na ausência de controle.

A função de transferência de uma unidade de avanço-atraso é:

$$G(s) = K_A \cdot \left(\frac{\tau_1 \cdot s + 1}{\tau_2 \cdot s + 1} \right)$$

em que: τ_1 = constante de tempo do avanço e τ_2 = constante de tempo do atraso.

A resposta de uma unidade de avanço-atraso a um degrau de amplitude A é:

$$y(t) = K_A \cdot A \cdot \left(1 + \frac{\tau_1 - \tau_2}{\tau_2} e^{-t/\tau_2} \right) \qquad \text{para } t \geq 0$$

A resposta a um degrau unitário de uma unidade de avanço-atraso com $\tau_1 = 1\,\text{s}$, $\tau_2 = 0{,}5\,\text{s}$ e K_A unitário é mostrada na Figura 13.22.

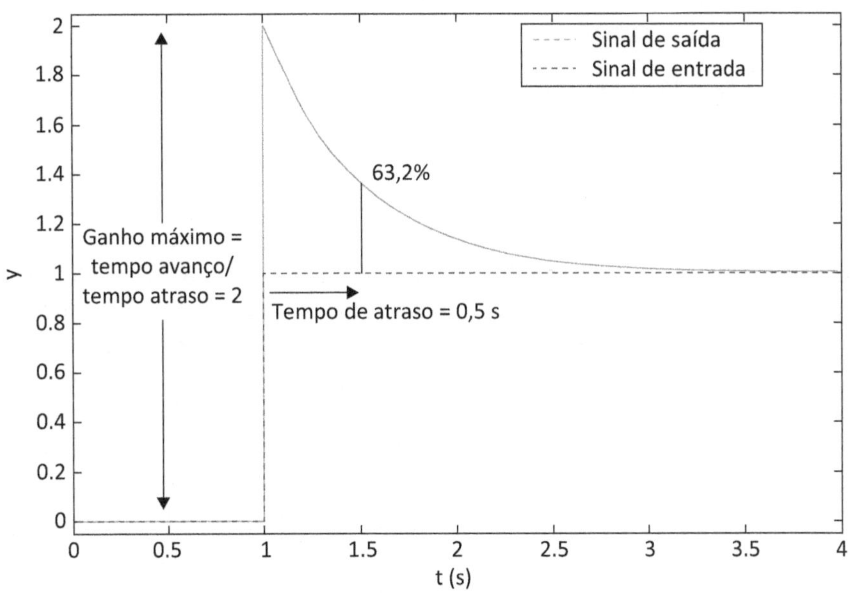

Figura 13.22 – Curva de resposta a degrau unitário de unidade de avanço-atraso com $\tau_1 > \tau_2$.

Quando ajustada adequadamente, a compensação dinâmica da unidade de avanço-atraso gera uma boa resposta da variável controlada, como mostra a Figura 13.23. Note que a vazão desejada de vapor $W_{V,ref}$ satura em 100%.

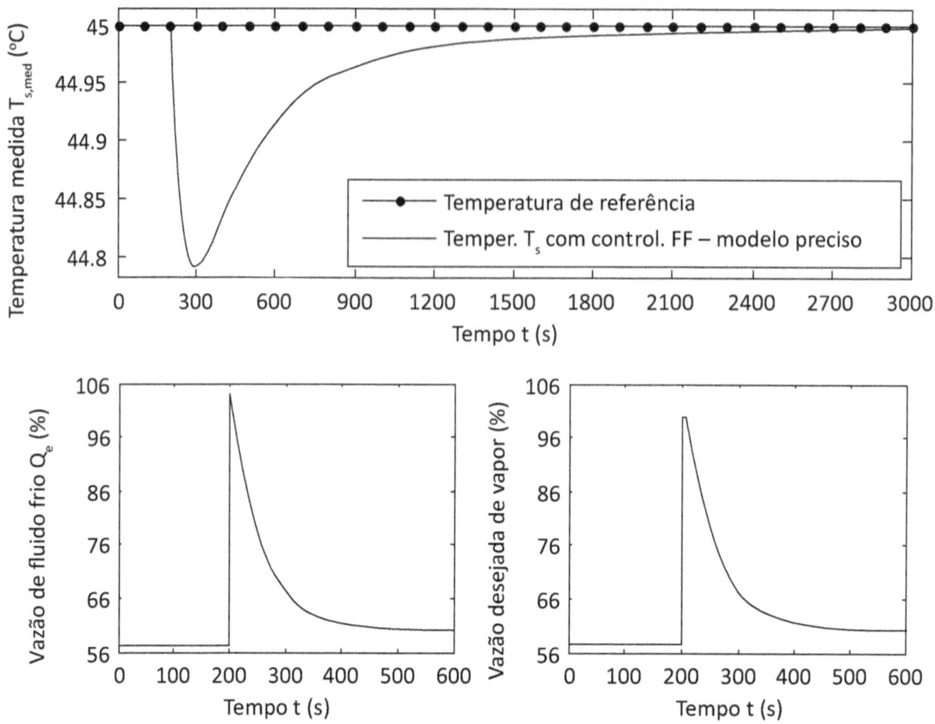

Figura 13.23 – Resposta das vazões do trocador de calor com compensação dinâmica.

O ajuste da unidade de avanço-atraso requer algum cuidado. Primeiramente, uma mudança na carga deve ser introduzida sem compensação dinâmica, a fim de se observar a direção do erro. A compensação pode ser inibida fazendo-se $\tau_1 = \tau_2$. Se a resposta resultante for na direção da resposta na carga, o tempo de avanço deve exceder o tempo de atraso; caso contrário, o tempo de atraso deve ser maior. Em seguida, deve-se medir a constante de tempo τ da malha de controle, incluindo o controlador por pré-alimentação e o controlador por realimentação da vazão de vapor W_v. Uma pequena fração (por exemplo, 5%) desse tempo deve ser introduzida na unidade de avanço-atraso como a constante de tempo menor. Assim, se o avanço domina, esse deve ser o ajuste do atraso. Deve-se então ajustar a constante de tempo maior com um valor bem superior a esse. Repete-se a mudança na carga, buscando minimizar a curva de erro da malha, aumentando-se a constante de tempo maior e repetindo a mudança na carga. Para se obter o resultado apresentado na Figura 13.23, foram empregados os seguintes valores na unidade de avanço/atraso: $\tau_1 = 0{,}85 \cdot \tau$ e $\tau_2 = 0{,}05 \cdot \tau$, sendo que nesse caso tem-se $\tau = 1.074{,}7$ s.

A Figura 13.24 mostra o trocador de calor provido de um sistema de controle por realimentação mais pré-alimentação com compensação dinâmica $C(t)$.

O ajuste da unidade de avanço-atraso é específico a uma determinada carga, nesse caso a vazão de entrada do líquido sendo aquecido. Portanto, ela deve ser colocada onde possa modificar apenas esse sinal e nenhum outro.

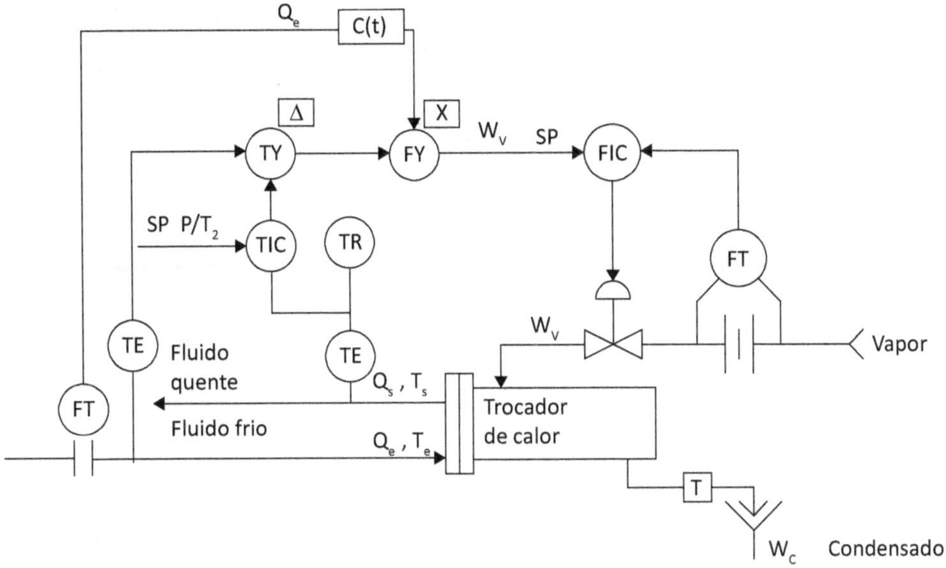

Figura 13.24 – Trocador de calor com controle por pré-alimentação + realimentação implementado via instrumentação analógica com compensação dinâmica C(*t*).

A Figura 13.25 mostra a resposta do controle por pré-alimentação com compensação dinâmica com modelo exato e com modelo com parâmetro incorreto, conforme já feito na Figura 13.9. A Figura 13.25 revela que com erro no modelo ocorre um desvio permanente, que nesse caso vale 0,22 °C.

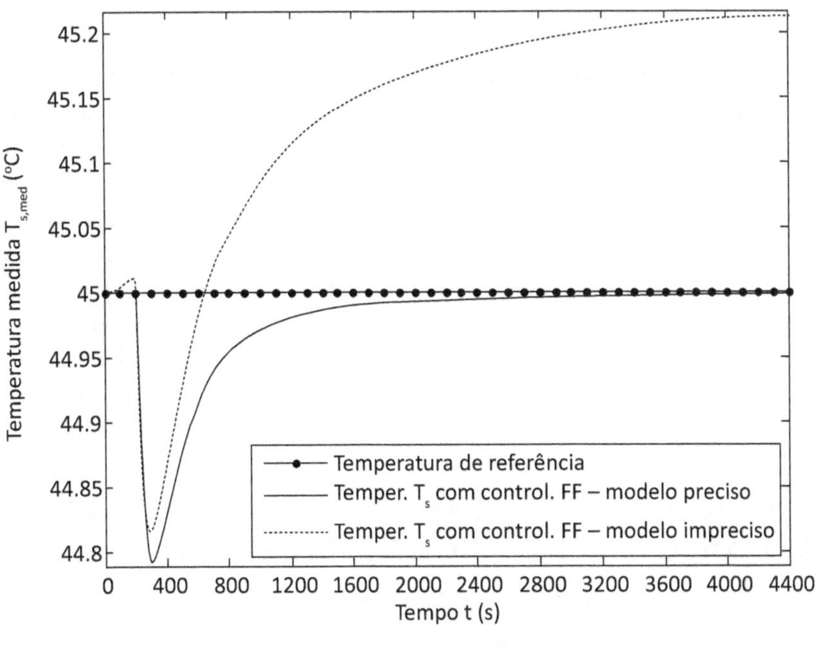

Figura 13.25 – Resposta da temperatura T_s a uma perturbação de 5% em Q_e com controle por pré-alimentação com compensação dinâmica com modelo preciso e impreciso da planta.

Na Figura 13.26 mostra-se a resposta da malha de controle por pré-alimentação com compensação dinâmica recebendo o valor de referência do controlador por realimentação, empregando tanto modelo preciso como impreciso.

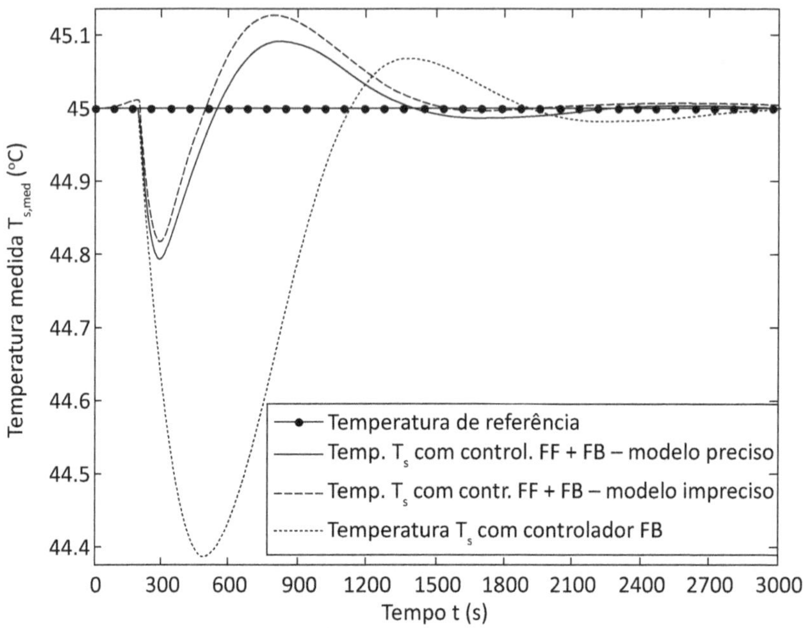

Figura 13.26 – Resposta da temperatura T_s a uma perturbação de 5% em Q_e com controle FB em cascata com FF com modelo preciso e impreciso e apenas com controle FB.

A Figura 13.26 indica que, ao se juntar o controle por realimentação com pré-alimentação, o resultado foi bem melhor que no caso da Figura 13.17, tendo ficado com tempo de acomodação inferior ao obtido ao se usar apenas o controle por pré-alimentação com compensação dinâmica e sem erro no modelo, cuja resposta é mostrada na Figura 13.25. Por outro lado, quando há erro no modelo, a associação dos controladores por realimentação e por pré-alimentação gera a melhor resposta dentre todas as mostradas. Nota-se, ainda, que o controlador apenas por realimentação gerou o pior resultado da Figura 13.26, pois, nesse caso, o controle é obrigado a mudar sua saída para seguir as alterações na carga. Com o controlador por pré-alimentação, o controlador FB deve apenas mudar sua saída de um valor igual ao que o sistema por pré-alimentação falha em corrigir.

13.5 CONTROLE POR PRÉ-ALIMENTAÇÃO USANDO MODELO DINÂMICO APROXIMADO DA PERTURBAÇÃO

Para ilustrar como modelos dinâmicos simplificados da perturbação podem ser usados para projetar um sistema de controle por pré-alimentação, considere o diagrama de blocos mostrado na Figura 13.27, que contém apenas uma perturbação L.

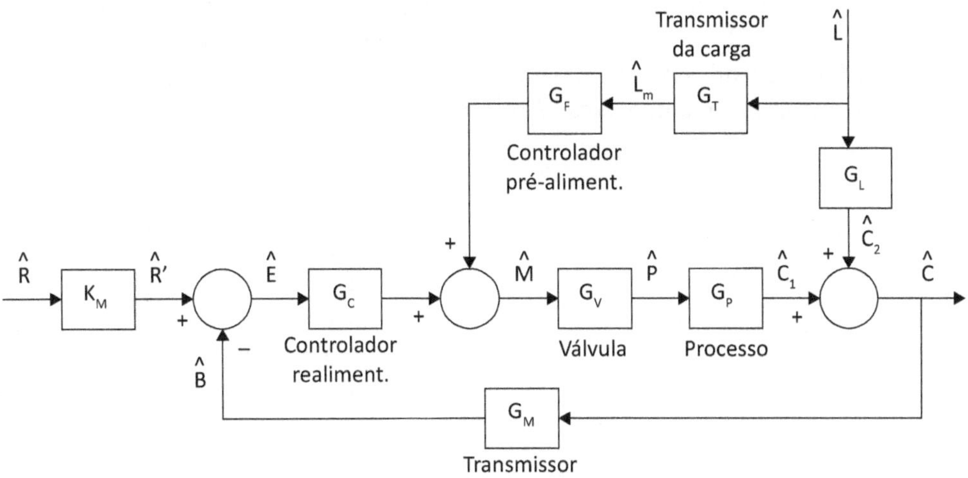

Figura 13.27 – Diagrama de blocos de sistema de controle por pré-alimentação + realimentação.

O transmissor da variável de carga com função de transferência G_T envia sua medição ao controlador por pré-alimentação G_F. As saídas dos controladores por realimentação e por pré-alimentação são, então, adicionadas e enviadas à válvula de controle.

Em contraste com o controle por pré-alimentação estacionário, as equações baseadas em modelos dinâmicos utilizam variáveis de desvio ou incrementais apresentadas na Subseção 2.1.1 do Volume 1.

13.5.1 EXEMPLO 1

Projeto de controle por pré-alimentação para aquecimento de fluido em tanque em que se deseja controlar a temperatura do fluido (mesmo caso do Exemplo 2 da Subseção 13.3.2), conforme mostrado na Figura 13.28.

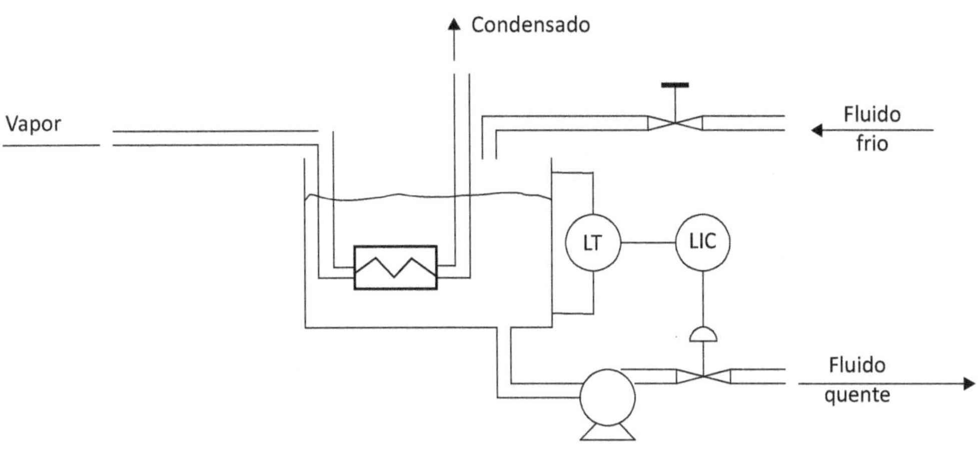

Figura 13.28 – Diagrama de sistema de aquecimento de fluido em tanque.

As perturbações (cargas) do processo são: vazão de entrada (L_1) e de saída (L_2) do fluido, temperatura de entrada do fluido (L_3), temperatura do vapor (L_4) e vazão do vapor (L_5) (desprezando-se perdas para o meio ambiente). O diagrama de blocos da malha de controle por realimentação é mostrado na Figura 13.29.

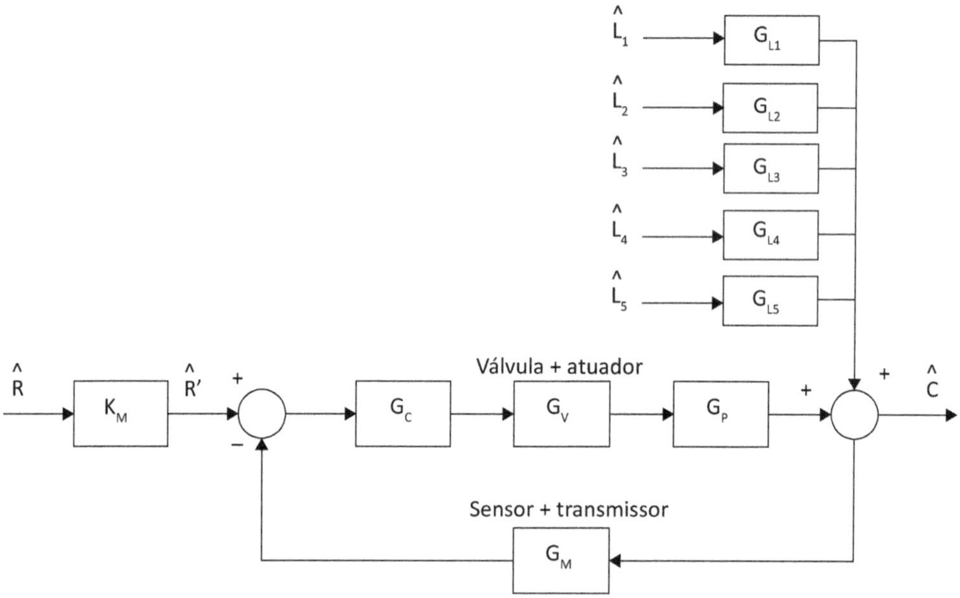

$\hat{R}$ = temperatura desejada do fluido
$\hat{C}$ = temperatura real do fluido
$\hat{L}_1$ = vazão de entrada do fluido
$\hat{L}_2$ = vazão de saída do fluido
$\hat{L}_3$ = temperatura de entrada do fluido
$\hat{L}_4$ = temperatura do vapor
$\hat{L}_5$ = vazão do vapor

Figura 13.29 – Diagrama de sistema de aquecimento de fluido em tanque.

Adotando-se a vazão de vapor como variável manipulada, escolhendo-se a temperatura do fluido na entrada como perturbação e supondo-se $r(t)$ fixo $[\hat{R}(s)=0]$, então a função de transferência de $\hat{C}$ para $\hat{L}_3$, usando-se um controlador por realimentação, é:

$$\frac{\hat{C}(s)}{\hat{L}_3(s)} = \frac{G_{L3}(s)}{1+G_C(s)\cdot G_V(s)\cdot G_P(s)\cdot G_M(s)}$$

O diagrama de blocos da malha de controle por pré-alimentação é visto na Figura 13.30.

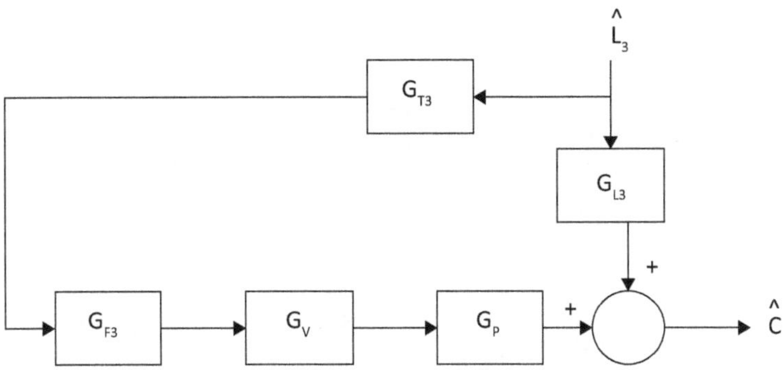

Figura 13.30 – Diagrama de blocos da malha de controle por pré-alimentação.

A função de transferência de $\hat{C}$ para $\hat{L}_3$ com um controlador por pré-alimentação é:

$$\frac{\hat{C}(s)}{\hat{L}_3(s)} = G_{L3}(s) + G_{T3}(s) \cdot G_{F3}(s) \cdot G_V(s) \cdot G_P(s)$$

Idealmente, seria desejável que o sistema de controle gerasse controle perfeito, de forma que a variável controlada ficasse exatamente igual ao valor desejado, a despeito de mudanças arbitrárias na variável de carga L. Assim, se o valor desejado é constante $\left[\hat{R}(s)=0\right]$, deseja-se $\hat{C}(s)=0$, embora $\hat{L}(s) \neq 0$. Essa condição é satisfeita se:

$$G_{L3}(s) + G_{T3}(s) \cdot G_{F3}(s) \cdot G_V(s) \cdot G_V(s) = 0$$

Logo, se:

$$G_{F3}(s) = \frac{-G_{L3}(s)}{G_{T3}(s) \cdot G_V(s) \cdot G_P(s)} \tag{13.10}$$

então:

$$\hat{C}(s) = 0 \qquad \forall \ \hat{L}_3(s)$$

Caso se deseje utilizar um controle híbrido (realimentação + pré-alimentação), resulta no esquema da Figura 13.31.

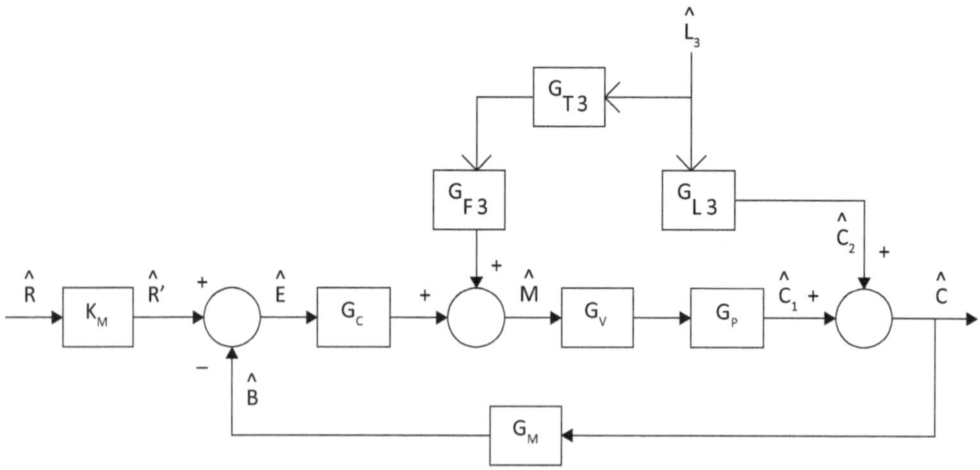

Figura 13.31 – Diagrama de blocos da malha de controle por realimentação + pré-alimentação.

A função de transferência de malha fechada da Figura 13.31 para perturbações na carga é:

$$\frac{\hat{C}(s)}{\hat{L}_3(s)} = \frac{G_{L3}(s) + G_{T3}(s) \cdot G_{F3}(s) \cdot G_V(s) \cdot G_P(s)}{1 + G_C(s) \cdot G_V(s) \cdot G_P(s) \cdot G_M(s)}$$

A Figura 13.31 indica que uma perturbação na carga tende a afetar o processo via a função de transferência G_L. No entanto, uma ação corretiva é gerada a partir do ramo $G_{T3} \cdot G_{F3} \cdot G_V \cdot G_P$. Idealmente, a ação corretiva compensa exatamente a perturbação L, de forma que os sinais $\hat{C}_1$ e $\hat{C}_2$ se cancelam mutuamente e $\hat{C}(s) = 0$.

São estudados a seguir três exemplos com funções de transferência aproximadas para o processo e a perturbação (SEBORG et al., 2011).

a) Caso se tome:

$$G_{L3} = \frac{K_{L3}}{\tau_{L3} \cdot s + 1} \qquad G_P = \frac{K_P}{\tau_P \cdot s + 1} \qquad G_V = K_V \qquad G_{T3} = K_{T3}$$

Resulta que o controlador por pré-alimentação ideal é dado por:

$$G_{F3} = \frac{-G_{L3}}{G_{T3} \cdot G_V \cdot G_P} = \frac{-K_{L3}}{\tau_{L3} \cdot s + 1} \, \frac{1}{K_{T3} \cdot K_V} \, \frac{\tau_P \cdot s + 1}{K_P}$$

$$G_{F3} = -\left(\frac{K_{L3}}{K_{T3} \cdot K_V \cdot K_P}\right) \cdot \left(\frac{\tau_P \cdot s + 1}{\tau_{L3} \cdot s + 1}\right)$$

Trata-se de um controlador de avanço-atraso com o seguinte ganho estacionário:

$$K_{F3} = \frac{-K_{L3}}{K_{T3} \cdot K_V \cdot K_P}$$

b) Idêntico ao caso anterior, exceto que:

$$G_P = \frac{K_P \cdot e^{-\theta_P \cdot s}}{\tau_P \cdot s + 1}$$

$$\therefore\ G_{F3} = -\left(\frac{K_{L3}}{K_{T3} \cdot K_V \cdot K_P}\right) \cdot \left(\frac{\tau_P \cdot s + 1}{\tau_{L3} \cdot s + 1}\right) \cdot e^{\theta_P \cdot s} \tag{13.11}$$

Esse controlador não é fisicamente realizável, pois $e^{\theta_P \cdot s}$ corresponde a um avanço no tempo ou elemento preditivo (sistema não causal). A solução é omitir $e^{\theta_P \cdot s}$ e tentar ajustar no controlador as constantes de tempo τ_P e τ_{L3} para compensar a eliminação do termo de avanço no tempo, de forma que se chegue a um controlador de avanço-atraso.

c) Idem à alínea "a", exceto que:

$$G_P = \frac{K_P}{(\tau_{P1} \cdot s + 1) \cdot (\tau_{P2} \cdot s + 1)}$$

$$\therefore\ G_{F3} = -\left(\frac{K_{L3}}{K_{T3} \cdot K_V \cdot K_P}\right) \frac{(\tau_{P1} \cdot s + 1) \cdot (\tau_{P2} \cdot s + 1)}{\tau_{L3} \cdot s + 1}$$

Como o grau do numerador é maior que o do denominador, esse sistema tem uma limitação em sua implementação, baseada no fato de que os sistemas aplicáveis na prática devem ter um efeito suavizante sobre a entrada. Por efeito suavizante entende-se que as variações da entrada são tornadas menos pronunciadas na saída pela ação do sistema. Visto que um diferenciador gera uma inclinação de uma função do tempo, ele acentua as variações da entrada. Um integrador, por outro lado, soma a área debaixo da curva de uma função do tempo e assim suaviza as variações da entrada. Em um sistema descrito por uma função de transferência com grau m no numerador e n no denominador, a saída y está relacionada com a entrada u por uma operação que inclua m derivações e n integrações da entrada. Em consequência, a fim de que haja um efeito suavizante entre a entrada e a saída, devem existir pelo menos tantas integrações quanto derivações, isto é, $n \geq m$. Essa limitação prática não deve ser confundida com a limitação física de causalidade da alínea anterior. Uma possível solução para esse caso é aproximar G_{F3} por:

$$G_{F3} = -\left(\frac{K_{L3}}{K_{T3} \cdot K_V \cdot K_P}\right) \frac{(\tau_{P1} + \tau_{P2}) \cdot s + 1}{(\tau_{L3} \cdot s + 1)}$$

conforme sugerido em Seborg et al. (2011).

Chega-se a um controlador de avanço-atraso. Outra possível solução seria:

$$G_{F3} = -\left(\frac{K_{L3}}{K_{T3} \cdot K_V \cdot K_P}\right) \frac{(\tau_{P1} \cdot s + 1) \cdot (\tau_{P2} \cdot s + 1)}{(\tau_{L3} \cdot s + 1) \cdot (\tau \cdot s + 1)}$$

em que τ é um número pequeno comparado a τ_{L3}, por exemplo, $\tau = \tau_{L3}/10$.

Os três exemplos anteriores demonstram que controladores de avanço-atraso podem prover aproximações razoáveis a controladores por pré-alimentação ideais. Assim, se o controlador por pré-alimentação consiste em uma unidade de avanço-atraso com ganho K_F, pode-se escrever:

$$G_F(s) = \frac{\hat{M}(s)}{\hat{L}(s)} = \frac{K_F \cdot (\tau_1 \cdot s + 1)}{(\tau_2 \cdot s + 1)}$$

em que K_F, τ_1 e τ_2 são parâmetros ajustáveis, sendo que para o controlador ser estável deve-se ter $\tau_2 > 0$.

Percebe-se então, que controladores por pré-alimentação tendem a ser projetados especificamente para cada caso, embora unidades de avanço-atraso sejam frequentemente usadas como controladores por pré-alimentação genéricos.

Para se analisar a estabilidade do sistema de controle em malha fechada, deve-se verificar sua equação característica $1 + G_C \cdot G_V \cdot G_P \cdot G_M = 0$, cujas raízes determinam a estabilidade do sistema em malha fechada. Visto que G_F não aparece nessa equação característica, o controlador por pré-alimentação não tem nenhum efeito na estabilidade do sistema de controle por realimentação. Essa é uma situação favorável, que permite sintonizar independentemente os controladores por realimentação e por pré-alimentação.

13.5.2 EXEMPLO 2

Seja o mesmo trocador de calor do Exemplo 1 da Subseção 13.3.1. Assuma que a única perturbação relevante do sistema seja a vazão de entrada Q_e do fluido sendo aquecido, a qual então é medida e inserida no controlador por pré-alimentação. Conforme se vê na Figura 13.14, esse controlador irá operar em cascata com a malha secundária de controle da vazão, gerando o *set point* para ela, conjuntamente com o controlador por realimentação da temperatura, constituindo, assim, uma ação conjunta dos controles por realimentação e por pré-alimentação.

Para implantar o controlador por pré-alimentação, é preciso obter o modelo aproximado que tem como entrada o set point da malha secundária de controle da vazão e como saída a temperatura de saída medida. Para obter esse modelo, aplica-se um degrau de 3% na saída manual do controlador por realimentação da temperatura T_s da Figura 13.4 em t = 100 s e registra-se a temperatura medida de saída $T_{s,med}$ em valores porcentuais. A escolha da escala em % serve para facilitar o cálculo do ganho do modelo, já que a amplitude da excitação do sinal de entrada também foi dada em porcentagem. Resulta na Figura 13.32.

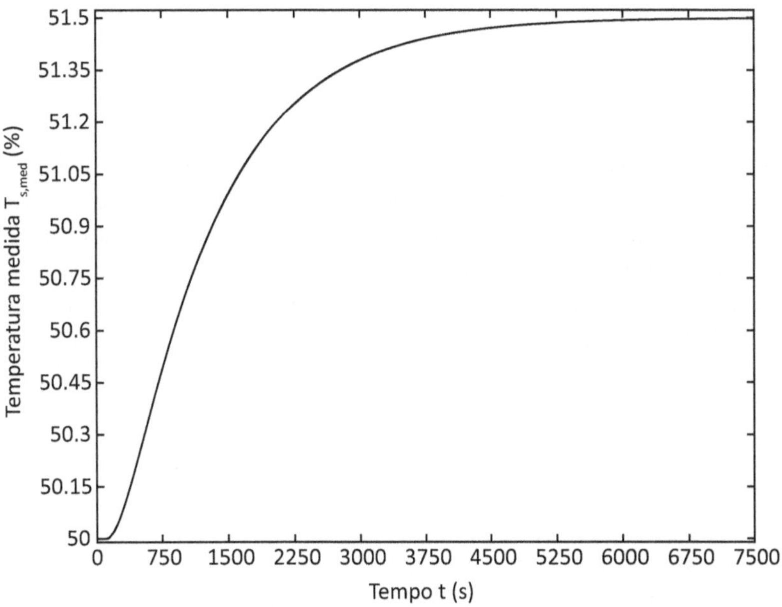

Figura 13.32 – Resposta da temperatura medida $T_{s,med}$ à variação em degrau de 3% na saída manual do controlador por realimentação em t = 100 s.

Na Figura 13.32, nota-se que a resposta pode ser aproximada por um modelo de primeira ordem com tempo morto, empregando o método de Sundaresan e Krishnaswamy (vide Item 3.5.2.4 do Volume 1), conforme indicado a seguir:

$$G_{MF,W_v}(s) \times G_P(s) \times G_M(s) = \frac{86,88 \times e^{-236,2 \times s}}{1062,5 \times s + 1}$$

Como normalmente a dinâmica dos medidores é muito mais rápida que a dos processos aos quais eles estão acoplados, assume-se aqui que o medidor de temperatura possa ser modelado simplesmente por um ganho K_M, de modo que se pode escrever:

$$G_{MF,W_v}(s)\times G_P(s)\times K_M=\frac{86,88\times e^{-236,2\cdot s}}{1062,5\times s+1} \tag{13.12}$$

Como no controle por pré-alimentação aqui proposto deve-se considerar como distúrbio a vazão Q_e, é preciso medir essa variável e modelar esse medidor. Assume-se também que ele possa ser modelado simplesmente por um ganho K_T. Para facilitar os cálculos, supõe-se aqui que o valor transmitido das variáveis T_s e Q_e seja o seu próprio valor, significando que os ganhos K_M e K_T são ambos unitários. Sendo assim, pode-se reescrever (13.12) como:

$$G_{MF,W_v}(s)\times G_P(s)\times K_T=\frac{86,88\times e^{-236,2\cdot s}}{1062,5\times s+1}$$

É necessário também estimar um modelo para a perturbação. Sua obtenção é muito difícil na prática. Como o distúrbio é aleatório, não se tem controle sobre ele. Aqui, para se obter $G_{L(s)}$, aplica-se uma variação brusca de 3% na vazão nominal de entrada Q_e em $t = 100$ s, com o controlador por realimentação da temperatura *Ts* em manual e com sua saída fixa em seu valor nominal. A resposta da temperatura medida $T_{s,med}$ é mostrada na Figura 13.33.

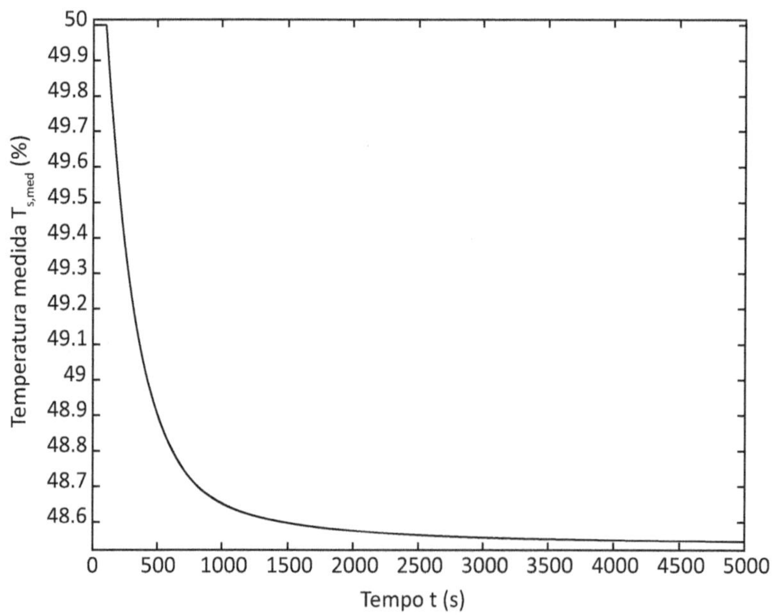

Figura 13.33 – Resposta da temperatura medida $T_{s,med}$ à variação em degrau de 3% na vazão de entrada Q_e do fluido sendo aquecido em $t = 100$ s.

O modelo resultante dessa perturbação pode ser aproximado por um sistema de primeira ordem:

$$G_L(s) = \frac{-4.285,8}{271,7 \cdot s + 1}$$

O controlador dinâmico por pré-alimentação resultante é dado por:

$$G_F(s) = \frac{-G_L(s)}{G_{MF,W_v}(s) \times G_P(s) \times K_T} = \frac{4285,8}{271,7s+1} \frac{(1062,5 \times s + 1) \times e^{236,2 \times s}}{86,88}$$

$$G_{MF,W_v}(s) \times G_P(s) \times G_M(s) = \frac{86,88 \times e^{-236,2 \times s}}{1062,5 \times s + 1} \tag{13.13}$$

Esse caso recai na Equação (13.11), em que há um avanço puro que deve ser descartado, e o zero e o polo do controlador devem ser ajustados para compensar essa eliminação. Foram feitas buscas por tentativa e erro para melhorar a resposta desse controlador e o melhor resultado foi obtido quando se utilizou *K_F* = 0,83 · 49,33 = 40,94; *tau_F_num* = 1062,5 e *tau_F_den* = 0,1 · 271,7 = 27,17.

O diagrama em Simulink para implementar o algoritmo por pré-alimentação dinâmica associado ao controle por realimentação é mostrado na Figura 13.34.

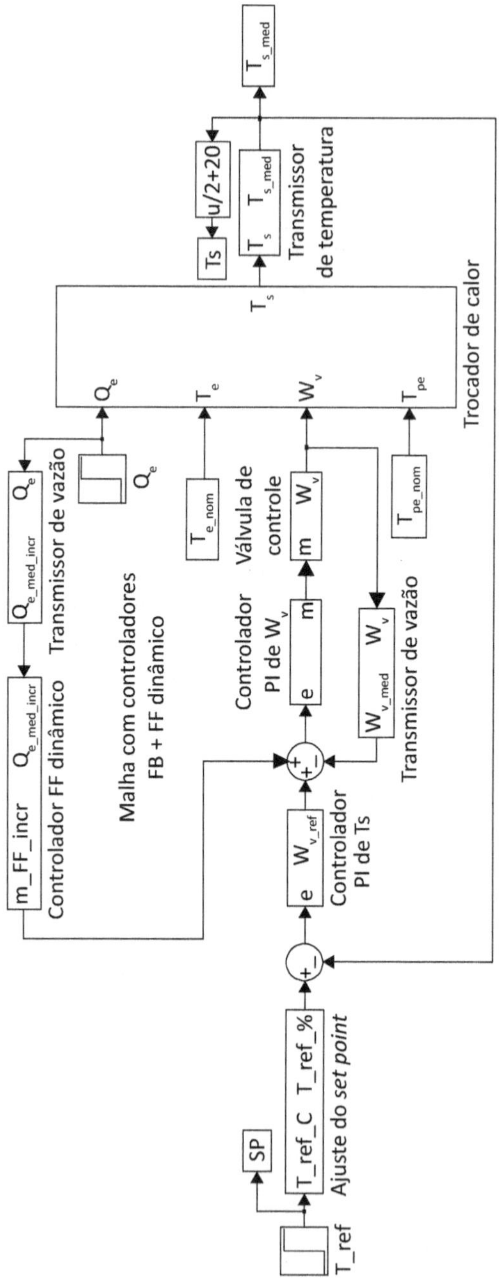

Figura 13.34 – Diagrama em Simulink do controle por pré-alimentação mais realimentação.

Na Figura 13.35 são mostradas as respostas da temperatura medida $T_{s,med}$ a degrau de 3% na vazão de entrada Q_e em t = 100 s ao se usar os seguintes controladores: realimentação (FB) pura, pré-alimentação (FF) com modelo dinâmico simplificado mais controle por realimentação com suas saídas se somando e pré-alimentação (FF) com modelo estático incluindo compensador dinâmico recebendo o *set point* do controle por realimentação.

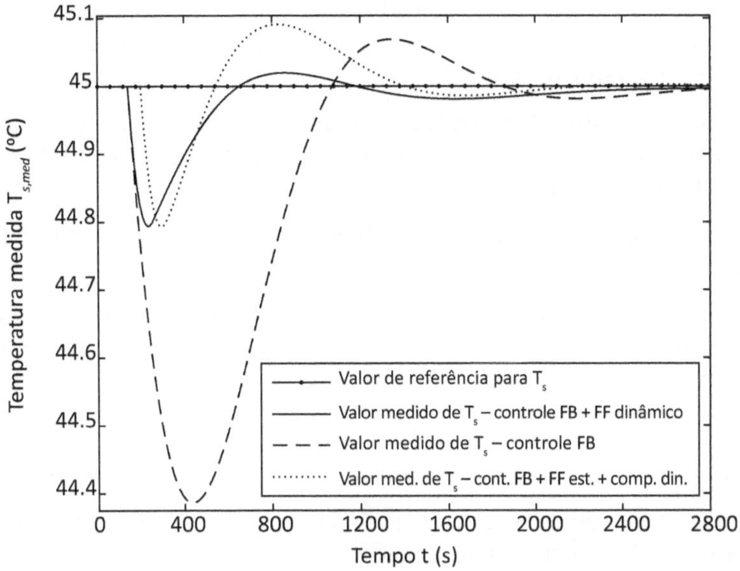

Figura 13.35 – Resposta da temperatura medida $T_{s,med}$ à variação em degrau de 5% na vazão de entrada Q_e do fluido sendo aquecido com controle FF com modelo dinâmico + FB com controladores FF e FB tendo suas saídas somadas, controle FB puro e controle FF com modelo estático + compensação dinâmica com *set point* gerado pelo controlador FB.

Na Figura 13.35, o controle composto por pré-alimentação com modelo dinâmico mais realimentação com suas saídas somadas é o que responde com menor amplitude das oscilações se comparado aos outros dois controles empregados, apresentando o melhor desempenho.

No modo servo, como o controlador por pré-alimentação não responde a mudanças no valor de referência, o comportamento das malhas por pré-alimentação mais realimentação e apenas por realimentação é o mesmo.

13.5.3 EXEMPLO 3

A Figura 13.36 mostra o diagrama de blocos de um trocador de calor que possui um distúrbio de pressão $L(s)$, desaconselhável para a sua operação.

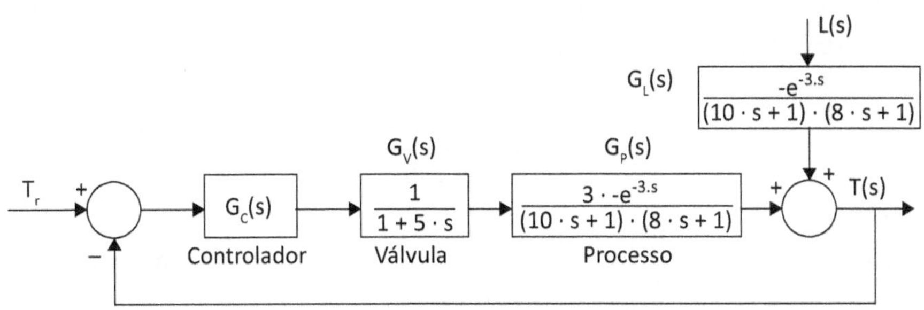

Figura 13.36 – Diagrama de blocos de trocador de calor com distúrbio de pressão.

Supondo que a pressão sofra variações bruscas de ±10%, as constantes de tempo estejam em segundos, a temperatura nominal de operação da planta seja 100 °C e os medidores usados tenham dinâmica desprezível e ganho unitário, pede-se:

a) Calcular a função de transferência de um controlador por pré-alimentação baseado em modelo dinâmico aproximado da perturbação, de modo a minimizar o distúrbio de pressão.

b) Montar o diagrama de blocos do sistema de controle por pré-alimentação integrado ao controle por realimentação.

c) Apresentar a resposta da malha à perturbação na carga apenas com o controlador por realimentação e com os controladores por realimentação mais pré-alimentação atuando juntos.

Solução:

a) Cálculo da função de transferência do controlador por pré-alimentação baseado em modelo dinâmico aproximado.

Considere a Equação (13.10):

$$G_F(s) = \frac{-G_L(s)}{G_T(s) \cdot G_V(s) \cdot G_P(s)} \tag{13.10}$$

Como se assume que os medidores tenham dinâmica desprezível e ganho unitário:

$$G_T(s) = 1$$

Portanto:

$$G_F(s) = \frac{5 \cdot s + 1}{3}$$

Como o Simulink não aceita funções de transferência com grau do numerador maior que o do denominador, no controlador por pré-alimentação foi inserida no denominador uma constante de tempo bem pequena (polo rápido), no caso $\tau = 0{,}05$ s, equivalente a 1% da constante de tempo do numerador, resultando em:

$$G_F(s) = \frac{5 \cdot s + 1}{3 \cdot (0{,}05 \cdot s + 1)}$$

b) Diagrama de blocos do sistema de controle por pré-alimentação mais realimentação.

A Figura 13.37 apresenta o diagrama de blocos do sistema integrado de controle por realimentação e por pré-alimentação do trocador de calor.

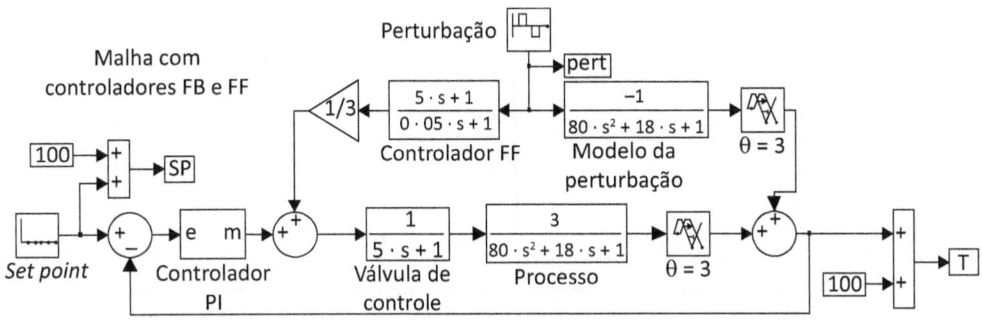

Figura 13.37 – Diagrama de blocos em Simulink do sistema de controle por realimentação e por pré-alimentação de trocador de calor com distúrbio de pressão.

c) Resposta da malha a perturbação na carga apenas com o controlador por realimentação e com os controladores por realimentação e por pré-alimentação atuando juntos.

A sintonia do controlador PI é dada por $K_C = 0{,}1741$ e $T_I = 13{,}99$ s/rep. O distúrbio de pressão aplicado é mostrado na Figura 13.38, usando variável incremental.

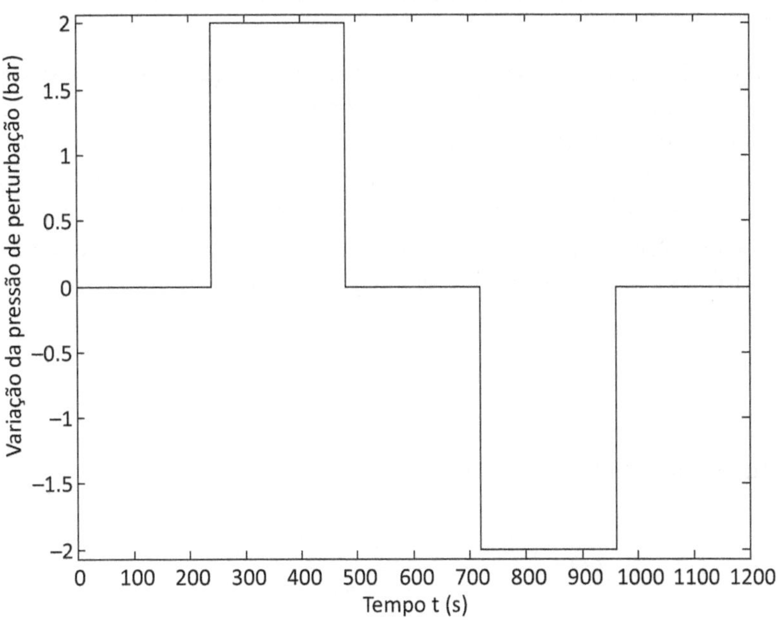

Figura 13.38 – Variações da perturbação de pressão aplicada no trocador de calor.

As respostas das malhas apenas com o controlador por realimentação e com ambos os controladores integrados são mostradas na Figura 13.39.

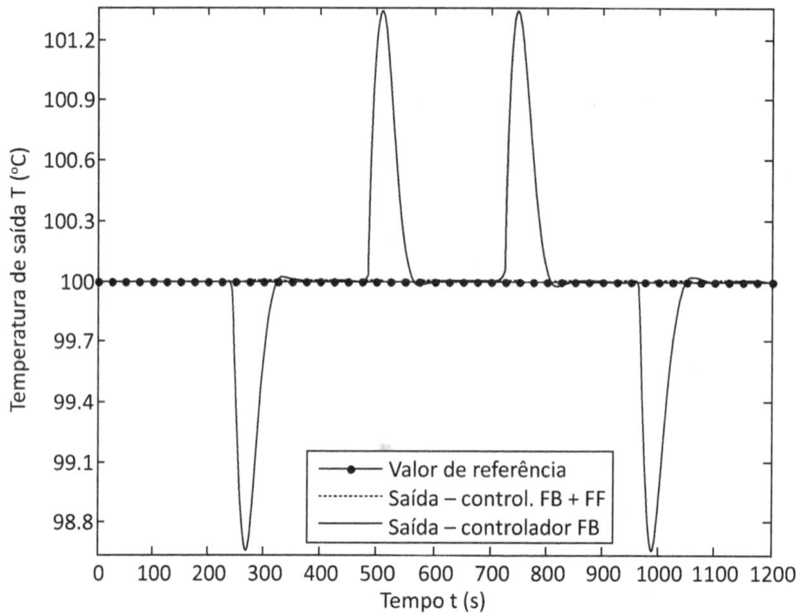

Figura 13.39 – Resposta da temperatura na saída T à perturbação na carga com controladores por pré-alimentação + realimentação e apenas por realimentação.

A Figura 13.39 indica que o controle por realimentação apresenta oscilações até restabelecer a temperatura na saída ao valor de referência. Por outro lado, não se vê praticamente nenhuma variação na saída quando se emprega o controlador por pré-alimentação mais realimentação, isso porque o modelo usado no controlador por pré-alimentação é perfeito, idêntico ao da planta simulada. Para aumentar o realismo da simulação, propõe-se gerar um modelo aproximado de resposta ao degrau para a perturbação $G_L(s)$, dado por um modelo de primeira ordem mais tempo morto:

$$G_{L1}(s) = \frac{-1 \cdot e^{-8,429 \cdot s}}{13,136 \cdot s + 1}$$

Substituindo-se essa função de transferência na Equação (13.10):

$$G_{F1}(s) = \frac{(10 \cdot s + 1) \cdot (8 \cdot s + 1) \cdot (5 \cdot s + 1) \cdot e^{-5,429 \cdot s}}{3 \cdot (13,136 \cdot s + 1)}$$

Devido ao problema já abordado no final da alínea "a" sobre o número de zeros ser superior ao número de polos, algo inaceitável para o Simulink, foram criados artificialmente dois polos rápidos em $\tau = 0,05$ s, resultando em:

$$G_{F1}(s) = \frac{(10 \cdot s+1) \cdot (8 \cdot s+1) \cdot (5 \cdot s+1) \cdot e^{-5,429 \cdot s}}{3 \cdot (13,136 \cdot s+1) \cdot (0,05 \cdot s+1) \cdot (0,05 \cdot s+1)}$$

A Figura 13.40 mostra a resposta da malha com os controladores por pré-alimentação e realimentação atuando juntos e apenas por realimentação, quando se emprega no controlador por pré-alimentação o modelo da perturbação do tipo primeira ordem mais tempo morto dado por $G_{L1}(s)$.

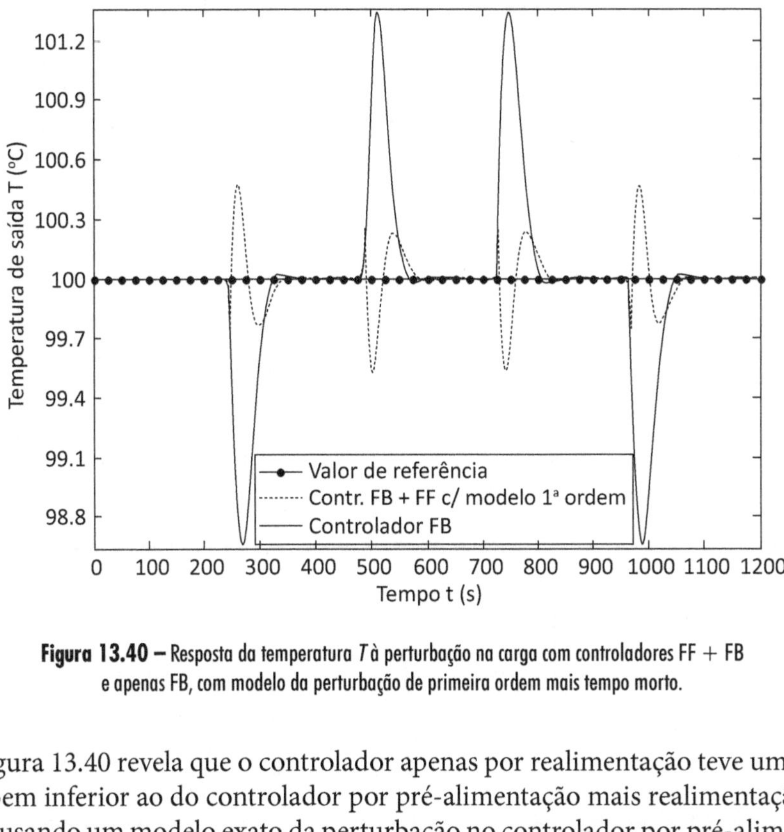

Figura 13.40 – Resposta da temperatura *T* à perturbação na carga com controladores FF + FB e apenas FB, com modelo da perturbação de primeira ordem mais tempo morto.

A Figura 13.40 revela que o controlador apenas por realimentação teve um desempenho bem inferior ao do controlador por pré-alimentação mais realimentação, mesmo não usando um modelo exato da perturbação no controlador por pré-alimentação.

Visando verificar se o fato de o controlador por pré-alimentação possuir dois polos rápidos impostos afeta seu desempenho, propõe-se gerar um modelo aproximado de segunda ordem superamortecido mais tempo morto para a perturbação, fazendo assim que apenas um polo rápido precise ser imposto. A estimação desse modelo é feita pelo método de Harriott, citado no Item 3.5.1.4 do Volume 1. O modelo resultante é dado por:

$$G_{L2}(s) = \frac{-1 \cdot e^{-3 \cdot s}}{(15,96 \cdot s+1) \cdot (4,24 \cdot s+1)}$$

Substituindo-se essa função de transferência na Equação (13.10) tem-se que:

$$G_{F2}(s)=\frac{(10\cdot s+1)\cdot(8\cdot s+1)\cdot(5\cdot s+1)}{3\cdot(15{,}96\cdot s+1)\cdot(4{,}24\cdot s+1)}$$

Força-se a geração de um polo rápido em τ = 0,05 s:

$$G_{F2}(s)=\frac{(10\cdot s+1)\cdot(8\cdot s+1)\cdot(5\cdot s+1)}{3\cdot(15{,}96\cdot s+1)\cdot(4{,}24\cdot s+1)\cdot(0{,}05\cdot s+1)}$$

Na Figura 13.41 mostra-se a resposta da malha com os controladores por pré--alimentação e realimentação e apenas por realimentação, quando se usa no controlador por pré-alimentação o modelo da perturbação do tipo segunda ordem mais tempo morto dado por G_{L2}(s).

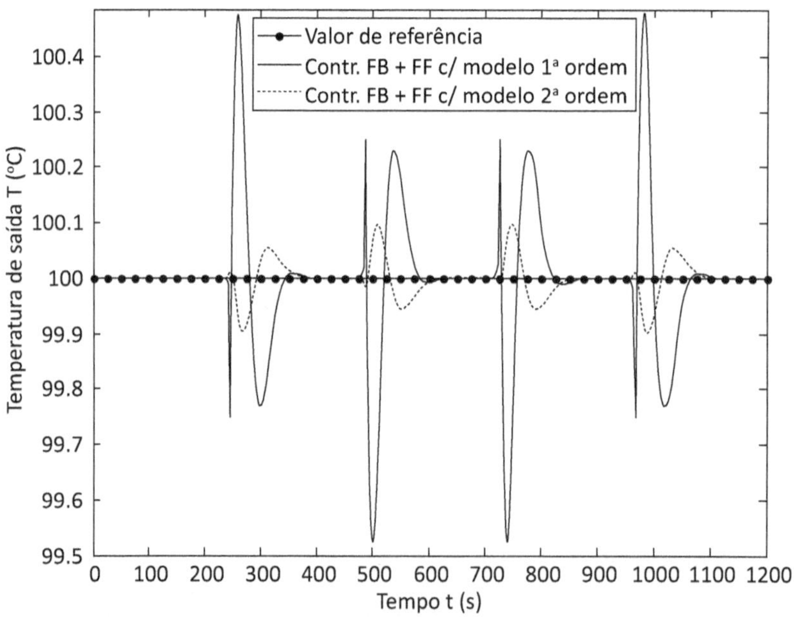

Figura 13.41 – Resposta da temperatura na saída *T* a perturbação na carga com controladores por pré-alimentação + realimentação e apenas por realimentação, com modelo da perturbação G_L de segunda ordem mais tempo morto.

A Figura 13.41 mostra que o desempenho do controlador por pré-alimentação com modelo de segunda ordem mais tempo morto foi superior ao do modelo de primeira ordem mais tempo morto, sugerindo que é recomendável tentar aproximar a ordem do numerador e do denominador da função de transferência do controlador por pré--alimentação, evitando-se assim a imposição de polos rápidos quando a ordem do numerador superar a do denominador.

13.5.4 EXEMPLO 4

Considere o trocador de calor esquematizado na Figura 13.42, em que aparece uma malha de controle por realimentação. Trata-se do mesmo sistema já estudado na Subseção 3.6.2 do Volume 1. Suponha que seja necessário um controle apurado da temperatura na saída do processo T_s e o controlador por realimentação não esteja atingindo um desempenho satisfatório, devido a flutuações acentuadas na vazão de entrada W. Para atingir o desempenho exigido, propõe-se utilizar um controlador por pré-alimentação para compensar as perturbações que ocorrem em W.

Repetiu-se o ensaio relatado na Subseção 3.6.2 com o objetivo de obter um modelo aproximado da planta em malha aberta. Tomando-se os dados dos instrumentos fornecidos na Subseção 8.3.2 do Volume 1, tem-se que o ganho da válvula de controle é K_V = 0,9 psi/psi e o do conversor I/P é K_{IP} = 0,75 psi/mA, sendo desprezíveis as suas dinâmicas.

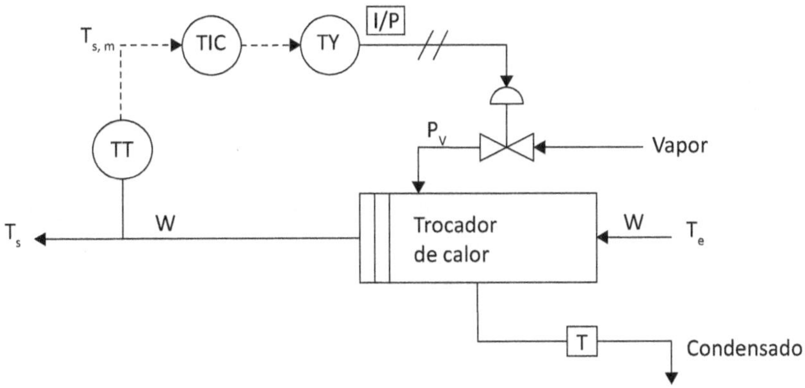

Figura 13.42 – P&ID de trocador de calor.

Como a sintonia que gerou o melhor desempenho na Subseção 8.3.2 foi a que usou o modelo oriundo do método de Smith, escolhe-se esse modelo da planta e inclui-se a instrumentação:

$$G(s)=\frac{T_{s,m}(s)}{M(s)}=K_{IP}\cdot K_V\cdot G_P=\frac{1{,}65\cdot e^{-2{,}2\cdot s}}{3{,}3\cdot s+1}\ [\text{adim.}]$$

Da Subseção 8.3.2, toma-se o controlador cuja sintonia gerou melhores resultados:

$$G_C(s)=0{,}455\cdot\left(1+\frac{1}{3{,}3\cdot s}\right)\ [\text{adim.}]$$

A função de transferência do medidor da vazão de entrada W é dada por:

$$G_T(s)=\frac{W_m}{W}=\frac{0{,}15}{0{,}024\cdot s+1}\frac{\text{mA}}{\text{kg/min}}$$

Para se obter o modelo da perturbação, foi feita uma simulação em malha aberta em que se reduziu bruscamente de 1 kg/min a vazão de entrada W e a temperatura medida na saída $T_{s,m}$ comportou-se conforme mostrado na Tabela 13.1 e na Figura 13.43.

Tabela 13.1 – Resposta da temperatura medida na saída $T_{s,m}$ à variação na vazão de entrada W

t (min)	$T_{s,m}$ (mA)
0	12,0
1	12,0
2	12,0
3	13,0
4	13,6
5	14,0
6	14,2
7	14,3
8	14,4
9	14,4
10	14,5
11	14,5

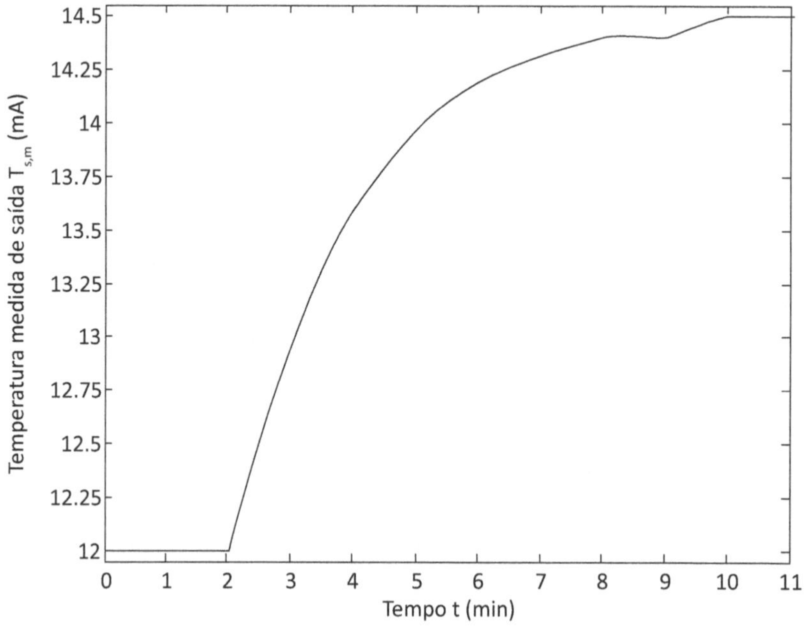

Figura 13.43 – Resposta da temperatura $T_{s,m}$ à variação brusca na vazão de entrada W.

Dadas as informações prévias, pede-se:

a) Encontrar a função de transferência $G_L(s)$ que descreve o comportamento dinâmico da saída do sistema $T_{s,m}$ com relação a perturbações na variável de carga W.

b) Projetar o controlador por pré-alimentação baseado no modelo dinâmico simplificado da perturbação.

c) Desenhar o diagrama de blocos do sistema incluindo o controle por realimentação e por pré-alimentação.

d) Simular o sistema e comparar a resposta da malha quando se usa apenas um controlador por realimentação e quando se emprega um controlador por pré-alimentação mais realimentação.

Solução:

a) Estimação da função de transferência $G_L(s)$.

A Figura 13.43 indica que um sistema de primeira ordem com tempo morto descreve bem o modelo de perturbação. Aplicando-se o método de Smith, descrito no Item 3.5.2.3 do Volume 1, resulta em:

$$G_L(s) = \frac{T_{s,m}}{W} = \frac{2{,}50 \cdot e^{-2{,}08 \cdot s}}{1{,}89 \cdot s + 1} \; \frac{\text{mA}}{\text{kg/min}}$$

b) Projeto do controlador por pré-alimentação baseado no modelo dinâmico simplificado da perturbação.

A equação a seguir descreve o controlador por pré-alimentação desejado:

$$G_F(s) = \frac{-G_L(s)}{G_T(s) \cdot G(s)}$$

Tem-se então que:

$$G_F(s) = \frac{-\dfrac{2{,}50 \cdot e^{-2{,}08 \cdot s}}{1{,}89 \cdot s + 1}}{\dfrac{0{,}15}{0{,}024 \cdot s + 1} \cdot \dfrac{1{,}65 \cdot e^{-2{,}2 \cdot s}}{3{,}3 \cdot s + 1}} \; [\text{adim.}]$$

Resulta:

$$G_F(s) = -\frac{10{,}10 \cdot (0{,}024 \cdot s + 1) \cdot (3{,}3 \cdot s + 1) \cdot e^{+0{,}12 \cdot s}}{1{,}89 \cdot s + 1}$$

Como o grau do numerador é maior que o do denominador, impõe-se um polo rápido ao controlador, com constante de tempo τ = 0,0024 min, equivalente a 10% da menor constante de tempo do sistema. Além disso, despreza-se o avanço no tempo de 0,12 minuto:

$$G_F(s) = -\frac{10{,}10 \cdot (0{,}024 \cdot s + 1) \cdot (3{,}3 \cdot s + 1)}{(1{,}89 \cdot s + 1) \cdot (0{,}0024 \cdot s + 1)}$$

c) Diagrama de blocos do sistema com controle por realimentação mais pré-alimentação.

O diagrama de blocos do sistema com os dois controladores é visto na Figura 13.44.

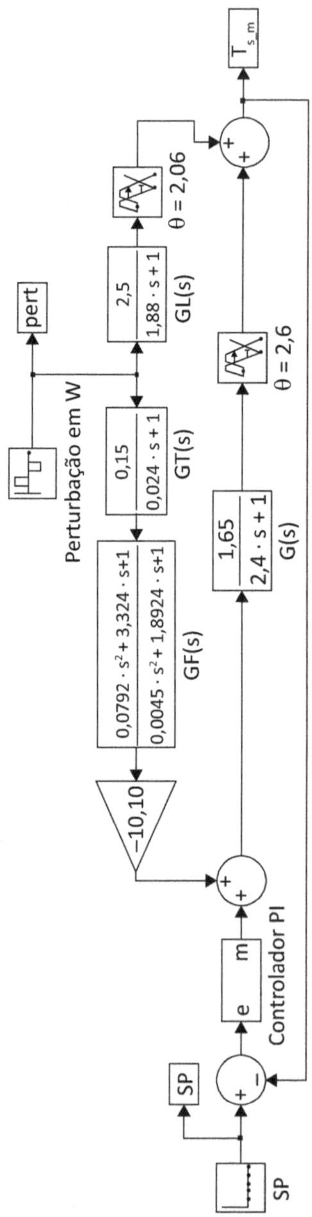

Figura 13.44 – Diagrama de blocos da malha de controle por pré-alimentação + realimentação.

Para que o modelo usado no controlador por pré-alimentação não fique igual ao modelo da planta, colocou-se no diagrama da Figura 13.44 os modelos da planta $G(s)$ e da perturbação $G_L(s)$ obtidos a partir do método de Sundaresan e Krishnaswamy, visto no Item 3.5.2.4 do Volume 1:

$$G(s) = \frac{T_{s,m}(s)}{M(s)} = K_{IP} \cdot K_V \cdot G_P = \frac{1{,}65 \cdot e^{-2{,}6 \cdot s}}{2{,}4 \cdot s + 1} \; [\text{adim.}]$$

$$G_L(s) = \frac{T_{s,m}}{W} = \frac{2{,}50 \cdot e^{-2{,}06 \cdot s}}{1{,}88 \cdot s + 1} \; \frac{\text{mA}}{\text{kg/min}}$$

A perturbação aplicada na vazão de entrada W é mostrada na Figura 13.45 em variável incremental.

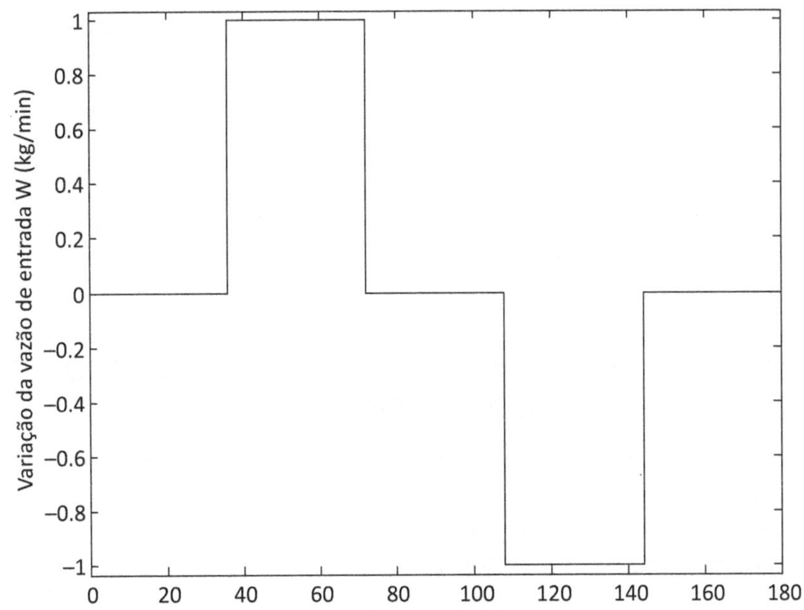

Figura 13.45 – Perturbação aplicada na vazão de entrada *W*.

A resposta da temperatura medida de saída à perturbação aplicada na vazão de entrada *W*, controlada apenas pelo controlador por realimentação ou então pelos controladores por pré-alimentação mais realimentação, é mostrada na Figura 13.46.

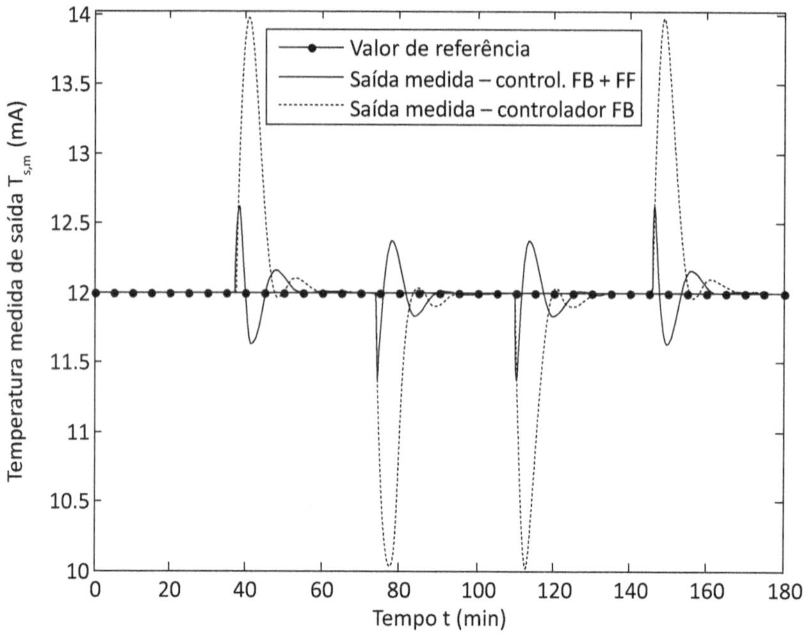

Figura 13.46 – Resposta da temperatura medida $T_{s,m}$ à perturbação na vazão de entrada W usando apenas controlador por realimentação FB e controlador FB + FF.

A Figura 13.46 indica que o desempenho do controlador por pré-alimentação mais realimentação é muito superior ao do controlador por realimentação, como esperado.

13.6 CONTROLE POR PRÉ-ALIMENTAÇÃO USANDO MODELO DINÂMICO RIGOROSO DO PROCESSO

Essa opção do controle por pré-alimentação é a mais sofisticada e será apresentada por meio de um problema prático. Deseja-se projetar um controle por pré-alimentação para o reator encamisado mostrado na Figura 13.47, cujo objetivo é manter T igual a T_r (valor de referência) atuando sobre Q_V, sendo que na camisa circula vapor para aquecimento.

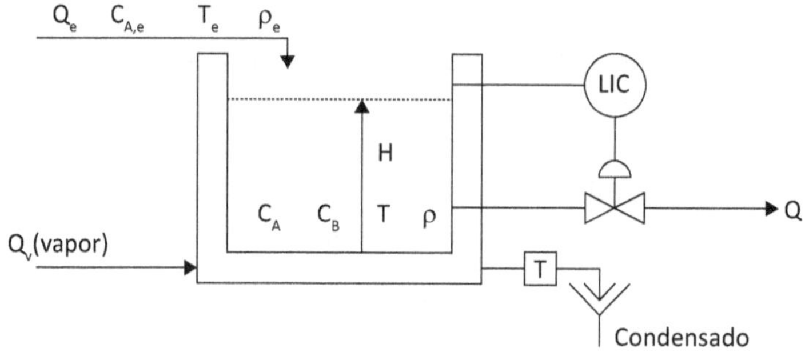

Figura 13.47 – Reator químico encamisado.

Assuma reação endotérmica, com nível controlado e massa específica constante. A qualidade do vapor não varia. Vazão, temperatura, concentração e massa específica do reagente entrando no tanque podem variar. Reação: $A \xrightarrow{K} B$ em que $K = \alpha \cdot e^{-\beta/T}$.

O que se deseja calcular é Q_V como função das variáveis de perturbação, isto é:

$$Q_V = f\left(Q_e; T_e; C_{A,e}; \rho_e\right)$$

Deve-se, então, gerar o modelo dinâmico desse sistema.

a) Relações do sistema (equilíbrio)

- Balanço global de massa
  - No reator:

$$\rho \cdot A \frac{dH}{dt} = \rho_e \cdot Q_e - \rho \cdot Q \tag{13.14}$$

A é a área do tanque e assume-se a massa específica ρ da solução constante.

  - Na camisa:

$$\frac{d\left(\rho_V \cdot V_V\right)}{dt} = \rho_V \cdot Q_V - \rho_C \cdot Q_C$$

em que V = vapor e C = condensado.

Supor que o vapor tenha qualidade constante implica que sua temperatura e sua pressão são constantes e, portanto, também sua massa específica. Como o condensado gerado tem a mesma temperatura do vapor, resulta que sua temperatura e, portanto, sua massa específica são constantes. Tem-se então:

$$\rho_V \frac{d\left(V_V\right)}{dt} = \rho_V \cdot Q_V - \rho_C \cdot Q_C$$

Mas como o purgador mantém os volumes de vapor e de condensado constantes dentro da camisa, resulta:

$$\rho_V \cdot Q_V = \rho_C \cdot Q_C \tag{13.15}$$

- Balanço de componentes
  - Componente A:

$$A\frac{d(H\cdot C_A)}{dt}=Q_e\cdot C_{A,e}-Q\cdot C_A-A\cdot H\cdot r \quad (13.16)$$

Como há apenas dois componentes, basta realizar o balanço de um deles.

- Balanço de energia
  - No interior do reator:

$$c_P\cdot\rho\cdot A\frac{d(H\cdot T)}{dt}=\rho_e\cdot Q_e\cdot c_{P,e}\cdot T_e-\rho\cdot Q\cdot c_P\cdot T-q_A+q_V \quad (13.17)$$

em que: q_A = calor absorvido pela reação endotérmica e q_V = calor injetado no reator pelo vapor.

Observação: assume-se o calor específico c_P da solução como constante. Caso se desejasse calculá-lo, bastaria fazer:

$$M_A\cdot C_A+M_B\cdot C_B=\rho_{solução}$$

em que: M_A = massa molar de A (kg/mol); C_A = concentração de A (mols/m³); M_B = massa molar de B (kg/mol) e C_B = concentração de B (mols/m³).

$$c_{P,solução}=\frac{c_{P,A}\cdot C_A}{\rho_A}+\frac{c_{P,B}\cdot C_B}{\rho_B}$$

  - Na camisa externa:

$$\rho_V\cdot V_V\frac{d(u_V)}{dt}=\rho_V\cdot Q_V\cdot h_V-\rho_C\cdot Q_C\cdot h_C-q_V$$

Desprezam-se perdas para o meio ambiente.

$$u_V=f(P,T)$$

Como P e T ficam constantes (vapor saturado), u_V é constante. Resulta:

$$\rho_V\cdot Q_V\cdot h_V=\rho_C\cdot Q_C\cdot h_C+q_V$$

Assumindo-se $c_{P,V}$ (calor específico do vapor) constante, resulta:

$$\rho_V \cdot Q_V \cdot \left(c_{P,V} \cdot T_V + \lambda_V\right) = \rho_C \cdot Q_C \cdot h_C + q_V$$

Mas $T_V = T_C$. Tomando $\rho_V \cdot Q_V = \rho_C \cdot Q_C$ (vindo da Equação (13.15)), resulta:

$$q_V = \rho_V \cdot Q_V \cdot \lambda_V \tag{13.18}$$

A Equação (13.18) mostra que o calor fornecido pelo vapor é o calor liberado por ele ao se condensar.

b) Equações constitutivas

- Cálculo de q_A:

$$q_A = \lambda \cdot A \cdot H \cdot r \tag{13.19}$$

em que λ = calor de reação

$$r = K\left(T\right) \cdot C_A \text{ (supondo reação de primeira ordem em A)} \tag{13.20}$$

$$K\left(T\right) = \alpha \cdot \mathrm{e}^{-\beta/T} \tag{13.21}$$

- Equação do controlador de nível:

$$Q = f\left(H\right) \tag{13.22}$$

Para a geração do algoritmo de controle por pré-alimentação deve-se impor:

$$T = T_r \text{ (temperatura desejada)} \tag{13.23}$$

A seguir, calculam-se as equações de movimento. Inicialmente, aplica-se (13.22) em (13.14):

$$\frac{dH}{dt} = \frac{\rho_e \cdot Q_e - \rho \cdot f\left(H\right)}{\rho \cdot A} \tag{13.24}$$

Aplicando-se (13.20), (13.21), (13.22) e (13.23) em (13.16):

$$A \frac{d\left(H \cdot C_A\right)}{dt} = Q_e \cdot C_{A,e} - f\left(H\right) \cdot C_A - A \cdot H \cdot \alpha \cdot \mathrm{e}^{-\beta/T_r} \cdot C_A$$

Aplicando-se a regra da derivada do produto:

$$A \cdot H \frac{dC_A}{dt} = Q_e \cdot C_{A,e} - f(H) \cdot C_A - A \cdot H \cdot \alpha \cdot \mathrm{e}^{-\beta/T_r} \cdot C_A - A \cdot C_A \frac{dH}{dt} \tag{13.25}$$

Substituindo-se (13.24) em (13.25):

$$\frac{dC_A}{dt} = \frac{1}{A \cdot H} \begin{bmatrix} Q_e \cdot C_{A,e} - f(H) \cdot C_A - A \cdot H \cdot \alpha \cdot \mathrm{e}^{-\beta/T_r} \cdot C_A \\ -A \cdot C_A \cdot \left(\dfrac{\rho_e \cdot Q_e - \rho \cdot f(H)}{\rho \cdot A} \right) \end{bmatrix} \tag{13.26}$$

Substituindo-se (13.18), (13.19), (13.20), (13.21), (13.22) e (13.23) em (13.17):

$$\begin{gathered} c_P \cdot \rho \cdot A \cdot T_r \frac{dH}{dt} = \rho_e \cdot Q_e \cdot c_{P,e} \cdot T_e - \rho \cdot f(H) \cdot c_P \cdot T_r \\ -\lambda \cdot A \cdot H \cdot \alpha \cdot \mathrm{e}^{-\beta/T_r} \cdot C_A + \rho_V \cdot Q_V \cdot \lambda_V \end{gathered} \tag{13.27}$$

Isolando-se Q_V e substituindo-se a Equação (13.24) em (13.27) resulta:

$$\begin{aligned} Q_V = \frac{1}{\rho_V \cdot \lambda_V} \Bigg[& c_P \cdot \rho \cdot A \cdot T_r \cdot \left(\frac{\rho_e \cdot Q_e - \rho \cdot f(H)}{\rho \cdot A} \right) - \\ & \rho_e \cdot Q_e \cdot c_{P,e} \cdot T_e + \rho \cdot f(H) \cdot c_P \cdot T_r + \lambda \cdot A \cdot H \cdot \alpha \cdot \mathrm{e}^{-\beta/T_r} \cdot C_A \Bigg] \end{aligned} \tag{13.28}$$

As equações de movimento são (13.24), (13.26) e (13.28). As incógnitas são $H(t)$, $C_A(t)$ e $Q_V(t)$. As variáveis de entrada são $Q_e(t)$, $C_{A,e}(t)$, $T_e(t)$ (e $\rho_e(t)$ caso se considerem variações da massa específica na entrada). São fornecidos ρ, ρ_V e os demais parâmetros do modelo. Resolvendo-se esse sistema de três equações, sai $Q_V(t)$.

Um diagrama de blocos simplificado do sistema de controle por pré-alimentação é apresentado na Figura 13.48; nele, mostram-se as variáveis de entrada e de saída.

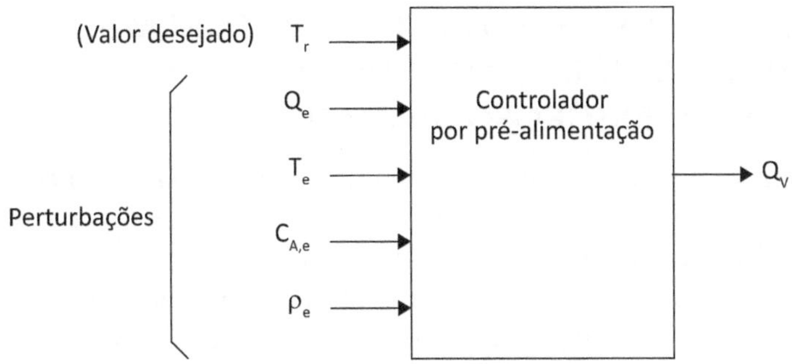

Figura 13.48 – Diagrama de blocos simplificado de controle por pré-alimentação com modelo dinâmico rigoroso do processo de reator químico.

Um caso análogo ao do reator químico pode ser considerado para um trocador de calor. Nesse caso, a Figura 13.49, aplicável ao trocador de calor, é similar à Figura 13.48.

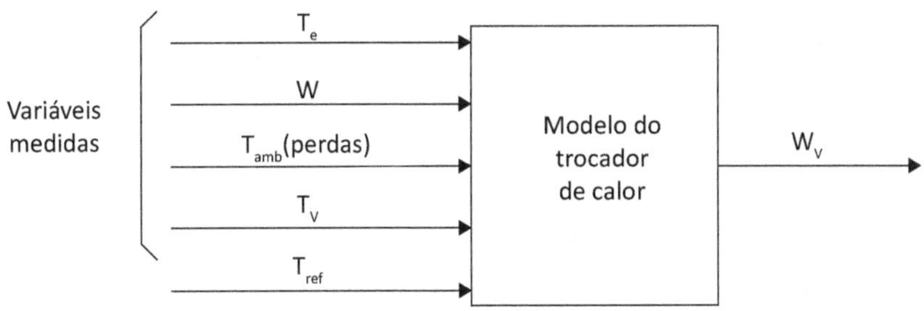

Figura 13.49 – Diagrama de blocos simplificado de controle por pré-alimentação aplicado a trocador de calor.

Nesse caso, o diagrama P&ID equivalente é mostrado na Figura 13.50.

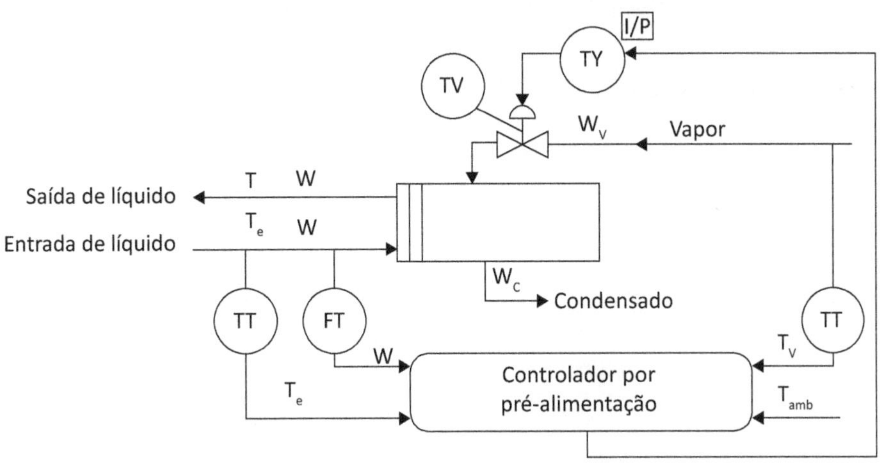

Figura 13.50 – Diagrama P&ID de controle por pré-alimentação de trocador de calor com modelo dinâmico rigoroso do processo.

13.7 CONTROLE POR PRÉ-ALIMENTAÇÃO COM MODELOS ESTÁTICO E DINÂMICO OBTIDOS A PARTIR DE MODELO RIGOROSO DA PLANTA

Seja o sistema de mistura com controle por pré-alimentação mostrado na Figura 13.51. Deseja-se controlar a composição x. A vazão de entrada w_1 e a composição de entrada x_2 são constantes e a composição x_1 é medida, mas não a composição x. Se x fosse medida, poderia ser usado um controlador por realimentação. A variável manipulada é a vazão de entrada w_2. A vazão pela válvula de saída é $w = C_v \cdot \sqrt{h}$. Como há perturbações na composição de alimentação x_1, deseja-se projetar um controlador por pré-alimentação para manter a composição de saída x em um valor de referência x_{ref}. O controlador por pré-alimentação possui dois sinais de entrada: a medição x_{1_med} da variável x_1 e o valor de referência x_{ref} para a composição de saída (SEBORG et al., 2011).

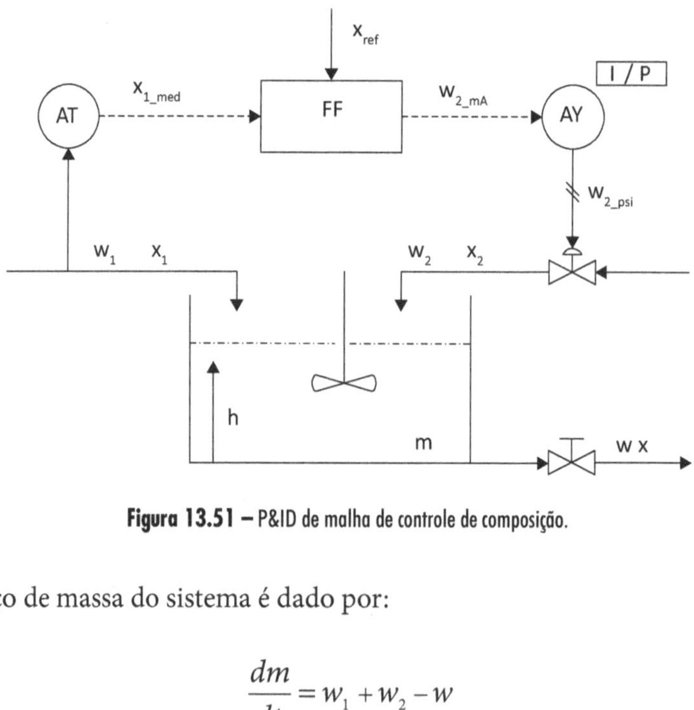

Figura 13.51 – P&ID de malha de controle de composição.

O balanço de massa do sistema é dado por:

$$\frac{dm}{dt} = w_1 + w_2 - w \tag{13.29}$$

O balanço dinâmico de componentes é dado pela seguinte relação:

$$\frac{d(m \cdot x)}{dt} = w_1 \cdot x_1 + w_2 \cdot x_2 - w \cdot x \tag{13.30}$$

em que m denota a massa de produto no interior do tanque.

O tanque tem um diâmetro interno de 2 m e uma altura de 3 m. As condições nominais de operação em regime estacionário são:

$\bar{w}_1 = 650$ kg/min	$\bar{x}_1 = 0{,}2$	$\bar{h} = 2$ m	
$\bar{w}_2 = 350$ kg/min	$\bar{x}_2 = 0{,}6$	$\rho = 1.000$ kg/m^3	$\bar{x} = x_{ref} = 0{,}34$

O conversor I/P tem dinâmica desprezível, é linear e opera na faixa de 4-20 mA/3-15 psi. A válvula de saída do tanque tem coeficiente $C_v = \left(\bar{w}_1 + \bar{w}_2\right)/\sqrt{\bar{h}}$. A dinâmica da válvula de controle pode ser descrita por um sistema de primeira ordem com constante de tempo de 3 s. Uma mudança de 3 a 15 psi em seu sinal de entrada produz uma variação em w_2 de 0 a 500 kg/min. O medidor de composição é calibrado na faixa de 0 a 0,5 (fração em massa), sua saída é 4-20 mA e há um tempo morto de 1 min nas medições feitas.

a) Projete e teste um controlador por pré-alimentação baseado em modelo estático do processo.

b) Projete e teste um controlador por pré-alimentação baseado em modelo estático do processo mais compensação dinâmica.

c) Projete e teste um controlador por pré-alimentação baseado em modelo dinâmico linearizado do processo.

d) Projete e teste um controlador por pré-alimentação baseado em modelo dinâmico aproximado do processo.

e) Teste um controlador por realimentação do tipo PI, sintonizado pelo método da Síntese Direta, mantendo w_2 como variável manipulada. Considere que o medidor de composição AT seja instalado para medir a variável x.

f) Implemente e teste um controlador por realimentação do tipo PI associado a um controlador por pré-alimentação baseado em modelo dinâmico aproximado do processo. Considere que um medidor de composição AT seja instalado para medir a variável controlada x e outro para medir a variável de perturbação x_1.

Solução:

a) Controlador por pré-alimentação baseado em modelo estático do processo.

O balanço de massa da Equação (13.29) em regime estacionário se torna:

$$w = w_1 + w_2 \tag{13.31}$$

O balanço de componentes da Equação (13.30) em regime estacionário fica:

$$w \cdot x = \left(w_1 + w_2\right) \cdot x = w_1 \cdot x_1 + w_2 \cdot x_2 \tag{13.32}$$

Como a vazão de entrada w_1 e a composição de entrada x_2 são constantes e definindo-se que o valor desejado de x é x_{ref}, substituindo-se a Equação (13.31) em (13.32):

$$\left(\bar{w}_1 + w_2\right) \cdot x_{ref} = \bar{w}_1 \cdot x_1 + w_2 \cdot \bar{x}_2$$

Portanto, a vazão manipulada w_2 é dada por:

$$w_2 = \frac{\bar{w}_1 \cdot \left(x_1 - x_{ref}\right)}{x_{ref} - \bar{x}_2} \tag{13.33}$$

No entanto, o valor acessível ao controlador por pré-alimentação não é a composição de entrada x_1, mas seu valor medido $x_{1,med}$. A relação entre eles é dada por:

$$x_{1,med}\left(t\right) = K_{med} \cdot x_1\left(t - \theta_{med}\right) + 4 \tag{13.34}$$

sendo $K_{med} = 16/0,5 = 32$. Em regime estacionário, resulta:

$$x_1 = \frac{x_{1,med} - 4}{K_{med}} \tag{13.35}$$

O valor que o controlador gera para a vazão manipulada w_2 deve ser convertido para o sinal a ser enviado ao conversor I/P, que por sua vez transmite seu sinal para a válvula de controle. Nesse caso, realiza-se a seguinte operação no conversor I/P:

$$w_{2,psi} = K_{IP} \cdot w_{2,mA} \quad \text{sendo} \quad K_{IP} = \frac{12}{16} = 0,75 \, \frac{\text{psi}}{\text{mA}}$$

O modelo da válvula de controle em estado estacionário é:

$$w_2 = K_v \cdot \left(w_{2,psi} - 3\right) \quad \text{sendo} \quad K_v = \frac{500/60}{12} = 0,6944 \, \frac{\text{kg/s}}{\text{psi}}$$

Portanto:

$$w_2 = K_v \cdot \left(K_{IP} \cdot w_{2,mA} - 3 \right)$$

Resulta, então, que:

$$w_{2,mA} = \frac{w_2 + 3 \cdot K_v}{K_{IP} \cdot K_v} \tag{13.36}$$

Substituindo-se a Equação (13.35) em (13.33):

$$w_2 = \frac{\overline{w}_1 \cdot \left(\frac{x_{1,med} - 4}{K_{med}} - x_{ref} \right)}{x_{ref} - \overline{x}_2} \tag{13.37}$$

Substituindo-se a Equação (13.37) em (13.36), resulta na expressão a ser empregada no controlador por pré-alimentação baseado em modelo estático:

$$w_{2,mA} = \frac{\dfrac{\overline{w}_1 \cdot \left(\frac{x_{1,med} - 4}{K_{med}} - x_{ref} \right)}{x_{ref} - \overline{x}_2} + 3 \cdot K_v}{K_{IP} \cdot K_v}$$

Efetuando-se algumas manipulações algébricas, chega-se a:

$$w_{2,mA} = \frac{\overline{w}_1 \cdot \left(\frac{x_{1,med} - 4}{K_{med}} - x_{ref} \right) + 3 \cdot K_V \cdot \left(x_{ref} - \overline{x}_2 \right)}{K_{IP} \cdot K_V \cdot \left(x_{ref} - \overline{x}_2 \right)} \tag{13.38}$$

O diagrama de blocos em Simulink da malha de controle por pré-alimentação com modelo estático é mostrado na Figura 13.52.

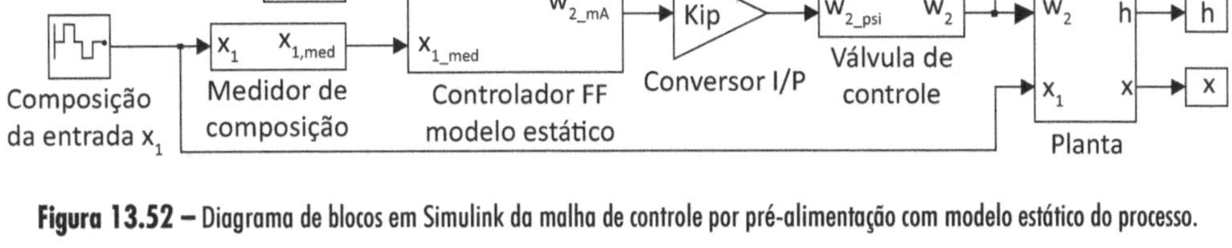

Figura 13.52 – Diagrama de blocos em Simulink da malha de controle por pré-alimentação com modelo estático do processo.

A Figura 13.53 mostra o conteúdo do bloco do controlador por pré-alimentação com modelo estático do processo.

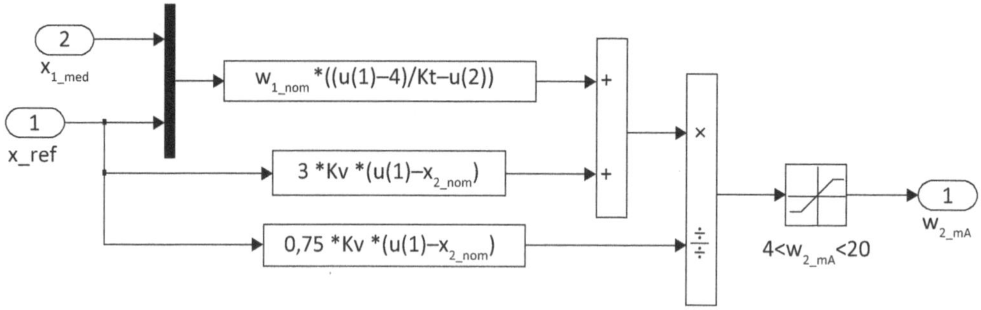

Figura 13.53 – Controle por pré-alimentação com modelo estático do processo implementado em Simulink.

Perturba-se a planta com variações de ±0,01 na composição de entrada x_1 a cada 2.000 segundos, conforme ilustrado na Figura 13.54. A vazão w_2 é vista na Figura 13.55, a qual indica que w_2 muda bruscamente, simultaneamente com a perturbação x_1, de acordo com a Equação (13.37).

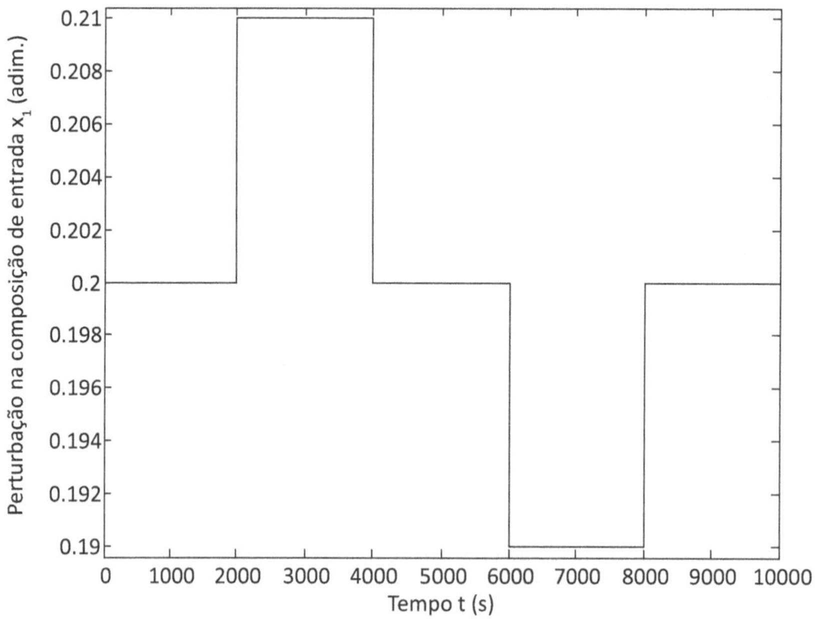

Figura 13.54 – Perturbação na entrada x_1.

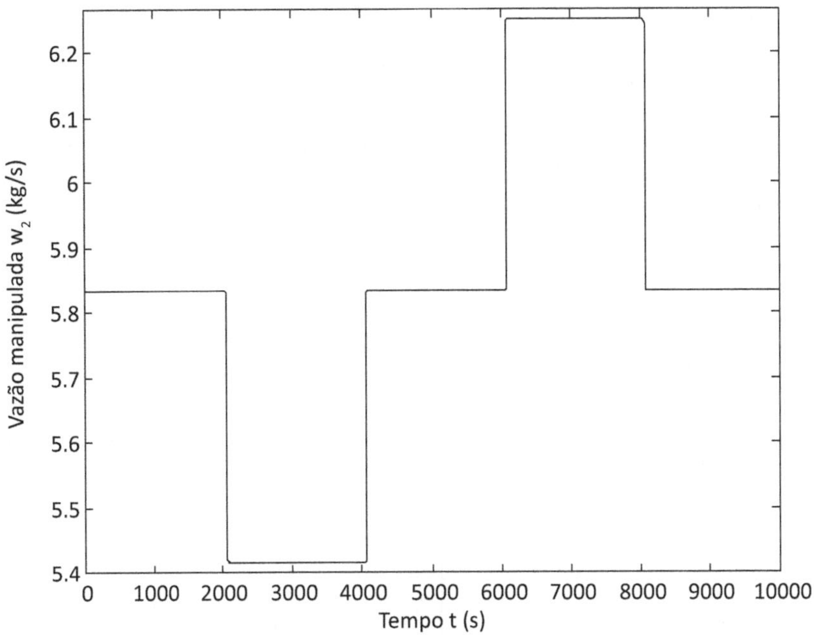

Figura 13.55 – Resposta da variável manipulada w_2.

A Figura 13.56 mostra o nível no tanque *h*. Como não há controle, o nível varia com a vazão w_2. Por se tratar de um processo autorregulado, ele se reajusta sozinho.

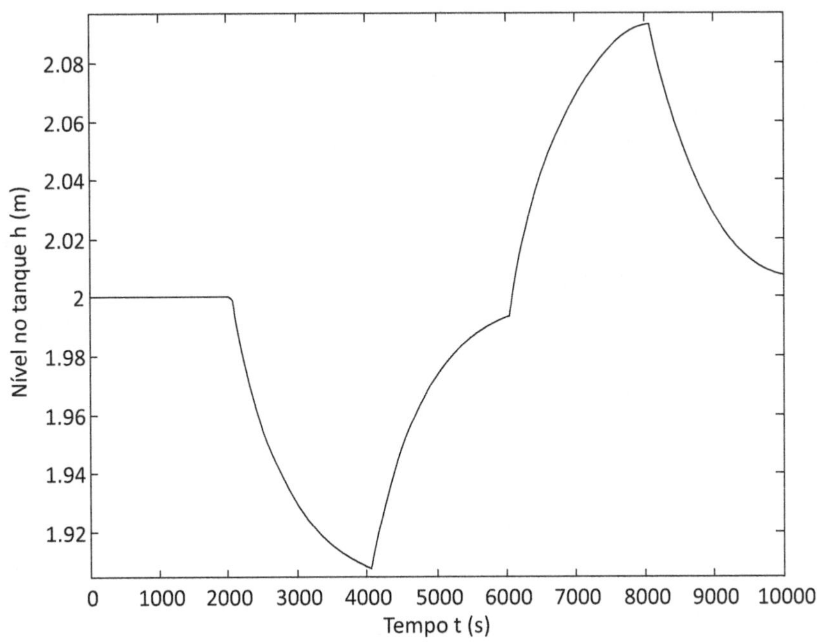

Figura 13.56 – Resposta do nível *h* no tanque.

A Figura 13.57 mostra o comportamento da composição x de saída quando se perturba a variável de carga x_1, conforme mostrado na Figura 13.54.

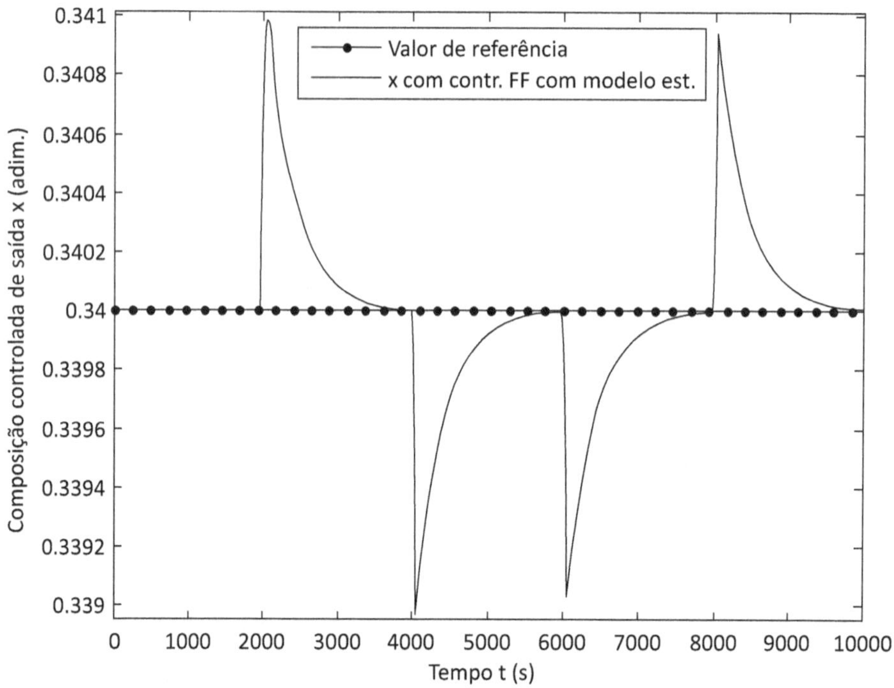

Figura 13.57 – Resposta da composição x com controlador por pré-alimentação com modelo estático do processo.

Na Figura 13.57 se observa que o controlador por pré-alimentação baseado no modelo estacionário da planta faz com que a composição de saída x retorne ao valor de referência, só que com uma resposta lenta.

b) Controlador por pré-alimentação baseado em modelo estático do processo mais compensação dinâmica.

O compensador dinâmico implantado em Simulink é mostrado na Figura 13.58.

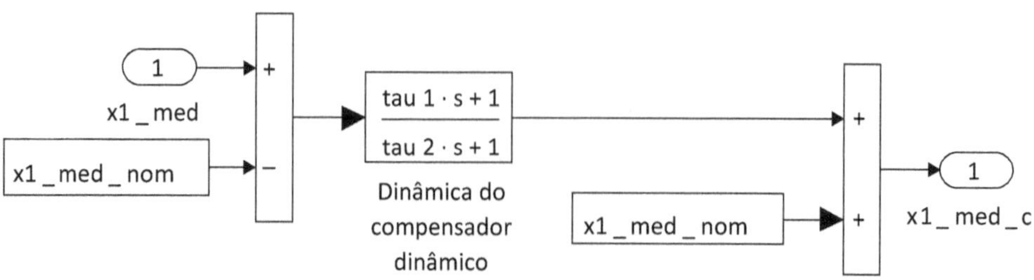

Figura 13.58 – Compensador dinâmico implantado em Simulink.

Foram empregados os seguintes valores na unidade de avanço-atraso, obtidos por meio de tentativa e erro: $\tau_1 = 0{,}0643 \cdot \tau$ e $\tau_2 = 0{,}00450 \cdot \tau$, sendo que nesse caso tem-se que $\tau = 746$ s. O resultado da aplicação do controlador por pré-alimentação com compensação dinâmica, quando se perturba a composição de entrada x_1, como ilustrado na Figura 13.54, é mostrado na Figura 13.59.

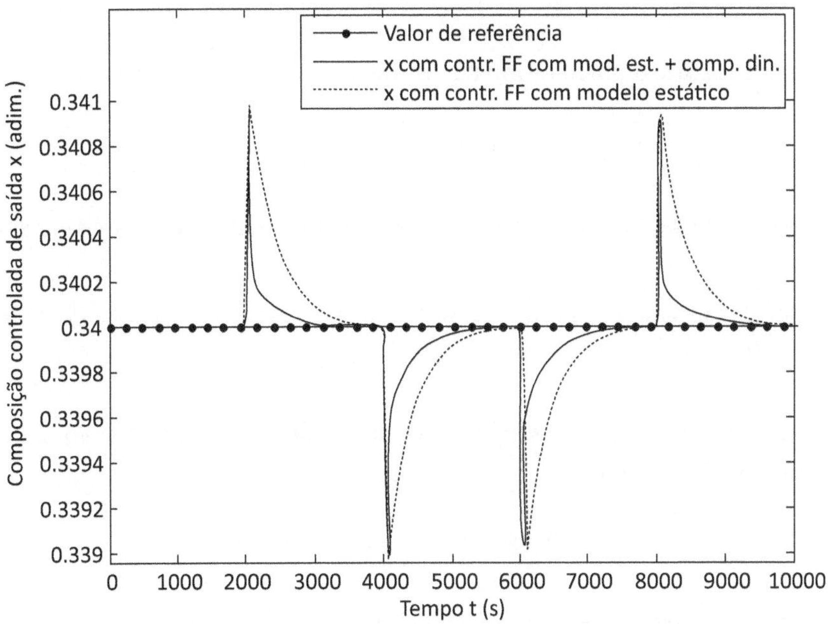

Figura 13.59 – Resposta da composição de saída *x* com controlador por pré-alimentação com modelo estático do processo mais compensação dinâmica.

Percebe-se na Figura 13.59 que há uma sensível melhora na resposta da malha com o acréscimo do compensador dinâmico, pois o tempo de acomodação diminui bastante.

c) Controle por pré-alimentação baseado em modelo dinâmico linearizado do processo.

Os balanços dinâmicos de massa da Equação (13.29) e de componentes da Equação (13.30) são usados como base para desenvolver o controlador por pré-alimentação baseado em modelo dinâmico linearizado do processo. Da Equação (13.30) resulta:

$$m\frac{dx}{dt} + x\frac{dm}{dt} = w_1 \cdot x_1 + w_2 \cdot x_2 - w \cdot x \tag{13.39}$$

Como só se mede o valor da composição x_1, mas não o nível h, isso implica que não há como considerar no modelo as variações na massa de produto m no interior do tanque, portanto, ela é assumida constante e igual a $\bar{m}$. Sendo assim, substituindo-se a Equação (13.29) na Equação (13.39) e considerando-se que a vazão de entrada w_1 e a composição de entrada x_2 são constantes, tem-se que:

$$\bar{m}\frac{dx}{dt} = \bar{w}_1 \cdot x_1 + w_2 \cdot \bar{x}_2 - \left(\bar{w}_1 + w_2\right) \cdot x \tag{13.40}$$

Nessa equação, o único termo não linear é $w_2 \cdot x$. Sua linearização é dada por:

$$w_2 \cdot x \cong \bar{w}_2 \cdot \bar{x} + \bar{w}_2 \cdot \hat{x} + \hat{w}_2 \cdot \bar{x}$$

Substituindo-se essa expressão na Equação (13.40) e usando-se variáveis incrementais:

$$\bar{m}\frac{d\hat{x}}{dt} = \bar{w}_1 \cdot \left(\bar{x}_1 + \hat{x}_1\right) + \left(\bar{w}_2 + \hat{w}_2\right) \cdot \bar{x}_2 - \bar{w}_1 \cdot \left(\bar{x} + \hat{x}\right) - \bar{w}_2 \cdot \bar{x} - \bar{w}_2 \cdot \hat{x} - \hat{w}_2 \cdot \bar{x} \tag{13.41}$$

Considerando-se que o sistema esteja em estado estacionário nas condições nominais de operação:

$$0 = \bar{w}_1 \cdot \bar{x}_1 + \bar{w}_2 \cdot \bar{x}_2 - \bar{w}_1 \cdot \bar{x} - \bar{w}_2 \cdot \bar{x}$$

Substituindo-se essa expressão em (13.41):

$$\bar{m}\frac{d\hat{x}}{dt} = \bar{w}_1 \cdot \hat{x}_1 + \hat{w}_2 \cdot \bar{x}_2 - \bar{w}_1 \cdot \hat{x} - \bar{w}_2 \cdot \hat{x} - \hat{w}_2 \cdot \bar{x} = \bar{w}_1 \cdot \hat{x}_1 + \left(\bar{x}_2 - \bar{x}\right) \cdot \hat{w}_2 - \left(\bar{w}_1 + \bar{w}_2\right) \cdot \hat{x}$$

Passando essa equação para o domínio de Laplace, considerando-se $\hat{x}(0) = 0$:

$$\left(\bar{m} \cdot s + \bar{w}_1 + \bar{w}_2\right) \cdot \hat{X}(s) = \bar{w}_1 \cdot \hat{X}_1(s) + \left(\bar{x}_2 - \bar{x}\right) \cdot \hat{W}_2(s) \tag{13.42}$$

Fazendo-se $x = x_{ref}$ em (13.42), pois ela é a variável controlada:

$$\left(\bar{m} \cdot s + \bar{w}_1 + \bar{w}_2\right) \cdot \hat{X}_{ref}(s) = \bar{w}_1 \cdot \hat{X}_1(s) + \left(\bar{x}_2 - \bar{x}\right) \cdot \hat{W}_2(s)$$

Isolando-se a vazão manipulada $\hat{W}_2$, tem-se que:

$$\hat{W}_2(s) = \frac{\bar{m} \cdot s + \bar{w}_1 + \bar{w}_2}{\bar{x}_2 - \bar{x}} \hat{X}_{ref}(s) - \frac{\bar{w}_1}{\bar{x}_2 - \bar{x}} \hat{X}_1(s) \tag{13.43}$$

A Equação (13.43) do controlador por pré-alimentação não tem à sua disposição o valor da variável $\hat{X}_1$, mas seu valor medido, dado por:

$$G_T(s) = \frac{\hat{X}_{1,med}(s)}{\hat{X}_1(s)} = K_T \cdot e^{-60 \cdot s} = 32 \cdot e^{-60 \cdot s} \tag{13.44}$$

Portanto:

$$\hat{X}_1(s) = \frac{\hat{X}_{1,med}(s)}{K_T \cdot e^{-60 \cdot s}} = \frac{\hat{X}_{1,med}(s) \cdot e^{60 \cdot s}}{K_T} \tag{13.45}$$

A vazão de saída $\hat{W}_2(s)$ da Equação (13.43) não é acessível pelo controlador. Para converter o sinal de saída do controlador em vazão, é preciso usar as seguintes expressões, sendo a primeira a função de transferência do conversor I/P:

$$G_{IP}(s) = \frac{\hat{W}_{2,psi}(s)}{\hat{W}_{2,mA}(s)} = K_{IP} = 0,75 \left[\frac{\text{psi}}{\text{mA}}\right] \tag{13.46}$$

A segunda função de transferência corresponde ao modelo da válvula de controle:

$$G_v(s) = \frac{\hat{W}_2(s)}{\hat{W}_{2,psi}(s)} = \frac{K_v}{\tau_v \cdot s + 1} = \frac{0,6944}{180 \cdot s + 1} \left[\frac{\text{kg/s}}{\text{psi}}\right] \tag{13.47}$$

Multiplicando-se a Equação (13.46) pela Equação (13.47):

$$G_{IP}(s) \cdot G_v(s) = \frac{\hat{W}_2(s)}{\hat{W}_{2,mA}(s)} = \frac{K_{IP} \cdot K_v}{\tau_v \cdot s + 1} = \frac{0,5208}{180 \cdot s + 1} \left[\frac{\text{kg/s}}{\text{mA}}\right] \tag{13.48}$$

Daqui resulta que:

$$\hat{W}_2(s) = \frac{K_{IP} \cdot K_v}{\tau_v \cdot s + 1} \hat{W}_{2,mA}(s) \tag{13.49}$$

Substituindo-se as Equações (13.45) e (13.49) na Equação (13.43):

$$\hat{W}_{2,mA}(s)=\frac{(\bar{m}\cdot s+\bar{w}_1+\bar{w}_2)\cdot(\tau_v\cdot s+1)}{K_{IP}\cdot K_v\cdot(\bar{x}_2-\bar{x})}\hat{X}_{ref}(s)-\frac{\bar{w}_1\cdot e^{60\cdot s}\cdot(\tau_v\cdot s+1)}{K_{IP}\cdot K_V\cdot K_T\cdot(\bar{x}_2-\bar{x})}\hat{X}_{1,med}(s)$$

Percebe-se nessa expressão a presença de um avanço puro de 60 segundos, o que a torna não causal. Para eliminar esse problema, uma solução é cancelar esse termo:

$$\hat{W}_{2,mA}(s)=\frac{(\bar{m}\cdot s+\bar{w}_1+\bar{w}_2)\cdot(\tau_v\cdot s+1)}{K_{IP}\cdot K_V\cdot(\bar{x}_2-\bar{x})}\hat{X}_{ref}(s)-\frac{\bar{w}_1\cdot(\tau_v\cdot s+1)}{K_{IP}\cdot K_v\cdot K_T\cdot(\bar{x}_2-\bar{x})}\hat{X}_{1,med}(s)$$

Para simplificar essa equação, faz-se:

$$K_f=K_{IP}\cdot K_v\cdot(\bar{x}_2-\bar{x})$$

Portanto:

$$\hat{W}_{2,mA}(s)=\frac{(\bar{m}\cdot s+\bar{w}_1+\bar{w}_2)\cdot(\tau_v\cdot s+1)}{K_f}\hat{X}_{ref}(s)-\frac{\bar{w}_1\cdot(\tau_v\cdot s+1)}{K_f\cdot K_T}\hat{X}_{1,med}(s)$$

Há nessa expressão funções de transferência com um e dois zeros mas sem nenhum polo, o que não é aceito pelo Matlab. Para implementá-las no Simulink, é preciso criar um ou dois polos, com uma constante de tempo bastante pequena, desprezível com relação a τ_V. Define-se que essa constante de tempo seja 1% de τ_V. Assim:

$$\hat{W}_{2,mA}(s)=\left[\frac{\bar{m}\cdot s\cdot(\tau_v\cdot s+1)}{K_f\cdot(0{,}01\cdot\tau_v\cdot s+1)^2}+\frac{(\bar{w}_1+\bar{w}_2)\cdot(\tau_v\cdot s+1)}{K_f\cdot(0{,}01\cdot\tau_v\cdot s+1)}\right]\cdot\hat{X}_{ref}(s)-$$

$$-\frac{\bar{w}_1\cdot(\tau_v\cdot s+1)}{K_f\cdot K_T\cdot(0{,}01\cdot\tau_v\cdot s+1)}\hat{X}_{1,med}(s) \qquad (13.50)$$

Essa é a equação do controlador por pré-alimentação baseado em modelo dinâmico linearizado do processo, implementada em Simulink como mostrado na Figura 13.60.

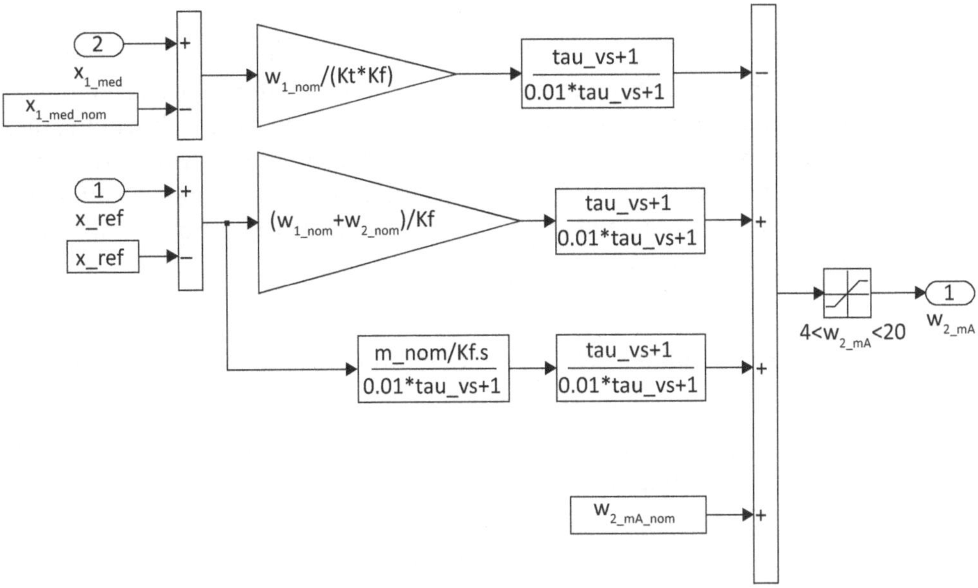

Figura 13.60 – Implementação em Simulink do controlador por pré-alimentação baseado em modelo dinâmico linearizado do processo.

A resposta da malha de controle por pré-alimentação com modelo dinâmico linearizado, quando se perturba a composição de entrada x_1, como ilustrado na Figura 13.54, é mostrada na Figura 13.61.

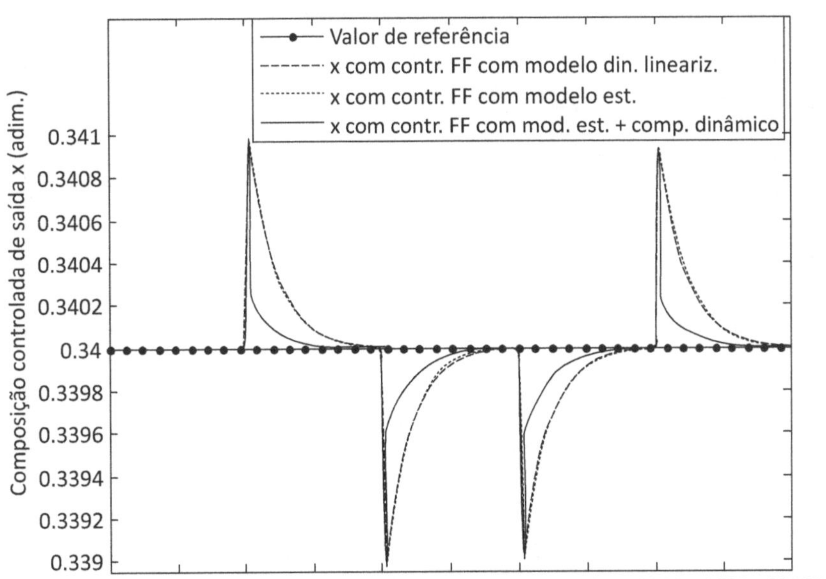

Figura 13.61 – Resposta da composição de saída *x* com controlador por pré-alimentação com modelo dinâmico linearizado do processo.

A Figura 13.61 mostra que a resposta dos controladores por pré-alimentação com modelo estático e com modelo dinâmico linearizado são muito parecidas e têm desempenho inferior ao do controlador por pré-alimentação com modelo estático mais compensação dinâmica. Isso ocorre porque a única dinâmica existente na malha é a da válvula de controle, que tem uma constante de tempo pequena e, portanto, o controlador por pré-alimentação com modelo dinâmico pouco acrescenta no desempenho da malha ao controlador por pré-alimentação com modelo estático.

d) Controle por pré-alimentação baseado em modelo dinâmico aproximado do processo.

Nesse caso, é preciso considerar a Equação (13.10), acrescida da função de transferência do conversor I/P:

$$G_F(s) = \frac{-G_L(s)}{G_T(s) \cdot G_{IP}(s) \cdot G_V(s) \cdot G_P(s)} \tag{13.51}$$

A resposta do processo mais instrumentação em malha aberta a degrau de 1 mA na entrada do conversor I/P em $t = 0$ s é mostrada na Figura 13.62.

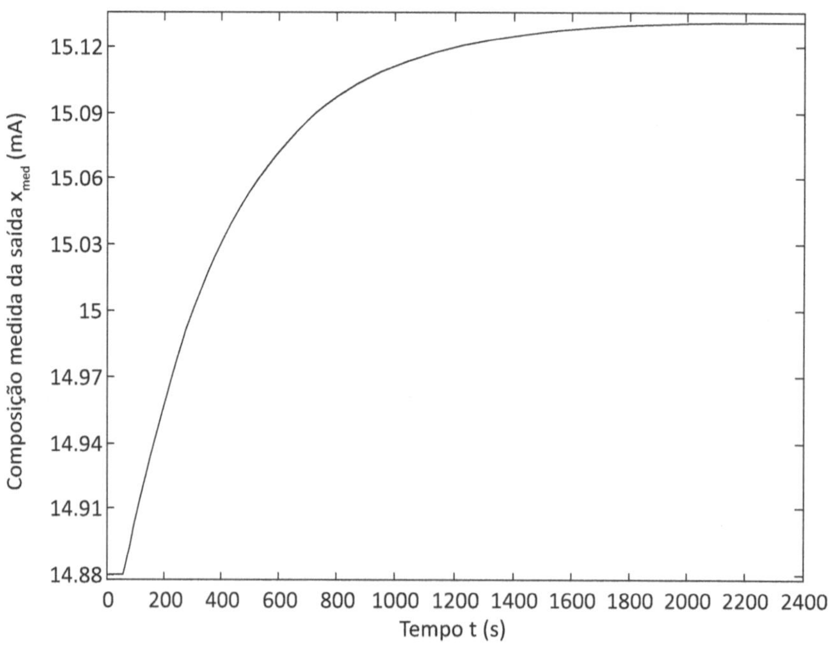

Figura 13.62 – Resposta da composição medida de saída X_{med} em malha aberta com degrau de 1 mA na entrada do conversor I/P em $t = 0$ s.

Na Figura 13.62, o processo se comporta como um sistema de primeira ordem mais tempo morto, cuja função de transferência é dada por:

$$G(s)=\frac{X_{med}(s)}{M(s)}=G_{IP}(s)\cdot G_V(s)\cdot G_P(s)\cdot G_T(s)=\frac{K\cdot e^{-\theta\cdot s}}{\tau\cdot s+1}=\frac{0,2521\cdot e^{-60\cdot s}}{373,5\cdot s+1} \quad (13.52)$$

O modelo da perturbação é gerado a partir da resposta a degrau de 0,01 na variável de distúrbio x_1 em $t = 0$ s, com a planta em malha aberta, como visto na Figura 13.63.

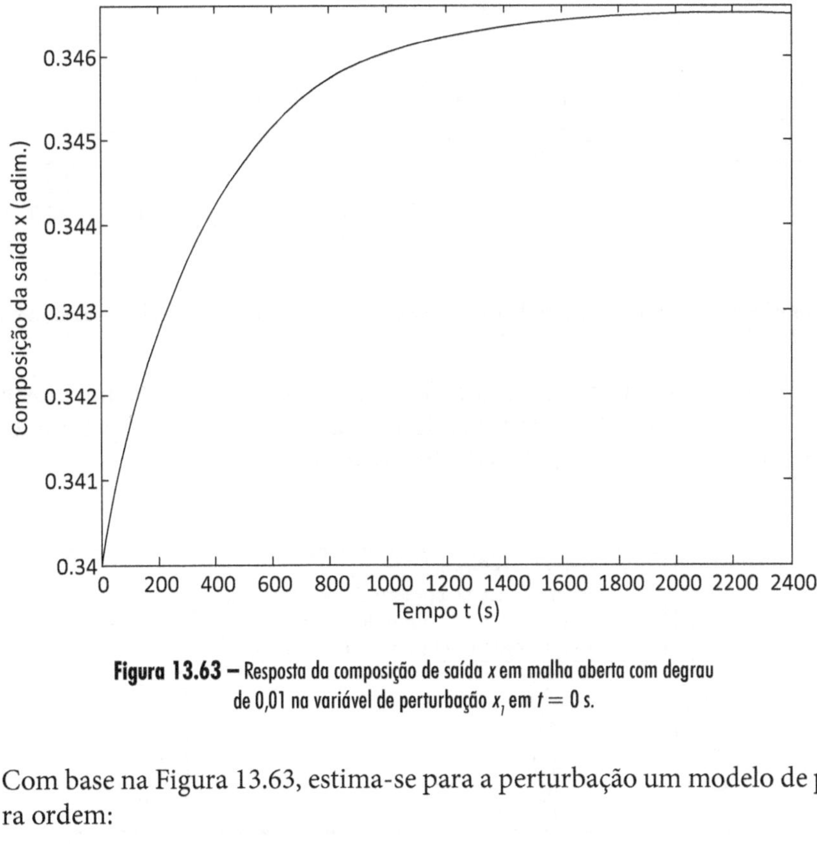

Figura 13.63 – Resposta da composição de saída x em malha aberta com degrau de 0,01 na variável de perturbação x_1 em $t = 0$ s.

Com base na Figura 13.63, estima-se para a perturbação um modelo de primeira ordem:

$$G_L(s)=\frac{X(s)}{X_1(s)}=\frac{K_L}{\tau_L\cdot s+1}=\frac{0,6497}{377,5\cdot s+1} \quad (13.53)$$

Substituindo-se as Equações (13.52) e (13.53) na Equação (13.51), resulta em:

$$G_F(s)=\frac{-0,6497}{377,5\cdot s+1}\,\frac{373,5\cdot s+1}{0,2521\cdot e^{-60\cdot s}}=\frac{-2,5772\cdot(373,5\cdot s+1)\cdot e^{60\cdot s}}{377,5\cdot s+1}$$

Essa expressão contém um termo de avanço puro que deve ser desprezado:

$$G_F(s) = \frac{K_{ff} \cdot (tau\_ff1 \cdot s + 1)}{tau\_ff2 \cdot s + 1} = \frac{-2{,}5772 \cdot (373{,}5 \cdot s + 1)}{377{,}5 \cdot s + 1} \tag{13.54}$$

Essa função de transferência corresponde ao controlador por pré-alimentação baseado em modelo dinâmico aproximado, implementado em Simulink na Figura 13.64.

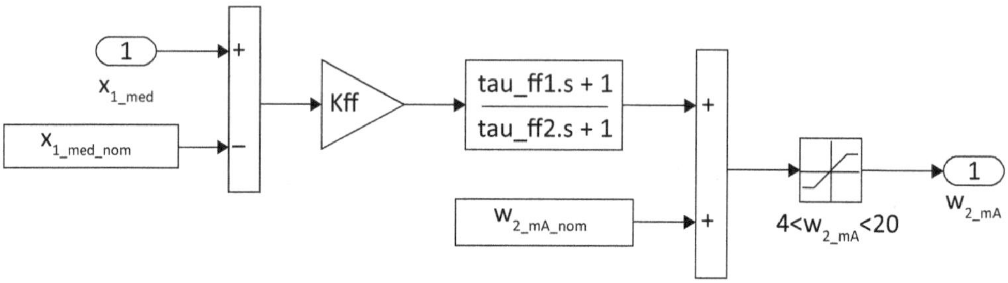

Figura 13.64 – Implementação em Simulink do controlador por pré-alimentação baseado em modelo dinâmico aproximado.

A Figura 13.65 mostra a resposta à perturbação em x_1, conforme mostrada na Figura 13.54, dos diversos tipos de malhas de controle por pré-alimentação, incluindo a que usa o modelo dinâmico aproximado.

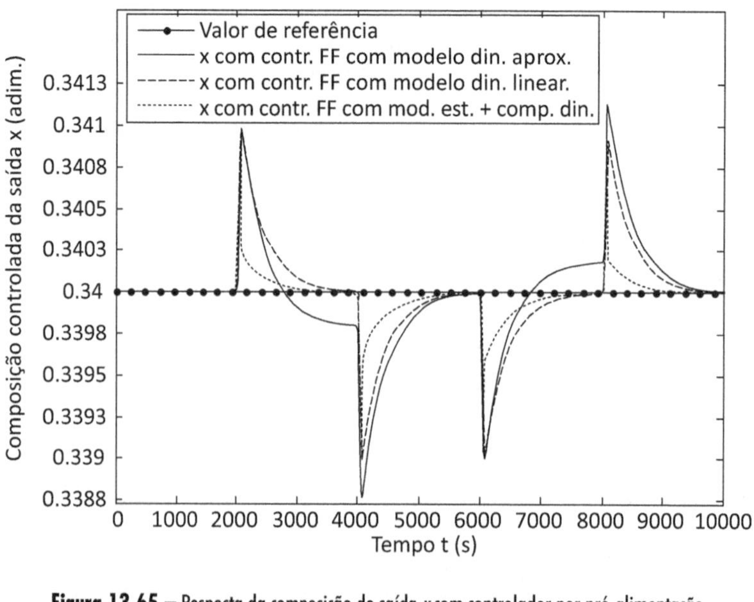

Figura 13.65 – Resposta da composição de saída *x* com controlador por pré-alimentação com modelo dinâmico aproximado do processo.

A Figura 13.65 indica que o desempenho do controlador por pré-alimentação com modelo dinâmico aproximado do processo apresentou um desempenho inferior aos controladores por pré-alimentação com modelo dinâmico linearizado e com modelo estático mais compensação dinâmica.

e) Controlador por realimentação do tipo PI sintonizado pelo método da Síntese Direta.

O modelo aproximado do processo para sintonizar o controlador é dado pela Equação (13.52). Fazendo $\tau_C = \theta = 60$ s, resulta no seguinte ajuste pelo método da Síntese Direta:

$$K_C = 12{,}346 \qquad \text{e} \qquad T_I = 373{,}5 \text{ s/rep}$$

A resposta da malha com o controlador PI a perturbações na variável de carga x_1, conforme visto na Figura 13.54, é mostrada na Figura 13.66, a qual revela que o controlador PI teve um desempenho inferior ao dos controladores por pré-alimentação baseados em modelo dinâmico linearizado e em modelo estático com compensação dinâmica. Isso não é surpresa, pois os controladores por pré-alimentação são projetados para responder bem a perturbações na carga.

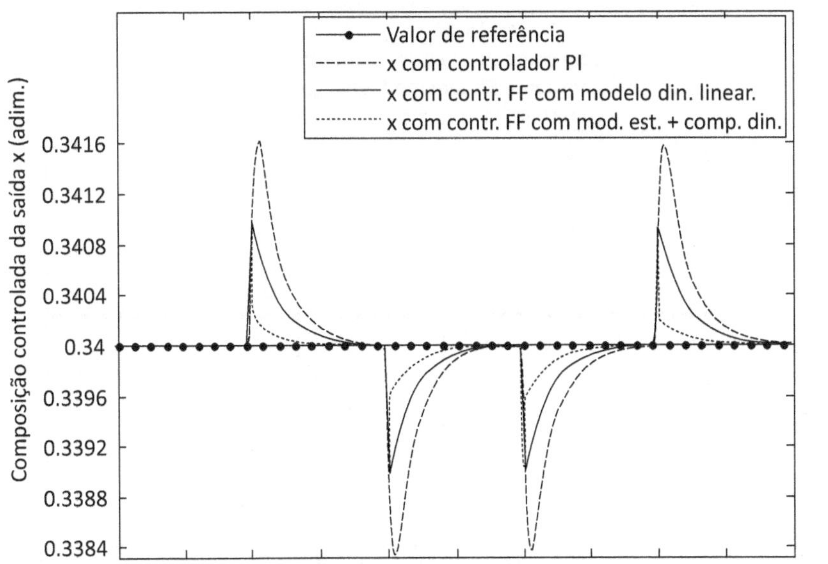

Figura 13.66 – Resposta da composição de saída *x* com controlador PI.

f) Controlador tipo PI associado a controlador por pré-alimentação baseado em modelo dinâmico aproximado do processo.

O diagrama de blocos em Simulink da malha de controle conjunta é mostrado na Figura 13.67.

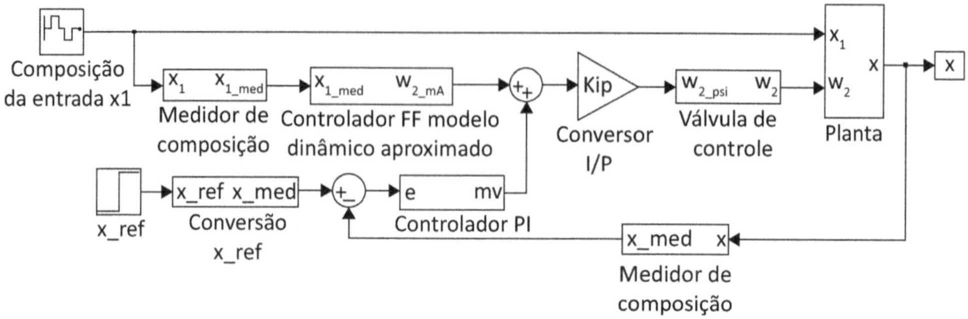

Figura 13.67 – Diagrama em Simulink do controlador PI associado a controlador por pré-alimentação com modelo dinâmico aproximado do processo.

A resposta da malha a perturbações na carga com os dois controladores trabalhando juntos é apresentada na Figura 13.68, que revela que a associação dos controladores por realimentação e por pré-alimentação gerou bons resultados, que só foram suplantados pelo controlador por pré-alimentação baseado em modelo estático mais compensação dinâmica.

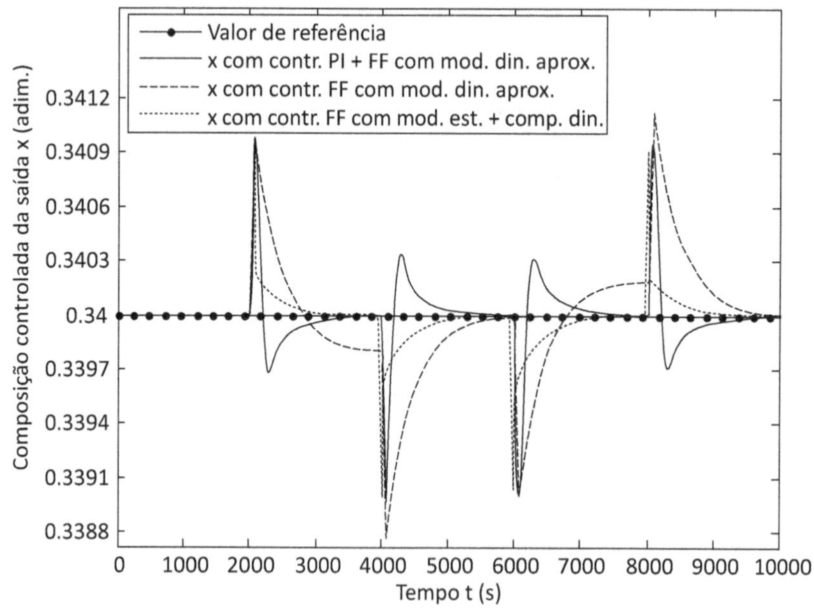

Figura 13.68 – Resposta da composição de saída *x* com controlador PI associado a controlador por pré-alimentação com modelo dinâmico aproximado do processo.

13.8 CONTROLE POR REALIMENTAÇÃO MAIS PRÉ-ALIMENTAÇÃO

De uma forma geral, o controle por pré-alimentação compensa distúrbios nas entradas ou cargas do processo, ao passo que o controle por realimentação compensa erros no modelo, se incumbe das mudanças no valor desejado e trata dos distúrbios não incluídos no modelo ou não mensuráveis.

As formas de acoplar ambas as ações são:

- A saída de cada um dos controladores é enviada a um somador e a soma aciona o elemento final de controle, conforme mostrado, por exemplo, na Figura 13.27 da Seção 13.5. Sua principal vantagem é que o controlador por pré-alimentação teoricamente não afeta a estabilidade da malha de controle por realimentação, pois a função de transferência do controlador por pré-alimentação não aparece na equação característica do sistema por realimentação em malha fechada.
- A saída do controlador por realimentação gera o valor desejado para o controlador por pré-alimentação. Essa opção é especialmente conveniente quando a equação de controle por pré-alimentação é projetada usando balanços de massa e energia em regime estacionário. Por exemplo, um sistema de controle por realimentação e pré-alimentação para o sistema de aquecimento em tanque apresentado na Subseção 13.3.2 e mostrado na Figura 13.13, ou então como na Figura 13.69.

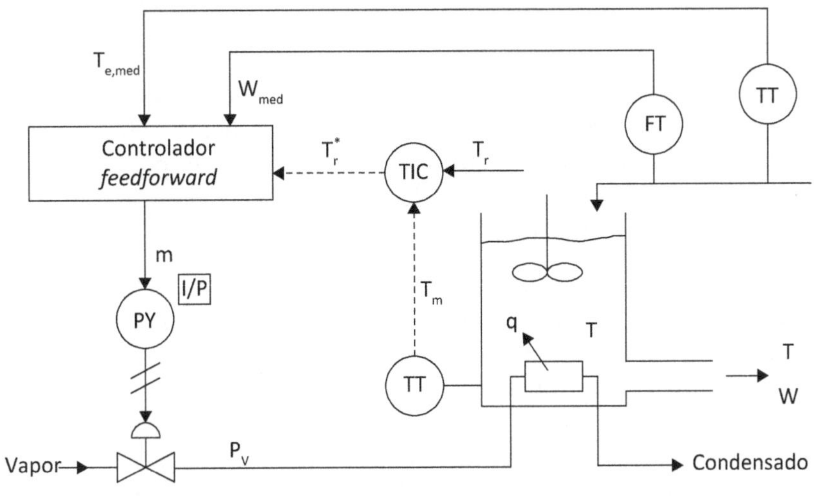

Figura 13.69 – Sistema de controle por realimentação e pré-alimentação para o sistema de aquecimento em tanque apresentado na Subseção 13.3.2.

Note que o sistema de controle da Figura 13.69 é similar ao esquema por pré-alimentação apresentado na Figura 13.18, exceto pelo fato de que o valor desejado do controlador por pré-alimentação é agora denotado por T_r^* e gerado como sinal de saída do controlador por realimentação. O valor desejado para a temperatura é agora introduzido manualmente no controlador por realimentação.

Nessa configuração, o controlador por pré-alimentação pode afetar a estabilidade do controlador por realimentação, pois ele é um elemento na malha por realimentação. Se a compensação dinâmica é incluída, ela deve ser introduzida fora da malha por realimentação, pois, caso contrário, interferirá na operação desta, especialmente quando o controlador é colocado em manual. Essa sugestão é incorporada, por exemplo, no caso mostrado na Figura 13.24.

- A saída do controlador por pré-alimentação gera o valor desejado para o controlador por realimentação, conforme mostrado nas Figuras 13.5 e 13.19. Essa opção em cascata é particularmente adequada quando a variável manipulada é muito sujeita a perturbações.
- A saída do controlador por realimentação ajusta o ganho do controlador por pré-alimentação. Essa configuração é natural para aplicações nas quais o controlador por pré-alimentação seja meramente um ganho, como ocorre em sistemas de controle de razão (ver Capítulo 11).

13.9 EXEMPLO DE APLICAÇÃO DE CONTROLE POR REALIMENTAÇÃO MAIS PRÉ-ALIMENTAÇÃO A TROCADOR DE CALOR

No Capítulo 9 do Volume 1, foi apresentado o modelo de um trocador de calor, usado aqui para avaliar e comparar o desempenho de um controle por pré-alimentação e de um controle por realimentação, ambos operando sozinhos, e de um controle por realimentação associado a um controle por pré-alimentação.

Na Subseção 9.2.1, verificou-se que a variável de perturbação que mais afeta a variável controlada $T_{T,s}$ é $Q_{T,e}$. Assim, a implantação do controle por pré-alimentação é feita considerando essa variável de perturbação. A técnica de controle por pré-alimentação utilizada é a da Seção 13.5 – modelo dinâmico aproximado da perturbação, segundo o esquema apresentado na Figura 13.27.

Na prática, a obtenção do modelo dinâmico aproximado da perturbação, tendo como entrada a variável de perturbação e como saída a variável controlada, não é uma tarefa fácil. Isso porque, diferentemente do modelo aproximado do processo, que tem como entrada a saída do controlador em manual e como saída a variável controlada (o que é fácil de ser obtido, pois se tem acesso à saída manual do controlador), geralmente não é possível mexer em uma variável de perturbação da forma desejada, pois normalmente suas variações são aleatórias. A obtenção desse modelo de perturbação é possível caso se usem técnicas de Identificação de Sistemas, sendo então necessário instalar um medidor na variável de perturbação. O uso desse tipo de técnica está além do escopo deste livro. Outra opção, bastante trabalhosa, é desenvolver um modelo fenomenológico do processo, incluindo como entradas as variáveis de perturbação, como se vê em Garcia (2005). Para simplificar o desenvolvimento deste exemplo, se lança mão de um recurso que normalmente não é disponível na prática, isto é, se força um degrau na variável de perturbação e se mede a variação ocorrida na variável controlada. A partir dessa curva de reação, se extrai um modelo de baixa ordem com ou sem tempo morto. Para implantar essa ideia, mantém-se a saída do controlador em manual em um valor fixo e se aplica um degrau na variável de perturbação $Q_{T,e}$ de $1 \cdot 10^{-4}$ m³/s a partir de seu valor nominal $\bar{Q}_{T,e} = 1{,}5 \cdot 10^{-3}\ \mathrm{m^3/s}$ no instante $t = 1{,}4$ s.

Baseado na forma da resposta da temperatura medida $T_{t,mA}$, observa-se que ela pode ser modelada por um sistema de primeira ordem com tempo morto, cujo ganho é:

$$K_d = \frac{\Delta T_{t,mA}}{\Delta Q_{T,e}} = \frac{-0{,}598}{0{,}0001} = -5980\,\frac{\mathrm{mA}}{\mathrm{m^3/s}}$$

O modelo aproximado do distúrbio gerado por $Q_{T,e}$ é dado por:

$$G_d(s) = \frac{\hat{T}_{t,mA}}{\hat{Q}_{T,e}} = \frac{-5980 \cdot e^{-14{,}1 \cdot s}}{7{,}48 \cdot s + 1}$$

A validação desse modelo é feita comparando-se a sua saída com a saída medida $T_{t,mA}$ do processo, conforme exposto na Figura 13.70.

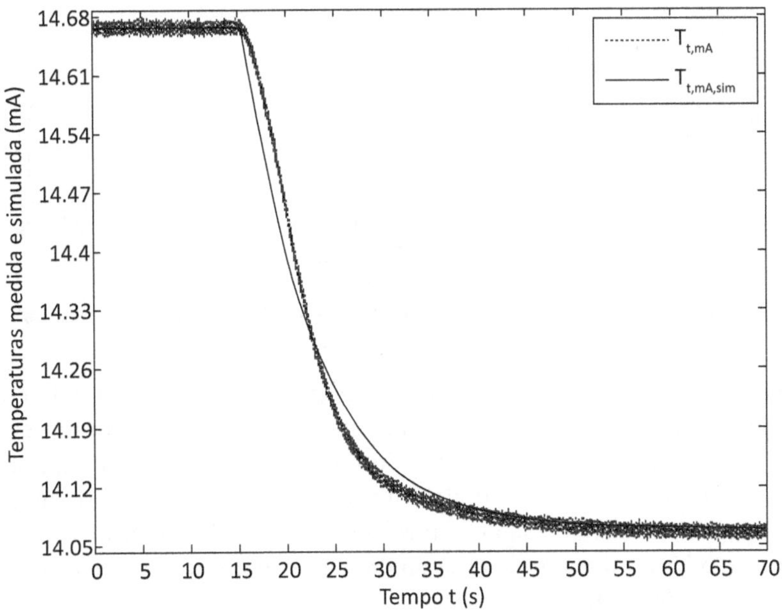

Figura 13.70 – Comparação entre a saída do modelo de perturbação e a temperatura medida T_{t_mA}.

Verifica-se, na Figura 13.70, que o modelo de perturbação obtido representa bem o comportamento do distúrbio no processo real. Segundo a Figura 13.27, é também preciso encontrar o modelo que retrate o comportamento do conjunto conversor I/P mais válvula de controle mais processo. Para encontrar esse modelo, aplica-se um degrau de

3% (0,48 mA) na saída manual m do controlador em t = 1,6 s e verifica-se a resposta da temperatura $T_{T,s}$ do processo. A partir dessa resposta, extrai-se o seguinte modelo:

$$G_p(s) = \frac{\hat{T}_{t,s}}{\hat{m}} = \frac{2,315 \cdot e^{-8,98 \cdot s}}{10,89 \cdot s + 1}$$

A comparação entre a resposta desse modelo aproximado com a resposta real do processo é vista na Figura 13.71.

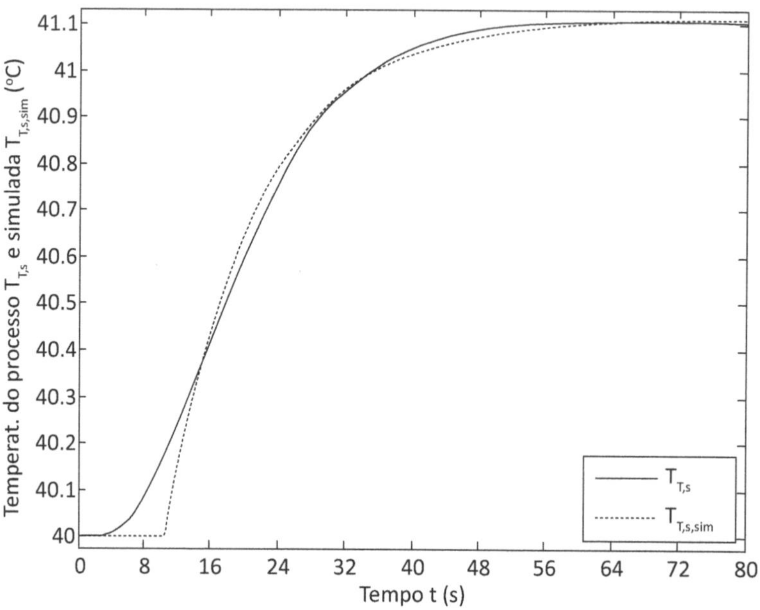

Figura 13.71 – Comparação entre a saída do modelo do processo e a temperatura de saída do processo $T_{T,s}$.

Pela Figura 13.71, fica claro que o melhor modelo aproximado para descrever esse processo seria um de segunda ordem com tempo morto; no entanto, emprega-se aqui um modelo de primeira ordem com tempo morto, devido à maior simplicidade de obtê-lo e devido ao fato de um modelo do processo de segunda ordem gerar dois zeros na função de transferência do controlador por pré-alimentação, como indicado na Equação (13.55), o que aumentaria ainda mais o número de zeros em relação ao número de polos do controlador.

O último modelo necessário para implementar o controlador por pré-alimentação é o do medidor da variável de perturbação. Como a variável de perturbação sendo considerada é uma vazão ($Q_{T,e}$), supõe-se que o medidor de vazão usado seja modelado como um sistema de primeira ordem com constante de tempo τ_T = 0,5 s. Seu ganho é dado por:

$$K_T = \frac{\Delta Q_{T,e,med}}{\Delta Q_{T,e}} = \frac{16}{2 \cdot 10^{-3}} = 8.000 \frac{\text{mA}}{\text{m}^3/\text{s}}$$

A função de transferência do medidor da vazão de perturbação é dada por:

$$G_T(s) = \frac{\hat{Q}_{t,e,med}}{\hat{Q}_{T,e}} = \frac{8.000}{0,5 \cdot s + 1}$$

O projeto do controlador por pré-alimentação é realizado seguindo a Equação (13.10), conforme mostrado a seguir:

$$G_{FF}(s) = \frac{-G_d}{G_T \cdot G_p} = \frac{0,323 \cdot (0,5 \cdot s + 1) \cdot (10,89 \cdot s + 1) \cdot e^{-5,12 \cdot s}}{7,48 \cdot s + 1} \tag{13.55}$$

O controlador projetado tem dois zeros e um polo. Para resolver esse problema, introduz-se um novo polo, com uma constante de tempo 10 vezes inferior à menor das constantes de tempo da Equação (13.55), isto é, τ = 0,05 s, resultando em:

$$G_{FF}(s) = \frac{-G_d}{G_T \cdot G_p} = \frac{0,323 \cdot (0,5 \cdot s + 1) \cdot (10,89 \cdot s + 1) \cdot e^{-5,12 \cdot s}}{(7,48 \cdot s + 1) \cdot (0,05 \cdot s + 1)}$$

O diagrama em Simulink do sistema de controle por realimentação mais pré-alimentação é mostrado na Figura 13.72.

Visto que o controlador por pré-alimentação é voltado especificamente a rejeitar perturbações na variável de distúrbio $Q_{T,e}$, a resposta do sistema a uma variação de 1 °C no *set point* é exatamente a mesma, tanto usando o controlador por realimentação quanto usando os controladores por realimentação mais pré-alimentação em conjunto. Assim, essa resposta não é apresentada por ser similar à mostrada na Figura 9.54 do Volume 1, ao se usar o fator M_s = 2.

A resposta do sistema a uma variação em degrau de 1 · 10^{-4} m³/s na vazão de perturbação $Q_{T,e}$ no instante t = 3 s, considerando apenas o controle por realimentação e o controle por realimentação mais pré-alimentação, é exibida na Figura 13.73. A sintonia do controlador PID usada é a que gerou o menor índice IAE no modo regulatório, segundo a Tabela 9.6 do Volume 1. Trata-se da sintonia pelo método das Oscilações Contínuas de Åström e Hägglund com M_s = 2, que é apresentada na Tabela 9.4 do Volume 1 e vale K_C = 0,5631, T_I = 21,872 min/rep; T_D = 5,571 minutos e β = 0,3312.

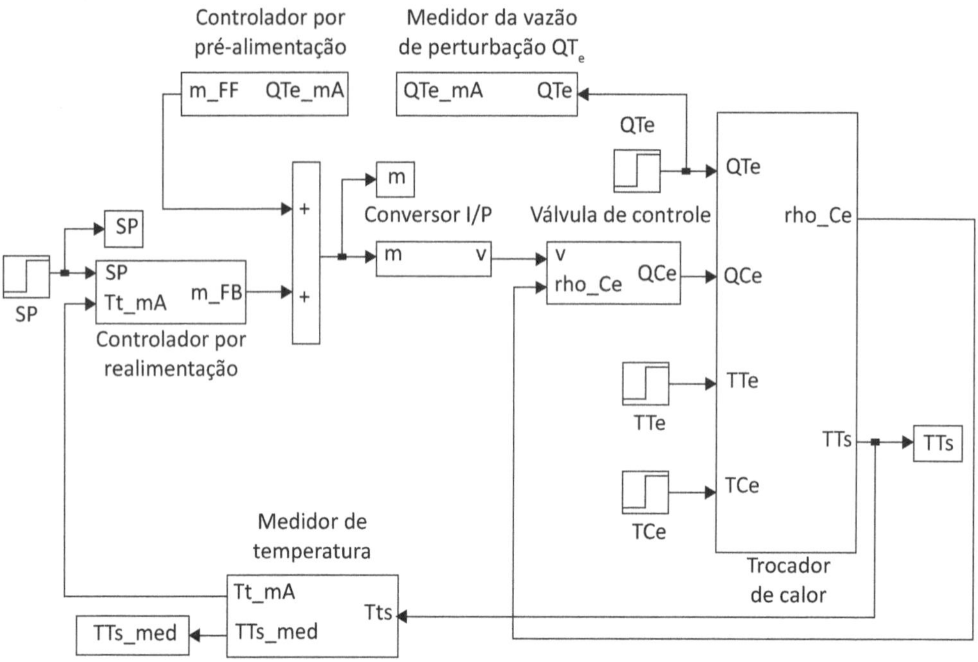

Figura 13.72 – Diagrama de blocos do sistema de controle por realimentação mais pré-alimentação.

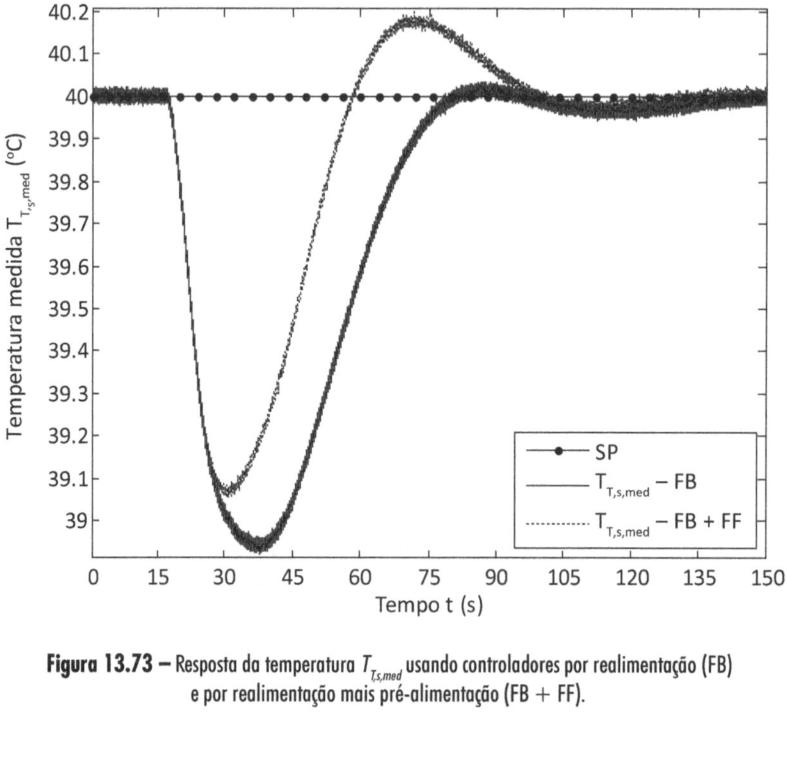

Figura 13.73 – Resposta da temperatura $T_{T,s,med}$ usando controladores por realimentação (FB) e por realimentação mais pré-alimentação (FB + FF).

A Figura 13.73 revela que a resposta gerada pelos controladores FB + FF em conjunto gerou um índice IAE de 14,54 e o controlador FB sozinho gerou um índice IAE de 20,04. Portanto, com base nesse índice de desempenho, pode-se dizer que o controlador FF melhorou o desempenho da malha de controle quando comparado ao uso apenas do controlador FB.

REFERÊNCIAS

GARCIA, C. **Modelagem de processos industriais e de sistemas eletromecânicos**. 2. ed. São Paulo: Edusp, 2005.

LIPTÁK, B. G. **Instrument Engineers' Handbook**: process control and optimization. 4. ed. Boca Raton: CRC Press, Taylor & Francis Group, 2006.

SEBORG, D. E.; EDGAR, T. F.; MELLICHAMP, D. A.; DOYLE III, F. J. **Process, Dynamics and Control**. 3. ed. Hoboken: John Wiley & Sons, 2011.

CAPÍTULO 14

CONTROLE DE PROCESSOS BATELADA

Até aqui, este livro só lidou com aplicações de controle de processos que operam continuamente. No entanto, há processos que operam de forma não contínua, conhecidos como processos batelada (*batch*).

Um processo contínuo é aquele em que o material a ser processado entra no sistema ao mesmo tempo que material está saindo dele. Por outro lado, em um processo batelada, o material é alimentado no processo, uma sequência de operações é executada, ele é removido e o ciclo é repetido. Um processo batelada é normalmente aquele em que uma quantidade finita de material é processada em uma sequência de passos. A energia é inserida ou removida por meio de equipamentos como agitadores, trocadores de calor, camisas em reatores etc. Alguns processos batelada são dedicados a um único produto ou família de produtos, ao passo que outros são flexíveis para processar diferentes produtos (TREVATHAN, 2006). O uso dos processos batelada se concentra nos casos em que é inviável usar um processo contínuo, por exemplo, na produção de certos polímeros, em que não se consegue atingir as especificações desejadas com processos contínuos. Há casos nas indústrias alimentícia e farmacêutica em que os produtos são fabricados em volumes tão pequenos que não justificam uma produção contínua. Há produtos, como tintas, que são feitos em uma grande variedade de formulações ou de cores no mesmo equipamento, em um lote por vez (SHINSKEY, 1996). O vinho é fermentado em bateladas; grãos são lavados, cozidos e enlatados em etapas sequenciais etc. São vários os equipamentos que tipicamente operam em processos batelada: reatores, unidades de destilação, secadores, cristalizadores e outras unidades de separação.

14.1 CLASSIFICAÇÃO DOS PROCESSOS INDUSTRIAIS

De acordo com a forma como ocorre a transformação e/ou o transporte de material ou energia, os processos produtivos industriais são classificados como (ISERMANN, 1989):

a) Processos contínuos:

- fluxo contínuo de material, energia ou informação;
- a operação ocorre com o material/energia fluindo continuamente da entrada até a saída do processo;
- tipos de sinais: a amplitude pode ser contínua ou discreta (com número infinito ou finito de valores na faixa de variação do sinal, respectivamente) ou ainda binária (com apenas dois valores). O comportamento temporal pode ser contínuo (o sinal é disponível de forma contínua no tempo) ou discreto (o sinal é amostrado no tempo);
- modelos matemáticos: linear e não linear, equações diferenciais ordinárias ou parciais, equações de diferença;
- exemplos: plantas geradoras de energia elétrica, refinarias de petróleo, muitos processos em plantas químicas.

b) Processos batelada:

- transporte em fluxo interrompido (em pacotes) de material, energia ou informação;
- operação do processo em um espaço fechado;
- sinais: as mesmas combinações dos processos contínuos;
- modelos matemáticos: a maioria é não linear, equações diferenciais ordinárias ou parciais, equações de diferença;
- exemplos: processos com reações químicas, lavagem, secagem, vulcanização etc.

c) Processos de manufatura:

- transporte em "peças" ou em "amostras discretas" de material, energia ou informação;
- operação do processo por peças;
- sinais: a maioria possui amplitude binária. O comportamento no tempo é contínuo ou discreto;
- modelos matemáticos: esquemas de fluxo, programas de simulação digital;
- exemplos: muitos processos de manufatura, processamento de peças sendo trabalhadas, transporte de partes.

Os processos industriais podem, ainda, ser divididos nas três classes a seguir:

- sistemas temporais: o tempo é contínuo e lidam com variáveis físicas (pressão, vazão, temperatura, nível, densidade, pH etc.). Exemplos: colunas de destilação, reatores, misturadores, caldeiras, trocadores de calor etc.;

- sistemas a eventos: o tempo é discreto, os eventos são sequenciais e as variáveis são binárias: liga/desliga, ativa/desativa, abre/fecha etc. Exemplos: linhas de montagem de automóveis, eletrodomésticos, equipamentos eletrônicos, linhas de envasamento etc.;
- sistemas híbridos: uma mistura dos dois tipos anteriores. Exemplo: processos batelada.

Os sistemas temporais e a eventos podem ser controlados pelos esquemas mostrados na Figura 14.1 (MIYAGI, 1996). Nesses esquemas, os processadores de comandos (controladores de sistemas a eventos) devem transformar um **comando** em uma **sequência de atuações**.

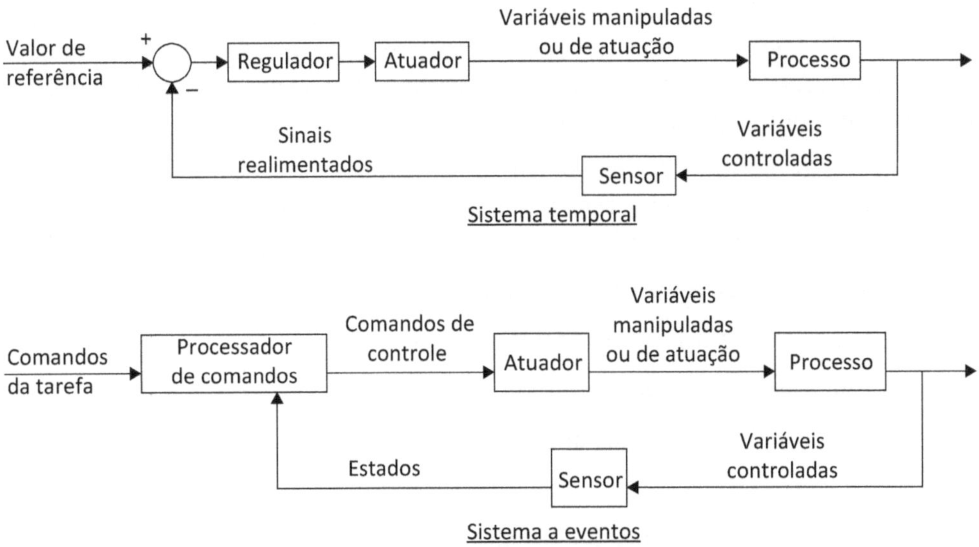

Figura 14.1 – Esquemas de controle para sistemas temporais e a eventos.

O esquema de controle de um sistema híbrido (processo batelada) é mostrado na Figura 14.2.

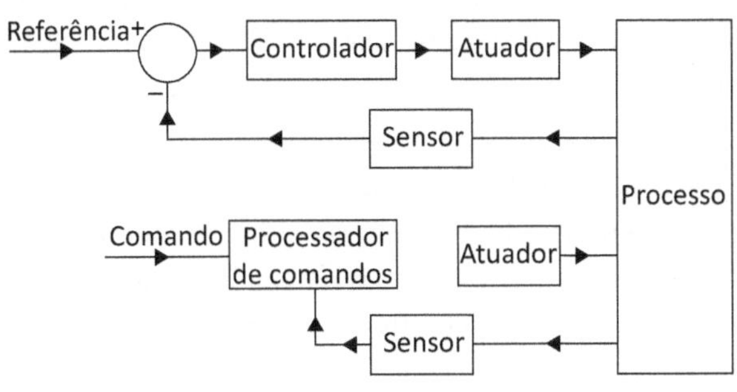

Figura 14.2 – Esquema de controle de um sistema híbrido (processo batelada).

14.2 PRINCIPAIS CARACTERÍSTICAS DOS PROCESSOS BATELADA

Processos batelada e semibatelada desempenham um papel importante na indústria química, devido aos baixos volumes e aos produtos de alto custo envolvidos. Neles, ocorre um processamento prescrito de material por uma duração finita. Uma operação de sucesso significa seguir uma dada receita com um alto grau de reprodutibilidade de batelada para batelada. Perfis de pressão e temperatura são gerados por meio de controladores com valor de referência programável, e o sequenciamento preciso de operações é feito por meio de ferramentas como controladores lógico-programáveis. As principais características de processos batelada são: flexibilidade, duração finita e comportamento não linear. Os fatores que frequentemente afetam a reprodutibilidade de processos batelada são: perturbações e ausência de medição executadas online (LEVINE, 1996).

Nos processos batelada há uma descontinuidade de fluxos de massa e energia em suas linhas e eles requerem uma grande quantidade de sequenciamento de operações, de lógica e de ativação/desativação de malhas de controle. Esses processos são intencionalmente projetados para operar a maior parte do tempo em uma forma não estacionária, que pode exigir técnicas especiais de controle.

Os processos batelada podem ser divididos em quatro categorias, com base no número de produtos que eles geram e no número de encadeamentos usados para produzi-los. Essas categorias são:

- produto simples, encadeamento simples;
- produtos múltiplos, encadeamento simples;
- produto simples, encadeamento múltiplo; e
- produtos múltiplos, encadeamento múltiplo.

Essa última categoria requer o mais alto grau de sofisticação do equipamento de controle para operar no modo automático. O número de produtos é geralmente a quantidade de produtos químicos, substâncias ou itens produzidos, que podem ser individualmente identificáveis. Substâncias similares, diferindo apenas na quantidade dos ingredientes, podem ser consideradas produtos simples com diferentes gradações. Um processo que produza substâncias que diferem em composição, mas não nos métodos de produção, pode ser considerado um processo de produto simples. Um processo que produza diferentes substâncias usando diferentes métodos é um processo de produtos múltiplos.

Um encadeamento é uma série de unidades de processo por meio das quais uma batelada passa sequencialmente. Um encadeamento é o caminho tomado pela batelada durante a produção, podendo consistir em uma unidade simples de processo, como um reator, ou então em diversas unidades em sequência. Processos de encadeamento múltiplo podem ter diversas bateladas executando a mesma operação simultaneamente.

Outra classificação de processos batelada é proposta em Trevathan (2006). As plantas que utilizam processos batelada são normalmente classificadas pela topologia da planta e pelo número de produtos fabricados. É conveniente que se divida essas plantas em três categorias gerais, de acordo com o tipo de atividade do processo. A mais simples é aquela que passa repetidamente pela mesma sequência, da mesma forma, toda vez que é necessário produzir outro lote de um único produto. O segundo tipo de planta é mais comum. Nesse caso, os mesmos procedimentos gerais são seguidos, mas os parâmetros são variados para produzir uma família de produtos que diferem entre si, embora tenham características comuns. Um exemplo desse tipo de planta pode ser uma fábrica de tintas, em que muitas cores ou tonalidades diferentes podem ser produzidas usando essencialmente a mesma sequência de operações. O terceiro tipo de planta é flexível e geralmente reconfigurável. Ela pode fazer muitos produtos diferentes e é a mais complexa dos três tipos. Esta tende tanto a elaborar uma fórmula como um procedimento específico para descrever o processamento que é único para um produto. As regras de fabricação são geralmente definidas como uma receita, que especifica tanto a sequência de operações a serem seguidas como os parâmetros que definem os materiais, as quantidades, as especificações, as temperaturas etc. Não há razão para que o procedimento de fabricação de um produto tenha de se assemelhar ao procedimento para se produzir outro. Esse tipo de processo é muito mais difícil de controlar que os outros dois e, por muitas razões, é o tipo mais comum.

Um processo batelada é essencialmente variante no tempo. Bateladas de produto são transferidas de certas unidades para outras do processo, requerendo uma partida e uma parada automática de cada unidade. Entre as bateladas, as unidades do processo ficam ociosas. Produtos completamente diferentes podem usar as mesmas unidades de processo. O controle do processo batelada está, portanto, relacionado com o controle do estado transiente do processo, bem como do estado estacionário. Isso pode contrastar com um processo contínuo, que se relaciona principalmente com o controle do estado estacionário, usualmente em uma faixa de operação estreita, como 70% a 100% da capacidade.

Em um processo variante no tempo, as posições do equipamento de processo variam com o tempo. A posição é uma descrição única de como uma peça de equipamento está operando. Como exemplo, uma válvula pode estar aberta ou fechada e um motor pode estar ligado ou desligado. Uma malha de controle pode ter seu modo alternado entre manual e automático ou seu valor desejado ou saída para a válvula mudado ou seguindo uma curva. As posições do equipamento de processo são mudadas em passos discretos e o fim de cada passo, que é marcado por um evento disparador, deflagra o início do próximo passo. Um evento disparador pode ser uma variável de processo ou temporizador alcançando um valor predeterminado ou o fim de uma curva de valor desejado.

Um processo batelada é descontínuo. As malhas de controle são usadas por um tempo em um modo e então o modo é mudado. Uma malha de controle de vazão pode ser usada no modo automático para regular a vazão para um reator e então ser passada para manual uma vez que o reator esteja cheio, para em seguida fechar a válvula. Devido aos aspectos descontínuos do controle batelada, muitos problemas devem ser resolvidos.

14.2.1 ASPECTOS COMUNS DE PROCESSOS CONTÍNUOS E BATELADA

Embora o controle de um processo contínuo seja predominantemente contínuo, esse tipo de processo apresenta alguns aspectos descontínuos. Sua partida e sua parada são frequentemente operações manuais, embora algumas vezes o controle automático execute essas operações. A partida ou a parada automática de um processo contínuo se assemelha ao controle de um processo batelada por sua natureza sequencial. Operações batelada são usualmente sequenciais, sendo que o sistema de controle batelada segue uma sequência programada de passos. Além do controle sequencial, processos batelada frequentemente requerem funções de controle contínuo. Por exemplo, por um certo período em uma reação batelada, a temperatura pode ter de ser mantida em um valor constante pela circulação de fluido de aquecimento ou resfriamento através da camisa do reator (FRIEDMANN; STOLTENBERG, 1996).

Em termos de requisitos de controle, os processos contínuos e batelada empregam os seguintes elementos (FRIEDMANN; STOLTENBERG, 1996):

a) Malhas de controle regulatório: essas malhas, normalmente usando a filosofia de controle por realimentação, proveem a manutenção de uma ou mais das variáveis do processo em seus valores desejados.

b) Lógica: além do controle de variáveis analógicas pela manipulação de sinais analógicos, o controle de processos contínuos e batelada também envolve lógica ou controle liga/desliga (*on/off*). Em um processo contínuo pode ocorrer, por exemplo, que o sistema de controle deva acionar uma bomba no caso de falha de outra bomba. Outro exemplo é que, ao se mudar de carga, pode ser preciso acionar ou desligar bombas. A lógica pode ainda evitar que um operador cometa um erro, por exemplo, pondo uma malha de controle de vazão em automático sem antes ter ligado a bomba que fornecerá o escoamento forçado.

14.2.2 ASPECTOS DIFERENTES DE PROCESSOS CONTÍNUOS E BATELADA

A diferença fundamental entre processos batelada e contínuos é a necessidade de controlar procedimentos em um processo batelada. É claro que há um procedimento de partida e um de parada inerentes a qualquer processo contínuo, mas isso geralmente é feito manualmente, pois são operações que ocorrem esporadicamente, não justificando o investimento em um sistema de controle automático para realizá-las. O processo pode passar mais de 95% do seu tempo em um estado de equilíbrio e os procedimentos de partida e parada são vistos como uma parte trivial da operação total. Pode, no entanto, haver um sistema de parada de emergência (*shutdown*) automático do processo, visando proteger a segurança de pessoas ou de equipamentos. Em processos batelada, o procedimento é seguido 100% do tempo em que o processo está acontecendo (TREVATHAN, 2006).

14.2.3 CONSOLIDAÇÃO DOS PROCESSOS BATELADA NA INDÚSTRIA – A NORMA S88

No passado, o controle manual de procedimentos era uma parte padrão da maioria dos processos de fabricação em batelada. Sistemas em batelada simples eram algumas vezes "automatizados" com sequências fixas, por meio de controladores lógicos programáveis (CLPs), programadores de tambor ou outros dispositivos de sequência fixa. Os sistemas que podiam lidar com sequências variáveis para processos flexíveis não foram comercializados até 1985 ou mais tarde. Nessa época, vários sistemas para controle em batelada foram colocados no mercado, mas a terminologia, a flexibilidade e as características variavam muito. Apesar de algum interesse, não surgiu nenhuma abordagem em batelada totalmente aceita (TREVATHAN, 2006).

A primeira parte da norma de controle em batelada ISA-S88.01 foi publicada em 1995 e acabou com a falta de aceitação das abordagens em batelada. Mais tarde, foi adotada pelo American National Standards Institute (ANSI) e renomeada ANSI/ISA-88.01-1995. No entanto, ela ainda é conhecida como S88. Ela aborda a terminologia--padrão, uma série de princípios internamente consistentes e vários modelos hierárquicos, que podem ser aplicados potencialmente a qualquer processo em batelada. Na verdade, essa norma pode ser (e tem sido) aplicada a muitos outros processos de fabricação que requeiram um controle procedural. Ela definiu, de forma consistente, a funcionalidade do controle e a terminologia necessária para se controlar um processo batelada. Nesse processo, vários princípios foram definidos (TREVATHAN, 2006):

- Princípio nº 1: o primeiro e mais importante é que **o controle é uma função**, a qual faz o equipamento realizar as tarefas. Ele acontece e não importa de que forma: manual, automático ou um pouco dos dois. Independentemente de como é implementado, o controle deve existir em alguma dessas formas para se fazer um produto. Isso significa que o controle batelada não é algo novo, já existe há muitos anos. Ele simplesmente não era visto como controle, porque a maior parte dele era realizado manualmente.
- Princípio nº 2: **separe a receita do controle dos equipamentos**. Todos os processos batelada têm algum tipo de receita que define como um produto deve ser feito. A S88 reconhece que o controle de equipamentos pode ser projetado para realizar tarefas focadas no processo e que a receita pode designar as tarefas a serem realizadas, a sua ordem e os valores ou parâmetros necessários para a tarefa. Ao separar a receita do controle do equipamento, é possível que a receita conduza o processo. Isso significa que, ao se alterar apenas a receita, muitos produtos diferentes ou versões de um mesmo produto podem ser produzidos

sem qualquer alteração no controle do equipamento, o que permite muitos benefícios em termos de flexibilidade, confiabilidade e custos.

- Princípio nº 3: **tanto a receita como o processo são realizados a partir de partes menores**. O processo é composto de unidades e a receita é composta de receitas de unidade. Uma receita de unidade direciona a iniciação de tarefas focadas em processos em uma unidade. O resultado é uma visão de controle na qual um processo é realizado em módulos, com controle de procedimentos específicos para cada um, de modo que cada módulo possa, de forma independente, realizar um certo número de tarefas de processo, as quais normalmente não são de produtos específicos. Isso permite que uma receita de um produto específico defina a ordem em que os módulos devem ser executados e forneça os valores a serem usados quando forem executados.
- Princípio nº 4: **modularidade do equipamento**. Uma célula de processo contém todos os equipamentos de um processo, porém as receitas direcionam as unidades. As unidades são um módulo maior, mas são compostas de outros módulos subordinados, chamados módulos de equipamento e módulos de controle. O resultado é uma hierarquia de módulos.
- Princípio nº 5: **entidade equipamento**. Com a hierarquia dos equipamentos e controles, que exige que cada nível tenha uma função específica e um controle procedural que afete vários equipamentos, não é possível enxergar o controle como uma coisa única e separada do equipamento. Essa visão deu origem ao conceito da entidade equipamento. Caso se considere unir equipamentos e controle em uma única entidade combinada, pode-se então pensar em equipamentos que podem ser comandados, realizar a funcionalidade ordenada e relatar a realização dessa operação.

A cada nível na hierarquia de equipamento, pode-se então pensar no equipamento combinado com todo o controle necessário para esse nível, como um objeto único que é capaz de realizar as tarefas ou funções designadas. Tem-se, então, como a norma define, uma entidade equipamento. Isso se aplica a cada nível na hierarquia, para que haja uma hierarquia de entidades equipamento – uma entidade células de processo, uma entidade unidade, uma entidade módulo de equipamento e uma entidade módulo de controle. Uma entidade equipamento tem função independente e autônoma em todos os níveis. Ela tem equipamentos e sua função é definida pelo controle, independentemente de como ele é implementado (TREVATHAN, 2006).

14.3 CARACTERÍSTICAS DO CONTROLE PARA PROCESSOS BATELADA

A partida de uma bomba, a abertura de uma válvula, o término da carga de um determinado material no reator e a chegada no final de uma reação são todos eventos no tempo, requerendo diferentes ações de controle. No projeto de um sistema de controle batelada, deve-se lidar com condições de processo baseadas no tempo e com fenômenos transitórios. O sistema de controle frequentemente deverá prover a criação de múltiplos produtos, acomodar tempos ociosos entre bateladas ou, em alguns casos, incluir procedimentos automáticos de partida e parada.

O controle sequencial engloba todas as funções de controle (discretas e contínuas/regulatórias) disparadas por eventos (baseados no tempo ou no processo), quer normais ou anormais.

As características importantes dos procedimentos de processamento da batelada são resumidas a seguir (SEBORG et al., 2011):

- operações intermitentes são muito mais utilizadas que as contínuas. Tipicamente, um ciclo consiste em partida, operação, parada e limpeza;
- como consequência do exposto no parágrafo anterior, um sequenciamento dos passos da batelada é necessário. Além disso, o uso intenso de atuadores de dois estados (bombas ligadas/desligadas; válvulas abertas/fechadas etc.) e elementos de medição de dois estados (nível atingido ou não; temperatura alcançada ou não etc.) requer a incorporação de uma quantidade considerável de lógica, em particular no intertravamento de equipamentos;
- a teoria convencional de controle para processos contínuos pode não ser aplicável caso não se introduzam as modificações citadas no próximo parágrafo;
- existe uma grande oportunidade para aplicar técnicas de otimização que, diferentemente das utilizadas no controle supervisório de processos contínuos, que se preocupam em escolher o melhor conjunto de condições operacionais (*set points*), buscam otimizar características importantes do ciclo de batelada. Por exemplo, o tempo do ciclo deve ser minimizado a fim de maximizar a taxa de produção por meio da unidade, ou então as condições da reação (temperatura e pressão) devem ser determinadas em função do tempo, de forma a maximizar a produtividade da reação.

Ao implementar o controle de processos batelada, há diversas diferenças importantes em relação ao controle contínuo (SEBORG et al., 2011):

- ao se carregar a unidade com reagentes, totalizadores são comumente usados para determinar a dosagem dos componentes. Assim, são muito mais importantes a medição e a integração de vazões com precisão que o controle preciso dessa variável;
- a partida de um processo batelada frequentemente é realizada em controle manual;
- quando controladores por realimentação são usados na partida, controle proporcional é frequentemente usado para seguir os valores de referência, que são pré-programados como funções do tempo. O uso de controle proporcional puro durante as partidas e paradas é usualmente desejável porque:
    - algum pequeno desvio permanente é tolerável durante os períodos de seguimento do valor de referência;

  - saturação do modo integral poderia ser um problema durante esses períodos se o controle PI fosse usado;
  - ajustes de ganho proporcional podem ser pré-programados, de forma que a resposta do processo seja rápida o bastante, sem perigo de instabilidade;
- ao se atingir a parte produtiva do ciclo (definida por condições operacionais geralmente constantes), os controladores são tipicamente chaveados para o modo PI;
- durante o período produtivo, a predição do final da reação para reatores batelada pode ser implementada. Frequentemente, algum tipo de método indireto (inferencial) é usado. O mesmo ocorre para processos de separação;
- durante a parada de um processo, busca-se atingir um estado, tão rapidamente quanto possível, em que a unidade possa ser descarregada, limpa e aprontada para outro ciclo ou outro produto. Assim, valores de referência de temperatura são diminuídos tão rapidamente quanto as restrições em equipamentos e produtos permitam. Controle proporcional puro é tipicamente usado, ou os atuadores são manipulados manualmente.

14.4 CONTROLE BATELADA

O controle batelada pode ser dividido em três níveis, o mais baixo sendo o de controle discreto e regulatório, o próximo sendo o de controle de operações das unidades de processo e o mais alto sendo o de controle do ciclo de batelada (ver Figura 14.3). Essa hierarquia é usada para simplificar a definição de uma estratégia de controle. Os controles discreto e regulatório são manipulados por meio da operação das unidades, que, por sua vez, obedecem ao ciclo de batelada ou ao operador (FISHER CONTROLS, 1985).

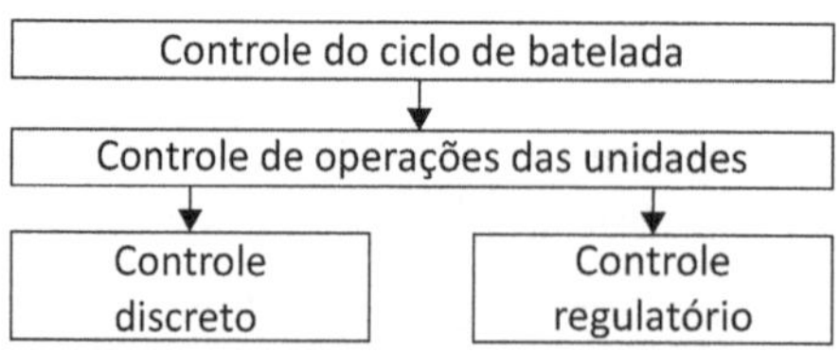

Figura 14.3 – Hierarquia do controle batelada.

O mais alto nível de controle é o controle do ciclo de batelada ou procedimento. Esse nível se relaciona com a coordenação de operações das unidades e a programação das unidades para otimização de tempo e energia. O ciclo de batelada mantém a identidade da batelada ao longo do processo para a execução do rastreamento e do histórico da batelada. O ciclo de batelada pode ser considerado a receita do produto. O procedimento, ciclo ou processamento da batelada provê dois tipos de diretrizes para fazer um produto: a receita da batelada e a sua sequência de execução. Uma receita de batelada consiste em uma lista de parâmetros como valores de referência de temperatura, vazão, tempo de operação e quantidade total dos ingredientes. Uma sequência de batelada define todos os estados necessários, os mecanismos de transição de estado e a ordem em que esses estados devem ser implementados.

Há três modos básicos de operação da unidade de processo batelada: manual, semiautomático e automático. No modo manual, o encadeamento de passos ao longo da sequência da batelada é feito pelo operador da planta, por meio de comandos específicos. No modo semiautomático, a sequência da batelada é iniciada pelo operador, mas então prossegue automaticamente por meio dos estados da sequência até o final da operação. No modo automático, uma vez que uma sequência seja iniciada, ela pode ser repetida um número predeterminado de vezes, sem nenhuma intervenção do operador.

Quando muitas unidades de processo batelada estão operando simultaneamente em uma planta, é necessário acompanhar o estado de cada procedimento de batelada e organizar os recursos comuns adequadamente, para servir a todos os processos. Um programa supervisório deve ser criado para isso.

O engenheiro de controle deve preencher relatórios que gerarão informações históricas adequadas da batelada, de forma a permitir a futura otimização de toda a operação do processo, visando fabricar cada produto a um custo mínimo e com o máximo aproveitamento dos equipamentos e ingredientes.

Uma unidade de processo consiste em um grupo de equipamentos e cada peça executa, quase independentemente, uma parte do processo. Exemplos são unidades de filtragem, unidades de separação, reatores e colunas de destilação.

Em unidades de processo, a sequência da batelada é subdividida em estados do processo. Cada estado recebe um nome, como carga, reação, aquecimento, resfriamento, espera, ocioso, descarga, lavagem, vazio e desligamento. Dentro de cada estado são realizadas funções de controle discreto e contínuo/regulatório, intertravamentos de segurança e seletivo, bem como controle sequencial.

O controle de operações das unidades de processo está relacionado com a coordenação e o sequenciamento de funções de nível mais baixo, como os controles discreto e regulatório. As tradicionais operações de unidades, como aquecimento, resfriamento, evaporação e reação, e as operações de transferência de batelada, como carga e descarga, ocorrem nesse nível. Operações são os conjuntos individuais de instruções que realizam essas tarefas de controle. A operação das unidades também manipula paradas de emergência e procedimentos do processo em caso de falha. Nesse nível se executa a contenção para o uso de recursos comuns, como equipamentos e energia, e paradas no processo para intervenção manual são programadas. Uma parada programada pode ser necessária para uma análise de laboratório ou a adição de um ingrediente especial.

O controle regulatório engloba a medição das variáveis do processo e o controle básico PID, similar ao usado em controle de processos contínuos. O controle regulatório também faz com que os valores desejados sigam curvas de referência ao longo do tempo.

O controle discreto envolve o intertravamento de dispositivos de controle discreto, utilizados para fazer funcionar o processo e para fins de segurança, e é responsável pela lógica do processo, isto é, envolve o sequenciamento da posição de dispositivos discretos com base no tempo e na ocorrência de eventos.

14.5 ELEMENTOS DO CONTROLE BATELADA

As quatro próximas Subseções (14.5.1 a 14.5.4) discutem os quatro elementos básicos da hierarquia do controle batelada: controle discreto, controle regulatório, controle de operação das unidades e controle do ciclo de batelada. Uma breve discussão sobre otimização é incluída na Subseção 14.5.5.

14.5.1 CONTROLE DISCRETO

Fundamental ao controle de processos batelada é o controle de uma variedade de dispositivos, que são operados em posições bem definidas e distintas. O controle discreto se relaciona com as técnicas de manter esses dispositivos em posições corretas nos tempos certos. Funções discretas, que utilizam valores de variáveis do processo, são desenvolvidas para controlar dispositivos discretos, como válvulas solenoide e motores, os quais acionam bombas, agitadores, sopradores etc. Os atuadores discretos mais simples operam com apenas um contato, ao passo que os mais complexos utilizam vários contatos. A posição desses instrumentos pode ser definida em uma tabela, que mostra o estado de cada contato de entrada e saída para todas as posições possíveis do dispositivo, usando "0" para representar contatos abertos e "1" para simbolizar contatos fechados. Por exemplo, uma válvula solenoide de duas posições pode ter um contato de entrada para controlar a sua posição e dois contatos de saída para indicar a sua posição. O sistema de controle então precisa de duas entradas discretas para monitorar essa válvula e de uma saída discreta para controlá-la. As posições para essa válvula são mostradas na Tabela 14.1, que considera que a válvula é do tipo NF (normalmente fechada).

Tabela 14.1 – Tabela de posições para válvula solenoide (tipo NF)

Posição da válvula	Entradas discretas		Saída discreta
	nº 1	nº 2	nº 1
Fechada	1	0	0
Aberta	0	1	1

Dispositivos como bombas e agitadores são normalmente acionados por motores elétricos, os quais são controlados por contatos liga-desliga independentes. Nesse caso, duas saídas discretas são necessárias para ligar e desligar o motor e uma entrada discreta é usada para detectar a posição do motor, conforme indicado na Tabela 14.2.

Tabela 14.2 – Tabela de posições para motor de velocidade única

Posição do motor	Entrada discreta	Saídas discretas	
	nº 1	nº 1 (liga)	nº 2 (desliga)
Parado	0	0	1
Girando	1	1	0

Muitos dispositivos discretos têm três ou mais posições. Por exemplo, um motor de duas velocidades pode ter três posições: alta, baixa e parado. Nesse caso, duas entradas discretas são necessárias para detectar a sua posição e três saídas discretas são requeridas para controlá-lo, conforme ilustrado na Tabela 14.3.

Tabela 14.3 – Tabela de posições para motor de dupla velocidade

Posição do motor	Entradas discretas		Saídas discretas		
	nº 1	nº 2	nº 1	nº 2	nº 3
Parado	0	0	1	0	0
Baixa velocidade	1	0	0	1	0
Alta velocidade	1	1	0	0	1

Os exemplos das Tabelas 14.1 a 14.3 ilustram três dos muitos dispositivos discretos que devem ser operados para controlar um processo. Combinações de bombas, válvulas e motores podem também precisar de dispositivos de operação simples, que têm tabelas de posição extensas. A Figura 14.4 mostra um grupo de dispositivos discretos operando como um dispositivo simples de controle discreto, usado para obter três diferentes vazões. Para tal, quatro posições operacionais são definidas, conforme indicado na Tabela 14.4.

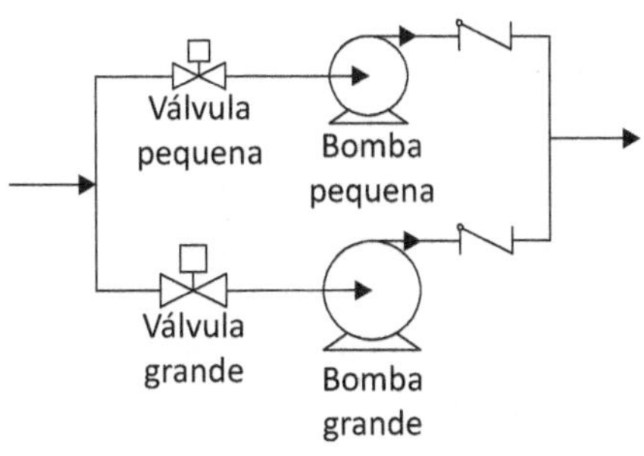

Figura 14.4 – Sistema composto de válvulas e bombas.

Tabela 14.4 – Tabela de posições para sistema composto de válvulas e bombas

Posição	Entradas discretas						Saídas discretas					
	Válvula pequena		Bomba pequena	Válvula grande		Bomba grande	Válvula pequena	Bomba pequena		Válvula grande	Bomba grande	
Desligado	1	0	0	1	0	0	0	0	1	0	0	1
Baixa	0	1	1	1	0	0	1	1	0	0	0	1
Média	1	0	0	0	1	1	0	0	1	1	1	0
Alta	0	1	1	0	1	1	1	1	0	1	1	0

Além dos atuadores discretos, existem também os sensores discretos operando em processos batelada: chaves de nível, pressostatos, termostatos, fluxostatos etc.

Os seguintes tipos de controle discreto são possíveis:

- controle manual discreto do tipo liga/desliga (*on/off*);
- intertravamento; e
- controle sequencial.

Nesta subseção são analisadas cada uma dessas três formas de controle discreto.

a) Controle manual discreto do tipo liga/desliga (*on/off*)

Essa é a forma mais simples de controle discreto, usada quando a intervenção humana direta é requerida para ativar um dispositivo, baseada em informações do processo obtidas pela instrumentação e no julgamento humano. Pode-se então, por exemplo, abrir ou fechar manualmente uma válvula solenoide. Equipamentos críticos devem normalmente poder ser acionados por controle manual em situações de emergência.

b) Intertravamento

Em processos batelada, sensores ou elementos finais de controle são ativados ou desativados por lógica discreta. Há muitos casos em que intertravamentos são requeridos, por exemplo, uma malha de controle de vazão não pode operar, a menos que uma bomba tenha sido ligada. Durante a partida e a parada de processos contínuos, muitos elementos devem ser corretamente acionados. Assim, uma bomba centrífuga só deve ser ligada se houver fluido disponível em sua sucção. Portanto, esse tipo de controle permite a atuação automática de um determinado dispositivo somente se certas condições de processo forem satisfeitas. O intertravamento visa à segurança humana, à proteção do equipamento, ao aproveitamento de energia, a conveniências operacionais e ao rendimento do processo. Há duas categorias de intertravamento: de segurança e seletivo.

O intertravamento de segurança é projetado para garantir a segurança de pessoas e equipamentos. Ele está usualmente associado com mau funcionamento ou falha de equipamentos. Exemplos: em algumas situações, dispositivos de travamento podem evitar o acesso de pessoas a certas áreas do processo se as condições ambientais forem perigosas. Em outras instalações, pode haver a proteção de equipamentos, como o desligamento de uma bomba cuja válvula de descarga esteja fechada. Aplicações típicas de intertravamento de segurança incluem a prevenção de vazamento em tanques por meio de uma chave de nível alto acoplada à válvula de alimentação do tanque, fechando-a quando acionada, ou então a prevenção de bombeamento com a linha vazia, desligando a bomba caso não haja fluido na linha.

O intertravamento seletivo estabelece um ordenamento na partida e na parada de equipamentos, de modo que um equipamento deve estar operando antes de outro poder operar. Por exemplo, em um sistema constituído por uma correia transportadora A alimentando um elevador que, por sua vez, descarrega sua carga em uma correia transportadora B, como mostrado na Figura 14.5, deve-se evitar o acúmulo de material. Para tal, a correia transportadora A não deve ser ativada antes de o elevador estar operando, que por sua vez não deve ser acionado enquanto a correia B não estiver se movendo.

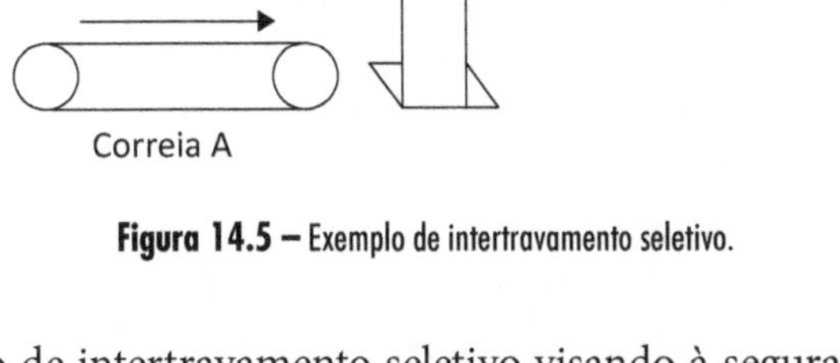

Figura 14.5 – Exemplo de intertravamento seletivo.

Um exemplo de intertravamento seletivo visando à segurança humana ocorre quando a porta de um forno é travada para temperaturas acima de um certo valor, protegendo assim o operador. A porta só pode ser aberta se a temperatura for suficientemente baixa.

É comum que grupos de equipamentos sejam compartilhados por várias unidades. Isso normalmente ocorre com o equipamento usado para transferir material de uma unidade a outra. Um exemplo dessa aplicação é visto na Figura 14.6, em que quatro válvulas controlam o fluxo de material de três tanques para um quarto tanque. Deseja-se que o conteúdo dos três tanques de entrada não se misture, assim, deve-se usar intertravamentos que evitem que VIN-1 esteja aberta quando VIN-2 ou VIN-3 estiverem abertas. Portanto, o sistema tem quatro posições válidas intertravadas entre si para gerar as operações mostradas na Tabela 14.5.

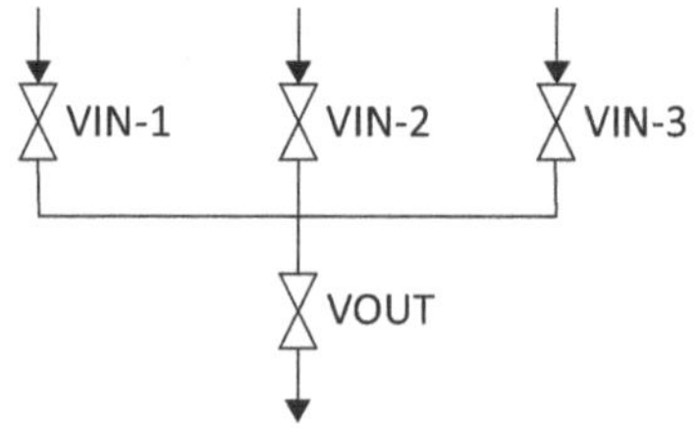

Figura 14.6 – Grupo de válvulas de controle discreto.

Tabela 14.5 – Tabela de posições para grupo de válvulas de controle discreto

Posição do coletor	Posição das válvulas			
	VIN-1	VIN-2	VIN-3	VOUT
Fechado	Fechada	Fechada	Fechada	Fechada
Aberta 1	Aberta	Fechada	Fechada	Aberta
Aberta 2	Fechada	Aberta	Fechada	Aberta
Aberta 3	Fechada	Fechada	Aberta	Aberta

c) Controle sequencial

Um dispositivo discreto pode ter apenas dois estados, como ligado/desligado, aberto/fechado etc. As comutações podem ser associadas a tempo ou a variáveis do processo (pressão, temperatura, nível etc.). O sequenciamento exige que uma condição de término seja atingida antes de o sistema ir para o próximo passo. A transição de um passo a outro pode exigir uma única condição de término ou uma combinação de várias delas. No exemplo das correias e do elevador da Figura 14.5, seria recomendável esperar um certo tempo após a partida para retirar material velho do elevador e das correias. Uma sequência sugerida de passos para partir o sistema seria: partir a correia B, partir o elevador, partir a correia A e então esperar 180 s (tempo obtido empiricamente para limpar o sistema) antes de liberar novo material para a correia A. A parada do sistema também ocorre em uma certa sequência de passos. Admita que as correias A e B tenham sensores de peso, mas o elevador não. Nenhum material deve ficar nas correias paradas. A sequência de parada seria a seguinte: 1) esperar até que o peso na correia A seja nulo; 2) parar a correia A; 3) esperar 100 s (tempo obtido empiricamente para esvaziar o elevador); 4) parar o elevador; 5) esperar até que o peso na correia B seja zero; e 6) parar a correia B. Essa sequência de operações gera uma série de quatro intertravamentos em um sequenciamento realizado com três dispositivos, como mostra a Tabela 14.6.

Tabela 14.6 – Tabela de sequenciamento para sistema correia A + elevador + correia B

Posição do intertravamento	Dispositivo			Eventos disparadores
	Correia A	Elevador	Correia B	
1	1	1	1	Peso na correia A = 0
2	0	1	1	Temporizador = 100 s
3	0	0	1	Peso na correia B = 0
4	0	0	0	

Eventos simples podem mudar a posição ou então diversos eventos devem ocorrer para permitir essa mudança. No exemplo da Tabela 14.6, eventos simples causam as mudanças, no entanto, poderia se exigir que o peso da correia B fosse nulo e que o elevador parasse por no mínimo 240 segundos para então disparar o próximo passo.

14.5.2 CONTROLE REGULATÓRIO

O controle regulatório de um processo batelada é idêntico ao de um processo contínuo. Ele controla, por exemplo, a temperatura em um reator ou a pressão em uma autoclave. As variáveis normalmente controladas são vazão, pressão, temperatura e composição. A batelada amplia a dimensão do controle regulatório devido às frequentes partidas e paradas, mudanças na receita do produto e alterações no processo. Assim, se cada batelada demora quatro horas, o controle regulatório deve ser parado nesses intervalos e retomado quando a próxima batelada é iniciada. Uma receita pode ser mudada diversas vezes por dia, exigindo diferentes condições do reator e mudanças na estratégia de controle.

Outro exemplo de controle regulatório tipo batelada ocorre no tanque de mistura da Figura 14.7. Os ingredientes A e B são sempre adicionados, e os ingredientes C ou D são adicionados dependendo do produto sendo fabricado. O operador manualmente conecta a tubulação ao ingrediente necessário. Os ingredientes são inseridos por meio de uma relação de vazões com o ingrediente A. Ocasionalmente, o controlador de vazão para o ingrediente A pode receber um sinal do transmissor de nível em vez do transmissor de vazão. Alterações na estratégia de controle podem ser incorporadas ao sistema de aquecimento e resfriamento, dependendo da receita que estiver sendo usada.

Em uma reação tipo batelada, a temperatura e a pressão são usualmente as variáveis controladas, ao passo que a vazão e a composição são as variáveis manipuladas.

A seguir são descritas funções regulatórias de controle relacionadas com processos batelada.

a) Mudanças na estratégia de controle e partição da faixa de medição

   Diferentes estratégias de controle são algumas vezes necessárias para o mesmo equipamento. Uma alteração da estratégia pode envolver a passagem do controle para um controlador diferente ou a mudança do algoritmo de controle.

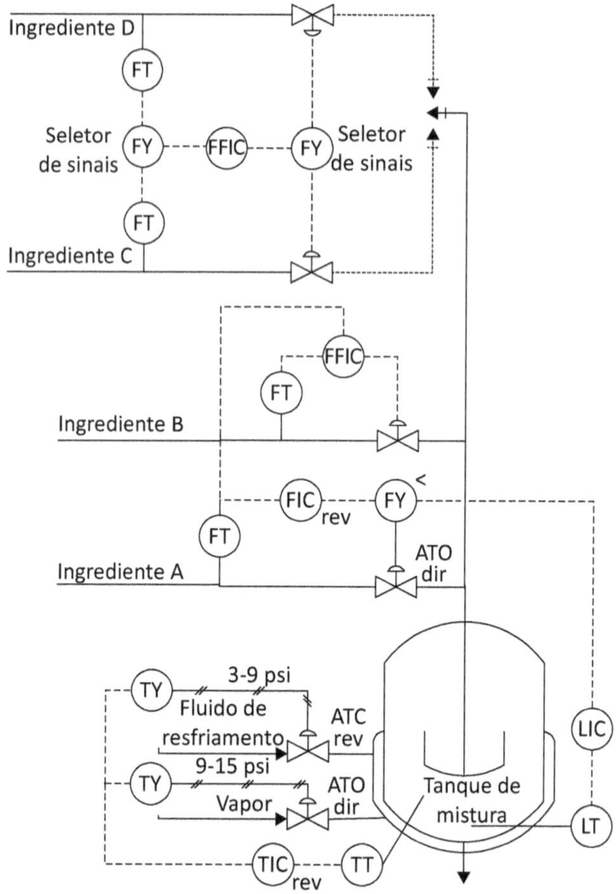

Figura 14.7 – Mudança da estratégia de controle.

A Figura 14.8 mostra um caso de uma malha de controle com dois controladores. A variável controlada pode ser selecionada de duas maneiras. A escolha pode ser feita pelo tipo de produto sendo fabricado e já estar incluída na receita, ou então pode depender das condições de processo, caso em que a variável controlada é selecionada por decisões lógicas durante o andamento do processo.

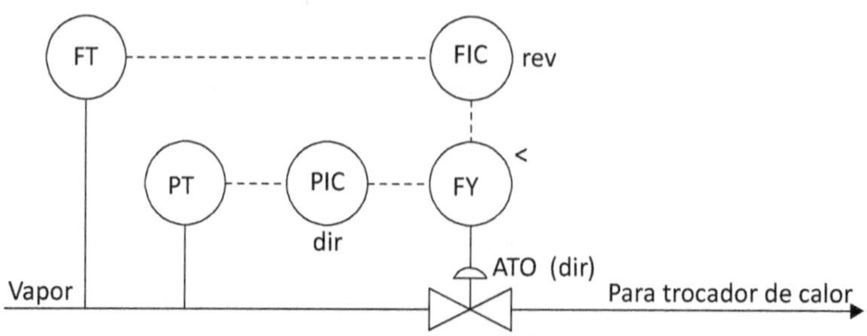

Figura 14.8 – Mudança da estratégia de controle.

Outro exemplo de alteração na estratégia de controle pode ser visto na Figura 14.7, em que a adição do ingrediente A pode ser controlada por vazão ou por nível. Um exemplo de mudança no algoritmo de controle é mostrado na Figura 14.7, em que o ingrediente C ou D é acrescentado dependendo da receita. Os cálculos feitos pelo controlador de relação de vazão são função do ingrediente selecionado, de modo que o algoritmo muda quando a receita muda.

Outro conceito usado no controle de processos batelada é a partição da faixa de medição (*split range*), em que apenas um controlador utiliza sua saída para selecionar uma dentre duas válvulas de controle, dependendo do valor do sinal de saída do controlador. A Figura 14.9 mostra um controlador de temperatura com uma faixa de 0 a 100 °C. Por meio de uma mudança na faixa de operação das válvulas (*bias*), a saída do controlador opera a válvula de vapor ou de água. Nesse exemplo, a faixa é particionada em 50%.

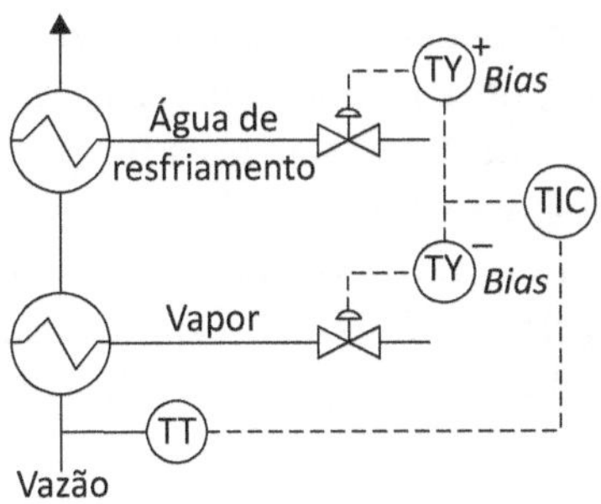

Figura 14.9 – Partição da faixa de medição (*split range*).

Ocasionalmente, uma válvula de duas posições é usada para controlar uma variável contínua. Um exemplo disso é quando se controla o nível em um tanque por meio da abertura de uma válvula discreta na saída quando um nível alto é atingido e do seu fechamento quando se chega a um nível baixo.

O controle liga-desliga (*on/off*) emprega elementos de controle discreto para regular variáveis de processo contínuas. Esse princípio se estende além das válvulas de duas posições. Um ventilador de resfriamento provido das posições desligado, baixa velocidade e alta velocidade pode ser usado para controlar a temperatura usando princípios similares. Em condições normais, o ventilador está desligado. Quando um sobreaquecimento começa, o ventilador passa a operar em baixa velocidade. Se a temperatura ultrapassa um certo valor, ele é comutado para alta velocidade.

b) Prevenção da saturação do modo integral (*anti-reset wind up* ou *anti-integral wind up*)

Um problema comum no controle de temperatura de reatores é o acúmulo do erro até que na saída do controlador ocorra a saturação (*wind up*) do modo integral, que leva a variável controlada a ultrapassar o valor de referência. Esse assunto é discutido na Subseção 7.2.11 do Volume 1. Em muitos processos batelada, esse efeito é crítico para a qualidade do produto. Esse problema pode ocorrer, por exemplo, durante os longos períodos de aquecimento, habitualmente necessários para iniciar reações exotérmicas. Quando a temperatura do reator lentamente cresce a fim de iniciar a reação, o modo integral satura. Uma vez que a reação começa, o termo integral pode não decrescer com velocidade suficiente para prevenir a ultrapassagem da temperatura, conforme exposto na Figura 7.36. A saturação do modo integral também ocorre quando o equipamento de batelada está sendo carregado, descarregado, limpo ou em manutenção. Ela usualmente ocorre em processos que sofrem frequentes partidas e paradas. Uma das formas de resolver isso é fazer com que o valor desejado siga a variável controlada durante os estados em que o controle estiver inativo, conforme sugerido na Subseção 7.2.11 do Volume 1 (modo SPTR). Na retomada do controle, isto é, ao sair do modo SPTR, o algoritmo começará com um desvio nulo e o modo integral iniciará sua operação não saturado. Nesse retorno ao controle automático, uma forma de prevenir a saturação do modo integral é fazer com que o valor desejado seja uma função crescente, por exemplo, no formato de uma rampa. Isso evita que o erro se torne grande o bastante para gerar a saturação. Outra opção seria incorporar um relé *anti-reset wind up* no controlador, que congela a ação integral enquanto a saída do controlador está saturada, como indicado na Subseção 7.2.11 do Volume 1.

c) Perfil de variáveis controladas do processo

A madeira é constituída principalmente por celulose e lignina. Discute-se aqui o processo de cozimento da madeira, ou seja, a deslignificação, que visa obter polpas celulósicas. Essas fibras de celulose são utilizadas na fabricação de papéis. A polpação é o processo pelo qual a madeira é reduzida a uma massa fibrosa. Isso significa romper as ligações entre as estruturas da madeira, separando as fibras. Existem duas formas de polpação: mecânica e química. Aqui, o interesse é focado na polpação química, a qual utiliza produtos químicos e calor para dissolver a lignina, e a celulose permanece quase intacta. Há três modos de realizar a polpação química: Kraft ou Sulfato, Soda e Sulfito. Enfoca-se aqui a polpação pelo processo Kraft, que emprega hidróxido de sódio (NaOH) e sulfeto de sódio (Na_2S), gerando a polpa de maior resistência e sendo o processo dominante nos EUA, no Brasil e no mundo em geral. No processo químico Kraft, as operações realizadas são: cavacos de madeira, hidróxido de sódio e sulfeto de sódio são carregados em um digestor; a temperatura no digestor se eleva a 170 °C; e ocorre então a dissolução da lignina e a liberação das fibras de celulose, promovendo-se a deslignificação da madeira. O período de cozimento varia de 2 a 4 horas, dependendo da quantidade de lignina a ser removida. A polpa e o licor negro são expelidos do digestor no final do cozimento. O licor negro consiste em produtos químicos utilizados, lignina dissolvida e carboidratos. Para realizar a polpação Kraft são usados digestores contínuos ou digestores por batelada (*batch*) (KLOCK, 2013).

Discute-se, a seguir, o conceito de cinética de reação, que corresponde basicamente à velocidade em que a reação química ocorre. Usualmente, a velocidade de uma reação é afetada por dois fatores: concentração dos reagentes e temperatura da reação. Suponha o caso de uma reação irreversível de dois componentes (GARCIA, 2005):

$$\mathrm{A} + \mathrm{B} \rightarrow \mathrm{C}$$

A equação de velocidade para uma reação com dois componentes é dada por:

$$\frac{\mathrm{d}\left(C_A\right)}{\mathrm{d}t} = -k \cdot C_A \cdot C_B$$

em que:

C_A = concentração molar do reagente A (mol/L)

C_B = concentração molar do reagente B (mol/L)

k = constante de velocidade da reação (1/s)

Diz-se que essa reação é de primeira ordem com respeito ao reagente A, de primeira ordem com relação ao reagente B e de segunda ordem em geral, em que o termo ordem refere-se ao expoente associado com o termo concentração.

A Equação de Arrhenius para cálculo da constante de velocidade da reação é geralmente aceita para calcular a constante de velocidade da reação k, a qual é função da temperatura T do processo:

$$k = A \cdot \exp\left(-\frac{E_a}{R \cdot T}\right) \tag{14.1}$$

ou, equivalentemente, por:

$$\ln(k) = \ln(A) - \frac{E_a}{R \cdot T} \tag{14.2}$$

em que:

A = fator de frequência (adimensional)

E_a = energia de ativação para a reação (cal/mol ou J/mol)

R = constante universal dos gases perfeitos $\left(1{,}987\,\dfrac{\text{cal}}{\text{mol}\cdot\text{K}}\ \text{ou}\ 8{,}314\,\dfrac{\text{J}}{\text{mol}\cdot\text{K}}\right)$

T = temperatura da reação (K)

Desde que todos os termos, exceto *T*, são constantes, pode-se ver que aumentando a temperatura *T* ocorrerá um aumento em *k*, pois o termo expoente se tornará um número negativo menor, o que por sua vez aumentará a velocidade da reação.

A cinética da polpação alcalina é calculada por:

$$\frac{\mathrm{d}L}{\mathrm{d}t} = -k \cdot C_{\left[\mathrm{OH^-}\right]} \qquad (14.3)$$

Assim, a velocidade da polpação pode ser aumentada tanto pelo aumento da concentração de NaOH como pelo aumento da temperatura, a qual afeta o termo *k*.

Os primeiros modelos de cinética de deslignificação, como o proposto por Larocque e Maas (1941), empregavam a Equação de Arrhenius para calcular a energia de ativação, em que a constante de velocidade *k* é dada por (14.1) ou (14.2).

Larocque e Maas (1941) determinaram, ao final de um cozimento Kraft de eucalipto com um conteúdo de lignina menor que 2%, que a energia de ativação para o processo era de 32.000 cal/mol.

Vroom (1957) desenvolveu uma versão modificada da Equação de Arrhenius:

$$\ln(k) = B - \frac{A}{T} \qquad (14.4)$$

em que *A* e *B* são constantes

A velocidade da deslignificação da massa pode ser aproximada pela Equação (14.5) (KLOCK, 2013):

$$\frac{\mathrm{d}L}{\mathrm{d}t} = -k \cdot L \qquad (14.5)$$

em que:

L = conteúdo de lignina na fibra

t = tempo (minutos)

k = constante de velocidade da reação

O teor final de lignina da pasta e o rendimento dependem de certas características do processo, dentre as quais se inclui a evolução do cozimento, avaliada pela temperatura e pelo tempo de cozimento.

Considerando a Equação (14.4) tem-se que:

$$A = \frac{E}{R} \tag{14.6}$$

Considera-se E = energia de ativação = 32.097 cal/mol (KLOCK, 2013) e R = constante universal dos gases perfeitos = $\left(1{,}987\,\frac{\text{cal}}{\text{mol}\cdot\text{K}}\right)$.

A constante de velocidade de reação a 100 °C foi arbitrariamente definida como unitária. Com base na Equação (14.6), a Equação (14.4) assume a seguinte forma:

$$\ln(k) = B - \frac{32.097}{1{,}987\cdot T}$$

Portanto:

$$\ln(k) = B - \frac{16.153{,}5}{T}$$

Considerando T = 100 °C = 373,15 K e sabendo que k = 1 a 100 °C, resulta:

$$\ln(1) = 0 = B - \frac{16.153{,}5}{373{,}15}$$

Portanto:

$$B = 43{,}29$$

A constante de velocidade de reação para qualquer outra temperatura é calculada por:

$$\ln(k) = 43{,}29 - \frac{16.153{,}5}{T}$$

ou, equivalentemente:

$$k = \exp\left(43{,}29 - \frac{16.153{,}5}{T}\right)$$

O processo de deslignificação é afetado pela temperatura e pelo tempo de cozimento. Como essas duas são variáveis interdependentes, Vroom (1957) propôs uma equação para expressar o tempo de cozimento e a temperatura com uma só variável, a qual chamou de "Fator H":

$$H = \int k\ \mathrm{d}t \tag{14.7}$$

A Equação (14.7) é válida para temperaturas maiores que 100 °C (DUEÑAS, 1997).

Cada processo batelada tem condições ótimas, que produzem o máximo com os mínimos tempo e custos. Frequentemente, uma curva da variável controlada em função do tempo é encontrada para essas condições ótimas e a estratégia de controle corresponde a essa curva.

Como exemplo de cálculo do Fator H, considere um cozimento em que a elevação da temperatura de 80 °C a 170 °C foi realizado em 1,8 horas e o tempo à temperatura de 170 °C foi de 0,65 horas (KLOCK, 2013). A Figura 14.10a mostra o perfil de temperatura para esse processo de cozimento em um digestor de batelada. O perfil da temperatura *T* determina a constante de velocidade da reação *k* e a integral dessa curva é usada para determinar o ponto final do cozimento, como ilustrado na Figura 14.10b, em que $H = 821{,}81$. Depois de escolher o Fator H desejado, o perfil de temperatura é determinado de modo a produzir a máxima quantidade de polpa no menor tempo e com menos vapor.

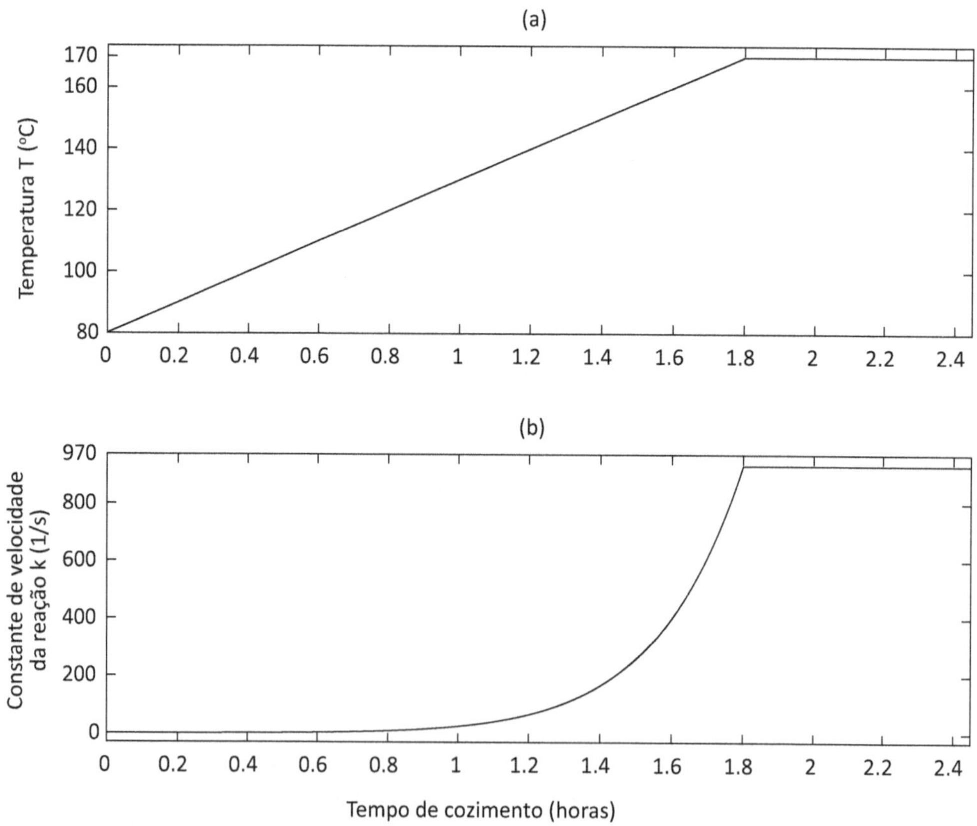

Figura 14.10 – Perfil de temperatura *T* do cozimento (a) e constante de velocidade da reação *k* (b).

Retortas ou autoclaves (vasos pressurizados) requerem precisão e repetibilidade para um bom controle, exigindo um perfil repetitivo de temperatura e pressão. Esses equipamentos são comumente usados na indústria de alimentos enlatados para matar bactérias.

Ocasionalmente, é desejável alterar ou estender o perfil e mudar a estratégia de controle durante uma batelada. Se ocorre uma falha do equipamento, o tempo inativo pode resultar na necessidade de estender o tempo de reação a fim de obter o produto desejado. Quando um produto é mudado, pode ser necessário alterar a estratégia de controle ou alterar o perfil para o novo produto.

Em digestores de batelada, alcançar o mesmo Fator H em cada batelada é importante para produzir produtos similares. Algumas vezes, o perfil de temperatura é alterado devido à demanda de vapor e o tempo de cozimento deve ser alterado para chegar ao mesmo Fator H, como visto na Figura 14.11.

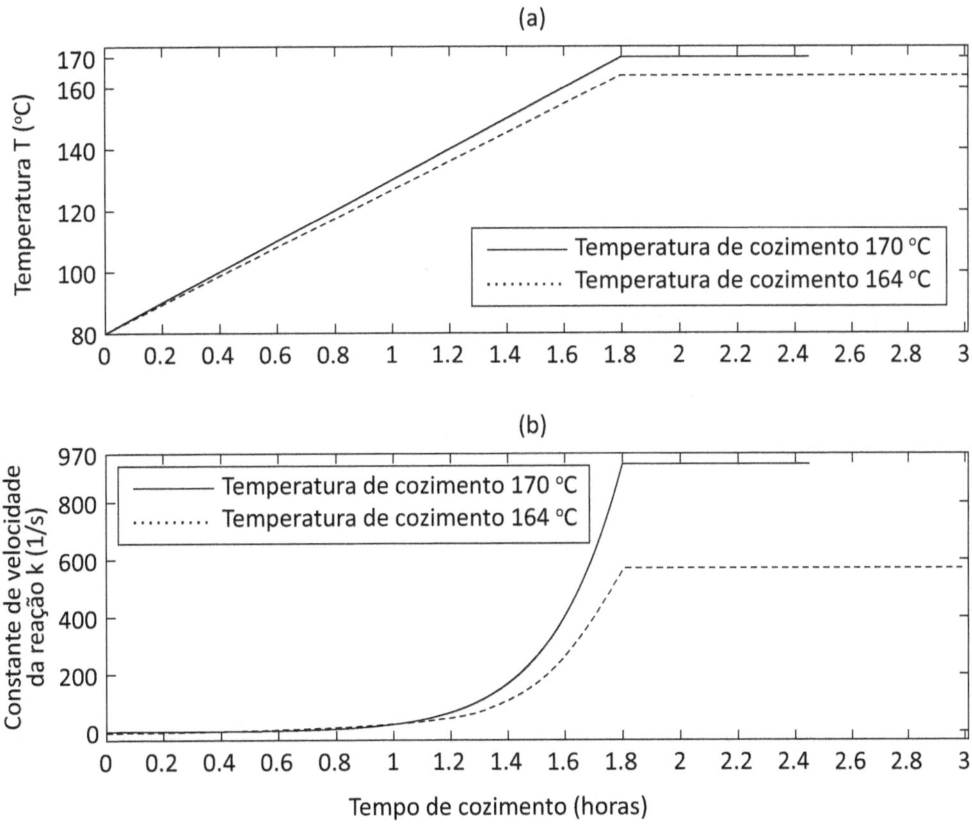

Figura 14.11 – Ajuste dos perfis de temperatura do cozimento para gerar Fatores H idênticos.

Na Figura 14.11 o Fator H é 821,81 para um tempo de reação de 2,45 horas e uma temperatura máxima de 170 °C, e esse fator vale 821,79 (praticamente idêntico ao anterior) para um tempo de reação de 3,0118 horas e uma temperatura máxima de 164 °C. Assim, com uma temperatura menor, o tempo de cozimento para atingir o mesmo Fator H aumenta.

Suponha agora que, para o digestor usado nas Figuras 14.10 e 14.11, seja necessário atingir um Fator H de 2.000 para se alcançar um cozimento satisfatório a uma temperatura de 170 °C. Considere que a temperatura aumentou de 80 °C a 170 °C em 0,625 horas. Qual deve ser o tempo no digestor a 170 °C para completar o cozimento e qual é, então, o tempo total de cozimento (KLOCK, 2013)? A Figura 14.12a mostra o gráfico da temperatura *T* e a Figura 14.12b apresenta o gráfico da constante de velocidade da reação *k*. O tempo total de cozimento necessário para atingir um Fator H de 1.999,7 foi de 2,688 horas, que, subtraído do tempo de aumento da temperatura de 0,625 horas, resulta em um tempo de permanência da reação em 170 °C de 2,063 horas.

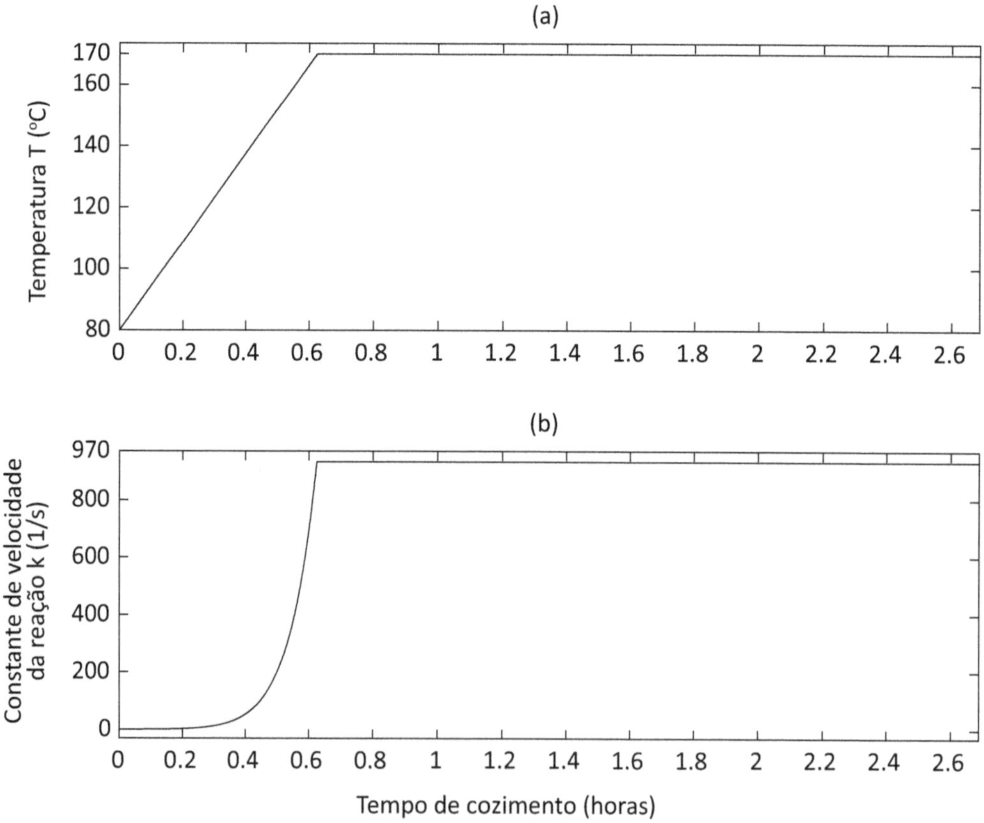

Figura 14.12 – Perfil de temperatura *T* do cozimento (a) e constante de velocidade da reação *k* (b) para atingir um Fator H de 2.000.

d) Pesagem e medição de vazão

Pesagem e medição de vazão são comuns em processos batelada. A pesagem utiliza controle de peso ou de nível em um tanque para acertar a adição de materiais. Um problema na pesagem é visto na Figura 14.13. Entre a válvula de controle e o material no tanque existe um volume suspenso de material ($V_1 + V_2$), chamado de peso suspenso.

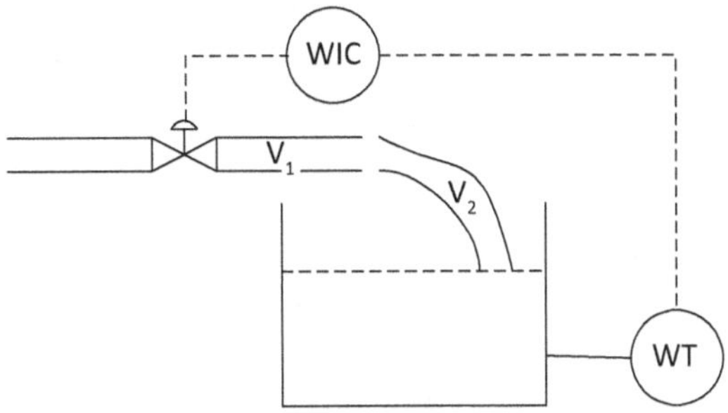

Figura 14.13 – Peso suspenso $V_1 + V_2$.

Dois métodos para compensar o peso suspenso são a pré-ação e a alimentação reduzida. A pré-ação usa a medição de vazão para estimar o peso suspenso e parar o fluxo antes de atingir o peso desejado, de modo que o volume suspenso leve o peso ao valor desejado. A alimentação reduzida diminui o excesso de peso pela redução da vazão quando o peso se aproxima do valor desejado, tornando o peso suspenso desprezível.

Ao inserir ingredientes em um tanque, um por vez, sem antes tê-los pesado, recomenda-se zerar ou tarar o controlador após pesar cada um, para evitar erros cumulativos.

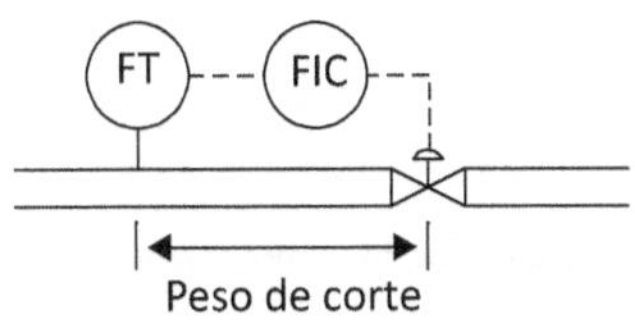

Figura 14.14 – Peso de corte.

Na medição de vazão há o problema do peso de corte, dado pelo volume de produto entre o transmissor de vazão e a válvula de controle, como visto na Figura 14.14. Esse peso é geralmente menos significativo e mais precisamente estimado que o peso suspenso.

e) Mistura (*blending*)

Outro fator que afeta o desenvolvimento de uma estratégia de controle para pesagem ou medição de vazão é a mistura (*blending*). Há dois tipos de mistura, como indicado nas Figuras 14.15 e 14.16, cada um deles requerendo um tipo diferente de controle.

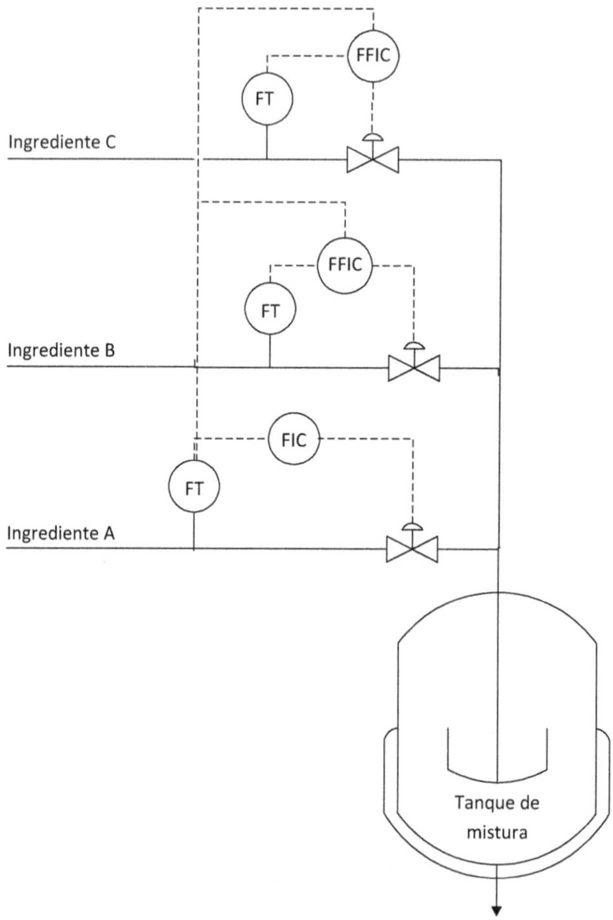

Figura 14.15 – Mistura contínua.

No exemplo de mistura contínua da Figura 14.15, controladores de vazão relacionam a vazão de ingredientes no tanque, misturando-os conforme são adicionados. Embora a vazão dos ingredientes possa variar, sua relação é constante. Agitadores são usados para melhorar a mistura.

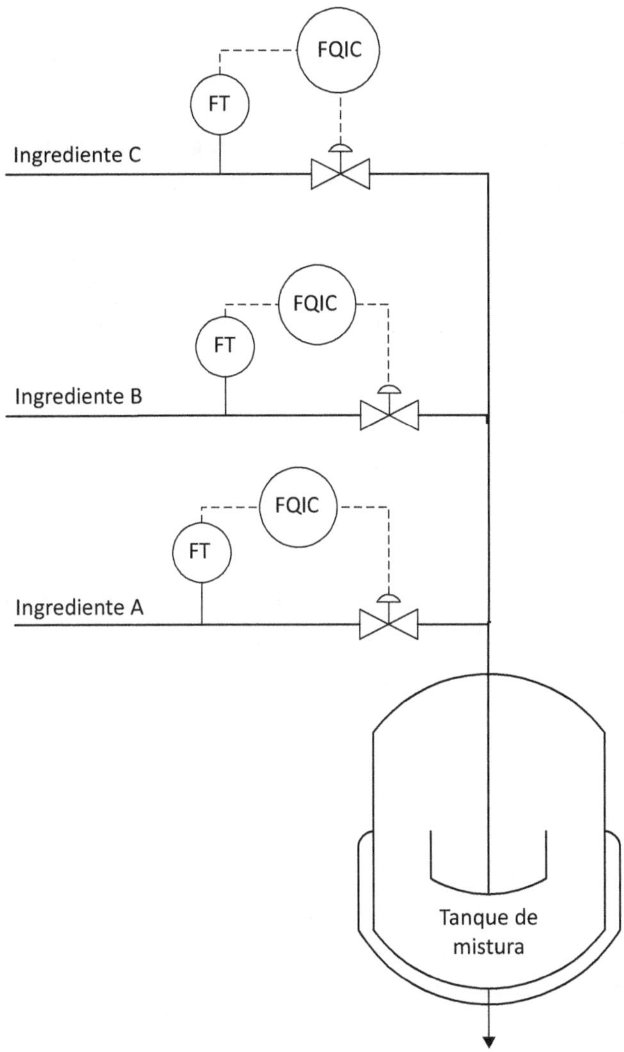

Figura 14.16 – Mistura batelada.

Em misturas de batelada, conforme mostrado na Figura 14.16, totalizadores independentes de vazão monitoram a adição de cada ingrediente e a mistura é feita com um agitador. Nesse tipo de mistura, a relação de vazão dos ingredientes não tem que ser constante, o que importa é a quantidade de cada um.

f) Controle de reator tipo batelada

As reações são classificadas por tipo, velocidade e sentido da troca de calor. Devido à variedade de reações, nenhuma estratégia simples de controle pode ser aplicada a todos os reatores de batelada.

As reações podem ser divididas em quatro tipos básicos: irreversível, reversível, consecutiva e simultânea. Cada tipo de reação requer uma estratégia diferente de controle.

- Em uma reação irreversível, o reagente reage para formar o produto até que todos os ingredientes sejam consumidos:

  $A \rightarrow B$ (irreversível)

- Em uma reação reversível, uma reação reversa ocorre além da reação direta. Um estado de equilíbrio contém concentrações dos ingredientes e dos produtos finais:

  $A \leftrightarrow B$ (reversível)

- Na reação consecutiva ou de dois passos, o produto do primeiro passo torna-se o ingrediente para o segundo:

  $A \rightarrow B \rightarrow C$ (consecutiva)

- Em uma reação simultânea, o ingrediente forma dois diferentes produtos via duas reações que ocorrem simultaneamente:

  $A \rightarrow B$ e $A \rightarrow C$ (simultânea)

Conforme esses tipos de reação se combinam em tipos mais complexos, como uma reação reversível-consecutiva, a estratégia de controle muda.

Em termos do calor de reação, há dois tipos: reações endotérmicas e exotérmicas. As reações endotérmicas absorvem calor, ao passo que as exotérmicas o liberam. Reações endotérmicas são mais fáceis de controlar que as exotérmicas, pois é preciso apenas fornecer calor. Em algumas reações exotérmicas, o calor é usado para iniciar a reação e então a estratégia de controle muda, quando o resfriamento se torna necessário para evitar que a reação se descontrole. Um exemplo desse tipo de reação é mostrado na Subseção 12.9.4. Nesse caso, a temperatura do reator depende da velocidade de geração e de retirada do calor. Idealmente, no ponto de operação, a mudança de temperatura da velocidade de remoção do calor excede a velocidade de geração de calor. Uma situação instável ocorre quando um pequeno aumento na temperatura faz com que mais calor seja gerado que removido, enquanto um decréscimo na temperatura faz com que mais calor seja perdido do que pode ser gerado. Nesse caso, qualquer pequena perturbação provoca um afastamento do ponto de operação.

O controle de um processo exotérmico requer que seja possível deslocar a curva de retirada de calor. Esse deslocamento pode ser obtido pelo crescimento ou redução da temperatura da camisa do reator, para alterar a velocidade de remoção do calor. Uma resposta rápida da temperatura da camisa é necessária para um bom controle.

A última classificação, referente à velocidade de reação, corresponde à quantidade de produto produzido por unidade de tempo por unidade da quantidade dos ingredientes. A velocidade de reação é dependente da composição, da temperatura, da pressão e do tempo de reação e é um fator importante para definir uma estratégia de controle.

Devido à dinâmica da maior parte dos reatores de processo, os reatores de batelada requerem estratégias complexas de controle regulatório.

A Figura 14.17 mostra os perfis da concentração, da geração e da retirada de calor e da temperatura de reação em função do tempo para uma reação do tipo consecutiva, como a citada na Subseção 12.9.4 para o sistema de controle em cascata. A concentração do ingrediente A diminui ao longo do tempo e a do produto C cresce. O fluxo de calor gerado aumenta quando a reação se inicia e, para equilibrá-lo, o fluxo de calor retirado aumenta bruscamente, sendo que, daí em diante, ambos os fluxos são muito parecidos. A temperatura do reator sofre um pequeno sobressinal por ocasião do início da reação e a partir daí segue a temperatura de referência.

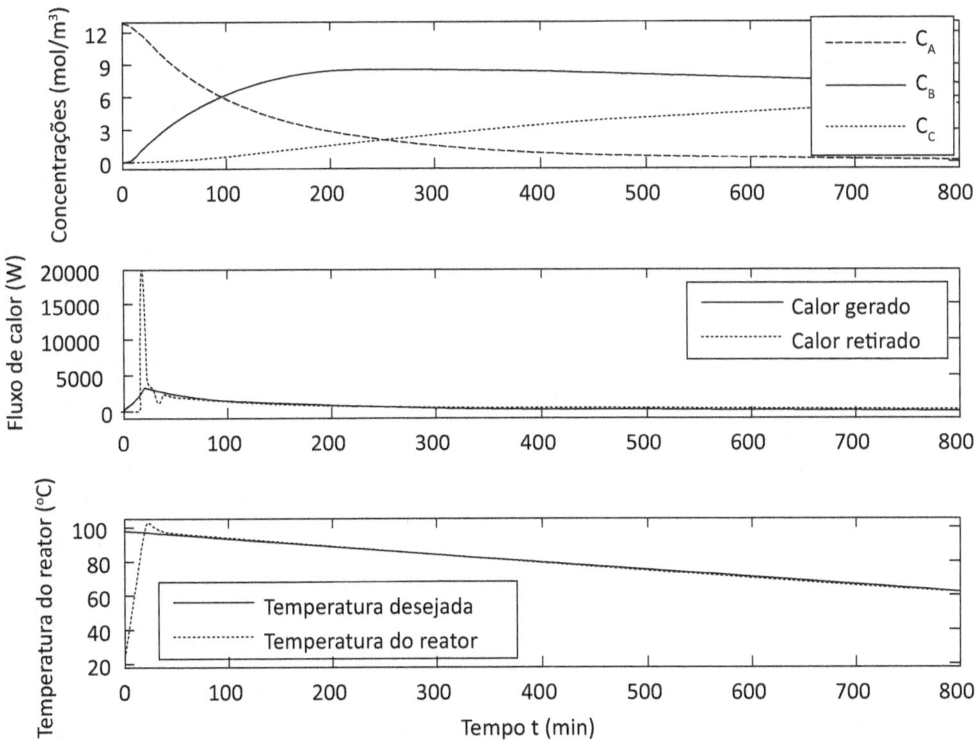

Figura 14.17 – Variação temporal de concentrações, fluxos de calor e temperatura interna do reator.

14.5.3 CONTROLE DAS OPERAÇÕES DE UNIDADES

Cada operação de unidade envolve um certo tempo e uma sequência de eventos a ser realizada. A operação de unidade é a ferramenta usada para efetuar o controle automático e manual de um processo batelada. As operações de unidades controlam o equipamento de processo e manipulam a contenção de recursos. A operação de unidade é uma combinação da unidade, que é um grupo de equipamentos, e da operação, que é a sequência de instruções para esse equipamento.

a) Definição de unidade

No planejamento das estratégias de controle, a planta deve ser dividida em grupos de equipamentos para facilitar a análise do processo e do controle a ser aplicado. A unidade é um grupo de equipamentos que pode ser operado independentemente de todos os outros grupos de equipamentos em um processo. As unidades são frequentemente operadas em paralelo com outras unidades da planta e o número de operações paralelas é frequentemente igual ao número de unidades. O número de unidades não deve ser necessariamente associado ao número de vasos no processo.

b) Definição de operação

Uma operação é um conjunto individual de instruções que definem como uma unidade deve ser controlada e monitorada. Para realizar múltiplas tarefas de controle em uma unidade, os controles discreto e regulatório devem ser coordenados. Uma operação coordena fases sequenciais, como carga do reator, transporte de materiais, operações manuais e operações de limpeza. Para cada operação é dado um único nome, como: carga, reação, aquecimento, resfriamento, descarga e limpeza. Normalmente, muitas operações diferentes podem ser realizadas em uma unidade e muitas unidades usam operações similares ou mesmo idênticas.

Às vezes, é necessário permitir ao operador intervir no processo, mas nem sempre é desejável parar uma operação no instante em que uma parada é requisitada. Por essa razão, as operações são divididas em fases. Cada fase é constituída por um ou mais passos na sequência de eventos que mudam as situações de controle e as posições dos equipamentos. As fronteiras entre as fases proveem a possibilidade de paradas válidas, mas não programadas, na sequência de passos. As fases proveem uma maneira conveniente de subdividir uma operação. Uma fronteira de fase não é necessariamente um ponto válido de parada, no entanto, um ponto válido de parada só pode ocorrer em uma fronteira de fase.

Há muitas tarefas paralelas que ocorrem em uma operação durante o sequenciamento de passos. Uma variável de processo pode simular uma rampa ou qualquer outra curva para um controle melhor. Temporizadores podem ser usados para medir o tempo de realização das operações, fases e passos, com o intuito de manter a quantidade do produto, determinar falhas nos equipamentos ou no processo ou, ainda, assinalar condições de fim de batelada. As funções de controle regulatório devem ser coordenadas, e cálculos como integrações, balanços de energia, balanços de massa e cálculos de rendimentos precisam ser coordenados.

A monitoração de falhas e o sequenciamento para correção de falhas estão inclusos na operação. Condições de alarme de processo e intertravamentos para correção de falhas permitem disparar sequências alternativas de passos, que podem parar provisória ou definitivamente uma unidade. As atribuições normais do controle mais as condições e o sequenciamento para correção de falhas definem uma operação em uma unidade.

c) Estados de operação das unidades

Uma unidade apresenta sete estados distintos de operação: desativado, ocioso, ativo, suspensão temporária, esperando, falhando e com falha.

- Se uma unidade é posta no estado desativado, todo tipo de processamento nela fica inibido. Esse estado é normalmente usado para manutenção e reparos.
- O estado ocioso corresponde à posição "pronto". Quando uma operação é completada, o estado da unidade vai usualmente para a condição ociosa.
- Quando uma operação em uma unidade está em andamento por meio dos passos lógicos, a unidade está no estado ativo.
- A partir do estado ativo, a unidade pode entrar em um estado de suspensão temporária, que permite ao operador intervir em uma operação. Quando um operador requisita uma parada (suspensão temporária), o estado da unidade permanece ativo até que um ponto válido de parada seja encontrado em uma fronteira de fase. Os pontos de suspensão temporária são configurados em uma operação entre as fases. O comando para retornar ao estado ativo deve ser feito pelo operador.
- Similar ao estado de suspensão temporária é o estado de espera. Enquanto a parada de suspensão temporária é iniciada pelo operador, o estado de espera é pré-programado e iniciado pela operação. Nesse estado, a unidade está esperando por uma resposta requisitada ao operador, que pode ser um comando de avanço, de entrada de dados ou de decisão sim/não.
- Quando a operação vai para uma sequência de passos de correção de falhas ou de parada de emergência, a unidade entra no estado "falhando". Esse estado provém de uma falha que foi detectada ou de um comando de parada. O passo final de uma sequência de falhas coloca a unidade no estado "com falha".

d) Modos de controle da unidade

Uma unidade tem três modos de controle, a saber: manual, automático e computador.

- O modo manual requer que o operador realize o processamento dos passos. Todos os dispositivos na unidade afetados pelo modo de operação são colocados em uma situação tal que seus valores desejados podem ser manualmente alterados.

- No modo automático, o operador seleciona a operação e o processamento dos passos é feito automaticamente. O operador pode apenas mudar o estado da unidade ou o modo de operação. Todas as ações do operador na sequência são pré-programadas.
- No modo computador, o próprio controle da batelada dirige as operações da unidade. Quando uma unidade está nesse modo, o operador pode alterar modos, colocar o sistema no estado ativo ou desativado e responder a perguntas feitas pelo sistema.

e) Recursos comuns

Em qualquer instante em que mais de uma unidade esteja interessada no estado ou no uso de um recurso, ele é intitulado recurso comum. Os recursos comuns podem ser divididos em duas categorias: equipamento e não equipamento. Recursos comuns de equipamentos são peças de equipamento compartilhadas por mais de uma unidade. Recursos de não equipamento não envolvem nenhum tipo de equipamento, como demanda de vapor ou uso de energia.

O uso do equipamento pode ser exclusivo ou compartilhado. Se um recurso de equipamento é definido como exclusivo, só uma unidade pode usá-lo por vez. No uso compartilhado, diversas unidades podem usar simultaneamente um mesmo recurso. No entanto, deve-se tomar cuidado para que uma unidade não desligue ou desative um recurso enquanto outras o estão empregando.

14.5.4 CONTROLE DO CICLO DE BATELADA

O controle do ciclo de batelada é o nível mais alto do controle automático de batelada. Muitas das tarefas desse nível envolvem a identificação e a organização da batelada. A identidade da batelada deve ser mantida para acumular informações e seguir os passos do processo, para gerar relatórios e manter um histórico dela. O controle do ciclo de batelada deve organizar o progresso da batelada, coordenando o uso das unidades e otimizando tempo e energia. Nesse nível estão as instruções para efetuar uma batelada.

a) Ciclos de batelada ou procedimentos

As instruções para fazer o produto são chamadas de ciclo de batelada, procedimento, receita ou fórmula. Um ciclo de batelada consiste em duas partes: dados do produto e sequência de operações. Os dados do produto são uma lista de dados numéricos requeridos pela operação unitária e que podem variar entre bateladas. A sequência de operações é a ordem em que as operações unitárias devem ser realizadas, como carga, aquecimento, resfriamento e descarga.

Usualmente, um processo batelada efetuará diversas variações ou gradações de um produto simples. Os dados comuns a todas as gradações são chamados de genéricos e todos os outros dados são dependentes da gradação. Um conjunto de amostras com dados genéricos e dados graduados é dado na Tabela 14.7.

Tabela 14.7 – Dados de produtos com diferentes gradações

Parâmetro e tipo	Gradação e valor			
	Padrão	Extra	Super	Unidades
Ingrediente A (gradação)	5	7,5	15	kg
Ingrediente B (genérico)		42,5		kg
Ingrediente C (genérico)		7,5		kg
Temperatura do reator (gradação)	93	82	88	°C

Na Tabela 14.7, para um mesmo produto há três classificações: padrão, extra e super. Os ingredientes B e C são genéricos e não variam, ao passo que o ingrediente A e a temperatura do reator são dependentes da gradação e variam conforme a classificação.

Uma série de operações unitárias deve ser realizada para fazer um produto. Para o ciclo simples de batelada da Figura 14.18 há seis operações unitárias que devem ser feitas consecutivamente.

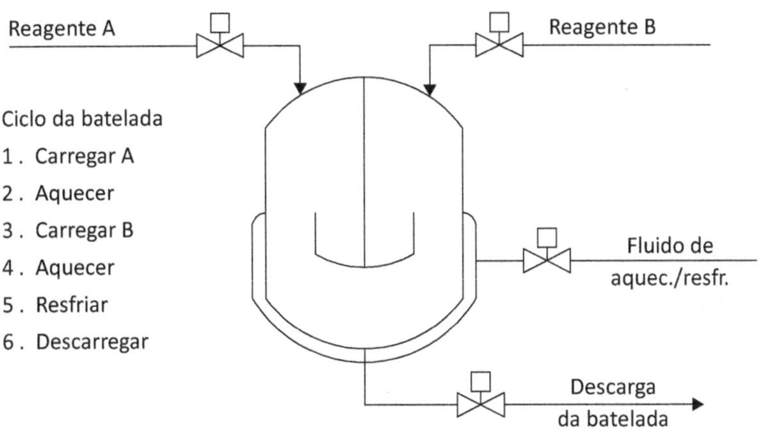

Figura 14.18 – Ciclo de batelada com seis operações.

Um ciclo de batelada pode ser dividido em processos. Processos são grupos de uma ou mais operações unitárias que subdividem o ciclo de batelada em funções, como reação e finalização. As fronteiras dos processos proveem pontos válidos de parada no ciclo de batelada. Um ciclo de batelada só pode ser parado em uma fronteira de processo. No entanto, os processos proveem um meio conveniente para dividir o ciclo de batelada e as fronteiras do processo não têm que ser pontos válidos de parada.

b) Acompanhamento do ciclo de batelada

Em um sistema simples de batelada com apenas uma unidade, a tarefa de acompanhar cada batelada não é difícil, pois somente uma batelada por vez ocorre. Em um sistema mais complexo, a tarefa é mais difícil, porque diversas bateladas podem ocorrer ao mesmo tempo. O ciclo de batelada acompanha cada batelada, dando a cada uma um número de batelada, um nome ao produto e um nome à gradação. Isso é conhecido como acompanhamento da batelada (*batch tracking*).

O acompanhamento da batelada envolve saber por quais unidades uma batelada passa, quando ela entra em cada unidade, quanto tempo ela fica lá e que operações ela executa. Cada batelada é acompanhada ao longo de seu ciclo e um histórico dos dados relevantes é mantido. Ao fim do ciclo de batelada, gera-se um relatório do que ocorreu.

c) Organização da batelada

O ciclo de batelada coordena a organização das unidades entre diferentes bateladas. O ciclo de batelada assegura que nenhuma batelada entre em uma unidade enquanto outra a está usando, além de assegurar que uma batelada que esteja esperando entre em uma unidade tão logo esta esteja disponível. A Tabela 14.8 mostra um exemplo em que o sistema conta com cinco unidades (tanques de lavagem 1 e 2 e digestores 1 a 3), em que cinco bateladas podem ocorrer simultaneamente. Os ciclos de batelada devem, então, coordenar o uso das unidades. A Tabela 14.8 ilustra como os ciclos de batelada organizam as unidades com o objetivo de executar eficientemente as cinco bateladas.

d) Campanhas

Comumente se deseja executar um ciclo de batelada após outro, por um longo período de tempo, em um processo chamado de campanha. Uma campanha pode se estender por muitos meses, em que um certo número de bateladas de um produto é produzido consecutivamente. A indústria farmacêutica usualmente executa campanhas em que um produto simples é produzido por vários meses, batelada após batelada. A Tabela 14.8 mostra uma pequena campanha de cinco bateladas. O ciclo de bateladas coordena as operações unitárias.

Tabela 14.8 – Uma pequena campanha

Batelada 1	Batelada 2	Batelada 3	Batelada 4	Batelada 5
Encher tanque de lavagem 1	Encher tanque de lavagem 2	Espera	Espera	Espera
Reagir material no tanque de lavagem 1	Reagir material no tanque de lavagem 2	Espera	Espera	Espera

(continua)

Tabela 14.8 – Uma pequena campanha *(continuação)*

Batelada 1	Batelada 2	Batelada 3	Batelada 4	Batelada 5
Transferir conteúdo para digestor 1	Espera	Espera	Espera	Espera
Reagir material no digestor 1	Transferir conteúdo para digestor 2	Encher tanque de lavagem 1	Espera	Espera
Descarregar digestor 1	Reagir material no digestor 2	Reagir material no tanque de lavagem 1	Encher tanque de lavagem 2	Espera
Limpar digestor 1	Descarregar digestor 2	Transferir conteúdo para digestor 3	Reagir material no tanque de lavagem 2	Espera
	Limpar digestor 2	Reagir material no digestor 3	Transferir conteúdo para digestor 1	Encher tanque de lavagem 1
		Descarregar digestor 3	Reagir material no digestor 1	Reagir material no tanque de lavagem 1
		Limpar digestor 3	Descarregar digestor 1	Transferir conteúdo para digestor 2
			Limpar digestor 1	Reagir material no digestor 2
				Descarregar digestor 2
				Limpar digestor 2

14.5.5 OTIMIZAÇÃO

O mais alto nível de controle de processos da batelada é a otimização total da planta. Nesse nível, o principal critério é o custo. O objetivo é maximizar os lucros, produzindo o máximo de produtos, com o equipamento mais barato e dentro do menor tempo possível. Diversos métodos de otimização, incluindo programação linear, foram usados a fim de desenvolver programas especiais para otimizar plantas específicas. Essas aplicações normalmente requerem um computador auxiliar para suplementar o sistema de controle batelada.

14.6 EXEMPLO INDUSTRIAL DE PROCESSO SEMIBATELADA

Esta seção trata do funcionamento de um reator de polimerização do tipo semibatelada, usado para produzir resinas acrílicas, no qual o valor desejado da temperatura não é fixo ao longo do ciclo de produção, o que é típico de processos batelada. Esse reator tem o seu ciclo de operação iniciado à temperatura ambiente, a qual é elevada gradualmente até atingir a temperatura de reação, na qual permanece por um período de tempo preestabelecido e, a seguir, ocorre o resfriamento até temperaturas próximas à ambiente (MILAN et al., 2013).

Estratégias distintas de controle são definidas para cada etapa do processo: aumento gradual da temperatura de aquecimento, controle da temperatura da reação e redução gradual da temperatura de resfriamento. No entanto, a transição entre uma etapa e outra causa oscilações na temperatura, prejudicando a qualidade do produto e a vida útil do reator. Ademais, há a questão de eventuais riscos à segurança do processo, pois o controle de temperatura é fundamental para diminuir a possibilidade de ocorrência de reação descontrolada, dada a característica do processo de poder apresentar reação exotérmica violenta.

O processo de produção de resina acrílica consiste em carregar previamente o reator com solvente orgânico, aquecer até a temperatura de reação, que é por volta de 145 °C, e então iniciar a transferência simultânea de monômero e iniciador com vazão controlada, em um processo chamado de "*dual feeding*", pois monômero e iniciador ficam em tanques separados. Alguns minutos após começar a transferência, a reação exotérmica se inicia. O processo é dito de semibatelada porque o monômero é alimentado gradualmente, depois que o reator foi carregado com o iniciador da reação.

O aquecimento e o resfriamento do reator são feitos, respectivamente, por meio da circulação de fluido térmico quente (300 °C) ou frio (60 °C) em sua serpentina. O controle da sua temperatura é feito modulando-se a vazão de fluido térmico. O circuito de aquecimento e resfriamento do reator de polimerização contém válvulas de controle de óleo frio e quente, uma válvula de três vias de retorno de óleo frio e/ou quente, uma bomba centrífuga e uma serpentina, conforme ilustrado na Figura 14.19. As válvulas possuem posição de falha definida, visando à segurança do processo. Essas válvulas têm sua posição alterada para o estado seguro no caso de pane no processo que implique perda de sinal de controle.

Na Figura 14.19, a sigla DWT 300 corresponde ao fluido térmico de aquecimento e a sigla DWT 60 ao fluido térmico de resfriamento.

O processo tem quatro malhas de controle (vazão de monômero, vazão de iniciador, temperatura da massa no reator e temperatura do fluido térmico). As malhas de vazão de monômero e iniciador são independentes e não são abordadas aqui, apesar de atuarem como distúrbio nas malhas de controle de temperatura da massa no reator e do fluido térmico. Já estas últimas são acopladas em uma malha de controle em cascata e são focadas aqui.

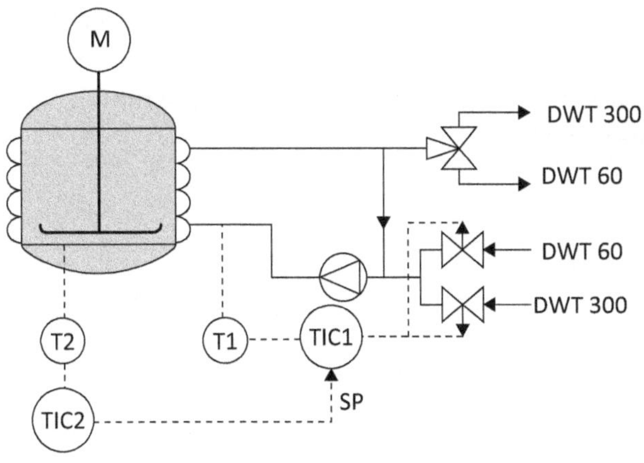

Figura 14.19 – Arranjo de controle por realimentação.

São três as estratégias de controle de temperatura empregadas: a) estratégia delta; b) estratégia neutra; e c) estratégia de controle pela massa.

a) A estratégia delta é utilizada para as etapas do processo correspondentes às rampas de aquecimento e de resfriamento. Consiste basicamente em estipular uma diferença constante de temperatura entre a massa reacional e o fluido térmico, a qual é mantida constante durante essa parte do processo.

b) A estratégia neutra é usada para a transição entre a estratégia delta e o controle pela massa, ou vice-versa. Ela tem como objetivo único estabilizar o sistema, interrompendo as entradas de fluido frio e quente, e manter o fluido térmico em recirculação no circuito fechado formado pela serpentina e pela bomba.

c) A estratégia de controle pela massa é empregada na fase de reação, na qual o valor desejado do controlador de temperatura da massa é constante. Nessa estratégia, os controladores de temperatura do fluido térmico e da massa são acoplados em cascata. As temperaturas apresentam significativa oscilação durante a transição da etapa inicial de aquecimento para a etapa de reação.

No controle em cascata, a temperatura da massa reacional é a variável controlada primária e a temperatura do fluido térmico é a variável controlada secundária. Na Figura 14.19 é apresentada a malha de controle principal (TIC2) em cascata com a malha de controle secundária (TIC1), regulando a temperatura de entrada do fluido de aquecimento/resfriamento. O controle em cascata é implementado devido à elevada inércia térmica do processo e devido às perturbações contínuas na variável manipulada.

A modulação das válvulas de controle de fluido térmico frio e quente é feita em *split range*, em que dois elementos finais de controle são comandados por um único controlador, como tratado na Seção 17.5. O controlador de temperatura do fluido térmico TIC1 comanda a modulação das válvulas de fluido térmico quente e frio, conforme indicado na Figura 14.19. A forma de operação das válvulas de fluido frio e quente é mostrada na Figura 14.20.

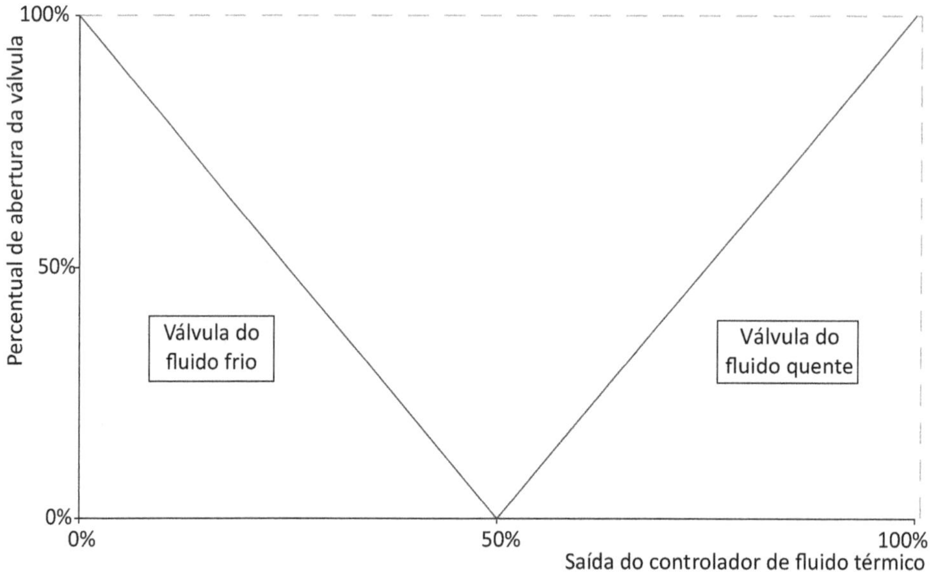

Figura 14.20 – Abertura e fechamento das válvulas em *split range*.

O reator foi simulado e, na Figura 14.21, mostra-se o comportamento temporal das temperaturas real e simulada da massa reacional, apenas para o ciclo de aquecimento. A elevação da temperatura é feita gradualmente, considerando-se uma diferença aproximadamente constante entre a temperatura do óleo térmico e a temperatura do meio reacional de 60 °C. Quando a temperatura da massa no reator se aproxima do valor de referência de 145 °C (diferença de aproximadamente 5 °C), a diferença de temperatura é reduzida para 40 °C, visando minimizar o efeito da ultrapassagem da temperatura do meio reacional em relação ao valor de referência, quando do início da etapa de polimerização.

Mostra-se na Figura 14.21 a rampa de aquecimento de um lote de resina acrílico com 6 toneladas, e verifica-se que tanto a temperatura do óleo térmico como a da massa reacional apresentam oscilações durante o início da etapa de reação próximo ao ponto de controle. A partir desse ponto, o sistema de alimentação de óleo térmico, que inicialmente estava aquecendo o reator de polimerização por meio da introdução de óleo térmico a 300 °C, passa a operar com fluido térmico frio à temperatura de 60 °C.

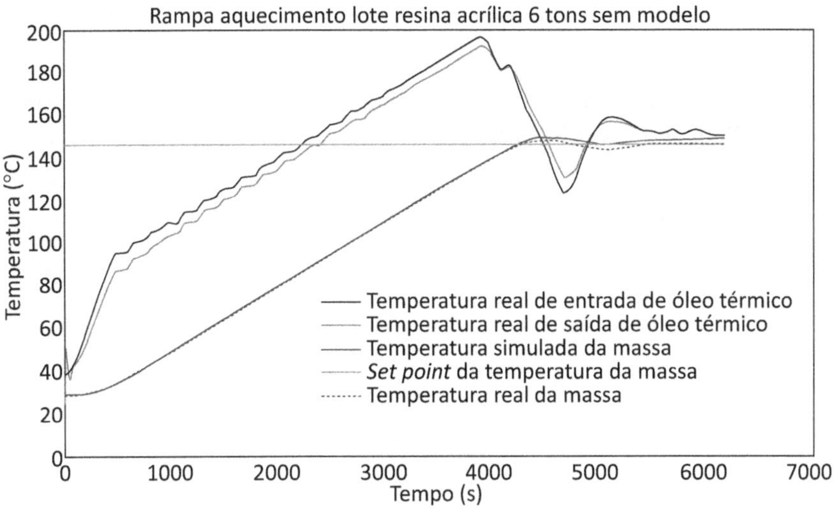

Figura 14.21 – Comportamento temporal das temperaturas durante o ciclo de aquecimento do reator.

REFERÊNCIAS

DUEÑAS, R. S. **Obtención de pulpas y propiedades de las fibras para papel**. 1997. Dissertação (Mestrado) - Universidad de Guadalajara, Guadalajara, 1997.

FISHER CONTROLS. Batch Control. **PS Sheet AP4:020(A)**, 1985.

FRIEDMANN, P. G.; STOLTENBERG, T. P. **Continuous process control**: Practical guides for measurement and control. Research Triangle Park: Instrument Society of America, 1996.

ISERMANN, R. **Digital control systems**. 2. ed. Berlin: Springer-Verlag, 1989.

KLOCK, U. **Notas de aula da disciplina AT125:** Polpa e Papel. Curitiba: UFPR, Engenharia Florestal, 2013.

LAROCQUE, G. L.; MAAS, O. The mechanism of the alkaline delignification of wood. **Canadian Journal of Research**, v. 19, n. 1, Sec. B, jan. 1941.

LEVINE, W. S. **The control handbook**. Boca Raton: CRC Press, 1996.

MILAN, W.; KUNIGK, L.; GARCIA, C.; FERREIRA, N. L.; NEIRO, S. M. S.; LOBATO, F. S.; GEDRAITE, R. Uso de sensor virtual para controle de transiente de temperatura em reator de polimerização semi-batelada. **Revista Petro & Química**, ano XXXV, n. 348, p. 29-36, 2013.

MIYAGI, P. E. **Controle programável**: fundamentos do controle de sistemas a eventos discretos. São Paulo: Blucher, 1996.

SEBORG, D. E.; EDGAR, T. F.; MELLICHAMP, D. A.; DOYLE III, F. J. **Process, Dynamics and Control**. 3. ed. Hoboken: John Wiley & Sons, 2011.

SHINSKEY, F. G. **Process control systems**. 4. ed. New York: McGraw-Hill, 1996.

TREVATHAN, V. L. **A guide to the automation:** Body of knowledge. 2. ed. Research Triangle Park: The Instrumentation, Systems, and Automation Society, 2006.

VROOM, K. G. The H factor: a means of expressing cooking times and temperatures as a single variable. **Pulp and Paper Magazine of Canada**, v. 58, n. 3, p. 228-231, 1957.

PARTE III
TÉCNICAS CLÁSSICAS DE CONTROLE AVANÇADO

CAPÍTULO 15
CONTROLE PID ADAPTATIVO

Em processos com características variando lenta ou bruscamente no tempo, o uso de técnicas clássicas de controle pode levar a respostas insatisfatórias ou parcialmente satisfatórias da malha, mesmo com mudanças de pequena amplitude. Essas variações consistem na alteração de parâmetros do processo, chegando-se, em certos casos, a mudanças tão acentuadas que podem causar instabilidade no sistema. Um enfoque viável seria medir as variações temporais do processo e efetuar as modificações necessárias no controlador para corrigi-las: isto é controle adaptativo. Para usá-lo, é preciso caracterizar ou identificar as variáveis de interesse do processo. Os parâmetros ajustados nos sistemas de controle usualmente refletem as características do processo que eles controlam. Em um sistema de controle adaptativo, os parâmetros do controlador são automaticamente ajustados para compensar variações nas propriedades do processo sendo controlado ou do meio ambiente, visando melhorar a resposta da malha. O sistema é "adaptado" às necessidades do processo. Assim, se as condições operacionais do processo mudam frequentemente, então técnicas de controle adaptativo devem ser consideradas.

A maioria dos processos industriais tem comportamento não linear. Isso implica que a relação entre as variáveis controlada e manipulada depende das condições em que se está operando. Assim, se um processo não linear pode ser descrito aproximadamente, por exemplo, por um sistema de primeira ordem com tempo morto, os parâmetros do modelo (ganho estático, constante de tempo e tempo morto) dependem da condição em que o processo está operando. Se o processo for pouco não linear ou então permanecer nas vizinhanças de um estado estacionário nominal, os efeitos das não linearidades podem não ser severos. Nesses casos, estratégias convencionais de controle por realimenação podem prover um desempenho adequado. Entretanto, muitos processos industriais, como colunas de destilação de alta pureza, reações químicas altamente exotérmicas, neutralização de pH e sistemas batelada, podem apresentar comportamento muito não linear. Esses processos podem operar em uma ampla faixa de condições, devido a perturbações intensas ou mudanças no valor de referência. Ao usar controladores PID convencionais nesse tipo de processo, deve-se sintonizá-los de forma muito conservadora, a fim de gerar um comportamento estável ao longo de toda a faixa de operacão. No entanto, sintonias conservadoras podem resultar em desempenho muito ruim (HENSON; SEBORG, 1997). Nesses casos, empregar controladores adaptativos pode ser uma solução adequada.

15.1 TIPOS DE CONTROLE ADAPTATIVO

Algumas causas de mudança nas condições do processo que podem requerer ressintonia do controlador adaptativo são:

- incrustações nas paredes de trocadores de calor;
- condições não usuais de operação, como falhas, partida e parada da planta ou operação em batelada;
- perturbações frequentes e de grande magnitude (composição dos reagentes de uma reação, qualidade do combustível etc.);
- variações ambientais (alterações marcantes na temperatura ao longo do dia);
- mudanças na especificação do produto ou nas vazões; e
- comportamento inerentemente não linear (por exemplo, a dependência de taxas de reação química com a temperatura).

Quando uma malha de controle por realimentação sofre uma alteração na carga ou no valor de referência, um desvio aparece na variável controlada por um certo período. A função do controlador é retornar esse desvio a zero. O tamanho do desvio (relativo à perturbação) e o caminho seguido pelo controlador para retornar o desvio a zero revelam quão bem ele está operando. Essa resposta deve ser bem amortecida, embora o tempo requerido pela variável controlada para retornar ao valor de referência deva ser minimizado. Tradicionalmente, a responsabilidade por atingir uma resposta desejável é de quem sintoniza o controlador. Visto que as características do processo podem mudar, a resposta da malha controlada pode se deteriorar, a menos que se ressintonize o controlador.

Seria, então, desejável ter os parâmetros do controlador ajustados automaticamente para compensar as variações nos parâmetros do processo. Naturalmente, deve haver critérios em que basear um programa adaptativo. Simplesmente especificar um valor para a variável controlada, isto é, o *set point*, não é suficiente; a adaptação não é requerida para atender a essa especificação. Alguma função-objetivo ou índice de desempenho da variável controlada deve ser especificada, a qual determina a forma da adaptação requerida.

O controle adaptativo se baseia na premissa de que há alguma condição de operação ou desempenho para o sistema melhor que qualquer outra. Assim, é preciso definir o que constitui um desempenho ótimo por meio do índice de desempenho, o qual deve ser escolhido após se definirem os objetivos que se pretende atingir. Esses objetivos são tão diversos como os sistemas aos quais são aplicados, mas geralmente é possível generalizar o objetivo da otimização, como minimizar o custo de operação ou maximizar o lucro. Seria possível ter como objetivo, em um certo processo, o ajuste do amortecimento da variável controlada. Como o amortecimento identifica o ganho dinâmico da malha, o sistema é então designado, nesse caso, por sistema adaptativo dinâmico.

A função primordial dos sistemas adaptativos dinâmicos é prover a malha de controle com um grau consistente de estabilidade. O ganho dinâmico da malha é, então, a função-objetivo da variável controlada e seu valor deve ser especificado. A propriedade do processo mais suscetível a mudanças é o ganho. Em certos processos, o ganho em regime permanente muda e, em outros, há um comportamento dinâmico variável que reflete em seu ganho dinâmico. Mas independentemente da forma como a estabilidade da malha é afetada, ela pode ser restaurada por um ajuste adequado nos parâmetros do controlador.

Uma segunda distinção pode ser feita, não na função-objetivo, mas no mecanismo por meio do qual a adaptação é introduzida. Se há conhecimento suficiente sobre um processo para habilitar o ajuste dos parâmetros em função das variáveis que alterem suas propriedades, a adaptação é dita **programada**. No entanto, se for necessário manipular parâmetros com base no valor medido da função-objetivo, a adaptação é efetuada por intermédio de uma malha de realimentação, sendo chamado sistema **autoadaptativo**. Portanto, é conveniente distinguir duas categorias de aplicações do controle adaptativo:

a) quando as mudanças são conhecidas ou mensuráveis ou então podem ser antecipadas (caso mais fácil): se o processo for razoavelmente bem conhecido, então pode ser factível ajustar os parâmetros do controlador de forma sistemática (chamada **adaptação programada**), conforme as condições do processo variem ou as perturbações entrem no sistema; e

b) quando as mudanças no processo são totalmente desconhecidas, ou então não podem ser medidas ou previstas (caso mais difícil): a estratégia de controle adaptativo deve ser implementada por realimentação, com base na resposta da malha, pois uma estratégia do tipo pré-alimentação, como a adaptação programada, não seria efetiva. Muitos controladores desse tipo, que usam uma medição de seu próprio desempenho, são conhecidos como controladores **autoadaptativos** (***self-adaptive***) ou **autoajustáveis** (***self-tuning***).

15.2 ADAPTAÇÃO PROGRAMADA

Uma estratégia tradicional de controle usada em processos não lineares consiste em fazer o sistema em malha fechada se comportar mais linearmente, buscando-se manter o ganho da malha constante. A técnica de escalonamento do ganho (*gain scheduling*) tem sido usada para compensar características não lineares de certos processos. Os parâmetros do controlador são ajustados para compensar as não linearidades, de modo que o ganho da malha aberta seja mantido tão constante quanto possível. Assim, se o ganho do processo K_P varia segundo o ponto de operação, o ganho K_C do controlador deve ser variado, de modo que o produto $K_P \cdot K_C$ seja mantido constante.

15.2.1 DIFERENTES FORMAS DE ADAPTAÇÃO PROGRAMADA

Se um processo opera sob condições distintas, pode-se melhorar o controle usando diferentes ajustes do controlador para cada condição operacional. Ou então, uma relação pode ser definida entre os ajustes do controlador e as variáveis que caracterizam as condições do processo. O mais comum na indústria é o PID adaptativo, em que os valores dos parâmetros K_C, T_I e T_D variam no tempo para melhorar o desempenho do controle. Dentre essas opções, o tipo mais comum é mudar apenas o ganho do controlador K_C, que é ajustado para manter o ganho em malha aberta K_{MA} constante. Se o ganho do processo K_P varia de forma conhecida, pode-se variar K_C para que $K_{MA} = K_C \cdot K_V \cdot K_P \cdot K_M$ seja constante. Essa estratégia tende a gerar um ganho de malha aberta constante e, assim, manter uma margem de estabilidade especificada (supondo que a dinâmica do processo não se altere). Essa forma de variar o ganho K_C é conhecida como escalonamento do ganho (*gain scheduling*). Assim, quando uma variável medida do processo produz um efeito previsível no ganho da malha, a compensação para esse efeito pode ser programada no sistema de controle. Há controladores disponíveis comercialmente que permitem variar K_C como uma função linear por partes do sinal do erro *e*, como na Figura 15.1 (SEBORG et al., 2011).

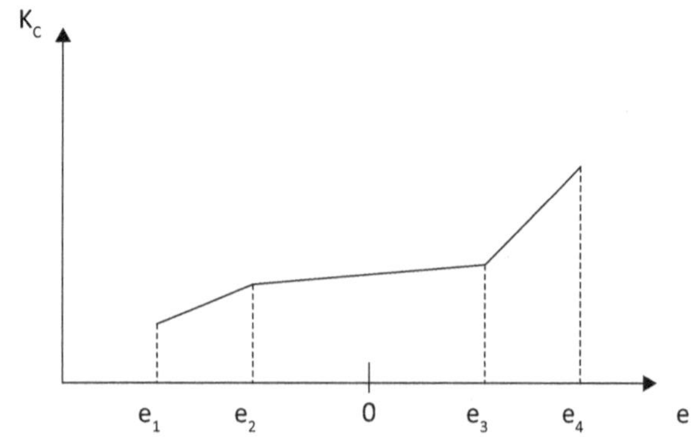

Figura 15.1 – Controlador PID com ganho K_C ajustado em função do valor do erro *e*.

Outra opção de adaptação programada é chamada de intervalo diferencial ou controle de banda morta (*dead-band control*). Essa técnica não é usada sozinha, mas com um controlador da família PID. No controle de banda morta, uma zona morta é inserida em torno do desvio do controlador, de modo que nenhuma ação de controle ocorra a menos que o desvio exceda a banda morta (ver Seção 6.2 do Volume 1). Se o desvio está dentro da zona morta, ele é ajustado em zero. O controle de banda morta tem sido aplicado no controle de pH e em sistemas que necessitem de duas válvulas de controle, sendo uma grande e outra pequena, visando superar problemas de "rangeabilidade".

Por exemplo, considere o esquema de controle da Figura 15.2 (LIPTÁK, 2006).

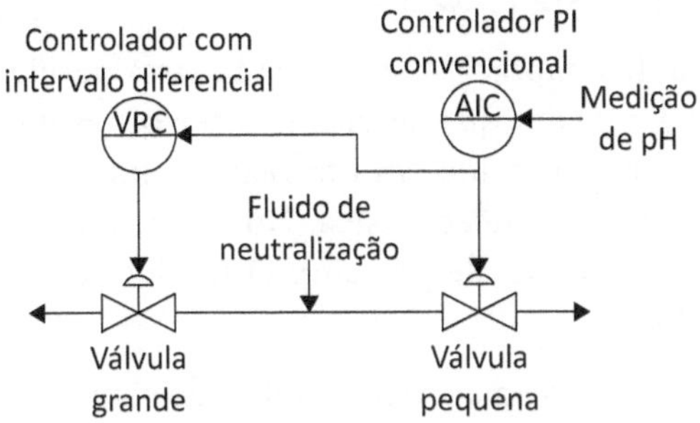

Figura 15.2 – Controle com intervalo diferencial empregando duas válvulas de controle (LIPTÁK, 2006).

Na Figura 15.2, o controlador com intervalo diferencial VPC (*valve position controller*) é usado para acionar a válvula grande quando a saída do controlador PI convencional (AIC) atinge um limite preestabelecido (alto ou baixo). A válvula grande executa um ajuste grosso quando está ativa, isto é, quando o erro *e* está fora da banda morta ou do intervalo diferencial. Quando o valor do pH retorna para dentro da banda morta, a válvula pequena fica ativa novamente e retoma o controle da malha (LIPTÁK, 2006).

A Figura 15.3 mostra as regiões em que a ação da banda morta no controle está ativa. Dependendo da dimensão da válvula pequena e da resposta desejada, o tamanho do intervalo diferencial pode variar bastante. Controladores comerciais instalados em SDCD ou CLP costumam dispor dessa característica de banda morta.

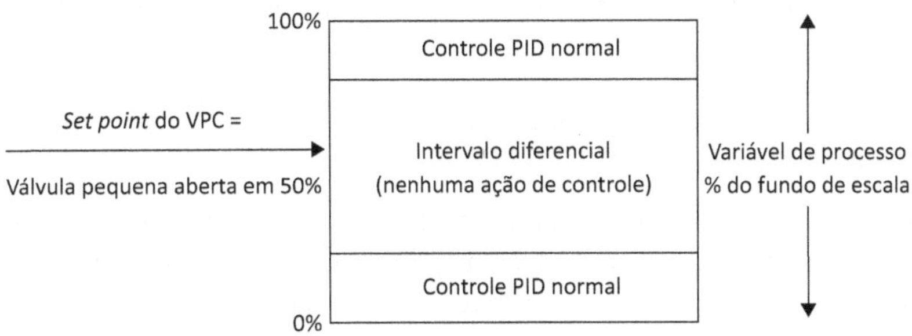

Figura 15.3 – Faixas de operação de controlador PID com intervalo diferencial ou zona morta.

Conforme mostra a Figura 15.3, o *set point* do controlador com banda morta (VPC) corresponde a uma abertura de 50% da válvula pequena. Ele recebe como variável controlada o sinal de abertura da válvula pequena e evita que ela abra ou feche completamente, tornando-se ativo (saindo da banda morta) somente quando tais posições extremas da válvula pequena tendam a ocorrer.

15.2.2 EXEMPLO DE APLICAÇÃO DE CONTROLE PI E PID COM ADAPTAÇÃO PROGRAMADA

Aplica-se a técnica de adaptação programada vista na Figura 15.1 a uma planta de neutralização de pH, em que se visa manter o pH da mistura em 7. Nessa planta, injeta-se uma solução ácida em um reator e busca-se neutralizá-la, manipulando-se a vazão de uma solução básica. No reator há um controlador de nível e supõe-se que ele realize controle perfeito. O modelo da planta encontra-se em Garcia e Godoy (2011).

Nas simulações, foram aplicadas duas filosofias de controle: uma com um controlador PI com sintonia fixa e outra com um controlador PI com ganho proporcional ajustável. O controlador PI com sintonia fixa foi sintonizado empregando-se o método da Síntese Direta, tendo-se obtido $K_C = 1{,}28$ e $T_I = 123{,}3$ s/rep (GARCIA; GODOY, 2011). Já o controlador PI com ganho proporcional ajustável consiste em um método de controle não linear. Nesse método, o ganho K_C do controlador PI não é constante, sendo uma função quadrática do erro, conforme indicado na expressão a seguir:

$$K_{C\_EG}(t) = K_C \cdot \left[\beta + \frac{1-\beta}{\delta} e^2(t) \right]$$

em que K_{C_EG} representa o ganho do controlador proporcional obtido por meio do escalonamento do ganho. Os parâmetros β e δ devem ser escolhidos de modo a garantir:

- ganho com incremento proporcional ao quadrado do erro quando este for considerável; e
- ganho praticamente constante e próximo de K_C quando o erro for pequeno.

Foram usados os seguintes parâmetros: $K_C = 1{,}28$; $\beta = 1{,}2$ e $\delta = -0{,}05$. Esse método tem como vantagens:

- o controlador intensifica sua atuação à medida que o erro aumenta, já que, além da ação integral, tem-se uma ação da parte proporcional que cresce com o quadrado do erro. Isso aumenta a capacidade de rejeição a perturbações e diminui o tempo de acomodação do sistema, visto que o sistema corrige o erro mais rapidamente; e
- o controlador tem atuação menos intensa quando o erro diminui, pois o ganho proporcional fica praticamente constante e próximo do valor considerado adequado (K_C). Esses efeitos podem ser constatados na Figura 15.4.

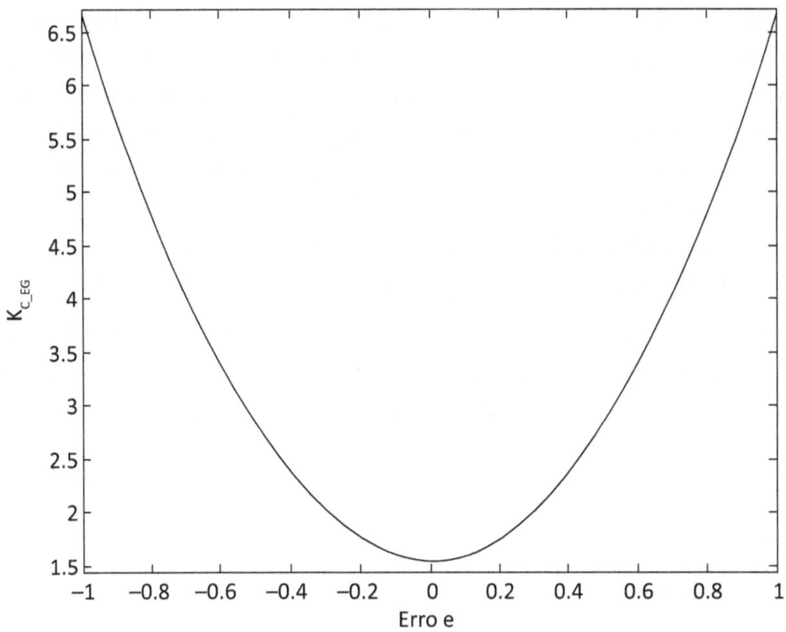

Figura 15.4 – Valor do ganho escalonado K_{C_EG} em função do erro *e*.

Na Figura 15.5, vê-se uma simulação da planta ao se testar o controlador PI com ganho fixo e ajustável no modo servo, com variações em degraus positivo e negativo no valor de referência de 0,5 pH.

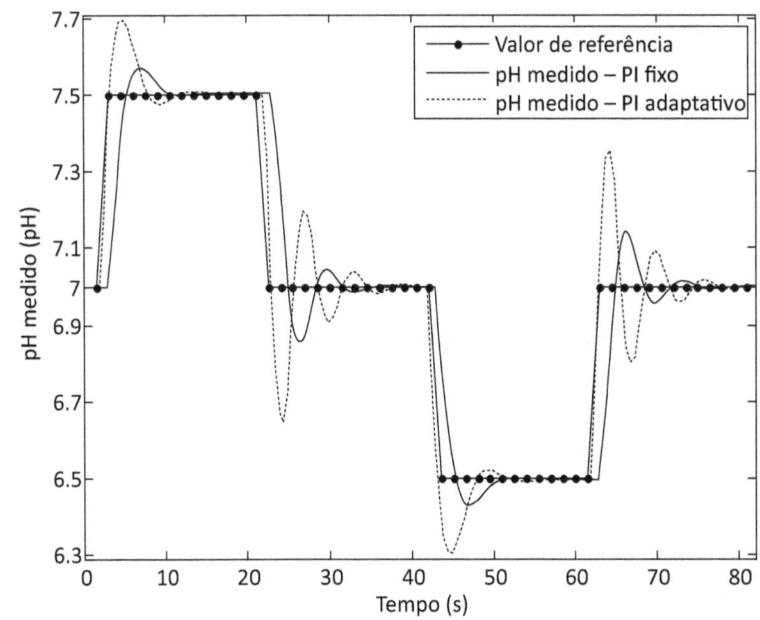

Figura 15.5 – Resposta dos controladores PI com ganho proporcional fixo e ajustável no modo servo.

Uma análise da Figura 15.5 indica que, para variações no valor de referência, o controlador PI com ganho fixo tem melhor desempenho que o controlador PI com ganho ajustável. No entanto, na prática, em uma malha de controle de uma planta de neutralização de pH, o objetivo é manter o pH sempre neutro, portanto, fixo em 7. O índice de desempenho integral do erro quadrático (ISE - *integrated squared error*) para o controlador PI com ganho fixo vale 1,693, enquanto com o controlador PI com ganho ajustável vale 1,903. Esses valores confirmam que o controlador PI com ganho fixo apresentou resultado melhor que aquele com ganho variável.

A seguir, mostram-se os resultados obtidos com controladores PI com ganho fixo e ajustável no modo regulatório. A perturbação provocada foi uma variação de ±10% no valor da vazão nominal de injeção de ácido Q_a, conforme indicado na Figura 15.6.

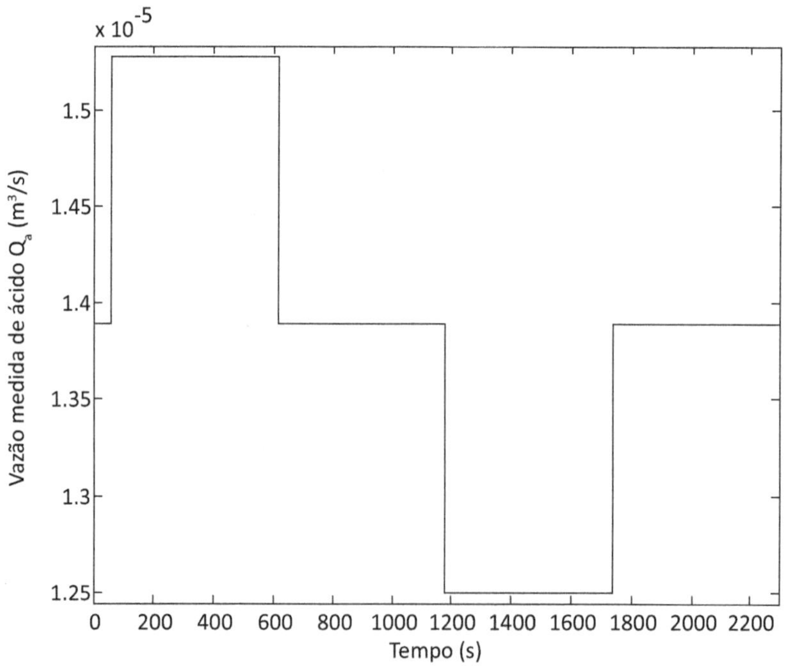

Figura 15.6 – Perturbação na vazão de injeção de ácido Q_a.

A Figura 15.7 mostra a resposta do pH com controladores PI com ganho fixo e ajustável quando ocorrem as perturbações na vazão de ácido Q_a indicadas na Figura 15.6.

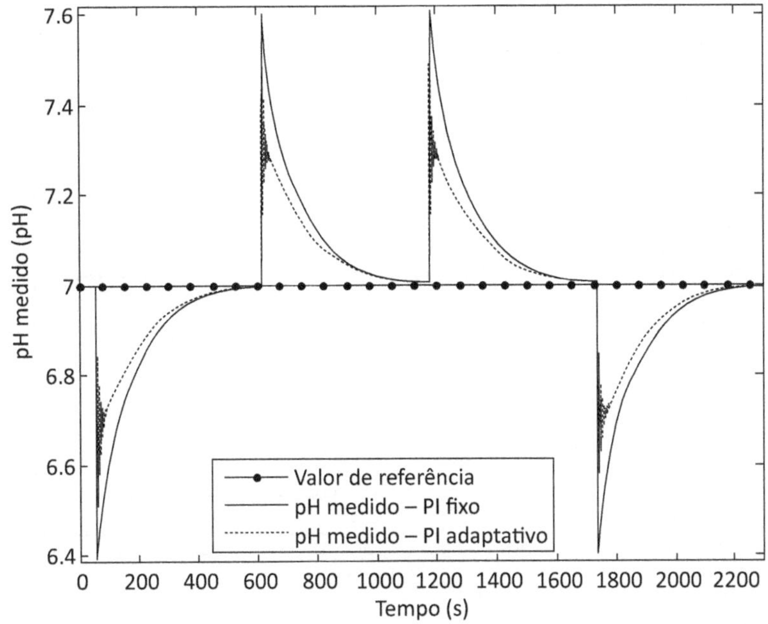

Figura 15.7 – Resposta dos controladores PI com ganho proporcional fixo e ajustável no modo regulatório.

Na Figura 15.7, vê-se o bom desempenho do controlador com ganho ajustável, comprovado pelo índice ISE, com um valor de 35,46 para o controlador PI com ganho ajustável, bem inferior a 74,41, gerado pelo controlador PI com ganho fixo.

A seguir, testa-se uma variante do caso estudado anteriormente, em que se emprega um controlador PID com tempo derivativo com sintonia variável, dado por:

$$T_D = \frac{1{,}05}{K_C} \text{ (para sintonia fixa) e } T_D = \frac{1{,}05}{K_{C\_EG}} \text{ (para sintonia variável)}$$

Na Figura 15.8, vê-se a resposta da malha no modo servo com controladores PID com ajuste fixo e variável.

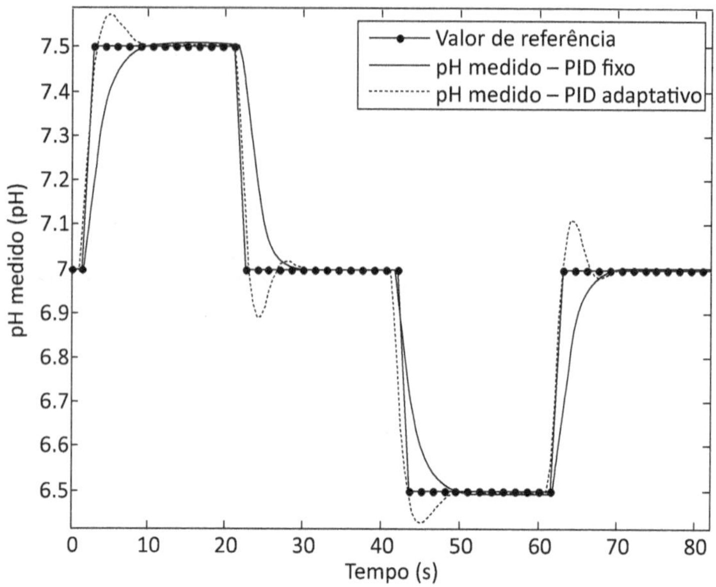

Figura 15.8 – Resposta da malha no modo servo com controladores PID com ganho proporcional e tempo derivativo fixos e ajustáveis.

A Figura 15.8 revela que o controlador PID adaptativo responde mais rapidamente que o controlador PID com sintonia fixa, embora apresente um certo sobressinal.

A Figura 15.9 mostra a resposta da malha no modo regulatório com controladores PID com sintonia fixa e variável. Ela indica que o controlador PID adaptativo gerou um sobressinal menor.

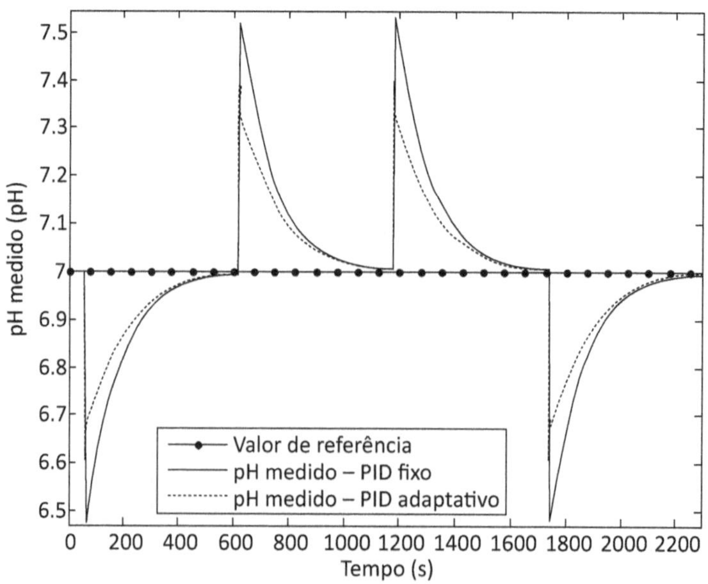

Figura 15.9 – Resposta da malha no modo regulatório com controladores PID com ganho proporcional e tempo derivativo fixos e ajustáveis.

A Tabela 15.1 mostra os índices ISE para os casos vistos nesta subseção.

Tabela 15.1 – Valor do índice ISE dos testes em modo servo e regulatório com controladores PI e PID com sintonia fixa e variável

Tipo de controlador	Ganho fixo	Ganho variável
Controlador PI (modo servo)	1,693	1,903
Controlador PID (modo servo)	1,410	0,8768
Controlador PI (modo regulatório)	74,41	35,46
Controlador PID (modo regulatório)	73,61	35,36

Na Tabela 15.1, a comparação entre os controladores PI e PID indica que este último trouxe algum benefício apenas no modo servo, sendo que no modo regulatório o desempenho medido pelo índice ISE de ambos foi praticamente o mesmo. Já o controlador com ganho variável trouxe vantagens em todos os casos, exceto com o PI no modo servo.

15.3 CONTROLE AUTOADAPTATIVO OU AUTOAJUSTÁVEL (*SELF-TUNING*)

Se as características do processo mudam continuamente, a resposta da malha pode deteriorar, a menos que o controlador seja ressintonizado o tempo todo. Seria desejável que os parâmetros do controlador se ajustassem automaticamente, a fim de compensar as variações nos parâmetros do processo. Quando a causa das mudanças na malha é desconhecida ou incomensurável, a adaptação programada não pode ser usada. Se adaptação deve ser aplicada, ela deve se basear na resposta da própria malha, isto é, autoadaptação, que é muito mais complicada que a adaptação programada, porque requer uma avaliação precisa da resposta da malha, idealmente sem uma entrada forçada.

Esse caso requer uma avaliação precisa da resposta da malha fechada, a qual, idealmente, deveria ser obtida sem perturbar o processo. Na prática, para a função autoadaptativa funcionar, algum meio de perturbar a planta deve ser usado. Ou se insere uma perturbação periódica como sinal de teste, ou o sistema deve esperar algum distúrbio natural no processo. Cada um desses métodos tem certas desvantagens. No primeiro, afasta-se o processo de seu estado estacionário. No segundo, não se dispõe da forma do distúrbio.

A avaliação da resposta a mudanças no valor de referência não é particularmente difícil, pois a magnitude e o instante da mudança são acessíveis ao usuário. Isso, no entanto, é de pouca valia no controle de processos, em que a maioria dos sistemas tem valores de referência constantes, mas é sujeita a perturbações na carga, geralmente imprevisíveis, tanto em magnitude como em frequência, de modo que a resposta da malha deve ser avaliada sem conhecimento prévio da natureza da perturbação.

15.3.1 TIPOS DE CONTROLE AUTOADAPTATIVO OU AUTOAJUSTÁVEL

O diagrama de blocos de um sistema autoadaptativo é mostrado na Figura 15.10.

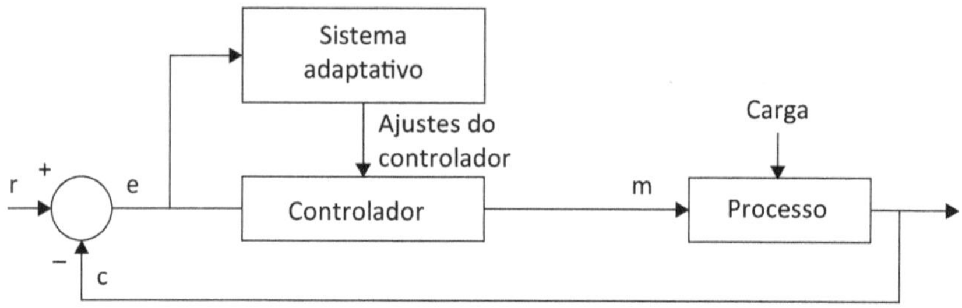

Figura 15.10 – Diagrama de blocos de sistema autoadaptativo.

Esse sistema tem todos os problemas de implementar a adaptação programada mais as questões de avaliar respostas e tomar decisões sobre o ajuste correto. Nesse caso, atualizam-se os parâmetros de um modelo do processo conforme novos dados chegam (estimação online) e então os cálculos de controle se baseiam no modelo atualizado. Por exemplo, os ajustes do controlador poderiam ser expressos como função dos parâmetros do modelo do processo e suas estimativas atualizadas continuamente, conforme dados de entrada (saída do processo) são recebidos. Esse tipo de controlador é intitulado autoajustável ou autoadaptativo, sendo geralmente implantado como na Figura 15.11 (SEBORG et al., 2011). Nela, há três tipos de cômputo: estimação dos parâmetros do modelo do processo (identificação do sistema), cálculo dos ajustes do controlador (decisão) e implementação dos ajustes no controlador (modificação).

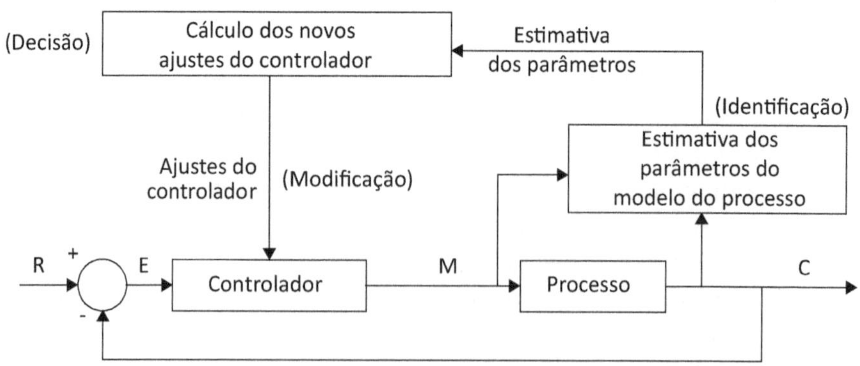

Figura 15.11 – Diagrama de blocos de controlador autoajustável ou autoadaptativo.

A maioria das técnicas de estimação de parâmetros em tempo real requer que um sinal externo de excitação ocasionalmente perturbe a planta para poder estimar os parâmetros do modelo do processo. Essa perturbação é inserida por meio do valor de referência ou adicionada à saída do controlador. É preciso realizar os passos indicados na Figura 15.11 esporadicamente, com uma frequência que depende de quão rapidamente os parâmetros da planta estão mudando. A seguir, as três funções da Figura 15.11 são explicadas.

a) Identificação das características dinâmicas do processo

A teoria de Identificação de Sistemas é aplicada em diversas áreas: controle adaptativo, sintonia de controladores, desenvolvimento de modelos de sistemas etc. As características dinâmicas da planta devem ser identificadas continuamente ou, pelo menos, muito frequentemente, sem afetar a sua operação normal. Para identificar as características de um sistema, deve-se fazer um teste e analisar os resultados. Para um sistema de controle, isso implica a imposição de um sinal de perturbação no processo e a análise de sua resposta. A identificação normalmente é realizada usando sinais de excitação. Ao usar esses sinais para obter um modelo, o problema básico é obter uma amplitude adequada do sinal na saída sem usar um sinal de entrada de amplitude muito elevada, que perturbe muito a operação normal da planta.

A Tabela 15.2 compara vários sinais de teste usados na identificação de sistemas. A senoide (resposta em frequência) é a menos conveniente, pois o teste deve cobrir uma ampla gama de frequências e consome um tempo considerável. Entretanto, seus resultados são bons, na medida em que um gráfico da resposta em frequência pode ser melhor para avaliar os parâmetros do modelo. Além disso, a saída de uma excitação senoidal é mais fácil de separar do ruído que a de uma excitação em degrau ou pulso.

Tabela 15.2 – Tipos de sinais de teste usados na identificação de sistemas

Sinal de teste	Vantagens	Desvantagens
Onda senoidal	Resultados confiáveis. Mede ganho dinâmico. Facilidade de trabalhar os dados obtidos. Razoavelmente imune a ruído.	Teste demorado. Equipamentos especiais normalmente são necessários.
Pulso	Simples de gerar. Retorna ao valor inicial. Teste rápido.	A seleção da largura e da amplitude do pulso e a análise dos resultados não são simples. Sujeito a *drift*.
Degrau	É o mais simples de gerar. A análise dos dados é relativamente simples.	Teste longo quando comparado ao do pulso. Deixa um desvio permanente na variável em relação ao valor inicial.
Sinais aleatórios (estocásticos)	Minimiza as perturbações no processo.	A análise dos resultados é usualmente complexa.
Sinais normais de operação (excitação natural)	Não perturba a operação normal do processo.	A análise dos resultados é complexa.

Em muitos casos, para obter dados adequados de teste, é preciso desabilitar o controle automático, o que pode distorcer a resposta do processo. No controle regulatório, é preciso colocá-lo em manual durante os testes. Para alguns processos, como os do tipo integrador, o uso de um sinal de teste em degrau com a malha aberta pode ser inviável. Algumas vezes, o uso de um pulso pode ser preferível, devido à menor duração do teste e porque a entrada é reconduzida a seu valor original no final do teste.

As entradas normais do processo (excitação natural) são ideais como sinais de teste, pois não existem as dificuldades de saídas não desejadas ou entradas perturbadoras. Entretanto, a identificação adequada com entradas normais só é possível quando elas têm características convenientes de sinal (banda, amplitude etc.).

A identificação não pode demorar muito, pois, caso contrário, podem ocorrer novas variações nos parâmetros da planta. O tempo de identificação deve ser suficientemente curto quando comparado com a taxa de mudanças no processo.

É importante ressaltar que nem todos os sistemas adaptativos requerem uma identificação explícita. Alguns sistemas já foram identificados, a ponto de o valor do índice de desempenho indicar quais parâmetros do controlador devem ser modificados.

b) Decisão baseada na identificação da planta

A decisão se baseia nas características da planta que foram identificadas e no valor calculado do índice de desempenho. Uma vez que a planta foi identificada, ela é comparada com as características ótimas (ou desempenho ótimo) e então uma decisão deve ser tomada a respeito de como os parâmetros dos controladores devem ser variados para manter um desempenho ótimo.

c) Modificação baseada na decisão tomada

Trata-se de modificar sinais de controle (entrada da planta) de acordo com os resultados da identificação e da decisão. A modificação pode ocorrer de duas formas:

- ajustam-se os parâmetros do controlador para compensar as mudanças na dinâmica da planta (modificação do parâmetro do controlador); ou
- sintetiza-se o sinal de controle ótimo, baseado na função de transferência ou na equação de estado da planta, no índice de desempenho e na resposta transitória desejada (síntese do sinal de controle).

A escolha dentre os métodos é essencialmente de *hardware*, uma vez que ambos são conceitualmente equivalentes. Quando a confiabilidade é muito importante, como em aplicações aeroespaciais, o uso da adaptação por mudança de parâmetros é frequentemente preferida no lugar da síntese do sinal de controle, pois o sistema pode operar mesmo após a falha da malha adaptativa se o sinal de controle não for inteiramente dependente da porção adaptativa do sistema.

Outra estratégia de controle adaptativo - controle adaptativo por modelo de referência (MRAC -*Model Reference Adaptive Control*) - visa alcançar uma resposta em malha fechada que seja tão próxima quanto possível de uma resposta desejada (ou de referência). A diferença entre a resposta real e a desejada ($\Delta C = C - C_m$) é usada no cálculo da lei de controle, como se vê na Figura 15.12 (SEBORG et al., 2011).

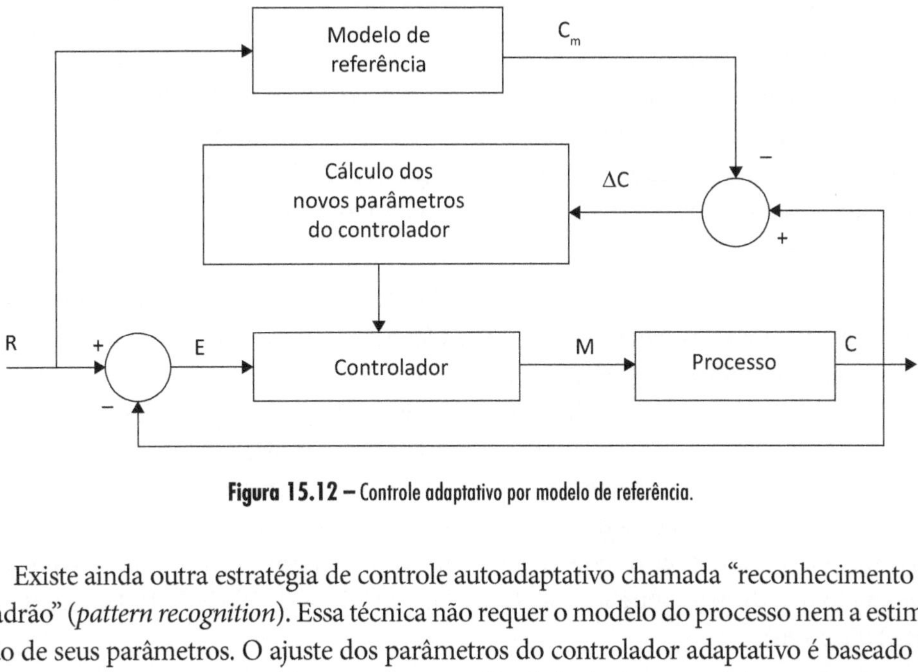

Figura 15.12 – Controle adaptativo por modelo de referência.

Existe ainda outra estratégia de controle autoadaptativo chamada "reconhecimento de padrão" (*pattern recognition*). Essa técnica não requer o modelo do processo nem a estimação de seus parâmetros. O ajuste dos parâmetros do controlador adaptativo é baseado na avaliação das características da resposta em malha fechada do sistema (por exemplo, tempo de subida, sobressinal, tempo de acomodação) a uma variação em degrau no valor de referência. A ideia é ajustar os parâmetros de sintonia e reconhecer o padrão da resposta.

15.3.2 EXEMPLO DE APLICAÇÃO DE CONTROLE PI AUTOADAPTATIVO OU AUTOAJUSTÁVEL

O algoritmo de controle PID é o mais empregado nas indústrias de processos e mais de 95% das malhas de controle usam essa técnica. É, portanto, fundamental conseguir os melhores ajustes possíveis, preferivelmente em cada instante de tempo, para otimizar o controle da malha. Neste exemplo, propõe-se desenvolver algoritmos que:

- periodicamente calculem os melhores ajustes para os parâmetros de sintonia de controladores PID (*auto-tuning*);

- continuamente façam pequenas correções nos ajustes calculados no item anterior, visando sempre manter a variável controlada o mais próximo possível do valor de referência. Esses ajustes contínuos (*self-tuning*) são implementados via lógica nebulosa (*fuzzy*).

Neste exemplo, a sintonia por *auto-tuning* é usada para determinar o ajuste inicial dos três parâmetros do controlador PID padrão ISA (K_C, T_I e T_D), e o ajuste por *self-tuning* é realizado a fim de garantir que o controlador esteja sempre ajustado com os melhores parâmetros durante uma mudança no degrau do sinal de referência ou uma perturbação na carga.

O uso de algoritmos de controle PID autoajustáveis em processos industriais ocorreu a partir da primeira metade da década de 1980 (ÅSTRÖM; WITTENMARK, 1989; ÅSTRÖM; HÄGGLUND, 1995). Desde então, diversos fabricantes implantaram essa técnica em seus controladores. Propõe-se, aqui, estudar esse tipo de algoritmo confrontando três métodos diferentes (GARCIA; CHANG; TODA, 1996).

O primeiro algoritmo muda os parâmetros calculados a partir da fórmula de sintonia das Oscilações Contínuas de Ziegler-Nichols, com base no tempo de oscilação do sistema controlado em malha fechada, e provê um refinamento desse método, como sugerido em Hang, Åström e Ho (1991) e Hang, Lee e Weng (1993). O segundo utiliza o conceito de reconhecimento de padrão, buscando fazer com que a resposta do sistema em malha fechada atinja uma determinada forma por meio do ajuste dos parâmetros do PID. O terceiro algoritmo executa uma correção instantânea nos parâmetros de sintonia do PID com base no valor do erro e de sua derivada, efetuando as correções a partir do conhecimento de um especialista, por meio da lógica difusa ou nebulosa (*fuzzy logic*) (HE; XU; WANG, 1993; GARCIA; CHANG, 1996).

a) Algoritmo baseado no período de oscilação do processo

A ideia é utilizar as fórmulas de sintonia do controlador PID pelo método das Oscilações Contínuas de Ziegler-Nichols (ZIEGLER; NICHOLS, 1942) (ver Subseção 8.2.2 do Volume 1):

$$K_C = 0{,}6 \cdot K_{CU} \qquad T_I = 0{,}5 \cdot P_U \qquad T_D = 0{,}125 \cdot P_U$$

Nesse algoritmo, optou-se por aplicar o controlador PID modificado, equivalente à Equação (7.14) da Subseção 7.5.1 do Volume 1, reapresentada a seguir.

$$m = K_C \cdot \left[(\beta \cdot r - b) + \frac{1}{T_I} \int e \; dt - T_D \frac{d(\gamma \cdot r - b)_f}{dt} \right]$$

Em Åström e Hägglund (1995), há uma estimativa do período de oscilação do sistema em malha fechada T_P em função do período crítico ou derradeiro P_U:

$$T_P = 0,85 \cdot P_U$$

Avalia-se o período de oscilação T_P com base no método proposto por Kraus e Myron (1984), em que se mede o intervalo de tempo entre dois picos sucessivos da resposta do sistema em malha fechada, causados por alguma perturbação na carga ou mudança no valor desejado. Estima-se, então, P_U a partir de T_P. Assim, a adaptação ocorre apenas nos parâmetros T_I e T_D, como função de T_P e somente após o processo sofrer alguma perturbação que faça a variável controlada oscilar. Dessa forma, o ajuste do controlador está sempre de acordo com a última perturbação ocorrida no processo.

Outra sugestão de refinamento é aplicar um termo de correção μ no cálculo de T_I:

$$T_I = 0,5 \cdot \mu \cdot P_U$$

O valor de μ é calculado da seguinte forma (HANG; ÅSTRÖM; HO, 1991):

$0,16 < \Theta < 0,57$	$2,25 < K < 15$	$\mu = 1$
$0,57 < \Theta < 0,96$	$1,5 < K < 2,25$	$\mu = \frac{4}{9} K$

em que $\Theta = \theta_P / \tau_P$ = tempo morto normalizado e $K = K_P \cdot K_{CU}$ = ganho normalizado, sendo θ_P = tempo morto do processo, τ_P = constante de tempo do processo e K_P = ganho estático do processo.

Perceba que a correção para μ está prescrita para Θ até 0,96. Valores superiores denotam um tempo morto muito acentuado, de forma que outros algoritmos de controle são recomendados, por exemplo, o Preditor de Smith (ver Capítulo 16).

Pode-se, ainda, correlacionar os termos K e Θ por meio da seguinte equação:

$$K = 2 \cdot \left(\frac{11 \cdot \Theta + 13}{37 \cdot \Theta - 4} \right)$$

Durante a realização dos testes, percebeu-se que correções nos parâmetros K e τ_P melhoraram o desempenho do controlador atuando no sistema. Adotam-se, então, as seguintes correções para esses dois fatores:

- para $\tau_P > 15$ e $\theta_P < 5$: $K = \frac{K}{4}$ e $\tau_P = \frac{\tau_P}{5}$

- para $\theta_P \geq 5$: $K = \dfrac{K}{1,35}$ e τ_P inalterado.

Fora dessas faixas, K e τ_P são mantidos inalterados.

A fim de executar esse algoritmo, os seguintes parâmetros são necessários: θ_P, τ_P, K_P, K_{CU}, P_U e T_P. Para obter os cinco primeiros parâmetros, o processo deve ser perturbado, embora eles precisem ser avaliados apenas uma vez, sendo que θ_P, τ_P e K_P devem ser obtidos em malha aberta e K_{CU} e P_U em malha fechada. Já T_P deve ser medido sempre que a variável controlada sofrer perturbações que ultrapassem seu nível de ruído de medição (HANG; LEE; WENG, 1993; KRAUS; MYRON, 1984).

b) Algoritmo utilizando reconhecimento de padrão

Esse algoritmo utiliza os seguintes critérios para efetuar a sintonia do controlador PID:

- limitar o sobressinal máximo para perturbações no valor de referência *r*; e
- limitar o decaimento máximo e forçar o "batimento" da resposta para perturbações na carga.

Baseado no que foi dito nos dois parágrafos anteriores, esse método necessita distinguir se a oscilação na variável controlada foi causada por perturbação na carga ou por variação no valor de referência.

Suponha um processo em malha fechada cuja resposta da variável controlada *c* a uma variação no valor de referência e, em seguida, a uma perturbação na carga tenha o formato mostrado na Figura 15.13. O processo em questão corresponde a G_{P2}, usado mais adiante para testar os algoritmos de autossintonia. O controlador PID é sintonizado pela método das Oscilações Contínuas de Ziegler-Nichols, resultando em $K_C = 0,912$, $T_I = 2,745\ \text{s/rep}$ e $T_D = 0,586\ \text{s}$. Na Figura 15.13, aplicou-se um degrau de 0,2 no valor de referência *r* em $t = 0,6$ s e um degrau de 0,2 diretamente na entrada do processo em $t = 18$ s, representando uma perturbação na carga.

Aumentou-se o efeito da ação integral (dividiu-se T_I por 1,403), de modo a fazer com que o segundo pico da resposta à perturbação na carga encostasse na linha do sinal de referência, conforme indicado na Figura 15.14.

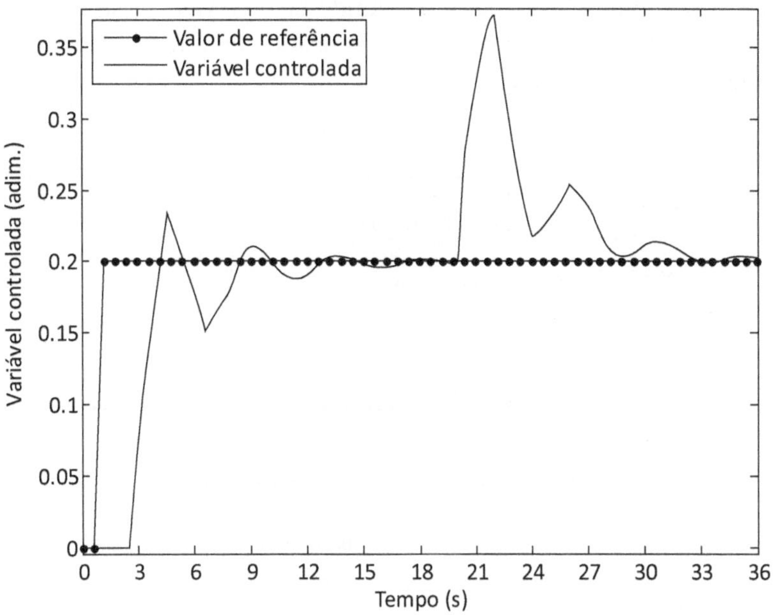

Figura 15.13 – Curva de resposta do processo em malha fechada a degrau de 2% no *set point* usando a sintonia das Oscilações Contínuas de Ziegler-Nichols.

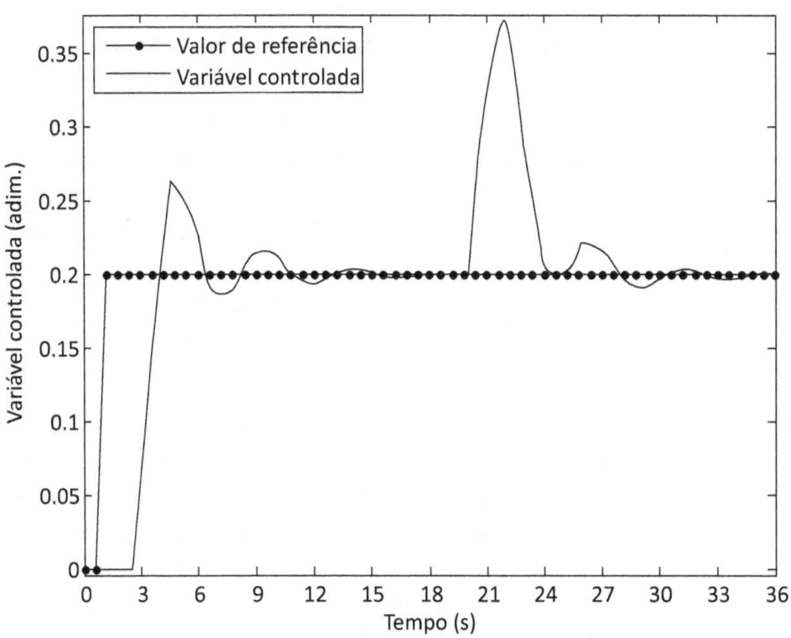

Figura 15.14 – Curva de resposta do processo com ação integral aumentada.

Reduz-se a ação derivativa visando fazer com que o quarto pico da resposta encoste no valor desejado, como visto na Figura 15.15. Para tal, dividiu-se T_D

por 1,2. No entanto, isso afasta o segundo pico do valor desejado. Para manter esses dois picos da resposta no valor desejado, dividiu-se o valor de T_I usado na Figura 15.13 por 0,88.

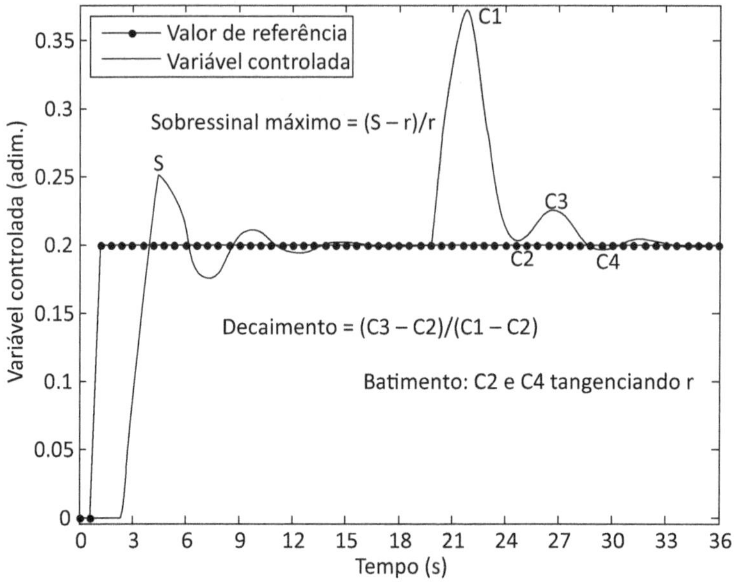

Figura 15.15 – Curva de resposta do processo com parâmetros de interesse.

Na Figura 15.15, o pico de sobressinal para a variação em r é intitulado S e os quatro primeiros picos da oscilação devida à perturbação na carga são denominados, respectivamente, $C1$, $C2$, $C3$ e $C4$. O modo de calcular o sobressinal máximo e o decaimento está indicado na Figura 15.15. O batimento é uma característica da resposta do sistema a uma perturbação na carga, em que a resposta busca voltar ao valor desejado "batendo" nele, mas nunca o ultrapassando. Nos testes feitos, a busca do batimento levou a resposta do processo em malha fechada a um desempenho satisfatório.

De forma a obter um sobressinal menor que o máximo valor estipulado, sem alterar as características da resposta do sistema a perturbações na carga, é também utilizada aqui a proposta de ponderar r no modo proporcional do controlador por meio do fator β, como foi feito na alínea "a". Caso o sobressinal máximo proveniente de uma variação em r esteja acima de um valor predeterminado (aqui adotou-se 15% como limite máximo), diminui-se β. A diferença com relação à alínea "a" é que lá se calcula o valor de β como função de K, ao passo que aqui parte-se do valor $\beta = 1$ e, a cada variação feita em r, ajusta-se gradualmente o valor de β.

Para conseguir o "batimento", são necessários ajustes em T_I e T_D, cujos efeitos são descritos a seguir.

- Efeito de modificação no modo integral

  Caso o segundo pico da resposta transitória do sistema (ponto *C*2 na Figura 15.15) não atinja a linha de *r*, deve-se aumentar a ação integral (diminuir T_I), o oposto ocorrendo se esse pico ultrapassar essa linha.

- Efeito de modificação no modo derivativo

  Caso o quarto pico da resposta transitória do sistema (ponto *C*4 na Figura 15.15) ultrapasse a linha de *r*, deve-se diminuir a ação derivativa (diminuir T_D), pois o excesso de tempo derivativo leva o sistema a ter um comportamento oscilatório. Já quando *C*4 = *r*, pode-se eventualmente aumentar T_D enquanto se tiver *C*4 = *r*, pois o fato de *C*4 ser igual a *r* pode significar um bom ajuste do modo derivativo, bem como um ajuste pouco atuante. Em qualquer caso citado anteriormente, ao se alterar o tempo derivativo, afetam-se os pontos *C*2 e *C*4 e, dessa forma, deve-se também compensar o tempo integral para retornar o ponto *C*2 à condição de batimento. Nas simulações realizadas, obtiveram-se bons resultados com a seguinte regra empírica para a correção de T_I: se o valor final de T_D corresponde a seu valor original multiplicado por *X*, a compensação sugerida para T_I é fazer $T_I = T_I / \left(0,4 + 0,4 \cdot X\right)$.

A partir das simulações realizadas, percebeu-se que, ao se aumentar (diminuir) o ganho proporcional, aumenta-se (diminui-se) o decaimento. No entanto, quanto menor for o decaimento, mais lentamente responde o sistema a uma perturbação na carga. Existe, portanto, um compromisso entre decaimento e velocidade da resposta do sistema. Caso se deseje diminuir o decaimento (aumentar a velocidade de resposta), deve-se normalmente diminuir o ganho proporcional. Aqui, propõe-se um decaimento tal que o tempo de acomodação da variável controlada para perturbação na carga seja menor que duas vezes o período de oscilação do processo. Dessa forma, o ajuste de ganho é feito de forma que, se a resposta apresentar oscilações após o segundo período da onda, diminui-se o ganho; caso contrário, ele é aumentado.

Esse método apresenta as seguintes características:

- os valores iniciais dos parâmetros de sintonia do PID são ajustados por meio do método das Oscilações Contínuas de Ziegler-Nichols e o valor inicial de $\beta = 1$;
- caso se perturbe o processo diversas vezes de forma idêntica, partindo-se do ajuste inicial provido pelo método de Ziegler-Nichols, ele atinge os valores finais de ajuste, tanto de β quanto de K_C, T_I e T_D, somente após algumas perturbações na carga e mudanças em *r* (em média 7 ocorrências); e
- conforme perturbações de diferentes amplitudes e origens surjam, a tendência desse método é tornar o controle gradualmente mais conservativo. O caminho inverso, isto é, o aumento da atuação do controlador, é previsto, mas

deve ocorrer de forma bem mais lenta que a sua redução. Assim, o controle estará ajustado para enfrentar a pior perturbação que ocorreu até então.

Um problema que surge na implementação desse algoritmo se refere à amplitude de ajuste dos parâmetros β, K_C, T_I e T_D. Aqui, os ajustes foram efetuados com passos constantes de ±5% em relação aos valores iniciais dos parâmetros. Dessa forma, obtêm-se valores, por exemplo, de $\beta = 0{,}55$ ou de $0{,}75 \cdot T_{D,\text{original}}$. O ideal seria dispor de algum método que automaticamente ajustasse os parâmetros a partir do reconhecimento do padrão da resposta do processo. Para implantar essa ideia, uma possível opção seria empregar a experiência do projetista do algoritmo (conhecimento do especialista), implementada por meio de lógica difusa.

As informações do processo necessárias para esse algoritmo funcionar são K_{CU}, P_U e a forma da resposta do processo a perturbações, principalmente os valores dos pontos *S* e *C*1 a *C*4. Os parâmetros K_{CU} e P_U precisam ser avaliados apenas uma vez, mediante perturbação provocada pelo usuário ao colocar o algoritmo de autoajuste para operar. Os demais parâmetros devem ser medidos sempre que a variável controlada sofrer uma perturbação que ultrapasse o nível de ruído de medição dela.

c) Algoritmo de correção imediata dos parâmetros de ajuste via lógica nebulosa ou difusa

A ideia básica que permeia esse algoritmo é, a partir de parâmetros de sintonia do controlador PID calculados pelo método das Oscilações Contínuas de Ziegler-Nichols (1942), modificar os parâmetros do PID a cada nova leitura da variável controlada *c* e do valor desejado *r*. Um diagrama esquemático desse algoritmo autoadaptativo é mostrado na Figura 15.16, inspirado em He, Xu e Wang (1993).

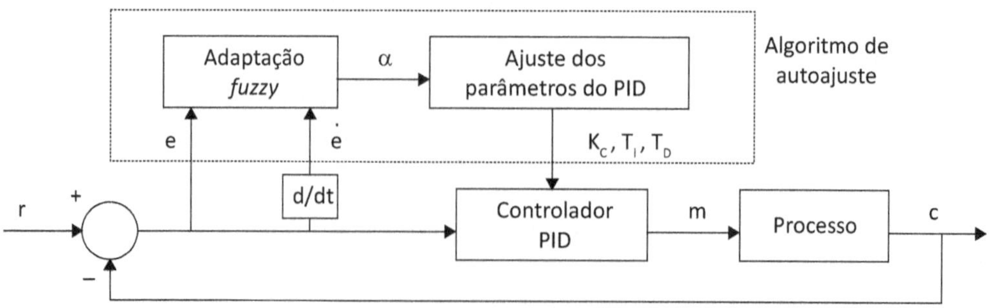

Figura 15.16 – Diagrama de blocos do algoritmo de correção imediata dos parâmetros do PID.

Na Figura 15.16, tem-se que: r = valor de referência (*set point*); e = valor do erro $(r - c)$; m = variável manipulada e c = variável medida (ou controlada).

Supõe-se que o algoritmo PID seja da forma mostrada na Equação (15.1).

$$m(t) = K_C \cdot \left[e(t) + \frac{1}{T_I} \int e(t)\, dt - T_D \frac{dc(t)}{dt} \right] \tag{15.1}$$

Daqui em diante nesta subseção, considera-se o controlador PID digital na forma posicional, equivalente ao controlador PID analógico da Expressão (15.1), conforme indicado na Equação (15.2).

$$m(k) = K_C \cdot \left\{ e(k) + \frac{\Delta t}{T_I} \sum_{i=1}^{k} e(i) - \frac{T_D}{\Delta t}\left[c(k) - c(k-1) \right] \right\} \tag{15.2}$$

em que: $m(k)$ = saída do controlador na k-ésima amostragem; $e(k)$ = erro na k-ésima amostragem e Δt = período de amostragem.

O algoritmo *fuzzy* tem como entradas o erro e sua derivada, e como saídas os valores de K_C, T_I e T_D. Busca-se, então, ajustar os parâmetros do algoritmo PID por meio do valor do erro $e(k)$ e de sua derivada (velocidade) $\dot{e}(k)$. O algoritmo proposto converte $e(k)$ e $\dot{e}(k)$ em números normalizados $E(k)$ e $DE(k)$. Nesse bloco, ajusta-se a sensibilidade do algoritmo, pois pode-se fazer com que um mesmo valor de $e(k)$ se converta em um valor de $E(k)$ que corresponda a um erro grande, médio ou pequeno, o mesmo se aplicando a $DE(k)$. $E(k)$ e $DE(k)$ funcionam como variáveis nebulosas de entrada para uma matriz de "fuzzyficação", que calcula uma variável nebulosa de saída $H = f(E, DE)$, a qual, ao ser "desfuzzyficada", resulta em uma variável $\alpha(k)$, que pode variar de $\alpha_{\min} > 0$ a 1. A variável $\alpha(k)$ é usada para ajustar K_C, T_I e T_D em torno dos valores calculados pelo método das Oscilações Contínuas de Ziegler-Nichols (HE; XU; WANG, 1993). Tanto para as entradas como para as saídas, existem funções de pertinência. Além disso, existem regras de inferência, de forma que, para cada combinação de valores de erro e derivada do erro, sejam definidos os valores dos três parâmetros do PID. A determinação dessas regras de inferência é feita com base na influência que cada parâmetro exerce na resposta de um sistema. O algoritmo *fuzzy* é implementado utilizando o *toolbox* de lógica *fuzzy* existente no Matlab. O objetivo desse ajuste contínuo é melhorar a resposta do sistema caso ocorra alguma mudança, por exemplo, uma variação na carga ou uma alteração no sinal de referência. Espera-se que o sistema responda rapidamente a essa mudança. Os blocos funcionais que compõem o algoritmo de autoajuste proposto são vistos na Figura 15.17 (GARCIA; CHANG, 1996).

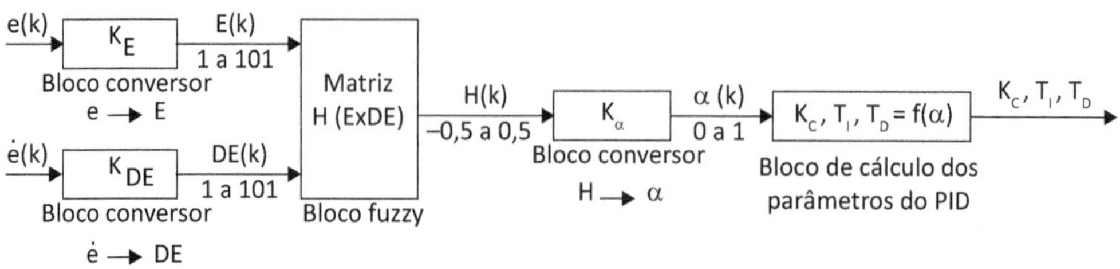

Figura 15.17 – Diagrama de blocos do algoritmo de autoajuste proposto.

A seguir, descreve-se, em detalhes, cada um dos blocos da Figura 15.17.

- Descrição do bloco conversor $e \longrightarrow E$

  A função desse bloco é "fuzzyficar" a variável de entrada $e(k)$, convertendo-a na variável *fuzzy* $E(k)$, que varia de 1 a 101. O que se faz inicialmente é normalizar o valor do erro $e(k)$, gerando a variável $e_{NORM}(k)$, a qual varia entre –0,5 e +0,5 independentemente das unidades de $c(k)$, doravante chamada de $VP(k)$, e $r(k)$, doravante intitulada $SP(k)$. Para efetuar a normalização, criou-se o algoritmo cujo diagrama lógico está mostrado na Figura 15.18. Calcula-se, então, $E(k)$ como função de $e_{NORM}(k)$.

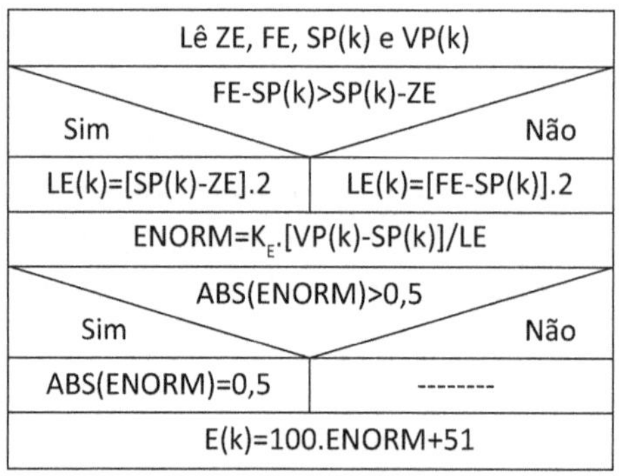

Figura 15.18 – Diagrama lógico do bloco conversor $e \longrightarrow E$.

Os parâmetros de entrada desse bloco são:

- *ZE*: zero da escala do controlador;
- *FE*: fundo da escala do controlador;
- $SP(k)$: valor de referência na *k*-ésima amostragem; e
- $VP(k)$: valor da variável de processo controlada na *k*-ésima amostragem.

Esses parâmetros podem ser fornecidos em unidades de engenharia ou em unidades percentuais. Observa-se que:

- essa forma de lidar com $e(k)$ trata os erros positivos ($VP > SP$) e negativos ($VP < SP$) de forma simétrica;

- a largura da escala (LE) somente será igual a 100% quando o valor de referência SP estiver no meio da escala;
- a saída $E(k)$ é igual a 1 quando o erro é máximo negativo; é igual a 51 quando o erro é nulo; e é igual a 101 quando o erro é máximo positivo; e
- o ajuste da sensibilidade do erro $E(k)$ é feito por meio de K_E. Quanto maior for seu valor, mais $E(k)$ se aproxima de 1 ou 101 para um mesmo valor do erro $e(k)$, aumentando, assim, o ganho de $E(k)$ com relação a $e(k)$.

- Descrição do bloco conversor $\dot{e} \rightarrow DE$

A função desse bloco é, assim como no bloco conversor $e \rightarrow E$, normalizar os valores de $DE(k)$ de 1 a 101, independentemente do valor e das unidades de $\dot{e}(k)$. O diagrama lógico que descreve o funcionamento desse bloco é mostrado na Figura 15.19.

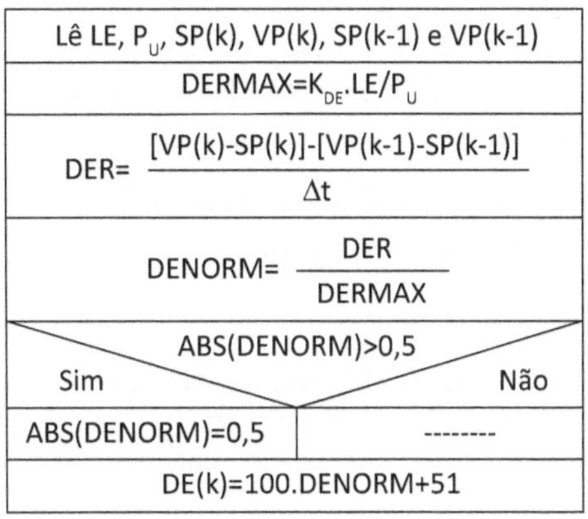

Figura 15.19 – Diagrama lógico do bloco conversor $\dot{e} \rightarrow DE$.

Os parâmetros de entrada desse bloco são:

- LE: largura da escala do controlador (calculada no bloco conversor $e \rightarrow E$);
- P_U: período de oscilação crítica ou derradeira (*ultimate period*) fornecido em segundos;
- Δt: intervalo de amostragem dos dados de entrada do controlador (segundos);
- $SP(k)$: valor de referência na k-ésima (última) amostragem;
- $SP(k-1)$: valor de referência na penúltima amostragem (k-1);
- $VP(k)$: valor da variável de processo controlada na k-ésima (última) amostragem; e

- $VP(k-1)$: valor da variável de processo controlada na penúltima amostragem (k-1).

Comentários:

- assim como no caso do bloco conversor $e \rightarrow E$, aqui também a saída $DE(k)$ é igual a 1 quando a velocidade do erro é máxima negativa; é igual a 51 quando ela é nula; e é igual a 101 quando a velocidade do erro é máxima positiva; e
- ajusta-se a sensibilidade da derivada do erro $DE(k)$ por meio de K_{DE}. Quanto menor ele for, mais $DE(k)$ se aproxima de 1 ou 101 para um mesmo valor da derivada do erro $\dot{e}(k)$, apresentando uma relação inversamente proporcional de ganho.

- Descrição do bloco *fuzzy*

As variáveis de entrada *E* e *DE* e de saída *H* do bloco *fuzzy* são consideradas na forma triangular e são representadas por sete termos (NL, NM, NS, ZE, PS, PM, PL), sendo: NL = *negative large*; NM = *negative medium*; NS = *negative small*; ZE = *zero*; PS = *positive small*; PM = *positive medium* e PL = *positive large.*

O mapeamento *fuzzy* de *E* e *DE* em *H* é mostrado na Tabela 15.5, na qual se associa cada um dos termos das variáveis *fuzzy* a um número.

Tabela 15.3 – Mapeamento *fuzzy* de *E* e *DE* em *H*

H		DE						
		−3	−2	−1	0	1	2	3
	−3	−3	−2,5	−2	−1,5	−1	−0,5	0
	−2	−2,5	−2	−1,5	−1	−0,5	0	0,5
	−1	−2	−1,5	−1	−0,5	0	0,5	1
E	0	−1,5	−1	−0,5	0	0,5	1	1,5
	1	−1	−0,5	0	0,5	1	1,5	2
	2	−0,5	0	0,5	1	1,5	2	2,5
	3	0	0,5	1	1,5	2	2,5	3

O que se fez na Tabela 15.5 para simplificar a notação foi associar cada um dos termos de cada variável *fuzzy* a um número. Dessa forma, tem-se que:

$$NL=-3 \quad NM=-2 \quad NS=-1 \quad ZE=0 \quad PS=1 \quad PM=2 \quad PL=3$$

Os números fracionários significam um termo misto. Por exemplo:

$$-2{,}5 = \text{NL e NM}$$

O método de "desfuzzificação" utilizado foi o do centro de área ou centro de gravidade.

Os valores de $H(k)$ obtidos variaram de $-0{,}4447$ a $+0{,}4447$. Aplicou-se um fator corretivo de $0{,}5/0{,}4447$ para que $H(k)$ fosse de $-0{,}5$ a $+0{,}5$. Como os valores de $E(k)$ e $DE(k)$ que saem dos blocos anteriores variam de 1 a 101, o que se fez, na verdade, foi:

- assumiu-se inicialmente que os valores de $e(k)$ e $\dot{e}(k)$ estavam normalizados e variavam em uma faixa de $-0{,}5$ a $+0{,}5$, o mesmo ocorrendo com a saída $H(k)$;
- montou-se, no *software* Fuzzytech (1995), um sistema com duas entradas e uma saída e executou-se o programa, gerando-se a saída $H(k)$ para valores de $E(k)$ e $DE(k)$ com variação de 0,01, de $-0{,}5$ a $+0{,}5$. Obtiveram-se, então, 10.201 combinações (101 valores de $E(k)$ por 101 valores de $DE(k)$) de valores das entradas com os respectivos valores da saída;
- montou-se, então, uma matriz 101×101 com os 10.201 valores da saída, e as entradas, que variavam de $-0{,}5$ a $+0{,}5$, passaram a variar de 1 a 101.

Ao se trabalhar com as regras *fuzzy* em forma de matriz, obtém-se rapidez na execução do algoritmo, pois a obtenção da saída *H*, tendo-se as entradas *E* e *DE*, corresponde apenas a uma consulta ao valor do elemento da matriz situado na posição (*E*,*DE*). Caso, ao acessar a matriz, os valores das variáveis de entrada *E* e *DE* não sejam números inteiros, basta truncá-los.

- Descrição do bloco conversor $H \rightarrow \alpha$

  Esse bloco executa o seguinte cálculo:

$$\alpha = 2 \cdot \text{abs}(H)$$

Assim, quando $e(k)$ e $\dot{e}(k)$ forem pequenos, quer sejam positivos ou negativos, o valor de $H(k)$ em módulo será pequeno e, portanto, $\alpha(k)$ será pequeno. O valor mínimo de α é 0. Por outro lado, quanto maiores forem os valores de $e(k)$ e $\dot{e}(k)$, mais α tenderá a 1.

- Descrição do bloco de cálculo dos parâmetros do PID

  Utiliza-se, como base para o cálculo dos parâmetros do algoritmo PID, os ajustes propostos pelo método das Oscilações Contínuas de Ziegler-Nichols (1942):

$$K_C = 0,6 \cdot K_{CU} \qquad T_I = 0,5 \cdot P_U \qquad T_D = 0,125 \cdot P_U = 0,25 \cdot T_I$$

em que K_C, T_I e T_D são os parâmetros de ajuste do algoritmo PID e K_{CU} e P_U são o ganho e o período crítico ou derradeiro (*ultimate*) do processo.

Nesse caso, adota-se a seguinte equação para o cálculo dos parâmetros do PID:

$$K_C = \left(0,3 + 0,3 \cdot \alpha + 0,6 \cdot \alpha^2\right) \cdot K_{CU}$$

em que: para $\alpha = 0 \Rightarrow K_C = 0,3 \cdot K_{CU}$; para $\alpha = 0,5 \Rightarrow K_C = 0,6 \cdot K_{CU}$; e para $\alpha = 1 \Rightarrow K_C = 1,2 \cdot K_{CU}$.

No ajuste de K_C, com $\alpha = 0,5$ tem-se o valor nominal proposto por Ziegler-Nichols. Para $\alpha = 0$ e $\alpha = 1$, esse valor é a metade e o dobro do valor nominal, respectivamente.

$$T_I = \left(1 - 1,25 \cdot \alpha + 0,5 \cdot \alpha^2\right) \cdot P_U$$

em que: para $\alpha = 0 \Rightarrow T_I = P_U$; para $\alpha = 0,5 \Rightarrow T_I = 0,5 \cdot P_U$; e para $\alpha = 1 \Rightarrow T_I = 0,25 \cdot P_U$.

Para T_I, quando $\alpha = 0,5$, o valor calculado é o nominal sugerido por Ziegler-Nichols. Para $\alpha = 0$ e $\alpha = 1$, esse valor é o dobro e a metade do valor nominal, respectivamente.

Faz-se $T_D = 0,25 \cdot T_I$.

- Valor ajustado de K_E e de K_{DE}

  Esses parâmetros foram estimados de forma empírica, com base nos resultados obtidos nas simulações dos nove processos mostrados a seguir. A partir dessas simulações, verificou-se qual o valor de K_E e K_{DE} que minimizava o índice ISE para cada um dos nove processos, submetidos inicialmente a uma variação em degrau no valor de referência e, assim que o processo estabilizava, a uma perturbação em degrau na carga. Baseado nos nove valores obtidos para K_E e K_{DE}, calculou-se sua média aritmética, chegando-se a $K_E = 12$ e $K_{DE} = 3$.

- Dados de entrada necessários ao algoritmo proposto

  Para executar esse algoritmo de autoajuste, é necessário dispor dos valores de K_{CU}, P_U, $e(k) = SP(k) - VP(k)$, $\dot{e}(k) = \left[SP(k) - VP(k)\right] - \left[SP(k-1) - VP(k-1)\right]$, *ZE* e *FE*. Verifica-se que a relação de dados de entrada necessários para executar o algoritmo de autoajuste é facilmente obtenível, tornando simples a sua utilização. A variável $e(k)$ deve ser periodicamente calculada pelo controlador. Para se calcular $\dot{e}(k)$, é preciso armazenar $e(k)$ e $e(k-1)$. Os parâmetros K_{CU} e P_U devem ser avaliados apenas uma vez, ao se colocar o algoritmo em operação. Para obtê-los, propõe-se aplicar o princípio da realimentação por relé, usado para realizar o *auto-tuning* de controladores PID, como sugerido por Hang, Lee e Weng (1993). Tem-se que $K_{CU} = 4 \cdot d/(\pi \cdot a)$, em que d e a correspondem, respectivamente, às amplitudes da oscilação gerada pelo relé que excita o processo e da oscilação de saída do processo, ao passo que P_U é o período de oscilação sustentada da saída do processo (ver Subseção 8.2.2 do Volume 1).

Como esse algoritmo continuamente modifica os parâmetros de ajuste, ele está, em princípio, preparado para lidar com qualquer tipo de perturbação.

- Processos utilizados para teste dos algoritmos propostos

O projeto para implementação em Matlab de um controlador PID *auto-* e *self-tuning* por meio de lógica *fuzzy* (HANG; ÅSTRÖM; HO, 1991) está finalizado. Como valores iniciais do PID, são utilizados os parâmetros obtidos na etapa de *auto-tuning*. Em seguida, esse controlador é ajustado constantemente por lógica *fuzzy* (GARCIA; CHANG, 1996).

Para testar os algoritmos de autossintonia, foram selecionados nove modelos apresentados a seguir, correspondendo a sistemas de primeira a quinta ordem, procurando abranger os comportamentos típicos de processos industriais reais (HANG; ÅSTRÖM; HO, 1991; ZHUANG; ATHERTON, 1993):

$$G_{P1}(s) = \frac{e^{-0,4 \cdot s}}{s+1} \quad G_{P2}(s) = \frac{e^{-2 \cdot s}}{s+1} \quad G_{P3}(s) = \frac{e^{-0,5 \cdot s}}{(s+1)^2} \quad G_{P4}(s) = \frac{e^{-2,5 \cdot s}}{(s+1)^2}$$

$$G_{P5}(s) = \frac{1,2 \cdot e^{-10 \cdot s}}{(5 \cdot s+1) \cdot (2,5 \cdot s+1)} \qquad G_{P6}(s) = \frac{2 \cdot (0,5 \cdot s+1) \cdot e^{-0,1 \cdot s}}{(s+1) \cdot (4 \cdot s+1)}$$

$$G_{P7}(s) = \frac{1\text{-}1,4 \cdot s}{(s+1)^3} \qquad G_{P8}(s) = \frac{1}{(2 \cdot s+1)^4} \qquad G_{P9}(s) = \frac{1}{(s+1)^5}$$

Essas nove plantas são simuladas com o controlador PID *auto-tuning* (uma sintonia inicial e sintonias periódicas por *auto-tuning*) e com o controlador *auto-* mais *self-tuning* (sintonia por *auto-tuning* com ajuste *self-tuning* nos períodos em que o *auto-tuning* não é executado), e as respostas obtidas são comparadas. O melhor conjunto de parâmetros obtido a partir do método de Curva de Reação do processo é utilizado como condição inicial para o método de *self-tuning*, enquanto o melhor conjunto de parâmetros obtido a partir do método das Oscilações Contínuas é utilizado na autossintonia periódica.

Os testes consistiram em introduzir dois degraus unitários, um no valor de referência no instante inicial e outro diretamente na entrada do processo assim que este estabiliza, representando uma perturbação na carga.

- Resultados dos testes realizados

Para avaliar os resultados obtidos, optou-se por usar o critério da integral do erro quadrático (ISE). Os valores obtidos de ISE são vistos na Tabela 15.6 (GARCIA; CHANG; TODA, 1996). Além dos três algoritmos de autossintonia propostos, computam-se também os resultados obtidos com um controlador PID com sintonia fixa, dado pela Equação (7.3) do Volume 1 e ajustado por meio do método das Oscilações Contínuas de Ziegler-Nichols (1942).

Tabela 15.4 – Valores de ISE obtidos nos testes de avaliação dos algoritmos de autossintonia

Processo testado	Oscilações Contínuas Z&N		Período de oscilação do processo		Reconhecimento de padrão		Correção imediata dos parâmetros	
	SP	Carga	SP	Carga	SP	Carga	SP	Carga
P1	0,6096	**0,0610**	1,3980	0,6075	0,6272	0,0678	**0,5141**	0,1483
P2	2,5294	1,4274	2,9358	1,6214	2,6586	1,4832	**2,4480**	**1,3205**
P3	1,2009	**0,1336**	1,4055	0,3790	1,1878	**0,1336**	**0,9621**	0,2082
P4	3,7407	2,0412	4,1088	2,1102	3,9186	2,0858	**3,6907**	**1,9138**
P5	14,6696	11,7370	15,4798	11,0981	15,4735	12,1729	**14,3417**	**10,4867**
P6	0,2527	0,0002	1,2562	0,0320	0,2327	**0,0001**	**0,2008**	0,0026
P7	3,1646	1,8266	3,5051	1,7959	3,5469	1,8368	**3,0189**	**1,6805**
P8	4,1658	0,6307	9,5911	1,7285	4,3902	**0,5606**	**3,6290**	0,8233
P9	2,8909	0,6712	3,7710	1,0453	3,2773	**0,6423**	**2,7528**	0,7610

Para cada processo testado na Tabela 15.6, o melhor resultado em termos da variação no valor de referência (SP) e da perturbação na carga está destacado em negrito. Nota-se que o pior desempenho foi o do algoritmo baseado no período de oscilação do processo. Com relação ao melhor desempenho, observa-se que o algoritmo de correção imediata dos parâmetros de ajuste, em termos de variações no valor de referência, foi o melhor em todos os casos. Já no caso de perturbação na carga, houve um empate entre este último algoritmo e aquele utilizando reconhecimento de padrão, sendo que cada um deles foi o melhor em quatro casos. A sintonia fixa gerada pelo método das Oscilações Contínuas de Ziegler-Nichols apresentou o melhor resultado para dois casos, ambos de perturbação na carga, sendo que em um deles seu desempenho foi idêntico ao do algoritmo utilizando reconhecimento de padrão.

Portanto, nos testes realizados, na maioria dos casos os valores de ISE obtidos para os algoritmos PID autoajustados foram menores que para o PID com sintonia fixa, mostrando que, para esse índice de desempenho e para os processos testados, os algoritmos PID com autoajuste tiveram um desempenho superior ao do PID com sintonia fixa. Conclui-se, ainda, que, dos três diferentes algoritmos PID autoajustáveis estudados, aquele que melhor atendeu ao critério ISE para os nove processos testados foi o algoritmo de correção imediata dos parâmetros via lógica *fuzzy*. Em termos de perturbações provocadas pelo usuário no processo, os algoritmos de reconhecimento de padrão e de correção imediata dos parâmetros via lógica *fuzzy* foram os mais vantajosos, pois, para início de execução, eles precisam apenas dos valores de K_{CU} e P_U, que podem ser obtidos sem levar o processo ao limite da estabilidade, por meio do método de Realimentação por Relé proposto em Åström e Hägglund (1995), conforme visto na Subseção 8.4.1 do Volume 1. Assim, associando-se desempenho, medido por meio do critério ISE, com simplicidade de utilização, o algoritmo de correção imediata dos parâmetros via lógica *fuzzy* é o mais indicado para os casos testados.

15.4 COMPARAÇÃO ENTRE SISTEMAS COM ADAPTAÇÃO PROGRAMADA E AUTOAJUSTÁVEIS

A diferença no desempenho entre sistemas com adaptação programada e sistemas autoajustáveis é análoga à que existe entre os controles por pré-alimentação e por realimentação. Um controlador autoajustável não consegue fazer um ajuste para corrigir seus parâmetros até que uma resposta insatisfatória apareça. Dois ou mais ciclos devem passar antes de uma avaliação poder ser feita para gerar um ajuste. Portanto, o ciclo de tempo da malha adaptativa deve ser muito mais longo que o período natural da malha de controle. Consequentemente, o sistema autoadaptativo não consegue corrigir a má resposta atual do controlador, mas pode somente se preparar para responder à próxima perturbação, assumindo que os parâmetros do controlador gerados no instante presente serão também válidos então. Em situações nas quais o ganho da malha esteja continuamente mudando, o controlador autoadaptativo estará sempre atrás das necessidades do processo. Se o ganho do processo muda com a carga, o controlador autoadaptativo irá sempre ajustar o controlador para a última mudança da carga, ao passo que a adaptação é necessária para a próxima mudança.

Por outro lado, o sistema com adaptação programada terá sempre os ajustes corretos, porque ele responde automaticamente a mudanças nas variáveis de processo, de modo análogo a um controle por pré-alimentação. Ele não tem de “aprender” a dinâmica do processo.

REFERÊNCIAS

ÅSTRÖM, K. J.; HÄGGLUND, T. **PID controllers**: theory, design and tuning. 2. ed. Research Triangle Park: Instrument Sociey of America, 1995.

ÅSTRÖM, K. J.; WITTENMARK, B. **Adaptive control**. Reading: Addison-Wesley, 1989.

FUZZYTECH. **User's manual**. Versão 4.0, revisão 400. Evanston: Inform Software Corporation, 1995.

GARCIA, C.; CHANG, C. K. Implementação de controlador PID auto-adaptativo usando lógica nebulosa. In: CONGRESSO LATINO-AMERICANO DE CONTROLE AUTOMÁTICO, 7., 1996, Buenos Aires, Argentina. **Anais...** 1996.

GARCIA, C.; CHANG, C. K.; TODA, Y. Estudo e avaliação de algoritmos de controle PID auto-ajustáveis. In: CONGRESSO BRASILEIRO DE AUTOMÁTICA - CBA, 11., 1996, São Paulo, Brasil. **Anais...**, 1996.

GARCIA, C.; GODOY, R. J. C. Modelling and simulation of pH neutralization plant including the process instrumentation In: MICHAŁOWSKI, T. (Ed.). **Applications of MATLAB in Science and Engineering**. Rijeka: Intech, 2011. cap. 24.

HANG, C. C.; ÅSTRÖM, K. J.; HO, W. K. Refinements of the Ziegler-Nichols tuning formula. **IEE Proceedings-D**, v. 138, n. 2, p. 111-118, mar. 1991.

HANG, C. C.; LEE, T. H.; WENG, K. H. **Adaptive control**. Research Triangle Park: Instrument Society of America, 1993.

HE, S.; XU, S. T. F.; WANG, P. Fuzzy self-tuning of PID controllers. **Fuzzy Sets and Systems,** v. 56, n. 1, p. 37-46, 25 maio 1993.

HENSON, M. A.; SEBORG, D. E. **Non linear process control**. Upper Saddle River: Prentice Hall PTC, 1997.

KRAUS, T. W.; MYRON, T. J. Self-tuning PID controller uses pattern recognition approach. **Control Engineering**, v. 31, n. 6, p. 106-111, jun. 1984.

LIPTÁK, B. G. **Instrument Engineers' Handbook**: process control and optimization. 4. ed. Boca Raton: CRC Press, Taylor & Francis Group, 2006.

SEBORG, D. E.; EDGAR, T. F.; MELLICHAMP, D. A.; DOYLE III, F. J. **Process, Dynamics and Control**. 3. ed. Hoboken: John Wiley & Sons, 2011.

ZHUANG, M.; ATHERTON, D. P. Automatic tuning of optimum PID controllers. **IEE Proceedings-D**, v. 140, n. 3, p. 216-224, maio 1993.

ZIEGLER, J. G.; NICHOLS, N. B. Optimum settings for automatic controllers. **Transactions of the ASME**, v. 65, p. 433-444, nov. 1942.

CAPÍTULO 16

COMPENSAÇÃO DE TEMPO MORTO

A presença de tempo morto, também conhecido como atraso puro, em um processo limita o desempenho de um sistema de controle por realimentação. Do ponto de vista da resposta em frequência, a presença de tempo morto na malha de controle adiciona nela atraso de fase, que prejudica a estabilidade em malha fechada. Consequentemente, o ganho do controlador deve ser reduzido abaixo do valor que poderia ser usado se nenhum atraso puro estivesse presente, e, assim, a resposta do sistema em malha fechada será lenta quando comparada àquela da malha de controle sem atraso puro. Para melhorar o desempenho de sistemas com atraso puro significativo, estratégias especiais de controle foram desenvolvidas para prover compensação de tempo morto. Dentre elas, o Preditor de Smith (SMITH, 1957) é uma das melhores técnicas conhecidas.

16.1 MALHA DE CONTROLE COM PREDITOR DE SMITH

O Preditor de Smith é uma técnica pertencente a uma classe mais ampla intitulada controladores (ou compensadores) baseados em modelo (*model based controllers* ou *model based compensators*), pois ela utiliza um modelo do processo em sua lei de controle. Estudos realizados mostram que o desempenho do Preditor de Smith pode chegar a ser 30% superior ao de um controlador convencional.

A Figura 16.1 mostra o diagrama de blocos de uma malha de controle convencional, em que a planta tem um tempo morto θ. Supõe-se que a planta seja representada por $G(s)$, que é dividido em duas partes:

$$G(s) = G^*(s) \cdot e^{-\theta \cdot s}$$

No caso da Figura 16.1, a variável realimentada para o controlador é afetada pelo tempo morto, o que faz com que o sistema seja difícil de controlar. Se a variável realimentada pudesse ser, de alguma forma, colocada fora da malha de realimentação, isto é, se o tempo morto enxergado pelo controlador pudesse ser movido para fora da malha, então o controlador poderia ser sintonizado com um ganho proporcional K_C maior, tornando o controlador mais "agressivo", o que permite que ele reconduza a variável controlada ao valor de referência com mais rapidez, tanto no caso de variação no *set point* quanto de perturbação na carga.

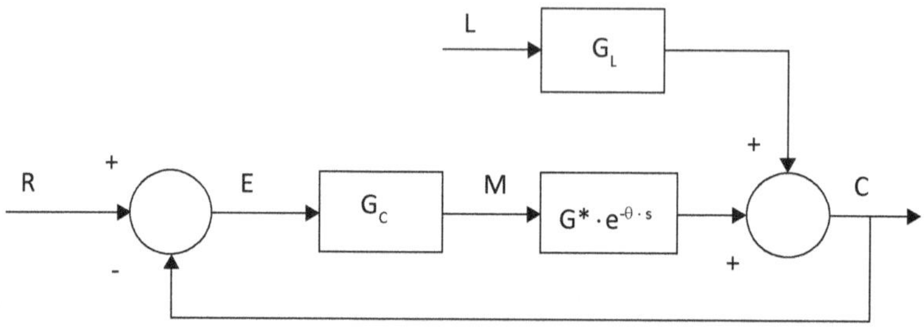

Figura 16.1 – Diagrama de blocos de malha tradicional de controle com processo com tempo morto.

Note que, caso se denomine a função de transferência do controlador de $G_C(s)$, a função de transferência do sistema em malha fechada no caso da Figura 16.1 é dada por:

$$G_{MF}(s)=\frac{C(s)}{R(s)}=\frac{G_C(s)\cdot G(s)}{1+G_C(s)\cdot G(s)}=\frac{G_C(s)\cdot G^*(s)\cdot e^{-\theta\cdot s}}{1+G_C(s)\cdot G^*(s)\cdot e^{-\theta\cdot s}} \tag{16.1}$$

a qual mostra que o tempo morto aparece no denominador da função de transferência e, portanto, afeta a estabilidade da malha fechada.

O modelo aproximado do processo é dado por $\tilde{G}(s)$, o qual também é dividido em duas partes:

$$\tilde{G}(s)=\tilde{G}^*(s)\cdot e^{-\tilde{\theta}\cdot s}$$

A Figura 16.2 mostra um esquema em que um modelo $\tilde{G}^*(s)\cdot e^{-\tilde{\theta}\cdot s}$ do processo é inserido em paralelo com a planta real. Perceba que a saída do controlador é uma entrada tanto da planta real como do seu modelo, de maneira que, no caso ideal, a saída do modelo $\tilde{C}_2$ tende a cancelar exatamente a saída da planta real C.

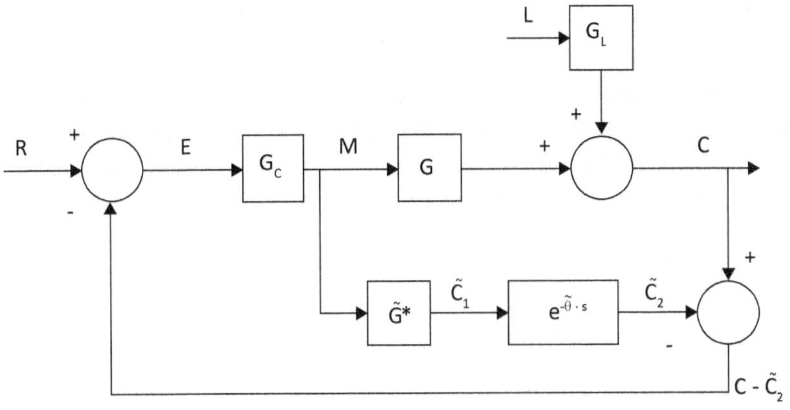

Figura 16.2 – Diagrama de blocos da Figura 16.1 com inclusão do modelo da planta.

Na Figura 16.3, a saída do modelo da planta $\tilde{C}_1$, antes do tempo morto, pode então ser usada como o sinal de realimentação para o controlador, isento de atraso puro. A Figura 16.3 mostra o diagrama de blocos do Preditor de Smith.

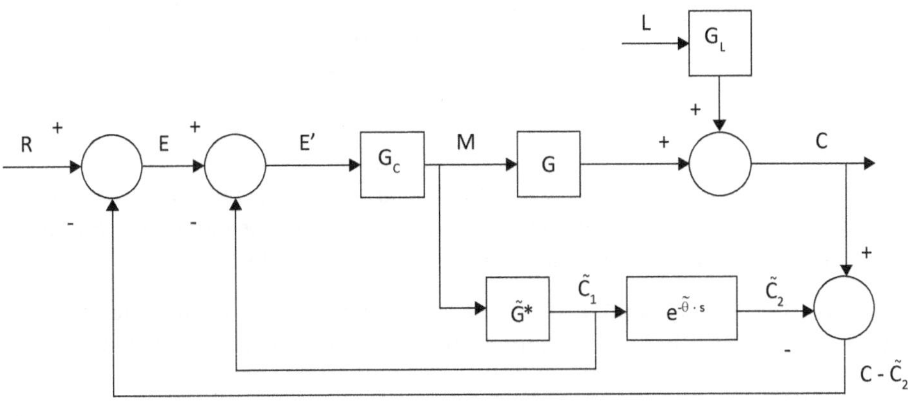

Figura 16.3 – Diagrama de blocos do Preditor de Smith.

O modelo do processo sem o atraso puro $\tilde{G}^*(s)$ é usado para predizer o efeito da ação de controle na saída do processo. O controlador usa essa resposta ($\tilde{C}_1$) para calcular sua saída. A saída $\tilde{C}_1$ é então atrasada de $\tilde{\theta}$, gerando $\tilde{C}_2$, a qual é comparada com a saída real C do processo. Do diagrama de blocos da Figura 16.3, resulta:

$$E' = E - \tilde{C}_1 = R - \left(C - \tilde{C}_2\right) - \tilde{C}_1$$

Se o modelo do processo for perfeito ($G \cong \tilde{G}$) e não houver perturbação significativa ($\hat{L}(s) \cong 0$), então:

$$C \cong \tilde{C}_2 \quad \text{e} \quad E' \cong R - \tilde{C}_1$$

O controlador recebe E' e age como se o atraso puro não existisse. Portanto, no caso ideal em que o modelo represente com precisão o processo com tempo morto, o sistema em malha fechada pode ser sintetizado conforme mostrado na Figura 16.4, em que o tempo morto aparece fora da malha de controle.

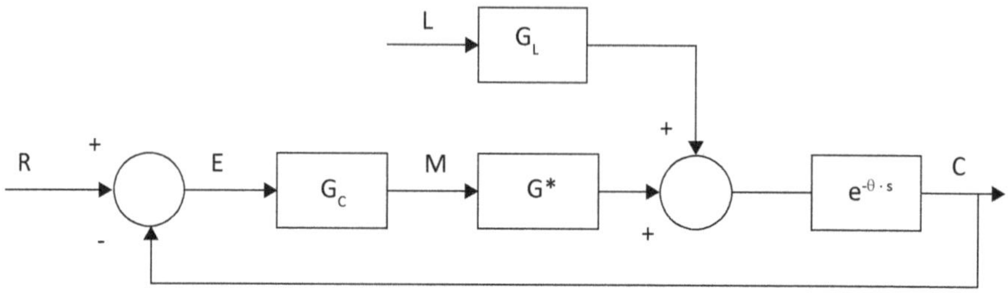

Figura 16.4 – Malha equivalente com o Preditor de Smith ideal.

A função de transferência em malha fechada da Figura 16.4 é dada por:

$$G_{MF}(s) = \frac{C(s)}{R(s)} = \frac{G_C(s) \cdot G^*(s)}{1 + G_C(s) \cdot G^*(s)} \, e^{-\theta \cdot s} \tag{16.2}$$

Comparando-se a Equação (16.2) com a Equação (16.1), nota-se que o termo de atraso puro foi eliminado do denominador da função de transferência em malha fechada, não afetando mais a estabilidade da malha de controle.

A Figura 16.5 apresenta uma configuração alternativa equivalente à da Figura 16.3 para o Preditor de Smith, que inclui uma malha interna por realimentação.

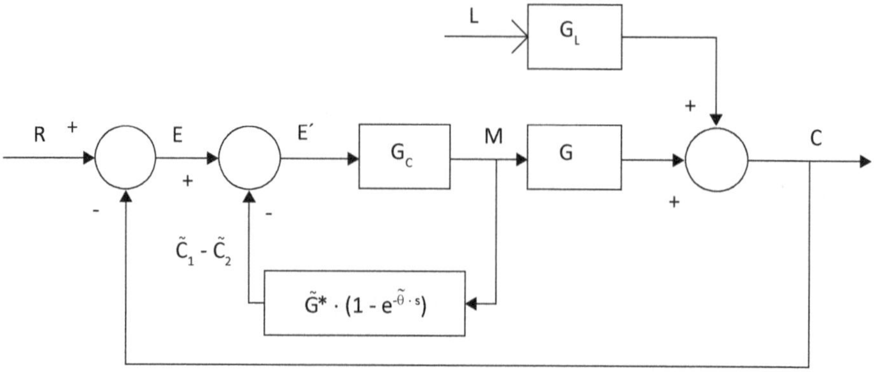

Figura 16.5 – Configuração alternativa equivalente para o Preditor de Smith.

Assumindo-se que o modelo do processo seja perfeito na Figura 16.5, a malha interna tem a seguinte função de transferência:

$$\tilde{G}_C(s) = \frac{M(s)}{E(s)} = \frac{G_C(s)}{1 + G_C(s) \cdot \tilde{G}^*(s) \cdot \left(1 - e^{-\tilde{\theta} \cdot s}\right)} \tag{16.3}$$

Essa é a função de transferência equivalente ao controlador da malha quando se emprega o Preditor de Smith.

A vantagem de se utilizar o Preditor de Smith é perdida se o modelo do processo for muito impreciso. No entanto, o Preditor de Smith pode ainda gerar um melhor desempenho sobre o controle por realimentação convencional se os erros do modelo não forem muito grandes, isto é, se os parâmetros estimados do modelo estiverem dentro de uma faixa de ±30% dos valores reais do processo (SEBORG et al., 2011).

Portanto, uma desvantagem do Preditor de Smith é ser baseado em um modelo dinâmico do processo. Dessa forma, se as características dinâmicas do sistema mudam significativamente ao longo do tempo, o modelo se torna impreciso e o desempenho do controlador se deteriora, podendo chegar ao ponto de ocorrer instabilidade na malha de controle. Para tais processos, a sugestão é que o controlador PID da malha seja sintonizado de maneira conservadora, de modo a poder acomodar possíveis erros do modelo.

O Preditor de Smith raramente é implementado na forma analógica, devido à dificuldade de se gerar o atraso puro com componentes analógicos. Assim, sua implantação normalmente é realizada na forma digital.

O Preditor de Smith é projetado com base no modelo que relaciona a variável controlada com a variável manipulada, isto é, seu desenvolvimento é orientado para operar no modo servo. No entanto, muitas vezes ele é benéfico quando a malha está sujeita a perturbações na carga.

Apresentam-se, a seguir, exemplos de simulações em que se discutem várias situações de aplicação do Preditor de Smith.

16.2 EXEMPLO DE MALHA DE CONTROLE COM E SEM PREDITOR DE SMITH

Analisam-se, nesta seção, exemplos do comportamento de malhas de controle com e sem Preditor de Smith, quando submetidas às seguintes condições:

- variação no valor de referência;
- perturbação na carga;
- Preditor de Smith com modelo incorreto;
- Preditor de Smith com tempo morto variável; e
- Preditor de Smith com método inadequado de sintonia do controlador PID.

São analisados dois casos: um em que a planta real é de primeira ordem com tempo morto e outro em que a planta real é de segunda ordem com tempo morto e, em ambos os casos, o modelo da planta é assumido como sendo de primeira ordem com tempo morto.

16.2.1 RESPOSTA DO PREDITOR DE SMITH A UMA VARIAÇÃO NO VALOR DE REFERÊNCIA – PLANTA DE PRIMEIRA ORDEM

Analisa-se, a seguir, a resposta de uma malha de controle a uma mudança em degrau no valor de referência, usando-se um controlador PI atuando sobre um processo de primeira ordem com tempo morto, descrito pela seguinte função de transferência:

$$G_1(s) = \frac{3 \cdot e^{-8 \cdot s}}{10 \cdot s + 1}$$

Assume-se que a constante de tempo e o tempo morto sejam dados em minutos. Nesse caso, o fator de incontrolabilidade é igual a $F_C = \theta/\tau = 0{,}8$ (ver Subseção 8.2.2 do Volume 1).

Optou-se por sintonizar o controlador PI pelo método da Síntese Direta, considerando $\tau_C = 2$ min. Na Figura 16.6, são mostradas duas curvas de resposta a um degrau de 10% no valor desejado aplicado em $t = 2$ min: uma para $\theta = 0$ com $K_C = 1{,}67$ e $T_I = 10$ min/rep e outra para $\theta = 8$ min com $K_C = 0{,}333$ e $T_I = 10$ min/rep. Supõe-se que a variável controlada esteja inicialmente em 50%.

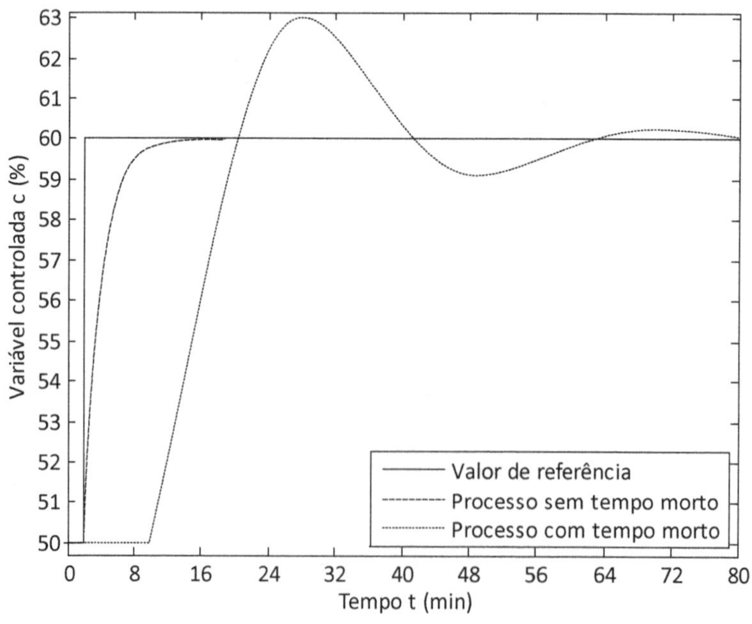

Figura 16.6 – Resposta do processo com e sem tempo morto a degrau de 10% no SP com controlador PI.

Nota-se na Figura 16.6 que, com o processo com tempo morto, emprega-se um ganho menor no controlador para se adequar ao requisito de estabilidade, mas mesmo assim a resposta fica oscilatória. A deterioração da resposta em malha fechada para o caso com atraso puro é clara, com um acréscimo significativo no tempo de acomodação e com um sobressinal máximo de 30,2%.

A implantação em Simulink da malha de controle com o Preditor de Smith é vista na Figura 16.7.

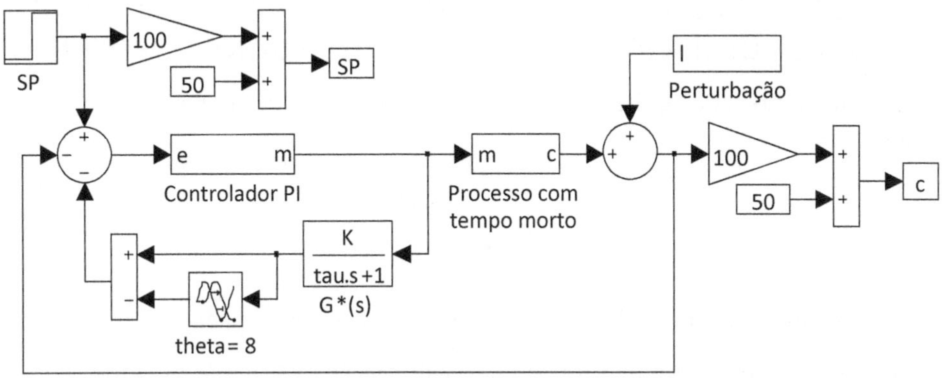

Figura 16.7 – Implementação em Simulink da malha de controle com Preditor de Smith.

A Figura 16.8 mostra a resposta da malha com Preditor de Smith aplicado à planta do caso anterior com $\theta = 8$ min. O ajuste do controlador PI é o do caso sem tempo morto.

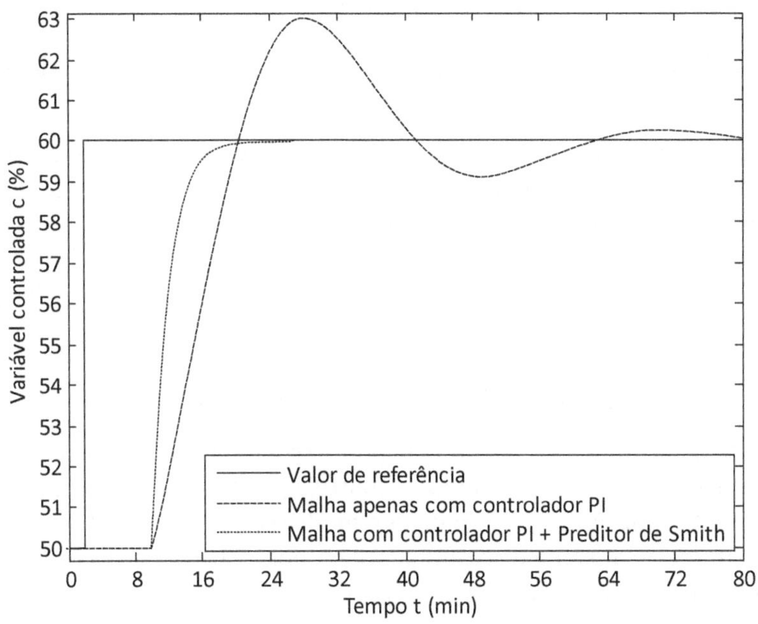

Figura 16.8 – Resposta do processo com tempo morto a degrau de 10% no SP com e sem Preditor de Smith.

A comparação entre o comportamento do sistema com atraso puro com e sem o Preditor de Smith indica a melhoria obtida no desempenho com o uso do preditor. Observe ainda que a resposta com o preditor é idêntica à resposta do sistema sem tempo morto ($\theta = 0$), exceto pelo atraso puro existente na resposta da malha no caso com preditor, devido ao tempo morto existente no processo. O modelo do processo $\tilde{G}^*(s)$, nesse caso, é de primeira ordem e, assim, gera um sistema estável em malha fechada.

16.2.2 RESPOSTA DO PREDITOR DE SMITH A UMA VARIAÇÃO NO VALOR DE REFERÊNCIA – PLANTA DE SEGUNDA ORDEM

A planta empregada aqui é de segunda ordem com tempo morto, como indicado a seguir.

$$G_2(s) = \frac{3 \cdot e^{-5 \cdot s}}{15 \cdot s^2 + 8 \cdot s + 1}$$

Supõe-se que a constante de tempo e o tempo morto sejam dados em minutos.

Seguindo a prática comum, gera-se a curva de reação e estima-se um modelo aproximado de primeira ordem com tempo morto, visando sintonizar o controlador PI que irá atuar sobre a planta dada. Aplicando-se o método de Sundaresan e Krishnaswamy (ver Item 3.5.2.4 do Volume 1), obtém-se o seguinte modelo:

$$G_{1,aprox}(s) = \frac{3 \cdot e^{-7{,}30 \cdot s}}{5{,}92 \cdot s + 1}$$

No caso desse modelo aproximado, o fator de incontrolabilidade é igual a $F_C = \theta/\tau = 1{,}23$.

Repete-se o procedimento anterior, mas considerando que a planta de segunda ordem não tenha tempo morto, obtendo-se o seguinte modelo aproximado de primeira ordem com tempo morto:

$$G_{1,aprox,sem\_tempo\_morto}(s) = \frac{3 \cdot e^{-2{,}30 \cdot s}}{5{,}93 \cdot s + 1}$$

Nesse caso, o fator de incontrolabilidade é igual a $F_C = \theta/\tau = 0{,}388$.

Verifica-se na Figura 16.9 a resposta do processo a uma mudança em degrau de 0,1 no valor desejado em $t = 2$ min, usando-se controladores PI sintonizados pelo método da Síntese Direta aplicando $\tau_C = 3$ min com modelo de primeira ordem, considerando-se duas situações: a planta de segunda ordem possui ou não tempo morto. Na Figura 16.9 são mostradas duas curvas de resposta: uma para a planta de primeira ordem sem tempo morto, com $K_C = 0{,}373$ e $T_I = 5{,}93$ min/rep, e outra para $\theta = 5$ min, com $K_C = 0{,}192$ e $T_I = 5{,}92$ min/rep.

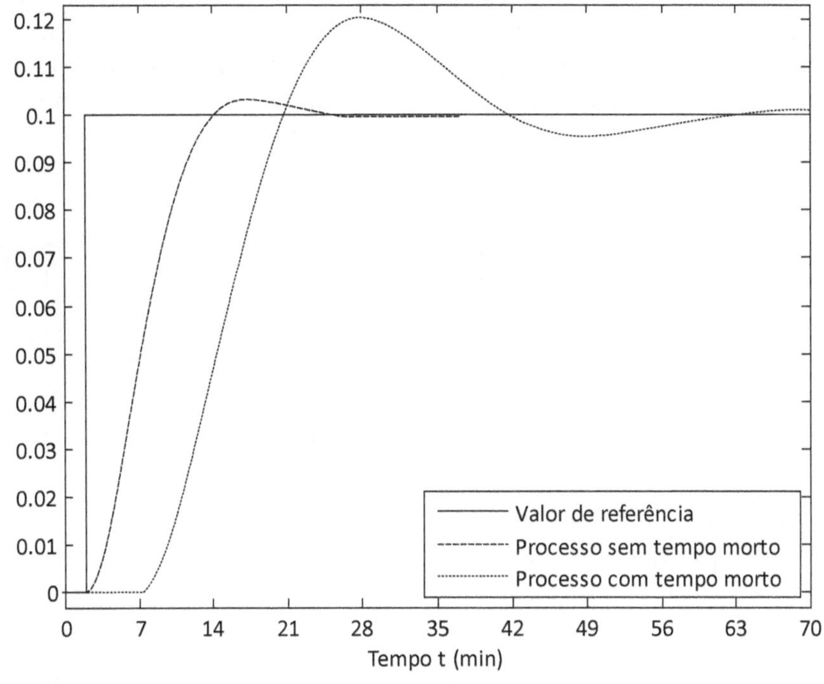

Figura 16.9 – Resposta do processo com e sem tempo morto a degrau de 0,1 no SP com controlador PI.

Assim como ocorreu na Figura 16.6, observa-se que, com o processo com tempo morto, usa-se um ganho menor no controlador para se adequar ao requisito de estabilidade, mas mesmo assim a resposta fica oscilatória. A deterioração da resposta em malha fechada para o caso com atraso puro é clara, com um acréscimo significativo no tempo de acomodação e um sobressinal máximo de 20,2%.

A implantação em Simulink da malha de controle com o Preditor de Smith é mostrada na Figura 16.10.

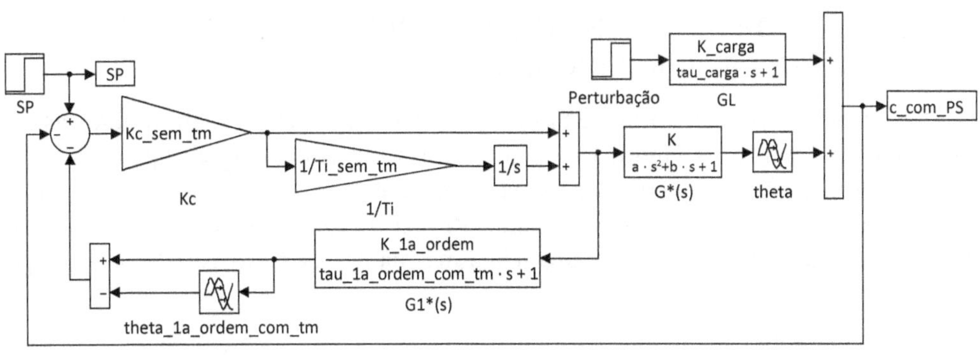

Figura 16.10 – Implementação em Simulink da malha de controle com Preditor de Smith.

Na Figura 16.10, sintonizou-se o controlador PI pelo método da Síntese Direta, considerando $\tau_C = 3$ min. A sintonia do controlador PI é a do caso sem tempo morto. Na Figura 16.11 são mostradas duas curvas de resposta a um degrau de 0,1 no valor desejado aplicado em $t = 2$ min: uma para $\theta = 0$ com $K_C = 0{,}373$ e $T_I = 5{,}93$ min/rep e outra para $\theta = 5$ min com $K_C = 0{,}192$ e $T_I = 5{,}92$ min/rep.

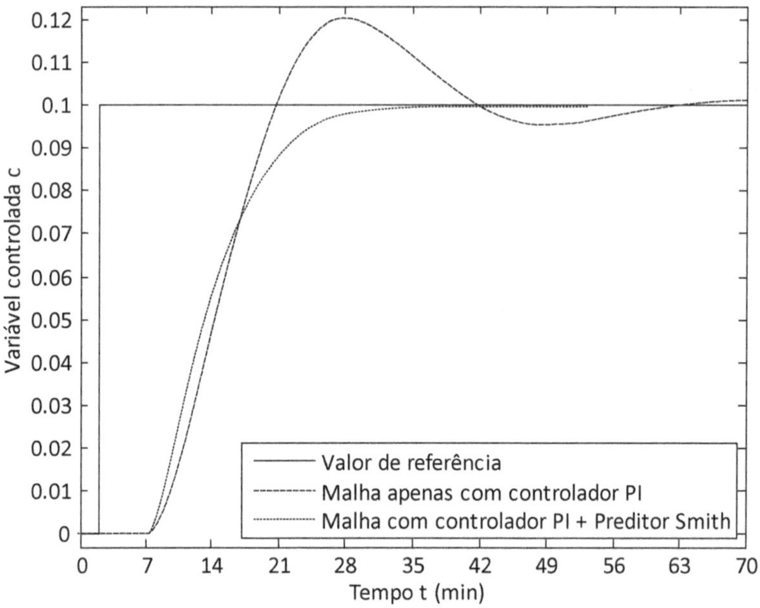

Figura 16.11 – Resposta do processo com tempo morto a degrau de 0,1 no SP com e sem Preditor de Smith.

Na Figura 16.11, a comparação entre o comportamento do sistema com atraso puro com e sem o Preditor de Smith mostra a melhoria obtida no desempenho com o uso do preditor.

16.2.3 PREDITOR DE SMITH COM PERTURBAÇÃO NA CARGA – PLANTA DE PRIMEIRA ORDEM

O controlador com Preditor de Smith geralmente é vantajoso para mudanças na carga, conforme visto na Figura 16.12, que mostra um caso em que se provoca uma perturbação em degrau de 10% na carga no instante $t = 2$ min usando apenas um controlador PI e outro com um controlador PI mais Preditor de Smith. Supõe-se que a função de transferência do processo seja a mesma da Subseção 16.2.1 e a da carga seja dada por:

$$G_L(s) = \frac{2}{12 \cdot s + 1}$$

Usam-se os mesmos ajustes do controlador PI da Subseção 16.2.1: K_C = 1,67 e $T_I = 10$ min/rep com o Preditor de Smith e $K_C = 0,333$ e $T_I = 10$ min/rep sem ele.

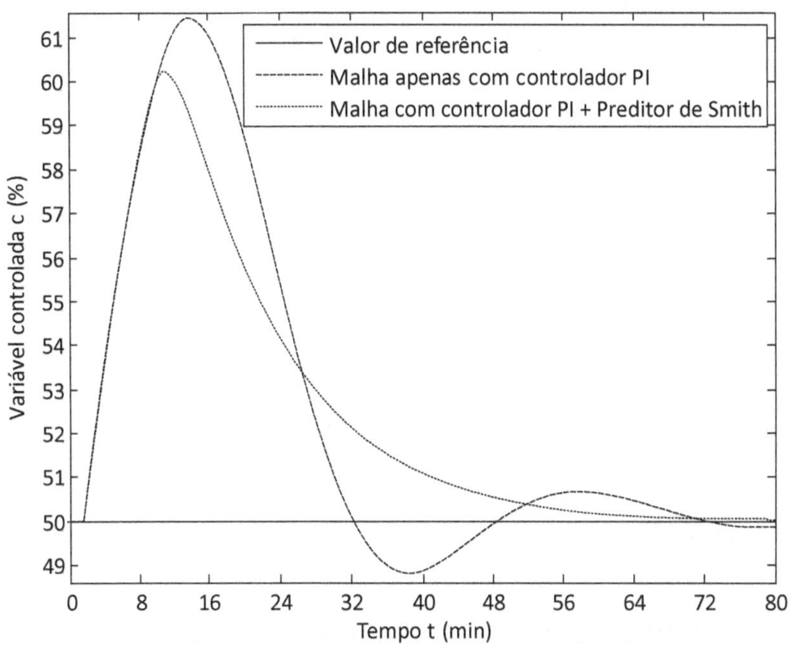

Figura 16.12 – Resposta do processo a perturbação de 5% na carga com e sem Preditor de Smith.

Constata-se que, no caso da Figura 16.12, há vantagem em se usar o Preditor de Smith, pois a saída fica menos oscilatória, o sobressinal máximo é menor e os tempos de acomodação são similares.

16.2.4 PREDITOR DE SMITH COM PERTURBAÇÃO NA CARGA – PLANTA DE SEGUNDA ORDEM

A Figura 16.13 mostra um caso em que se provoca uma perturbação em degrau de 0,1 na carga no instante t = 2 min usando apenas um controlador PI e outro com um controlador PI mais Preditor de Smith. Supõe-se que a função de transferência do processo seja a mesma da Subseção 16.2.2, e a da carga, a mesma da Subseção 16.2.3.

Usam-se os mesmos ajustes do controlador PI da Subseção 16.2.2: K_C = 0,373 e $T_I = 5,93$ min/rep com o Preditor de Smith e $K_C = 0,192$ e $T_I = 5,92$ min/rep sem ele.

No caso da Figura 16.13, há vantagem em se usar o Preditor de Smith, pois a saída fica menos oscilatória, o sobressinal máximo é levemente menor e os tempos de acomodação são similares.

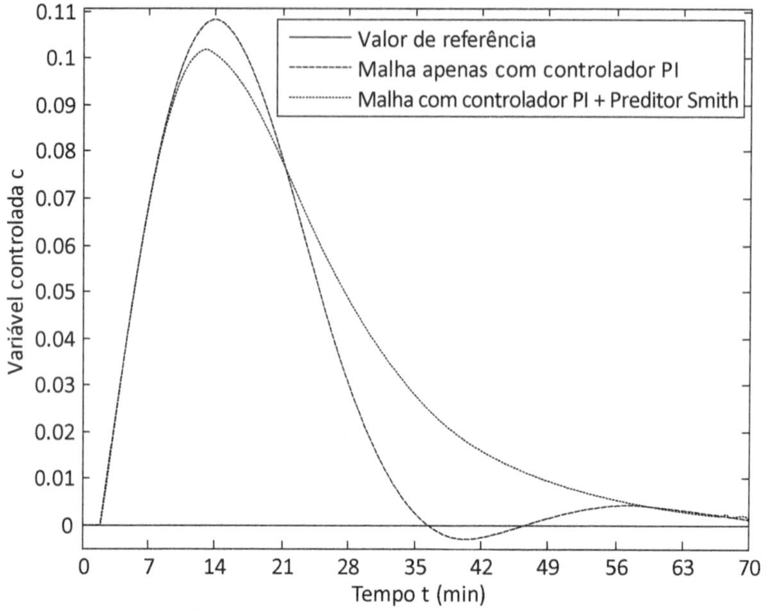

Figura 16.13 – Resposta do processo a perturbação de 0,1 na carga com e sem Preditor de Smith.

16.2.5 PREDITOR DE SMITH COM MODELO INCORRETO DO PROCESSO – PLANTA DE PRIMEIRA ORDEM

Na Figura 16.14 apresenta-se a resposta da malha fechada a um degrau de 10% no valor desejado, supondo que se empregue a sintonia com $K_C = 0,333$ e $T_I = 10$ min/rep para o caso sem o Preditor de Smith e a sintonia com $K_C = 1,67$ e $T_I = 10$ min/rep com ele. No entanto, os modelos usados no preditor são:

$$\tilde{G}(s) = \frac{3,6 \cdot e^{-9,6 \cdot s}}{12 \cdot s + 1} \qquad \text{(modelo impreciso)}$$

$$\tilde{G}(s) = \frac{4,2 \cdot e^{-11,2 \cdot s}}{14 \cdot s + 1} \qquad \text{(modelo incorreto)}$$

O valor dos três parâmetros da planta original (K, τ e θ) foram ampliados de 20% com respeito a seus valores originais no modelo impreciso, ao passo que no segundo modelo foram ampliados de 40% (modelo incorreto).

A Figura 16.14 indica que o Preditor de Smith com modelo incorreto do processo oscila muito, ao passo que com modelo impreciso do processo o comportamento é melhor, ficando com desempenho superior ao da malha apenas com controlador PI, pois não apresenta sobressinal e possui tempo de acomodação menor.

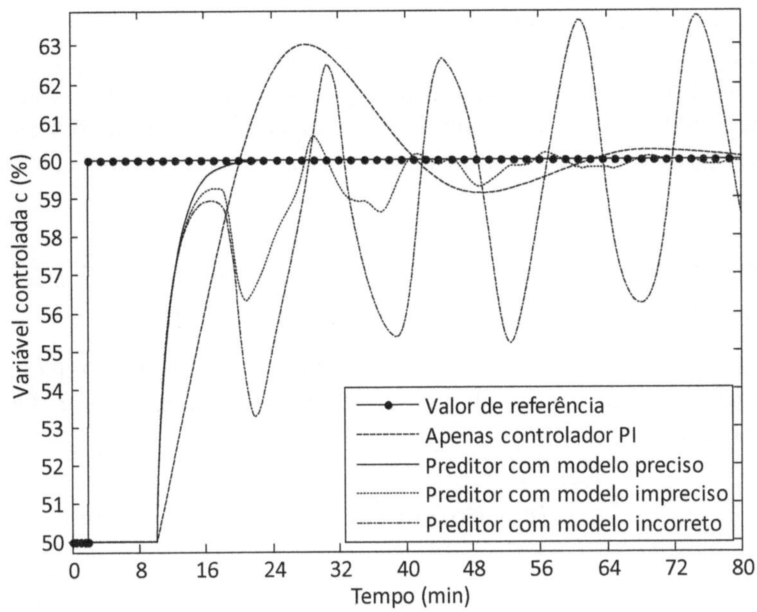

Figura 16.14 – Resposta do processo a degrau de 10% no valor de referência com Preditor de Smith com modelos preciso, impreciso e incorreto.

Apresenta-se na Figura 16.15 a resposta do processo controlado pelo preditor com os três modelos usados para gerar a Figura 16.14, mas agora supondo uma perturbação em degrau de 10% na carga.

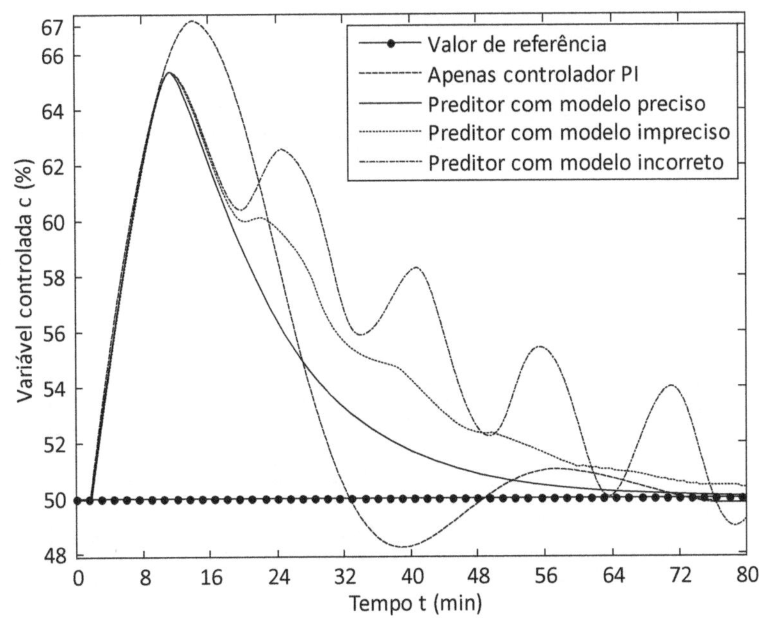

Figura 16.15 – Resposta do processo a degrau de 10% na variável de carga com Preditor de Smith com modelos preciso, impreciso e incorreto.

Conforme a qualidade do modelo se deteriora, há também uma piora na qualidade do controle com o preditor. Esse mesmo efeito já havia sido observado na Figura 16.14. Nesse caso, o preditor com modelo incorreto fica pior que quando se usa apenas o controlador PI, ao passo que o preditor com modelo impreciso fica melhor que somente com o controlador PI, pois apresenta menor sobressinal, oscila menos e tem tempo de acomodação similar.

16.2.6 PREDITOR DE SMITH COM MODELO INCORRETO DO PROCESSO – PLANTA DE SEGUNDA ORDEM

Nesta subseção, testa-se o Preditor de Smith com erros de ±30% nos parâmetros do modelo aproximado do processo de primeira ordem com tempo morto. Os modelos usados no preditor são:

$$G_{1,com+30\%}(s) = \frac{3{,}9 \cdot e^{-9{,}49 \cdot s}}{7{,}70 \cdot s + 1} \text{ (modelo com parâmetros 30\% maiores que os originais)}$$

$$G_{1,com\ -30\%}(s) = \frac{2{,}1 \cdot e^{-5{,}11 \cdot s}}{4{,}14 \cdot s + 1} \text{ (modelo com parâmetros 30\% menores que os originais)}$$

Na Figura 16.16, mostra-se a resposta da malha fechada a um degrau de 0,1 no valor desejado, supondo que se empreguem as mesmas sintonias das Subseções 16.2.2 e 16.2.4, isto é, $K_C = 0{,}192$ e $T_I = 5{,}92$ min/rep para o caso sem Preditor de Smith e $K_C = 0{,}373$ e $T_I = 5{,}93$ min/rep com ele.

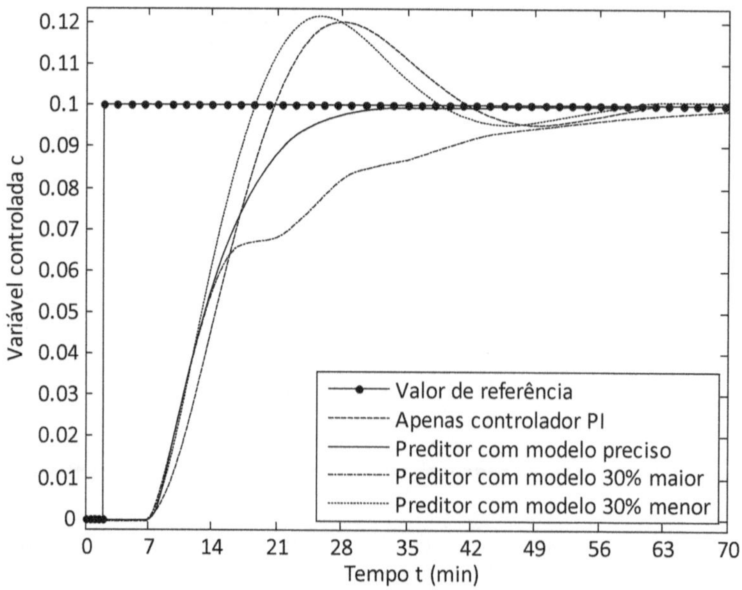

Figura 16.16 – Resposta do processo a degrau de 0,1 no valor de referência com Preditor de Smith com modelos preciso, sub e superdimensionado.

A Figura 16.16 indica que o Preditor de Smith com modelo com parâmetros 30% menores que os corretos apresenta um comportamento levemente inferior ao da malha apenas com o controlador PI, pois o sobressinal com esse preditor é um pouco maior que apenas com o controlador PI. Já com o Preditor de Smith com modelo com parâmetros 30% maiores que os corretos, a resposta fica muito lenta, de modo que o tempo de acomodação aumenta significativamente.

A Figura 16.17 exibe a resposta do processo controlado pelo Preditor de Smith com os três modelos usados para gerar a Figura 16.16, mas agora com uma perturbação em degrau de 0,1 na carga.

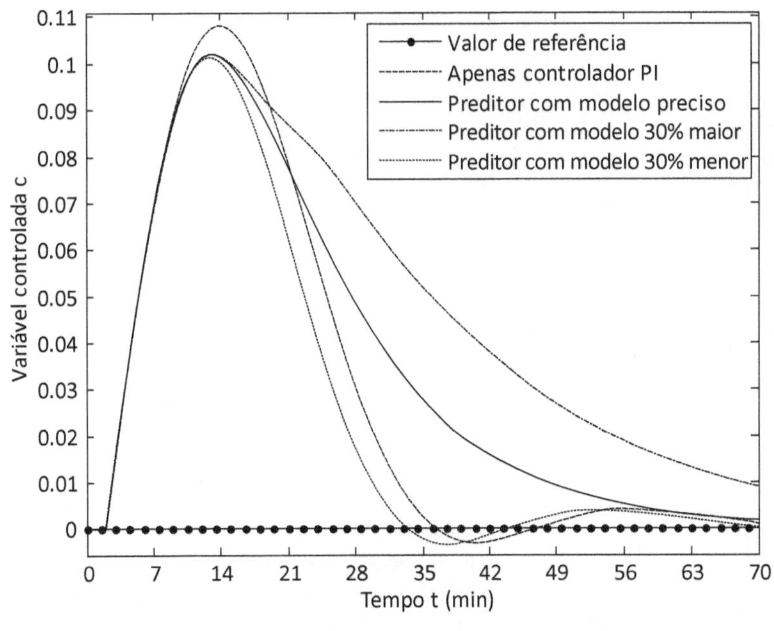

Figura 16.17 – Resposta do processo a degrau de 0,1 na variável de carga com Preditor de Smith com modelos preciso, sub e superdimensionado.

A Figura 16.17 indica que a melhor resposta obtida foi com o Preditor de Smith com modelo com parâmetros 30% abaixo dos valores corretos. A resposta apenas com controlador PI apresentou o maior sobressinal dentre os controladores testados, mas um tempo de acomodação similar ao do Preditor de Smith com modelo com parâmetros 30% abaixo dos valores corretos. O Preditor de Smith com modelo preciso apresentou sobressinal similar ao dos demais casos com o preditor implantado, mas seu tempo de acomodação foi grande. Por fim, o Preditor de Smith com modelo com parâmetros 30% acima dos valores corretos apresentou sobressinal idêntico ao dos demais controladores com preditor, mas gerou uma resposta com tempo de acomodação muito maior que o dos demais casos testados.

16.2.7 PREDITOR DE SMITH APLICADO A PROCESSO COM TEMPO MORTO VARIÁVEL – PLANTA DE PRIMEIRA ORDEM

Supõe-se que o tempo morto do processo varie senoidalmente, em torno do tempo morto $\theta = 8$ min, com variações de $0{,}2 \cdot \theta = 1{,}6$ min, com θ chegando a 6,4 e a 9,6 minutos. O período usado da senoide foi de 10 minutos, idêntico à constante de tempo τ do processo. Na Figura 16.18 se exibe a resposta do processo em malha fechada a degrau de 10% no valor desejado quando se emprega apenas um controlador PI e quando se aplica um controlador PI mais o Preditor de Smith, com a sintonia usada na Subseção 16.2.1.

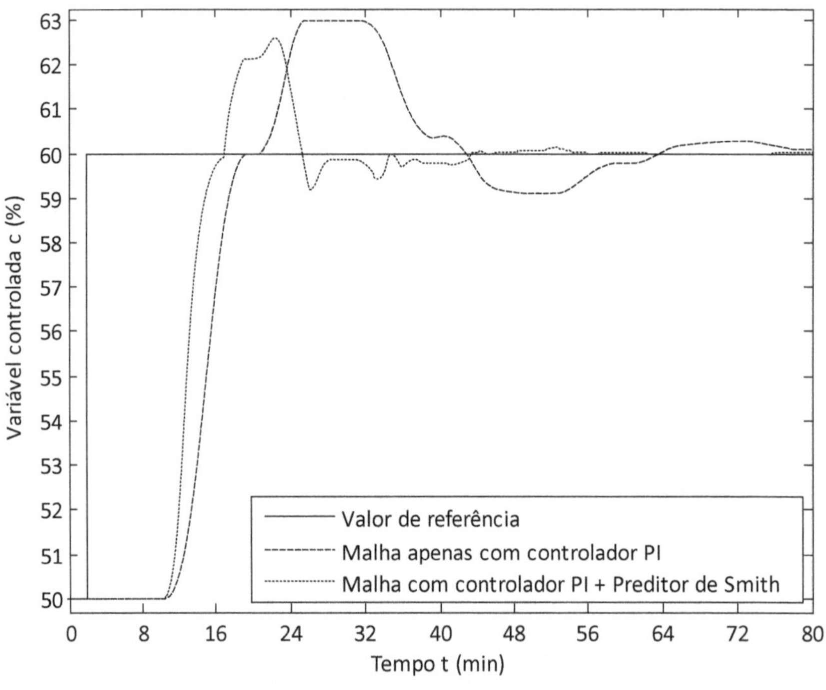

Figura 16.18 – Resposta do processo com tempo morto variável a degrau de 10% no valor de referência apenas com controlador PI e com controlador PI + Preditor de Smith.

A Figura 16.18 indica que o desempenho do Preditor de Smith foi melhor que o do controlador PI sozinho. A malha com o Preditor de Smith apresentou menos oscilações e um sobressinal máximo inferior ao da malha apenas com o controlador PI.

A Figura 16.19 apresenta a resposta do processo em malha fechada a um degrau de 10% na variável de perturbação, apenas com controlador PI e com controlador PI mais Preditor de Smith. Ela mostra que o desempenho da malha de controle a perturbação na carga, quando o tempo morto é variável, fica melhor quando se usa o Preditor de Smith que quando se emprega apenas o controlador PI.

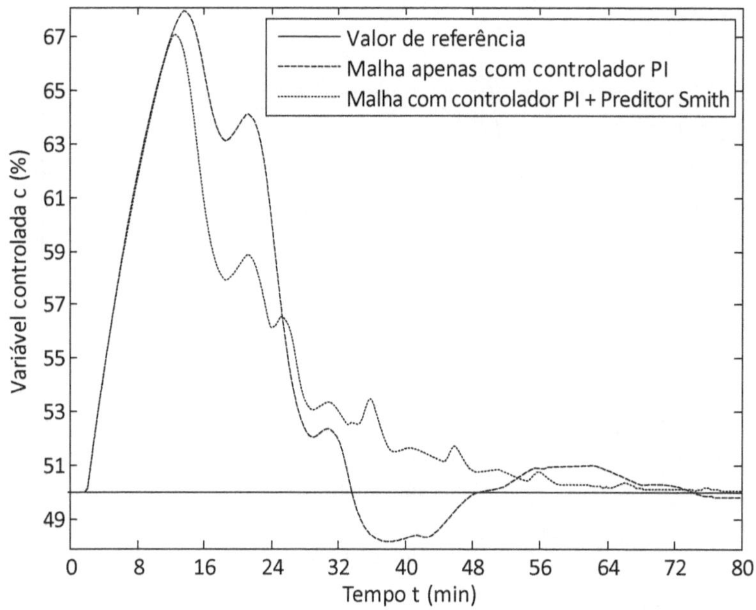

Figura 16.19 – Resposta do processo com tempo morto variável a degrau de 10% na variável de perturbação com controle PI e com Preditor de Smith.

Há casos em que, se o tempo morto variar significativamente, pode ser necessário usar algum tipo de controle adaptativo para alcançar um desempenho satisfatório.

16.2.8 PREDITOR DE SMITH APLICADO A PROCESSO COM TEMPO MORTO VARIÁVEL – PLANTA DE SEGUNDA ORDEM

Assim como na Subseção 16.2.7, impõe-se que o tempo morto do processo varie senoidalmente em torno do tempo morto $\theta = 5$ min, com variações $0,2 \cdot \theta = 1$ min, com θ variando de 4 a 6 minutos. O período da senoide foi de 5,92 minutos, equivalente à constante de tempo τ do modelo aproximado de primeira ordem com tempo morto do processo. Na Figura 16.20 se expõe a resposta do processo em malha fechada a degrau de 0,1 no valor desejado quando se emprega apenas um controlador PI e quando se aplica um controlador PI mais o Preditor de Smith, com a sintonia usada na Subseção 16.2.2.

A Figura 16.20 indica que o desempenho do Preditor de Smith foi melhor que o do controlador PI sozinho. A malha com o Preditor de Smith não apresentou sobressinal e teve um tempo de acomodação menor que o da malha apenas com o controlador PI.

A Figura 16.21 exibe a resposta do processo em malha fechada a um degrau de 0,1 na variável de perturbação, apenas com controlador PI e com controlador PI mais Preditor de Smith.

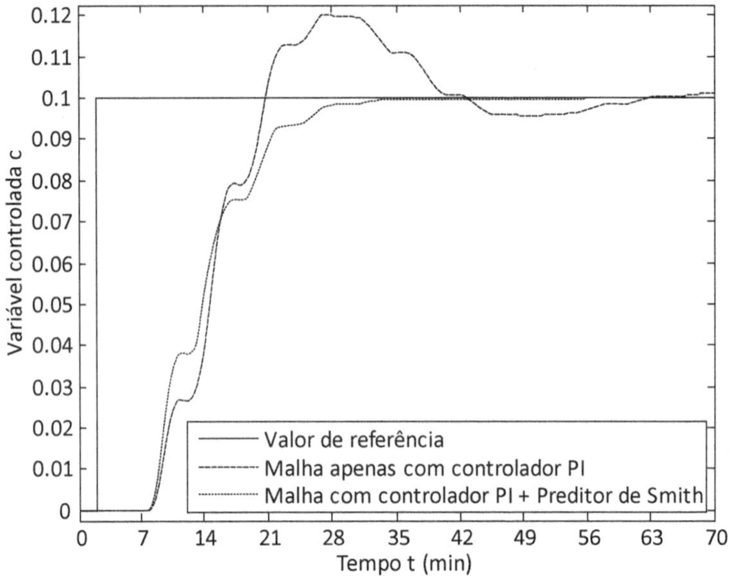

Figura 16.20 – Resposta do processo com tempo morto variável a degrau de 0,1 no valor de referência apenas com controlador PI e com controlador PI + Preditor de Smith.

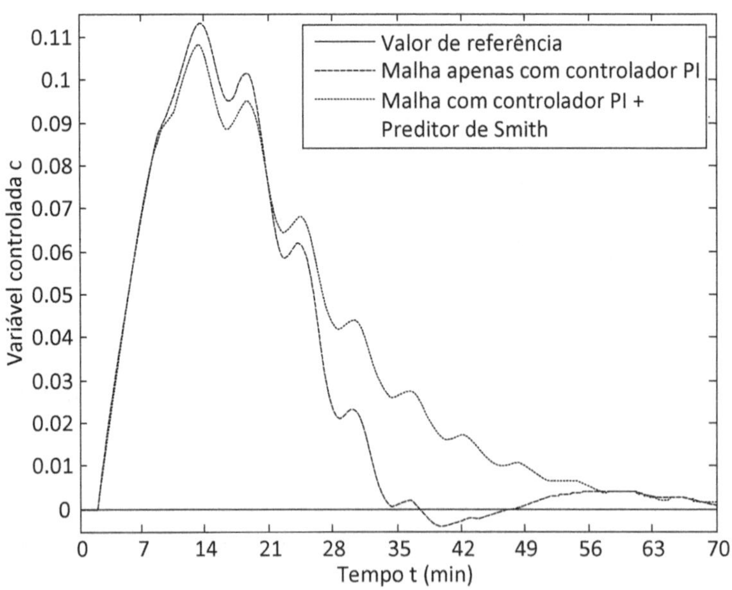

Figura 16.21 – Resposta do processo com tempo morto variável a degrau de 0,1 na variável de perturbação apenas com controlador PI e com controlador PI + Preditor de Smith.

A Figura 16.21 mostra que o desempenho da malha de controle a perturbação na carga, quando o tempo morto é variável, fica melhor quando se usa apenas o controlador PI, pois o tempo de acomodação é menor que com o Preditor de Smith, embora o sobressinal tenha sido levemente maior quando se empregou apenas o controlador PI.

16.2.9 RESPOSTA DO PREDITOR DE SMITH COM MÉTODO INADEQUADO DE SINTONIA DO CONTROLADOR PID – PLANTA DE PRIMEIRA ORDEM

Nesta subseção mostra-se o que ocorre quando se escolhe o método inadequado de sintonia do controlador PID. Na Subseção 16.2.1 optou-se pelo método da Síntese Direta para sintonizar o controlador PI. Nesta subseção, elege-se o método das Oscilações Contínuas de Ziegler-Nichols (OC-ZN). Aplicando-se o método na planta original, sem o Preditor de Smith, chega-se a K_{CU}= 0,882 e P_U= 25,7 min. Com esses parâmetros, a sintonia do controlador PI fica:

$$K_C = 0,45 \cdot K_{CU} = 0,45 \cdot 0,882 = 0,397$$

$$T_I = P_U / 1,2 = 25,7/1,2 = 21,4 \text{ min/rep}$$

Nesse caso, a malha de controle responde como na Figura 16.22 a uma variação de 10% no valor de referência.

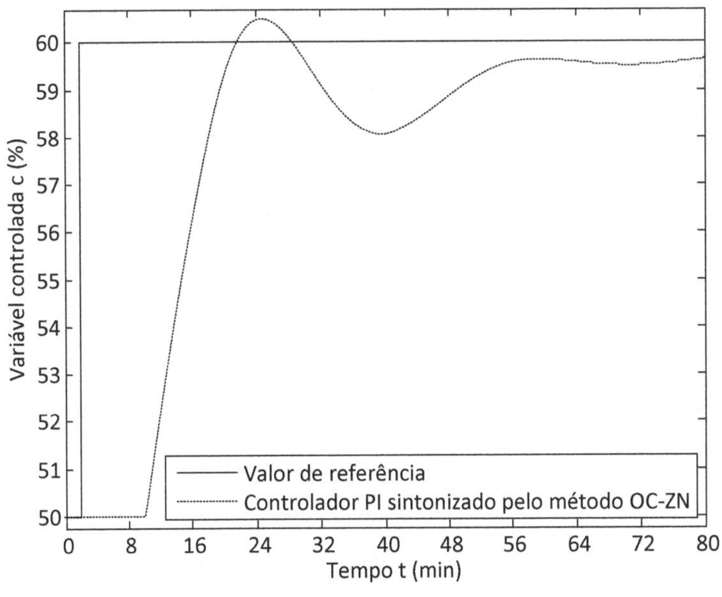

Figura 16.22 – Resposta do processo a degrau de 10% no SP com controlador PI sintonizado pelo método OC-ZN.

Considere agora que se introduza o Preditor de Smith na malha de controle, com um modelo exato do processo. Nesse caso, o efeito do tempo morto na malha é anulado e não existe um valor de K_C que leve a malha às oscilações contínuas, isto é, K_{CU} tende a ser infinito. Assim, o método das Oscilações Contínuas de Ziegler-Nichols gera um valor de K_C que também tende a infinito, o que torna inviável o seu uso.

Suponha agora que se aplique o Preditor de Smith, mas com modelos imprecisos e incorretos, como foi visto na Subseção 16.2.5. Nesse caso, mesmo que se eleve o ganho K_C do controlador a valores 10 mil vezes maiores que 0,882, isto é, 8.820, nem assim o processo entra em oscilações contínuas. Portanto, o emprego da sintonia por métodos de sintonia em malha fechada que necessitem de oscilações contínuas não funciona ao se trabalhar com o Preditor de Smith.

16.2.10 RESPOSTA DO PREDITOR DE SMITH COM MÉTODO INADEQUADO DE SINTONIA DO CONTROLADOR PID – PLANTA DE SEGUNDA ORDEM

Nesta subseção, emprega-se o método das Oscilações Contínuas de Ziegler-Nichols (OC-ZN) para sintonizar o controlador PI, como foi feito na Subseção 16.2.9. Aplicando-se o método na planta original, sem o Preditor de Smith, chega-se a K_{CU}= 0,781 e P_U= 21,6 min. Com esses parâmetros, a sintonia do controlador PI fica:

$$K_C = 0,45 \cdot K_{CU} = 0,45 \cdot 0,781 = 0,352$$

$$T_I = P_U / 1,2 = 21,6/1,2 = 18,0 \text{ min/rep}$$

A resposta da malha de controle com essa sintonia do controlador PI a uma variação de 0,1 no valor de referência é vista na Figura 16.23.

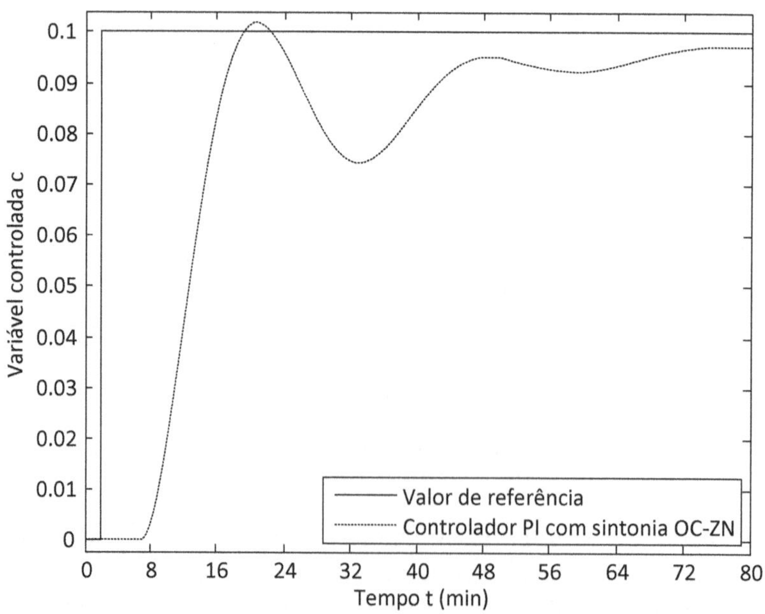

Figura 16.23 – Resposta do processo a degrau de 0,1 no SP com controlador PI sintonizado pelo método OC-ZN.

Introduz-se o Preditor de Smith na malha de controle considerando o modelo exato do processo. Nota-se que, mesmo colocando um ganho no controlador P de até 100 mil vezes K_{CU}, isto é, $K_C = 78.100$, a malha não oscila, pois o Preditor de Smith compensa o tempo morto. Portanto, é inviável utilizar métodos de sintonia em malha fechada que envolvam a geração de oscilações contínuas em processos destituídos de tempo morto.

16.3 APLICAÇÃO DO PREDITOR DE SMITH A UM TROCADOR DE CALOR COM TEMPO MORTO NA MEDIÇÃO DA VARIÁVEL CONTROLADA

Aplica-se, aqui, o mesmo modelo do trocador de calor usado no Capítulo 9 do Volume 1. Conforme é citado na Subseção 9.2.3 do Volume 1, o fator de incontrolabilidade $F_c = \theta/\tau = 25,65/11,24 = 2,283$ indica que o processo é muito difícil de controlar, devido ao fato de o tempo morto da malha ser muito superior à sua constante de tempo. Assim, esse é um caso em que o uso do Preditor de Smith é altamente recomendado.

Como para a implantação do Preditor de Smith é preciso um modelo matemático aproximado do processo, são usadas duas opções neste exemplo, ambas extraídas da Subseção 9.2.3: uma correspondente a um modelo de primeira ordem com tempo morto e a outra equivalente a um modelo de segunda ordem com tempo morto, como indicado a seguir:

$$G_1(s) = \frac{\hat{T}_{t,mA}(s)}{\hat{M}(s)} = \frac{1,233 \cdot e^{-25,65 \cdot s}}{11,24 \cdot s + 1}$$ (modelo de primeira ordem com tempo morto)

$$G_2(s) = \frac{\hat{T}_{t,mA}(s)}{\hat{M}(s)} = \frac{1,233 \cdot e^{-20 \cdot s}}{(8,21 \cdot s + 1) \cdot (8,21 \cdot s + 1)}$$ (modelo de segunda ordem com tempo morto)

Para avaliar o efeito da aplicação do Preditor de Smith, propõe-se lidar com os controladores com melhor desempenho no modo servo da Tabela 9.6 do Volume 1, bem como com os controladores com melhor desempenho no modo regulatório dessa mesma tabela. O controlador PID com melhor desempenho no modo servo é aquele com sintonia pelo método das Oscilações Contínuas de Ziegler-Nichols (OC-ZN). Nesse caso, como visto nas Subseções 16.2.9 e 16.2.10, métodos de sintonia em malha fechada que necessitem dos parâmetros K_{CU} e P_U não se aplicam com o Preditor de Smith instalado na malha de controle.

No modo regulatório, o melhor controlador é o PID com sintonia pelo método das Oscilações Contínuas de Åström e Hägglund (OC-AH) (vide Subseção 8.2.11 do Volume 1) com $Ms = 2$. Para poder sintonizá-lo, emprega-se o método da Realimentação por Relé (ver Subseção 8.4.1 do Volume 1). No caso da Figura 9.16 da Subseção 9.3.2 do Volume 1, as oscilações foram geradas a partir de um controlador *on/off* sem histerese (zona morta), cuja saída foi ajustada para variar ±1 mA, isto é, de m_{nom} + 1 mA a m_{nom} – 1 mA, conforme é mostrado na Figura 16.24, em que aparece o Preditor de Smith empregando um modelo de primeira ordem.

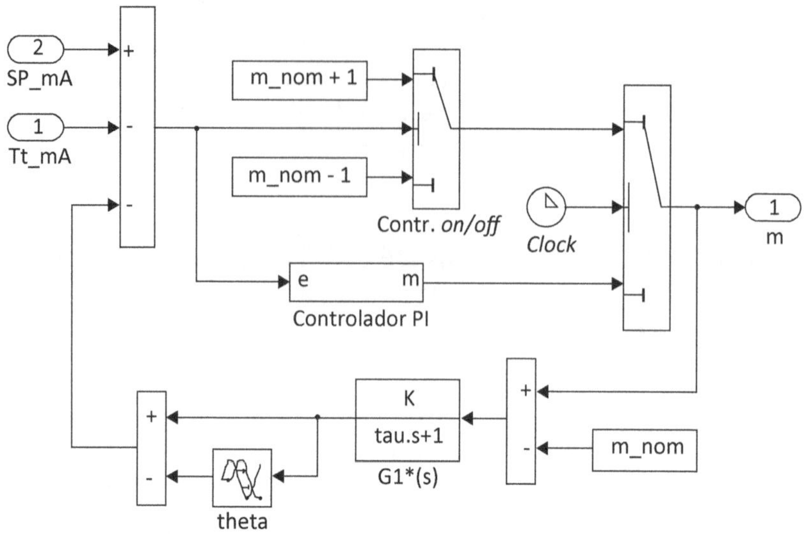

Figura 16.24 – Diagrama em Simulink do método da Realimentação por Relé aplicado com Preditor de Smith.

Mostra-se na Figura 16.25 a resposta da temperatura medida $T_{t,mA}$ ao submeter o processo ao método da Realimentação por Relé com controlador *on/off*, de forma idêntica à que havia sido feita na Figura 9.16 da Subseção 9.3.2. Nesse caso, a simulação durou 300 segundos e a comutação do controlador PI para o controlador *on/off* ocorreu no instante $t = 10$ s.

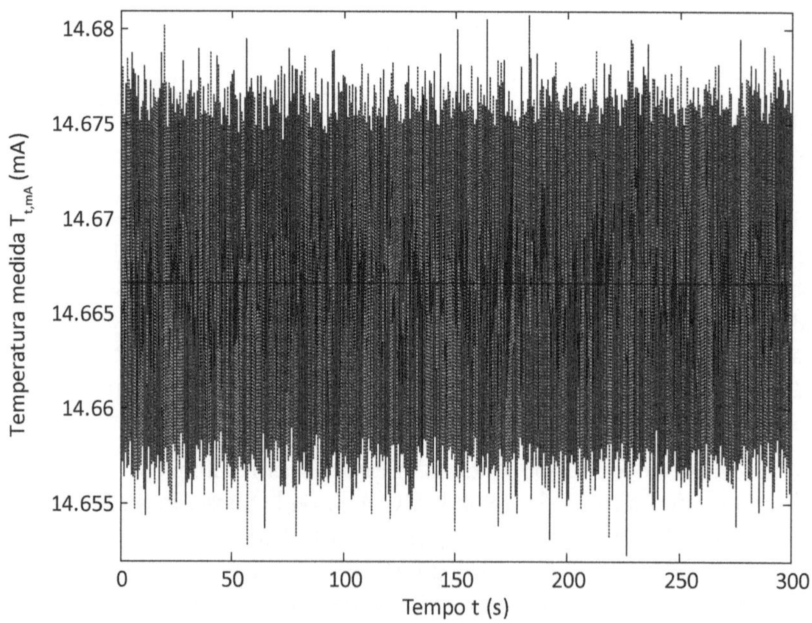

Figura 16.25 – Resposta de $T_{t,mA}$ quando se aplica o método da Realimentação por Relé com o Preditor de Smith, empregando um controlador *on/off* puro (sem histerese).

Fica claro na Figura 16.25 que não surgiram oscilações mantidas, similares às que ocorreram na Figura 9.16. No caso da Figura 9.16, o processo possuía tempo morto, que é um fator instabilizante. No caso presente, em que se está usando um Preditor de Smith, o tempo morto que o controlador enxerga é praticamente eliminado, o que torna o processo bem menos propenso a oscilações, e o controlador *on/off* recebe um sinal que é composto essencialmente pelo ruído de medição do processo. Portanto, esse método de sintonia não é empregado aqui para operar o controlador PID em conjunto com o Preditor de Smith.

O segundo controlador com melhor desempenho, tanto no modo servo como no regulatório, foi o PID-2DoF com sintonia pelo método da Síntese Direta, usando $\tau_C = (\tau_1 + \tau_2)/2$, com τ_1 e τ_2 extraídos do modelo de segunda ordem descrito anteriormente. Nesse caso, como virtualmente se elimina o tempo morto do processo por meio do Preditor de Smith, o valor de τ_C é reduzido, visando gerar uma sintonia mais agressiva para o controlador PID da malha. No caso do Preditor de Smith usando modelo de 1ª ordem, emprega-se $\tau_C = (\tau_1 + \tau_2)/6{,}9$, e, no no caso do Preditor de Smith usando modelo de 2ª ordem, utiliza-se $\tau_C = (\tau_1 + \tau_2)/4{,}6$. Os valores de 6,9 e 4,6 usados no cálculo de τ_C foram obtidos por tentativa e erro. Para tornar a comparação mais justa, o valor de τ_C usado no controlador PID-2DoF sem preditor foi reajustado para $\tau_C = (\tau_1 + \tau_2)/1{,}3$, que, via tentativa e erro, foi o valor que gerou o melhor desempenho para esse controlador.

A Figura 16.26 exibe o esquema em Simulink do controlador PID-2DoF incluindo o Preditor de Smith com modelo $G_1(s)$ de primeira ordem com tempo morto. A Figura 16.27 apresenta o Preditor de Smith com modelo $G_2(s)$ de segunda ordem com tempo morto.

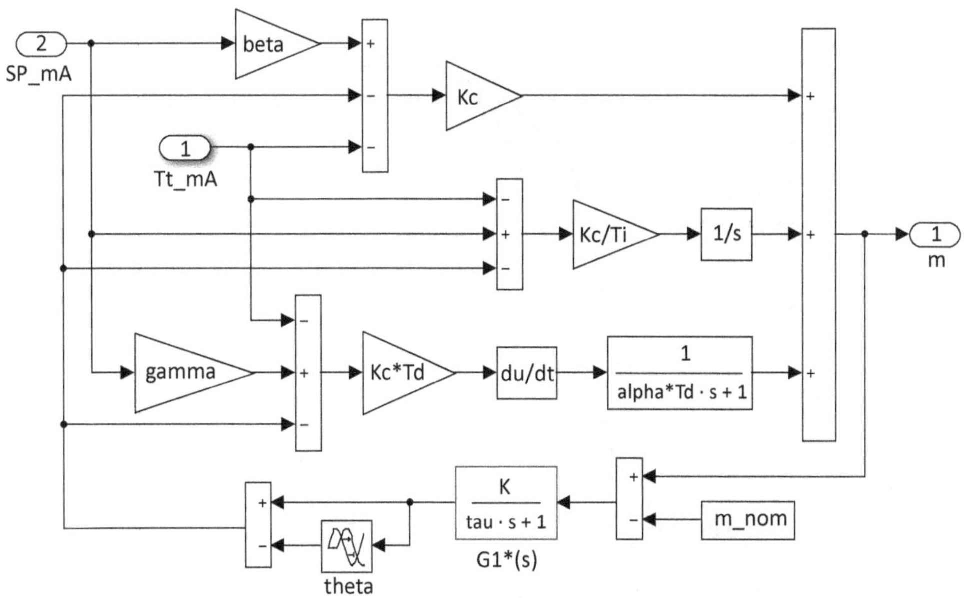

Figura 16.26 – Diagrama em Simulink do controlador PID-2DoF com Preditor de Smith com modelo de primeira ordem com tempo morto.

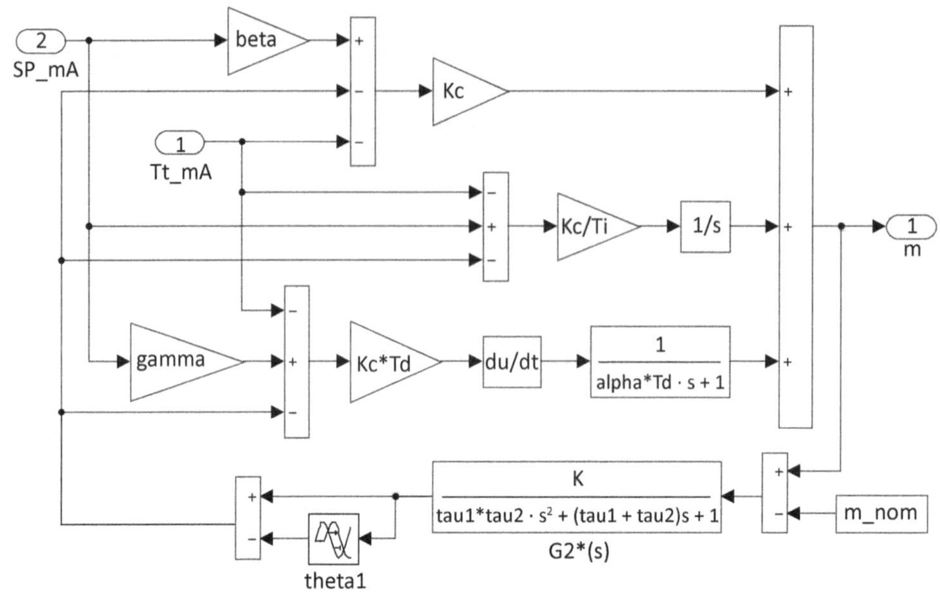

Figura 16.27 – Diagrama em Simulink do controlador PID-2DoF com Preditor de Smith com modelo de segunda ordem com tempo morto.

A Figura 16.28 exibe a resposta da temperatura medida $T_{T,s,med}$ a degrau de 1 °C no *set point* aplicado em $t = 6$ s. A análise dessa figura mostra que o uso do Preditor de Smith foi benéfico, com a variável controlada atingindo o novo *set point* em muito menos tempo e com poucas oscilações.

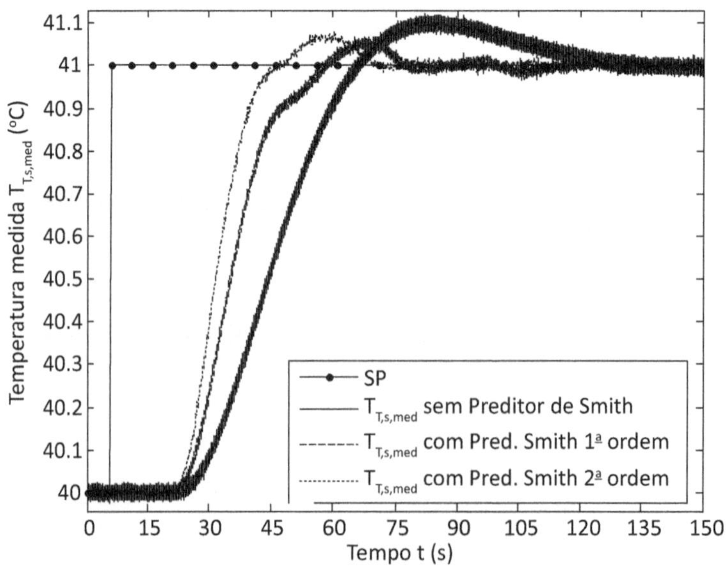

Figura 16.28 – Resposta de $T_{T,s,med}$ a degrau de 1 °C no SP com controlador PID-2DoF sintonizado pelo método da Síntese Direta sem Preditor de Smith e com preditores com modelos de primeira e segunda ordem.

A Figura 16.28 revela que a resposta do processo operando no modo servo usando o Preditor de Smith com modelo de primeira ordem ficou mais rápida e com um menor sobressinal que sem o preditor. Com o Preditor de Smith com modelo de segunda ordem, a resposta ficou ainda mais rápida que com o modelo de primeira ordem, mas com um sobressinal levemente superior ao obtido com o modelo de primeira ordem.

A Figura 16.29 mostra a resposta da temperatura medida $T_{T,s,med}$ a degrau de $1 \cdot 10^{-4}$ m³/s na variável de perturbação $Q_{T,e}$ aplicado em $t = 4$ s.

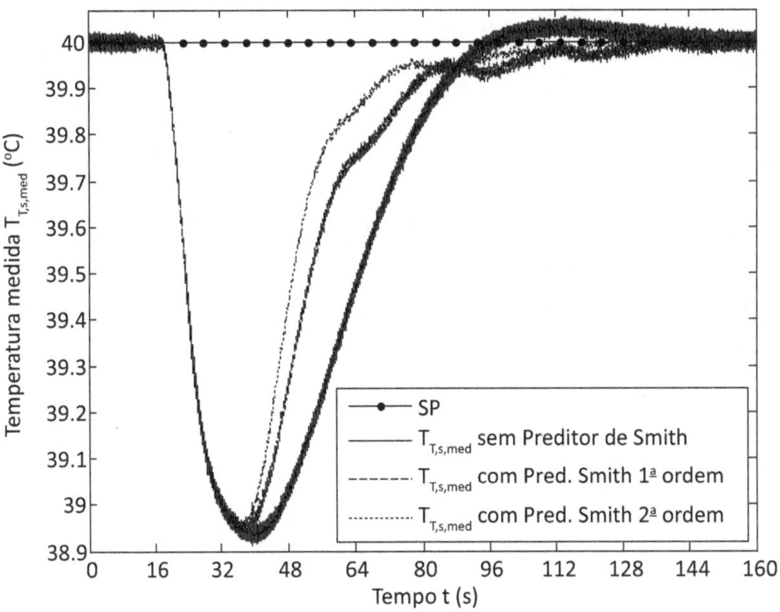

Figura 16.29 – Resposta de $T_{T,s,med}$ a degrau de $1 \cdot 10^{-4}$ m³/s na variável de perturbação $Q_{T,e}$ com controle PID-2DoF sem Preditor de Smith e com preditores com modelos de primeira e segunda ordem.

A Figura 16.29 indica que a resposta do processo usando o Preditor de Smith retornou mais rapidamente ao *set point*, com poucas oscilações e sem sobressinal, sugerindo que, nesse caso, o uso do Preditor de Smith foi vantajoso. A resposta com o Preditor de Smith com modelo de primeira ordem teve um tempo de acomodação menor que o do controlador sem Preditor de Smith e sem nenhum sobressinal. Já a resposta com o Preditor de Smith com modelo de segunda ordem teve um tempo de acomodação ainda menor que o do controlador com preditor de Smith de primeira ordem e também sem sobressinal.

Na Figura 16.28, o cálculo do índice IAE (*Integrated Absolute Error*) é feito de 0 a 150 s, e na Figura 16.29, de 0 a 160 s. A Tabela 16.1 indica os índices IAE obtidos com e sem o uso do Preditor de Smith.

Tabela 16.1 – Índices IAE calculados para as simulações realizadas com o controlador PID-2DoF com e sem Preditor de Smith

Controlador usado	Índice IAE – modo servo	Índice IAE – modo regulatório
PID-2DoF sem preditor	22,70	23,71
PID-2DoF com preditor de primeira ordem	16,82	19,08
PID-2DoF com preditor de segunda ordem	14,73	16,17

A Tabela 16.1 indica que o emprego do Preditor de Smith foi vantajoso em todos os casos e que o uso do preditor com um modelo de segunda ordem com tempo morto apresentou melhores resultados que com um modelo de primeira ordem com tempo morto.

REFERÊNCIAS

SEBORG, D. E.; EDGAR, T. F.; MELLICHAMP, D. A.; DOYLE III, F. J. **Process, Dynamics and Control**. 3. ed. Hoboken: John Wiley & Sons, 2011.

SMITH, O. J. M. Closer control of loops with dead time. **Chemical Engineering Progress**, v. 53, n. 5, p. 217-219, 1957.

CAPÍTULO 17
CONTROLE SELETIVO

Há situações em que há mais variáveis controladas que manipuladas, ou vice-versa. Isso ocorre quando há múltiplos pontos de medição, múltiplos elementos finais de controle ou múltiplos controladores em uma única malha de controle. A seleção e a comutação entre variáveis é então realizada usando-se seletores de sinal, os quais escolhem o menor, a média ou o maior valor dentre dois ou mais sinais. Uma malha de controle com esse tipo de lógica é denominada **controle seletivo**. Os seletores de sinal são usados para melhorar o desempenho do sistema de controle, bem como para proteger equipamentos contra condições inseguras de operação.

As Seções 17.1 a 17.3 apresentam os casos de múltiplos pontos de medição; a Seção 17.4, de múltiplos controladores; e a Seção 17.5, de múltiplos elementos finais de controle.

17.1 SELEÇÃO DO VALOR EXTREMO DENTRE MÚLTIPLAS VARIÁVEIS (*AUCTIONEERING*)

Nesse tipo de controle, o seletor escolhe como seu sinal de saída o mais alto (ou o mais baixo) dentre um conjunto de sinais de entrada. Em diagramas de instrumentação, a sigla HS denota seletor de alta, e a sigla LS, seletor de baixa. A Figura 17.1 mostra diversos sinais de temperatura provenientes de um reator químico chegando em um seletor de alta, o qual seleciona a temperatura mais alta como sinal de saída. Em uma reação exotérmica, o processo pode se afastar da condição normal devido a perturbações no reator. Ações imediatas devem ser tomadas para prevenir um crescimento perigoso na temperatura. Visto que um ponto quente pode, potencialmente, desenvolver-se em uma ou mais regiões do reator, múltiplas medições de temperatura devem ser efetuadas em diversos pontos do reator, de forma que, se uma delas começa a crescer, ela é selecionada como sinal de entrada para o controlador.

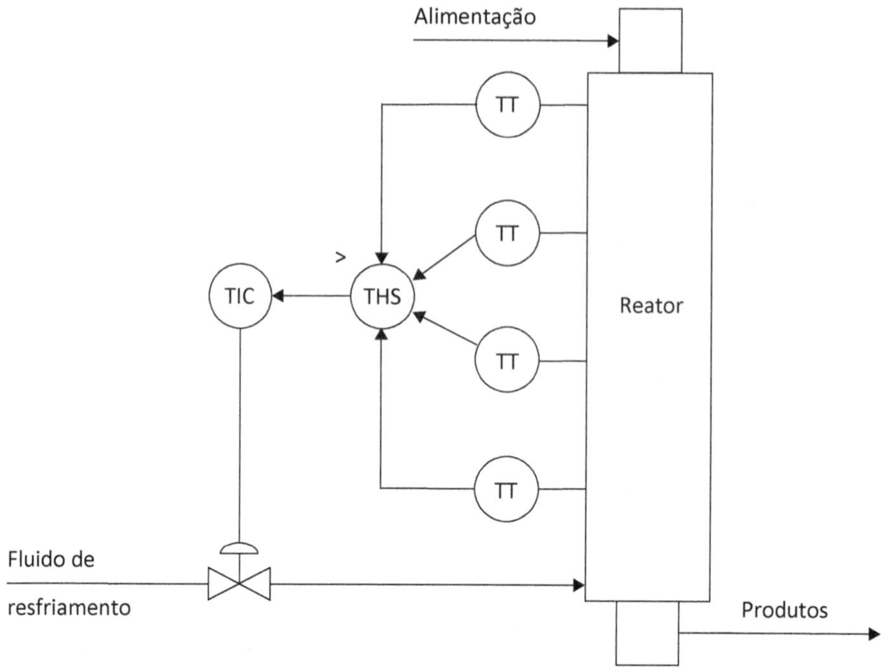

Figura 17.1 – Esquema de controle *auctioneering*.

17.2 INSTRUMENTAÇÃO REDUNDANTE

Para proteger a planta de falhas na instrumentação que poderiam levar a situações de perigo ou danos, instrumentos-chave podem ser duplicados. Ao se aplicar o controle em malha fechada, uma seleção automática da variável de entrada deve ocorrer. A Figura 17.2 mostra um sistema em que o controle é mantido no caso de falha em um dos analisadores. O sistema prevê apenas proteção no caso de a falha levar o sinal de saída do instrumento para baixo. Caso a falha ocorra no sentido inverso, não haveria problema, pois o reator seria desligado, sendo essa uma condição segura de operação.

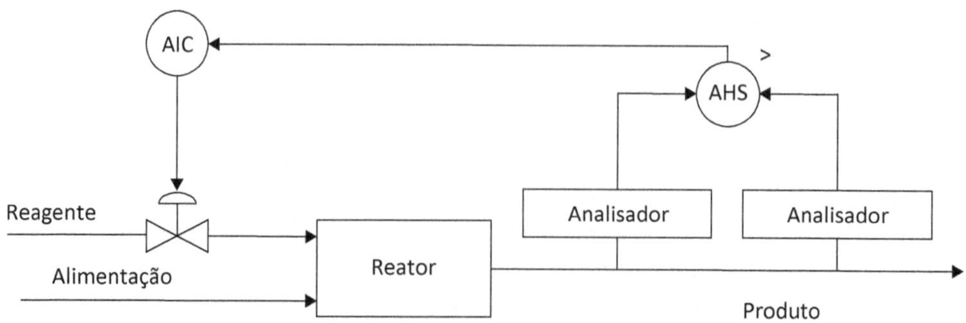

Figura 17.2 – Esquema de controle com instrumentação redundante.

Se nem um acidente, nem um desligamento do reator são aceitáveis como consequência de uma falha nos analisadores, três analisadores devem ser usados. Seus sinais de saída são então comparados em um seletor de valor médio, o qual rejeita os sinais mais alto e mais baixo. A planta fica, então, protegida contra uma falha individual nos analisadores em qualquer direção.

17.3 VALOR MÉDIO EXTRAÍDO DE MÚLTIPLAS MEDIÇÕES

Esse caso ocorre quando se deseja medir o valor de uma variável, calculado pela média aritmética de múltiplas medições. Um exemplo dessa aplicação é quando se deseja medir nível em um tanque que esteja embarcado em um navio ou submarino. Como a embarcação pode estar navegando adernada, se o nível for medido em apenas um ponto do tanque, haverá erro na medição. Suponha um tanque cilíndrico. Sugere-se então colocar, por exemplo, três medidores de nível distribuídos radialmente ao redor do tanque, com ângulos entre eles de 120°. Dessa forma, caso o navio esteja adernado, um valor mais correto do nível é obtido por meio da média aritmética dessas três medições.

17.4 CONTROLE *OVERRIDE*

Frequentemente, há situações em que duas ou mais variáveis não devem ultrapassar limites especificados, por razões de segurança ou de proteção de equipamentos. Surgem, então, casos nos quais o número de variáveis manipuladas excede o de elementos finais de controle. Nesses casos, deve-se empregar um seletor de sinais para escolher a variável manipulada adequada, cada uma proveniente de um controlador. Assim, os controladores são usados em paralelo e não em série, como no controle em cascata. Opcionalmente, um sistema de controle multivariável pode ser empregado.

Considere o sistema de controle mostrado na Figura 17.3 (SEBORG et al., 2011), que é usado para regular o nível e a vazão de saída em um sistema de bombeamento de lama, composta de água e areia. Durante a operação normal, o controlador de nível ajusta a vazão de saída de lama, mudando a velocidade da bomba. Uma bomba de velocidade variável é usada em vez de uma válvula de controle, devido à natureza abrasiva da lama. A velocidade da lama na linha de saída deve ser mantida acima de um valor mínimo em todos os instantes, com o objetivo de evitar que haja sedimentação da areia. Assim, o sistema de controle seletivo é projetado de forma que, quando a vazão se aproxime do limite inferior, o controlador de vazão assuma o controle e acelere a bomba.

Na Figura 17.3 o controlador de vazão tem ação reversa e um alto ganho. O valor desejado e o ganho do controlador de vazão são escolhidos de modo que a saída do controlador esteja no valor máximo quando a vazão medida estiver próxima do seu limite inferior. O diagrama de blocos dessa malha de controle é mostrado na Figura 17.4. Há duas malhas de controle por realimentação em paralelo. Note que G_V é a função de transferência do elemento final de controle (nesse caso, uma bomba de velocidade variável).

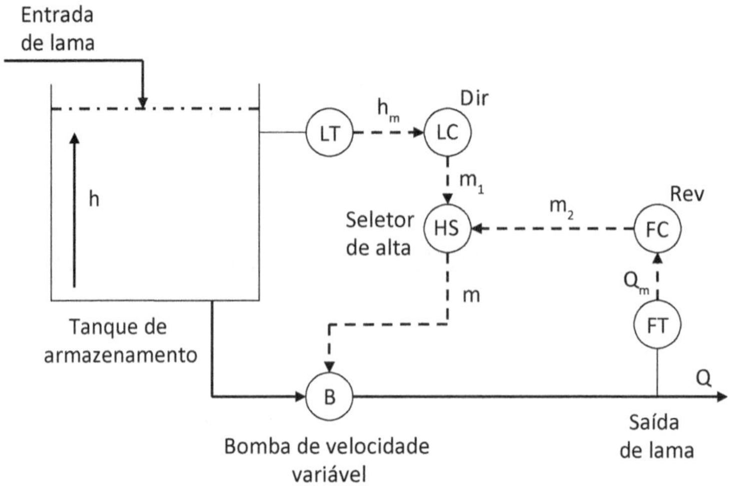

Figura 17.3 – Esquema de controle de nível e vazão em sistema de bombeamento de lama.

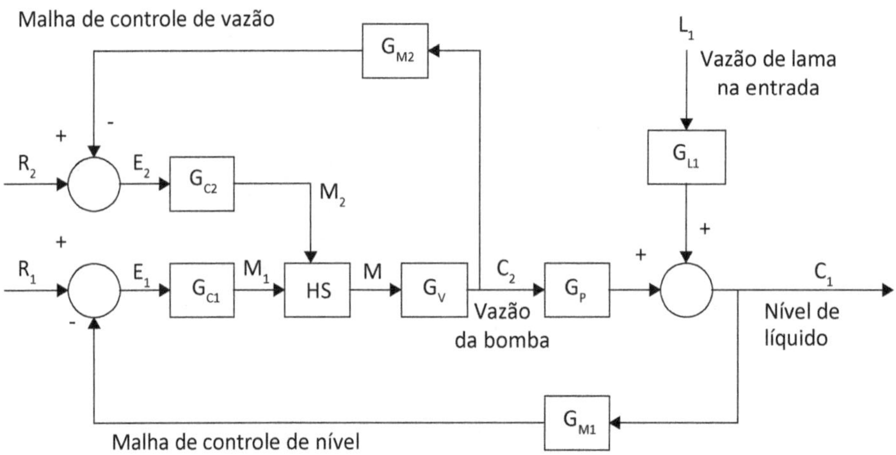

Figura 17.4 – Diagrama de blocos de controle *override*.

Tipicamente, a malha de controle de vazão é mais rápida que a de nível e usa controle PI com proteção para saturação do modo integral. Controle proporcional pode ser empregado na malha de nível, visto não ser necessário um controle rigoroso do nível.

Um arranjo opcional para esse caso seria usar um único controlador, utilizando os sinais dos transmissores de nível e vazão como entradas para um seletor de alta, com seu sinal de saída sendo enviado ao controlador, o qual então ajusta a velocidade da bomba. Esse esquema tem um custo menor, pois somente um controlador é necessário. No entanto, essa opção tem uma desvantagem operacional significativa, isto é, não é possível sintonizar o controlador para atender simultaneamente aos requisitos de ambas as malhas. Em geral, essas malhas de controle têm características dinâmicas muito diferentes.

Outro exemplo de proteção de equipamento por meio do uso de sistema de controle *override* é o caso de um compressor, conforme esquema da Figura 17.5 (SHINSKEY, 1996). O controle é normalmente exercido pelo controlador de vazão, mas deve-se evitar que a pressão de descarga exceda um dado limite. Durante condições de baixa carga, o controlador de pressão deve assumir o controle. Quando a demanda de gás é alta, o controlador de vazão assume o controle, visando evitar que seu valor de referência seja excedido. Repare na presença da realimentação externa para ambos os controladores, visando eliminar a saturação do modo integral. Esse assunto é discutido mais adiante.

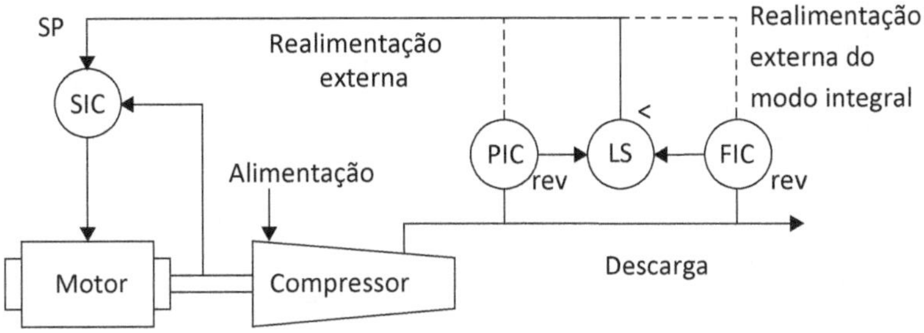

Figura 17.5 – Diagrama de controle *override* aplicado a sistema de bombeamento de gás.

A Figura 17.6 mostra como o controlador que tem menor valor de saída é selecionado para manipular a velocidade do motor do compressor. Reduzindo-se a velocidade do motor, diminui-se tanto a vazão quanto a pressão e, assim, o uso de um seletor de baixa evita excessos em ambas as variáveis.

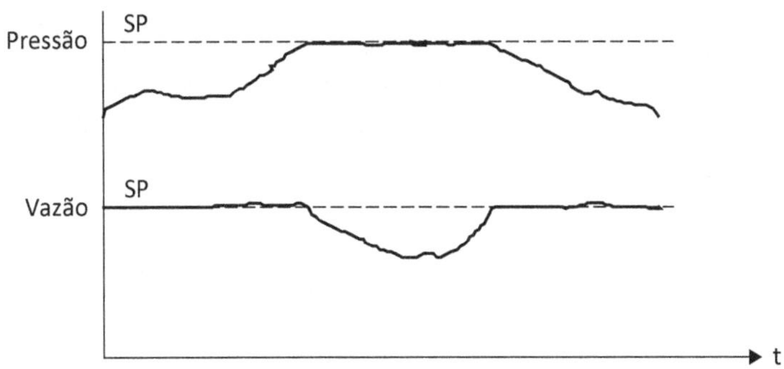

Figura 17.6 – Valor da pressão e da vazão no sistema de bombeamento de gás.

Na Figura 17.6, a pressão fica abaixo de seu valor desejado durante condições de alta carga, enquanto a vazão é controlada. Por outro lado, quando a carga é baixa o suficiente para aumentar a pressão de descarga até seu valor desejado, a vazão é reduzida.

Quando um controlador é selecionado, o outro fica em uma condição de malha aberta. Se esse controlador tem ação integral, ele precisa ser protegido contra a saturação do modo integral. Isso é conseguido usando-se a saída do seletor como uma realimentação externa comum a todos os controladores. Assim, o controlador selecionado terá sua própria saída realimentada e, portanto, terá ação integral. Mas o outro controlador terá um sinal de realimentação que não é sua própria saída, forçando-o a responder como um controlador proporcional. A configuração desse arranjo é vista na Figura 17.7.

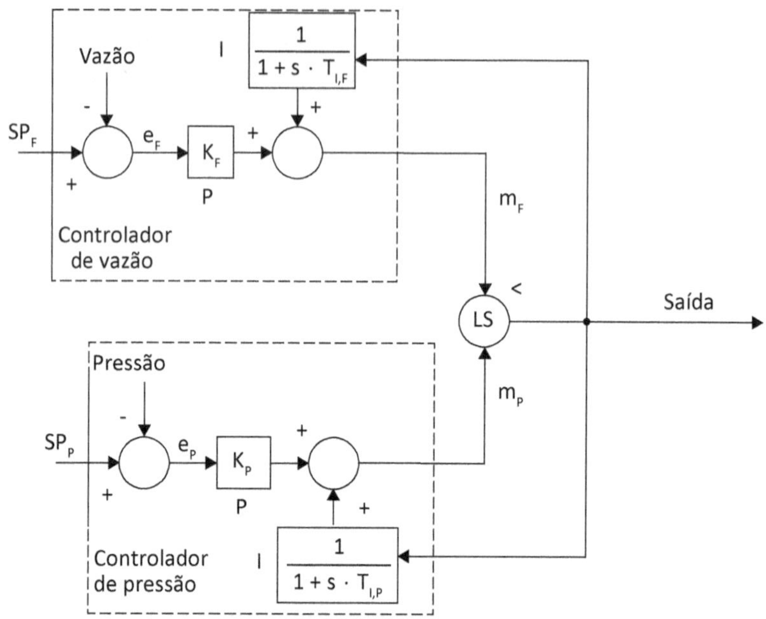

Figura 17.7 – Diagrama de blocos de controle *override* para controlar pressão e vazão de gás.

A transferência automática de um controlador para outro ocorre quando as saídas forem iguais. Esse fato, associado ao sinal comum de realimentação, gera uma transferência *bumpless*. Assuma que o controlador de vazão esteja regulando a velocidade do compressor, pois sua saída é a menor. Sua saída, calculada a partir da Figura 17.7, é:

$$M_F(s) = K_F \cdot E_F(s) + \left(\frac{1}{1 + T_{I,F} \cdot s} \right) \cdot M_F(s)$$

$$\left(1 - \frac{1}{1 + T_{I,F} \cdot s} \right) \cdot M_F(s) = K_F \cdot E_F(s)$$

$$M_F(s) = K_F \cdot E_F(s) + \frac{K_F \cdot E_F(s)}{T_{I,F} \cdot s}$$

$$M_F(s) = K_F \cdot \left(1 + \frac{1}{T_{I,F} \cdot s} \right) \cdot E_F(s)$$

ou, no domínio do tempo:

$$m_F(t) = K_F \cdot \left(e_F(t) + \frac{1}{T_{I,F}} \int e_F(t)\,dt \right) + m_F(0)$$

Como a saída do controlador de pressão é maior:

$$M_P(s) = K_P \cdot E_P(s) + \frac{M_F(s)}{T_{I,P} \cdot s + 1}$$

Nessa equação, o sinal $M_F(s)$ passa por um filtro de primeira ordem com constante de tempo $T_{I,P}$, implicando que o sinal $M_F(s)$ sofre um atraso de transferência ao gerar $M_P(s)$ sem saturá-lo, sendo que em regime permanente a equação correspondente fica:

$$m_P(t) = K_P \cdot e_P(t) + m_F(t)$$

A transferência de um controlador para outro ocorre quando $m_P = m_F$. Isso requer que $e_P = 0$, mas não requer o mesmo de e_F. Para generalizar, um controlador pode ser selecionado somente quando seu erro cruza o zero. Para controladores com ação derivativa, isso implica que $(e + T_D \cdot de/dt)$ deve ser nulo. Isso permite a transferência antes de o erro nulo ser atingido, evitando-se sobressinal.

Controladores não selecionados podem também ser protegidos da saturação do modo integral ajustando seus limites internos de saída de alta e de baixa. O limite de alta deve ser ajustado levemente acima da saída selecionada e o limite de baixa levemente abaixo, para evitar interferência na operação do controlador selecionado. Os controladores não selecionados irão então saturar somente no limite desses ajustes, o que pode resultar em uma pequena saturação durante a transferência de um controlador para outro.

Um último exemplo de controle *override* é mostrado na Figura 17.8.

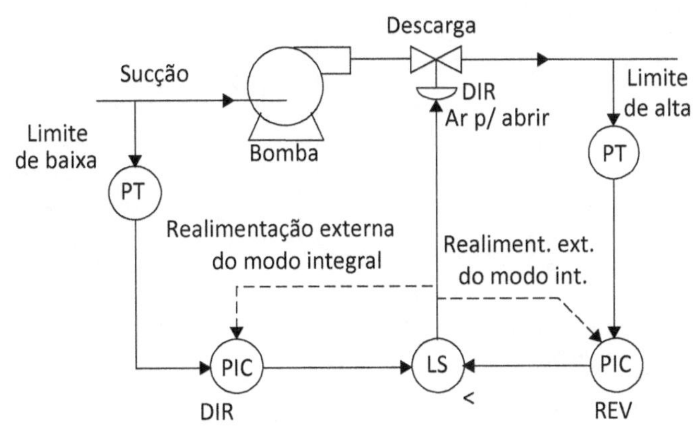

Figura 17.8 – Controle *override* para sistema de proteção de bomba e tubulação.

Na Figura 17.8, tem-se uma bomba centrífuga sujeita a dois tipos de problemas:

- pressão baixa na sucção: perigo de cavitação; e
- pressão alta na descarga: perigo de exceder o limite de pressão da tubulação.

O controle *override* resolve ambos os problemas, atuando na válvula existente na descarga da bomba.

Caso se use o controle seletivo com algoritmos digitais, só se pode usar algoritmos posicionais e não variacionais, pois a seleção do sinal é feita com base na amplitude do sinal de saída.

17.5 CONTROLE DE FAIXA DIVIDIDA (*SPLIT RANGE*)

Nesse tipo de controle usa-se mais de um elemento final de controle, todos acionados por um único controlador para controlar uma variável do processo. Exemplos típicos incluem:

- manipulação da vazão de entrada e de saída em um reator químico para controlar a pressão do reator;
- manipulação da vazão de ácido e base para controlar o pH em um sistema de tratamento de efluentes; e
- manipulação da vazão de fluido de aquecimento e resfriamento em um reator de batelada exotérmico, conforme mostrado no diagrama da Figura 17.9 (LUYBEN, 1996).

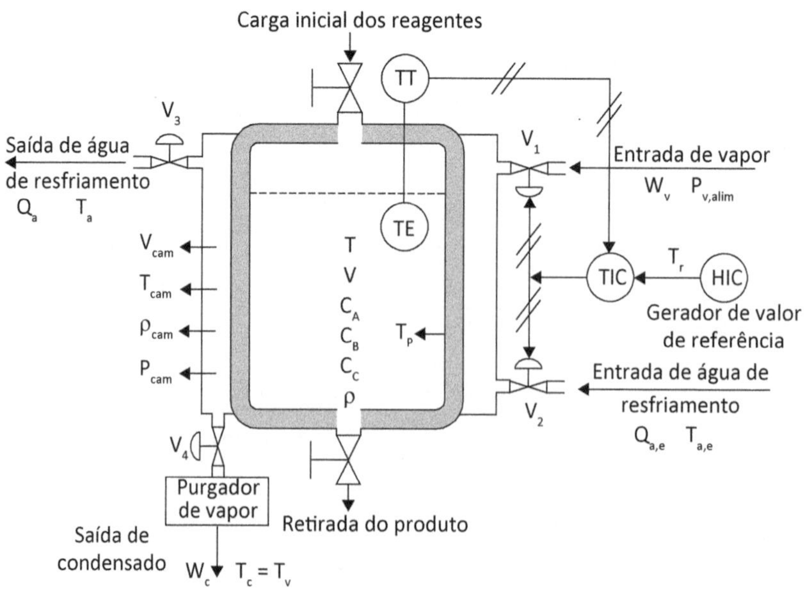

Figura 17.9 – Reator de batelada com controle de temperatura com um controlador do tipo faixa dividida (*split range*).

É comum que uma reação exotérmica precise de aquecimento para ser iniciada. Como o controlador TIC da Figura 17.9 tem ação reversa ($e = r - c$), a válvula de água fria opera no modo reverso (ar para fechar), com seu posicionador ajustado para atuar na faixa de 3-9 psi. Acima de 9 psi ela permanece fechada. A válvula de vapor opera no modo direto (ar para abrir), com seu posicionador ajustado para atuar na faixa de 9-15 psi. Abaixo de 9 psi ela fica fechada (LIPTÁK, 1995).

Portanto, no início da reação, a temperatura no interior do reator está abaixo do valor desejado ajustado no controlador. Como ele é de ação reversa, gerará uma saída com tendência crescente. Um sinal com tendência crescente chegando nas válvulas de controle atuará a válvula de vapor, atendendo à demanda do processo de receber calor. Uma análise similar pode ser feita para o caso de a temperatura no vaso estar alta, chegando-se à conclusão de que a válvula de água fria será atuada. Note ainda que a atuação das válvulas é em favor da segurança, pois se faltar ar comprimido a válvula de vapor fechará e a de água fria abrirá completamente.

A seguir, simula-se o reator exotérmico, com o controlador TIC agindo sobre as válvulas de controle V1 e V2. Esse caso é baseado no exemplo da Seção 19.2 de Garcia (2005), em que se considera um reator de batelada com controle incluindo a instrumentação e os ciclos de aquecimento e resfriamento.

Um reator de batelada, suposto adiabático, opera sem troca de matéria nem de energia com o exterior. O reator é carregado com os reagentes e, em seguida, vapor d'água saturado seco é injetado na camisa para elevar a temperatura da massa reagente a um valor desejado, de forma a iniciar a reação, isto é, fazer com que ela passe a ocorrer a uma taxa razoável. Supõe-se que a reação seja exotérmica, mas, para ser acelerada, é preciso aquecer o reator. Ao se iniciar a reação, a temperatura no interior do vaso supera um determinado limite e, a partir daí, corta-se a injeção de vapor e se passa a injetar água de resfriamento na camisa para refrigerar o reator e remover o calor da reação exotérmica, fazendo com que a temperatura da massa reagente siga uma curva de temperatura *versus* tempo prescrita. Esse perfil de temperatura é inserido no controlador primário de temperatura como um sinal de valor de referência remoto. Uma vez terminada a reação, o reator é esvaziado (LUYBEN, 1996).

O chaveamento de aquecimento para resfriamento é comumente realizado por meio de um único controlador ou então de um sistema de controle em cascata, ambos operando no modo *split range*. Chegam duas tubulações à camisa do reator, uma com vapor e outra com água, cada uma com sua válvula de controle correspondente, ambas acionadas pelo mesmo controlador. Uma das válvulas está sempre totalmente fechada e a outra total ou parcialmente aberta. Nesse caso, a válvula de vapor está totalmente aberta quando o sinal de saída do controlador está em 15 psi e completamente fechada quando o sinal está em 9 psi, enquanto a válvula de água está totalmente fechada com 9 psi e completamente aberta com 3 psi. Na prática, esse ajuste de pressões de 9 a 15 e 3 a 9 psi é feito por meio de posicionadores, cada um instalado em uma das válvulas. Por questão de segurança, empregam-se válvulas do tipo ar para abrir no vapor e ar para fechar na água, de forma que, em caso de falha no suprimento de ar, o vapor seja cortado e a água seja totalmente liberada. Durante o aquecimento, as válvulas de admissão de vapor V_1 e de saída de condensado V_4 são mantidas abertas pelo controlador de temperatura, enquanto as válvulas de entrada de água de resfriamento V_2 e de saída de água de resfriamento V_3 são mantidas fechadas. Quando se necessita resfriar, o controlador de temperatura inverte a posição das válvulas, fechando as válvulas V_1 e V_4 e abrindo as válvulas V_2 e V_3, de forma a seguir o perfil de temperatura desejado. Durante a fase de aquecimento, a válvula de admissão de vapor V_1 é modulada, de modo a permitir o controle da vazão de vapor que entra na camisa. O mesmo ocorre com a válvula V_2 durante a fase de resfriamento. Assume-se aqui que as válvulas V_1 e V_2 sejam válvulas globo que possuem característica inerente de vazão do tipo linear e que elas sejam ideais, sem qualquer tipo de atrito da haste com as gaxetas nem vazamento quando estão fechadas.

Para se descrever o processo completo, é necessário considerar três estágios: aquecimento com vapor, enchimento da camisa com água e resfriamento com água. A comutação do modo "aquecimento" para o modo "enchimento da camisa com água" ocorre quando a temperatura T no interior do vaso atinge um valor estipulado, enquanto a comutação do modo "enchimento da camisa com água" para o modo "resfriamento" ocorre quando a camisa está cheia d'água, isto é, $V_{a,cam}=V_{cam}$.

A reação que ocorre é irreversível, consecutiva e de primeira ordem em ambos os componentes:

$$A \xrightarrow{k_1} B \xrightarrow{k_2} C$$

O componente desejado é o B. Caso se permita que a reação se prolongue muito, B em excesso se converterá no indesejado produto C. Por outro lado, caso se pare a reação muito cedo, muito pouco A terá reagido e pouco produto B resultará. Há, portanto, um tempo ótimo de batelada, em que se deve parar a reação por meio de um rápido resfriamento dela.

Assume-se que:

- a massa específica do líquido reagindo seja constante;
- a água seja incompressível;
- a capacitância térmica da parede metálica do vaso do reator seja não desprezível;
- a capacitância térmica da parede metálica externa à camisa seja desprezível;
- as perdas para o meio ambiente sejam desprezíveis; e
- as variações de energia interna do vapor (efeitos do calor sensível) sejam desprezíveis quando comparadas com os efeitos do calor latente.

O sensor de temperatura é uma termorresistência de platina (Pt-100). O transmissor de temperatura tem uma faixa calibrada de 10 a 120 °C, operando na faixa de 3 a 15 psi. A temperatura inicial do fluido no interior do reator é $T_0 = 25$ °C e a temperatura de entrada da água de resfriamento na camisa é $T_{a,e} = 25$ °C.

A modelagem dos elementos da malha de controle, incluindo o processo e a instrumentação (sensor e transmissor de temperatura e válvulas de admissão de vapor e de água), bem como os parâmetros dos elementos da malha de controle, são apresentados na Seção 19.2 de Garcia (2005), em que se considera um reator de batelada com ciclos de aquecimento e de resfriamento.

O que faz esse exemplo diferir do modelo gerado em Garcia (2005) é o controlador usado. Lá se usou um controlador proporcional puro, ao passo que aqui se emprega um controlador PID. O controlador deve ter ação reversa e sua saída inicial é ajustada em 7 psi. A sintonia do controlador foi obtida empiricamente, resultando em $K_C = 2$, $T_I = 50$ min/rep e $T_D = 10$ min. O valor de referência $T_{ref,psi}$ é inicialmente ajustado em 93 °C, equivalente a 12,05 psi. Quando a temperatura do processo atinge 93 °C, o *set point* passa a obedecer à seguinte rampa:

$$T_{ref,psi} = 12{,}6 - rampa \cdot (t - t_{93}) \text{ (psi)}$$

em que:

rampa = taxa de variação do valor de referência com o tempo, cuja inclinação é 0,005 psi/min;

t = tempo da batelada em minutos; e

t_{93} = tempo em minutos em que a temperatura do processo atinge 93 °C.

O modelo do sistema em Simulink é apresentado na Figura 17.10.

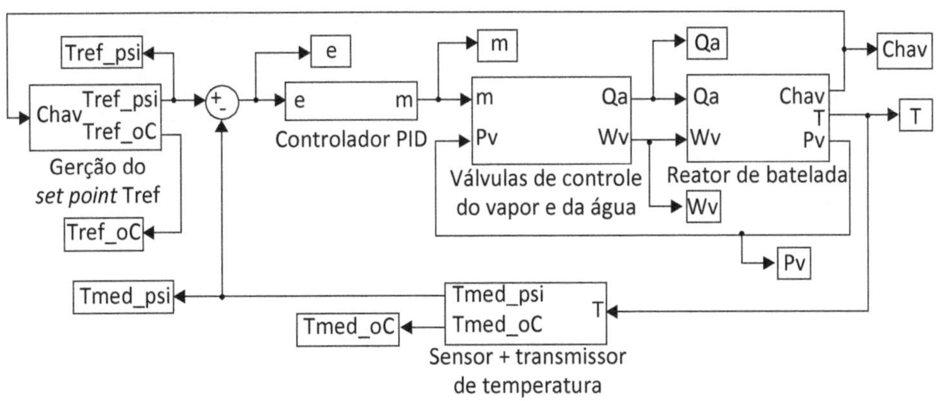

Figura 17.10 – Modelo do reator de batelada em Simulink.

Mostram-se, nas figuras a seguir, as respostas de algumas das variáveis do sistema. Apresenta-se inicialmente, na Figura 17.11, a resposta da temperatura medida T_{med} e da temperatura de referência $T_{ref,°C}$, ambas em graus centígrados.

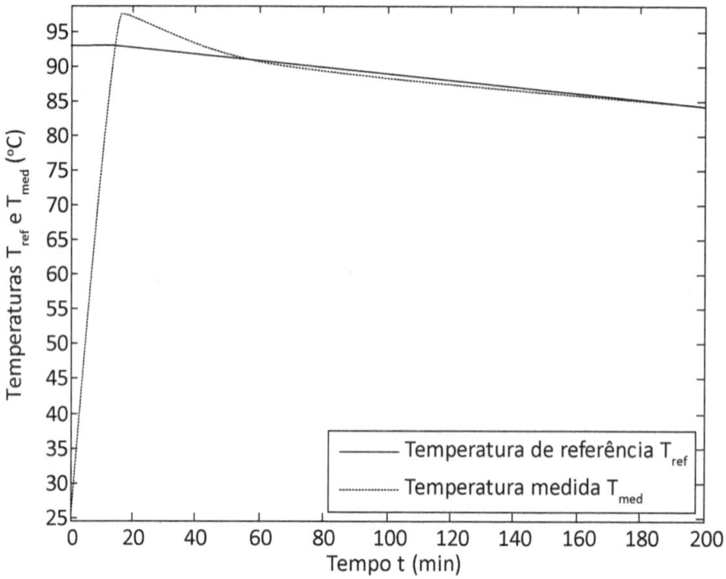

Figura 17.11 – Temperatura medida T_{med} e temperatura de referência T_{ref}.

A Figura 17.11 mostra que há um pequeno sobressinal na variável controlada, devido ao fato de o erro ser grande e o controlador agir de modo agressivo para reduzir esse erro, fazendo com que a temperatura da mistura no reator cresça rapidamente, a ponto de ultrapassar o *set point*. Mas depois ela segue a rampa decrescente do *set point* muito de perto.

Apresenta-se, na Figura 17.12, a resposta das concentrações C_A, C_B e C_C em mol/m³.

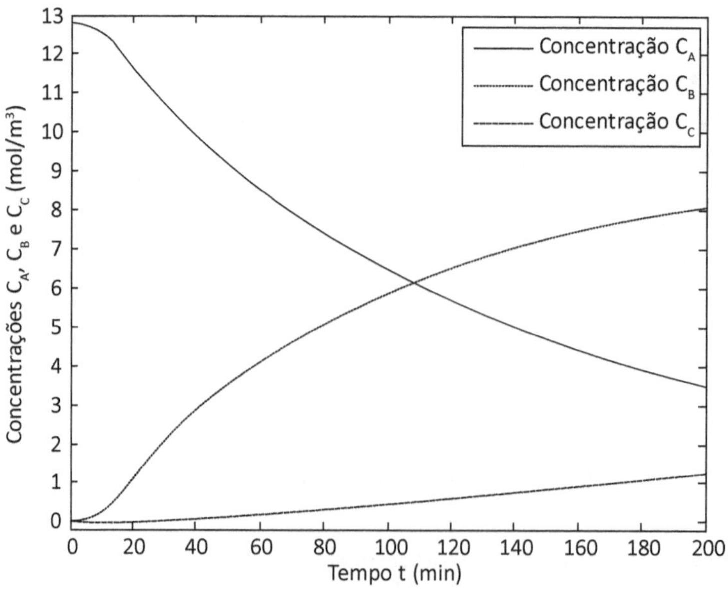

Figura 17.12 – Concentrações C_A, C_B e C_C

A Figura 17.12 indica que a redução na concentração C_A e o aumento na concentração C_B são rápidas. Já o aumento na concentração C_C é bem mais lento, conforme desejado.

A Figura 17.13 mostra o sinal de saída m do controlador.

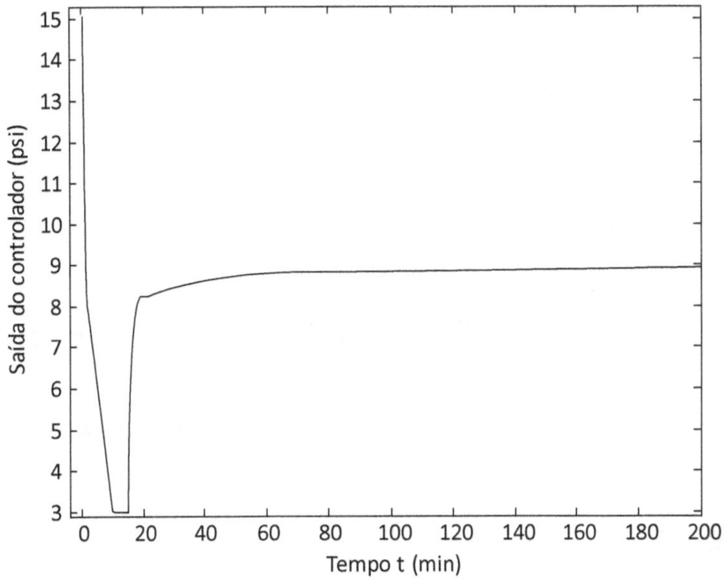

Figura 17.13 – Sinal de saída *m* do controlador PID.

Nota-se na Figura 17.13 que, nos instantes iniciais, a saída do controlador satura em 15 psi, justamente para liberar o maior fluxo possível de vapor de aquecimento W_v. Em seguida, no período entre 10 e 15 minutos, a saída do controlador cai para 3 psi, para liberar vazão de água de resfriamento Q_a visando reverter o sobressinal que houve na variável controlada. A partir de cerca de 90 minutos, a saída do controlador fica praticamente em 9 psi, significando que tanto a válvula de água de resfriamento como a válvula de admissão de vapor ficam fechadas.

A Figura 17.14 mostra as vazões resultantes de água de resfriamento e de vapor de aquecimento. Nota-se que, no início do processo, libera-se uma grande quantidade de vapor de aquecimento para chegar rapidamente ao valor desejado de 93 °C, mas depois há a liberação de uma pequena quantidade de água de resfriamento para conter a temperatura da reação exotérmica e, a partir de cerca de 90 minutos, as vazões de vapor de aquecimento e água de resfriamento são praticamente nulas.

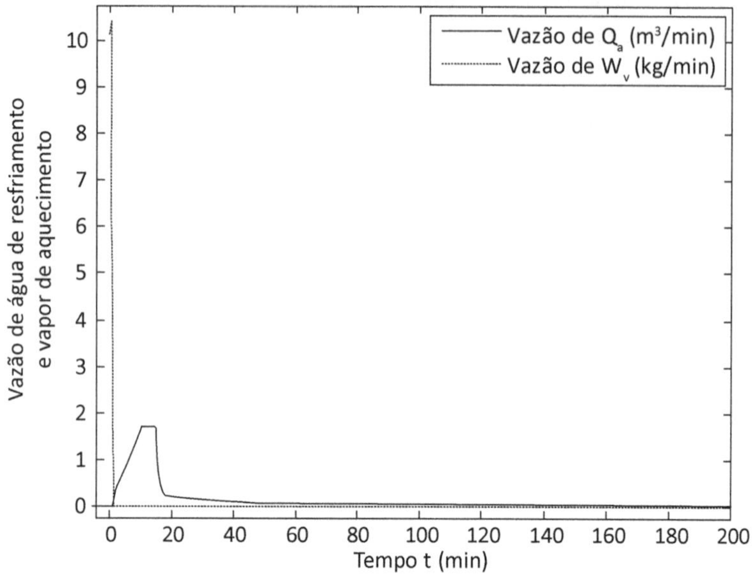

Figura 17.14 – Vazões de água de resfriamento (Q_a) e vapor de aquecimento (W_v).

REFERÊNCIAS

GARCIA, C. **Modelagem de processos industriais e de sistemas eletromecânicos**. 2. ed. São Paulo: Edusp, 2005.

LIPTÁK, B. G. **Instrument Engineer's Handbook**: process control. 3. ed. Radnor: Chilton, 1995.

LUYBEN, W. L. **Process modeling, simulation and control for chemical engineers**. 2. ed. New York: McGraw-Hill, 1996.

SEBORG, D. E.; EDGAR, T. F.; MELLICHAMP, D. A.; DOYLE III, F. J. **Process, Dynamics and Control**. 3. ed. Hoboken: John Wiley & Sons, 2011.

SHINSKEY, F. G. **Process control systems**. 4. ed. New York: McGraw-Hill, 1996.

CAPÍTULO 18

CONTROLE MULTIMALHA E CONTROLE MULTIVARIÁVEL POR DESACOPLAMENTO

Nos capítulos anteriores foram abordados sistemas que possuem apenas uma variável controlada e uma manipulada (casos SISO - *single input, single output*). Um esquema de um controlador digital em malha SISO é mostrado na Figura 18.1. Supõe-se que o valor de referência (SP - *set point*) seja gerado na forma digital.

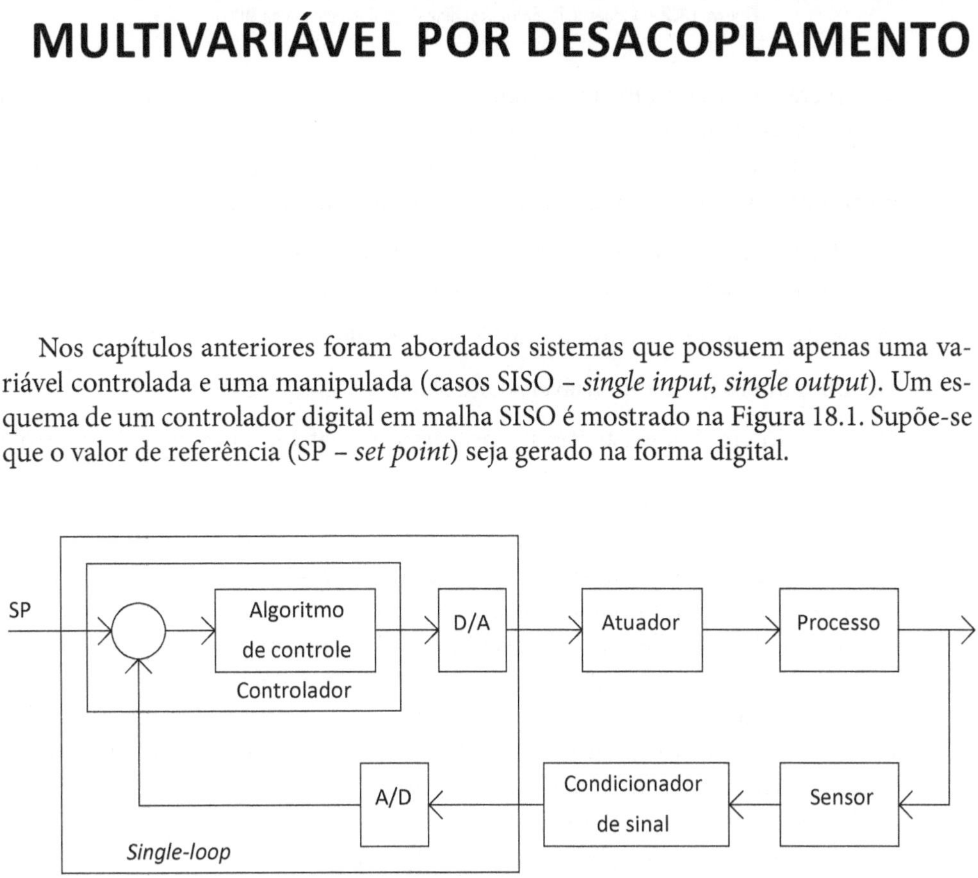

Figura 18.1 – Esquema de controlador digital instalado em malha SISO.

No entanto, existem muitas situações práticas em que mais de uma variável deva ser controlada e mais de uma variável possa ser manipulada (casos MIMO - *multiple inputs, muliple outputs*), conforme mostrado na Figura 18.2.

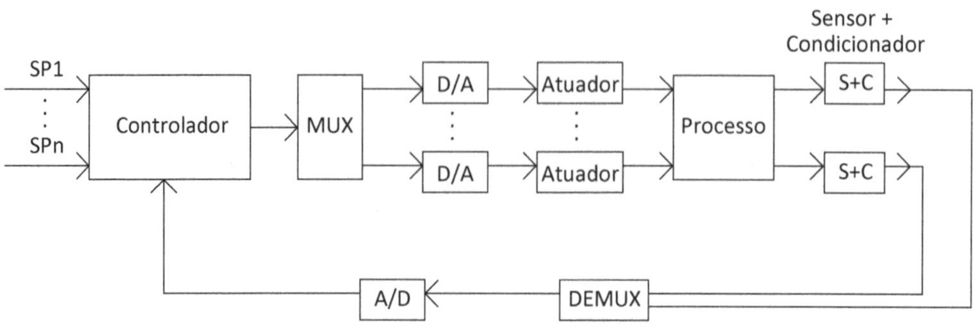

Figura 18.2 – Esquema de controlador digital instalado em malha MIMO.

Uma característica comum dos sistemas MIMO é a presença de **interações** no processo, isto é, cada variável manipulada pode afetar as outras variáveis controladas. Para controlar processos MIMO há duas possibilidades: empregar técnicas de **controle multimalha** ou então técnicas de **controle multivariável por desacoplamento**.

Na estratégia multimalha, empregam-se múltiplos controladores SISO por realimentação. Nesse caso, surgem alguns problemas, a saber:

- Quais são os melhores pares de variáveis controladas e manipuladas?
- Há um número igual de variáveis controladas e manipuladas?
- Como as interações existentes no processo irão afetar as malhas de controle SISO?

Se as interações do processo forem significativas, é bastante complicado projetar um sistema de controle multimalha que seja satisfatório. Nesses casos, deve-se considerar a estratégia de controle multivariável intitulada **controle por desacoplamento**. Ela também trabalha com pares de variáveis de entrada e saída, portanto com controladores SISO por realimentação. A diferença da filosofia de controle multimalha com respeito à técnica por desacoplamento é que esta última busca minimizar os efeitos das interações existentes no processo. Outra opção muito empregada atualmente para o caso de haver um acoplamento forte entre as variáveis controladas e manipuladas é aplicar técnicas de **controle preditivo baseado em modelo** (*Model Predictive Controller* - MPC). Este livro propõe-se a abordar as técnicas das categorias I e II da Tabela 10.1. No entanto, devido à disseminação do controle preditivo multivariável nos meios acadêmico e industrial, apresenta-se, no Apêndice B, um resumo acerca de controladores MPC.

18.1 INTERAÇÕES NO PROCESSO

Um diagrama esquemático de um processo multivariável com três variáveis manipuladas e três variáveis controladas é mostrado na Figura 18.3.

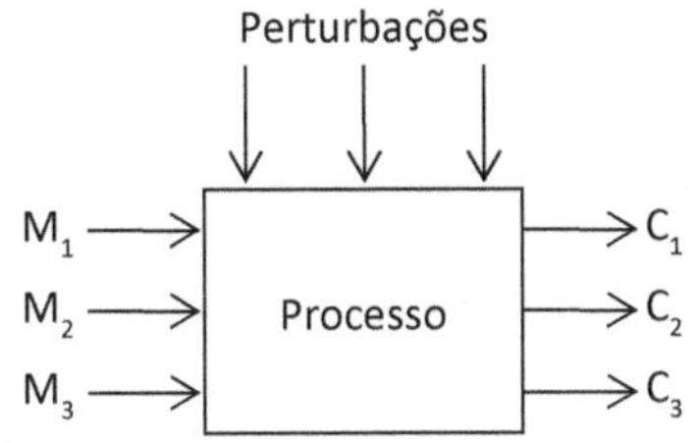

Figura 18.3 – Processo MIMO com três entradas e três saídas.

Supõe-se que o número de variáveis controladas e manipuladas seja o mesmo. Essa é uma restrição importante ao se associar os pares de variáveis de entrada e saída. Para aplicar técnicas multimalha e técnicas de controle multivariável por desacoplamento, é preciso que o número de entradas e saídas seja igual, habilitando, assim, o uso de controladores por realimentação para cada par. Caso contrário, deve-se considerar o controle preditivo.

O caso ideal para o emprego dos controladores multimalha é aquele em que as malhas MIMO da Figura 18.3 sejam desacopladas, como indicado a seguir.

$$\begin{pmatrix} C_1 \\ C_2 \\ C_3 \end{pmatrix} = \begin{pmatrix} G_{P1} & 0 & 0 \\ 0 & G_{P2} & 0 \\ 0 & 0 & G_{P3} \end{pmatrix} \begin{pmatrix} M_1 \\ M_2 \\ M_3 \end{pmatrix}$$

Em notação matricial, resulta:

$$\boldsymbol{C}(s) = \boldsymbol{G_P}(s)\,\boldsymbol{M}(s) \tag{18.1}$$

em que $\boldsymbol{C}$ corresponde ao vetor de variáveis controladas, $\boldsymbol{M}$ ao vetor de variáveis manipuladas e $\boldsymbol{G_P}$ à matriz de transferência do processo. A matriz de transferência na situação estacionária ($s = 0$) é intitulada matriz de ganhos do processo e é representada por $\boldsymbol{K_P}$.

Na prática, mesmo com malhas acopladas, costumam-se empregar controladores multimalha. Nesse caso, quanto maior o acoplamento entre elas, pior será o desempenho do controlador instalado.

Caso as malhas MIMO sejam acopladas, como mostrado a seguir, recomenda-se usar um controlador multivariável por desacoplamento ou então um controle preditivo para efetuar o controle.

$$\begin{pmatrix} C_1 \\ C_2 \\ C_3 \end{pmatrix} = \begin{pmatrix} G_{P11} & G_{P12} & G_{P13} \\ G_{P21} & G_{P22} & G_{P23} \\ G_{P31} & G_{P32} & G_{P33} \end{pmatrix} \begin{pmatrix} M_1 \\ M_2 \\ M_3 \end{pmatrix}$$

A mesma notação matricial mostrada em (18.1) também pode ser empregada aqui.

Devido às interações do processo, a seleção dos melhores pares de variáveis controladas e manipuladas é fundamental. Enfatiza-se que, se há *n* variáveis manipuladas e *n* variáveis controladas, pode haver *n*! configurações possíveis de controle multimalha. Para $n = 2$, as Figuras 18.4 e 18.5 revelam as duas combinações possíveis de controle. Nos esquemas das Figuras 18.4 e 18.5 não foram consideradas as funções de transferência de medidores e atuadores, tampouco as variáveis de perturbação.

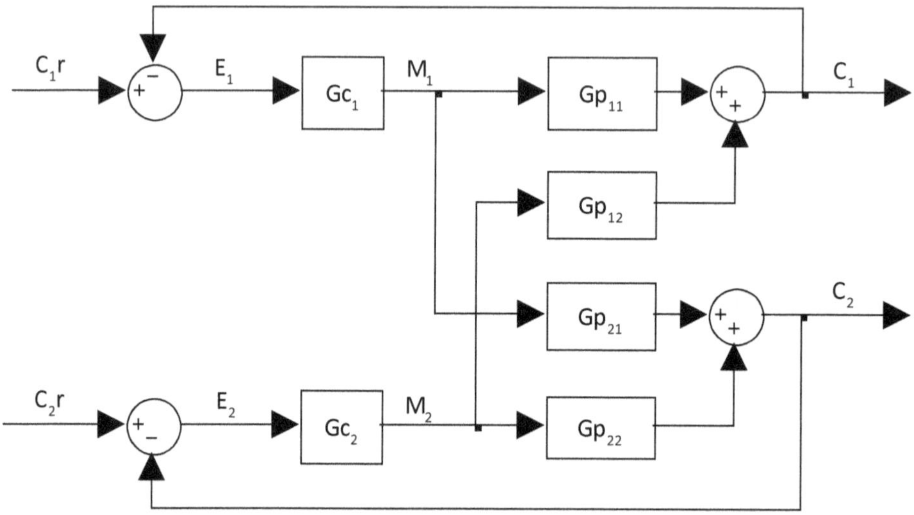

Figura 18.4 – Esquema de controle multimalha 2 × 2 com M_1 controlando C_1 e M_2 controlando C_2.

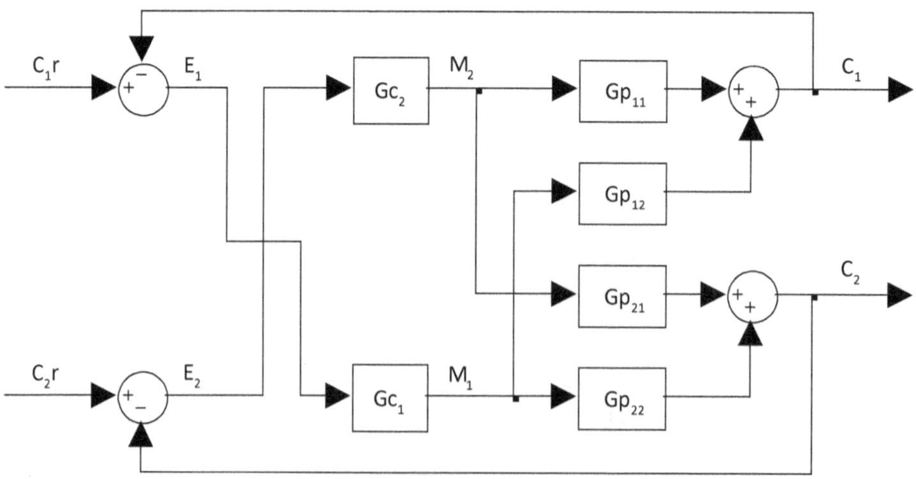

Figura 18.5 – Esquema de controle multimalha 2 × 2 com M_1 controlando C_2 e M_2 controlando C_1.

Ao se analisar a Figura 18.4, nota-se claramente o efeito das interações do processo. Assim, se uma perturbação afasta C_1 de seu *set point* C_{1r}, o controlador G_{c1}

manipula M_1 para trazer C_1 de volta a C_{1r}, mas simultaneamente afeta C_2 por meio da função de transferência G_{P21}. Como C_2 é afetada, o controlador G_{c2} manipula M_2 para trazer C_2 de volta a C_{2r}, mas simultaneamente afeta C_1 por meio da função de transferência G_{P12}. Essas ações de controle tendem a levar o processo a um novo valor estacionário.

A interação nas malhas de controle 2 × 2 apresentadas nas Figuras 18.4 e 18.5 provém da presença de uma malha de realimentação oculta (SHINSKEY, 1996). Por exemplo, partindo-se de E_1 na Figura 18.4, esse sinal passa por G_{C1}, vai para G_{P21}, passa por G_{C2}, passa por G_{P12} e finalmente retorna para influenciar E_1. Esse mesmo caminho fechado é trilhado caso se parta de E_2. Portanto, essa terceira realimentação é constituída pela seguinte função de transferência: $G_{C1} \cdot G_{P21} \cdot G_{C2} \cdot G_{P12}$. Ela pode instabilizar o sistema em malha fechada e tornar a sintonia dos controladores mais difícil.

As funções de transferência em malha fechada para o sistema da Figura 18.4, em que os pares formados são M_1 com C_1 e M_2 com C_2, são dadas por:

$$C_1 = \frac{\left[G_{C1} \cdot G_{P11} + G_{C1} \cdot G_{C2} \cdot \left(G_{P11} \cdot G_{P22} - G_{P12} \cdot G_{P21}\right)\right] \cdot C_{1r} + G_{C2} \cdot G_{P12} \cdot C_{2r}}{\left(1 + G_{C1} \cdot G_{P11}\right) \cdot \left(1 + G_{C2} \cdot G_{P22}\right) - G_{C1} \cdot G_{C2} \cdot G_{P12} \cdot G_{P21}} \quad (18.2)$$

$$C_2 = \frac{\left[G_{C2} \cdot G_{P22} + G_{C1} \cdot G_{C2} \cdot \left(G_{P11} \cdot G_{P22} - G_{P12} \cdot G_{P21}\right)\right] \cdot C_{2r} + G_{C1} \cdot G_{P21} \cdot C_{1r}}{\left(1 + G_{C1} \cdot G_{P11}\right) \cdot \left(1 + G_{C2} \cdot G_{P22}\right) - G_{C1} \cdot G_{C2} \cdot G_{P12} \cdot G_{P21}} \quad (18.3)$$

Uma variação no *set point* de uma das malhas faz com que as variáveis controladas de ambas sejam afetadas. Além disso, como ambas as funções de transferência têm o mesmo denominador, isso implica que sua equação característica seja a mesma:

$$A(s) = \left(1 + G_{C1} \cdot G_{P11}\right) \cdot \left(1 + G_{C2} \cdot G_{P22}\right) - G_{C1} \cdot G_{C2} \cdot G_{P12} \cdot G_{P21} \quad (18.4)$$

Dessa forma, a estabilidade do sistema em malha fechada depende de ambos os controladores e das quatro funções de transferência do processo.

As funções de transferência em malha fechada para o sistema da Figura 18.5, em que os pares formados são M_1 com C_2 e M_2 com C_1, são dadas por:

$$C_1 = \frac{\left[G_{C1} \cdot G_{P12} + G_{C1} \cdot G_{C2} \cdot \left(G_{P11} \cdot G_{P22} - G_{P12} \cdot G_{P21}\right)\right] \cdot C_{1r} + G_{C2} \cdot G_{P11} \cdot C_{2r}}{\left(1 + G_{C1} \cdot G_{P12}\right) \cdot \left(1 + G_{C2} \cdot G_{P21}\right) - G_{C1} \cdot G_{C2} \cdot G_{P11} \cdot G_{P22}} \quad (18.5)$$

$$C_2 = \frac{\left[G_{C2} \cdot G_{P21} + G_{C1} \cdot G_{C2} \cdot \left(G_{P21} \cdot G_{P12} - G_{P11} \cdot G_{P22}\right)\right] \cdot C_{2r} + G_{C1} \cdot G_{P22} \cdot C_{1r}}{\left(1 + G_{C1} \cdot G_{P12}\right) \cdot \left(1 + G_{C2} \cdot G_{P21}\right) - G_{C1} \cdot G_{C2} \cdot G_{P11} \cdot G_{P22}} \quad (18.6)$$

Nesse caso, a equação característica é dada por:

$$A(s) = \left(1 + G_{C1} \cdot G_{P12}\right) \cdot \left(1 + G_{C2} \cdot G_{P21}\right) - G_{C1} \cdot G_{C2} \cdot G_{P11} \cdot G_{P22} \quad (18.7)$$

18.2 ANÁLISE DE ESTABILIDADE DE SISTEMAS MULTIVARIÁVEIS

Para analisar a estabilidade de sistemas multivariáveis, utiliza-se como exemplo um processo 2 × 2. Seja o evaporador mostrado na Figura 18.6 (SMITH; CORRIPIO, 1997).

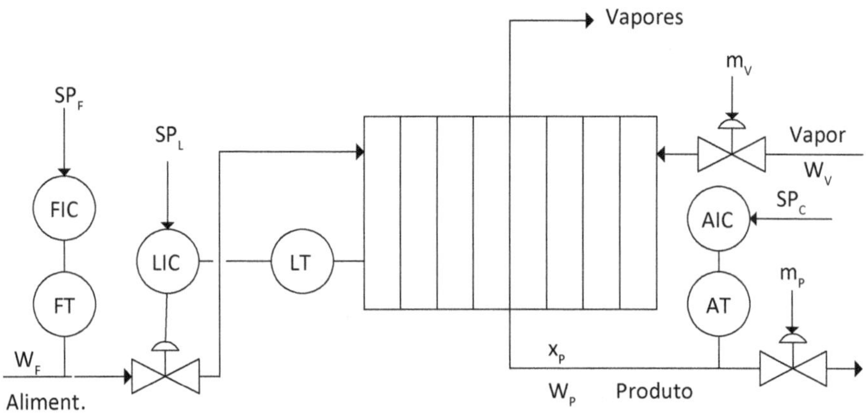

Figura 18.6 – Esquema de evaporador com sistema de controle multimalha 2 × 2.

No evaporador da Figura 18.6, a composição em massa do produto x_P e a vazão de alimentação W_F devem ser controladas pelos sinais m_V e m_P, enviados, respectivamente, às válvulas de controle para ajustar as vazões de vapor W_V e de produto W_P. Segundo a Figura 18.6, há uma válvula de controle na linha de alimentação, mas ela controla o nível no vaso do evaporador, que, em um equipamento do tipo calandra, deve ser controlado de modo rigoroso, visto sua alta influência na taxa de transferência de calor.

Degraus foram aplicados nos sinais m_V e m_P, um por vez, com as respostas da vazão de alimentação W_F e da composição do produto x_P devidamente armazenadas. Os modelos resultantes correspondem a sistemas de primeira ordem com tempo morto, conforme mostrado na matriz de transferência a seguir.

$$\mathbf{G}_P(s)=\begin{bmatrix} G_{FV}(s)=\dfrac{\hat{W}_F(s)}{\hat{m}_V(s)} & G_{FP}(s)=\dfrac{\hat{W}_F(s)}{\hat{m}_P(s)} \\ G_{xV}(s)=\dfrac{\hat{x}_P(s)}{\hat{m}_V(s)} & G_{xP}(s)=\dfrac{\hat{x}_P(s)}{\hat{m}_P(s)} \end{bmatrix}=$$

$$\begin{bmatrix} \dfrac{0,84\cdot \mathrm{e}^{-0,30\cdot s}}{1,05\cdot s+1} & \dfrac{0,20\cdot \mathrm{e}^{-0,03\cdot s}}{0,65\cdot s+1} \\ \dfrac{1,68\cdot \mathrm{e}^{-0,80\cdot s}}{2,70\cdot s+1} & \dfrac{-1,60\cdot \mathrm{e}^{-0,50\cdot s}}{2,97\cdot s+1} \end{bmatrix}$$

Na denominação das funções de transferência dessa matriz, tem-se que o primeiro subscrito é F para vazão de alimentação e x para composição percentual do produto em massa, enquanto o segundo subscrito é V para vapor e P para produto.

Cada função de transferência tem ganho adimensional, pois seu cálculo foi efetuado com base na percentagem de variação da saída do transmissor dividida pela percentagem de variação da saída do controlador em manual. O tempo morto é dado em minutos.

18.2.1 ANÁLISE DE ESTABILIDADE PARA OS PARES W_F COM m_V E x_P COM m_P

Supondo que dois controladores do tipo P sejam usados, defina o valor dos ganhos K_{C1} e K_{C2} que resulte em estabilidade em malha fechada para os pares W_F com m_V e x_P com m_P.

Como a função de transferência $G_{xP}(s)$ tem ganho negativo, colocou-se o controlador $G_{C2}(s)$, que controla a variável x_P, com ação direta. Com isso, a equação característica para o sistema em malha fechada, gerada a partir de (18.4), é dada por:

$$A(s)=\left(1+K_{C1}\cdot G_{P11}\right)\cdot\left(1-K_{C2}\cdot G_{P22}\right)+K_{C1}\cdot K_{C2}\cdot G_{P12}\cdot G_{P21}=0$$

$$\begin{gathered}\left(1+K_{C1}\,\frac{0,84\cdot \mathrm{e}^{-0,30\cdot s}}{1,05\cdot \mathrm{s}+1}\right)\cdot\left(1-K_{C2}\,\frac{-1,60\cdot \mathrm{e}^{-0,50\cdot s}}{2,97\cdot \mathrm{s}+1}\right)+ \\ K_{C1}\cdot K_{C2}\,\frac{0,20\cdot \mathrm{e}^{-0,03\cdot s}}{0,65\cdot \mathrm{s}+1}\,\frac{1,68\cdot \mathrm{e}^{-0,80\cdot s}}{2,70\cdot \mathrm{s}+1}=0\end{gathered} \tag{18.8}$$

A Equação (18.8), oriunda da Equação (18.4), é a mesma para ambas as malhas fechadas, isto é, para as funções de transferência das Equações (18.2) e (18.3), portanto seus polos são idênticos, implicando que a frequência de oscilação das duas é a mesma. Assim, no limiar da estabilidade, pode-se substituir $s = j \cdot \omega_n$ na Equação (18.8). A solução dessa equação é obtida de modo iterativo. O que se busca, nesse caso, é a faixa de valores no plano $K_{C1} \times K_{C2}$ que torne o sistema estável. Esse procedimento é implementado em Matlab e mostrado a seguir. Nele, varrem-se K_{C1} e K_{C2} de 0,01 a 10, com incrementos de 0,01, buscando-se os valores que tornem a Equação (18.8) verdadeira.

```
% Busca da região de estabilidade em função de Kc1 e Kc2
clear all
np = 100;          % Número de passos em cada iteração
for j=1:10*np,
    Kc1(j) = j/np;
    for k=1:10*np,
        Kc2 = k/np;
        for L = 1:10*np,
            w = L/np;
            s = w*i;
            Gp11 = 0.84*exp(-0.30*s)/(1.05*s+1);
            Gp12 = 0.20*exp(-0.03*s)/(0.65*s+1);
            Gp21 = 1.68*exp(-0.80*s)/(2.70*s+1);
            Gp22 = -1.60*exp(-0.50*s)/(2.97*s+1);
            A(L)   =   (1+Kc1(j)*Gp11)*(1-Kc2*Gp22)+Kc1(j)*Kc2*
            Gp12*Gp21;
            AA(L) = abs(A(L));
        end
        [AA_min(k),LL(k)] = min(AA);
    end
    [AA_min_global,kk] = min(AA_min);
    w = LL(kk)/np;
    Kc2_(j) = kk/np
end
plot(Kc1,Kc2_,'k')
xlabel('Ganho K_C_1')
ylabel('Ganho K_C_2')
```

O resultado da busca é mostrado na Figura 18.7, a qual apresenta os valores de K_{C1} e K_{C2} que tornam o sistema estável.

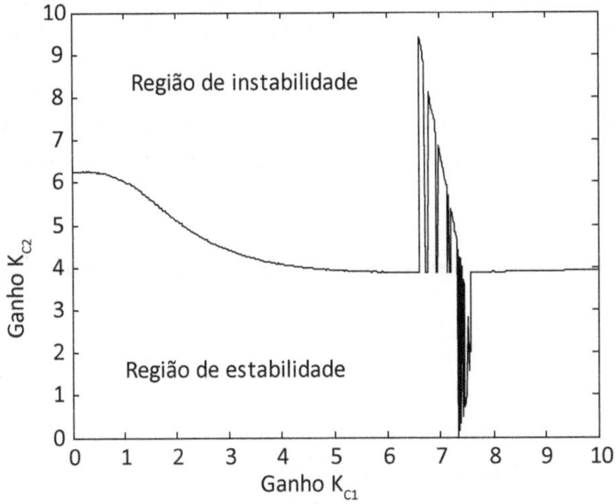

Figura 18.7 – Região de valores K_{C1} e K_{C2} que torna o sistema estável para os pares W_F com m_V e x_P com m_P.

Seja $K_{C1} = 2$ e $K_{C2} = 1$, que está na região de estabilidade. Resultam as respostas da Figura 18.8 para excitação em degrau unitário no instante $t = 1$ min no *set point* de W_F e em $t = 15$ min no *set point* de x_P.

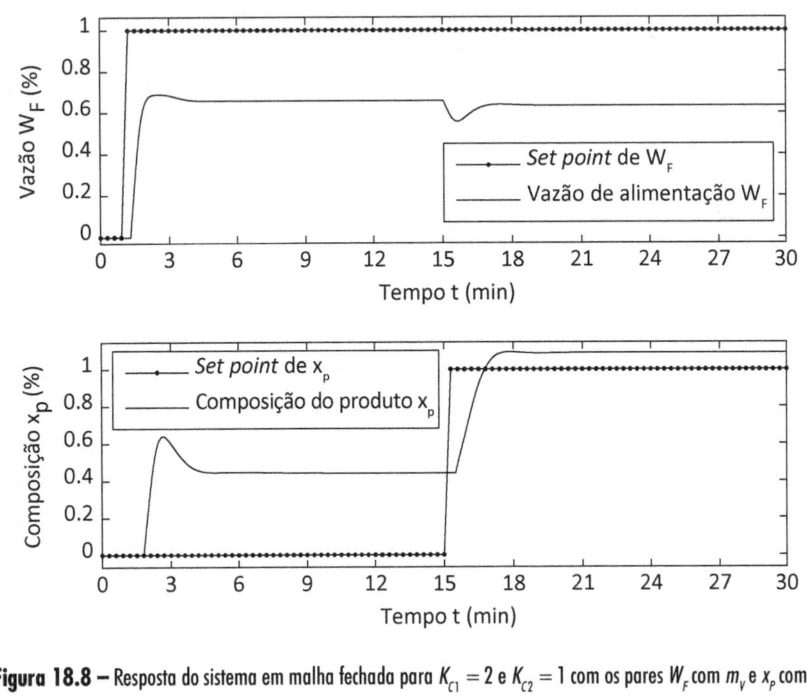

Figura 18.8 – Resposta do sistema em malha fechada para $K_{C1} = 2$ e $K_{C2} = 1$ com os pares W_F com m_V e x_P com m_P.

A Figura 18.8 indica que o sistema é estável, embora surja um erro de regime permanente (*offset*) nas duas variáveis controladas, pois os controladores usados são do tipo P. Nota-se, ainda, o acoplamento cruzado entre as variáveis de entrada e saída do sistema, pois quando o *set point* da vazão W_F cresce, há um efeito acentuado na composição x_P. Já o efeito da variação no *set point* de x_P em W_F é bem menos acentuado.

Suponha agora que se faça $K_{C1} = 2$ e $K_{C2} = 5{,}11$, que se encontra na região limite de estabilidade da Figura 18.7. Aplicando-se as mesmas variações no *set point* das duas variáveis controladas da Figura 18.8, resultam as respostas mostradas na Figura 18.9.

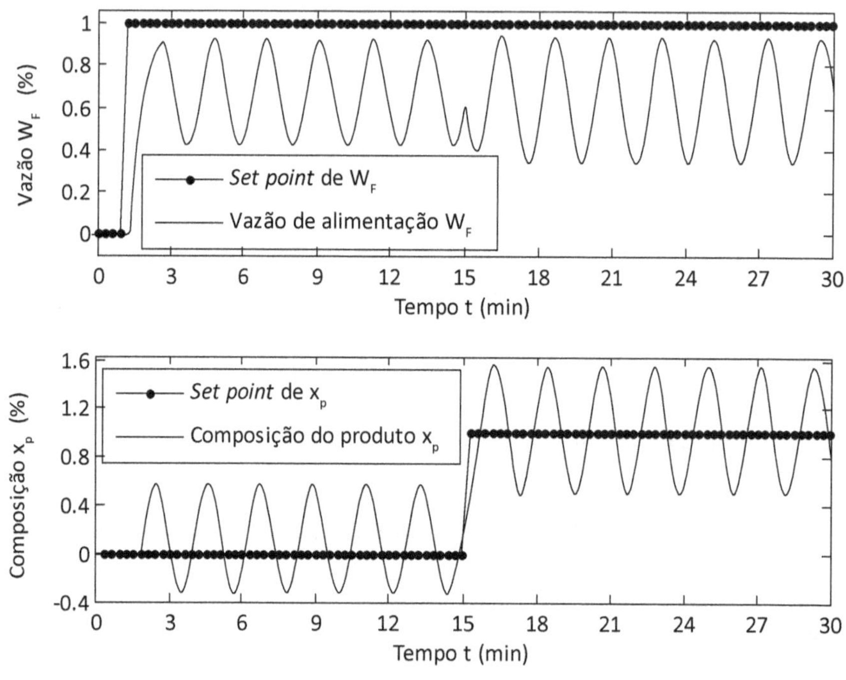

Figura 18.9 – Resposta do sistema em malha fechada para $K_{C1} = 2$ e $K_{C2} = 5{,}11$ com os pares W_F com m_V e x_P com m_P.

A Figura 18.9 comprova que ambas as malhas estão no limiar da estabilidade.

Lembre-se de que o sistema em estudo é 2 × 2 e o controlador é proporcional puro. Para sistemas mais complexos ou com outros tipos de controladores lineares por realimentação, a busca da região de estabilidade se torna cada vez mais difícil. Uma solução alternativa é, tendo-se a matriz de transferência do sistema, projetar ou sintonizar os controladores e testar a estabilidade da malha fechada por meio de simulações. Deve-se ter em mente que o modelo do processo pode conter erros, de modo que é sempre aconselhável deixar uma margem de segurança no ajuste dos parâmetros dos controladores.

18.2.2 ANÁLISE DE ESTABILIDADE PARA OS PARES W_F COM m_P E x_P COM m_V

Supondo que dois controladores do tipo P sejam usados, determinar o valor dos ganhos K_{C1} e K_{C2} que resultem em estabilidade em malha fechada para os pares W_F com m_P e x_P com m_V. A equação característica para o sistema em malha fechada, gerada a partir de (18.7), é dada por:

$$A(s)=\left(1+K_{C1}\cdot G_{P12}\right)\cdot\left(1+K_{C2}\cdot G_{P21}\right)-K_{C1}\cdot K_{C2}\cdot G_{P11}\cdot G_{P22} \qquad (18.9)$$

Varrendo-se os ganhos K_{C1} e K_{C2} de 0,005 a 10, com incrementos de 0,005, obtém-se a Figura 18.10.

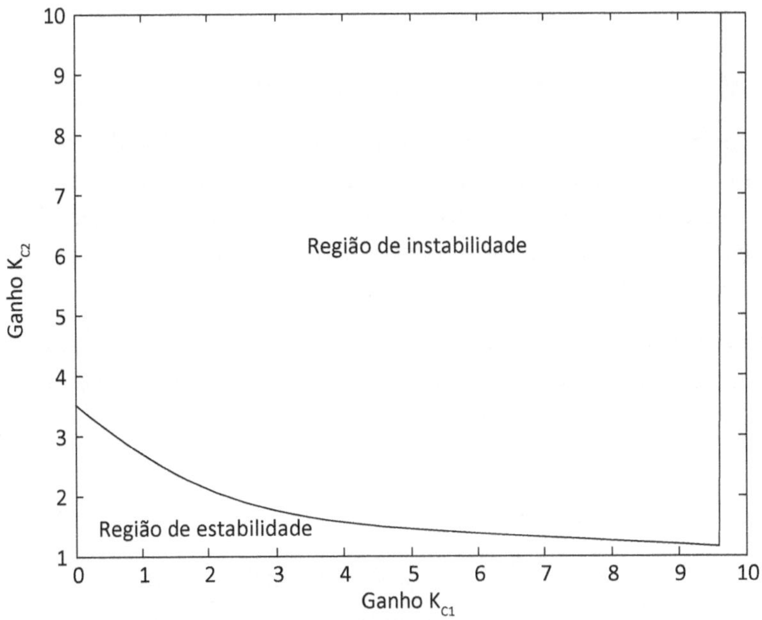

Figura 18.10 – Região de valores K_{C1} e K_{C2} que torna o sistema estável para os pares W_F com m_P e x_P com m_V.

Comparando-se as Figuras 18.7 e 18.10, percebe-se que, ao se trocarem os pares de variáveis manipuladas e controladas, a estabilidade das malhas fica totalmente alterada, pois ambas as figuras são bastante diferentes.

18.3 PROJETO DE CONTROLADORES MULTIMALHA

O projeto de sistemas multimalha, os quais são compostos de múltiplos controladores SISO para sistemas multivariáveis, deve ser feito em duas etapas (OGUNNAIKE; RAY, 1994):

a) escolha criteriosa dos pares de variáveis manipuladas e controladas; e

b) sintonia dos controladores para cada malha individual.

Cada uma dessas etapas do projeto é discutida nas subseções a seguir.

18.3.1 DEFINIÇÃO DOS PARES DE VARIÁVEIS CONTROLADAS × MANIPULADAS

Uma boa escolha dos pares de variáveis manipuladas e controladas é relevante para o desempenho das malhas e para o aumento das margens de estabilidade do sistema. Analisam-se, nesta subseção, dois métodos para definir os pares de variáveis: matriz de ganhos relativos e decomposição em valores singulares.

18.3.1.1 Método da matriz de ganhos relativos RGA

Bristol (1966) desenvolveu um método para auxiliar a análise do controle de processos multivariáveis, que requer apenas informações em estado estacionário do processo, isto é, a matriz de ganhos do processo $\boldsymbol{K_p}$. Por meio desse método, é possível ter uma medida das interações do processo e obter uma recomendação relativa aos pares mais eficientes de variáveis manipuladas e controladas.

Considere um processo com n variáveis controladas e n manipuladas. O ganho relativo λ_{ij} entre uma variável controlada c_i e uma variável manipulada m_j é definido como a razão adimensional de dois ganhos em estado estacionário:

$$\lambda_{ij} = \frac{\left(\partial c_i / \partial m_j \right)_m}{\left(\partial c_i / \partial m_j \right)_c} = \frac{\text{ganho em malha aberta}}{\text{ganho em malha fechada}} \tag{18.10}$$

para $i = 1, 2, \dots n$ e $j = 1, 2, \dots n$.

Na Equação (18.10) o termo $\left(\partial c_i / \partial m_j\right)_m$ significa que a derivada parcial é calculada com todas as variáveis manipuladas mantidas constantes, exceto m_j. Esse termo é o ganho estacionário em malha aberta entre c_i e m_j, que equivale ao elemento K_{Pij} da matriz de ganhos $\boldsymbol{K_P}$. Analogamente, o termo $\left(\partial c_i / \partial m_j\right)_c$ é estimado com todas as variáveis controladas mantidas constantes, exceto c_i; esse termo pode ser considerado como um ganho em malha fechada, que indica o efeito de m_j em c_i quando todas as outras variáveis controladas são mantidas constantes. Costuma-se colocar os ganhos relativos em uma matriz de ganhos relativos (RGA – *Relative Gain Array*):

$$\Lambda = \begin{array}{c} \\ c_1 \\ c_2 \\ \vdots \\ c_n \end{array} \begin{array}{c} \begin{array}{cccc} m_1 & m_2 & \cdots & m_n \end{array} \\ \begin{bmatrix} \lambda_{11} & \lambda_{12} & \cdots & \lambda_{1n} \\ \lambda_{21} & \lambda_{22} & \cdots & \lambda_{2n} \\ \vdots & \vdots & \ddots & \vdots \\ \lambda_{n1} & \lambda_{n2} & \cdots & \lambda_{nn} \end{bmatrix} \end{array} \tag{18.11}$$

A matriz RGA tem propriedades importantes para modelos de processo em estado estacionário (BRISTOL, 1966; MCAVOY, 1983):

a) ela é normalizada, de modo que a soma dos elementos de cada linha ou coluna seja igual a 1;
b) os ganhos relativos são adimensionais, de modo que não são afetados pela escolha de unidades de engenharia; e
c) a matriz RGA é uma medida da sensibilidade à incerteza do elemento na matriz de ganho $\boldsymbol{K}_p$. Um elemento com valor alto indica que pequenas mudanças em K_{Pij} podem alterar significativamente as características de controle do processo.

18.3.1.2 Cálculo da matriz de ganhos relativos RGA

A matriz RGA pode ser calculada a partir de dados em regime estacionário do processo ou de um modelo do processo em regime estacionário. Suponha, por exemplo, que um modelo estacionário linear de um processo 2 × 2 seja disponível e tenha sido colocado em termos de variáveis incrementais, conforme indicado a seguir:

$$\hat{c}_1 = K_{P11} \cdot \hat{m}_1 + K_{P12} \cdot \hat{m}_2 \tag{18.12}$$

$$\hat{c}_2 = K_{P21} \cdot \hat{m}_1 + K_{P22} \cdot \hat{m}_2 \tag{18.13}$$

em que K_{Pij} denota o ganho em estado estacionário entre c_i e m_j.

Em notação matricial, resulta:

$$\hat{\boldsymbol{c}} = \boldsymbol{K}_p\, \hat{\boldsymbol{m}} \tag{18.14}$$

Para processos estáveis, o ganho estacionário do modelo está relacionado com o modelo dinâmico da seguinte forma:

$$\boldsymbol{K}_P = \boldsymbol{G}_P(0) = \lim_{s \to 0} \boldsymbol{G}_P(s) \tag{18.15}$$

Para calcular λ_{11} executa-se o seguinte procedimento:

- Primeiro se calcula $\left(\partial \hat{c}_1 / \partial \hat{m}_1\right)_{m_2, constante}$. De (18.12), com m_2 constante em seu valor nominal, tem-se que $\hat{m}_2 = 0$, portanto:

$$\left(\partial \hat{c}_1 / \partial \hat{m}_1\right)_{m_2, constante} = K_{P11} \tag{18.16}$$

- Para calcular $\left(\partial \hat{c}_1 / \partial \hat{m}_1\right)_{c_2, constante}$ a partir de (18.12), é preciso primeiro eliminar $\hat{m}_2$. Para tal, basta fazer c_2 constante em seu valor nominal ($\hat{c}_2 = 0$) em (18.13). Resulta:

$$\hat{m}_2 = -\frac{K_{P21}}{K_{P22}} \hat{m}_1$$

Substituindo-se esse valor em (18.12) resulta:

$$\hat{c}_1 = K_{P11} \cdot \left(1 - \frac{K_{P12} \cdot K_{P21}}{K_{P11} \cdot K_{P22}}\right) \cdot \hat{m}_1 \tag{18.17}$$

Tem-se, então, que:

$$\left(\frac{\partial \hat{c}_1}{\partial \hat{m}_1}\right)_{c_2, constante} = K_{P11} \cdot \left(1 - \frac{K_{P12} \cdot K_{P21}}{K_{P11} \cdot K_{P22}}\right) \tag{18.18}$$

- Substituindo-se (18.16) e (18.18) em (18.10):

$$\lambda_{11} = \frac{1}{1 - \dfrac{K_{P12} \cdot K_{P21}}{K_{P11} \cdot K_{P22}}} \tag{18.19}$$

Como a soma de cada linha ou coluna de Λ em (18.11) é igual a 1, para o caso 2 × 2 fica fácil calcular os demais valores a partir de λ_{11}. Assim, para esse caso, tem-se que:

$$\Lambda = \begin{bmatrix} \lambda & 1-\lambda \\ 1-\lambda & \lambda \end{bmatrix} = \begin{bmatrix} \dfrac{K_{P11} \cdot K_{P22}}{K_{P11} \cdot K_{P22} - K_{P12} \cdot K_{P21}} & \dfrac{-K_{P12} \cdot K_{P21}}{K_{P11} \cdot K_{P22} - K_{P12} \cdot K_{P21}} \\ \dfrac{-K_{P12} \cdot K_{P21}}{K_{P11} \cdot K_{P22} - K_{P12} \cdot K_{P21}} & \dfrac{K_{P11} \cdot K_{P22}}{K_{P11} \cdot K_{P22} - K_{P12} \cdot K_{P21}} \end{bmatrix} \tag{18.20}$$

em que $\lambda = \lambda_{11}$.

Para processos de dimensão maior, a matriz RGA pode ser calculada a partir da expressão:

$$\Lambda = \boldsymbol{K_P} \otimes \boldsymbol{H_P} \tag{18.21}$$

em que $\otimes$ denota o produto de Schur (multiplicação elemento a elemento) e $\boldsymbol{H_P} = \left(\boldsymbol{K_P}^{-1}\right)^T$.

Tem-se então que:

$$\lambda_{ij} = K_{Pij} \cdot H_{Pij} \tag{18.22}$$

Efetuando-se essa operação pelo Matlab, resulta:

$$\Lambda = \boldsymbol{K_P}.*\mathrm{inv}\left(\boldsymbol{K_P}\right)'$$

Nesta operação pelo Matlab, o símbolo .* representa o produto elemento-a-elemento (*element-wise multiplication*), o símbolo inv representa o inverso de uma matriz e o símbolo ' representa o transposto da matriz $\boldsymbol{K_P}$.

Para mostrar a aplicação de (18.21) ao caso 2 × 2 em estudo, tem-se que:

$$\boldsymbol{K_P} = \begin{bmatrix} K_{P11} & K_{P12} \\ K_{P21} & K_{P22} \end{bmatrix}$$

$$\boldsymbol{K_P}^{-1} = \frac{1}{K_{P11} \cdot K_{P22} - K_{P12} \cdot K_{P21}} \begin{bmatrix} K_{P22} & -K_{P12} \\ -K_{P21} & K_{P11} \end{bmatrix}$$

$$H_P = \left(K_P^{-1}\right)^{\mathrm{T}} = \frac{1}{K_{P11} \cdot K_{P22} - K_{P12} \cdot K_{P21}} \begin{bmatrix} K_{P22} & -K_{P21} \\ -K_{P12} & K_{P11} \end{bmatrix}$$

Aplicando-se o produto de Schur $\Lambda = K_P \otimes H_P$, resulta:

$$\Lambda = \begin{bmatrix} \dfrac{K_{P11} \cdot K_{P22}}{K_{P11} \cdot K_{P22} - K_{P12} \cdot K_{P21}} & \dfrac{-K_{P12} \cdot K_{P21}}{K_{P11} \cdot K_{P22} - K_{P12} \cdot K_{P21}} \\ \dfrac{-K_{P12} \cdot K_{P21}}{K_{P11} \cdot K_{P22} - K_{P12} \cdot K_{P21}} & \dfrac{K_{P11} \cdot K_{P22}}{K_{P11} \cdot K_{P22} - K_{P12} \cdot K_{P21}} \end{bmatrix}$$

Percebe-se que essa equação é idêntica a (18.20), conforme esperado.

18.3.1.3 Exemplo de cálculo dos ganhos relativos de um processo

Seja o mesmo processo apresentado na Seção 18.2. Calcule a matriz de ganhos relativos para ambas as combinações possíveis de pares de variáveis controladas e manipuladas. No caso do evaporador, a matriz de ganhos estacionários do processo é dada por:

$$K_P = \begin{bmatrix} K_{P11} & K_{P12} \\ K_{P21} & K_{P22} \end{bmatrix} = \begin{bmatrix} 0,84 & 0,20 \\ 1,68 & -1,60 \end{bmatrix}$$

Substituindo-se esses valores em (18.19):

$$\lambda_{11} = \frac{1}{1 - \dfrac{K_{P12} \cdot K_{P21}}{K_{P11} \cdot K_{P22}}} = \frac{1}{1 - \dfrac{0,20 \cdot 1,68}{0,84 \cdot (-1,60)}} = 0,80$$

Portanto, da Equação (18.20) tem-se que:

$$\Lambda = \begin{bmatrix} \lambda & 1-\lambda \\ 1-\lambda & \lambda \end{bmatrix} = \begin{array}{c} \begin{matrix} m_V & \quad m_P \end{matrix} \\ \begin{bmatrix} 0,80 & 0,20 \\ 0,20 & 0,80 \end{bmatrix} \end{array} \begin{matrix} W_F \\ x_P \end{matrix}$$

18.3.1.4 Formação dos pares entre variáveis manipuladas e controladas

De (18.17), tem-se que:

$$\frac{\hat{c}_1}{\hat{m}_1} = K_{P11} \cdot \left(1 - \frac{K_{P12} \cdot K_{P21}}{K_{P11} \cdot K_{P22}}\right) \tag{18.23}$$

O termo $-K_{P12} \cdot K_{P21} / K_{P11} \cdot K_{P22}$ pode ser interpretado como um termo de interação que modifica o ganho do processo em malha aberta K_{P11}. O efeito da interação pode ser positivo ou negativo, dependendo do valor dos ganhos do processo. Tomando-se (18.19), lembrando que $\lambda = \lambda_{11}$ e substituindo-se em (18.23), resulta:

$$\frac{\hat{c}_1}{\hat{m}_1} = K_{P11} \frac{1}{\lambda} \tag{18.24}$$

Analogamente, tem-se que:

$$\frac{\hat{c}_2}{\hat{m}_2} = K_{P22} \frac{1}{\lambda} \tag{18.25}$$

Interpreta-se o termo λ como um divisor do ganho K_{P11} ou K_{P22} que visa corrigi-los considerando a interação entre as malhas. Logo, a magnitude de λ tem uma acepção relevante na relação entre $\hat{c}_1$ e $\hat{m}_1$ e entre $\hat{c}_2$ e $\hat{m}_2$. Assim, se λ é um valor alto (>>1), isso implica que o efeito de $\hat{m}_1$ sobre $\hat{c}_1$ é pequeno, o mesmo ocorrendo entre $\hat{m}_2$ e $\hat{c}_2$.

Avaliando-se todas as opções de valores de λ, chega-se às seguintes recomendações (SEBORG et al., 2011):

a) $\lambda = 1$

Nesse caso, de (18.10) tem-se que os ganhos em malha aberta e malha fechada entre $\hat{c}_1$ e $\hat{m}_1$ são idênticos. Nessa situação ideal, abrir ou fechar a malha 2 não afeta a malha 1. Assim, os pares a serem formados são $\hat{c}_1$ com $\hat{m}_1$ e $\hat{c}_2$ com $\hat{m}_2$.

b) $\lambda = 0$

Nesse caso, o ganho em malha aberta entre $\hat{c}_1$ e $\hat{m}_1$ é nulo e, assim, $\hat{m}_1$ não tem efeito direto sobre $\hat{c}_1$. Logo, os pares a serem formados são $\hat{c}_1$ com $\hat{m}_2$ e $\hat{c}_2$ com $\hat{m}_1$.

c) $0 < \lambda < 1$

De (18.10) tem-se que o ganho em malha fechada entre $\hat{c}_1$ e $\hat{m}_1$ é maior que o ganho em malha aberta. Nessa faixa de valores de λ, a maior interação entre as malhas ocorre quando $\lambda = 0{,}5$, indicando que o termo $K_{P12} \cdot K_{P21} / K_{P11} \cdot K_{P22}$

em (18.19) é −1. Deve-se então formar os pares $\hat{c}_1$ com $\hat{m}_1$ e $\hat{c}_2$ com $\hat{m}_2$ para $\lambda \geq 0,5$ Caso contrário, deve-se formar os pares reversos.

d) $\lambda > 1$

Como se nota em (18.25), ao se fechar a segunda malha, reduz-se o ganho entre $\hat{c}_1$ e $\hat{m}_1$. Isso indica que as malhas interagem. Como λ cresce, o grau de interação se torna maior. Quando λ é bem grande, é impossível controlar ambas as saídas de modo independente. Nesse caso, os pares devem ser $\hat{c}_1$ com $\hat{m}_1$ e $\hat{c}_2$ com $\hat{m}_2$.

e) $\lambda < 0$

Nesse caso, os ganhos em malha aberta e malha fechada entre $\hat{c}_1$ e $\hat{m}_1$ têm sinais distintos. Assim, abrir ou fechar a segunda malha afeta a primeira malha, provocando oscilações. Isso implica que $\hat{c}_1$ não deve formar par com $\hat{m}_1$, pois ocorre um conflito entre as malhas, fazendo com que o sistema em malha fechada possa se tornar instável. Portanto, os pares a serem formados são $\hat{c}_1$ com $\hat{m}_2$ e $\hat{c}_2$ com $\hat{m}_1$.

Uma interação unilateral ocorre quando apenas uma das malhas afeta a outra. Suponha a seguinte situação:

$$\boldsymbol{K_P} = \begin{bmatrix} K_{P11} & K_{P12} \\ 0 & K_{P22} \end{bmatrix}$$

Nesse caso, a malha 1 não afeta a malha 2, pois $K_{P21} = 0$, de modo que $\hat{m}_1$ não afeta $\hat{c}_2$. No entanto, como $K_{P12} \neq 0$, a malha 2 afeta a malha 1 via $\hat{c}_2$. Essa interação unilateral não afeta a estabilidade em malha fechada porque $K_{P21} = 0$. O que ocorre é que a malha 2 tende a funcionar como uma fonte de perturbações para a malha 1.

Para processos integradores, como sistemas de armazenamento de líquido, não existe um ganho estacionário, pois o processo não é autorregulado. Portanto, o método RGA padrão deve ser modificado para esses casos (ARKUN; DOWNS, 1990). O que se faz é substituir qualquer variável controlada que seja saída de um processo integrador por sua taxa de variação. Assim, se o nível h é uma variável controlada e é a saída de um processo integrador, então h deve ser substituído por $\mathrm{d}h/\mathrm{d}t$ na análise da matriz RGA.

18.3.1.5 Exemplo de aplicação do método RGA para formação dos pares de variáveis controladas × manipuladas

Pede-se formar os pares para o evaporador da Seção 18.2 visando minimizar o efeito das interações entre as malhas. Como no Item 18.3.1.3 obteve-se $\lambda = 0,80$, seguindo a recomendação proposta por Bristol (1966), com $\lambda > 0,5$, devem-se formar os pares W_F com m_V e x_P com m_P, isto é, a válvula da vazão de vapor deve controlar a vazão de alimentação e a válvula da vazão de produto deve controlar a composição do produto.

Para ilustrar o comportamento do sistema com ambas as configurações de pares possíveis, foi feita uma simulação com base nos modelos da Figura 18.11. As duas configurações de pares são:

a) W_F com m_V e x_P com m_P

b) W_F com m_P e x_P com m_V

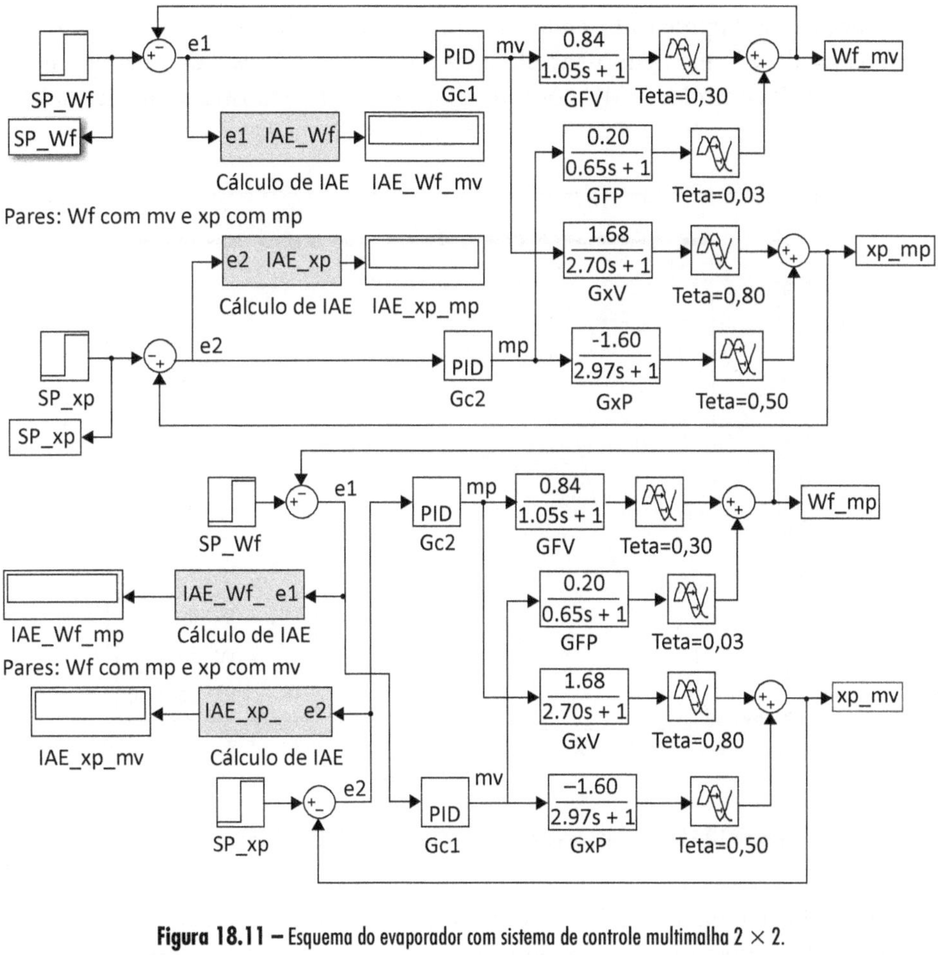

Figura 18.11 – Esquema do evaporador com sistema de controle multimalha 2 × 2.

Nessa simulação, foram usados quatro controladores PI com diferentes sintonias, as quais foram obtidas por tentativa e erro, tendo em vista que até agora nada se discutiu sobre a sintonia de controladores em sistemas multivariáveis acoplados. O critério usado na busca pela melhor sintonia foi a minimização do índice IAE (*Integrated Absolute Error*, erro absoluto integrado) da variável controlada W_F com as entradas m_V e m_P. As sintonias usadas são mostradas na Tabela 18.1.

Tabela 18.1 – Sintonia dos controladores PI para a variável controlada W_F

Parâmetro de sintonia	Variável controlada			
	W_F com m_V	W_F com m_P	x_P com m_P	x_P com m_V
K_C	3,0	1,75	0,5	0,5
T_I (min/rep)	1,7	3,5	1,0	1,0

No modelo da Figura 18.11 aplica-se um degrau unitário em $t = 1$ min no valor de referência de W_F, mantendo-se nulo o *set point* de x_P. O resultado das simulações para as variáveis controladas W_F com m_V e W_F com m_P é mostrado na Figura 18.12.

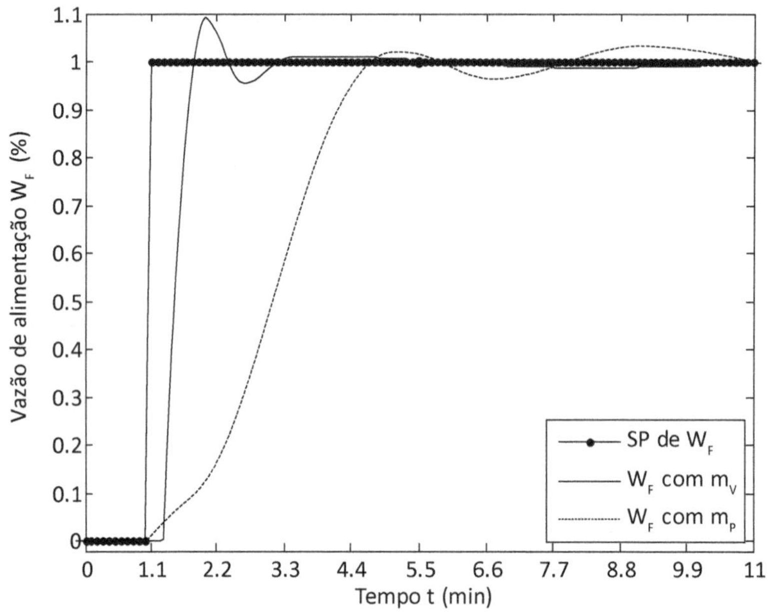

Figura 18.12 – Resposta da vazão de alimentação W_F sendo controlada por m_V e m_P.

Analisando-se a Figura 18.12, percebe-se claramente que a recomendação de formação de pares sugerida pelo método RGA, isto é, W_F com m_V, resulta ser muito melhor que o par reverso. Nota-se na Figura 18.12 que o par W_F com m_V gera uma resposta com sobressinal máximo um pouco maior que a do par W_F com m_P, mas menos oscilatória e com um tempo de acomodação bem menor. Observa-se, ainda, que ambos os pares geram sistemas estáveis em malha fechada.

Nessa simulação foram usados controladores PI com diferentes sintonias, as quais foram obtidas por tentativa e erro, visando minimizar o índice IAE da variável controlada x_P com as entradas m_V e m_P, conforme já se discutiu no caso do degrau no valor de referência de W_F da Figura 8.12. As sintonias usadas são mostradas na Tabela 18.2.

Tabela 18.2 – Sintonia dos controladores PI para a variável controlada x_P

	Variável controlada			
Parâmetro de sintonia	W_F com m_V	W_F com m_P	x_P com m_P	x_P com m_V
K_C	0,5	0,5	2,4	0,001
T_I (min/rep)	1,0	1,0	3,5	7,5

No modelo da Figura 18.11 aplica-se um degrau unitário em $t = 1$ min no valor de referência de x_P, mantendo-se nulo o *set point* de W_F. O resultado das simulações para as variáveis controladas x_P com m_P e x_P com m_V é mostrado na Figura 18.13.

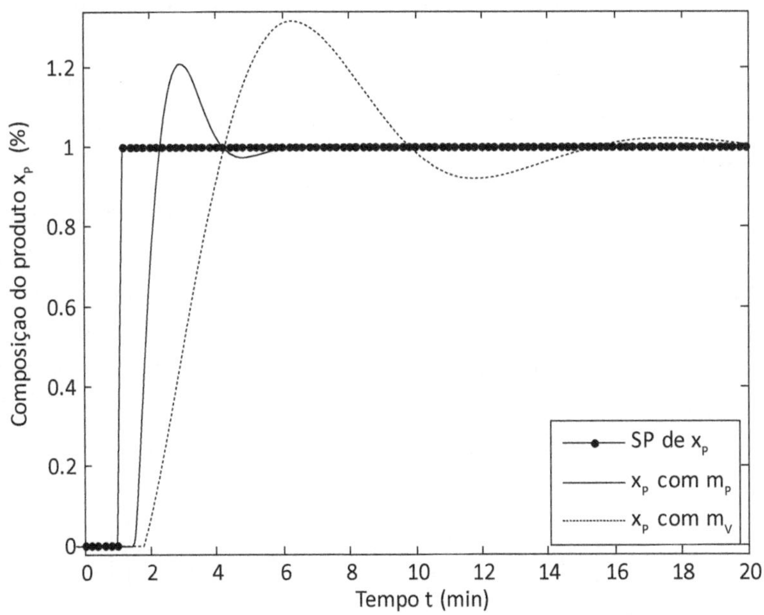

Figura 18.13 – Resposta da composição do produto x_P sendo controlada por m_P e m_V.

A Figura 18.13 indica que a sugestão de formação de par obtida pelo método RGA, isto é, x_P com m_P, resulta ser melhor que o par reverso, pois gera uma resposta com sobressinal menor, muito menos oscilatória e com um tempo de acomodação muito menor. Nota-se, ainda, que ambos os pares geram sistemas estáveis em malha fechada.

18.3.1.6 Extensão da análise do método RGA para considerar a dinâmica dos processos ou processos com matrizes não quadradas

Um problema na formação dos pares de variáveis pelo método RGA padrão é que ele ignora a dinâmica do processo, que pode influenciar a escolha dos pares. Extensões do método RGA que incluem a dinâmica do processo podem ser encontradas em Grosdidier e Morari (1986) e em Skogestad e Postlethwaite (1996). Outros autores estenderam o método RGA para considerar os efeitos de perturbações em sistemas de controle multivariável (STANLEY; MARINO-GALARRAGA; MCAVOY, 1985; CHEN; SEBORG, 2002).

Skogestad e Postlethwaite (1996) propuseram, para plantas descritas por matrizes não quadradas (mais entradas que saídas ou vice-versa), que o método RGA pode ser usado para eliminar algumas entradas ou saídas. Nesse caso, a matriz RGA não é quadrada e a soma dos elementos em cada linha ou coluna não é necessariamente igual a 1. Para mais entradas que saídas, se todos os elementos em uma coluna da matriz RGA forem pequenos (<<1), a entrada correspondente pode ser eliminada sem grande perda no desempenho do sistema de controle. Analogamente, para sistemas com mais saídas que entradas, se todos os elementos em uma linha da matriz RGA forem pequenos, então essa saída não pode ser facilmente controlada e outras saídas devem ser selecionadas.

Considere o caso do evaporador da Seção 18.2, em que as constantes de tempo da diagonal principal da matriz de transferência tenham sido aumentadas e as constantes de tempo da diagonal secundária tenham se mantido inalteradas. Nesse caso, se a função de transferência entre c_1 e m_1 contém um valor alto da constante de tempo, quando comparada com a constante de tempo da função de transferência que relaciona c_1 com m_2, isso implica que c_1 irá responder mais lentamente a mudanças em m_1 que em m_2. Seja, então, a seguinte matriz de transferência do evaporador:

$$\mathbf{G}_P(s) = \begin{bmatrix} G_{FV}(s) = \dfrac{\hat{W}_F(s)}{\hat{m}_V(s)} & G_{FP}(s) = \dfrac{\hat{W}_F(s)}{\hat{m}_P(s)} \\ \\ G_{xV}(s) = \dfrac{\hat{x}_P(s)}{\hat{m}_V(s)} & G_{xP}(s) = \dfrac{\hat{x}_P(s)}{\hat{m}_P(s)} \end{bmatrix} =$$

$$\begin{bmatrix} \dfrac{0,84 \cdot e^{-0,30 \cdot s}}{10,5 \cdot s + 1} & \dfrac{0,20 \cdot e^{-0,03 \cdot s}}{0,65 \cdot s + 1} \\ \\ \dfrac{1,68 \cdot e^{-0,80 \cdot s}}{2,70 \cdot s + 1} & \dfrac{-1,60 \cdot e^{-0,50 \cdot s}}{29,7 \cdot s + 1} \end{bmatrix}$$

Note que as constantes de tempo das funções de transferência na diagonal principal da matriz de transferência foram decuplicadas, como visto anteriormente e na Figura 18.14.

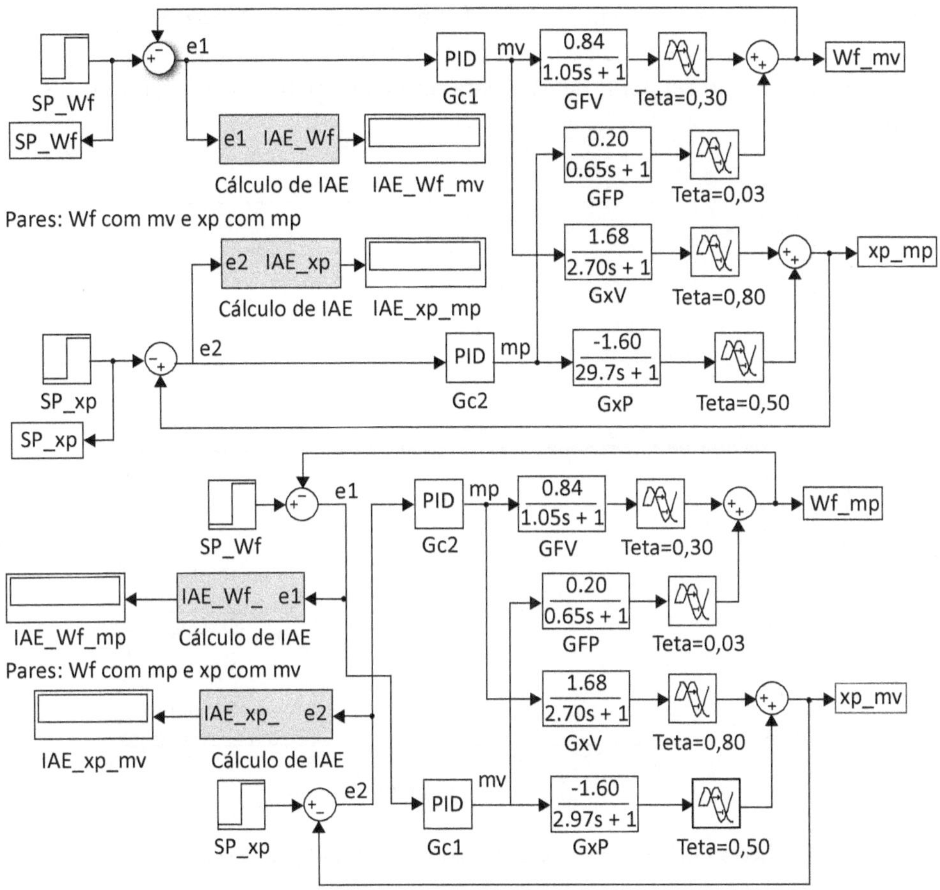

Figura 18.14 – Esquema do evaporador com constantes de tempo decuplicadas na diagonal principal da matriz de transferência.

Como os ganhos em regime estacionário não foram alterados, resulta que, com base na recomendação feita no Item 18.3.1.5, os pares sugeridos pelo método RGA tradicional são W_F com m_V e x_P com m_P. Nesse caso, as constantes de tempo na diagonal secundária são bem menores que as da diagonal principal. Desse modo, W_F responde $10{,}5/0{,}65 = 16{,}15$ vezes mais rapidamente a m_P que a m_V e, de forma similar, x_P responde $29{,}7/2{,}70 = 11{,}0$ vezes mais rapidamente a m_V que a m_P. A questão é se esse fato pode alterar a seleção feita pelo método RGA tradicional, como feito no Item 18.3.1.5.

A sintonia dos controladores PI é mostrada na Tabela 18.3, a qual foi executada visando minimizar o índice IAE da variável controlada W_F com as entradas m_V e m_P.

Tabela 18.3 – Sintonia dos controladores PI para a variável controlada W_F

Parâmetro de sintonia	Variável controlada			
	W_F com m_V	W_F com m_P	x_P com m_P	x_P com m_V
K_C	3,0	1,75	0,5	0,5
T_I (min/rep)	1,7	3,5	1,0	1,0

Uma simulação desse sistema, feita de forma similar à realizada no Item 18.3.1.5, é vista na Figura 18.15, em que se mostra a resposta dos pares W_F com m_P e W_F com m_V. O degrau no *set point* de W_F para ambos os pares foi aplicado no instante $t = 2$ min.

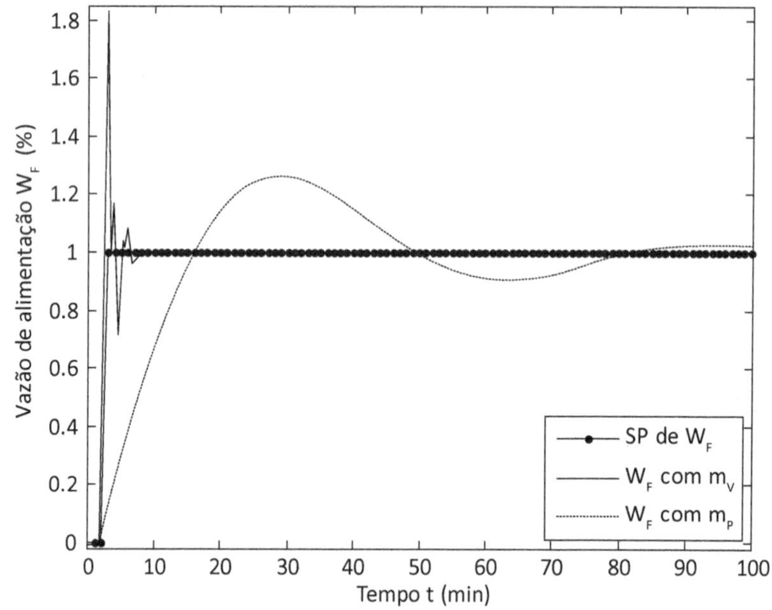

Figura 18.15 – Resposta da vazão de alimentação W_F sendo atuada por m_V e m_P.

A resposta da Figura 18.15 indica que o par W_F com m_V tem um índice IAE bem menor que o do par W_F com m_P, embora esse critério tenha gerado uma sintonia que criou um sobressinal muito maior na saída W_F com m_V que na saída W_F com m_P, porém com muito menos oscilações e um tempo de acomodação bem menor. Nota-se que a sugestão de formação de pares sugerida pelo método RGA tradicional, isto é, W_F com m_V, resulta ser muito melhor que o par reverso. Assim, o fato de a dinâmica do processo ter sido bastante alterada não afetou na escolha feita pelo método RGA tradicional.

A sintonia dos controladores PI é mostrada na Tabela 18.4, a qual foi gerada visando minimizar o índice IAE da variável controlada x_P com as entradas m_V e m_P.

Tabela 18.4 – Sintonia dos controladores PI para a variável controlada x_P

Parâmetro de sintonia	Variável controlada			
	W_F com m_V	W_F com m_P	x_P com m_P	x_P com m_V
K_C	0,5	0,5	7,2	0,0004
T_I (min/rep)	1,0	1,0	29,8	5.000,0

Uma simulação desse sistema é mostrada na Figura 18.16, em que se apresenta a resposta dos pares x_P com m_P e x_P com m_V. O degrau no valor de referência de x_P para ambos os pares foi aplicado no instante $t = 0{,}6$ min.

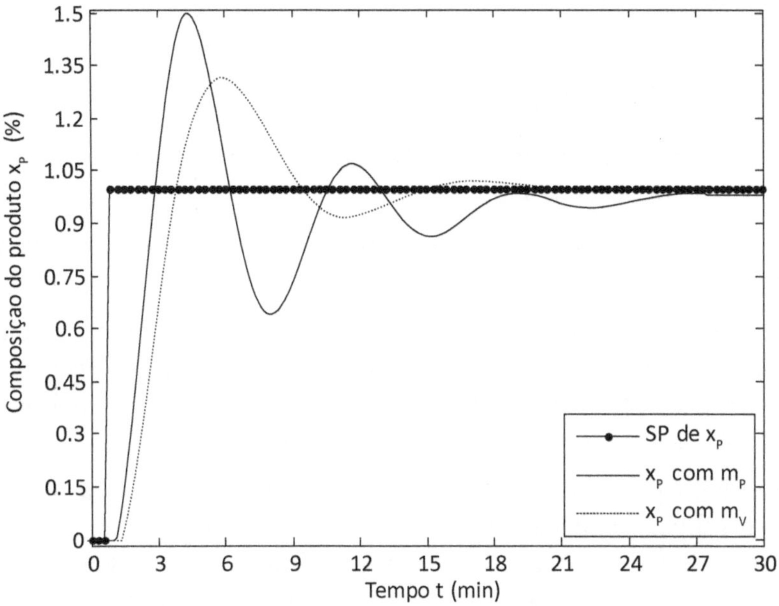

Figura 18.16 – Resposta da composição do produto x_P sendo atuada por m_P e m_V.

Nota-se na Figura 18.16 que, nesse caso, o par proposto pelo método RGA tradicional, isto é, x_P com m_P, gerou uma malha de controle com maior sobressinal, mais oscilatória e com maior tempo de acomodação que o par x_P com m_V, de modo que a sugestão de formação de par pelo método RGA tradicional não foi adequada.

18.3.1.7 Análise do valor singular SVA

A análise do valor singular (*Singular Value Analysis* - SVA) é usada como ferramenta para ajudar a verificar se o processo em estudo apresenta dificuldades ou não para ser controlado. No final deste item são tecidos comentários que mostram que certos aspectos da sensibilidade do processo não são considerados na análise pelo método RGA.

Seja o modelo linear em regime estacionário do processo, apresentado na Equação (18.14) e aqui repetido para conveniência do leitor:

$$\hat{\boldsymbol{c}} = \boldsymbol{K_P}\,\hat{\boldsymbol{m}} \tag{18.14}$$

Uma propriedade desejável de $\boldsymbol{K_P}$ é que as n equações lineares nas n incógnitas de (18.14) sejam **linearmente independentes**. Se as equações forem dependentes, então nem todas as n variáveis controladas podem ser reguladas de forma independente. Essa propriedade de independência linear pode ser verificada por vários métodos. Por exemplo, se o **determinante** de $\boldsymbol{K}_P$ for zero, a matriz é singular e as n equações em (18.14) não são linearmente independentes. Outro modo de verificar a independência linear é calcular os **autovalores** da matriz $\boldsymbol{K}_P$, que equivalem às raízes da seguinte equação:

$$\det\left(\boldsymbol{K}_P - \alpha\, \boldsymbol{I}\right) = 0$$

em que det é o determinante da matriz $\boldsymbol{K}_P - \alpha\, \boldsymbol{I}$, $\boldsymbol{I}$ é a matriz identidade $n \times n$ e $\boldsymbol{\alpha}_i$, $i = 1$ a n são os autovalores de $\boldsymbol{K}_P$.

Pode-se empregar diretamente o Matlab para calcular os autovalores de uma matriz, por meio do comando eig($\boldsymbol{K}_P$).

Se qualquer um dos autovalores é zero, $\boldsymbol{K}_P$ é uma matriz singular e dificuldades existirão para controlar o processo. Se um dos autovalores for muito pequeno quando comparado com os demais, então mudanças muito grandes em uma ou mais das variáveis manipuladas serão necessárias para controlar o processo.

Outro atributo de $\boldsymbol{K}_P$ condiz com seus valores singulares σ_i, $i = 1$ a n. Eles são números não negativos definidos como as raízes quadradas positivas dos autovalores β_i, $i = 1$ a n do produto de matrizes $\boldsymbol{K}_P\boldsymbol{K}_P^{\mathrm{T}}$. Os primeiros r valores singulares são números positivos, em que r é o posto, *rank* ou característica da matriz $\boldsymbol{K}_P\boldsymbol{K}_P^{\mathrm{T}}$, sendo que o posto de uma matriz é o número máximo de colunas (linhas) linearmente independentes. Os $n - r$ valores singulares restantes são 0. Normalmente, os valores singulares não nulos são ordenados em ordem decrescente, com σ_1 denotando o maior e σ_r o menor.

A última propriedade de interesse de uma matriz é o **número de condicionamento** (*condition number* κ), que corresponde ao grau de sensibilidade das propriedades da matriz a variações em um elemento específico. Suponha que $\boldsymbol{K}_P$ seja não singular. Então, o número de condicionamento de $\boldsymbol{K}_P$ é um número positivo, definido como a razão entre o maior e o menor valores singulares não nulos:

$$\kappa = \frac{\sigma_1}{\sigma_r} \tag{18.26}$$

Um número de condicionamento elevado (>10) indica um mau condicionamento da matriz $\boldsymbol{K}_P$, indicando que o processo é mal condicionado e que pequenas mudanças nas entradas do processo o tornam difícil de controlar, com quaisquer pares de variáveis controladas/manipuladas. Se a matriz $\boldsymbol{K}_P$ for singular, então ela é mal condicionada, resultando em $\kappa = 0$.

O número de condicionamento relativo a $\boldsymbol{K}_P$ pode ser calculado diretamente a partir do Matlab, por intermédio do comando cond($\boldsymbol{K}_P$).

Uma diferença relevante entre os métodos RGA e SVA é que os elementos da matriz RGA são independentes de escalonamento (*scaling*), ao passo que os valores singulares e o número de condicionamento dependem do escalonamento ou normalização de entradas e saídas. A convenção normalmente adotada é dividir cada entrada m_i e cada saída c_j por sua equivalente largura de faixa. Por exemplo, a entrada m_i é escalonada por:

$$m_i^* = \frac{m_i}{m_{i,\text{máx}} - m_{i,\text{mín}}}$$

em que m_i^* é a entrada escalonada ou normalizada.

18.3.1.8 Exemplo de aplicação da SVA e do número de condicionamento

Considere o caso do evaporador proposto na Seção 18.2. Sabe-se que:

$$\boldsymbol{K_P} = \begin{bmatrix} 0,84 & 0,20 \\ 1,68 & -1,60 \end{bmatrix}$$

A matriz $\boldsymbol{K_P}$ já está normalizada. Calcule determinante, matriz RGA, autovalores e valores singulares de $\boldsymbol{K_P}$.

Solução:

O determinante de $\boldsymbol{K_P}$ é igual a $-1,68$. Como ele é diferente de zero, $\boldsymbol{K_P}$ é uma matriz não singular. A matriz RGA já havia sido calculada anteriormente no Item 18.3.1.3, sendo dada por:

$$\Lambda = \begin{bmatrix} \lambda & 1-\lambda \\ 1-\lambda & \lambda \end{bmatrix} = \begin{array}{c} \begin{array}{cc} m_V & m_P \end{array} \\ \begin{bmatrix} 0,80 & 0,20 \\ 0,20 & 0,80 \end{bmatrix} \end{array} \begin{array}{c} W_F \\ x_P \end{array}$$

Os autovalores de $\boldsymbol{K_P}$ são calculados por:

$$\det\left(\boldsymbol{K_P} - \alpha\, \boldsymbol{I}\right) = \det \begin{bmatrix} 0,84-\alpha & 0,20 \\ 1,68 & -1,60-\alpha \end{bmatrix} = 0$$

Portanto, os autovalores são:

$$\alpha_1 = -1{,}731 \text{ e } \alpha_2 = 0{,}971$$

Como nenhum dos dois autovalores é nulo, a matriz $\boldsymbol{K_P}$ é não singular, conforme já se sabia pela análise de seu determinante. Calculam-se, agora, os valores singulares:

$$\boldsymbol{K_P K_P}^{\mathrm{T}} = \begin{bmatrix} 0{,}84 & 0{,}20 \\ 1{,}68 & -1{,}60 \end{bmatrix} \begin{bmatrix} 0{,}84 & 1{,}68 \\ 0{,}20 & -1{,}60 \end{bmatrix} = \begin{bmatrix} 0{,}7456 & 1{,}0912 \\ 1{,}0912 & 5{,}3824 \end{bmatrix}$$

Os autovalores de $\boldsymbol{K_P K_P}^{\mathrm{T}}$ podem ser calculados a partir de:

$$\det\left(\boldsymbol{K_P K_P}^{\mathrm{T}} - \beta \boldsymbol{I}\right) = \det \begin{bmatrix} 0{,}7456 - \beta & 1{,}0912 \\ 1{,}0912 & 5{,}3824 - \beta \end{bmatrix} = 0$$

Portanto, os autovalores são:

$$\beta_1 = 5{,}6264 \text{ e } \beta_2 = 0{,}5016$$

Os valores singulares de $\boldsymbol{K_P}$ são:

$$\sigma_1 = \sqrt{5{,}6264} = 2{,}3720 \text{ e } \sigma_2 = \sqrt{0{,}5016} = 0{,}7082$$

O número de condicionamento é:

$$\kappa = \frac{\sigma_1}{\sigma_2} = \frac{2{,}3720}{0{,}7082} = 3{,}3493$$

Como κ é próximo à unidade, $\boldsymbol{K_P}$ pode ser considerada bem condicionada.

Suponha, agora, que o ganho estacionário $K_{P12} = K_{FP}$ de $\boldsymbol{K_P}$ seja dividido por 10, indo de 0,2 para 0,02, e que $K_{P21} = K_{xV}$ seja decuplicado, indo de 1,68 para 16,8. Recalcule a matriz RGA, o determinante de $\boldsymbol{K_P}$ e o número de condicionamento para essa nova situação.

Solução:

De (18.19), sabe-se que:

$$\lambda_{11} = \frac{1}{1 - \dfrac{K_{P12} \cdot K_{P21}}{K_{P11} \cdot K_{P22}}}$$

Portanto, como K_{FP} (que equivale a K_{P12}) foi dividido por 10 e como K_{xV} (que equivale a K_{P21}) foi multiplicado por 10, resulta que λ_{11} não se altera, tampouco a matriz Λ. Devido a essa mesma razão, o determinante de $\boldsymbol{K_P}$ também não se altera, permanecendo igual a −1,68. Tem-se que:

$$\boldsymbol{K_P K_P}^{\mathrm{T}} = \begin{bmatrix} 0{,}84 & 0{,}02 \\ 16{,}8 & -1{,}60 \end{bmatrix} \begin{bmatrix} 0{,}84 & 16{,}8 \\ 0{,}02 & -1{,}60 \end{bmatrix} = \begin{bmatrix} 0{,}706 & 14{,}08 \\ 14{,}08 & 284{,}80 \end{bmatrix}$$

Os autovalores de $\boldsymbol{K_P K_P}^{\mathrm{T}}$ são:

$$\beta_1 = 285{,}5 \text{ e } \beta_2 = 0{,}010$$

Os valores singulares de $\boldsymbol{K_P}$ são:

$$\sigma_1 = 16{,}90 \text{ e } \sigma_2 = 0{,}10$$

O número de condicionamento é:

$$\kappa = \frac{16{,}90}{0{,}10} = 169$$

Nesse caso, $\boldsymbol{K_P}$ é mal condicionada. No entanto, o determinante de $\boldsymbol{K_P}$ = −1,68 e a matriz RGA (ambos idênticos ao do caso anterior, em que os ganhos do processo tinham seus valores originais) não indicam, de forma nenhuma, o mau condicionamento. O valor de $\lambda = 0{,}80$ é bastante enganador, pois sugere que as malhas de controle do processo tenham pequena interação e que os pares W_F com m_V e x_P com m_P sejam recomendáveis. No entanto, o valor de $\kappa = 169$ indica que o processo é mal condicionado e, assim, é difícil controlá-lo com qualquer combinação de pares. Este exemplo também mostra que o número de condicionamento é melhor que o determinante de $\boldsymbol{K_P}$ para prover uma medida mais confiável do mau condicionamento e detectar potenciais problemas de sensibilidade da matriz $\boldsymbol{K_P}$.

18.3.1.9 Exemplo de comportamento em malha fechada de sistemas bem e mal condicionados

Considere o evaporador da Seção 18.2. Seu modelo é adaptado com o objetivo de possuir um processo bem condicionado e um mal condicionado para as variáveis de saída W_F e x_P, conforme comentado no item anterior e mostrado na Figura 18.17.

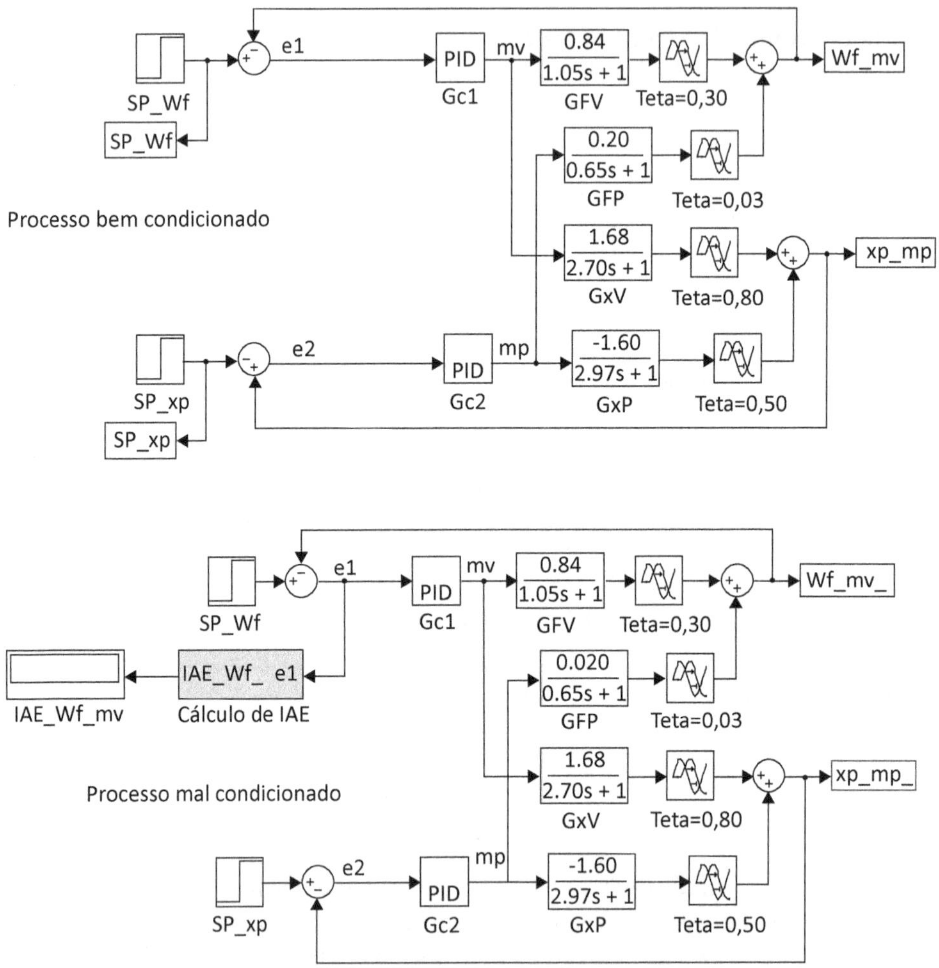

Figura 18.17 – Esquema do evaporador com ajuste nos ganhos de G_{FP} e G_{xV} de modo a se ter um processo bem condicionado e outro mal condicionado.

A Figura 18.18 mostra a resposta de W_F atuado pela variável manipulada m_V a um degrau unitário, aplicado em $t = 0{,}3$ min em seu valor de referência, com o ganho original $K_{FP} = 0{,}2$, correspondente a um processo bem condicionado, e com ele alterado, isto é, $K_{FP} = 0{,}02$, correspondente a um processo mal condicionado. A sintonia do controlador PI para o ganho original $K_{FP} = 0{,}2$ é a mesma empregada no Item

18.3.1.5 para W_F com m_V, isto é, $K_C = 3{,}0$ e $T_I = 1{,}7$ min/rep. Já para o ganho alterado $K_{FP} = 0{,}02$, foi realizada uma sintonia do controlador PI por tentativa e erro, visando minimizar o índice IAE, tendo resultado $K_C = 0{,}0001$ e $T_I = 400$ min/rep, que corresponde a um controlador PI praticamente inoperante.

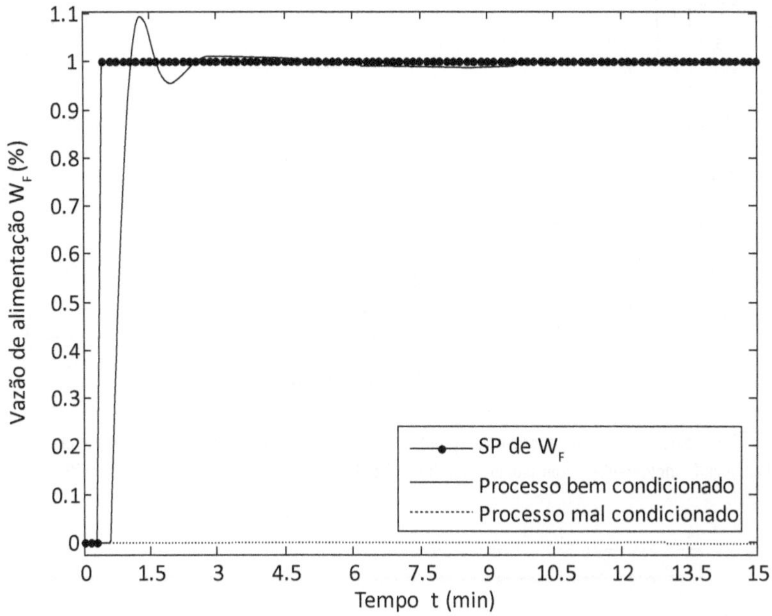

Figura 18.18 – Resposta a degrau unitário no valor de referência da vazão de alimentação W_F sendo atuada por m_V com processos bem e mal condicionados.

A Figura 18.18 indica que, com o ajuste feito nos ganhos para gerar um processo mal condicionado, a malha de controle sequer passou a responder à variação em seu *set point*, pois seu controlador tem ganhos extremamente baixos, embora possa se notar uma minúscula queda no valor de W_F do processo mal condicionado em torno de $t = 13$ min. A seguir, efetua-se uma simulação em que o ganho K_C do controlador que lida com o processo mal condicionado é aumentado de 100 vezes, passando a valer 0,01, e seu tempo integral é reduzido de 100 vezes, passando a valer 4 rep/min. Esses novos parâmetros de sintonia tornam o controlador minimamente atuante. A sintonia do controlador para o processo bem condicionado é a mesma que foi usada para gerar a Figura 18.18. O resultado da resposta dos sistemas bem e mal condicionados com essa nova sintonia é mostrado na Figura 18.19, ao se aplicar um degrau no *set point* de W_F em $t = 0{,}3$ min.

A Figura 18.19 indica que, com essa nova sintonia, o processo mal condicionado se tornou instável, o que já havia sido notado, de forma muito pouco acentuada, na Figura 18.18 em torno de $t = 13$ min.

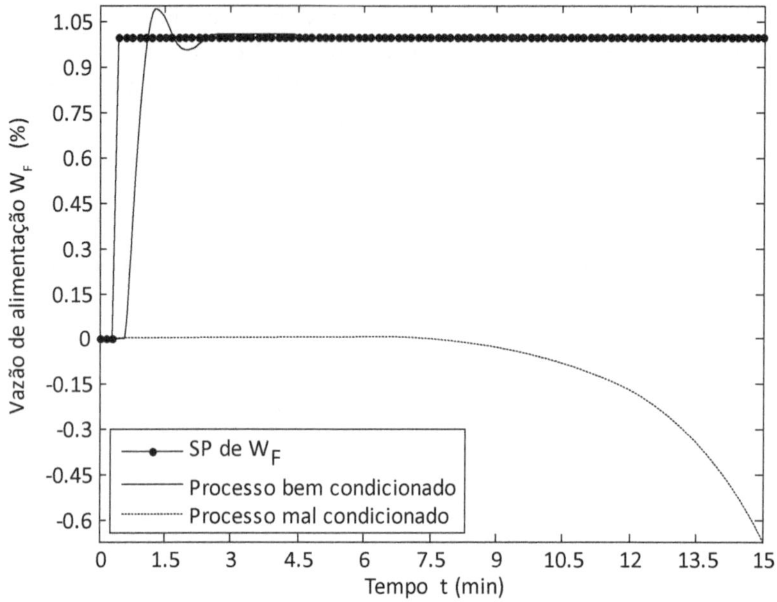

Figura 18.19 – Resposta a degrau unitário no *set point* da vazão de alimentação W_F sendo atuada por m_V com processos bem e mal condicionados e com sintonia mais agressiva do controlador PI do processo mal condicionado.

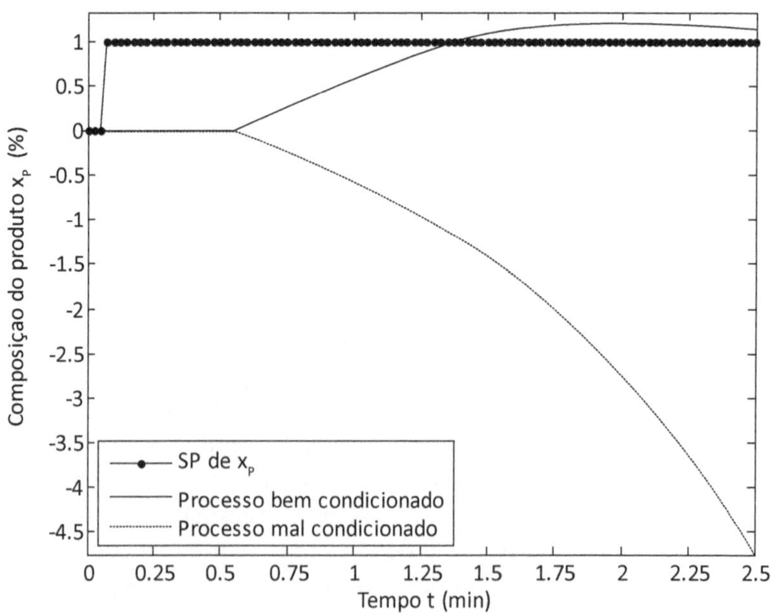

Figura 18.20 – Resposta a degrau unitário no valor de referência da composição do produto x_P sendo atuada por m_P com processos bem e mal condicionados.

A Figura 18.20 mostra a resposta de x_P atuado pela variável manipulada m_P a um degrau unitário, aplicado em $t = 0{,}05$ min em seu *set point*, com o ganho original

$K_{xV} = 1{,}68$, correspondente a um processo bem condicionado, e com ele alterado, isto é, $K_{xV} = 16{,}8$, correspondente a um processo mal condicionado. Nesse caso, optou-se por usar a mesma sintonia do controlador PI em ambos os processos (bem e mal condicionados), isto é, $K_C = 2{,}4$ e $T_I = 3{,}5$ min/rep, a mesma sintonia utilizada no Item 18.3.1.5, pois já se havia estudado outras duas opções no caso da variável controlada W_F em um processo mal condicionado e nenhuma delas funcionou satisfatoriamente. Fica claro, a partir da Figura 18.20, que a malha de controle do processo mal condicionado ficou instável.

18.3.1.10 Emprego da decomposição em valores singulares (SVD) para definir pares de variáveis controladas × manipuladas

A decomposição em valores singulares (*Singular Value Decomposition* - SVD), uma extensão do método SVA, pode ser usada para encontrar pares adequados de variáveis manipuladas e controladas. Para usar a SVD baseada na matriz de ganhos estacionários do processo $\boldsymbol{K_P}$, deve-se realizar a decomposição em valores singulares de $\boldsymbol{K_P}$, gerando-se três matrizes (DESHPANDE; ASH, 1988):

$$\boldsymbol{K_P} = \boldsymbol{W}\,\boldsymbol{S}\,\boldsymbol{V}^{\mathrm{T}}$$

em que $\boldsymbol{K_P}$ é uma matriz $n \times m$; $\boldsymbol{W}$ é uma matriz $n \times n$ cujas colunas são intituladas vetores singulares à esquerda ou de saída (são ortonormais); $\boldsymbol{S}$ é uma matriz diagonal $n \times m$ de escalares chamados valores singulares σ_i, $i = 1$ a m, que são dispostos em ordem decrescente, de modo que $\sigma_1 \geq \sigma_2 \geq \cdots \geq \sigma_m \geq 0$, e $\boldsymbol{V}$ é uma matriz $m \times m$, cujas colunas são intituladas vetores singulares à direita ou de entrada (também são ortonormais).

$\boldsymbol{W}$ e $\boldsymbol{V}$ são matrizes unitárias tal que:

$$\boldsymbol{W}\,\boldsymbol{W}^{\mathrm{T}} = \boldsymbol{I} \qquad \boldsymbol{V}\,\boldsymbol{V}^{\mathrm{T}} = \boldsymbol{I}$$

Para uma matriz unitária, sua transposta é também a sua inversa.

O seguinte procedimento pode ser usado para determinar $\boldsymbol{W}$, $\boldsymbol{S}$ e $\boldsymbol{V}$:

a) Calcule os valores singulares σ_i conforme indicado no Item 18.3.1.7 e os coloque em ordem decrescente. Calcule o número de condicionamento κ e verifique se ele é maior que 10. Em caso afirmativo, isso significa que uma ou mais entradas e saídas devem ser eliminadas. Elimine uma coluna e uma linha da matriz de ganhos $\boldsymbol{K_P}$ por vez e verifique as propriedades da matriz $\boldsymbol{K_P}$ reduzida.

b) Determine a matriz $\boldsymbol{W}$ resolvendo:

$$\left(\boldsymbol{K_P}\boldsymbol{K_P}^{\mathrm{T}} - \beta_1\,\boldsymbol{I}\right)\boldsymbol{W}_1 = 0 \qquad \left(\boldsymbol{K_P}\boldsymbol{K_P}^{\mathrm{T}} - \beta_2\,\boldsymbol{I}\right)\boldsymbol{W}_2 = 0 \qquad \ldots\ \left(\boldsymbol{K_P}\boldsymbol{K_P}^{\mathrm{T}} - \beta_n\,\boldsymbol{I}\right)\boldsymbol{W}_n = 0$$

em que $\boldsymbol{W}_1$, $\boldsymbol{W}_2$ ... $\boldsymbol{W}_n$ são colunas da matriz $\boldsymbol{W}$.

c) Determine a matriz $\boldsymbol{V}$ resolvendo:

$$\left(\boldsymbol{K}_P{}^{\mathrm{T}}\boldsymbol{K}_P-\beta_1\,\boldsymbol{I}\right)\boldsymbol{V}_1=0 \qquad \left(\boldsymbol{K}_P{}^{\mathrm{T}}\boldsymbol{K}_P-\beta_2\,\boldsymbol{I}\right)\boldsymbol{V}_2=0 \qquad \ldots \left(\boldsymbol{K}_P{}^{\mathrm{T}}\boldsymbol{K}_P-\beta_m\,\boldsymbol{I}\right)\boldsymbol{V}_m=0$$

em que $\boldsymbol{V}_1$, $\boldsymbol{V}_2$ … $\boldsymbol{V}_m$ são colunas da matriz $\boldsymbol{V}$.

O Matlab tem um comando para realizar diretamente a decomposição em valores singulares: $\left[\mathrm{W},\mathrm{S},\mathrm{V}\right]=\mathrm{svd}(\mathrm{K_P})$.

Voltando à geração dos pares de variáveis manipuladas e controladas, o par que produzir a menor interação em malha aberta é aquele em que a variável controlada associada com o elemento de maior módulo do vetor $\boldsymbol{W}_1$ é colocada em par com a variável manipulada associada ao elemento de maior módulo do vetor $\boldsymbol{V}_1$; a variável controlada associada com o elemento de maior módulo do vetor $\boldsymbol{W}_2$ é colocada em par com a variável manipulada associada ao elemento de maior módulo do vetor $\boldsymbol{V}_2$; e assim por diante.

Novamente, como aconteceu com a análise da matriz RGA, o procedimento aqui descrito do método SVD emprega informações do processo em regime estacionário e, portanto, os resultados podem ou não ser adequados sob condições dinâmicas. Lau, Alvarez e Jensen (1985) estenderam a análise SVD para incluir os efeitos da dinâmica do processo.

18.3.1.11 Exemplo de uso da SVD na formação de pares de variáveis manipuladas × controladas

Seja o exemplo do evaporador citado na Seção 18.2. Do Item 18.3.1.8, tem-se que:

$$\boldsymbol{K}_P\boldsymbol{K}_P{}^{\mathrm{T}}=\begin{bmatrix}0{,}7456 & 1{,}0912\\ 1{,}0912 & 5{,}3824\end{bmatrix}$$

$$\beta_1=5{,}6264 \text{ e } \beta_2=0{,}5016$$

Calcula-se inicialmente a primeira coluna da matriz $\boldsymbol{W}$:

$$\left(\boldsymbol{K}_P\boldsymbol{K}_P{}^{\mathrm{T}}-\beta_1\,\boldsymbol{I}\right)\boldsymbol{W}_1=0$$

Tem-se que:

$$\begin{bmatrix}0{,}7456\text{-}5{,}6264 & 1{,}0912\\ 1{,}0912 & 5{,}3824\text{-}5{,}6264\end{bmatrix}\begin{bmatrix}W_{11}\\ W_{21}\end{bmatrix}=\begin{bmatrix}\text{-}4{,}8808 & 1{,}0912\\ 1{,}0912 & \text{-}0{,}2440\end{bmatrix}\begin{bmatrix}W_{11}\\ W_{21}\end{bmatrix}=\begin{bmatrix}0\\ 0\end{bmatrix}$$

Resolvendo-se esse sistema simultaneamente, desprezando-se a solução trivial $W_{11} = W_{21} = 0$, resulta:

$$W_{11} = -0{,}2182 \text{ e } W_{21} = -0{,}9759$$

Fazendo-se a mesma coisa para $\left(\boldsymbol{K_P K_P}^{\mathrm{T}} - \beta_2\, \boldsymbol{I}\right)\boldsymbol{W}_2 = 0$:

$$\begin{bmatrix} 0{,}7456\text{-}0{,}5016 & 1{,}0912 \\ 1{,}0912 & 5{,}3824\text{-}0{,}5016 \end{bmatrix}\begin{bmatrix} W_{12} \\ W_{22} \end{bmatrix} = \begin{bmatrix} 0{,}2440 & 1{,}0912 \\ 1{,}0912 & 4{,}8808 \end{bmatrix}\begin{bmatrix} W_{12} \\ W_{22} \end{bmatrix} = \begin{bmatrix} 0 \\ 0 \end{bmatrix}$$

Resulta:

$$W_{12} = -0{,}9759 \text{ e } W_{22} = 0{,}2182$$

Portanto, a matriz $\boldsymbol{W}$ é dada por:

$$\boldsymbol{W} = \begin{bmatrix} -0{,}2182 & -0{,}9759 \\ -0{,}9759 & 0{,}2182 \end{bmatrix}$$

Para calcular a matriz $\boldsymbol{V}$ é preciso trabalhar com $\boldsymbol{K_P}^{\mathrm{T}}\boldsymbol{K_P}$:

$$\boldsymbol{K_P}^{\mathrm{T}}\boldsymbol{K_P} = \begin{bmatrix} 3{,}5280 & -2{,}520 \\ -2{,}520 & 2{,}60 \end{bmatrix}$$

Calcula-se agora a primeira coluna da matriz $\boldsymbol{V}$:

$$\left(\boldsymbol{K_P}^{\mathrm{T}}\boldsymbol{K_P} - \beta_1\, \boldsymbol{I}\right)\boldsymbol{V}_1 = 0$$

$$\begin{bmatrix} 3{,}5280\text{-}5{,}6264 & -2{,}520 \\ -2{,}520 & 2{,}60\text{-}5{,}6264 \end{bmatrix}\begin{bmatrix} V_{11} \\ V_{21} \end{bmatrix} = \begin{bmatrix} -2{,}0984 & -2{,}520 \\ -2{,}520 & -3{,}0264 \end{bmatrix}\begin{bmatrix} V_{12} \\ V_{21} \end{bmatrix} = \begin{bmatrix} 0 \\ 0 \end{bmatrix}$$

Resolvendo-se esse sistema simultaneamente, desprezando-se a solução trivial $V_{11} = V_{21} = 0$, resulta em:

$$V_{11} = -0{,}7685 \text{ e } V_{21} = 0{,}6399$$

Fazendo-se o mesmo com $\left(\boldsymbol{K_P}^{\mathrm{T}}\boldsymbol{K_P} - \beta_2\, \boldsymbol{I}\right)\boldsymbol{V}_2 = 0$, resulta em:

$$V_{12} = -0{,}6399 \text{ e } V_{22} = -0{,}7685$$

Portanto:

$$V = \begin{bmatrix} -0{,}7685 & -0{,}6399 \\ 0{,}6399 & -0{,}7685 \end{bmatrix}$$

Caso se aplique diretamente o comando $\left[\text{W, S, V}\right] = \text{svd}(\text{K}_\text{P})$ do Matlab, resulta:

$$W = \begin{bmatrix} -0{,}2182 & -0{,}9759 \\ -0{,}9759 & 0{,}2182 \end{bmatrix} \begin{matrix} W_F = c_1 \\ x_P = c_2 \end{matrix}$$

$$S = \begin{bmatrix} 2{,}3720 & 0 \\ 0 & 0{,}7083 \end{bmatrix}$$

$$V = \begin{bmatrix} -0{,}7685 & -0{,}6399 \\ 0{,}6399 & -0{,}7685 \end{bmatrix} \begin{matrix} m_V = m_1 \\ m_P = m_2 \end{matrix}$$

Os valores obtidos na matriz $\boldsymbol{S}$ correspondem, apesar das aproximações numéricas, aos valores singulares de $\boldsymbol{K_P}$ obtidos no Item 18.3.1.8. Caso se faça $\boldsymbol{K_P} = \boldsymbol{W\,S\,V}^\text{T}$, nota-se que se recupera a matriz $\boldsymbol{K_P}$, como esperado.

Aplicando-se a recomendação feita no Item 18.3.1.10, verifica-se inicialmente que o número de condicionamento $\kappa = 3{,}3489 < 10$, portanto nenhuma entrada ou saída do sistema precisa ser eliminada. Feito isso, a sugestão é associar os maiores valores em módulo da primeira linha de $\boldsymbol{W}$ e $\boldsymbol{V}$ e depois efetuar o mesmo procedimento para a segunda linha de ambas as matrizes. Nesse caso, resulta que os pares recomendados pelo método SVD são W_F com m_V e x_P com m_P, coincidindo com a orientação dada pelo método RGA.

18.3.2 SINTONIA DE CONTROLADORES PID EM SISTEMAS MULTIMALHA

Sistemas de controle PID multimalha (descentralizados) costumam ser usados para controlar processos MIMO com interação, pois esses controladores são bem conhecidos nas plantas industriais e possuem menos parâmetros para sintonizar que controladores multivariáveis.

Se a matriz RGA para o processo é próxima ao ideal, isto é, λ_{ij} é próximo a 1, os controladores multimalha devem funcionar muito bem, desde que cuidadosamente sintonizados. No entanto, quando a matriz RGA indicar interações fortes entre as malhas e especialmente quando os pares de variáveis manipuladas e controladas são formados com base em valores de λ_{ij} grandes ou negativos, controladores multimalha normalmente não geram um desempenho muito bom, mesmo para a melhor sintonia possível.

A principal barreira para uma sintonia adequada dos controladores PID é a interação entre as malhas de controle de um sistema multimalha. Isso torna arriscada a estratégia de ajustar individualmente os controladores, pensando que, ao se fecharem todas as malhas, o desempenho global do sistema seja satisfatório. Deve-se pensar que a estabilidade de malhas individuais de controle operando isoladamente em um sistema multimalha não assegura a estabilidade do sistema inteiro quando todas as malhas de controle estão fechadas, como visto na Seção 18.2, pois a estabilidade global do sistema depende de todas as funções de transferência do sistema e de todos os controladores usados.

Embora haja diversos procedimentos de sintonia publicados na literatura, aquele que é tipicamente empregado na prática é o seguinte (OGUNNAIKE; RAY, 1994):

a) com todas as outras malhas em controle manual, sintonize cada malha de controle individualmente, até que um desempenho satisfatório de cada uma seja alcançado; e

b) coloque todos os controladores em automático em operação conjunta e reajuste os parâmetros de sintonia, até que um desempenho global satisfatório seja atingido em todas as malhas.

Quando as interações entre as malhas de controle não são muito significativas, esse procedimento pode ser bastante adequado. No entanto, para sistemas com interações significativas, os reajustes sugeridos na alínea "b" podem ser infrutíferos. Portanto, propõem-se diversos métodos de sintonia para controladores PID em sistemas multimalha (SEBORG et al., 2011):

a) método da dessintonia do ganho proporcional K_C em controladores PID (MCAVOY, 1981);

b) método da dessintonia do ganho proporcional K_C e do tempo integral T_I em controladores PI (LUYBEN, 1986);

c) método das malhas independentes (GROSDIDIER; MORARI, 1987; SKOGESTAD; MORARI, 1989);

d) método da sintonia sequencial das malhas (HOVD; SKOGESTAD, 1994); e

e) autossintonia pelo método do Relé (SHEN; YU, 1994).

Ao se considerar mais de um controlador PID operando em automático em sistemas multimalha, é comum que, quando comparado com o controlador operando isoladamente em uma malha SISO, o PID tenha de ser sintonizado de modo mais conservativo, isto é, o ganho proporcional K_C deva ser reduzido, e o tempo integral T_I, aumentado.

São vistas as propostas das alíneas "a" e "b" nos próximos itens para realizar essa dessintonia.

18.3.2.1 Método da dessintonia do ganho proporcional K_C em controladores PID

No método da dessintonia proposto por McAvoy (1981), aplicável a sistemas 2 × 2, o procedimento sugerido é o seguinte:

a) empregue qualquer um dos métodos de sintonia de controladores citados no Capítulo 8 do Volume 1 (Ziegler-Nichols, Cohen-Coon, Síntese Direta etc.), visando obter valores de partida para os controladores individuais. Denota-se o ganho proporcional desses controladores por $K_{C,i}^{*}$;

b) reduza esses ganhos empregando as seguintes expressões, que dependem do ganho relativo λ:

$$K_{C,i} = \begin{cases} \left(\lambda - \sqrt{\lambda^2 - \lambda}\right) \cdot K_{C,i}^{*} & \text{para } \lambda > 1{,}0 \\ \left|\lambda + \sqrt{\lambda^2 - \lambda}\right| \cdot K_{C,i}^{*} & \text{para } \lambda < 1{,}0 \end{cases}$$

Perceba que o tempo integral não é dessintonizado, permanecendo com seu valor original, oriundo da sintonia feita como ponto de partida.

18.3.2.2 Método da dessintonia do ganho proporcional K_C e do tempo integral T_I em controladores PI

Esse método da dessintonia é um procedimento relativamente simples para sintonizar controladores SISO do tipo PI em um sistema multivariável, supostamente autorregulado. Ele é baseado no critério de estabilidade de Nyquist.

Uma malha de controle SISO é estável se todas as raízes da equação característica $A(s) = 1 + G_C(s) \cdot G_V(s) \cdot G_P(s) \cdot G_M(s) = 0$ ou $A(s) = 1 + G(s) = 0$ estão no semiplano esquerdo do plano s, sendo $G_C(s)$ a função de transferência do controlador; $G_V(s)$ a função de transferência da válvula; $G_P(s)$ a função de transferência do processo; $G_M(s)$ a função de transferência do medidor; e $G(s)$ o produto $G_C(s) \cdot G_V(s) \cdot G_P(s) \cdot G_M(s)$.

O critério de estabilidade de Nyquist utiliza o diagrama polar ou diagrama de Nyquist. Para gerar esse diagrama, usa-se a análise em frequência, supondo um sinal senoidal de frequência ω imposto na entrada. Para gerar o diagrama polar, substitui-se s por $j\omega$ em $G(s)$ e coloca-se a parte real de $G(j\omega)$ no eixo das abscissas e a sua parte imaginária no eixo das ordenadas. A substituição de um ω específico fornece um ponto no diagrama de Nyquist correspondente a essa frequência. Variando-se ω de zero a infinito, o diagrama completo é gerado.

O diagrama de Nyquist para a função de transferência $1/\left(s^2 + s + 1\right)$ é mostrado na Figura 18.21, tendo sido gerado pelo comando nyquist(sys) do Matlab, em que sys foi gerado pelo comando sys = tf(1, [1 1 1]).

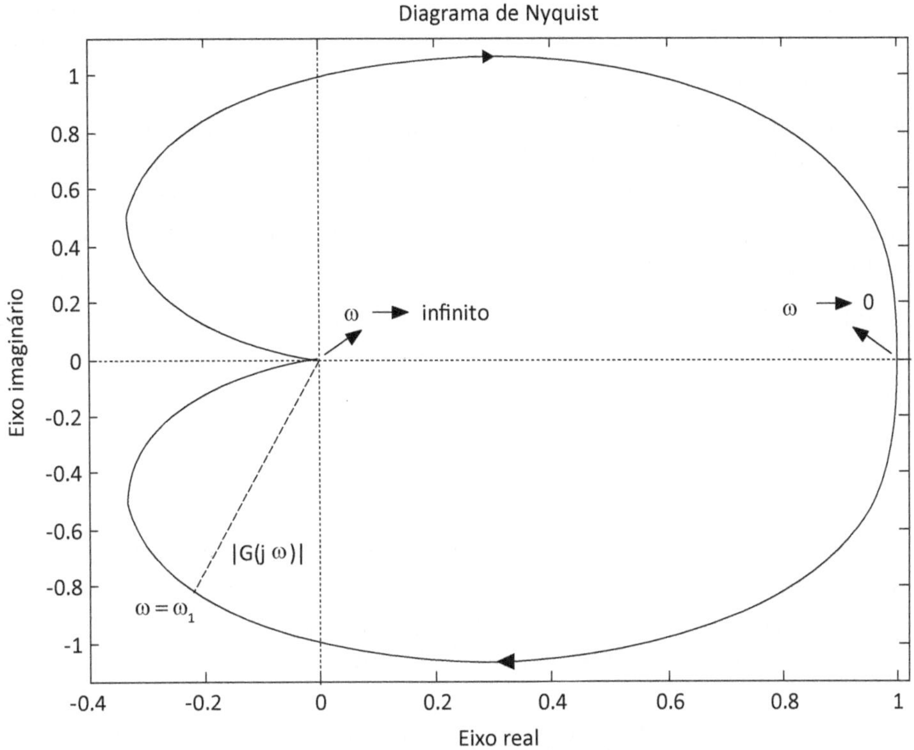

Figura 18.21 – Diagrama de Nyquist da função de transferência $1/(s^2+s+1)$.

A linha que liga um ponto no diagrama de Nyquist em uma determinada frequência ω_1 à sua origem mostra que o módulo do ganho da função de transferência naquela frequência é $|G(j\omega)|$ e o ângulo medido no sentido anti-horário formado entre essa linha e o eixo das abscissas positivo indica o valor da fase de $G(j\omega)$. Dessa forma, diagramas de Nyquist podem ser gerados a partir de diagramas de Bode.

O método da estabilidade de Nyquist afirma que um sistema de controle por realimentação é instável se o diagrama de Nyquist de $G(j\omega)$ engloba o ponto $(-1, j0)$ no eixo real negativo conforme a frequência ω vai de zero a infinito. O número de voltas em torno do ponto $(-1, j0)$ corresponde ao número de raízes da equação característica que se situam no semiplano direito do plano s, assumindo-se que o sistema seja autorregulado (estável em malha aberta).

Com uma seleção apropriada dos parâmetros de sintonia K_C e T_I do controlador PI, o diagrama de Nyquist pode ser alocado suficientemente distante do ponto $(-1, j0)$, gerando assim uma margem de estabilidade suficiente. Uma medida da distância do contorno de $G(j\omega)$ ao ponto $(-1, j0)$ pode ser dada por:

$$L_C = 20 \log \left| \frac{G}{1+GH} \right| \tag{18.27}$$

O termo apresentado em (18.27) é intitulado log-módulo (logaritmo do módulo). Um valor máximo $(L_C)_{máx} = 2$ dB para o log-módulo é considerado uma margem suficiente de estabilidade.

A fim de empregar esse procedimento para sintonizar um controlador PI de um sistema SISO, deve-se colocar em um gráfico os valores de L_C em função da frequência ω para um determinado par de valores de K_C e T_I. Se o valor máximo de L_C exceder 2 dB, então novos valores de K_C e T_I devem ser tentados e o procedimento é repetido, até que um resultado satisfatório seja atingido.

A fim de aplicar esse procedimento para sintonizar controladores SISO em um sistema multivariável, deve-se empregar o sistema de equações apresentado em (18.1) em conjunto com:

$$\boldsymbol{M}(s) = \boldsymbol{G}_C(s)\boldsymbol{E}(s) = \boldsymbol{G}_C(s)\left[\boldsymbol{R}(s) - \boldsymbol{C}(s)\right] \tag{18.28}$$

em que $\boldsymbol{M}$ é um vetor $n \times 1$ de variáveis manipuladas; $\boldsymbol{C}$ é um vetor $n \times 1$ de variáveis controladas; $\boldsymbol{R}$ é um vetor $n \times 1$ de valores de referência das n variáveis controladas e $\boldsymbol{G}_C$ é uma matriz diagonal $n \times n$ com as funções de transferência dos controladores PI. Combinando-se as Equações (18.1) e (18.28) resulta em:

$$\boldsymbol{C}(s) = \boldsymbol{G}_P(s)\boldsymbol{G}_P(s)\left[\boldsymbol{R}(s) - \boldsymbol{C}(s)\right]$$

Manipulando-se essa equação matricial, chega-se a:

$$\boldsymbol{C}(s) = \left[\boldsymbol{I} + \boldsymbol{G}_P(s)\boldsymbol{G}_C(s)\right]^{-1}\boldsymbol{G}_P(s)\boldsymbol{G}_C(s)\boldsymbol{R}(s) \tag{18.29}$$

Como o determinante da matriz inversa $\left[\boldsymbol{I} + \boldsymbol{G}_P(s)\boldsymbol{G}_C(s)\right]^{-1}$ fica no denominador da Equação (18.29), a equação característica do sistema multivariável corresponde à seguinte equação escalar:

$$\det\left[\boldsymbol{I} + \boldsymbol{G}_P(s)\boldsymbol{G}_C(s)\right] = 0 \tag{18.30}$$

Se um gráfico do termo à esquerda da Equação (18.30) é gerado em função da frequência ω, os envolvimentos da origem $\left(0, \mathrm{j}0\right)$ indicariam que o sistema é instável.

Definindo-se uma nova função f:

$$f(\omega) = -1 + \det\left[\boldsymbol{I} + \boldsymbol{G}_P(j\omega)\boldsymbol{G}_C(j\omega)\right]$$

Ao se plotar f em função da frequência ω, o envolvimento do ponto $\left(-1, \mathrm{j}0\right)$ indica a instabilidade do sistema e o número de envolvimentos determina o número de polos do sistema em malha fechada no semiplano direito, desde que o sistema seja autorregulado.

Propõe-se um log-módulo em malha fechada definido por:

$$L_{C_m} = 20 \log \left| \frac{f(\omega)}{1 + f(\omega)} \right| \tag{18.31}$$

Com base em um estudo feito com dez sistemas multivariáveis, Luyben (1986) sugeriu que:

$$\left(L_{C_m}\right)_{\text{máx}} = 2 \cdot n$$

em que n é a ordem do sistema multivariável.

O procedimento de sintonia para n controladores SISO é dado por Deshpande e Ash (1988):

a) Calcule os ajustes de n controladores PI pelo método das Oscilações Contínuas de Ziegler-Nichols (OC-ZN) (ver Subseção 8.2.2 do Volume 1). Enfatiza-se que cada controlador deve ser sintonizado ignorando-se as interações com outras malhas. Isso é feito colocando-se os demais controladores em manual.

b) Assuma um fator F, sendo que valores típicos de F variam entre 1 e 5. Inicialmente, faça $F = 1$. Calcule novos valores dos parâmetros de sintonia para cada controlador por meio das seguintes relações:

$$K_{C,i} = \frac{K_{C,ZN,i}}{F} \tag{18.32}$$

$$T_{I,i} = T_{I,ZN,i} \cdot F \tag{18.33}$$

em que $i = 1, \ldots n$; $K_{C,ZN,i}$ e $T_{I,ZN,i}$ são os parâmetros de sintonia obtidos pelo método OC-ZN para cada um dos controladores PI.

O fator F pode ser considerado um parâmetro único de dessintonia, o qual afeta tanto o ganho proporcional como o tempo integral. À medida que F cresce, a margem de estabilidade aumenta, mas o sistema responde de forma mais lenta a variações no valor de referência e perturbações na carga. O procedimento aqui descrito busca um compromisso de equilíbrio entre estabilidade e desempenho. Como durante a sintonia realizada na alínea "a" não se consideraram as interações entre malhas, elas são levadas em conta pela dessintonia de cada controlador, até que algum índice de desempenho seja satisfeito. Tipicamente, os ajustes dos controladores se tornam mais conservadores, isto é, os ganhos são reduzidos e os tempos integrais são aumentados em uma ou mais malhas. Por exemplo, em um sistema de controle com dimensão 2 × 2, pode-se escolher dessintonizar o controlador da malha com a variável controlada menos importante.

c) Calcule $f = -1 + \det\left[\boldsymbol{I} + \boldsymbol{G}_P(s)\boldsymbol{G}_C(s)\right]$. Por exemplo, para um sistema 2 × 2 tem-se que:

$$\det\left[\boldsymbol{I} + \boldsymbol{G}_P(s)\boldsymbol{G}_C(s)\right] = 1 + G_{C1} \cdot G_{P11} + G_{C2} \cdot G_{P22} + \left(G_{C1} \cdot G_{C2}\right) \cdot \left(G_{P11} \cdot G_{P22} - G_{P12} \cdot G_{P21}\right)$$

A partir de (18.31), determine:

$$L_{C_m} = 20 \log \left| \frac{f(\omega)}{1 + f(\omega)} \right|$$

Se $\left(L_{C_m}\right)_{\text{máx}} > 2 \cdot n$, selecione um valor maior para F e retorne ao passo citado na alínea "b". A ideia é ir aumentando o parâmetro de dessintonia F desde 1 até que o maior log-módulo $\left(L_{C_m}\right)_{\text{máx}}$ atinja um valor especificado.

O método mais citado na literatura de sintonia de controladores PID descentralizados é o BLT (*Biggest Log-modulus Tuning*) proposto por Luyben (1986), no qual se emprega o conceito de maior log-módulo (*biggest log-modulus*), sendo que o maior log-módulo é uma medida de quão longe o sistema em malha fechada está de se tornar instável. Esse método consiste em projetar cada controlador individualmente utilizando o método clássico de Ziegler-Nichols (ganho crítico e período crítico). Com o controlador descentralizado inicial definido, assume-se um fator de dessintonia F, que é aplicado em todas as malhas. Os ganhos proporcionais são calculados dividindo-se o ganho obtido pelo método das Oscilações Contínuas de Ziegler-Nichols pelo fator F e o tempo integral é obtido multiplicando-o pelo fator F. A partir daí, o valor de F é modificado até que o critério do máximo valor do log-módulo multivariável seja alcançado. Para processos SISO, log-módulo é a magnitude em dB da função de transferência da malha fechada e o seu máximo quantifica a margem de estabilidade da malha fechada SISO. Em Luyben (1986), define-se log-módulo multivariável de forma similar. Observe que quanto maior o valor de F, maior a margem de estabilidade da malha fechada, porém com resposta mais lenta a mudanças no *set point* e perturbações na carga (EUZÉBIO, 2015). Esse método assegura estabilidade com todos os controladores em automático, ou então com alguns controladores em automático e os demais em manual. Luyben aplicou o método BLT com sucesso a dez sistemas multivariáveis, indo de processos 2 × 2 a 4 × 4.

Segundo Euzébio (2015), melhorias no método BLT foram apresentadas em Monica, Yu e Luyben (1988). Em Ju e Chiu (1997) propôs-se um método para avaliar o valor do log-módulo utilizando experimento baseado no método do Relé. Outros métodos que levam em consideração as interações por meio da realização de dessintonia nos controladores são encontrados em Chien, Huang e Yang (1999; 2000) e Xiong, Cai e He (2007).

18.3.2.3 Outros métodos de sintonia de controladores PID em sistemas multimalha

No método das malhas independentes, cada controlador é projetado com base nas correspondentes funções de transferência de malha aberta e fechada, satisfazendo-se as restrições de desigualdade nas interações do processo (GROSDIDIER; MORARI, 1987; SKOGESTAD; MORARI, 1989). Então, o enfoque IMC (*Internal Model Control*) é usado para obter os parâmetros de sintonia dos controladores PID de cada malha.

No método da sintonia sequencial das malhas (HOVD; SKOGESTAD, 1994), o controlador de um par de variáveis manipulada × controlada é sintonizado e essa malha é fechada. Então, um segundo controlador é sintonizado para um segundo par de variáveis, enquanto a primeira malha permanece fechada e assim por diante. Uma desvantagem desse método é que a sintonia dos controladores depende fortemente de qual malha é sintonizada primeiro. Normalmente, as malhas mais rápidas são sintonizadas antes. A ideia de um método de projeto e sintonia de controladores PID multimalha com base na sintonia sequencial foi empregada em O'Reilly e Leithead (1991), Chiu e Arkun (1992), Loh et al. (1993) e Shen e Yu (1994). O problema de projeto multivariável é decomposto em sequências de projeto de problemas SISO. De acordo com Shing-Jia e Shyh-Hong (1998), a sintonia do controlador PID multimalha pode ser feita de modo sequencial, de maneira iterativa, utilizando alguma das técnicas de sintonia SISO conhecidas. O problema apresentado tem de resolver duas questões: em que sequência vão ser sintonizadas as múltiplas malhas de controle e por que uma das sequências é vantajosa sobre a outra. Essas questões podem ser resolvidas examinando-se o efeito mútuo entre as malhas devido à interação. Segundo McAvoy (1983), Isermann, Lachmann e Matko (1992), Loh et al. (1993) e Hwang (1995), nos sistemas de controle multimalha, a malha com uma resposta mais rápida é menos afetada pelas interações com uma malha de resposta mais lenta, mas o inverso não se aplica. Para mais detalhes sobre o projeto e a sintonia de controladores PID multimalha baseados na sintonia sequencial, ver Guzmán (1999).

A autossintonia pelo método do Relé também pode ser usada para sintonizar sistemas de controle multimalha. Os controladores podem ser sintonizados de forma sequencial ou simultânea. Shen e Yu (1994) empregam a autossintonia sequencial das malhas pelo método do Relé. Para um sistema 2 × 2, eles primeiro colocam uma malha em manual, enquanto sintonizam a outra. Então, com a primeira malha em automático, eles autossintonizam a segunda. Feito isso, a primeira malha é novamente sintonizada com a segunda em automático. Esse procedimento é repetido até que o desempenho do sistema seja considerado satisfatório.

Desenvolvido por Weng, Tong e Oon (1997), o método de projeto e sintonia de controladores PID multimalha considera as especificações de margem de fase e margem de ganho, fundamentado na ideia da formação das bandas de Gershgorin para a estabilidade e o desempenho de um sistema em malha fechada. A proposta consiste em fazer passar essas bandas por dois pontos específicos, partindo de um conjunto de equações analíticas, o que provê um algoritmo para o cálculo automático do DNA (*Direct Nyquist Array*), que foi desenvolvido por Rosenbrock (1970) e

Maciejowski (1988). Nesse método do DNA, o projeto do controlador pelas bandas de Gershgorin é feito offline, empregando uma aproximação gráfica do erro. Sua obtenção é tediosa, consome muito tempo e, para se chegar a um bom resultado, é necessária muita experiência do projetista (GUZMÁN, 1999). Outras propostas de sintonia de controladores PID descentralizados baseadas nas bandas de Gershgorin podem ser encontradas em Euzébio (2015).

18.3.2.4 Exemplo de aplicação do método da dessintonia

Seja o exemplo do evaporador apresentado na Seção 18.2. Realiza-se, a seguir, o procedimento proposto no Item 18.3.2.2:

a) efetuar a sintonia pelo método das Oscilações Contínuas de Ziegler-Nichols, supondo-se controladores PI e que os pares selecionados de variáveis sejam W_F com m_V e x_P com m_P:

a1) par W_F com m_V

Fazendo-se $K_{C2} = 0$ resulta:

$$K_{CU1} = 7{,}322 \text{ e } P_{U1} = 1{,}087 \text{ min}$$

$$K_{C1} = 0{,}45 \cdot K_{CU1} = 3{,}295 \text{ e } T_{I1} = \frac{P_{U1}}{1{,}2} = 0{,}906 \frac{\text{min}}{\text{rep}}$$

$$G_{C1} = K_{C1} \cdot \left(1 + \frac{1}{T_{I1} \cdot s}\right) = 3{,}295 \cdot \left(1 + \frac{1}{0{,}906 \cdot s}\right)$$

a2) par x_P com m_P

Fazendo-se $K_{C1} = 0$ resulta:

$$K_{CU2} = 6{,}236 \text{ e } P_{U2} = 1{,}879 \text{ min}$$

$$K_{C2} = 0{,}45 \cdot K_{CU2} = 2{,}806 \text{ e } T_{I2} = \frac{P_{U2}}{1{,}2} = 1{,}566 \frac{\text{min}}{\text{rep}}$$

$$G_{C2} = K_{C2} \cdot \left(1 + \frac{1}{T_{I2} \cdot s}\right) = 2{,}806 \cdot \left(1 + \frac{1}{0{,}940 \cdot s}\right)$$

b) como $F = 1$, não há nada a fazer aqui;

c) calcular $f = -1 + \det\left[\boldsymbol{I} + \boldsymbol{G_P}(s)\boldsymbol{G_C}(s)\right]$

$$f=-1+\det\left(\begin{bmatrix}1 & 0\\ 0 & 1\end{bmatrix}+\begin{bmatrix}G_{P11} & G_{P12}\\ G_{P21} & G_{P22}\end{bmatrix}\begin{bmatrix}G_{C1} & 0\\ 0 & G_{C2}\end{bmatrix}\right)=$$

$$-1+\det\left(\begin{bmatrix}1+G_{P11}\cdot G_{C1} & G_{P12}\cdot G_{C2}\\ G_{P21}\cdot G_{C1} & 1+G_{P22}\cdot G_{C2}\end{bmatrix}\right)$$

Portanto:

$$f=-1+\left[\left(1+G_{P11}\cdot G_{C1}\right)\cdot\left(1+G_{P22}\cdot G_{C2}\right)-\left(G_{P12}\cdot G_{C2}\cdot G_{P21}\cdot G_{C1}\right)\right]$$

Resulta:

$$f=G_{C1}\cdot G_{P11}+G_{C2}\cdot G_{P22}+\left(G_{C1}\cdot G_{C2}\right)\cdot\left(G_{P11}\cdot G_{P22}-G_{P12}\cdot G_{P21}\right)$$

Da Seção 18.2, sabe-se que:

$$\boldsymbol{G_P}(s)=\begin{bmatrix}G_{P11}=G_{FV} & G_{P12}=G_{FP}\\ G_{P21}=G_{xV} & G_{P22}=G_{xP}\end{bmatrix}=\begin{bmatrix}\dfrac{0,84\cdot e^{-0,30\cdot s}}{1,05\cdot s+1} & \dfrac{0,20\cdot e^{-0,03\cdot s}}{0,65\cdot s+1}\\ \dfrac{1,68\cdot e^{-0,80\cdot s}}{2,70\cdot s+1} & \dfrac{-1,60\cdot e^{-0,50\cdot s}}{2,97\cdot s+1}\end{bmatrix}$$

Mostra-se, a seguir, o cálculo de $f(\omega)$ e L_{C_m} realizado no Matlab. O algoritmo realiza ainda a busca iterativa de $\left(L_{C_m}\right)_{\text{máx}}\leq 2\cdot n$, provocando incrementos de 1% no valor de *F*, que é inicializado com 1.

```
% Método da dessintonia de Luyben (1986)
% Cálculo de f(w) e Lcm máximo
% Busca iterativa de Lcm_max <= 2*n, por meio de incrementos de 0.01%
no valor de F, que é % inicializado com F=1
clear all
n = 2;
Lcm_max = 3*n;
F = 0.99;
while Lcm_max > 2*n,
      F = F + 0.01;
      for k=1:10000,
```

```
            w(k)=k/1000;
            s=j*w(k);
            Gc1 = 3.295/F*(1+1/(F*0.544*s));
            Gc2 = 2.806/F*(1+1/(F*0.940*s));
            Gp11= 0.84*exp(-0.3*s)/(1.05*s+1);
            Gp12= 0.20*exp(-0.03*s)/(0.65*s+1);
            Gp21= 1.68*exp(-0.80*s)/(2.70*s+1);
            Gp22=-1.60*exp(-0.5*s)/(2.97*s+1);
            f=Gc1*Gp11+Gc2*Gp22+(Gc1*Gc2)*(Gp11*Gp22-Gp12*Gp21);
            Lcm(k) = 20*log10(abs(f/(1+f)));
        end
        [Lcm_max, k_Lcm_max]=max(Lcm);
        Lcm_max;    % [dB] Valor máximo de Lcm
        w_Lcm_max = w(k_Lcm_max); % [rad/min] Frequência em que
                                  % ocorre o valor  máximo de Lcm
    end
    Lcm_max
    F
    Kc1 = 3.295/F
    Ti1 = 0.906*F
    Kc2 = 2.806/F
    Ti2 = 1.566*F
    semilogx(w,Lcm,'k')
    axis([0.1 10 -10 4])
    set(gca,'YTick',-10:1:4)
    xlabel('w (rad/min)')
    ylabel('Lcm (dB)')
```

Apresenta-se na Figura 18.22 o gráfico de L_{C_m} em função da frequência ω na situação em que $\left(L_{C_m}\right)_{\text{máx}} = 3{,}9079 < 2 \cdot \text{n} = 4$. Isso ocorreu para $F = 1{,}14$.

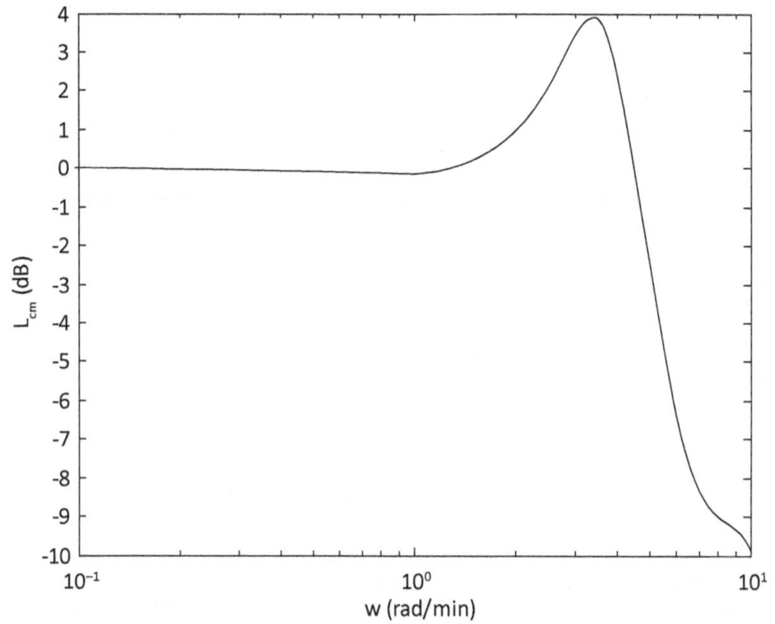

Figura 18.22 – Gráfico de L_{C_m} em função da frequência ω para $F = 1{,}14$.

Recalculando-se os parâmetros de sintonia de ambos os controladores PI em função do valor de *F* encontrado, resulta:

$$K_{C1} = 2{,}890 \text{ e } T_{I1} = 1{,}033\,\frac{\text{min}}{\text{rep}} \qquad K_{C2} = 2{,}461 \text{ e } T_{I2} = 1{,}785\,\frac{\text{min}}{\text{rep}}$$

Caso se empregasse o método sugerido no Item 18.3.2.1, com $\lambda = 0{,}8$ resultaria:

$$K_{C,i} = \left|\lambda + \sqrt{\lambda^2 - \lambda}\right| \cdot K^*_{C,i} = \left|0{,}8 + \text{j} \cdot 0{,}4\right| \cdot K^*_{C,i} = 0{,}8944 \cdot K^*_{C,i}$$

Comparando-se com o valor obtido pelo método de Luyben (1986), tem-se que o fator multiplicador do ganho proporcional é $1/F = 0{,}8772$. Portanto, nesse caso, o ajuste do ganho proporcional para ambos os métodos ficaria bastante próximo. No entanto, no método proposto por McAvoy (1981), dessintoniza-se apenas o ganho proporcional e não se mexe no tempo integral.

Testam-se, a seguir, ambas as malhas de controle do evaporador. A fim de poder comparar o efeito da dessintonia pelo fator *F*, apresentam-se as respostas com ambos os controladores PI sintonizados pelo método das Oscilações Contínuas de Ziegler--Nichols, sem empregar a atenuação provocada por *F* e com ambos dessintonizados. O teste foi efetuado aplicando-se um degrau unitário no valor de referência de W_F e de x_P em $t = 0{,}5$ min. Os pares formados de variáveis de entrada/saída são W_F com m_V e x_P com m_P. Os resultados são mostrados nas Figuras 18.23 e 18.24.

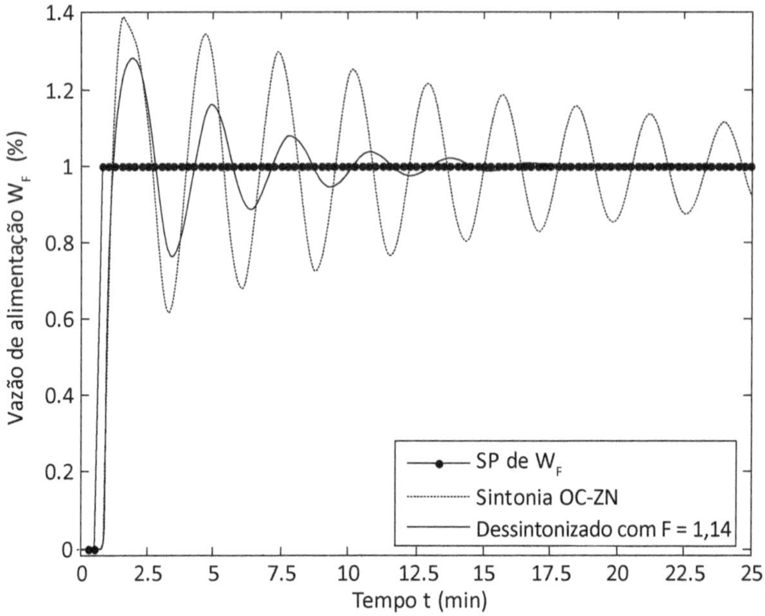

Figura 18.23 – Resposta de W_F com controladores PI sintonizados pelo método OC-ZN e dessintonizados pelo fator $F = 1{,}14$.

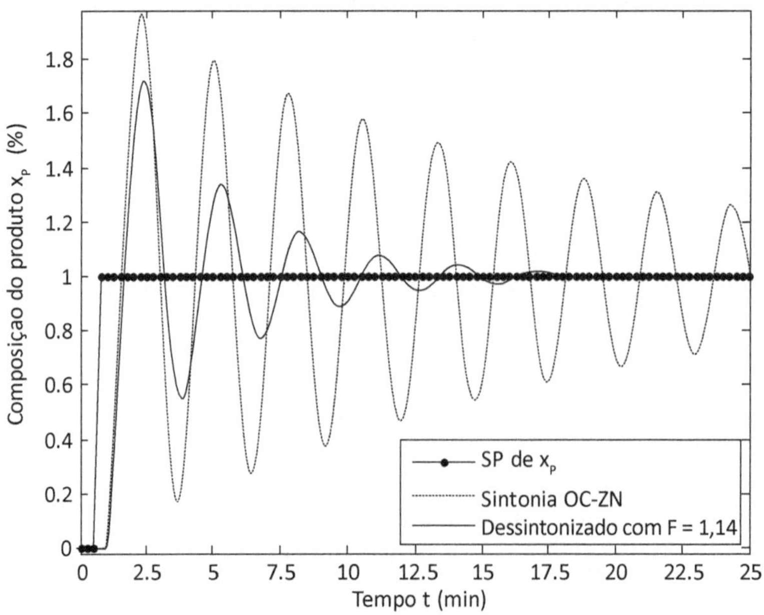

Figura 18.24 – Resposta de x_P com controladores PI sintonizados pelo método OC-ZN e dessintonizados pelo fator $F = 1{,}14$.

Analisando-se as respostas das variáveis controladas nas Figuras 18.23 e 18.24, percebe-se claramente que a dessintonia proposta por Luyben (1986) proporcionou respostas com menor sobressinal e bem mais amortecidas.

18.4 CONTROLE MULTIVARIÁVEL POR DESACOPLAMENTO

A ideia nesse tipo de controle é adicionar controladores extras aos sistemas multimalha. Esses controladores, chamados **desacopladores**, têm por objetivo eliminar, ou pelo menos reduzir, as interações entre as malhas de controle.

18.4.1 TÉCNICAS DE DESACOPLAMENTO

O desacoplamento perfeito pode não ser obtido devido a modelos imperfeitos do processo e ao fato de que desacopladores ideais podem não ser fisicamente realizáveis. Tipicamente, os desacopladores são projetados empregando-se um modelo simplificado do processo, que pode ser tanto estático como dinâmico. A forma mais comum de desacoplamento é introduzir uma função de transferência junto com o controlador de malha simples, compondo então o controlador desacoplado multivariável.

O desacoplamento permite obter dois benefícios importantes (SEBORG et al., 2011):

- as interações entre as malhas de controle são eliminadas ou, pelo menos reduzidas, de modo que a estabilidade das malhas fechadas é determinada unicamente pelas características individuais de cada malha por realimentação; e
- a alteração no *set point* de uma determinada variável controlada passa a não ter mais efeito (ou ter apenas um efeito pequeno) nas outras variáveis controladas.

As aplicações do controle multivariável por desacoplamento envolvem esquemas de desacoplamento estático, dinâmico e parcial, como citado a seguir (GUZMÁN, 1999):

- desacoplamento (completo) dinâmico: elimina as interações entre todas as malhas, em todos os instantes de tempo;
- desacoplamento (completo) estático: elimina somente as interações estáticas entre as malhas de controle, levando ao projeto de desacopladores mais simples; e
- desacoplamento parcial: elimina as interações (dinâmicas ou estáticas) apenas em um subconjunto de malhas de controle. Visa somente a algumas malhas de controle em que as interações sejam fortes.

Wade (1997) afirma que a técnica de desacoplamento pode ser aplicada a processos com múltiplas entradas e múltiplas saídas. Ele assume que, para representar as equações que descrevem o desacoplamento, as funções de transferência do processo $G_{P,ij}(s)$ sejam conhecidas e possam ser representadas por funções simples, compostas por um sistema de primeira ordem com tempo morto.

18.4.2 DESACOPLAMENTO DE SISTEMAS 2 × 2

Um exemplo de sistema de controle com desacoplamento para um processo 2 × 2 com os pares M_1 com C_1 e M_2 com C_2 é mostrado na Figura 18.25.

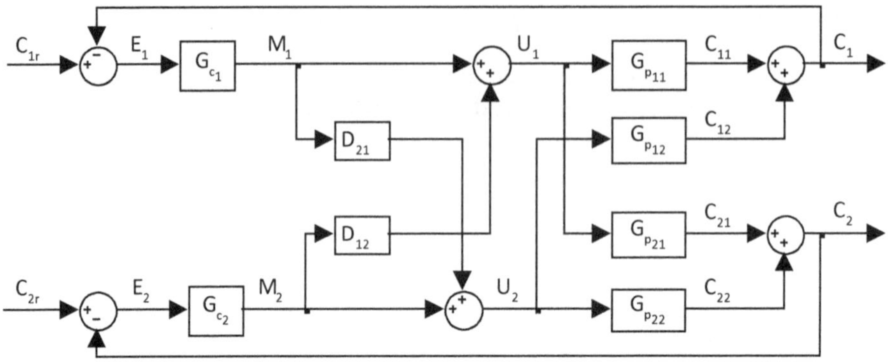

Figura 18.25 – Sistema de controle 2 × 2 com desacoplamento.

Percebe-se na Figura 18.25 a presença de quatro controladores: dois convencionais por realimentação (G_{C1} e G_{C2}) e dois desacopladores (D_{12} e D_{21}). O sinal de entrada para cada desacoplador é o sinal de saída de um controlador por realimentação.

A função dos desacopladores é compensar interações entre as malhas. Por exemplo, o desacoplador D_{21} deve ser projetado para cancelar C_{21}, que surge da interação indesejada entre M_1 e C_2. Portanto, o que se deseja é um sistema do tipo:

$$C_1 = G_{P1} \cdot M_1 \tag{18.34}$$

$$C_2 = G_{P2} \cdot M_2 \tag{18.35}$$

Percebe-se que C_1 depende apenas de M_1 e C_2 somente de M_2.

Da Figura 18.25 extrai-se que:

$$C_1 = G_{P12} \cdot M_2 + D_{21} \cdot G_{P12} \cdot M_1 + G_{P11} \cdot M_1 + D_{12} \cdot G_{P11} \cdot M_2$$

$$C_2 = G_{P21} \cdot M_1 + D_{12} \cdot G_{P21} \cdot M_2 + G_{P22} \cdot M_2 + D_{21} \cdot G_{P22} \cdot M_1$$

Colocando-se os termos de entrada em evidência:

$$C_1 = \left(G_{P11} + D_{21} \cdot G_{P12}\right) \cdot M_1 + \left(G_{P12} + D_{12} \cdot G_{P11}\right) \cdot M_2 \tag{18.36}$$

$$C_2 = \left(G_{P22} + D_{12} \cdot G_{P21}\right) \cdot M_2 + \left(G_{P21} + D_{21} \cdot G_{P22}\right) \cdot M_1 \tag{18.37}$$

Igualando-se os coeficientes de (18.34) e de (18.36), como (18.34) não contém termo em M_2, resulta que:

$$\left(G_{P12} + D_{12} \cdot G_{P11}\right) \cdot M_2 = 0$$

Como o termo M_2 é a saída de um controlador, ele não é igual a zero. Portanto:

$$G_{P12} + D_{12} \cdot G_{P11} = 0$$

Resulta que:

$$D_{12} = \frac{-G_{P12}}{G_{P11}} \tag{18.38}$$

Igualando-se os coeficientes de (18.35) e de (18.37), como (18.35) não contém termo em M_1, resulta que:

$$\left(G_{P21} + D_{21} \cdot G_{P22}\right) \cdot M_1 = 0$$

Novamente, como o termo M_1 é a saída de um controlador, ele não é igual a zero. Portanto:

$$G_{P21} + D_{21} \cdot G_{P22} = 0$$

Resulta que:

$$D_{21} = \frac{-G_{P21}}{G_{P22}} \tag{18.39}$$

Substituindo-se (18.38) e (18.39) em (18.36) e (18.37), resulta que:

$$C_1 = \left(G_{P11} - \frac{G_{P21}}{G_{P22}} G_{P12} \right) \cdot M_1 \tag{18.40}$$

$$C_2 = \left(G_{P22} - \frac{G_{P12}}{G_{P11}} G_{P21} \right) \cdot M_2 \tag{18.41}$$

Comparando-se (18.40) e (18.41) com (18.34) e (18.35), respectivamente, verifica--se que:

$$G_{P1} = G_{P11} - \frac{G_{P21}}{G_{P22}} G_{P12} \quad \text{e} \quad G_{P2} = G_{P22} - \frac{G_{P12}}{G_{P11}} G_{P21}$$

18.4.3 DESACOPLAMENTO DE SISTEMAS $N \times N$

Na Figura 18.26 mostra-se um sistema 3 × 3 com desacoplamento.

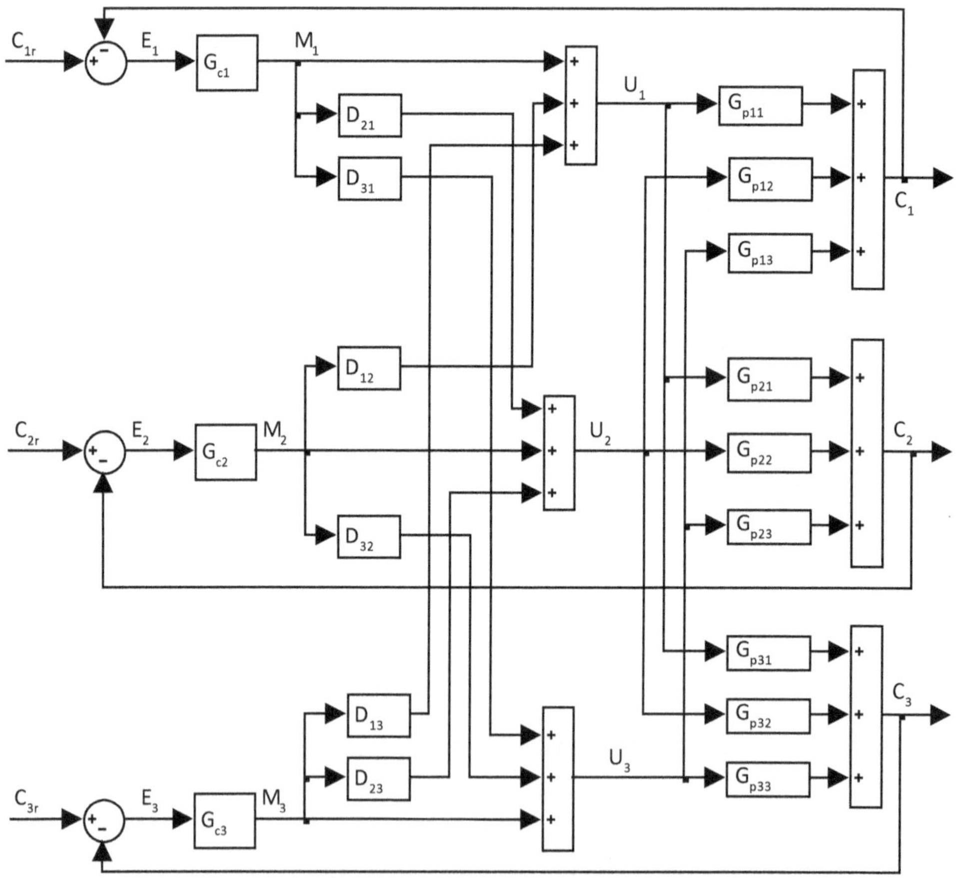

Figura 18.26 – Sistema de controle 3 × 3 com desacoplamento.

Analisando-se a Figura 18.26 e extrapolando-a para processos $n \times n$, resulta:

$$\boldsymbol{C} = \boldsymbol{G_P}(s) \cdot \boldsymbol{U} \qquad \boldsymbol{U} = \boldsymbol{D}(s) \cdot \boldsymbol{M}$$

Portanto:

$$\boldsymbol{C} = \boldsymbol{G}_P(s) \cdot \boldsymbol{D}(s) \cdot \boldsymbol{M}$$

Visando eliminar completamente as interações, $\boldsymbol{C}$ deve se relacionar com $\boldsymbol{M}$ por meio de uma matriz diagonal $\boldsymbol{G}_R(s)$ (OGUNNAIKE; RAY, 1994). Pode-se, então, escolher $\boldsymbol{D}(s)$ de modo que:

$$\boldsymbol{G}_P(s) \cdot \boldsymbol{D}(s) = \boldsymbol{G}_R(s) \tag{18.42}$$

Dessa forma, a relação entrada/saída compensada é dada por:

$$\boldsymbol{C}_S = \boldsymbol{G}_R(s) \cdot \boldsymbol{M}_S$$

em que $\boldsymbol{G}_R(s)$ representa o processo equivalente que os controladores $\boldsymbol{G}_C(s)$ devem controlar.

A partir de (18.42), a matriz de desacoplamento $\boldsymbol{D}(s)$ pode ser calculada por:

$$\boldsymbol{D}(s) = \boldsymbol{G}_P^{-1}(s) \cdot \boldsymbol{G}_R(s) \tag{18.43}$$

É claro que o compensador obtido a partir de (18.43) depende da escolha de $\boldsymbol{G}_R(s)$. Uma escolha normalmente feita é:

$$\boldsymbol{G}_R(s) = \text{diag}\left(\boldsymbol{G}_P(s)\right) \tag{18.44}$$

Dessa forma, os elementos da diagonal de $\boldsymbol{G}_P(s)$ são mantidos como elementos da matriz diagonal $\boldsymbol{G}_R(s)$.

Outra técnica de desacoplamento de controladores multivariáveis é baseada na Matriz Inversa de Nyquist (*Inverse Nyquist Matrix* – INA). Essa técnica é descrita em Guzmán (1999). Nessa mesma referência são citadas recomendações a serem consideradas antes de se implementar o desacoplamento.

18.4.4 EXEMPLO DE APLICAÇÃO DE CONTROLE MULTIVARIÁVEL POR DESACOPLAMENTO

Seja o evaporador apresentado na Seção 18.2. Calcula-se inicialmente o desacoplador mostrado na Equação (18.38):

$$D_{12}(s) = \frac{-G_{P12}(s)}{G_{P11}(s)} = \frac{-G_{FP}(s)}{G_{FV}(s)} = \frac{-\dfrac{0,20 \cdot e^{-0,03 \cdot s}}{0,65 \cdot s + 1}}{\dfrac{0,84 \cdot e^{-0,30 \cdot s}}{1,05 \cdot s + 1}} = \frac{-0,20 \cdot e^{-0,03 \cdot s} \cdot (1,05 \cdot s + 1)}{0,84 \cdot e^{-0,30 \cdot s} \cdot (0,65 \cdot s + 1)}$$

$$D_{12}(s) = -0,2381 \cdot e^{0,27 \cdot s} \frac{1,05 \cdot s + 1}{0,65 \cdot s + 1}$$

Esse desacoplador é fisicamente não realizável, devido à presença do termo não causal $e^{0,27 \cdot s}$ (avanço puro). A razão para essa situação indesejável pode ser entendida por meio da inspeção de $G_{P12}(s) = G_{FP}(s)$ e $G_{P11}(s) = G_{FV}(s)$. Como $G_{FV}(s)$ contém o atraso puro maior, M_2 afeta C_1 antes que M_1 o faça. Assim, torna-se impossível eliminar completamente a interação indesejável entre M_2 e C_1. No entanto, o tempo de avanço em $D_{12}(s) = 0,27$ min é relativamente pequeno quando comparado com as constantes de tempo do processo. Dessa forma, uma aproximação razoável seria fazer:

$$D_{12}(s) = -0,2381 \frac{1,05 \cdot s + 1}{0,65 \cdot s + 1}$$

Se o avanço puro fosse relativamente grande, esse tipo de aproximação poderia resultar em um controle ineficiente. O controlador projetado corresponde a uma unidade de avanço-atraso (*lead-lag*):

$$D_{12}(s) = K_{AA} \frac{\tau_{Av} \cdot s + 1}{\tau_{At} \cdot s + 1}$$

O cálculo do desacoplador apresentado em (18.39) é feito a seguir:

$$D_{21}(s) = \frac{-G_{P21}(s)}{G_{P22}(s)} = \frac{-G_{xV}(s)}{G_{xP}(s)} = \frac{-\dfrac{1,68 \cdot e^{-0,80 \cdot s}}{2,70 \cdot s + 1}}{-\dfrac{1,60 \cdot e^{-0,50 \cdot s}}{2,97 \cdot s + 1}} = \frac{1,68 \cdot e^{-0,80 \cdot s} \cdot (2,97 \cdot s + 1)}{1,60 \cdot e^{-0,50 \cdot s} \cdot (2,70 \cdot s + 1)}$$

Portanto:

$$D_{21}(s) = 1,05 \cdot e^{-0,30 \cdot s} \frac{2,97 \cdot s + 1}{2,70 \cdot s + 1}$$

Trata-se de uma unidade de avanço-atraso com tempo morto.

Para comparar o sistema com e sem desacoplamento, são realizadas as três simulações a seguir:

- no primeiro caso, compara-se o efeito do desacoplamento por meio de sintonias iguais nos controladores com e sem desacoplamento;

- no segundo caso, compara-se o efeito do desacoplamento por meio de controladores dessintonizados com e sem desacoplamento;
- no terceiro caso, impõem-se sintonias diferentes para os controladores com e sem desacoplamento.

A Figura 18.27 mostra a resposta de W_F atuada por m_V com e sem desacoplador, aplicando-se um degrau unitário em seu *set point* em $t = 0{,}30$ min. Foram usados controladores PI sintonizados pelo método das Oscilações Contínuas de Ziegler-Nichols, idênticos aos usados nos testes do Item 18.3.2.4, com $K_{C1} = 3{,}295$ e $T_{I1} = 0{,}906$ min/rep para o par W_F com m_V e $K_{C2} = 2{,}806$ e $T_{I2} = 1{,}566$ min/rep para o par x_P com m_P.

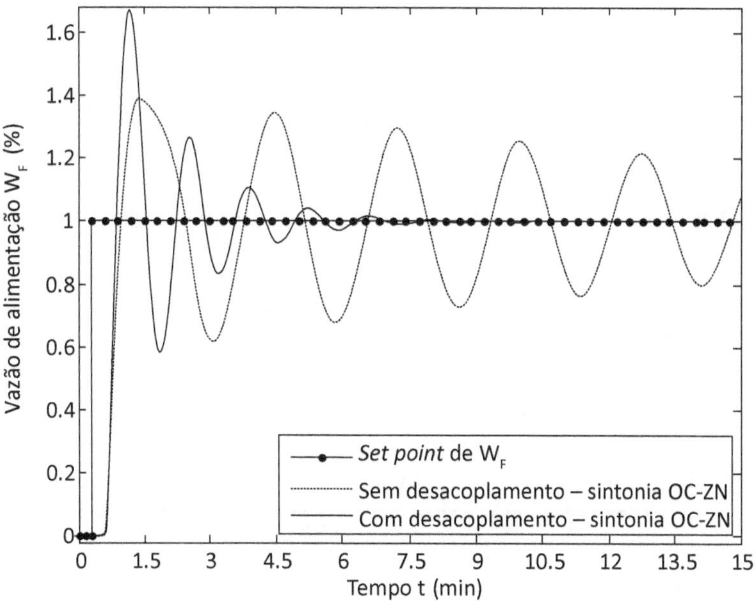

Figura 18.27 – Vazão W_F com e sem desacoplamento com sintonia pelo método OC-ZN nos controladores PI.

A Figura 18.28 mostra a resposta de x_P atuada por m_P com e sem desacoplador, aplicando-se um degrau unitário em seu *set point* em $t = 0{,}30$ min. Foram usadas nos controladores PI as mesmas sintonias usadas para gerar a Figura 18.27.

Fica clara, a partir da análise das Figuras 18.27 e 18.28, a grande melhoria na resposta de ambas as variáveis controladas ao se aplicarem os desacopladores, com redução nas oscilações e no tempo de acomodação.

As Figuras 18.29 e 18.30 mostram a resposta de W_F e de x_P com e sem desacoplador, aplicando-se um degrau unitário em seus *set points* em $t = 0{,}24$ min. Foram usados controladores PI dessintonizados, com $F = 1{,}14$, conforme feito no Item18.3.2.4, com $K_{C1} = 2{,}890$ e $T_{I1} = 1{,}033$ min/rep para o par W_F com m_V e $K_{C2} = 2{,}461$ e $T_{I2} = 1{,}785$ min/rep para o par x_P com m_P.

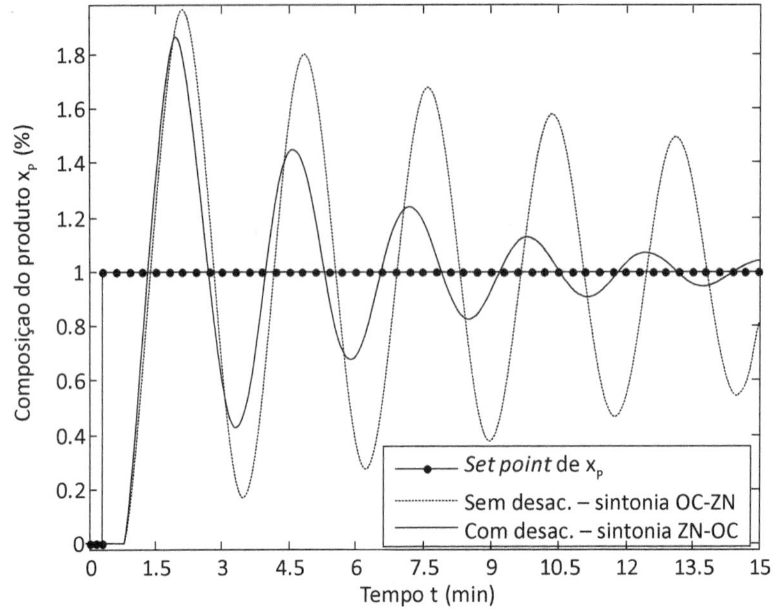

Figura 18.28 – Composição x_p com e sem desacoplamento com sintonia pelo método OC-ZN nos controladores PI.

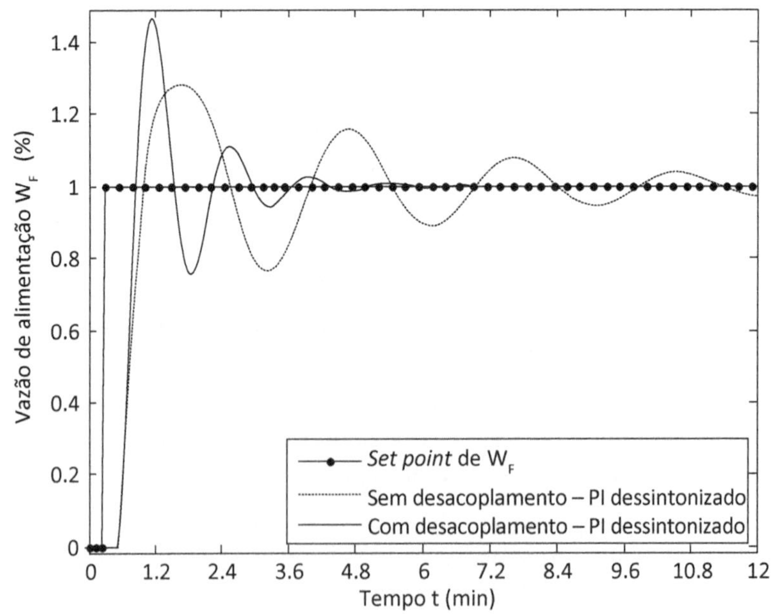

Figura 18.29 – Vazão W_F com e sem desacoplamento para controladores PI dessintonizados com $F = 1{,}14$.

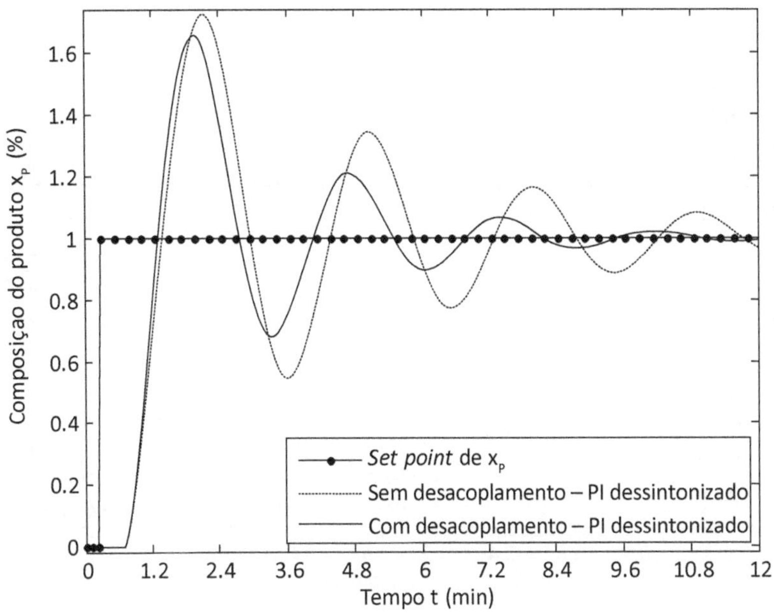

Figura 18.30 – Composição x_P com e sem desacoplamento para controladores PI dessintonizados com $F = 1{,}14$.

As Figuras 18.29 e 18.30 mostram que o desacoplamento foi vantajoso em ambos os casos, com respostas menos oscilatórias e tempos de acomodação menores. Comparando-se as Figuras 18.27 e 18.29 e as Figuras 18.28 e 18.30, fica evidente que a dessintonia dos controladores PI surtiu um efeito muito positivo, pois o tempo de acomodação das variáveis controladas foi bastante reduzido.

Por fim, as Figuras 18.31 e 18.32 mostram a resposta de W_F e x_P, usando a melhor sintonia obtida por tentativa e erro, visando minimizar o índice IAE para os controladores PI com e sem desacopladores. Nesse caso, para as malhas desacopladas foram usados controladores PI com a mesma sintonia empregada no Item 18.3.1.5, isto é, $K_C = 5{,}0$ e $T_I = 1{,}7$ min/rep para a variável controlada W_F e $K_C = 2{,}4$ e $T_I = 3{,}5$ min/rep para a variável controlada x_P. Para os controladores das malhas com desacoplamento, foram feitas tentativas visando encontrar a sintonia que gerasse o menor índice IAE. As sintonias encontradas foram $K_C = 1{,}77$ e $T_I = 1{,}0$ min/rep para a variável controlada W_F e $K_C = 1{,}48$ e $T_I = 2{,}93$ min/rep para a variável controlada x_P. Aplicou-se um degrau unitário em $t = 0{,}16$ min no valor de referência de ambas as variáveis. Os pares controlada/manipulada foram W_F com m_V e x_P com m_P.

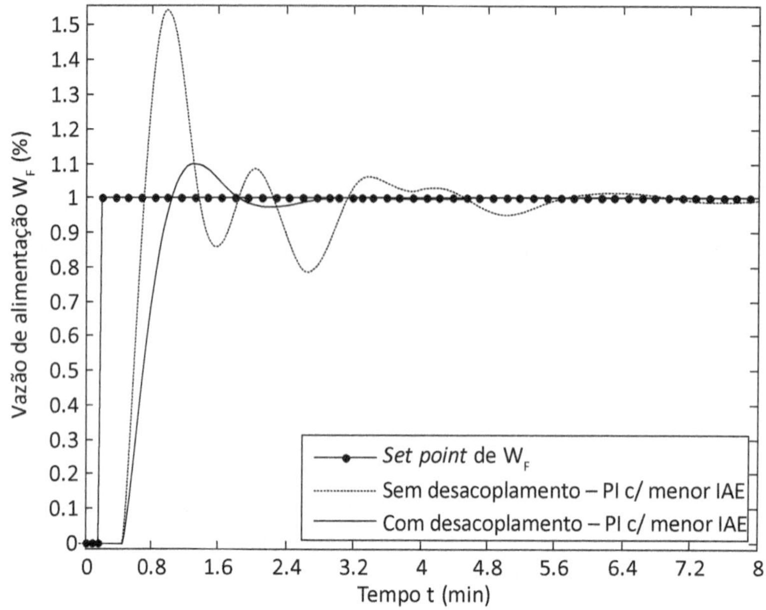

Figura 18.31 – Resposta da vazão W_F com e sem desacoplamento com sintonia nos controladores PI para minimizar o índice IAE.

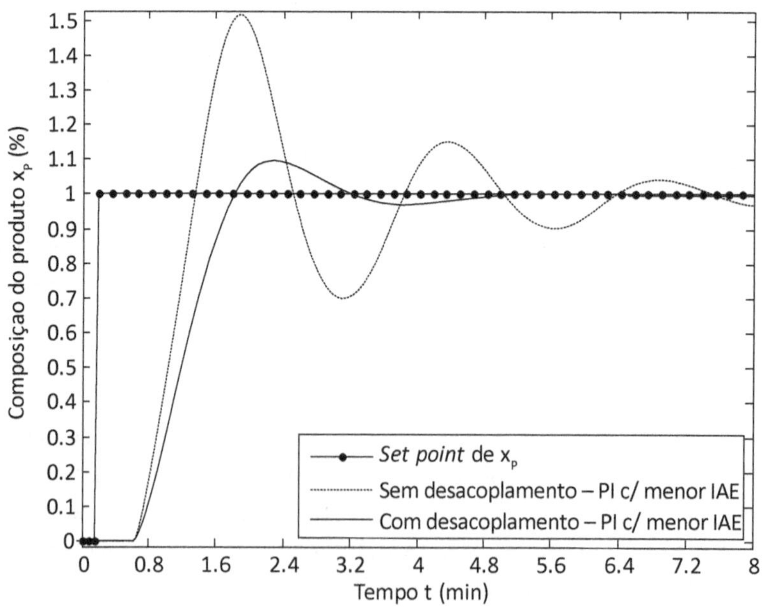

Figura 18.32 – Resposta da composição x_p com e sem desacoplamento com sintonia nos controladores PI para minimizar o índice IAE.

Nas Figuras 18.31 e 18.32, as respostas com desacoplamento tiveram sobressinal bem menor e um tempo de acomodação bem mais baixo que nos casos sem desacoplamento. Portanto, a avaliação global dos resultados indica que o emprego do desacoplamento foi vantajoso.

18.4.5 DESACOPLAMENTO PARCIAL

Em algumas situações de sistemas 2 × 2, é interessante usar apenas um dos dois desacopladores mostrados na Figura 18.25. Essa abordagem é conhecida como desacoplamento parcial ou unidirecional, em contraste com o desacoplamento completo, apresentado na Subseção 18.4.1.

O desacoplamento parcial é uma técnica viável em sistemas de controle nos quais uma das variáveis controladas é mais importante que a outra, ou nos quais uma das interações do processo é fraca ou inexistente. Por exemplo, se m_1 não tem efeito sobre c_2, então $G_{P21} = 0$ e $D_{21} = 0$. O desacoplamento parcial pode até mesmo ser vantajoso para processos fortemente interativos, porque ele tende a ser menos sensível aos erros de modelagem que o desacoplamento completo (MCAVOY, 1983; SHINSKEY, 1996).

18.4.6 DESACOPLAMENTO ESTÁTICO DE SISTEMAS 2 × 2

Uma abordagem possível e menos ambiciosa é projetar os desacopladores de modo que somente interações estacionárias entre as malhas de controle sejam eliminadas. Essa técnica é intitulada desacoplamento estático ou estacionário (MCAVOY, 1979). Nesse caso, para um sistema 2 × 2, conforme visto na Subseção 18.4.1, os desacopladores são calculados por:

$$D_{12} = \frac{-K_{P12}}{K_{P11}} \tag{18.45}$$

$$D_{21} = \frac{-K_{P21}}{K_{P22}} \tag{18.46}$$

Como os desacopladores estáticos são simples ganhos, eles são sempre fisicamente realizáveis e facilmente implementáveis. Uma vantagem do desacoplador estático é que são necessários apenas os ganhos estacionários do processo e não mais seus modelos dinâmicos. Uma desvantagem óbvia é que haverá interações entre as malhas durante os transitórios. No entanto, se as dinâmicas das duas malhas forem similares, o desacoplamento estático pode gerar respostas transitórias muito boas.

A título de comparação, a seguir são efetuadas simulações com o modelo 2 × 2 do evaporador, similares às que foram realizadas na Subseção 18.4.4. Considera-se aqui o uso de desacopladores estáticos e dinâmicos. A Figura 18.33 mostra a resposta de W_F atuada por m_V com desacoplador estático e dinâmico, aplicando-se um degrau unitário em seu *set point* em $t = 0{,}20$ min. Foram usados controladores PI sintonizados pelo método das Oscilações Contínuas de Ziegler-Nichols, idênticos aos usados nos testes da Subseção 18.4.4, com $K_{C1} = 3{,}295$ e $T_{I1} = 0{,}906\ \text{min/rep}$ para o par W_F com m_V e $K_{C2} = 2{,}806$ e $T_{I2} = 1{,}566\ \text{min/rep}$ para o par x_P com m_P.

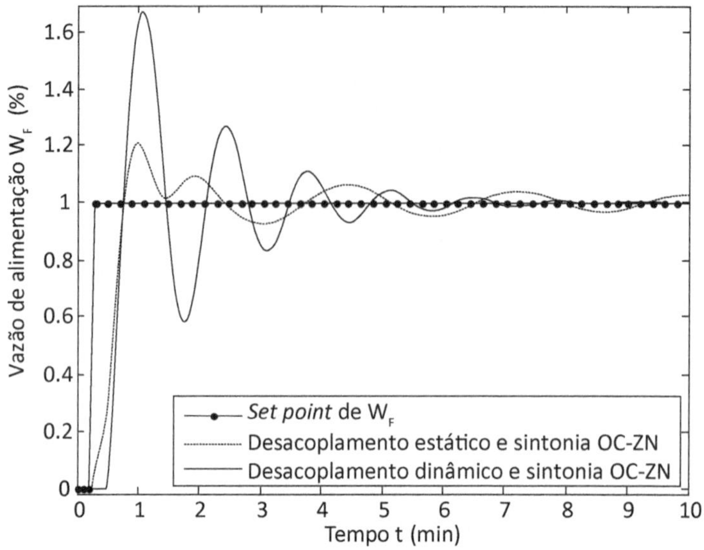

Figura 18.33 – Vazão W_F com desacoplamento estático e dinâmico com sintonia pelo método das Oscilações Contínuas de Ziegler-Nichols nos controladores PI.

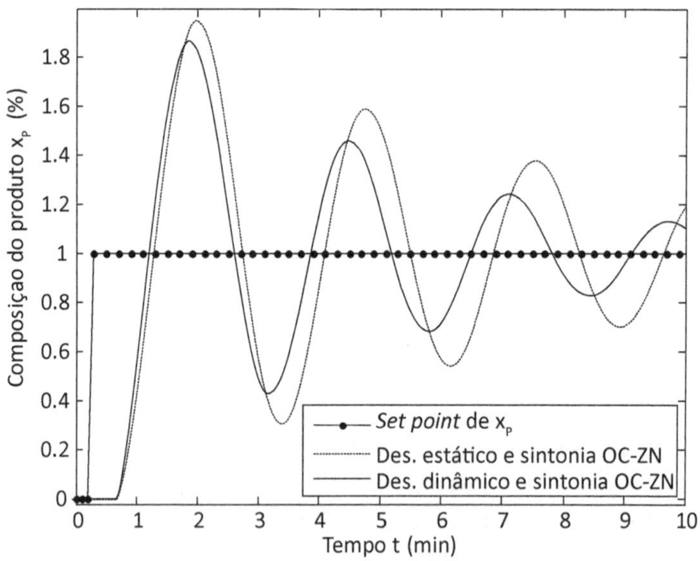

Figura 18.34 – Composição x_P com e sem desacoplamento com sintonia pelo método das Oscilações Contínuas de Ziegler-Nichols nos controladores PI.

A análise da Figura 18.33 indica que, nesse caso, o desacoplador estático gerou uma resposta com sobressinal bem menor e muito menos oscilatória que o desacoplador dinâmico. Por outro lado, na Figura 18.34 o comportamento das respostas ficou um pouco melhor com o uso do desacoplador dinâmico, com um sobressinal um pouco menor e uma resposta um pouco menos oscilatória que com o desacoplador estático.

As Figuras 18.35 e 18.36 mostram a resposta de W_F e de x_P com desacopladores estático e dinâmico, aplicando-se um degrau unitário em seus *set points* em $t = 0{,}14$ min. Foram usados controladores PI dessintonizados com $F = 1{,}14$, conforme feito na Subseção 18.4.3, com $K_{C1} = 2{,}890$ e $T_{I1} = 1{,}033$ min/rep para o par W_F com m_V e $K_{C2} = 2{,}461$ e $T_{I2} = 1{,}785$ min/rep para o par x_P com m_P.

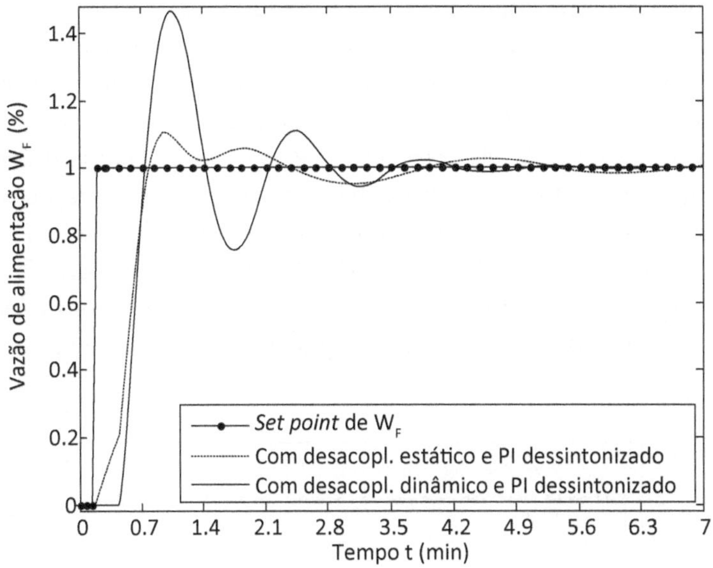

Figura 18.35 – Vazão W_F com desacoplamento estático e dinâmico para controladores PI dessintonizados com $F = 1{,}14$.

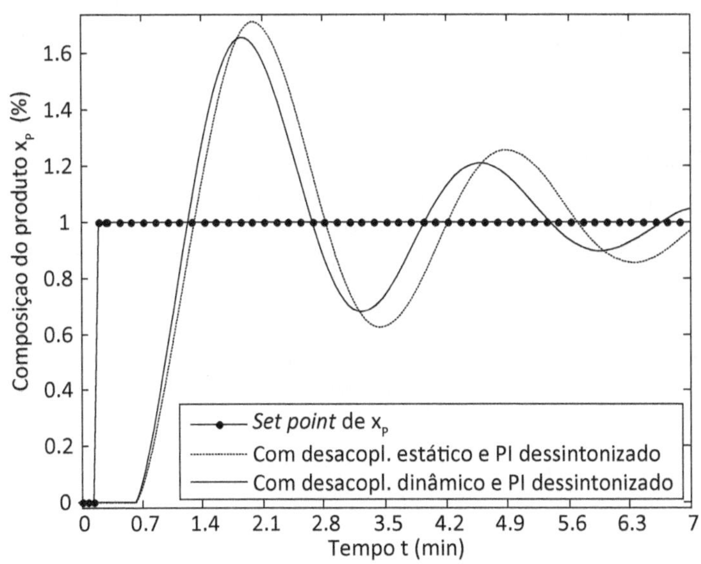

Figura 18.36 – Composição x_P com desacoplamento estático e dinâmico para controladores PI dessintonizados com $F = 1{,}14$.

Na Figura 18.35, o desacoplador estático gerou uma resposta com sobressinal muito menor e muito menos oscilatória que o desacoplador dinâmico. Na Figura 18.36, o desempenho gerado pelo desacoplador dinâmico foi levemente superior ao do desacoplador estático, com um sobressinal um pouco menor e uma resposta menos oscilatória.

As Figuras 18.37 e 18.38 exibem a resposta de W_F e x_P usando a melhor sintonia obtida por tentativa e erro, visando minimizar o índice IAE, para os controladores PI com desacopladores estático e dinâmico. Nesse caso, para as malhas com desacoplamento dinâmico foram usados controladores PI com a mesma sintonia usada na Subseção 18.4.4, isto é, $K_C = 5{,}0$ e $T_I = 1{,}7$ min/rep para a variável controlada W_F e $K_C = 2{,}4$ e $T_I = 3{,}5$ min/rep para a variável controlada x_P. Para os controladores das malhas com desacoplamento estático, foram realizadas tentativas visando encontrar a sintonia que gerasse o menor índice IAE. As sintonias encontradas foram $K_C = 2{,}70$ e $T_I = 1{,}07$ min/rep para a variável controlada W_F e $K_C = 1{,}57$ e $T_I = 3{,}46$ min/rep para a variável controlada x_P. Aplicou-se um degrau unitário em $t = 0{,}10$ min no valor de referência de ambas as variáveis. Os pares controlada/manipulada foram W_F com m_V e x_P com m_P.

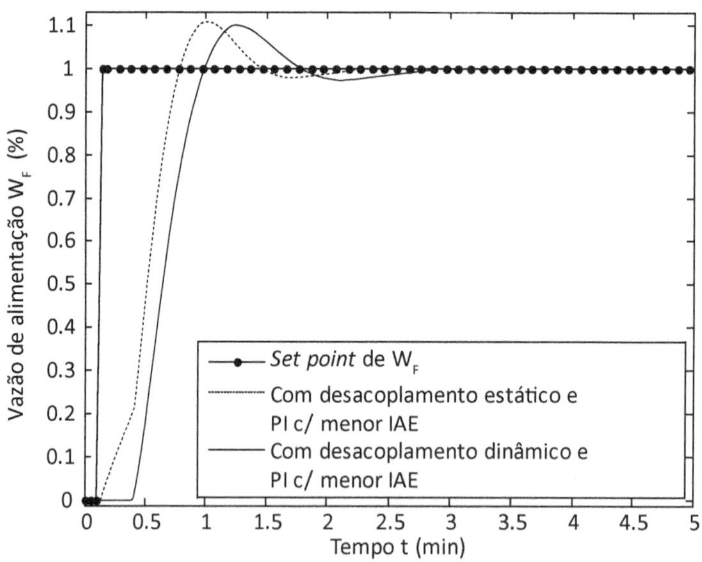

Figura 18.37 – Resposta da vazão W_F com desacoplamento estático e dinâmico, com sintonia nos controladores PI para minimizar o índice IAE.

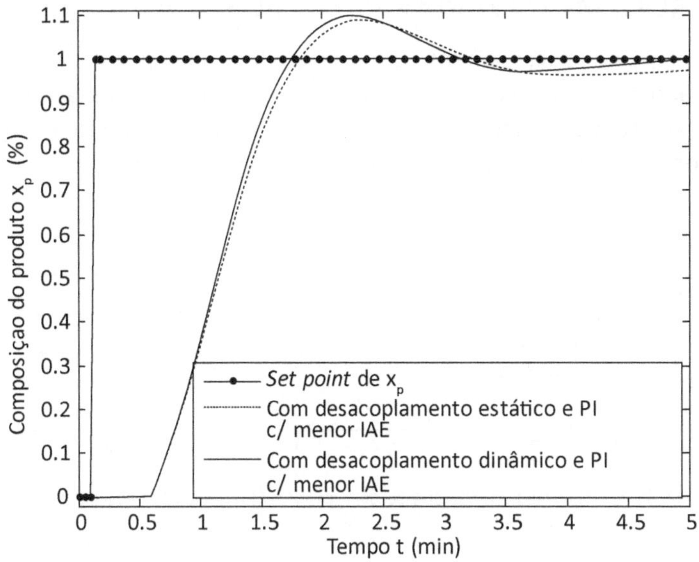

Figura 18.38 – Resposta da composição x_p com desacoplamento estático e dinâmico, com sintonia nos controladores PI para minimizar o índice IAE.

A Figura 18.37 mostra que a resposta da malha com desacoplamento estático foi mais rápida que com o desacoplamento dinâmico, com um tempo de acomodação menor, mas com um sobressinal similar. A Figura 18.38 revela que ambas as respostas ficaram parecidas, embora a malha com o desacoplamento dinâmico tenha apresentado um tempo de acomodação levemente inferior.

Apesar de as estratégias de controle por desacoplamento poderem ser estendidas para processos $n \times n$, elas são raramente usadas para $n > 3$. Para esses sistemas de controle mais complexos, o controle preditivo (MPC) é a técnica preferida. O Apêndice B contém uma breve introdução a controladores MPC.

18.4.7 DESACOPLAMENTO ESTÁTICO DE SISTEMAS 3 × 3

Para o desacoplamento estático de sistemas 3 × 3, empregam-se as equações apresentadas na Subseção 18.4.2, mas substituindo-se a matriz de transferência $\boldsymbol{G_P}(s)$ pela matriz de ganhos estacionários do processo $\boldsymbol{K_P}$. Por consequência, os desacopladores também são estáticos. Tem-se então, a partir de (18.43), que:

$$\boldsymbol{D} = \boldsymbol{K_P}^{-1} \cdot \boldsymbol{K_R} \tag{18.47}$$

sendo:

$$\boldsymbol{K_R} = \text{diag}(\boldsymbol{K_P}) \tag{18.48}$$

18.5 CONTROLE MULTIVARIÁVEL – UM CASO INDUSTRIAL

Seja uma planta de processamento de minério de níquel, por meio do processo de lixiviação carbonato-amoniacal. Dois dos subsistemas dessa planta que operam interligados e requerem controle são as torres de resfriamento de licor e o tanque de contato, conforme mostrado na Figura 18.39 (GUZMÁN, 1999).

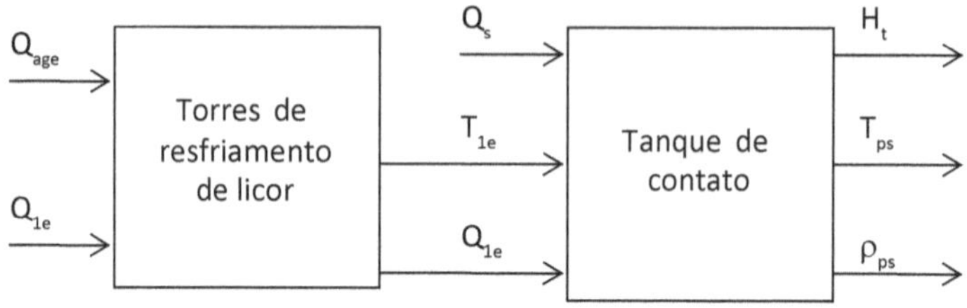

Figura 18.39 – Sistema multivariável correspondente às torres de resfriamento e ao tanque de contato.

As variáveis de entrada a serem manipuladas são:

a) vazão de água de resfriamento nos resfriadores de licor $Q_{age}\left(\text{m}^3/\text{min}\right)$;
b) vazão de licor fresco $Q_{le}\left(\text{m}^3/\text{min}\right)$; e
c) vazão de polpa na saída do tanque de contato $Q_s\left(\text{m}^3/\text{min}\right)$.

As variáveis de saída a serem controladas são:

a) nível do tanque H_t (m);
b) temperatura da polpa na saída do tanque T_{ps} $\left(°\text{C}\right)$; e
c) massa específica da polpa na saída do tanque ρ_{ps} $\left(\text{kg}/\text{m}^3\right)$.

Trata-se, portanto, de um conjunto de equipamentos com interações entre as entradas e as saídas, constituindo um problema de controle multivariável com três entradas e três saídas. A matriz de transferência com variáveis incrementais representando um modelo aproximado entre as entradas e saídas é mostrada a seguir.

$$
\boldsymbol{G_P}(s)=\begin{bmatrix} \dfrac{\hat{\rho}_{ps}}{\hat{Q}_{le}} & \dfrac{\hat{\rho}_{ps}}{\hat{Q}_{age}} & \dfrac{\hat{\rho}_{ps}}{\hat{Q}_{s}} \\ \\ \dfrac{\hat{T}_{ps}}{\hat{Q}_{le}} & \dfrac{\hat{T}_{ps}}{\hat{Q}_{age}} & \dfrac{\hat{T}_{ps}}{\hat{Q}_{s}} \\ \\ \dfrac{\hat{H}_{t}}{\hat{Q}_{le}} & \dfrac{\hat{H}_{t}}{\hat{Q}_{age}} & \dfrac{\hat{H}_{t}}{\hat{Q}_{s}} \end{bmatrix}=\begin{bmatrix} \dfrac{-25{,}51\cdot e^{-0{,}05\cdot s}}{6\cdot s+1} & 0 & 0 \\ \\ \dfrac{1{,}40\cdot e^{-0{,}05\cdot s}}{6\cdot s+1} & \dfrac{-1{,}05\cdot e^{-0{,}05\cdot s}}{7{,}5\cdot s+1} & 0 \\ \\ \dfrac{0{,}4058\cdot e^{-0{,}05\cdot s}}{s} & 0 & \dfrac{-7{,}813\cdot e^{-0{,}01\cdot s}}{s} \end{bmatrix}
$$

As constantes de tempo e os tempos mortos são dados em minutos. A matriz de ganhos em regime estacionário $\boldsymbol{K_P}$ é dada por:

$$\boldsymbol{K_P}(s)=\begin{bmatrix} -25,51 & 0 & 0 \\ 1,40 & -1,05 & 0 \\ 0,4058 & 0 & -7,813 \end{bmatrix}$$

Para calcular a matriz de ganhos relativos RGA, emprega-se a Equação (18.21):

$$\Lambda = \boldsymbol{K_P} \otimes \boldsymbol{H_P}$$

De (18.22), tem-se que:

$$\lambda_{ij} = K_{Pij} \cdot H_{Pij}$$

Resulta:

$$\Lambda = \begin{matrix} \\ \rho_{ps} \\ T_{ps} \\ H_t \end{matrix} \begin{matrix} Q_{le} & Q_{age} & Q_s \\ \begin{bmatrix} 1 & 0 & 0 \\ 0 & 1 & 0 \\ 0 & 0 & 1 \end{bmatrix} \end{matrix}$$

Assim, resultam as seguintes recomendações para a formação dos pares de entrada e saída:

a) massa específica da polpa na saída ρ_{ps} sendo controlada pela vazão de licor na entrada das torres de resfriamento Q_{le};

b) temperatura da polpa na saída do tanque T_{ps} sendo controlada pela vazão de água de resfriamento na entrada das torres de resfriamento Q_{age}; e

c) nível do tanque de contato H_t sendo controlado pela vazão de saída do tanque de contato Q_s.

Decompondo-se a matriz $\boldsymbol{K_P}$ em seus valores singulares por meio da SVD:

$$\boldsymbol{W} = \begin{bmatrix} \mathbf{-0,9983} & -0,0175 & -0,0549 \\ 0,0549 & 0,0010 & \mathbf{-0,9985} \\ 0,0175 & \mathbf{-0,9998} & 0 \end{bmatrix} \begin{matrix} \rho_{ps} \\ T_{ps} \\ H_t \end{matrix}$$

$$S = \begin{bmatrix} 25,5520 & 0 & 0 \\ 0 & 7,8119 & 0 \\ 0 & 0 & 1,0484 \end{bmatrix}$$

$$V = \begin{bmatrix} \mathbf{1,0} & 0,0054 & 0,0023 \\ -0,0023 & -0,0001 & \mathbf{1,0} \\ -0,0054 & \mathbf{1,0} & 0,0001 \end{bmatrix} \begin{matrix} Q_{le} \\ Q_{age} \\ Q_s \end{matrix}$$

Tomando-se o maior componente de cada uma das colunas dos vetores da esquerda ***W*** com o maior componente de cada uma das colunas dos vetores da direita ***V***, resultam os mesmos pares de variáveis manipuladas e controladas sugeridos pelo método RGA.

Realiza-se, a seguir, o procedimento proposto no Item 18.3.2.2 para implementar o método da dessintonia. Antes disso, calcula-se o número de condicionamento do sistema:

$$\kappa = \frac{25,5520}{1,0484} = 24,372$$

Percebe-se que $\kappa > 10$, o que indica que o sistema não é muito bem condicionado. Mesmo assim, implementa-se o controle multimalha para se verificar o resultado. Executa-se primeiramente o método das Oscilações Contínuas de Ziegler-Nichols, supondo-se controladores PI.

a) par ρ_{ps} com Q_{le}

Fazendo-se $K_{C2} = 0$ e $K_{C3} = 0$, resulta:

$$K_{CU1} = 7,4147 \text{ e } P_{U1} = 0,200 \text{ min}$$

$$K_{C1} = 0,45 \cdot K_{CU1} = 3,337 \text{ e } T_{I1} = \frac{P_{U1}}{1,2} = 0,167 \frac{\text{min}}{\text{rep}}$$

$$G_{C1} = K_{C1} \cdot \left(1 + \frac{1}{T_{I1} \cdot s}\right) = 3,337 \cdot \left(1 + \frac{1}{0,167 \cdot s}\right)$$

b) par T_{ps} com Q_{age}

Fazendo-se $K_{C1} = 0$ e $K_{C3} = 0$, resulta:

$$K_{CU2} = 225,025 \text{ e } P_{U2} = 0,200 \text{ min}$$

$$K_{C2} = 0,45 \cdot K_{CU2} = 101,26 \text{ e } T_{I2} = \frac{P_{U2}}{1,2} = 0,167 \frac{\text{min}}{\text{rep}}$$

$$G_{C2} = K_{C2} \cdot \left(1 + \frac{1}{T_{I2} \cdot s}\right) = 101,26 \cdot \left(1 + \frac{1}{0,167 \cdot s}\right)$$

c) par H_t com Q_s

Fazendo-se $K_{C1} = 0$ e $K_{C2} = 0$, resulta:

$$K_{CU3} = 20,1463 \text{ e } P_{U3} = 0,040 \text{ min}$$

$$K_{C3} = 0,45 \cdot K_{CU3} = 9,066 \text{ e } T_{I3} = \frac{P_{U3}}{1,2} = 0,0333 \frac{\text{min}}{\text{rep}}$$

$$G_{C3} = K_{C3} \cdot \left(1 + \frac{1}{T_{I3} \cdot s}\right) = 9,066 \cdot \left(1 + \frac{1}{0,0333 \cdot s}\right)$$

Aplicando o algoritmo apresentado no Item 18.3.2.4 para calcular o fator de dessintonia *F*, chega-se a $F = 1$, implicando que os parâmetros estimados pelo método de sintonia das Oscilações Contínuas de Ziegler-Nichols podem ser usados sem nenhuma alteração. Um resultado similar teria sido obtido caso se empregasse o método da dessintonia de McAvoy (1981), descrito no Item 18.3.2.1, pois, como os ganhos relativos λ_{ij} são unitários, não se altera a sintonia original obtida.

O modelo do sistema em Simulink é mostrado na Figura 18.40.

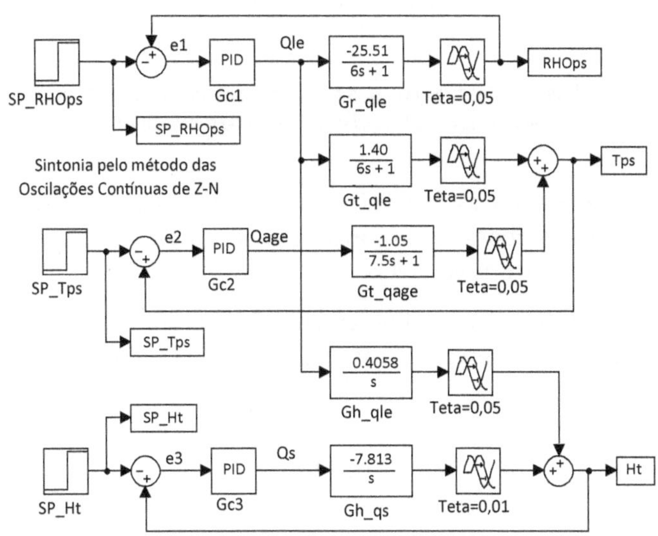

Figura 18.40 – Modelo em Simulink do sistema torres de resfriamento e tanque de contato.

Aplicando-se os parâmetros de sintonia do método das Oscilaçãoes Contínuas de Ziegler-Nichols a esse sistema, supondo-se um degrau unitário no valor de referência de ρ_{ps} no instante $t = 0{,}036$ min, no *set point* de T_{ps} em $t = 0{,}6$ min e no *set point* de H_t em $t = 1{,}2$ min, resultam as respostas mostradas na Figura 18.41. Deve-se ter em mente que nas funções de transferência se está operando com variáveis incrementais, de modo que os gráficos apresentados na Figura 18.41 correspondem apenas às variações dos valores das variáveis em torno de seus valores nominais de operação em regime estacionário.

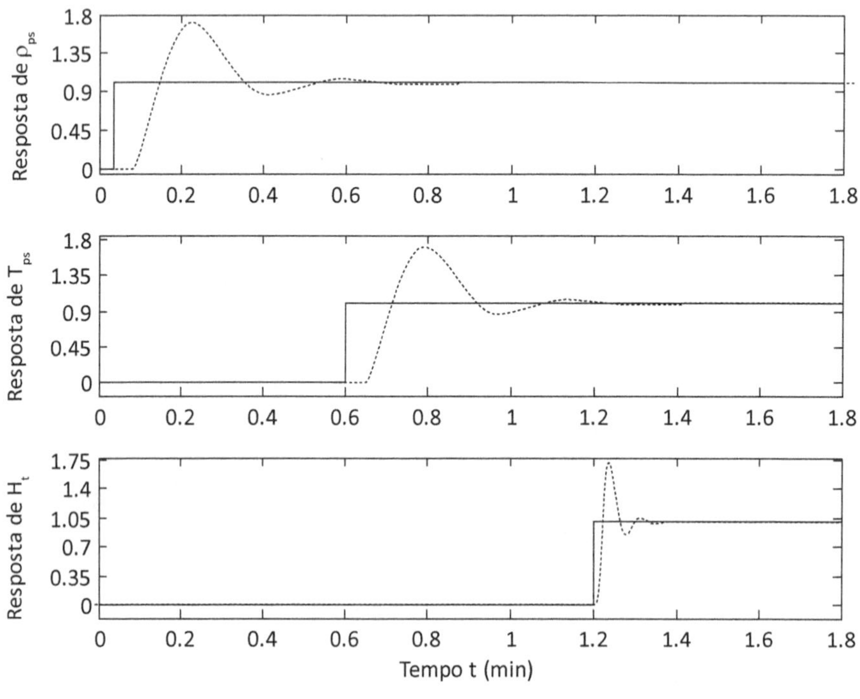

Figura 18.41 – Resposta de $\hat{\rho}_{ps}$, $\hat{T}_{ps}$ e $\hat{H}_t$ a degrau unitário em seus *set points* com controladores PI multimalha sintonizados pelo método OC-ZN.

A Figura 18.41 revela que as variáveis controladas oscilam pouco e têm tempo de acomodação reduzido, embora seus sobressinais sejam elevados. Além disso, não há efeito do acoplamento entre as variáveis.

Parte-se agora, para o projeto e a implementação do controle multivariável com desacoplamento dinâmico. Empregando-se as Equações (18.43) e (18.44) apresentadas na Subseção 18.4.2, tem-se que:

$$D(s) = G_P^{-1}(s) \cdot G_R(s) \tag{18.43}$$

$$G_R(s) = \text{diag}\left(G_P(s)\right) \tag{18.44}$$

Sabe-se que:

$$G_P(s) = \begin{bmatrix} G_{P11} & 0 & 0 \\ G_{P21} & G_{P22} & 0 \\ G_{P31} & 0 & G_{P33} \end{bmatrix}$$

Resulta que:

$$G_P^{-1}(s) = \frac{1}{G_{P11} \cdot G_{P22} \cdot G_{P33}} \begin{bmatrix} G_{P22} \cdot G_{P33} & 0 & 0 \\ -G_{P21} \cdot G_{P33} & G_{P11} \cdot G_{P33} & 0 \\ -G_{P22} \cdot G_{P31} & 0 & G_{P11} \cdot G_{P22} \end{bmatrix}$$

Portanto:

$$G_P^{-1}(s) = \begin{bmatrix} \dfrac{1}{G_{P11}} & 0 & 0 \\ \dfrac{-G_{P21}}{G_{P11} \cdot G_{P22}} & \dfrac{1}{G_{P22}} & 0 \\ \dfrac{-G_{P31}}{G_{P11} \cdot G_{P33}} & 0 & \dfrac{1}{G_{P33}} \end{bmatrix}$$

De (18.44), tem-se que:

$$G_R(s) = \begin{bmatrix} G_{P11} & 0 & 0 \\ 0 & G_{P22} & 0 \\ 0 & 0 & G_{P33} \end{bmatrix}$$

De (18.43), resulta:

$$\boldsymbol{D}(s)=\boldsymbol{G_P}^{-1}(s)\cdot\boldsymbol{G_R}(s)=\begin{bmatrix}\dfrac{1}{G_{P11}} & 0 & 0\\ \dfrac{-G_{P21}}{G_{P11}\cdot G_{P22}} & \dfrac{1}{G_{P22}} & 0\\ \dfrac{-G_{P31}}{G_{P11}\cdot G_{P33}} & 0 & \dfrac{1}{G_{P33}}\end{bmatrix}\begin{bmatrix}G_{P11} & 0 & 0\\ 0 & G_{P22} & 0\\ 0 & 0 & G_{P33}\end{bmatrix}$$

$$\boldsymbol{D}(s)=\begin{bmatrix}1 & 0 & 0\\ \dfrac{-G_{P21}}{G_{P22}} & 1 & 0\\ \dfrac{-G_{P31}}{G_{P33}} & 0 & 1\end{bmatrix}$$

Portanto, os desacopladores dinâmicos a serem aplicados são:

$$D_{21}=\frac{-G_{P21}}{G_{P22}} \qquad D_{31}=\frac{-G_{P31}}{G_{P33}}$$

$$D_{21}(s)=\frac{\hat{T}_{ps}}{\hat{Q}_{le}}=\frac{\dfrac{1,40\cdot e^{-0,05\cdot s}}{6\cdot s+1}}{\dfrac{1,05\cdot e^{-0,05\cdot s}}{7,5\cdot s+1}}=1,333\,\frac{7,5\cdot s+1}{6\cdot s+1}$$

$D_{21}(s)$ corresponde a um compensador do tipo avanço-atraso (*lead-lag*).

$$D_{31}(s)=\frac{\hat{H}_t}{\hat{Q}_{le}}=\frac{\dfrac{0,4058\cdot e^{-0,05\cdot s}}{s}}{\dfrac{7,813\cdot e^{-0,01\cdot s}}{s}}=0,05194\,e^{-0,04\cdot s}$$

$D_{31}(s)$ corresponde a um atraso puro com um ganho.

A introdução dos compensadores na Figura 18.40 gera a Figura 18.42.

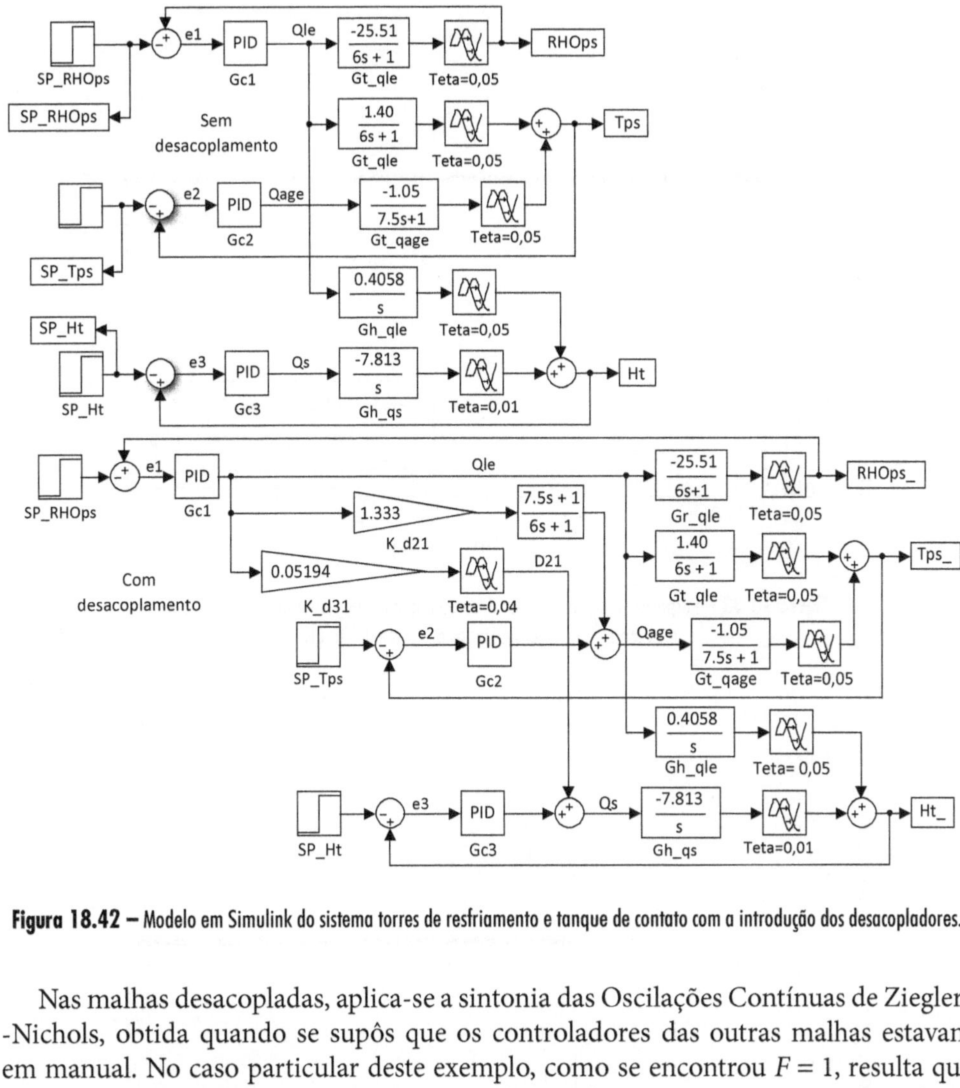

Figura 18.42 – Modelo em Simulink do sistema torres de resfriamento e tanque de contato com a introdução dos desacopladores.

Nas malhas desacopladas, aplica-se a sintonia das Oscilações Contínuas de Ziegler--Nichols, obtida quando se supôs que os controladores das outras malhas estavam em manual. No caso particular deste exemplo, como se encontrou $F = 1$, resulta que a sintonia dos controladores PI com e sem desacoplamento é a mesma. Aplicando-se um degrau unitário no *set point* de ρ_{ps} no instante $t = 0{,}036$ min, no *set point* de T_{ps} em $t = 0{,}6$ min e no *set point* de H_t em $t = 1{,}2$ min, resultam as respostas exibidas nas Figuras 18.43 a 18.45. Como no caso da Figura 18.41, empregam-se aqui variáveis incrementais, de modo que os valores mostrados se referem apenas às flutuações das variáveis em torno de seus valores nominais de operação.

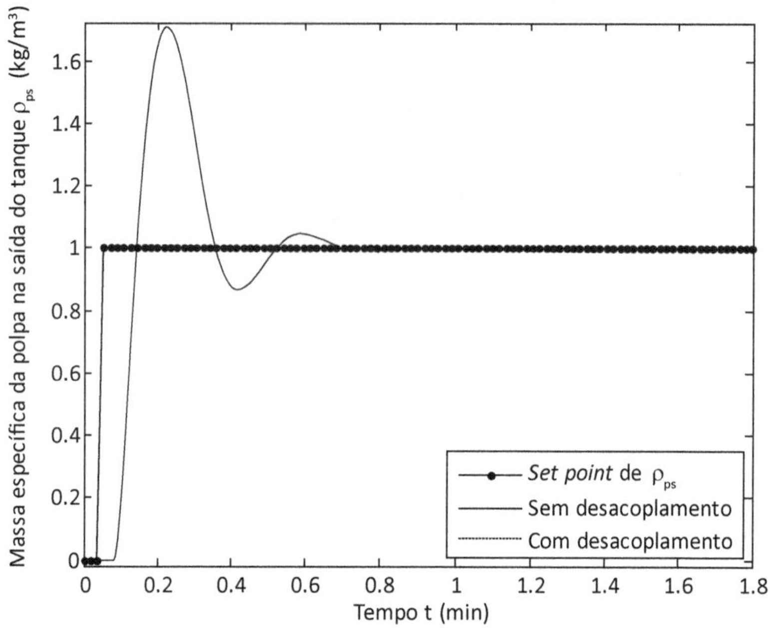

Figura 18.43 – Resposta de $\hat{\rho}_{ps}$ com e sem desacoplamento a degrau unitário nos *set points* com controladores sintonizados pelo método OC-ZN.

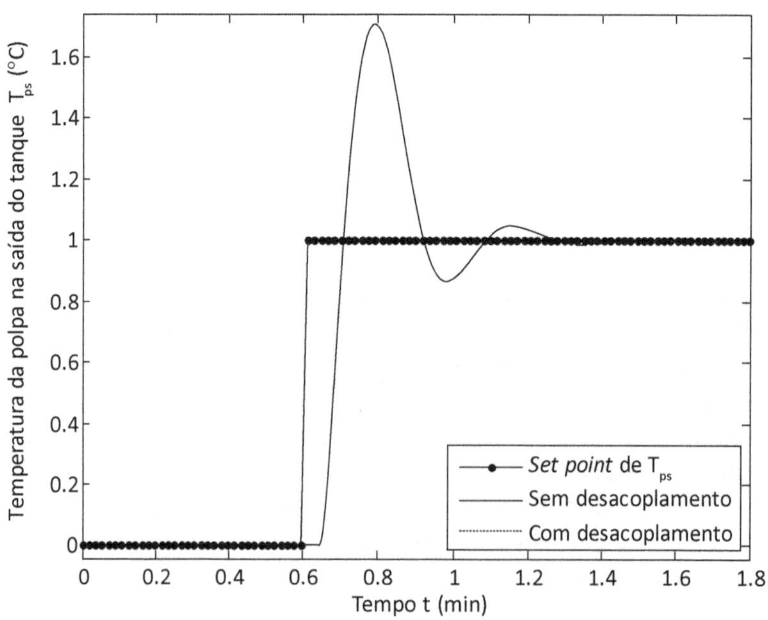

Figura 18.44 – Resposta de $\hat{T}_{ps}$ com e sem desacoplamento a degrau unitário nos *set points* com controladores sintonizados pelo método OC-ZN.

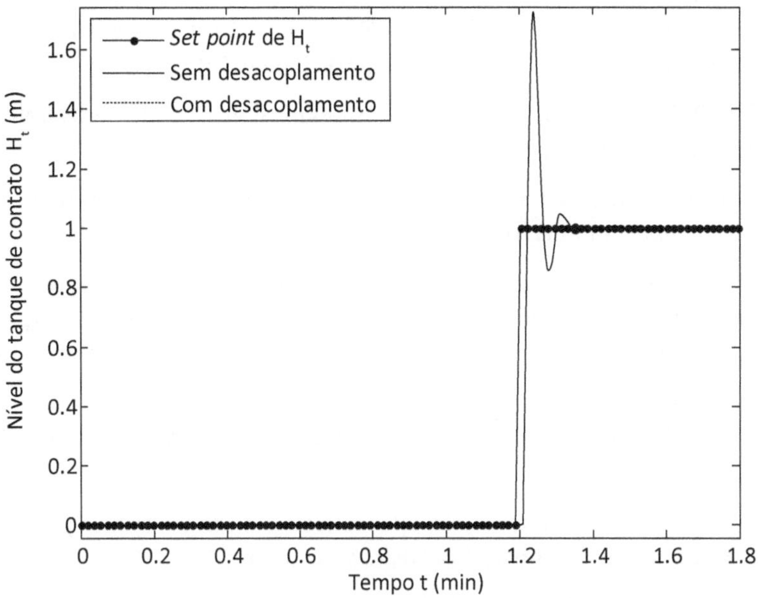

Figura 18.45 – Resposta de $\hat{H}_t$ com e sem desacoplamento a degrau unitário nos *set points* com controladores sintonizados pelo método OC-ZN.

Não há diferença entre as curvas com e sem desacoplamentos das Figuras 18.43 a 18.45, pois, como se havia visto na Figura 18.41, as três variáveis controladas do sistema já estavam sem acoplamento, assim, o desacoplamento não surtiu efeito sobre elas.

REFERÊNCIAS

ARKUN, Y.; DOWNS, J. J. A general method to calculate input-output gains and the relative gain array for integrating processes. **Computers & Chemical Engineering**, v. 14, n. 10, p. 1101-1110, out. 1990.

BRISTOL, E. H. On a new measure of interactions for multivariable process control. **IEEE Transactions on Automatic Control**, v. AC-11, p. 133-134, jan. 1966.

CHEN, D.; SEBORG, D. E. Relative gain array analysis for uncertain process models. **AIChE Journal**, v. 48, n. 2, p. 302-310, fev. 2002.

CHIEN, I.-L.; HUANG, H.-P.; YANG, J.-C. A simple multiloop tuning method for PID controllers with no proportional kick. **Industrial & Engineering Chemistry Research**, v. 38, n. 4, p. 1456-1468, 1999.

______. A simple TITO PI tuning method suitable for industrial applications. **Chemical Engineering Communications**, v. 182, n. 1, p. 181-196, 2000.

CHIU, M.-S.; ARKUN, Y. A methodology for sequential design of robust decentralized control systems. **Automatica**, v. 28, n. 5, p. 997-1001, set. 1992.

DESHPANDE. P. B.; ASH, R. H. **Computer process control:** with advanced control applications. 2. ed. Research Triangle Park: ISA, 1988.

EUZÉBIO, T. A. M. **Sintonia ótima de controlador PID descentralizado para processos MIMO**. 2015. Tese (Doutorado) – Programa de Pós-Graduação em Engenharia Elétrica, Universidade Federal de Campina Grande, Campina Grande, 2015.

GROSDIDIER, P.; MORARI, M. Interaction measures for systems under decentralized control. **Automatica**, v. 22, n. 3, p. 309-316, maio 1986.

______. A computer-aided methodology for the design of decentralized controllers. **Computers & Chemical Engineering**, v. 11, n. 4, p. 423-433, 1987.

GUZMÁN, D. **Modelagem matemática e controle multivariável do tanque de contato empregado no processo de lixiviação dos minerais niquelíferos**. 1999. Dissertação (Mestrado) – Departamento de Engenharia Eletrônica, Escola Politécnica, Universidade de São Paulo, São Paulo, 1999.

HOVD, M.; SKOGESTAD, S. Sequential design of decentralized controllers. **Automatica**, v. 30, n. 10, p. 1601-1607, out. 1994.

HWANG, S.-H. Closed loop automatic tuning of single-input/single-output systems. **Industrial & Engineering Chemistry Research,** v. 34, n. 7, p. 2406-2417, jul. 1995.

ISERMANN, I.; LACHMANN, K.-H.; MATKO, D. **Adaptive control systems**. New York: Prentice-Hall, 1992.

JU, J.; CHIU, M. Relay-based online monitoring procedures for 2 × 2 and 3 × 3 multiloop control-systems. **Industrial & Engineering Chemistry Research**, v. 36, n. 6, p. 2225-2230, 1997.

LAU, H.; ALVAREZ, J.; JENSEN, K. F. Synthesis of control structures by singular value analysis: dynamic measures of sensitivity and interaction. **AIChE Journal**, v. 31, n. 3, p. 427-439, mar. 1985.

LOH, A. P.; HANG, C. C.; QUEK, C. K.; VASNANI, V. U. Autotuning of multiloop proportional integral controllers using relay feedback. **Industrial & Engineering Chemistry Research**, v. 32, n. 6, p. 1102-1107, jun. 1993.

LUYBEN, W. L. Simple method for tuning SISO controllers in multivariable systems. **Industrial & Engineering Chemistry Process Design and Development**, v. 25, n. 3, p. 654-660, jul. 1986.

MACIEJOWSKI, J. M. **Multivariable feedback design**. Reading: Addison-Wesley, 1989.

MCAVOY, T. J. Steady-state decoupling of distillation columns. **Industrial & Engineering Chemistry Fundamentals**, v. 18, n. 3, p. 269-273, ago. 1979.

______. Connection between relative gain control loop stability and design. **AIChE Journal**, v. 27, n. 4, p. 613-619, jul. 1981.

______. **Interaction analysis**: principles and applications. Research Triangle Park: ISA, 1983.

MONICA, T. J.; YU, C. C.; LUYBEN, W. L. Improved multiloop single-input/single-output (SISO) controllers for multivariable processes. **Industrial & Engineering Chemistry Research**, v. 27, n. 6, p. 969-973, 1988.

OGUNNAIKE, B. A.; RAY, W. H. **Process dynamics, modeling and control**. New York/ Oxford: University Press, 1994.

O'REILLY, J.; LEITHEAD, W. E. Multivariable control 'by individual channel design'. **International Journal of Control**, v. 54, n. 1, p. 1-46, 1991.

ROSENBROCK, K. H. **State space and multivariable theory** (study in dynamical systems). New York: John Wiley & Sons, nov. 1970.

SEBORG, D. E.; EDGAR, T. F.; MELLICHAMP, D. A.; DOYLE III, F. J. **Process, Dynamics and Control**. 3. ed. Hoboken: John Wiley & Sons, 2011.

SHEN, S. H.; YU, C.-C. Use of relay-feedback test for automatic tuning of multivariable systems, **AIChE Journal**, v. 40, n. 4, p. 627-646, abr. 1994.

SHING-JIA, S.; SHYH-HONG, H. Sequential design method for multivariable decoupling and multiloop PID controllers. **Industrial & Engineering Chemistry Research**, v. 37, n. 1, p. 107-119, jan. 1998.

SHINSKEY, F. G. **Process control systems**. 4. ed. New York: McGraw Hill, 1996.

SKOGESTAD, S.; MORARI, M. Robust performance of decentralized control systems by independent design. **Automatica**, v. 25, n. 1, p. 119-125, jan. 1989.

SKOGESTAD, S.; POSTLETHWAITE, I. **Multivariable feedback control**. New York: John Wiley & Sons, 1996.

SMITH, C. A.; CORRIPIO, A. B. **Principles and practice of automatic process control**. 2. ed. New York: John Wiley & Sons, 1997.

STANLEY, G.; MARINO-GALARRAGA, M.; McAVOY, T. J. Shortcut operability analysis 1. The relative disturbance gain. **Industrial & Engineering Chemistry Process Design and Development**, v. 24, n. 4, p. 1181-1188, out. 1985.

WADE, H. L. Inverted decoupling: a neglected technique. **ISA Transactions**, v. 36, n. 1, p. 3-10, 1997.

WENG, K. H.; TONG, H. L.; OON, P. G. Tuning of multiloop proportional-integral-derivative controllers based on Gain and Phase Margin specifications. **Industrial & Engineering Chemistry Research**, v. 36, n. 6, p. 2231-2238, jun. 1997.

XIONG, Q.; CAI, W.-J.; HE, M.-J. Equivalent transfer function method for PI/PID controller design of MIMO processes. **Journal of Process Control**, v. 17, n. 8, p. 665-673, 2007.

APÊNDICE B

CONCEITOS BÁSICOS SOBRE CONTROLE PREDITIVO MULTIVARIÁVEL

Este apêndice fornece uma visão geral acerca dos conceitos básicos, da evolução histórica e das aplicações de controle preditivo multivariável.

B.1 ESTRATÉGIAS EMPREGADAS NO CONTROLE DE PROCESSOS INDUSTRIAIS

Em muitas áreas da ciência, o desenvolvimento de novas tecnologias é frequentemente motivado pelas necessidades práticas. Isso certamente ocorreu com o controle automático de processos, em que o surgimento das indústrias de processos químicos, com seu grande volume de produção e uma interconexão complexa de diversas operações unitárias, criou a necessidade da automação, que, por sua vez, motivou o desenvolvimento de técnicas de controle automático de processos (OGUNNAIKE; RAY, 1994). Conforme técnicas novas vão surgindo, comumente elas recebem o nome de "controle avançado". Com o passar do tempo, o que era controle avançado passa a ser algo clássico, tradicional. Surgem então, interpretações diferentes entre as pessoas na classificação do que é avançado ou não.

Para os pesquisadores acadêmicos, o termo controle avançado designa técnicas que estão sendo estudadas nas fronteiras do conhecimento humano, ainda sem nenhuma aplicação industrial. Para os engenheiros da indústria, controle avançado se refere a métodos que eles ainda não conheciam e estão sendo comercializados por empresas fornecedoras de tecnologia de ponta.

Para tentar estabelecer uma classificação das técnicas de controle avançado, apresentam-se na Tabela 10.1 do Capítulo 10 as estratégias empregadas no controle de processos industriais, arranjadas de acordo com seu grau de utilização na indústria (SEBORG, 1994; 1999).

B.2 CONTROLE PID MULTIMALHA *VERSUS* MPC

Nas indústrias química e petroquímica, a necessidade de se atingir alta qualidade nos produtos, empregar de maneira mais eficiente a energia e uma consciência crescente da responsabilidade com o meio ambiente se combinaram para impor demandas mais estritas nos sistemas de controle, normalmente inatingíveis apenas por técnicas consagradas como o controle PID (proporcional-integral-derivativo) (OGUNNAIKE; RAY, 1994).

A resposta da indústria a esses desafios levou ao surgimento do controle preditivo baseado em modelo (*Model Predictive Control* – MPC). O MPC acabou se firmando como a mais usada estratégia de controle multivariável. Atingiu tal sucesso e popularidade na indústria que hoje afirma-se que essa é a técnica mais amplamente usada em aplicações industriais dentre os métodos de controle avançado (OGUNNAIKE; RAY, 1994).

Problemas industriais de controle do tipo multivariável são tradicionalmente resolvidos por meio do emprego de uma combinação de malhas de controle PID, compensadores de tempo morto e blocos de pré-alimentação do tipo avanço-atraso. No entanto, as limitações desses sistemas de controle tornam-se evidentes, conforme as estratégias de controle ficam mais sofisticadas e o mercado demanda ferramentas mais econômicas, tanto do ponto de vista de implementação quanto de manutenção. Despende-se muito tempo e esforço configurando os blocos de controle em uma estratégia multimalha tradicional e a possibilidade de substituí-la por uma ferramenta única e eficiente de *software* é irresistível (FRIEDMANN; STOLTENBERG, 1996).

É comum que certas variáveis de processo devam ser mantidas dentro de certos limites em vez de serem igualadas a um valor de referência, como ocorre com qualquer variável sob controle PID. Por exemplo, em uma coluna de destilação, poderia se exigir que a composição dos produtos destilados fosse mantida nos valores de referência e que se mantivessem as saídas dos controladores de vazão e pressão abaixo de um limite máximo. Embora faça sentido manter as composições em seus valores de referência, de forma a evitar perdas de material ou violação das especificações dos produtos, as saídas dos controladores regulatórios não precisam ser restritas, desde que não se excedam as faixas de trabalho dos atuadores. Com o MPC, é fácil construir uma estratégia que defina diversas restrições às variáveis controladas, ao passo que múltiplas restrições interativas são difíceis de manipular com técnicas de controle PID multimalha.

Outra característica presente no MPC, mas ausente no controle PID multimalha, é a possibilidade de otimização (econômica) sempre que o número de variáveis manipuladas na estratégia de controle exceda o número de variáveis controladas com restrições. Sob essas condições, a estratégia de controle goza de graus de liberdade, que podem ser usados para maximizar uma função custo (lucro) das variáveis manipuladas. No caso da coluna de destilação citada anteriormente, uma função lucro com um coeficiente de custo positivo para vazão de alimentação e negativo para as outras três variáveis manipuladas (refluxo, vazão de vapor e pressão) maximiza a produtividade e minimiza o consumo de utilidades e a pressão (o que torna mais fácil a evaporação). A otimização econômica leva os processos a operarem em cima das restrições. No caso da coluna de destilação, o controlador ajusta as variáveis manipuladas para maximizar o lucro até o ponto em que um aumento na vazão de alimentação ou um decréscimo nas outras variáveis manipuladas faça com que a pureza do produto saia fora das especificações (FRIEDMANN; STOLTENBERG, 1996).

B.3 EVOLUÇÃO HISTÓRICA DO CONTROLE PREDITIVO

As primeiras técnicas MPC foram desenvolvidas independentemente por dois grupos industriais na década de 1970. Uma pequena empresa francesa chamada Adersa/Gerbios, no final da década de 1960, concebeu, desenvolveu e posteriormente aplicou com sucesso em diversos processos industriais multivariáveis a técnica intitulada *model predictive heuristic control*, posteriormente conhecida como MAC (*Model Algorithmic Control*). Essa técnica foi tornada conhecida por meio de uma publicação de Richalet et al. em 1978. A técnica MAC evoluiu para um algoritmo de controle implementado em computador, comercialmente disponível como o pacote IDCOM (FROISY; RICHALET, 1986).

Uma técnica similar, denominada Controle por Matriz Dinâmica (*Dynamic Matrix Control* - DMC) foi divulgada em 1979 por Cutler e Ramaker e por Prett e Gillette, que relataram sua aplicação em uma unidade de craqueamento catalítico de fluido. O DMC, nessa época, já havia sido aplicado durante alguns anos, com grande sucesso, em diversos processos da Shell Oil (Houston, Texas, nos Estados Unidos). Uma reformulação do método DMC original como um programa de otimização quadrática, proposto por Garcia e Morshedi em 1986, levou ao desenvolvimento da versão atualmente mais popular do DMC: QDMC (*Quadratic Dynamic Matrix Control*).

A primeira tentativa de enquadrar as técnicas de controle preditivo então disponíveis (MAC e DMC) dentro da mesma estrutura básica foi empreendida por Garcia e Morari em 1982, quando foi proposto o paradigma do IMC (*Internal Model Control*). Eles mostraram que a estrutura IMC, em que um modelo interno da planta opera em paralelo com a própria planta, o controlador é alguma forma inversa apropriada desse modelo, sendo inerente a todos os esquemas MPC.

Deve-se aqui ressaltar que, embora os primeiros algoritmos MPC tenham sido desenvolvidos pela indústria, um aprofundamento em fundamentos da teoria, detalhes de implementação e limitações do MPC resultaram basicamente de contribuições acadêmicas.

Um modelo dinâmico do processo é usado em ambos os algoritmos (resposta ao impulso para o MAC e resposta ao degrau para o DMC) para predizer o efeito das futuras ações de controle na saída, as quais são determinadas pela minimização do erro predito, sujeito a restrições operacionais. A otimização é repetida a cada intervalo de amostragem com informações atualizadas acerca do processo.

O MPC rapidamente tornou-se popular, particularmente em indústrias de processos químicos, devido à simplicidade do algoritmo e ao uso do modelo de resposta ao impulso ou ao degrau. Essa representação de modelos possui muito mais parâmetros que formulações em espaço de estados ou no domínio entrada/saída (funções de transferência), sendo estas usualmente preferidas por requererem muito menos parâmetros em sua representação.

Diversas outras técnicas MPC foram desenvolvidas e algumas tornaram-se produtos comerciais. Atualmente, um dos métodos mais populares é o controle preditivo generalizado (*Generalized Predictive Control* – GPC), proposto em dois artigos por Clarke, Mohtadi e Tuffs em 1987.

Tem havido centenas de aplicações dessas e de outras técnicas de MPC em refinarias de petróleo e plantas petroquímicas ao redor do mundo.

Uma das razões por que o MPC se tornou um grande sucesso comercial é que há diversos fornecedores que instalam controladores preditivos em uma base *turnkey*. Tempos de retorno do investimento na faixa de três a doze meses são típicos (SEBORG, 1999).

B.4 APLICAÇÕES INDUSTRIAIS DO CONTROLE PREDITIVO

Há muitas aplicações relatadas na literatura técnica de diferentes esquemas de controladores preditivos, a saber (OGUNNAIKE; RAY, 1994; CAMACHO; BORDONS, 2007):

- manipuladores (braços de robôs);
- colunas de destilação;
- unidades FCC (*fluid catalytic cracking*);
- caldeiras e superaquecedores;
- reatores batelada;
- reatores de hidrocraqueamento;
- extrusores de polímeros;
- plantas de olefinas;
- controle de voo em aeronaves;
- controle em motores de propulsão a jato;
- túneis de vento;
- alguns processos na indústria de cimento; e
- alguns processos na indústria de papel e celulose etc.

Conforme se depreende dessa relação, seu principal uso tem sido nas indústrias de refino de petróleo e plantas petroquímicas. É curioso que sua utilização seja tão ampla em refinarias de óleo e tão limitada em outras indústrias de processo, como a de celulose e papel ou outras. Essa constatação é, de certa forma, surpreendente, pois o MPC é uma técnica geral, que não se baseia em atributos específicos dos processos de refino.

Uma grande variedade de esquemas MPC está atualmente disponível como pacotes de *software* comerciais oferecidos por diversos fornecedores. As principais empresas fabricantes de sistemas de controle e instrumentação têm se empenhado em disponibilizar técnicas MPC em seus sistemas digitais de controle distribuído (SDCD).

B.5 PROBLEMAS EM PROCESSOS INDUSTRIAIS COMPLEXOS E SUA SOLUÇÃO VIA MPC

Os processos industriais típicos têm normalmente associados os seguintes problemas de controle (OGUNNAIKE; RAY, 1994):

a) São quase sempre multivariáveis, usualmente com interações significativas entre as variáveis de processo. Nesse caso, as variáveis controladas são afetadas por mais de uma variável manipulada e, equivalentemente, cada variável manipulada afeta mais de uma variável controlada. Há diversas variáveis controladas, manipuladas e de perturbação, dentre as quais há algumas mensuráveis e outras não. Sobre as variáveis de perturbação, tem-se pouco ou nenhum controle.

b) Comportamento dinâmico complicado do tipo:
   - presença de tempos mortos causados por: atrasos de transporte ao longo de tubulações, atrasos em medições e análises químicas, existência de processos de ordem elevada cujas constantes de tempo mais rápidas acabam se somando e confundindo com tempos mortos etc.;
   - instabilidade ocasional em malha aberta.

c) Não linearidades inerentes.

d) Restrições de diversos tipos, como:
   - nos valores absolutos das variáveis de entrada e saída;
   - nas taxas de variação das entradas; e
   - outras restrições de igualdade e desigualdade.

Um controlador "ideal" para operação ótima de processos com as características anteriormente citadas deve possuir os seguintes atributos (OGUNNAIKE; RAY, 1994):

a) ser apto a manipular interações de processos multivariáveis, tempos mortos e outros comportamentos dinâmicos problemáticos; restrições de entrada e saída; perturbações (mensuráveis ou não) e não linearidades;

b) realizar todas as atividades da alínea anterior e, ao mesmo tempo, otimizar o esforço de controle para realizá-las;

c) ter um bom desempenho com um conjunto mínimo de medições das variáveis da planta (isto é, ele deve ter a capacidade de inferir variáveis críticas, mas não mensuráveis a partir das informações disponíveis);

d) ser robusto na presença de erros de modelamento e ruído nas medições; e

e) manter todos esses atributos em partidas, paradas e durante a operação normal da planta.

Apesar de tal controlador "ideal" não existir, é interessante relacionar os atributos de controladores MPC e compará-los com essa lista de requisitos ideais. Resulta, então, que a capacidade dos controladores MPC tipicamente faz com que:

a) seja relativamente fácil empregá-los em sistemas multivariáveis para manipular as interações do processo;

b) lidem naturalmente com tempos mortos, respostas inversas e outras características complicadas da dinâmica dos processos;

c) utilizem um modelo do processo, que pode, inclusive, ser bastante simples. Os primeiros controladores MPC (DMC e MAC) são baseados em modelos do tipo não paramétrico (resposta ao impulso ou ao degrau);

d) compensem efeitos de perturbações mensuráveis e não mensuráveis, sendo as mensuráveis de forma direta, por meio de um esquema por pré-alimentação (*feedforward*), e as não mensuráveis por inferência em um esquema por realimentação; e

e) sejam estruturados como um problema de otimização e, portanto, capazes de atingir os objetivos de controle por meio da otimização do esforço de controle (se o problema é posto dessa forma) e, simultaneamente, sejam capazes de manipular restrições de todos os tipos.

Comparando-se os atributos do controlador ideal com os do MPC, constata-se a razão do sucesso industrial do controle preditivo multivariável.

B.6 CARACTERÍSTICAS DOS PROCESSOS QUE JUSTIFICAM APLICAR O MPC

Deve-se enfatizar que nem todos os processos requerem o uso do MPC para um desempenho satisfatório. Assim, torna-se importante identificar quais processos justificam o emprego de técnicas de controle preditivo e quais características eles possuem.

Um estudo cuidadoso das aplicações publicadas do MPC indica que processos com problemas de controle multivariável envolvendo restrições e dinâmicas complicadas têm tradicionalmente se beneficiado do controle preditivo multivariável.

Há um consenso entre os usuários industriais, bem como entre os pesquisadores acadêmicos, de que o MPC é adequado tipicamente a processos com qualquer combinação das seguintes características (OGUNNAIKE; RAY, 1994; ODLOAK, 1996):

- são normalmente multivariáveis (MIMO), com forte interação entre as entradas manipuladas e as saídas controladas. Nessa situação, os esquemas convencionais baseados em controladores PID independentes têm frequentemente comportamento insatisfatório, o que leva à operação manual de vários sistemas industriais;
- uso intensivo de energia, em que a quantidade de energia utilizada afeta significativamente o custo de operação do processo, justificando, assim, minimizar a energia consumida;
- produção simultânea de vários produtos com valor de mercado diferentes. Nesse caso, todo o esforço é no sentido de maximizar a geração dos produtos mais nobres, em detrimento dos menos valorizados;
- processos com dinâmicas complexas e problemáticas (como longos tempos mortos, resposta inversa ou mesmo constantes de tempo muito grandes);
- processos com restrições nas variáveis de entrada e/ou saída. Os processos químicos apresentam vários tipos de restrições relacionadas com especificações de qualidade dos produtos, limitações da capacidade dos equipamentos envolvidos, limites de operação relativos à segurança de sistemas e materiais, limites de emissão de poluentes ambientais etc. Verifica-se na prática que, na grande maioria dos casos, os pontos de operação que minimizam o consumo de energia e maximizam a geração de produtos nobres localizam-se sobre uma ou mais restrições do sistema.

Dessa forma, a estratégia de controle deve tratar do problema multivariável, manipulando todas as variáveis disponíveis do sistema para atingir, de forma estável, os *set points* correspondentes ao ponto de operação ótimo do sistema. Esse ponto de operação pode ser fornecido por uma outra camada dentro da hierarquia de controle da unidade. Essa possibilidade de integração de controladores preditivos com funções de otimização é um dos grandes atrativos de seu emprego em controle de processos. Além disso, as ações de controle devem respeitar todas as restrições, tanto nas variáveis controladas quanto nas manipuladas do sistema (ODLOAK, 1996).

Nem todos os processos podem se beneficiar das qualidades do MPC. Processos com as seguintes características recaem nessa classe, para os quais técnicas mais simples podem ter um desempenho satisfatório:

- processos cujas variáveis exibam pouca ou nenhuma interação;
- processos com características dinâmicas normais, dadas principalmente por um fator de incontrolabidade F_C pequeno (ver Subseção 8.2.2 do Volume 1); e
- processos que raramente sejam sujeitos a restrições.

B.7 VANTAGENS E DESVANTAGENS DO MPC

As vantagens do MPC sobre outros métodos são (CAMACHO; BORDONS, 2007):

- seus conceitos são muito intuitivos, o que o torna atraente para grupos com pessoas de conhecimento restrito em controle;
- sua sintonia é relativamente fácil;
- pode ser usado para controlar uma grande variedade de processos, desde os de dinâmica relativamente simples aos mais complexos, incluindo sistemas com grandes tempos de atraso ou instáveis;
- o caso multivariável é facilmente tratável;
- intrinsicamente, tem compensação para tempos mortos;
- introduz controle por pré-alimentação de forma natural para compensar perturbações mensuráveis;
- o controlador resultante nos controladores MPC tradicionais possui uma lei de controle linear, fácil de implementar;
- sua extensão para o tratamento de restrições é conceitualmente simples e essas restrições podem ser incluídas durante o projeto; e
- é muito útil quando os valores de referência futuros são conhecidos de antemão (como em robótica ou em processos batelada).

A seguir, são citadas as vantagens específicas dos esquemas MPC convencionais. Por convencional entendem-se as técnicas que, como o DMC e o MAC, utilizam o modelo de resposta ao degrau ou impulso para predição explícita e calculam a ação de controle resolvendo um problema de otimização (com ou sem restrições) (OGUNNAIKE; RAY, 1994):

- o modelo de resposta ao impulso ou ao degrau utilizado é bastante intuitivo, de fácil compreensão e não requer um conhecimento prévio da ordem do modelo ou de sua estrutura;
- sua estratégia de utilizar predição de longo alcance para computar as ações corretivas de controle também é intuitiva e facilmente compreensível. Muitos problemas complicados criados por dinâmicas difíceis (tempo morto, resposta inversa etc.) são manipulados com grande facilidade com essa estratégia.

As desvantagens ou deficiências encontradas nos esquemas MPC convencionais são:

- a geração da lei de controle, apesar de ser relativamente fácil de implementar, é certamente mais complexa que a de controladores PID tradicionais;
- é necessário dispor de um modelo apropriado do processo;
- há diversos processos industriais importantes para os quais um modelo linear aproximado provê uma representação pobre da dinâmica da planta. Nesse caso,

a simplicidade da resposta ao degrau ou ao impulso é inaceitável, devido à imprecisão do modelo gerado. Além disso, esse tipo de modelo não é diretamente aplicável a processos com elementos integradores ou instáveis em malha aberta, requerendo modificações especiais para poder ser usado;

- existe um número substancial de parâmetros de sintonia e nem sempre é óbvio qual ou quais desses parâmetros devem ser escolhidos para sintonizar o controlador. Nesse sentido, o algoritmo MAC é bem mais simples que o DMC, mas, por outro lado, o DMC tem mais graus de liberdade disponíveis para atingir os objetivos frequentemente conflitantes de robustez e desempenho;
- a estratégia de atualizar as predições do modelo é frequentemente muito inadequada, pois assume que a discrepância observada no instante atual entre a predição do modelo e as medições da planta devem-se somente a perturbações não modeladas. Ela também assume que tal discrepância permanecerá inalterada ao longo do horizonte de predição. Isso frequentemente conduz a um fraco desempenho, especialmente na rejeição de perturbações; e
- uma análise sistemática da estabilidade e da robustez dos sistemas MPC convencionais não é possível em sua formulação original de horizonte finito, sendo que a formulação por meio do horizonte infinito é melhor para essa análise. A lei de controle é, em geral, variante no tempo, o que inviabiliza sua análise de estabilidade e robustez.

B.8 EXEMPLO DE CONTROLE PREDITIVO EXECUTADO MANUALMENTE

A estrutura de controle preditivo é baseada em uma maneira muito natural de interpretar o controle por realimentação. Para demonstrar esse fato, a seguir é dado um exemplo em que se considera um operador humano implementando controle por realimentação de forma manual. Seja então o processo de mistura em três tanques mostrado na Figura B.1 (MARLIN, 2000).

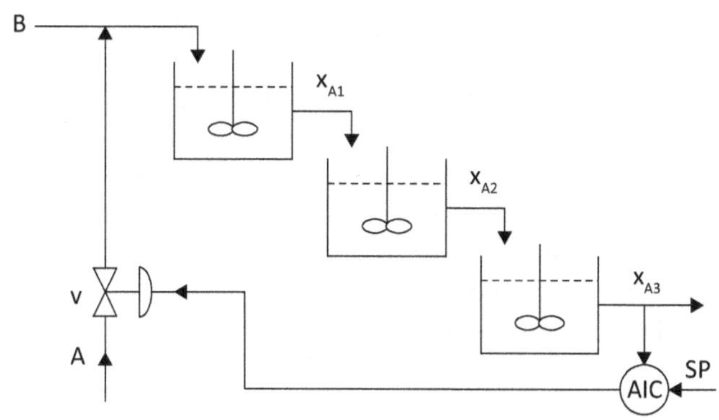

Figura B.1 – Sistema de controle de concentração de um produto.

Nesse processo, dois fluxos A e B são misturados em três tanques em cascata e a concentração do componente A na saída é controlada, manipulando-se o fluxo de A na entrada.

Assuma agora que o processo esteja inicialmente em regime estacionário em um certo valor de referência e que se deseja reduzir a concentração na saída, ajustando o fluxo do componente A. Inicialmente, o operador estima a magnitude da mudança na posição da válvula (saída do controlador), requerida para alcançar a mudança desejada no novo valor estacionário da variável controlada. Essa estimativa requer uma avaliação, por parte do operador, do ganho em regime estacionário do processo K_P. Ele então pode estimar o ajuste adequado da posição da válvula como:

$$(\Delta v)_1 = \frac{(\Delta x_{A3})_1}{K_P}$$

Em seguida, o operador decide se implementa esse ajuste em um único passo ou introduz a mudança em diversos passos menores. Se a decisão fosse introduzir todo o ajuste em um único passo, a resposta dinâmica poderia assemelhar-se ao transitório inicial mostrado na Figura B.2 (MARLIN, 2000).

Figura B.2 – Exemplo de controle manual.

A pessoa então espera até que um novo regime estacionário seja estabelecido, para observar a resposta e determinar se a estimativa de correção foi correta. Neste exemplo, a mudança na concentração foi exagerada, conforme se depreende pela diferença entre a concentração real e predita. Como resultado desse erro, o operador teria que efetuar outra alteração na posição da válvula. Um operador experimente poderia concluir que o ganho K_p assumido está incorreto e modificaria a estimativa de K_p; no entanto, o operador deste exemplo aplica um método mais direto, supondo que a próxima correção seja baseada no mesmo valor do ganho do processo K_P, isto é:

$$(\Delta v)_2 = \frac{(\Delta x_{A3})_2}{K_P}$$

em que $(\Delta x_{A3})_2$ é a diferença entre os valores desejado e real de Δx_{A3}. Diversas iterações desse procedimento resultam na resposta mostrada na Figura B.2, que acaba atingindo o novo valor desejado de concentração.

O enfoque usado pelo operador apresenta três características importantes:

a) ele usa um modelo mental do processo para determinar o ajuste adequado da variável manipulada, pois o comportamento futuro da variável controlada pode ser predito a partir dos valores da variável manipulada;

b) a informação importante obtida por meio da realimentação é a diferença entre a resposta predita pelo modelo e a resposta real do processo. Se essa diferença fosse nula, o controle seria perfeito e nenhuma correção adicional seria necessária; e

c) esse enfoque por realimentação pode fazer com que a variável controlada se aproxime do valor de referência após algumas iterações, mesmo quando existam pequenos erros no modelo.

Essas três características proveem a base para a estrutura de controle preditivo.

B.9 PRINCÍPIO DE FUNCIONAMENTO DO CONTROLE PREDITIVO

Processos químicos frequentemente possuem uma dinâmica lenta, de modo que é muito comum que consumam um grande intervalo de tempo para que o efeito pleno de cada ação de controle individual seja completamente manifestado na saída do processo. A implicação imediata desse fato é não ser possível obter um "quadro completo" das consequências de ações de controle previamente aplicadas somente a partir de medições atuais na saída do processo. Para decidir qual ação de controle executar no instante atual de tempo, é recomendável (MARLIN, 2000):

a) considerar primeiro como a saída do processo se comportará no futuro *se nenhuma ação adicional de controle* for tomada; e

b) direcionar as ações de controle futuras para corrigir o que falta depois que os efeitos das ações de controle previamente implementadas tenham se manifestado completamente.

O controle preditivo não é uma estratégia específica de controle, mas um conjunto amplo de métodos de controle desenvolvido em torno das ideias comuns citadas no parágrafo anterior. Esses métodos de projeto criam controladores que têm, em essência, a mesma estrutura. As ideias básicas que permeiam, em maior ou menor grau, as famílias de controle preditivo são (CAMACHO; BORDONS, 2007):

- uso explícito de um modelo para predizer a saída do processo em instantes futuros de tempo (horizonte de predição);

- cálculo de uma sequência de controle minimizando uma certa função objetivo; e
- deslocamento, em cada instante, do horizonte para o futuro, o que envolve a aplicação do primeiro sinal de controle da sequência calculada em cada passo.

Embutido em cada controlador MPC existe um modelo dinâmico do processo, o qual é usado pelo MPC para duas tarefas principais: além de prover uma predição explícita do comportamento futuro da planta, conforme já foi citado, também é usado para computar a ação de controle corretiva apropriada para gerar a saída predita do processo, tão próxima quanto possível da trajetória de referência.

A ação de controle não é baseada na medição direta das variáveis controladas, como no algoritmo PID, mas em seus valores futuros (ou preditos). Em essência, o que um controlador preditivo calcula é o valor das variáveis manipuladas que tornam as variáveis controladas preditas iguais a seus valores de referência em algum instante no futuro. O controle preditivo pode ser encarado como uma generalização do controle por pré-alimentação: o modelo dinâmico prevê o comportamento futuro do processo, incluindo a contribuição de perturbações medidas, e o controlador age antecipadamente para manter o processo em seus valores de referência. O modelo dinâmico se encarrega da relação entre todas as variáveis manipuladas e controladas, o que é normalmente obtido por meio de técnicas de Identificação de Sistemas (FRIEDMANN; STOLTENBERG, 1996).

Em suma, o conceito básico do MPC é que um modelo dinâmico e medições disponíveis do processo sejam usados para predizer o comportamento futuro do processo. Os cálculos de controle minimizam a diferença entre a resposta predita e a resposta desejada.

Uma vantagem importante do MPC é que ele pode acomodar restrições operacionais das diversas variáveis do processo. No MPC, os cálculos de controle feitos em tempo real consistem em resolver um problema de programação linear ou quadrática a cada instante de amostragem, conforme novas medições se tornem disponíveis. Os modelos dinâmicos do processo são usualmente empíricos e lineares, na forma de equações de diferença que relacionam as variáveis de entrada e saída. A experiência mostrou que a identificação do modelo é um passo fundamental na implantação das técnicas de MPC. O modelo é obtido, tipicamente, a partir de uma série de testes experimentais em malha aberta ou fechada (ZHU, 2001; AGUIRRE, 2015).

Os algoritmos MPC existentes diferem entre si no modelo usado para representar o processo e suas perturbações e na função custo a ser minimizada.

B.10 ESTRATÉGIA DO MPC

A metodologia dos controladores pertencentes à família MPC é caracterizada pela seguinte estratégia, representada na Figura B.3 (CAMACHO; BORDONS, 2007):

a) as saídas futuras do processo para um determinado horizonte *N*, chamado de horizonte de predição, são preditas em cada instante usando o modelo do processo. Essas saídas preditas $\hat{y}(t+k/t)$ (em que essa notação indica o valor da variável no instante $t + k$ calculada no instante t) para $k = 1, \ldots N$ dependem dos valores conhecidos até o instante t (entradas e saídas passadas) e dos futuros sinais de controle $u(t+k/t), k = 0, \ldots N - 1$, que são os sinais a serem calculados e enviados ao sistema;

b) o conjunto de sinais de controle futuros é calculado pela otimização de um determinado critério, tendo em vista manter o processo tão próximo quanto possível da trajetória de referência $w(t+k)$ (que pode ser o próprio *set point* ou um valor muito próximo dele). Esse critério usualmente assume a forma de uma função quadrática dos erros entre o sinal predito de saída e a trajetória de referência predita. O esforço de controle é incluído na função objetivo na maioria dos casos. Uma solução explícita pode ser obtida se o critério é quadrático, o modelo é linear e não há restrições. De outra forma, um método de otimização iterativa deve ser usado;

c) o sinal de controle $u(t/t)$ é enviado ao processo enquanto os próximos sinais de controle são rejeitados, porque no próximo instante de amostragem, $y(t+1)$ já é conhecido, o passo "a" é repetido com esse novo valor e todas as sequências são atualizadas. Assim, o sinal de controle $u(t+1/t+1)$ é calculado (o qual, em princípio, será diferente de $u(t+1/t)$, devido às novas informações disponíveis usando o conceito de horizonte que retrocede – *receding horizon*).

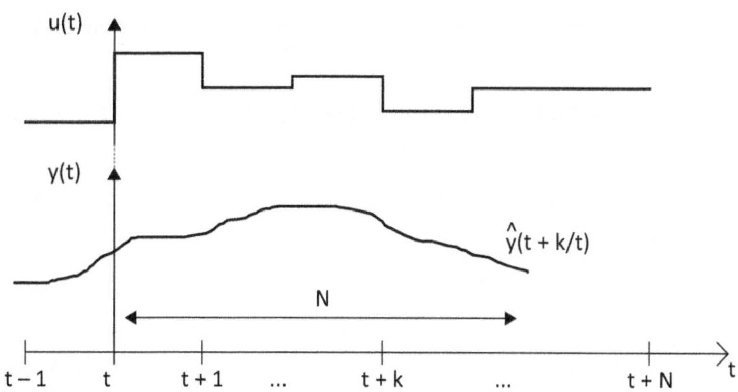

Figura B.3 – Estratégia do MPC.

Para implementar essa estratégia, a estrutura básica mostrada na Figura B.4 é usada (CAMACHO; BORDONS, 2007).

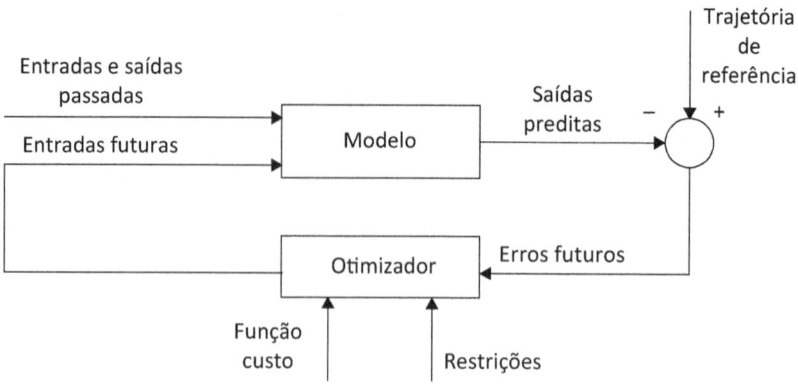

Figura B.4 – Estrutura básica do MPC.

Um modelo é usado para predizer as futuras saídas da planta, baseado em valores passados e atuais e nas futuras ações ótimas de controle. Essas ações são calculadas pelo otimizador considerando a função custo bem como as restrições.

O modelo selecionado, denominado ***M***, tem uma dupla função na implementação do MPC (OGUNNAIKE; RAY, 1994):

a) primeiramente, ele é usado para predizer a saída do processo ao longo de um horizonte de tempo predeterminado (com o tempo atual como a origem da predição), considerando a *ausência* de ações de controle adicionais, além das aplicadas até o instante atual. Para modelos de tempo discreto, isso significa predizer $\hat{y}^0(k+1),\ \hat{y}^0(k+2),\cdots\ \hat{y}^0(k+i)$, para i amostras de tempo no futuro com base nas ações de controle passadas até o instante atual $\left[u(k),\ u(k-1),\cdots\ u(k-j)\right]$; e

b) depois, o mesmo modelo ***M*** é usado para calcular uma sequência de ações de controle que irão satisfazer alguns objetivos de otimização, como:

- minimizar o desvio predito da saída do processo com relação à trajetória de referência ao longo do horizonte de predição;
- minimizar o dispêndio de esforço de controle para acionar a saída do processo em direção à trajetória de referência; e
- Esses objetivos de otimização estão sujeitos a restrições operacionais pré-especificadas.

Isso é conceitualmente equivalente a construir e utilizar uma inversa adequada do modelo ***M****, que é capaz de predizer a sequência de ações de controle $u(k),\ u(k+1),\cdots\ u(k+m-1)$ requerida para atingir o comportamento pré-especificado da saída p passos de tempo no futuro.

Como nenhum modelo pode representar, de forma perfeita, a realidade, medições da saída do processo $y_m(k)$ são comparadas com as predições do modelo $\hat{y}(k)$ e o erro de predição resultante $\hat{\varepsilon}(k) = y_m(k) - \hat{y}(k)$ é usado para corrigir predições futuras.

O modelo do processo exerce, então, um papel decisivo no controlador. O modelo escolhido deve ser capaz de descrever a dinâmica do processo de modo a predizer, com precisão, as saídas futuras, bem como ser simples de implementar e entender. Como o MPC não é uma técnica única, mas um conjunto de diferentes métodos, há diversos tipos de modelos usados nas diferentes formulações.

Um dos modelos mais populares na indústria é o gerado por meio da resposta ao impulso, que é muito simples de obter, visto necessitar apenas da medição da saída quando o processo é excitado com um impulso na entrada. Esse tipo de modelo, além de ser intuitivo, pode ser usado para processos multivariáveis, embora ele apresente como desvantagem o fato de precisar de um grande número de parâmetros e ser limitado a processos estáveis em malha aberta. Outra forma similar de modelo é o obtido por meio da resposta ao degrau, quando se aplica um degrau na entrada do processo.

O modelo do tipo função de transferência é muito usado em métodos de projeto de controle e é uma representação que requer poucos parâmetros, sendo válido para processos lineares. O modelo baseado no espaço de estados também é usado em algumas formulações, por descrever facilmente processos multivariáveis.

O otimizador é outro componente fundamental da estratégia do MPC, visto prover as ações de controle. Se a função custo é quadrática, seu mínimo pode ser obtido como uma função explícita (linear) das entradas e saídas passadas e da trajetória de referência futura. Na presença de restrições de desigualdade, a solução deve ser obtida por meio de algoritmos numéricos executados em computador. O tamanho dos problemas de otimização depende do número de variáveis e dos horizontes de predição empregados. Usualmente, são problemas de otimização relativamente simples, que não requerem códigos computacionais sofisticados para serem resolvidos. No entanto, o tempo necessário para os casos com restrições pode ser muito maior que o necessário para os casos sem restrições.

B.11 ELEMENTOS BÁSICOS DO MPC

Todos os algoritmos MPC possuem elementos comuns e diferentes opções podem ser escolhidas para cada um desses elementos, gerando algoritmos diferentes. Esses elementos são (CAMACHO; BORDONS, 2007):

- modelo de predição;
- função objetivo; e
- lei de controle.

B.11.1 MODELO DE PREDIÇÃO

O modelo do processo a ser controlado é de importância fundamental para o MPC. O uso do melhor modelo possível do processo é determinado pela necessidade de calcular a saída predita em instantes futuros $\hat{y}(t+k/t)$. As diferentes estratégias do

MPC usam diferentes tipos de modelos para representar a relação entre as saídas e as entradas mensuráveis, algumas das quais são variáveis manipuladas. As outras podem ser consideradas perturbações mensuráveis, que podem ser compensadas por meio da pré-alimentação.

Um modelo de perturbação pode também ser considerado de modo a descrever o comportamento que não é refletido pelo modelo do processo, incluindo o efeito de entradas não mensuráveis, ruído e erros no modelo.

Os modelos empregados são do tipo discreto, linear ou não linear e invariantes no tempo. Os algoritmos MPC mais antigos utilizam apenas modelos lineares, sendo que o uso de modelos não lineares é uma inovação relativamente recente. O modelo representa a relação dinâmica entre as variáveis de entrada do processo (manipuladas e de perturbação) e as variáveis de saída do processo (controladas).

Um modelo discreto é necessário porque os controladores MPC são implementados por meio de programas computacionais em linguagens de alto nível, que são executados de forma periódica, tipicamente com um período entre 1 e 5 minutos. As hipóteses de linearidade e invariância no tempo são assumidas porque levam a modelos relativamente simples, fáceis de trabalhar e que se mostraram adequados para representar a maioria dos processos encontrados nas indústrias petroquímicas. Em certos casos, processos não lineares podem ser modelados, restringindo-se a não linearidade apenas ao ganho do modelo, assumindo-se que as dinâmicas sejam constantes. Um cálculo dedicado atribui, então, o valor do ganho de acordo com as condições do processo (FRIEDMANN; STOLTENBERG, 1996).

B.11.1.1 Modelo do processo

As três formas de modelo mais populares para controladores preditivos convencionais são versões lineares e discretas dos seguintes tipos de representação: convolução finita (ou resposta ao impulso), função de transferência e espaço de estados.

a) Convolução finita discreta

Há duas formas totalmente equivalentes desse tipo de modelo:

- Resposta ao impulso

  É utilizada no MAC e como um caso especial do GPC. A saída é relacionada com a entrada por meio da equação:

$$y(t) = \sum_{i=1}^{\infty} h_i \, u(t-i)$$

  em que h_i é a saída amostrada quando o processo é excitado por um impulso (pulso) unitário, conforme ilustra a Figura B.5.

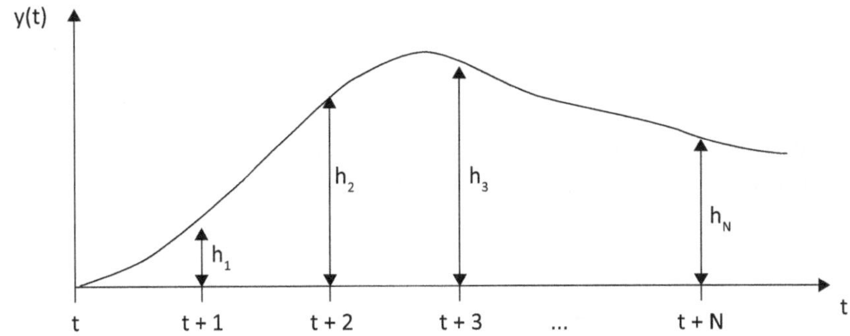

Figura B.5 – Resposta ao impulso (pulso) de um processo em malha aberta.

Esse somatório é truncado e somente N valores são considerados, de modo que apenas processos estáveis sem integradores podem ser representados. Resulta:

$$y(t) = \sum_{i=1}^{N} h_i \; u(t-i) = H\left(z^{-1}\right) \; u(t)$$

em que $H\left(z^{-1}\right) = h_1 z^{-1} + h_2 z^{-2} + \cdots + h_N z^{-N}$, sendo z^{-1} o operador de atraso.

Esse tipo de modelo é conhecido como FIR (*Finite Impulse Response*), sendo também denominado modelo de convolução discreta. Um inconveniente desse modelo é o grande número de parâmetros necessários, visto que N é usualmente um valor alto, na faixa de 40 a 50 ou mesmo maior.

A predição é dada por:

$$\hat{y}\left(t+k/t\right) = \sum_{i=1}^{N} h_i \; u\left(t+k-i/t\right) = H\left(z^{-1}\right) u\left(t+k/t\right)$$

Se o processo for multivariável, as diferentes saídas refletem o efeito das M entradas da seguinte forma:

$$\boldsymbol{y}_j(t) = \sum_{k=1}^{M} \sum_{i=1}^{N} \boldsymbol{h}_i^{kj} \; \boldsymbol{u}^k(t-i)$$

Uma grande vantagem desse método é que nenhuma informação anterior acerca do processo é necessária e, ao mesmo tempo, dinâmicas complexas como fase não mínima ou atrasos puros podem ser facilmente descritas.

- Resposta ao degrau

  Usado pelo algoritmo DMC e suas variantes. É similar ao método anterior, exceto pelo fato de que o sinal de entrada é um degrau. Para sistemas estáveis, a resposta truncada é dada por:

$$y(t)=\sum_{i=1}^{N} g_i\ \Delta u(t-i)=G(z^{-1})(1-z^{-1})u(t)$$

em que g_i são os valores amostrados da saída para a entrada degrau e $\Delta u(t)=u(t)-u(t-1)$, conforme a Figura B.6 demonstra.

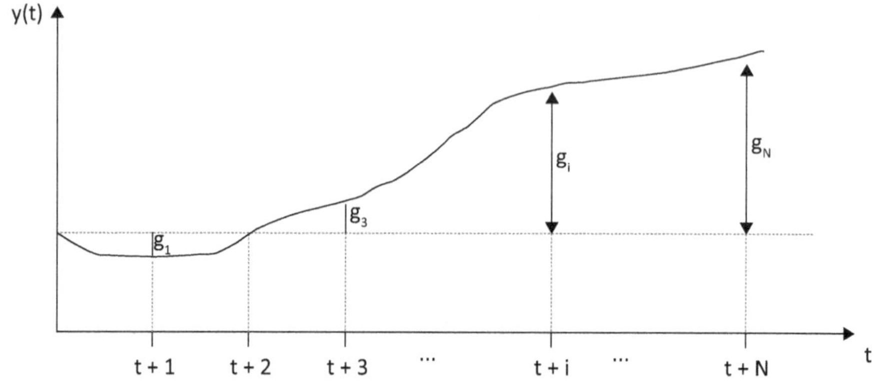

Figura B.6 – Curva de reação de um processo (resposta ao degrau em malha aberta).

Esse tipo de modelo é conhecido como FSR (*Finite Step Response*) ou curva de reação do processo. O preditor é:

$$\hat{y}(t+k/t)=\sum_{i=1}^{N} g_i\ \Delta u(t+k-i/t)$$

As vantagens e as desvantagens desse método são as mesmas do anterior.

b) Função de transferência

A função de transferência é usada pelo GPC e outros algoritmos de controle preditivo:

$$G=\frac{B}{A}$$

A saída é dada por:

$$A(z^{-1})\,y(t)=B(z^{-1})\,u(t)$$

em que:

$$A(z^{-1})=1+a_1z^{-1}+a_2z^{-2}+\cdots+a_{na}z^{-na}$$

$$B(z^{-1}) = b_1 z^{-1} + b_2 z^{-2} + \cdots + b_{nb} z^{-nb}$$

A predição é dada por:

$$\hat{y}(t+k/t) = \frac{B(z^{-1})}{A(z^{-1})} u(t+k/t)$$

Essa representação também é válida para processos instáveis e tem a vantagem de precisar apenas de uns poucos parâmetros, ainda que um conhecimento prévio do processo seja fundamental, principalmente para saber a ordem dos polinômios *A* e *B*.

c) Espaço de estados

Sua representação é dada por:

$$\boldsymbol{x}(t) = \boldsymbol{Mx}(t-1) + \boldsymbol{Nu}(t-1)$$

$$\boldsymbol{y}(t) = \boldsymbol{Qx}(t)$$

em que $\boldsymbol{x}$ é o vetor de estados e $\boldsymbol{M}$, $\boldsymbol{N}$ e $\boldsymbol{Q}$ as matrizes do sistema, da entrada e da saída, respectivamente. A predição para esse modelo é dada por:

$$\hat{\boldsymbol{y}}(t+k/t) = \boldsymbol{Q}\,\hat{\boldsymbol{x}}(t+k/t) = \boldsymbol{Q}\left[\boldsymbol{M}^k \boldsymbol{x}(t) + \sum_{i=1}^{k} \boldsymbol{M}^{i-1}\,\boldsymbol{N}\,\boldsymbol{u}(t+k-i/t)\right]$$

A lei de controle é simplesmente a realimentação de uma combinação linear do vetor de estados, embora, algumas vezes, os estados escolhidos não tenham significado físico. Se os estados não são mensuráveis, pode-se precisar de um observador de estados.

B.11.1.2 Modelo de perturbações

Muitos fatores contribuem para as discrepâncias observadas entre as medições das variáveis do processo e as predições do modelo: o efeito de perturbações não modeladas e incomensuráveis; erros na estrutura do modelo; ou erros nas estimativas dos parâmetros do modelo. Como é frequentemente impossível isolar uma causa da outra, a estratégia-padrão do MPC é simplesmente atribuir as discrepâncias a perturbações não medidas, assumir que essas perturbações sejam constantes para os instantes futuros ao longo do horizonte de predição e atualizar as predições do modelo com base nesse modelo assumido.

Um modelo muito usado para representar as perturbações é o CARIMA (*Controlled Autoregressive and Integrated Moving Average*), em que o modelo das perturbações é dado por:

$$n(t)=\frac{C(z^{-1})e(t)}{D(z^{-1})}$$

em que o polinômio $D(z^{-1})$ explicitamente inclui o integrador $\Delta = 1 - z^{-1}$, $e(t)$ é ruído branco de média nula e o polinômio C costuma ser considerado igual a 1. Esse modelo é usado no algoritmo GPC.

O algoritmo DMC emprega o modelo ARIMA:

$$n(t)=\frac{e(t)}{1-z^{-1}}$$

B.11.2 FUNÇÃO OBJETIVO

Os diferentes algoritmos preditivos propõem funções custo diferentes para obter a lei de controle. O objetivo básico é que a saída futura (y) no horizonte considerado siga um determinado sinal de referência (w) e, ao mesmo tempo, o esforço de controle (Δu) necessário seja penalizado. A expressão geral para a função objetivo é:

$$J(N_1, N_2, N_u) = \mathrm{E}\left\{ \sum_{j=N_1}^{N_2} \delta(j)\left[\hat{y}(t+j/t)-w(t+j)\right]^2 + \sum_{j=1}^{N_u} \lambda(j)\left[\Delta u(t+j-1)\right]^2 \right. \quad \text{(B.1)}$$

em que E representa o valor esperado.

A função objetivo dada na Equação (B.1) inclui os elementos discutidos a seguir (CAMACHO; BORDONS, 2007).

B.11.2.1 Parâmetros da função objetivo

N_1 e N_2 são os horizontes de custo mínimo e máximo, respectivamente, e N_u é o horizonte de controle, que não necessariamente deve coincidir com o horizonte máximo. N_1 e N_2 marcam os limites dos instantes em que é desejável que a saída siga a referência. Assim, se um valor alto de N_1 é considerado, é porque não importa se há erros nos instantes iniciais que provocarão uma resposta lenta do processo. Repare que, em processos com tempo morto θ, não há razão para N_1 ser menor que θ, pois a saída não mudará até o instante $t+\theta$. Além disso, se o processo é de fase não mínima, esse parâmetro permitirá que os primeiros instantes de resposta inversa sejam eliminados da função objetivo. Os coeficientes $\delta(j)$ e $\lambda(j)$ são sequências que consideram o comportamento futuro, sendo que usualmente se consideram valores constantes ou sequências exponenciais.

Por exemplo, é possível obter um peso exponencial de $\delta(j)$ ao longo do horizonte usando:

$$\delta(j) = \alpha^{N_2 - j}$$

Se α está entre 0 e 1, isso indica que os erros mais distantes do instante t são mais penalizados que aqueles mais próximos, permitindo um controle mais suave e com menos esforço. Se, no entanto, $\alpha > 1$, os primeiros erros são mais penalizados, provocando um controle mais rigoroso.

Os parâmetros aqui descritos podem ser usados como elementos de sintonia do algoritmo.

B.11.2.2 Trajetória de referência

Uma das vantagens do controle preditivo é que se a evolução futura da referência é conhecida *a priori*, o sistema pode reagir antes de a mudança ter sido efetivamente realizada, evitando assim os efeitos de atrasos na resposta do processo. A evolução futura da referência $r(t+k)$ é conhecida de antemão em muitas aplicações, como robôs, servomecanismos ou processos batelada.

Na minimização da função objetivo, a maioria dos métodos usualmente emprega uma trajetória de referência $w(t+k)$ que não necessariamente tem de coincidir com a referência real $r(t+k)$. Assim, a trajetória de referência $w(t+k)$ pode ser um degrau para o novo valor de referência, ou então, mais comumente, $w(t+k)$ pode se aproximar do novo valor de referência de forma menos abrupta que o degrau. Trata-se, normalmente, de uma aproximação suave, a partir do valor da saída $y(t)$ em direção à referência, por meio de um sistema de primeira ordem:

$$\begin{aligned} w(t) &= y(t) \\ w(t+k) &= \alpha\, w(t+k-1) + (1-\alpha) r(t+k) \qquad k = 1, \cdots N \end{aligned} \tag{B.2}$$

O parâmetro α fica delimitado entre 0 e 1 (quanto mais próximo de 1, mais suave será a aproximação) e constitui um valor ajustável que irá influenciar a resposta dinâmica do sistema. A Figura B.7 mostra a forma da trajetória quando a referência $r(t+k)$ é constante, para dois valores distintos de α (CAMACHO; BORDONS, 2007).

Nota-se que valores pequenos de α proveem uma aproximação rápida (w_1) e valores grandes propiciam uma resposta mais suave (w_2).

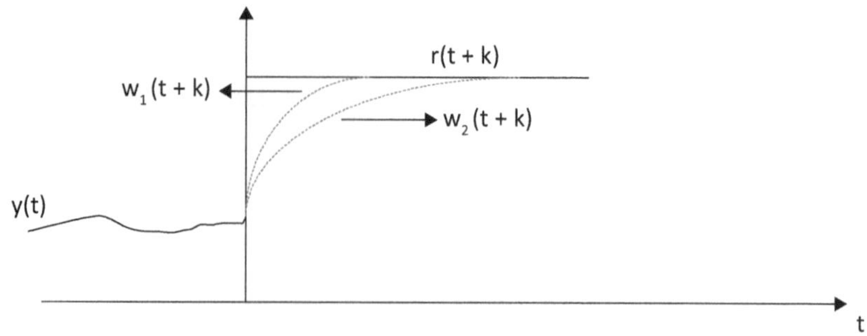

Figura B.7 – Trajetória de referência.

B.11.2.3 Restrições na função objetivo

Na prática, todos os processos estão sujeitos a restrições. Os atuadores têm um campo limitado de ação, bem como uma determinada taxa de variação, como é o caso de válvulas, limitadas pelas posições totalmente aberta ou fechada e pela dinâmica da resposta. Razões construtivas, de segurança, ambientais ou limitações dos instrumentos podem gerar limites nas variáveis do processo, como nível em tanques, vazão em tubulações ou temperaturas e pressões máximas. Além disso, as condições operacionais são normalmente definidas pela intersecção de certas restrições motivadas por razões econômicas, de modo que o sistema de controle irá operar próximo às fronteiras. Todas essas razões justificam a introdução de restrições na função a ser minimizada.

Muitos algoritmos preditivos intrinsicamente consideram as restrições, como o DMC e o MAC, enquanto outros podem incorporá-las posteriormente, como o GPC.

As limitações na amplitude e na taxa de variação do sinal de controle e os limites na saída são considerados da seguinte forma:

$$u_{\min} \le u(t) \le u_{\max} \quad \forall t$$
$$du_{\min} \le u(t) - u(t-1) \le du_{\max} \quad \forall t$$
$$y_{\min} \le y(t) \le y_{\max} \quad \forall t$$

Deve-se, então, adicionar essas restrições à função objetivo, tornando a minimização mais complexa, de modo que a solução não pode ser obtida explicitamente como no caso sem restrições.

B.11.3 OBTENÇÃO DA LEI DE CONTROLE

Para obter os valores $u(t+k/t)$, é necessário minimizar o funcional J da função objetivo. Para fazer isso, os valores das saídas preditas $\hat{y}(t+k/t)$ são calculados como função dos valores passados de entradas e saídas e dos sinais futuros de controle, usando o modelo escolhido. Substituem-se então, esses valores na função objetivo, obtendo uma expressão cuja minimização leve aos valores almejados. Uma solução analítica pode ser obtida para o critério quadrático se o modelo for linear e não houver restrições. Caso contrário, um método iterativo de otimização deve ser usado. Qualquer que seja o método, a solução é complicada, pois há $N_2 - N_1 + 1$ variáveis independentes, um valor que pode ser alto (da ordem de 10 a 30). Para reduzir esse grau de liberdade, uma certa estrutura pode ser proposta para a lei de controle. Essa estrutura é obtida por meio do emprego do conceito de horizonte de controle (N_u), usado no DMC, que consiste em considerar que, após um certo intervalo $N_u < N_2$, não há variação nos sinais de controle propostos, isto é:

$$\Delta u(t+j-1)=0 \quad j>N_u$$

que equivale a atribuir pesos infinitos às mudanças no controle a partir de um certo instante. O caso extremo seria considerar N_u igual a 1, resultando que todas as ações futuras de controle seriam iguais a $u(t)$. Lembre-se de que, devido ao conceito de horizonte móvel, o sinal de controle é recalculado na amostra seguinte.

B.12 EXEMPLOS DE ALGORITMOS MPC

Os dois primeiros métodos lançados e bastante populares de MPC são sucintamente apresentados a seguir, de modo a demonstrar suas características mais importantes (CAMACHO; BORDONS, 2007).

B.12.1 CONTROLE POR MATRIZ DINÂMICA – DMC

Esse método emprega a resposta ao degrau para modelar o processo, considerando apenas os N primeiros termos, assumindo-se, portanto, que o processo seja estável e sem integradores. Esse valor de N também é o horizonte de predição, usando-se um horizonte de controle $N_u \le N$. Quanto às perturbações, seu valor é considerado o mesmo do instante t ao longo do horizonte, isto é, elas são iguais ao valor medido da saída (y_m) menos o valor calculado pelo modelo $(\hat{y})$:

$$\hat{n}(t+k/t)=\hat{n}(t/t)=y_m(t)-\hat{y}(t/t)$$

Portanto, o valor predito da saída será:

$$\hat{y}(t+k/t)=\sum_{i=1}^{k} g_i\,\Delta u(t+k-i)+\sum_{i=k+1}^{N} g_i\,\Delta u(t+k-i)+\hat{n}(t+k/t)$$

em que o primeiro termo contém as ações de controle futuras a serem calculadas, o segundo contém valores passados das ações de controle e, portanto, é conhecido, e o último representa as perturbações.

A função custo pode considerar apenas erros futuros ou pode incluir o esforço de controle, caso em que apresentará a forma genérica da Equação (B.1).

Uma das características desse método que o popularizou na indústria é a introdução de restrições, de modo que a inclusão de equações na forma:

$$\sum_{i=1}^{N} C_{yi}^{j}\, \breve{y}(t+k/t)+C_{ui}^{j}\, u(t+k-i)+c^{j} \leq 0 \quad j=1,\cdots N_c$$

deve ser considerada na minimização.

A otimização, realizada numericamente devido à presença de restrições, é executada em cada instante de amostragem e o valor de $u(t)$ é enviado ao processo, como é normalmente feito em todos os métodos MPC. Os inconvenientes desse método são o tamanho do problema, envolvendo uma grande carga de cálculos e a impossibilidade de trabalhar com processos instáveis.

B.12.2 CONTROLE POR MODELO ALGORÍTMICO – MAC

Este algoritmo, também conhecido como *Model Predictive Heuristic Control*, cujo *software* é conhecido como IDCOM (*IDentification COMmand*), é parecido com o DMC, mas usa um modelo de resposta ao impulso válido apenas para processos estáveis, em que o valor de $u(t)$ aparece em vez de $\Delta u(t)$. Além disso, ele não emprega o conceito de horizonte de controle, de modo que nos cálculos surgem tantos sinais de controle quantas são as saídas futuras.

O método emprega uma trajetória de referência como um sistema de primeira ordem, que evolui da saída atual ao *set point* de acordo com uma determinada constante de tempo, segundo a Equação (B.2). A variância do erro entre essa trajetória e a saída é o que se busca ao minimizar a função objetivo. As perturbações podem ser tratadas como no DMC ou suas estimativas podem ser realizadas pela seguinte expressão recursiva:

$$\hat{n}(t+k/t)=\alpha\, \hat{n}(t+k-1/t)+(1-\alpha)\left(y_m(t)-\hat{y}(t/t)\right)$$

com $\hat{n}(t/t)=0$ e $0 \leq \alpha < 1$, sendo α um parâmetro ajustável.

O método também considera restrições nos atuadores, bem como nas variáveis internas ou saídas secundárias.

B.13 CONCLUSÕES

Procurou-se, aqui, de forma muito sucinta, dar uma visão geral das aplicações e dos conceitos relativos ao controle preditivo multivariável. Trata-se, certamente, de um assunto de grande interesse prático, cujas aplicações na indústria tendem a aumentar.

REFERÊNCIAS

AGUIRRE, L. A. **Introdução à identificação de sistemas**: técnicas lineares e não-lineares aplicadas a sistemas reais. 4. ed. Belo Horizonte: Editora UFMG, 2015.

CAMACHO, E. F.; BORDONS, C. **Model predictive control in the process industry**. 2. ed. London: Springer-Verlag, 2007.

CLARKE, D. W.; MOHTADI, C.; TUFFS, P. S. Generalized predictive control - part I. The basic algorithm. **Automatica**, v. 23, n. 2, p. 137-148, 1987a.

______. Generalized predictive control - part II. Extensions and interpretations. **Automatica**, v. 23, n. 2, p.149-160, 1987b.

CUTLER, C. R.; RAMAKER, B. C. Dynamic matrix control: a computer control algorithm. In: AIChE NATIONAL MEETING, Houston, 1979. **Proceedings**. Também em: JOINT AUTOMATIC CONTROL CONFERENCE, San Francisco, paper WP5-B, 1980. **Proceedings**.

FRIEDMANN, P. G.; STOLTENBERG, T. P. **Continuous process control:** practical guides for measurement and control. Research Triangle Park: Instrument Society of America, 1996.

FROISY, J. B.; RICHALET, J. Industrial applications of IDCOM. In: MORARI, M.; MCAVOY, T. J. (ed.). **Chemical Process Control** - CPC III. New York: Elsevier, 1986.

GARCIA, C. E.; MORARI, M. Internal model control - 1. A unifying review and some new results. **Industrial & Engineering Chemistry Process Design and Development**, v. 21, n. 2, p. 308-323, abr. 1982.

GARCIA, C. E.; MORSHEDI, A. M. Quadratic programming solution of Dynamic Matrix Control (QDMC). **Chemical Engineering Communications**, v. 46, p. 73-87, jul. 1986.

MARLIN, T. E. **Process control**: designing processes and control systems for dynamic performance. 2. ed. New York: McGraw-Hill, 2000.

ODLOAK, D. Controle preditivo de processos químicos. In: CONGRESSO BRASILEIRO DE AUTOMÁTICA - CBA, 11. São Paulo, 1996. **Mini-cursos**. São Paulo: SBA, 1996, p. 61-86.

OGUNNAIKE, B. A.; RAY, W. H. **Process dynamics, modeling and control**. New York: Oxford University Press, 1994.

PRETT, D. M.; GILLETTE, R. D. Optimization and constrained multivariable control of a catalytic cracking unit. In: AIChE NATIONAL MEETING, Houston, 1979. **Proceedings**. Também em: JOINT AUTOMATIC CONTROL CONFERENCE, San Francisco, 1980. **Proceedings**.

RICHALET, J.; RAULT, A.; TESTUD, J. L.; PAPON, J. Model predictive heuristic control: application to industrial processes. **Automatica**, v. 14, n. 2, p. 413-428, 1978.

SEBORG, D. E. A perspective on advanced strategies for process control. **Modeling, Identification and Control**, v. 15, n. 3, p. 179-189, 1994.

______. A perspective on advanced strategies for process control (revisited). **Advances in Control** – Highlights of ECC'99 – Editor Paul M. Frank, p.103-134, 1999.

ZHU, Y. **Multivariable system identification for process control**. New York: Elsevier, 2001.